日本思想大系5

空海

川崎庸之

JN1499912

岩波書店刊行

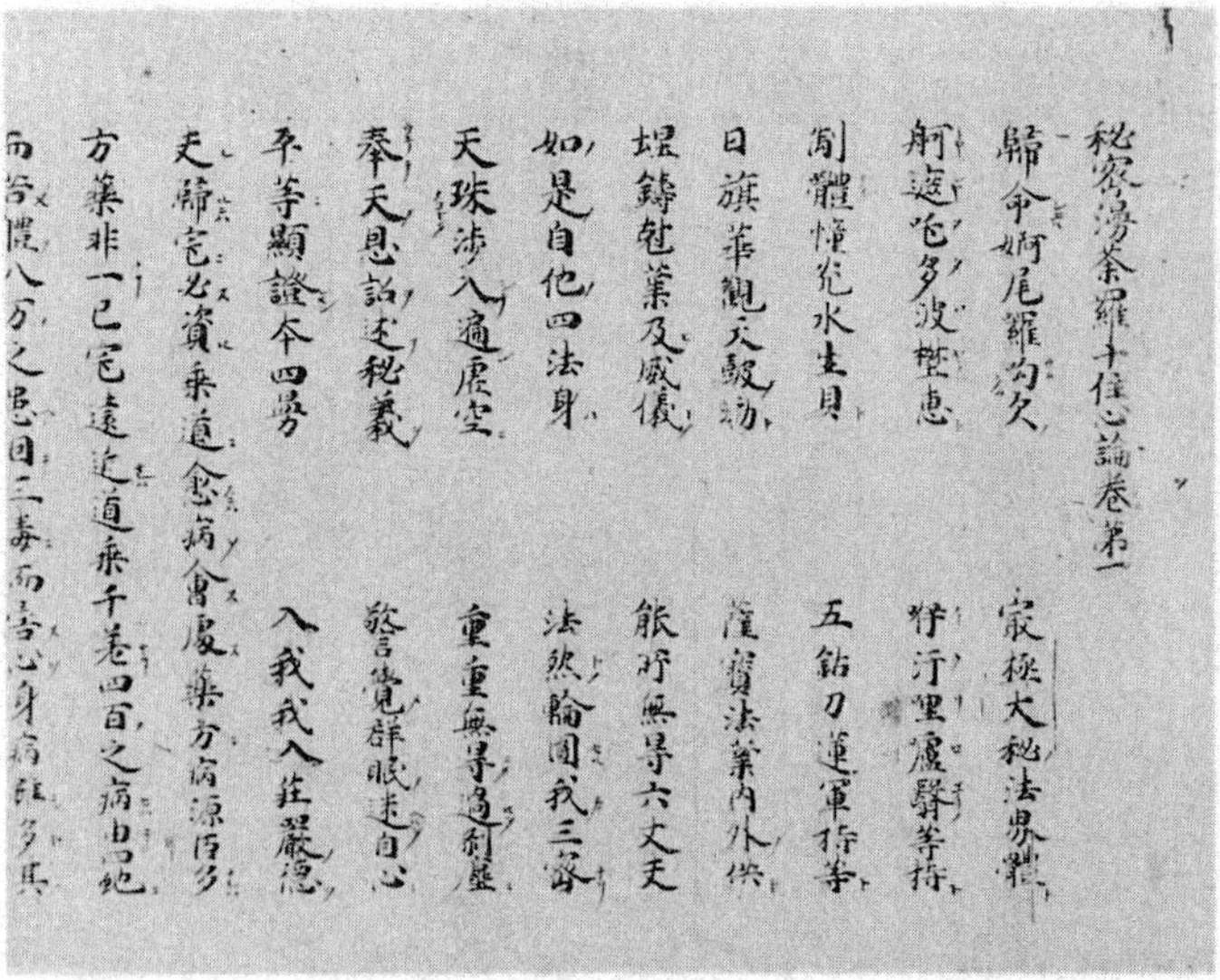
秘密曼荼羅十住心論巻第一
帰命婀尾羅吽欠　最極大秘法界体
舸遮咤多波摩恵　將汙里盧醫等持
剛体幢光水生貝　五鈷刀蓮軍持等
日旗華観天鼓渤　薩賓法業内外供
塑鋳剋業及威儀　能所無㝵六丈夫
如是自他四法身　法然輪円我三密
天珠渉入遍虚空　重重無㝵過刹塵
奉天恩詔述秘義　驚覚群眠迷自心
平等顕證本四曼　入我我入荘厳徳
夫帰宅必資乗道愈病會處薬方病源巨多
方薬非一已宅遠近道乗千差四百之病由於
四大八万之患因三毒而害心身病雖多其

十住心論（承安写本）巻第一　仁和寺蔵

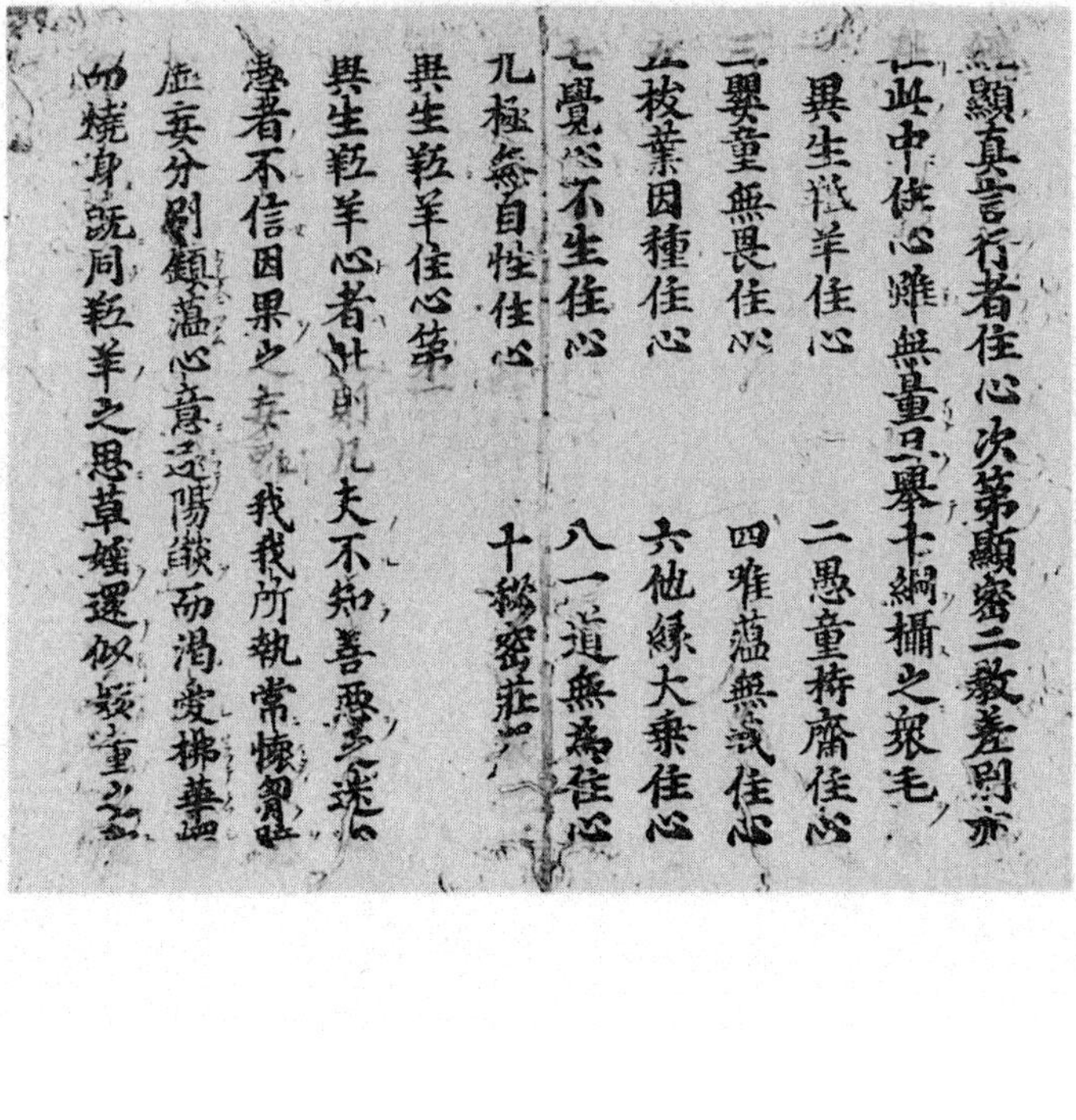
顕真言行者住心次第顕密二教差別亦
在此中住心雖無量且挙十綱攝之衆毛
異生羝羊住心　二愚童持斎住心
三嬰童無畏住心　四唯蘊無我住心
五抜業因種住心　六他縁大乗住心
七覚心不生住心　八一道無為住心
九極無自性住心　十秘密荘厳住心
異生羝羊住心第一
異生羝羊心者斯則凡夫不知善悪之迷
愚者不信因果之妄執我我所執常懐胸臆
虚妄分別鎮蘊心意逐陽焔而渇愛拂華
而焼身既同羝羊之思草婬還似孩童之

十住心論（建長版）第一帖　宝生院（真福寺文庫）蔵

目次

解説

凡例

一　本書は、仁和寺蔵承安写本をもって底本とし、建長七年刊本(巻第一は宝生院(真福寺文庫)蔵、巻第二―第十は慶応義塾図書館蔵)により校合した。

一　本文は、読解の便のため以下の方針に従って翻刻した。

訓下し文

1　訓読に当たっては、底本に付された訓みを第一義的に重んじたが、底本の付訓では不足の場合に、建長七年刊本の訓読によって補い、更に不足の場合に新撰冠註十住心論の訓によって補った。

2　訓下し本文はおおむね歴史的仮名遣によった。

3　適宜改行を加え、句読点・並列点(・)をほどこし、底本の注記を尊重しつつ清濁をととのえた。

4　誤字・脱字・衍字等は必要に応じてその旨を注記しつつ訂したが、明らかな誤字の訂正には注記を省いた。

5　漢字は新字体を用い、古字・異体字・略字等はできるだけ通行の字体に改めた。

(例)　无↓無　尓↓爾　导↓碍　弃↓棄　陁↓陀

但し、底本のままとしたもの(證・耎・躰等)、意によって訂したもの(弁↓辨・辯　斉↓斎　蜜↓密等)もある。

6　底本の振仮名(片仮名)はそのまま残したが、随時、校注者が歴史的仮名遣(平仮名)により振仮名を施した。

7　底本の漢字の左傍にある振仮名の類はおおむね頭注に記した。
8　底本の二行割書きは小字にして〈　〉で括り、一行組とした。
9　本文中の梵字には往々誤写が見られるが、あるものは建長七年刊本により訂し、あるものはそのままとし、いずれも頭注にその旨を明記した。
10　地の文と引用文およびそれに準ずる文とを区別するため、地の文を一字下げて組み、引用文には必要に応じてさらに「　」を用いた。
11　具体的な経典名には「　」を付した。
12　文章の適当な段落ごとにその部分に対応する見出し相当の語句を頭注欄に示し、また一行ないし二行の空白を設けた。

原漢文

1　適宜句点(。)をほどこし、改行を加えたが、底本に付された返り点や送り仮名の類は省いた。
2　漢字・梵字共に底本に従ったが、明らかな誤字・衍字には注意を喚起すべく、右傍に・を付した。また脱字を訓下し本文で補った場合には〔　〕で示した。
3　底本に使われている字体を採ることを旨としたが、通行の字体に改めたものもある。
(例)　煞→殺　呪→呪　閒→間　淂→得　餘→余

一　頭注・補注

1 頭注をほどこした語句には本文中に＊印を付した。
2 本文の経文出典はできるだけ頭注に明示した。
3 経典名等は『　』で括って示し、各巻ごとに初出のみ詳名を挙げ、以後は略称を用いた。
4 頭注欄に載せ得なかった詳解等は補注に述べた。
5 ↓補、↓〇〇頁注などとあるのは参照すべき注記を、↓〇〇頁とあるのは参照すべき本文をそれぞれ表わす。
6 出典を示すに当たり、左記の略号を用いた。

正蔵一八・一中下（『大正新修大蔵経』第十八巻一頁中・下段）
真本（宝生院真福寺文庫蔵『十住心論』建長七年版）
慶本（慶応義塾図書館蔵『十住心論』建長七年版）
冠註（如実著『新撰冠註十住心論』）
宝鑰（『秘蔵宝鑰』）

＊　＊　＊

本書の成るに当たり、仁和寺初め、宝生院、慶応義塾図書館、龍谷大学図書館・高野山大学図書館の貴重な書籍を閲覧・使用させていただいた。併せて厚く感謝の意を表する。

秘密曼荼羅十住心論

川崎庸之校注

秘密曼荼羅十住心論巻第一

*婀《あ》尾《び》囉《ら》吽《ウム》欠《けん》の　最極大秘《さいごくだいひ》の法界体と
*舸《キャ》遮《シャ》吒《タ》多《タ》波《ハ》壄《ヤ》の恵と
*咿《イ》汚《ウ》哩《リ》嚧《ロ》翳《エイ》の*等持《とうち》と
*制《せい》体《テイ》・幢《どう》・光・水生・貝《ばい》と
*五鈷《ごこ》・刀《たう》・蓮・軍持《ぐんぢ》等と
日*・旗・華・観・天鼓の渤《ぼっ》と
薩*・宝・法・業《ごふ》と内外《ないぐゑ》の供と
埕*・鋳《ぢう》・剋の業と及び威儀との
能*所無碍《むげ》の六丈夫《ぢやうぶ》
是《か》くの如きの自他の四*法身は
法*然として輪*円せる我が三*密なり
天*珠のごとく渉入して虚空に遍《あまね》し

帰敬序

婀尾囉吽欠　吽の左訓「クム」。胎蔵界の大日如来の真言。五字明ともいう。↓補
舸遮吒多波壄　↓補
咿汚哩嚧翳　嚧の左訓「ル」。↓補
等持　三昧・三摩地の訳。定。
制体…・**五鈷**…・**日**…・**薩**…・**埕**…　↓補
能所無碍の六丈夫…　↓補
四法身　自性法身・受用法身・変化身・等流身の四。
法然　法爾・自然とも。法そのものが自ら然るをいう。
輪円　円満具足のさま。
三密　身口意三業のこと。
天珠　帝釈天(→二二頁注)の珠網。
刹塵　無数の国土を微塵にしたように数の多いこと。

重重無碍《ちうちうむげ》にして*刹塵《せつぢん》に過ぎたるを
*帰命したてまつる
*天の恩詔《おんぜう》を奉《ウケたまは》りて秘義を述ぶ
群眠《ぐんめん》の自心に迷へるを*驚覚《きやうがく》して
平等に本*四曼の
*入我我入の荘厳の徳を顕證せしめん

夫れ、宅に帰るには必ず乗道《じようだう》に資《よ》る。病を愈《いや》すには会《かなら》ず薬方《やくはう》に処《しよ》す。病源巨多なれば方薬非一なり。己宅遠近《をんごん》なれば道乗《だうじよう》千差なり。*四百の病《やまひ》は*四蛇《じや》に由つて体を苦しめ、*八万の患《うれへ》は*三毒に因つて心を害す。身病《しんびやう》多しと雖《いへど》も其の要は唯《ただ》し六つ、*四大鬼業《くゐごふ》是れなり。心病衆《おほ》しと雖も其の本は唯し一つ、所謂《いはゆる》無明是れなり。身病の対治《たいぢ》に八つ有り。而も心病の能治《のうぢ》に五つ有り。湯散丸酒《たうさんぐわんしゆ》・針灸《しんきう》・*呪禁《しゆきん》は身の能治なり。四大の乖《そむ》けるには薬を服して除き、鬼業の祟《たた》るには呪悔《しゆくゐ》能く銷《ケ》す。薬力は業鬼《ゴフキ》を却《サ》くること能はず、呪の功《く》は通じて一切の病を治す。世医の療する所は唯し身病のみなり。其の方《はう》は則ち*大素《だいそ》・*本草等の文是れなり。心病を治する術《じゆつ》は*大聖能く説きたまふ。其の経は則ち*五蔵の法是れなり。所謂《いはゆる》五蔵とは、脩多羅と毗奈耶と阿毗達摩と般若と捴持等の蔵なり。是くの如きの五蔵は、譬へば牛の*五味の如し。乳と酪と生熟の両蘇と醍醐と、次いでの如く之を配す。四

帰命　わが身命を差出して仏に帰向すること。
天の恩詔　淳和天皇の勅。→補
驚覚　底本「警覚」。真本・冠註による。
四曼　→補
入我我入　仏我に入り、我仏に入る。仏と我と一体となる。

―― **大章序** ――

四百の病　四百四病。
四蛇　地水火風の四大から成る身体の不調。四大不調を毒蛇に喩えたもの。
八万の患　八万四千の煩悩。
三毒　貪・瞋・癡の三煩悩。
四大鬼業　四大の不調と鬼業の祟りと。鬼は悪鬼邪霊の類、業は悪業。
呪禁　まじない。古代医方の一分野として認められていた。→補
大素　藤原佐世の『日本国見在書目』に「内経大素卅巻」とある。
本草　『隋書』経籍志に「神農本草経三巻」とあり、唐の高宗は「唐本草」を作ったことが知られている。
大聖　仏の尊号。
五蔵　ここでは『六波羅蜜経』によって、経(修多羅)・律(毗奈耶)・論(阿毗達摩)・慧(般若)・秘(捴持)の五蔵を数えたもの。
五味　乳は牛の乳。酪はこれを精製して半固形としたもの、チーズの類。生蘇は酪の上部に生ずる一種の凝結。熟蘇はこれをさらに精製したもの。醍醐は牛乳を最も精製して作ったもので、美味の最上とされ、また諸病の妙薬といわれる。

蔵の薬は但し軽病を治して、重罪を消すこと能はず。所謂《いはゆる》重罪といふは、*四重と*八重と*五逆と*謗方等と*一闡提と、是れなり。醍醐の通じて一切の病を治するが如く、摠持の妙薬は能く一切の重罪を消し、速かに無明の株杌《しゆこつ》を抜く。

*衆生の住宅に略して十処有り。一つには地獄、二つには餓鬼、三つには傍生、四つには人宮、五つには天宮、六つには声聞宮、七つには縁覚《えんガク》宮、八つには菩薩宮、九つには一道無為宮、十には秘密曼荼羅金剛界宮なり。

衆生、狂迷して本宅を知らざれば、*三趣に沈淪し、*四生に跉跰す。苦源を知らざれば還本《ぐゑんほん》に心《こころ》無し。聖父、其の是くの如きなるを愍んで、其の帰路を示す。帰路に徑《けい》紆《ウ》有り、所乗に*遅疾有り。*牛羊等の車は、紆曲《ウキヨク》に逐《したが》つて徐《おそ》く進んで、必ず*三大無数劫を経《へ》、*神通の宝輅は、虚空を淩《しの》ぎて速かに飛んで、一生の間に必ず所詣に到る。人天の二宮は焼燬《セウキ》を免れずと雖《いへド》も、之を三趣に比すれば楽にして苦にあらず。故《カるがゆへ》に慈父且《しばら》く人天乗を与へて、彼の極苦を済《すく》ふ。*二乗の住処は是れ小城なりと雖《いへド》も、彼の生死に比すれば已《すで》に*火宅を出でたり。故《カるがゆへ》に*大覚、仮りに羊鹿の車を説きて、暫《しばら》く*化城に息《やす》む。*菩薩権仏の二宮は、亦未だ究極の金剛界に到らずと云ふと雖も、前の諸の住処に比すれば亦是れ大自在安楽無為なり。故《かるがゆへ》に*如来、*大小二牛を与へて其の帰舎を示したまふ。如上の二宮は、但し宅中の荒穢《くわうゑ》を芟薙《サンテイ》して、猶し未だ地中の宝蔵を開かず、空しく大海の鹹味を甞《な》めて、孰《た》れか竜宮の*摩尼を獲ん。浅より深に至り、近より遠に迄《いた》るまで、転妙転楽なりと云ふと雖《いへド》も、由《なほ》し是れ蜃楼幻化《しんろうげんくゑ》の行《カウ》

四重・八重　四重は比丘(→三三頁注)の戒法にいう殺生・偸盗・邪淫・妄語の四波羅夷罪(四重禁)、八重は比丘尼戒の八重禁で、前の四重に摩触・八事成重・覆蔵他重罪・随順被挙比丘の四を加えたもの。

五逆　五無間業ともいう。幾つかの数え方があるが、父を殺す、母を殺す、阿羅漢を殺す、仏身より血を出す、和合僧(→二九頁注)を破すの五を数えるのがそのもとの形であろう。

謗方等　方等はここでは大乗の別名。謗方等は大乗経を謗ること。

一闡提　断善根、信不具足と訳す。本来解脱の因を欠き、到底成仏することができぬとされたもの。

衆生の住宅　これを迷悟の階級を十種に分けた十界に比べると、阿修羅界が除かれ、仏界が一道無為宮・秘密曼荼羅金剛界宮の二に分たれている。

三趣　地獄・餓鬼・畜生の三悪道。

四生　胎・卵・湿・化(→三五頁注)の四生。

遅疾　冠註「遅速」。

牛羊等の車　羊車を声聞乗に、鹿車を縁覚乗に、牛車を菩薩乗に喩える。

三大無数劫　菩薩が仏果を得るために修行する無数の非常に長い時間。無数は阿僧祇の訳。

神通の宝輅　神通は凡情をもって測り知ることのできぬ不可思議・無碍自在な力やはたらき。輅は車の美称。

二乗　声聞乗と縁覚乗。

火宅　凡夫が生死往来する三界(欲界・色界・無色界)を焼けつつある家(火宅)

宮《きう》なり。未だ*三秘密・*五相成身・四種曼荼・究竟真実の金剛心殿に入らず。彼の人天より顕の一乗に迄るまでは、並びに是れ*応化仏《おうくゑぶつ》の心病を対治する薬《くすり》、*他受尊の狂子を運載する乗なり。宗に名《なづ》くれば則ち*七宗、鑣《クツバミ》を並べて和漢に馳せ、車を言へば則ち*三四、轍《あト》を雙べて東西に遊ぶ。各《おのおノ》己が戟《ほこ》を美《ほ》めて己が楯《たて》を忘れ、並びに他の疵《キズ》を発《アラハ》して他の善を蔽《カク》す。是非紛紜《ふんうん》として勝負《しょうぶ》不定なり。*吠声《ばいしやう》の徒《ともがラ》、朋党《ぼうたう》相扇《あヒあふ》ぎ、*雷缶《らいフ》の響《ひびキ》、*痏槍《クヰサウ》に周比《しうび》す。是れ則ち方を設くる本懐に非ず、還つて*医王の雅意に乖《そむ》けり。譬へば*写《しや》を悪《にく》んで補《ホ》を求め、薬《くすり》を愛して毒を悪《にく》まむが如し。誰《たレ》か知らむ、病に体《カナ》へば悉く薬なり、方に乖《そむ》けば並びに毒なりといふを。嗚呼痛い哉《かな》、嗚呼痛い哉。縦使《タトヒ》、*耆婆《ぎば》更に生じ、*神農再び出でたりとも、豈《あニ》此れを棄《す》てて彼れを取り、毒を悪み薬を愛せんや。*鉤挽野葛《コウメンやカツ》も病に応ずれば妙薬なり、何《いか》に況《いは》んや*朮黄《じゆつクワウ》金丹《キンタン》、誰れか除病延算の績《ワザ》無からん。苦しき哉末学《まつがく》、大虚を小室に逃《カク》し、*鳴鐘を掩《エン》耳《じ》に偸んで、水を悪《にく》み火を愛し、心を捨てて色を愛することを。

若し能く明かに*密号*名字を察し、深く荘厳*秘蔵を開くときには、則ち地獄天堂《てんだう》、仏性闡提、煩悩菩提、生死涅槃、辺邪中正、空有偏円、二乗一乗、皆《みナ》是れ自心の仏の名字なり。焉《イヅレ》をか捨て焉《いづれ》をか取らん。然りと雖《いへド》も秘号を知る者《もノ》は猶し鱗角《りんかく》の如く、自心に迷へる者《もノ》は既に牛毛《ごもう》に似たり。是の故に大慈、此の*無量乗を説きて、*一切智に入れしめたまふ。若し竪《たたさま》に論すれば則ち乗乗《じようじよう》差別にして浅深あり、横《よこさま》に観すれば則ち智智平等にして一味なり。悪平等の者《もノ》は、未得を得とし不同《ふどう》を同とす。善《ぜん》差

に喩える。　**大覚**　仏の尊号。

化城　仮に化作した城。二乗の涅槃をいう。→一七三頁注

菩薩権仏の二宮　「権仏」は一道無為宮を指す。　**如来**　→補

大小二牛　牛車と大白牛車。

摩尼　珠玉の総称。

三秘密　印契(→一三七頁「密印」注)と真言(→一三四頁注)と観想との三。

五相成身　通達菩提心・修菩提心・成金剛心・証金剛身・仏身円満の五相観を成じて金剛界大日如来の身を成就すること。

応化仏　衆生の機に応じて化現した仏。

他受尊　初地以上の菩薩のために顕現して説法化益する仏。

七宗　三論・成実・法相・倶舎・華厳・律・天台の七宗。

三四　三車と四車。三車は羊・鹿・牛の三車、四車はこれに大白牛車を加える。三論宗・法相宗は三車家、華厳宗・天台宗は四車家といわれる。

吠声の徒　附和雷同の徒。

雷缶の響　雷鳴と瓦缶のひびき。

痏槍に周比す　善悪を考えないで妄動すること。　**医王**　法を説く仏菩薩のこと。

写を悪んで補を求め　写は写薬、下剤。補は補薬、おぎないになる薬。

耆婆　仏在世当時の名医。

神農　中国古代三皇の一。医方の祖とされる。　**鉤挽野葛**　毒草をいう。

朮黄金丹　朮は白述、黄は黄精、薬草の名、金丹は仙薬。

鳴鐘を掩耳に偸む　鳴鐘を盗んで耳を掩

別の者《もノ》は、*分満不二にして即離不謬なり。之に迷へる者《もノ》は薬を以て命を夭《ホロボ》し、之に達する者《もノ》は薬に因つて仙を得。迷悟己れに在《あ》り、執無くして到る。*有疾《うしち》の菩薩、迷方の狂子、慎《つつし》まずはあるべからず。

*秘密曼荼金剛心殿の如きに至らば、是れ則ち最極究竟《さいごくくきやう》心王如来大毗盧遮那自性法身の住処なり。若し衆生有りて*輪王種性に生じて、大度有りて勇《ゆ》鋭にして前の諸の住宮を楽《ねが》はざれば、則ち大日所乗の一体速疾神通の宝輅を許し、具《つぶ》さに*灌頂の職位を授けて、刹塵の無尽荘厳の宝蔵を受用せしむ。浅深優劣、具さに列すること後の如し。

*大毗盧遮那経に、

*秘密主、仏に問ひて言《まう》さく、世尊、云何《いかン》が*如来応供正遍知、*一切智智を得たまふ。彼の一切智智を得て、無量の衆生の為《たメ》に広演分布したまふや。乃至、是くの如きの智恵は、何を以てか因とし、云何《いかン》が根とし、云何《いかン》が究竟ずるや。

大日尊答へたまはく、*菩提心を因とし、*大悲を根とし、*方便を究竟《くきやう》とす。秘密主、云何《いかン》が菩提とならば、謂《いは》く、実の如く自心を知ると。

又、菩提に発趣する時《じ》の心、所住の処《ところ》の相続の次第とに幾種かあると問ふ。仏具《ほとケつぶ》さに之を答へたまふ。故《かるがゆへ》に、経の初の品を名《なづ》けて*住心と曰ふ。今《いま》此の経に依つて真言行者の住心の次第を顕《あら》はす。顕密二教の差別亦《また》此の中に在り。住心無量なりと雖《いへド》も、且《しばら》く十綱を挙げて之に衆毛を摂す。

うこと。

密号　金剛名・灌頂号とも。また真言の謂。

名字　名号とも。主として仏・菩薩の称号を指す。この密号名字を察するところに密教独自の道が開かれることを示す。

秘蔵　諸仏の妙法。

無量乗　仏教の一切の法門。

一切智　内外一切の法相・言教に了達した智恵。

分満不二　部分と全体が不二であるということ。

有疾の菩薩、迷方の狂子　顕教に執われて行方に迷っている人を指す。

秘密曼荼金剛心殿　真本・冠註「秘密曼荼羅金剛心殿」。

輪王種性　輪王(→七三頁注)は転輪王の略。ここでは輪王の如き上根上智の本性をもった人の謂。

灌頂の職位　灌頂は頭上に水を灌いで一定の資格を具備したことを証する儀式。密教では如来の五智を象徴する五瓶の水を弟子の頂に灌ぐことによって仏位を継承させ、阿闍梨位を授ける。

大毗盧遮那経　→補。『大日経(大毘盧遮那成仏神変加持経)』巻一、入真言門住心品第一(正蔵一八・一中下)略抄。

秘密主　金剛手秘密主、金剛薩埵。秘密である諸仏の三業を執持しているからその名があるという。

如来応供正遍知　仏の十号の中、最初の三を挙げたもの。→一〇頁補「如来」

一、異生羝羊住心　　二、愚童持斎住心
三、嬰童無畏住心　　四、唯蘊無我住心
五、抜業因種住心　　六、他縁大乗住心
七、覚心不生住心　　八、一道無為住心
九、極無自性住心　　十、秘密荘厳住心

一切智智　一切智は仏智とも二乗所得の智ともされるが、一切智智は一切智中の智で、仏内証の智をいう。
菩提心　仏果を求め、仏道を行ぜんとする心。
大悲　衆生の苦を救う仏菩薩の大慈悲心。
方便　菩薩が方便(衆生化益の為に用いる諸手段)をもって種々に身を現じ、衆生を済度すること。
住心　行者が仏道に安住する心相。

◇異生羝羊住心　異生は凡夫の異名。聖者と異なり、五趣等の異類の生を受けるからこの名がある。羝羊は無知にしてただ婬食を追うものに喩える。

―― 大 綱 ――

因果　↓五五頁注

我我所執　我は自身、我所は身外の事物をいう。我実在し、実に我が所有の事物ありと思う執著。

陽燄　かげろう。

華燭　火光。

孩　底本・冠註「妶」。冠註に「一本ニハ妶ヲ孩ニ作ルナリ。恐ハ今ノ本ハ写悞ナル歟」とある。

自性　本来具わっている性質。

実諦　動かすべからざる真理。

来途　三途(後出)に往来すること。

火宅　三界を指す。↓一〇頁注

八苦　三界における生・老・病・死の四苦と愛別離苦・怨憎会苦・求不得苦・五陰盛苦の四苦とを合せていう。

三途　地獄・餓鬼・畜生の三悪道。

乃ち滋味を水陸に嗜み…　↓補

四種の口過　口四とも。十悪(↓一七頁注)の中、妄語・両舌・悪口・綺語の四。

三種の心非　三心・三毒とも。貪・瞋・癡の三心をいう。

闡提　一闡提(↓一〇頁注)。

五常　仁・義・礼・智・信。

三乗　声聞乗・縁覚乗・菩薩乗。

出要　出離生死の要道。

異生羝羊住心第一

異生羝羊《ていやう》心とは、此れ則ち凡夫の善悪を知らざる迷心、愚者の*因果を信せざる妄執《まうしふ》なり。*我我所執、常に胸臆《クヲク》に懐《イダ》き、虚妄分別、鎮《とこしな》へに心意に濫《ツヽ》めり。*陽燄《やうえん》を逐ひて渇愛し、*華燭《クハショク》を払《はら》ひて焼身す。既に羝羊の草婬を思ふに同じく、還つて*孩童の水月を愛するに似たり。曾《かつ》て我《が》の*自性を観せずして、何《いづくン》ぞ能く法の*実諦を知らん。教に違《ゐ》し理に違すること、此れよりして生じ、冥より冥に入ること、相続して断《た》えず。循廻《ジュンクワイ》を車輪に比し、無端《ブたん》を環玉《くわんぎよく》に均《ヒト》しくす。昏夜《こんや》長遠《ぢやうをん》なり、金雞《キンけい》何《なん》ぞ響かん。雲《うん》霧《ぶ》靉靆《あいたい》たり、日月《にちぐわつ》誰《たレ》か褰《かか》げん。*来途《らいと》始め無し、帰舎幾《いくば》くの日ぞ。*火宅の*八苦を覚らず、寧《むし》ろ罪報の*三途《さんづ》なることを信ぜんや。

遂《つひ》に*乃ち滋味を水陸《りク》に嗜《たしナ》み、華《クワ》色を乾坤《ケムコム》に耽《ふけ》る。鷹を放ち犬を催《もよほ》して塡腹《テンふく》の禽命《メイ》を断ち、馬を走らせ弓を彎《ヒイ》て快舌《クワイぜつ》の獣身《シウしん》を殺す。沢を涸《から》して鱗族を竭《つく》し、藪《をとろ》を傾《かたふ》けて羽《う》毛《ぼう》を斃《コロ》す。合ひ囲《カコ》むを以て楽《タの》しみとし、多く獲《エ》たるを以て功《こウ》とす。解網《かいばう》の仁《イックシミ》を顧みず、豈《あ》に泣辜《きふシン》の悲しびを行はんや。荒婬無《クワウいんむ》度《たく》にして、昼夜にして楽《タの》しみ只《ハナハダ》し。或いは他の財物を抄掠《ショウリヤク》し、人の妻妾を奸犯《かんぼん》す。*四種の口過、*三種の心非、人法を誹謗し、*闡提《せんだい》を播植《ハシヨク》す。時として作《な》さざること無く、日として行ぜざること無し。忠にあらず孝にあらず、義も無く慈も無し。*五常も羅網《ラバウ》すること能はず、*三乗も牢籠すること得ず。祖として邪師に習ひ、邪教《じやけう》に依憑せり。曾《かつ》て*出要を求めず、一向に眼前を営む。是くの如きの衆生を名《なづ》けて愚童羝羊と曰ふ。

故《カルガユヘ》に大日世尊、秘密主に告げて言《のたま》はく、

*秘密主、無始生死の愚童凡夫は、我名《がみやう》と*我有《がう》とに執著して、無量の我分を分別す。若し彼れ我の自性を観せざれば、我我所生ずと。

又云はく、

*秘密主、愚童凡夫の類は、猶し羝羊の如しと。

注すらく、*善無畏三蔵釈して云《のたま》はく、

*此れより已下の十種の住心は、仏《ほとけ》、心相続の義を答したまふ。*浄心最初の生起の由《よし》を明さんと欲《おも》ふが故に、先づ愚童凡夫の違理の心を説きたまへり。無始生死とは、「*智度論」に云はく、「世間の若《も》しは衆生、若しは法、皆《みな》始め有ること無し。経の中に仏の言《のたま》はく、無明に覆はれ*愛に繋《ツナ》がれて、生死に*往来すること、始め不可得なり。乃至、*菩薩は無始も亦空なりと観して、有始見の中に堕せず」と。愚童とは、具さには愚童薩埵と云ふ。謂《い》はく、*六道の凡夫なり。実諦の因果を知らず、心に邪道を行じ、苦因を修習し、*三界に恋著し、堅執して捨てず。故《かるがゆへ》に、以て名とす。凡夫とは、正訳には異

秘密主無始生死…　『大日経』巻一（正蔵一八・二上）。

我有　一の実体たる我ありとする妄執。

秘密主愚童凡夫…　『大日経』巻一（正蔵一八・二中）。

善無畏三蔵　六三七―七三五。戍婆掲羅僧訶（シュバカラシンハ）（浄師子）。善無畏はその意訳。中インド摩掲陀（マガダ）国の王族。十三歳にして王位を嗣いだが、幾ばくもなくして王位を去り、那爛陀（ナーランダ）寺に行って達摩掬多から密教を受け、その奥旨を究めた。唐の開元四年（七一六）長安に到り、玄宗の帰依を受けて専ら訳経の事に従い、『大日経』（七二五）・『蘇悉地羯羅経』等の経典を漢訳した。『大日経疏』は、彼の口述を弟子一行（六八三―七二七）が筆録、編集したものである。

此れより已下の…　『大日経疏（大毘盧遮那成仏経疏）』巻一、入真言門住心品第一（正蔵三九・五八二下）。

浄心　衆生の具する自性清浄の心。

智度論　『大智度論』の略。百巻。竜樹造、羅什訳。『大般若経』の注釈。引文は巻三十一、釈初品中十八空義第四十八（正蔵二五・二九〇下―二九一上）略抄取意。

愛　染汚・不染汚の二愛が区別されるが、ここは前者。貪り欲する意。

往来すること　底本の訓「往来シテ」。真本・冠註による。

菩薩　→七三頁注

六道　地獄・餓鬼・畜生・修羅・人・天の六。衆生が輪廻する範囲。

三界　欲・色・無色の三界。

業　身・口・意の所作。
色心像類　色は形質あり、生成変化する物質現象を指す。ここでは身体と解してよい。心は精神。
所計　計は計度の謂、妄念を以て邪に道理を推し度ること。
十六知見　『智度論』二十五に、五蘊(次注参照)等の法において我ありとする妄見を十六種に分けたもの。我見・衆生見・寿者見・命者見・生者見・養育見・衆数者見・人見・作者見・使作者見・起見・使起見・受者見・使受者見・知者見・見者見の十六。冠註は「十六知見等ノ如ク事ニ随テ差別スルコト無量ニ不同ナリ」と訓む。
諸蘊　蘊(蘊)は積習の義、衆ともいう。色・受・想・行・識の五を五蘊といい、色心諸法分類の基準とする。
正眼　正法眼の略。正しく事物を照破する眼。
諸根　眼・耳・鼻・舌・身・意の六根。
羝羊は是れ…　『大日経疏』巻二、入真言門住心品第一之余(正蔵三九・五九四下)。
三悪道　地獄道・餓鬼道・畜生道の三。三悪趣とも。
有情　薩埵の訳。衆生。
四恩　父母・国王・衆生・三宝の四恩をいう。ただし他の数え方もあり、衆生・三宝を師友・檀越とするもの、或いは天下・師尊とするもの、天地・衆生とするもの等がある。
無明・愚癡　心性暗愚で一切の事理に通達する能力のないこと。
花厳経　↓補。引文は『大方広仏華厳経』

生と云ふべし。謂《い》はく、無明に由るが故に、*業に随ひて報を受けて自在を得ず、種種の趣の中に堕して、*色心像類、各各《おのおの》差別なり。故《カるがゆへ》に異生と曰ふ。

其の*所計の我は、但し語言のみ有りて実事無し。故《カるがゆへ》に執著我名と云ふ。我有と言ふは、即ち是れ我所なり。是くの如きの我我所の執は、*十六知見等の事の差別に随ひて無量に不同なるが如し。故《カるがゆへ》に名けて分とす。次に虚妄分別の所由を釈す。故《カるがゆへ》に「若し彼れ我の自性を観せざれば、則ち我我所生ず」と云ふ。若し彼れ*諸蘊《しよううん》は皆《みナ》悉く衆縁より生ずと観察せば、是の中に何者《もノ》か是れ我ならん。我は何《いづ》れの所にか住する。蘊に即し蘊に異し相在すとやせん。若し能く是くの如く諦求せば、当《まサ》に*正眼《しやうげん》を得べし。然るを彼れ自《みづか》ら観察せず、但し展転相承して、久遠より已来《このカタ》、習ひて此の見を祖とし、我は身中に在りて能く所作及び長養有り、*諸根を成就す。唯し此れのみ是れ究竟の道なり、余は皆《みナ》妄語なりと謂《ヲモ》へり。是れを以ての故に名《なづ》けて愚童とす。

*羝羊は是れ畜生の中に、性最《もつと》も下劣なり。但し水草及び婬欲の事を念ひて、余は知る所無し。故《カるがゆへ》に天竺の語法として、以て善悪の因果を知らざる愚童凡夫の類に喩ふと。

此れは是れ羝羊なり。凡夫所動の身口意業は、皆《みナ》是れ悪業なり。身の悪業に三つ有り、謂はく殺・盗・婬なり。口の悪業に四つあり、謂はく妄語・麁悪《そあく》・離間《りけん》・無義、是れなり。意の悪業に三つ有り、謂はく貪・瞋・癡、是れなり。

是くの如きの十種の悪業は、一一に皆《みナ》*三悪道の果を招く。且《しばら》く初めの殺生業に就きて之を説かば、衆生の皮宍《ニク》角等を貪するに由るが故に*有情の命を断つ、彼をして苦痛を受けしめて、故に地獄の苦を感す、其の血肉に味著するに由るが故に餓鬼の果を感す。一切衆生は皆《みナ》是れ我が*四恩なり。*無明*愚癡に由るが故に、彼の血肉を愛して其の命根を断つ。此の愚癡の罪《ツミ》に坐せらるるが故に、畜生の果を感す。若し人中に生ずる時には、亦二種の果を感す。他の命根を断つが故に短命なり。他の苦痛を生ずるが故に多病なり。殺生の業の三悪趣の果を招くが如きは、余業の果報も亦復《また》是くの如し。具さには「*花厳経」に説くが如し。*十悪を本として無量の悪業有り。此の悪業に乗じて無量の悪報を感す。悪果無量なりと雖《いヘド》も三趣に出でず。所謂《いはゆる》地獄・餓鬼・*傍生なり。人及び*阿脩羅の二趣は、是れ純悪に非ず、雑業所感なり。

是くの如きの五趣は皆《みナ》*器界に依つて住す。此の器界に*五輪*山海等の差別有り。*依正二報、具さに説くこと後の如し。初めには五輪山海を明し、次には*四大洲等を顕《あら》はし、後には五趣を挙ぐ。

所依の器界の捴頌

器界は何によつてか起る　風輪初めて空に遍《あまね》し
水と金と相続して出で　地と火と其の中に在り
八海の深さは八万なり　九山は竦《ソビケ》て穹隆《キウりう》たり
四洲と八嶋《タウ》とは　人と鬼と畜と地との宮なり

巻三十五、十地品第二十六之二(正蔵一〇・一八五上―一八六上)。

十悪　殺生・偸盗・邪淫・妄語・両舌(離間)・悪口(麁悪)・綺語(無義)・貪欲・瞋恚・邪見の十。

傍生　畜生。

阿脩羅　阿素洛とも。はじめは善神の名であったが、後、非天、悪神とされ、常に帝釈(→二二頁注)と戦い、或いは日月を犯すものといわれる。八部衆の一。

器　界

器界　器世間とも。山川・草木・大地・城宅の如き衆生に受用される世間・世界をいう。依正二報の、依報を指す。

五輪　地・水・火・風・空の五輪。

山海　須弥山を中心とする一小世界の総称。中心の蘇迷盧(須弥山、妙高)を、踰犍達羅(持雙)・伊沙駄羅(持軸)・朅地洛迦(檐木)・蘇達梨舎那(善見)・頞湿縛羯拏(馬耳)・毘那怛迦(象鼻)・尼民達羅(持辺)の七金山が囲遶し、妙高山と七金山との一々の間に各大海があって八功徳水を湛え(内海といい、七海あり)、持辺山の外は鹹海で、この海水の四方に四大洲がある。これを外海と名づけ、鉄輪囲山がこれを限る形になっているといわれる。

依正二報　依報と正報。正しく過去の業によって受けた心身を正報といい、その心身の依正となる一切世間を依報とする。

四大洲　須弥山の四方の鹹海にある南贍部洲・東勝身洲・西牛貨洲・北瞿盧洲の四洲をいう。

五輪の頌

大虚は辺際無し　風量は三千に等し
水輪は厚さ八億なり　金地は広さ前《さキ》に同じ
火大は何れの処にか在る　遍《あまね》く四輪の辺に満てり
五輪は何に因つてか出づる　衆生の業の然らしむるなり

*注して曰はく、

「*起世経」「*倶舎」「*瑜伽」等の論に依らば、空輪とは、最下の虚空なり。其の辺際限量を言ふべからず。而《しか》も風輪等、依止《えし》して住す。*風輪とは、虚空に依止して風輪生ずること有り。量の広さ無数なり。厚さ十六億*踰繕那なり。（梵に踰繕那と云ふは、此《ここ》には十六里なり。由旬・由延と云ふは皆《みな》訛略なり。）其の体堅密にして虚空に依れり。水輪とは、大雲雨《あめ》を澍《そそ》いで、滴《あまつび》、車軸の如し。厚さ八億踰繕那なり、径《ワタリ》十二億三千四百五十踰繕那なり。周囲は三倍なり。風輪に依つて住す。金輪とは、*有情の業力、別風を感して、起して此の水を搏撃《ウチウ》ちて、上《うへ》結して金と成る。厚さ三億二万踰繕那なり、広さは水輪に等し。周囲は三倍せり。水輪に依つて住すと。

九山八海の頌に曰はく、

*妙高は十六万なり　*雙と軸と其の辺を繞《めぐ》れり
*宝樹と*善見とは　金色にして青天《セイテン》に入れり

1　五輪山海

注して曰く…　以下四一頁五行目まで、偈頌以外はほぼ良賁(七一七—七七七)の『凡聖界地章(辨凡聖因果界地章)』(二巻)の引文。『凡聖界地章』は、諸経論を引用しつつ、三界(欲界・色界・無色界)及び劫量を説明せんとしたもの。『請来目録』にみえる空海船載の新資料。

起世経　十巻。隋、闍那崛多訳。世界の組織・起原並びに成壊の過程を説いたもの。引文は、巻一、閻浮洲品第一(正蔵一・三一〇下)取意。

倶舎　『倶舎論(阿毘達磨倶舎論)』。三十巻。世親造、玄奘訳。発智論(↓一六〇頁注)の注釈である『大毘婆沙論』の教理を組織的・批評的に記したもの。倶舎宗正依の論。引文は、巻十一、分別世品第三之四(正蔵二九・五七上)取意。

瑜伽　『瑜伽論(瑜伽師地論)』。百巻。弥勒説、玄奘訳。瑜伽の観行を修する人の所依・所行となる十七地を明して、瑜伽行者の境・行・果などを説き、唯識中道の理に悟入すべきことを示したもの。↓補。引文は、巻二、本地分中意地第二之二(正蔵三〇・二八六下—二八七中)取意。

風輪とは…生ずること有り　『凡聖界地章』の原文には「風輪者依止虚空、虚空有風輪生」とある。

踰繕那　距離の一単位。帝王一日の行軍の里程で、四十里・三十里・十六里などといわれるが、ここでは十六里説が採用されている。

*馬耳と象鼻と　　魚山とは鉄*の前《まへ》に在り
六海の広きは八万なり　　第七は一千余なり
鹹水は三億に剰《アマ》れり　　内の七には*扶《フ》渠《コ》を出でたり

注すらく、

*九山八海とは、金輪の上に於て九つの大山有り、山の間に八海あり。妙高山王は中に処して住せり。余の八《や》つは周帀《しゆさふ》して妙高山を繞れり。八山の中に於て、前の七つをば内と名《なづ》く。第七の山の外に大洲*等有り。此の外に復《また》*鉄輪囲山有りて一世界を囲れり。妙高山王は水に入り水を出づること、並びに各《おのおノ》八万踰繕那の量なり。四宝をもて合成せり。次いでの如く四面の北東南西は、金・銀・*吠琉璃《ばいるり》・*頗胝迦宝《ハテイキヤほう》なり。宝の威徳に随つて、色《いろ》空に顕はる。故《カるがゆへ》に*贍部洲《せんぶしう》の空《ソラ》は吠琉璃の色に似たり。是くの如きの山海は何に従《よ》つてか生ずる。是れ諸の有情の業増上力なり。復《また》大雲起つて金輪の上に雨《アメ》ふる。滴《アマツビ》、車軸の如し。積れる水奔濤《みヅホンタウ》して即ち山等と為《な》る。〈「起世経*」に云はく、「此の山及び七金山の上に、皆《みナ》宝樹有りて荘厳せり」と。〉第一の山とは、梵*には犍駄羅《けんだら》山と云ふ。此《ここ》には持雙《ちさう》と云ふ、山の頂に雙跡有るが故に。等しく七金山と名《なづ》くることは、皆《みナ》純金の所成なり。水に入る量等しくして、並びに皆《みナ》八万踰繕那なり。諸の宝樹多し。此の山《やマ》の水を出で、及び山の頂の厚さの量と、皆《みな》四万踰繕那なり。〈自下の山の体、及び水に入る量准知すべし。〉持雙山の内海の深広は、並びに皆《みナ》八万踰繕那なり。八功徳水*、其の中に盈満《ヤウまん》せり。*拘勿頭《クモツづ》華・*鉢頭摩《はむどま》花・*優鉢羅《うはつら》花・*芬《ふん》

有情　薩埵の訳。衆生。
妙高　妙高山王、須弥山。
雙と軸と　持雙と持軸と。妙高を囲繞する七金山の一。
宝樹　檐木とも。七金山の一。
善見　七金山の一。
馬耳と象鼻と魚山と　それぞれ七金山の一。魚山は持辺とも訳す。
鉄　鉄囲山。
扶渠　蓮華の異名。
九山八海とは…　『倶舎論』巻十一(正蔵元・五七中)取意。
大洲　四大洲(→一七頁注)。
鉄輪囲山　鉄囲山・金剛山とも。
吠琉璃　琉璃。七宝の一。青色の宝石。
頗胝迦　頗梨。水精。七宝の一。
贍部洲　須弥四洲の中、南洲。
起世経　巻一(正蔵一・三一中下)取意。
梵には…　『倶舎論記』巻十一、分別世品第三之四(正蔵四一・一八五下)取意略抄。『倶舎論記』三十巻は玄奘の門人普光が師説を受けて著し、光記と略称。法宝・神泰の疏とともに倶舎の三大疏と称される。
八功徳水　八種の功徳をたたえた水。
拘勿頭華　インドに産する蓮の一種。赤蓮花・白蓮花・青蓮花・黄色花などという。
鉢頭摩花　いわゆる蓮華がこれ。赤・白の二種あり。
優鉢羅花　睡蓮をいう。
芬陀利花　白蓮花。白色の睡蓮の一種。以上の四色の蓮華は、普通、黄・紅・青・白の順に解されている。

陀《た》利《り》花有りて遍く水の上に覆へり。〈八功徳水とは、一つには甘く、二つには冷《すず》しく、三つには耎《ヤハラ》かに、四つには軽く、五つには清浄なり、六つには臭《クサ》からず、七つには飲む時喉を損せず、八つには飲み已りて腹傷《はライタ》まず。自下の七つの大海の深さの量前《さき》に同じ。六海の中の八功徳水、四色の蓮華、准知すべし。〉

第二の山とは、梵には伊沙駄羅《いさだら》山と云ふ。此《ここ》には持軸と云ふ。峯《みネ》車軸の如し。水を出づること二万踰繕那なり。厚さの量亦《また》然なり。持軸山の内海の広さ四万踰繕那なり、八功徳水、四色の蓮花、前の如し。

第三の山とは、梵には朅地洛迦《カヂラガ》山と云ふ。此れ宝樹の名なり。此の方の*檐木《タムぼく》に似たり。山の上《うへ》に此の宝樹多し。樹に従へて名とす。水を出づること一万踰繕那なり、厚さの量亦《また》然なり。此の山の内海の広さ二万踰繕那なり、八功徳水、四色の蓮花、前の如し。

第四の山とは、梵には蘇達梨舎那《そだりしやな》と云ふ。此《ここ》には善見と云ふ、見る者《モノ》善なりと称するが故に。水を出づること五千踰繕那なり。厚さの量亦《また》然なり。善見山の内海の広さ一万踰繕那なり、八功徳水、四色の蓮花、前の如し。

第五の山とは、梵には頞湿縛羯拏《アシフバカナ》と云ふ。此《ここ》には馬耳と云ふ、山の形《かたチ》馬耳に似たるが故に。水を出づること二千五百踰繕那なり、厚さの量亦《また》然なり。馬耳山の内海の広さ五千踰繕那なり、八功徳水、四色の蓮花、前の如し。

第六の山とは、梵には毗那怛迦《びなダガ》山と云ふ。此《ここ》には象鼻《ざうび》と云ふ、山の形《かたチ》象鼻に似たるが故に。水を出づること一千二百五十踰繕那なり、厚さの量亦《また》然なり。象鼻山の内海の広さ二千五百踰繕那なり、八功徳水、四色の蓮花、前の如し。

檐木　しなのき。へらのき。落葉喬木。リンデン・ボダイジュと同類。

第七の山とは、梵には尼民達羅《にみだら》山と云ふ。此れは是れ魚の名なり。山の形《かたチ》魚の觜《クチバシ》に似たるが故《ゆへ》なり。水を出づること六百二十五踰繕那なり、厚さの量亦《また》然なり。此の山の内海の広さ一千二百五十踰繕那なり、八功徳水、四色の蓮花、前の如し。

第八の山とは、梵には斫迦羅《シャキャラ》山と云ふ。此《ここ》には鉄囲《てつゐ》と云ふ、純鉄の所成なり。水に入ること上の如し。水を出づること三百一十二半踰繕那なり。厚さの量亦《また》然なり。鉄囲の内海の広さ三億二万二千踰繕那なり、其の水《みツ》鹹苦なり。中に於て大洲《だいしう》に四つ有り、中洲に八つ有り、小洲無数なり。人と傍生と餓鬼と*捺落迦《ならか》等と、其の中に雑居せり。其の業力に随つて所住 各《おのおノ》異なりと。

四洲の形数等の頌

*瞻と勝と高洲は量*二千なり　牛貨の一洲は五百に余れり
*車箱《しやサウ》と半月とは地の形勢なり　*翜方《ソクはう》と円満とは西北の国なり
*一と二と五と千とは寿《じゆ》と年《ねん》となり　*六と一と二と五とは丈尺の量なり
三品の五*戒と及び無我との　因縁相感して其の像を現はす

注すらく、

*瞻部洲《せんぶしう》とは、樹に従《よ》つて名とす。旧く閻浮提《えんぶだい》と云ふは訛なり。「*起世経」に云はく、「*閻浮樹の下に*閻浮那檀金聚有り、高さ二十由旬なり」と。

*南瞻部洲は、北は広く南は狭し。三辺は量等しくして各《おのおノ》二千踰繕那、南辺は唯し広

捺落迦　地獄。また地獄に落ちた人。

2　四洲

瞻と勝と高洲　瞻部・勝身・倶盧(高上)の三洲。

量二千　二千由旬の略。

車箱と半月と　車箱は南洲、半月は東洲の地形をいう。

翜方と円満と　北洲と西洲の地形。

一と二と五と千と　一百歳・二百歳・五百歳・千歳。四洲の人の寿命。

六と一と二と五と　六は六尺、一・二・五は各丈。四洲の人の身長。

五戒　不殺生・不偸盗・不邪淫・不妄語・不飲酒の五。

瞻部洲　『凡聖界地章』は「南瞻部洲」に作る。

起世経　巻一(正蔵一・三二下)。

閻浮樹　喬木にして四、五月の頃花咲き、深紫色の果を結ぶという。

閻浮那檀金　那檀は江海の義、閻浮樹林を流るる河に出づる金の意。其色赤黄にして紫焔気を帯ぶという。

南瞻部洲は…　『倶舎論』巻十一(正蔵二九・五七下)。

さ三踰繕那半なり。人面亦《また》然なり。

「*智論」に云はく、「下品の五戒を持すれば則ち其の中に生ず」と。

*身の長《たけ》三肘《ちう》半なり。凡そ肘の量は長さ一尺八寸、即ち六尺三寸なり。或いは長《たけ》四肘、即ち七尺二寸なり。自下の肘量、並びに此れに准せよ。寿命百歳なり。唯し此の洲の中にのみ*金剛座有り、上《かみ》地際を窮め、下《しも》*金輪に踞《こ》せり。一切の菩薩、皆《みナ》登りて覚を成ず。釈迦牟尼仏、生を*迦毗羅衛《かびらゑ》国に示して三乗の法を説きて、滅を*拘尸那《くしな》国に示して、*雙樹に*涅槃したまふ。*法住を記して云はく、*正法千年、*像法一千五百年、*末法一万年なりと。中印土の北に九つの*黒山有り。北に*雪山有り、雪山の北に*香酔山有り。雪《せつ》の北《きタ》に*無熱悩池有り、縦広五十踰繕那なり。池の東の銀牛《ゴンゴ》の口より*殑伽《ごうが》河を出だし、池の南の金象《コンザウ》の口より*信度河を出だし、池の西の琉璃馬の口より*縛蒭《バジュ》河《が》を出だし、池の北の頗胝《ハテイ》師子の口より*徙多河《シたが》を出だして、四海に流入す。其の香山の中に無量の*緊那羅住す。復《また》二つの窟《いはや》有り、*乾闥婆王住す。此の窟の北に於て娑羅樹王有り、名《なつ》けて善住とす。八千の樹有りて周帀《しゆさふ》し囲繞せり。中に象王有り、亦善住と名く。八千の象と与《とも》んじて眷属とす。

「*瑜伽論」に云はく、五百の牝象《ひんざう》と与《とも》んじて眷属として、毎月の十五日に*帝釈の前《まへ》に往きて、侍衛し行立す。若し閻浮提に*輪王出づること有るときは、最少の一象を而も象宝とす。皆《みナ》余福に由つて是の威神有り。

二中洲とは、「*正理論」に云はく、「贍部洲の辺の二中洲とは、一つには遮末羅《シャマラ》と名く。

智論　『大智度論』の略名。但しこの引文は見当らないといわれる。

身の長三肘半…　『倶舎論』巻十一(正蔵二九・六一上中)取意。

金剛座　金剛より成れる宝座の意、仏成道の時の座処。

金輪　ここでは大地の下にあって世界をささえる四輪の一。最下に虚空輪あり、次に風輪・水輪・金輪あり、その上に大地、九山八海があるという。→一八頁

迦毗羅衛国　今のネパール、タライ地方のチロラコートに当るという。釈迦族の領土、首都の名で、また国名。仏陀の晩年に舎衛国に滅された。

拘尸那国　拘尸那掲羅国の略。中インド、末羅族の領土、末羅国ともいう。今のカシアー附近の地と推定される。

雙樹　クシナガラ城の北方希連河畔にあった沙羅雙樹の林をいう。『凡聖界地章』は「雙林」に作る。

涅槃　滅・滅度等と訳す。煩悩の繋縛を脱し、迷界に再生する業因を滅した境地。

法住　ここでは仏の入滅後において教法の行なわれる時期の謂。

正法　仏滅後五百年、或いは一千年間、正しく教行証の三法具わり、成仏するもののある時期。

像法　正法の後五百年または一千年、正法に似た法が行なわれる時期。教行はあるが証のない時期という。ここに像法一千五百年とあるは不審。

末法　像法の後一万年。教のみがあって行証の欠けた時期。末法を過ぎると法滅

此《ここ》には猫牛《メウゴ》と云ふ。多く*羅刹娑《らせっさ》居せり。二つには筏羅遮末羅《ハらしゃまら》と名《なづ》く。此《ここ》には勝猫牛と云ふ。亦《また》人住すること有り、身形卑陋《ヒル》なり」と。

「*仁王経」に云はく、「南閻浮提は、大国十六、中国五百、小国十千なり」と。

〈然も四大洲は同一の日月として、昼夜増減し、並びに短長有り。「*起世経」に准するに、四時に異有り。南洲は増勝なり、東西は少しき別なり、北洲は異無し。寒にあらず熱にあらず、節候調和なり。〉

東毗提河洲とは、此《ここ》には勝身と云ふ。旧《ふる》く弗婆提《ふばだい》と云ふは訛なり。

「起世経」に云はく、「*東弗婆提に一つの大樹有り、迦曇婆《かドンば》と名く。其の本《モト》、縦広七由旬有り。地に入ること二十一由旬、高さ百由旬なり。枝葉垂れ覆ふこと五十由旬なり」と。

「*倶舎論」に云はく、「三辺は各《おのおノ》二千踰繕那有り、東辺は三百五十踰繕那なり。地の形《かたチ》半月の如し。人面亦《また》然なり。中品の五戒を持すれば、則ち其の中に生ず。身の長《たケ》八肘《ちう》、計れば一丈四尺四寸なり、寿命二百五十歳なり。釈迦如来の諸聖の弟子、彼の洲の中に至りて説法化利す。脩行する者《もノ》有れば亦《また》果證を得。二中洲とは、一つには提訶《だいか》と名く、此《ここ》には勝と云ふ。二つには毗提訶《びだいか》と名く、此には勝身と云ふ。皆《みな》人住すること有り、身形卑陋なり」と。

西瞿陀尼《さいくだに》洲といふは、「起世経」に云はく、「*此《ここ》には牛施《ごせ》と云ふ。一つの大樹有り、鎮《ちん》頭迦《づキヤ》と名く。其の本《モト》縦広七由旬有り、地に入ること二十一由旬、高さ百由旬なり。枝葉垂れ覆ふこと五十由旬、下《シタ》に石牛《しゃくご》有り、高さ一由旬なり。故《カるがゆへ》に名を立つ」と。

「倶舎」に云はく、「*西牛貨洲は周円にして欠けたること無し。人面亦《また》然なり。徑《ワタリ》二千

の時に入るという。

黒山　大鉄囲山と小鉄囲山との間にある陰陽不到の暗黒処をいう。

雪山　また大雪山。インドの北辺に連なるヒマラヤ山脈の古称。

香酔山　閻浮提洲の最北にあり、山中に諸香あって人を酔わしめるという。

無熱悩池　阿耨達池とも。金・銀・琉璃・頗胝の四宝を岸とし、竜王がその中に住んで清冷の水を出すという。

殑伽河　恒河。ガンジス河。

信度河　インダス河。

縛芻河　オクサス河。

徙多河　冷河と訳す。

緊那羅　仏法を守護する天竜八部(↓九二頁注)の一。楽神。人非人・疑神等と訳す。形状は人に似ているが、神・人・畜の何れとも決しがたいという。

乾闥婆王　八部衆の一。楽神。緊那羅とともに帝釈に侍して伎楽を奏でる。

瑜伽論　巻二(正蔵三〇・二八七中)。

帝釈　帝釈天。忉利天(↓二八頁「三十三天」注)の主。梵王とともに仏法を守護し、沙婆世界を護持する神という。

輪王　↓七三頁注

正理論　『順正理論(阿毘達磨順正理論)』。↓補。引文は巻三十一、辯縁起品第三之十一(正蔵二九・五一六)取意。

羅刹娑　羅刹とも。悪鬼の通名。

仁王経　『仏説仁王般若波羅蜜経』。↓補。引文は巻下、受持品第七(正蔵八・八三二中)。

起世経　巻一(正蔵一・三一一中)。

東弗婆提に…　『起世経』巻一(正蔵一・

五百踰繕那、周囲は三倍なり。上品の五戒を持すれば、則ち其の中に生ず。身の長《たケ》十六肘、計れば二丈八尺八寸、寿命五百歳なり。釈迦如来の諸の聖弟子、彼の洲の中に至りて説法化利す。脩行する者《モノ》有れば亦《また》果証を得。二中洲とは、一つには舎摭《しやディ》と云ふ、此《ここ》には諂《テン》と云ふ。二つには嗢《ウ》怛《タ》羅《ら》縵《マン》怛《ダ》里《リ》拏《ナ》と云ふ、此には上儀《じやうぎ》と云ふ。皆《みナ》人住すること有り、身形卑陋なり」と。

北倶盧洲とは、「起世経*」に云はく、「欝《う》怛《つ》羅《たら》究《ク》溜《ル》、此《ここ》には高上と云ふ。地の形《かたチ》曌《ソク》方《ホウ》なり。四面各《おのおノ》二千踰繕那有り。人面亦《また》方なり。上品の五戒・十善*を持して、無我観*を修すれば、則ち其の中に生ず。身の長《たケ》三十二肘《ちう》、計れば長五丈七尺六寸、定寿千歳なり」と。「起世経」に云はく、「香樹*衣樹《えじゆ》有り、香を取り衣を取るに、枝《えダ》自《ヲのづか》ら垂れ下る。衣食共に用ゐるに、人に親疎無し。男女愛染*のときには、共に樹下に至るに、若し是れ所親なれば、樹の枝本の如し。若し非親なれば、樹為《たメ》に枝を低《た》れ、即ち彼の人の為《たメ》に百千の敷具を出だし、意の所為に随ひて歓娯《くわんゴ》受楽せしむ。大小便利に地自《ヲのづか》ら開合す。彼れ若し命終すれば、必ず欲天に生ず。屍《かばネ》を道中に輿《ヲク》るに悲哭する者《もノ》無し。鳥あり、高逝と名《なづ》く。山より飛び来りて、死人の髪を銜《フク》んで遠く洲渚に置く。余の三洲に於て最上高勝なれば欝単越《うつたんをつ》と名く」と。二中洲とは、一つには矩《ク》拉《リウ》婆《ば》、此《ここ》には勝辺と云ふ。二つには憍《ケウ》拉婆、此には有勝辺と云ふ。皆《みナ》人住すること有り、身形卑陋なりと。

如上の洲等は、皆《みナ》是れ人及び鬼畜等の所住の処なり。是くの如きの一須弥《すみ》、一日月、一四洲等を一数として一千に至る、是れを小千世界とす。又《まタ》小千を以て一数として

三一中)。

倶舎論　巻十一(正蔵二九・五八上)取意。

此には牛施と…　『起世経』巻一(正蔵一・三一中)取意。

西牛貨洲は…　『倶舎論』巻十一(正蔵二九・五八上)取意。

起世経　巻二、欝単越洲品第二之余(正蔵一・三六‐三七上)取意。

十善　また十善戒。不殺生・不偸盗・不邪淫・不妄語・不両舌・不悪口・不綺語・不貪欲・不瞋恚・不邪見の称。これを大乗の在家戒とする。

無我観　一切諸法は無我なりと観ずる観法。

香樹衣樹有り…　『起世経』巻二(正蔵一・三六‐三七上)取意。

愛染　貪愛染著の謂。

千に至る、是れを中千とす。又《また》中千を以て一数として千に至る、是れを三千大千世界とす。是れ則ち盧舎那所居の千葉の蓮華の一葉なり。一葉の中に、百億の須弥と百億の日月と百億の*四天下と有り。是くの如きの千葉の中に、各各に三千大千世界有り。是の千箇の三千大千世界の中の四洲等は、皆《みナ》是れ人趣等の住処なり。是くの如く十方に無量の世界海有り。繁を恐れて述べず。具さに説くこと別の如し。此の大洲の中に、*増劫の時には四種の輪王出で、*減劫の時には仏《ほとケ》出現したまふ。

次に五趣を明《あか》す。

五趣とは三界に通ず。「*順正理」に云はく、「那落迦《ならか》等の下《げ》の四趣の全《ぜん》、及び天の一分、謂はく*六欲天なり。器及び有情を惣じて欲界と名く。是くの如きの欲界に惣じて廿処有り。地獄と洲と異なれば分ちて二十とす。*八大地獄を地獄異と名く。及び四大洲と、是くの如きの十二に、六欲天と*傍生《ばうじやう》と餓鬼の処を并《あは》すれば二十と成る。若し有情界は、自在天より無間獄に至り、若し器世界は、乃《いま》し風輪に至るまで、是れ欲界の摂なり」と。三界の中に於て五趣有りと説く。唯し欲界に於て四趣の全有り、三界に各《おのおノ》天趣の一分有り。

云何《いかん》が五とする、体と名と是れ何《いカン》。謂はく、前の所説の地獄と傍生と鬼と、及び人と天と是れを五趣とす。善と染と*無記と有情と無情と、及び*中有と等、皆《みナ》是れ界の性なり。趣の体は唯し*無覆無記に摂す。唯し是れ有情にして中有に非ず。五名を辨せば、

四天下　四大洲をいう。

増劫　成・住・壊・空四劫の中、住劫に人寿十歳より百年毎に一歳ずつを増して人寿八万四千歳にいたる間をいう。

減劫　住劫において、人寿百歳毎に一歳を減じて、八万歳より十歳にいたる間をいう。

五　趣

順正理　『順正理論』巻二十一、辯縁起品第三之一(正蔵二九・四五六上中)取意。

六欲天　三界の中、欲界に属する六種の天、すなわち四王天・忉利天・夜摩天・兜率天・化楽天・他化自在天の六をいう。

八大地獄　八熱地獄とも。焔熱をもって苦しめられる八種の地獄。等活・黒縄・衆合・叫喚(号叫)・大叫喚・焦熱(炎熱)・大焦熱(極熱)・無間の八をいい、その一々に十六の小地獄があるという(→二七頁補「増各十六あり」)。

傍生　畜生。

無記　事物の性質が中庸で、善とも悪とも記すべからず、善果を感ずとも悪果を感ずとも記すべからざるもの。

中有　中陰とも。前世に死んだ後、未だ次の生を受けぬ間をいう。

無覆無記　有覆無記の対。その性質が非善非悪の無記であるが、聖道を障え心性を蔽うて不浄ならしめることのないもの。これに対し有覆無記は、無記ではあるが、自性妄悪であり聖道を隠覆するため、有覆と名づく。

那落をば人と名《なづ》け、迦をば名けて悪とす。人《ひと》多く悪を造りて、其の中に顛墜《テムつい》す。是れに由るが故に那落迦趣と名く。傍生と言ふは、旧は畜生と云ふ。彼の趣は多分《たぶん》身横《よこさま》に住するが故に、*又類多きが故に、愚癡多きが故に、名けて傍生と曰ふ。餓鬼と言ふは、謂はく、余生の中に憙《コノン》で他物を盗み、慳貪《けんとん》を習ふ等なり。又怯劣《けふれつ》多し。其の形瘦悴《かたチシユスイ》にして、身心*軽躁なり。故《カるがゆへ》に餓鬼と名く。人とは、思慮多きが故に。天とは、光明威徳、皆《みナ》熾盛《しじやう》なるが故に。*下と上との界趣は、染と善との趣の因なり。染の中の差別は十悪業に由る。故《カるがゆへ》に「*正法念」に云はく、「上とは地獄、中とは餓鬼、下とは畜生なり」と。此等の文に依つて次第を建立すと。

一つに地獄趣を明す。

寒熱の二の八大地獄の頌

地獄は何れの処にか在る　孰《タレ》か自心の中を観《み》ん
*二の八大人悪は　炎寒にして信通すること無し
*烹爛《ハウラン》魚鳥に似たり　*炮炙《ハウシャ》何れの年にか窮《きは》まる
刀剣雨滴の如し　*割爨《カツラン》幾《イクばく》許《バカリ》に終へん
人間*三業の過《トガ》は　冥路《ミヤウロ》に苦聚多し
身口の業を放《ホシイマ、》にすること莫れ　動《やや》もすれば寒熱の躬《み》を招く

注すらく、

又類多きが故に　『凡聖界地章』なし。
軽躁　躁の左訓「サハカシ」。
下と上との界趣　冠註では、上述の三界五趣を「下界ヨリ上二界ニ至テ之ヲ列テ地獄等ト云フ」と注記。
正法念　『正法念処経』七十巻。元魏、瞿曇般若流支訳。六道生死の因果と、六道を厭離すべきことを説いたもの。引文は、巻一、十善業道品第一（正蔵一七・二―四）取意。

1　地獄

二の八大人悪　冠註は「二八ノ大人悪」と訓じて八熱・八寒の十六地獄をさすという。人悪は那落迦（地獄）の漢名という。
烹爛　爛の左訓「タヽラス」。
炮炙　左訓「ヤキアクル」。
割爨　爨の左訓「シヽムラ」。
三業　身口意の所作。
順正理論　巻三十一（正蔵二九・五一六―五一七中）略抄。
阿鼻旨…等活　阿鼻旨は無間地獄。無間は苦を受けること間断なき意。極熱・炎熱（焦熱）は地獄の猛火が人を焼き、大叫・号叫（叫喚）は苦に堪えずして泣き叫ぶところからその名がある。衆合は多くの苦が一時に来って身を逼める。黒縄はこれをもって肢体を秤り後に斬鋸する。等活は衆生が種々の責苦に遇うが、暫く涼風に吹かれて前に等しく蘇る謂という。
増各十六あり　↓補
寒捺落迦に亦八種有り　八寒地獄。↓補
二と三と三と　八寒地獄の中、初の二は

地獄とは「*順正理論」に云はく、「此の贍部洲の下《シタ》、二万踰繕那を過ぎて*阿鼻旨《あびし》有り。深広前《さき》に同じ。謂はく、各《おのおの》二万なるが故に。彼の底此《そこここ》を去ること四万踰繕那なり。余の七つの地獄は無間の上《うへ》に在り。其の七つとは何《イカン》。一つには*極熱、二つには*炎熱、三つには*大叫《だいケウ》、四つには*号叫《ガウけう》、五つには*衆合、六つには*黒縄、七つには*等活なり。八捺落迦に増*各《おのおの》十六あり。謂はく、四門の外に各《おのおの》四増有り。皆《ミナ》異名に非ざるを以て、但し其の定数を標す。*寒捺落迦に亦《また》八種有り。一つには頞部陀《アブだ》、二つには尼剌部陀《にラぶだ》、三つには頞哳吒《アセツダ》、四つには臛臛婆《クワツくば》、五つには虎虎婆《コこば》、六つには嗢鉢羅《ウばら》、七つには鉢特《ハムド》摩《ま》、八つには摩訶鉢特摩《まかはどま》なり。此の中の有情は、厳寒《ゲンかん》に逼《せ》められて、身と声と瘡との変ずるに随つて差別の相名を立つ。謂はく、*二と三と三と、其の次第の如し。此の寒地獄は四洲を繞れる輪囲山の外の極冥闇所に在り。多く*賢聖を謗するに由つて是くの如きの苦果を招く。有るが説かく、皆《みな》此れ熱地獄の傍《かたはラ》に在り。余の*孤地獄は、或いは多と二と一との各別の業の招《セウ》なり。或いは江河《がうが》・山間・曠野に近《ちカ》く、或いは地下と空中と余処とに在り。無間と大熱と、及び炎熱との三は、中に於て皆《みナ》獄卒の防守すること無し。大叫と号叫と、及び衆合との三つは少しき獄卒有り。*琰魔王《えんま》の使《つかヒ》、時時に往来して彼《かレ》を巡検するが故に。其の余は皆《みナ》獄卒の為《ため》に防守せらる。*有情無情の異類の獄卒防守して、*罪、有情を治罰するが故に。一切の地獄は身形皆堅《みなたたさま》なり。初めは聖語に同じ、後には漸く乖訛せり」と。

「*正法念経」には、「十六の別処に各《おのおの》異名有り。若し軽業を造れば即ち別処に生じ、

身、次の三は声、後の三は瘡と次第する意。

賢聖　賢とは善に和する義、聖とは正に会する義といわれ、賢はなお凡夫の位にあるもの、聖は既に凡夫の位を捨てたものとされる。↓七三頁「賢より聖に」注

孤地獄　孤独地獄の略。八寒八熱の地獄のように定拠があるのではなく、各人別業の感ずるところに随って、虚空・山野等に散在する地獄。

琰魔王　閻魔王。衆生の罪を監視し、悪の恐るべきを知らしむる冥界の総司。もとインド神話の神、死の神として冥界を支配すると考えられてきたのが転化して仏教に入ったもの。仏教では地獄の主、或いは餓鬼界の主、また悪業所感の身とも、地蔵菩薩の化身ともいわれて、その性格はいろいろに説かれるが、密教ではこれを天部に摂し、金剛界曼荼羅の成身会、羯磨会中の外金剛部二十天の一、胎蔵界曼荼羅の外金剛部院の一とする。

有情無情…　冠註には「婆沙論ニ云ク、然ニ鉄鑠ヲ以テ初テ地獄ニ生ズル有情ヲ繫縛シテ琰魔王ノ所ニ往ク者ハ是レ有情ナリ。若シ苦具ヲ以テ地獄ノ中ニ於テ有情ヲ害スル者ハ非情数ナリ」とある。

罪…が故に　底本「治罪罰有情故」。真本・冠註による。

正法念経　『正法念処経』巻六、地獄品之二(正蔵一七・三三上)取意。この経にいう十六の別処とは、等活地獄の条では、屎泥処・刀輪処・瓮熟処・多苦処・闇冥処・不善処・極苦処の七を数えるだけで、他の九別処については説かれていない。

具さに重業を造れば根本の中に生ず」と。此《ここ》には但し略して八大地獄を明すと。

八熱地獄の因果の*嗢陀南《うだな》

等活は善人を殺し　黒縄《こくじょう》は盗業《たうごふ》を加ふ

衆合は*身の三業なり　号は殺と盗と*見と酒となり

大叫は*五種の業なり　炎熱は*六種に由り

極熱は*七悪に由り　無間《むけん》は*五逆罪なり

寿命と身量とは　具さに説くこと経論の如し

注すらく、

等活とは、「*正法念経」に云はく、「若し、善人、若しは受戒の人、若しは善行の人を殺し、楽《ねが》ひて行じ多く作し、普遍《あまね》く究竟し、命根を断ち已《をは》つて、心に悔を生ぜざれば、等活地獄に堕つ。*四王天の五百年を以て彼の一昼夜とす。此の昼夜に乗じて月とし年として、寿《いのち》五百歳なり。〈此の昼夜を取りて、三十の昼夜を月とし、十二月を年として、寿五百歳なり。自下の余の獄は、並びに是れ「正法念経」なり。所乗の昼夜、此れに准ずべし。〉

*黒縄とは、若し人《ひと》、殺生し、善人の財物を偸盗《ちうたう》し、若しは受戒の人、若しは行善の人において、楽ひて行じ多く作して、盗んで本処を離れて心に悔を生ぜざれば、黒縄《こくじょう》地獄に堕つ。*三十三天の寿一千年を以て彼の一昼夜とす。此の昼夜に乗じて月とし年として、寿一千歳なり。

*衆合とは、若し人《ひと》、殺生し偸盗し邪行し、楽《ねが》ひて行じ多く作し、普遍《あまね》く究竟し、若し

嗢陀南　摂頌と訳す。経・律を説いた後、その説意、或いは題目を一つに纏めて頌としたもの。多くは十句から成る。

身の三業　殺生・偸盗・邪淫。

見　邪見。

五種の業　殺・盗・邪淫・飲酒・妄語。

六種　前の五に邪見を加える。

七悪　前の六に持戒浄行の童子・善比丘尼を退壊せしめる行為を加える。

五逆罪　→一〇頁注

正法念経　『正法念処経』巻五、地獄品第三之一(正蔵一七・二七中)取意。

四王天　六欲天の第一。持国・増長・広目・多聞の四天をいう。

黒縄とは…　『正法念処経』巻六(正蔵一七・三〇下)取意。

三十三天　忉利天の訳。欲界の第二天。中央を帝釈天とし、四方に各八天があるので、合せて三十三天になる。

衆合とは…　『正法念処経』巻六(正蔵一七・三二中)取意。

人《ひと》、尊者の妻を邪行すれば、衆合地獄に堕つ。*夜摩天二千年を以て彼の一昼夜とす。此の昼夜に乗じて月とし年として、寿二千歳なり。

*号叫とは、若し人《ひと》、殺・盗・邪見・飲酒し、楽《ねが》ひて行じ多く作し、若しは酒を以て衆僧、若しは持戒の人、若しは禅定の者《もの》に与へて、心を則ち濁乱《ぢよくらん》せしむれば、号叫地獄に堕つ。*観史多天《としたてん》の四千年を以て彼の一昼夜とす。此の昼夜に乗じて月とし年として、寿《いのち》四千歳なり。

*大叫とは、若し殺・盗・邪行・飲酒・妄語し、楽ひて行じ多く作し、若し*王と王等とは正直を為《な》さんと謂《い》ふに、二人諍対《じやうたい》して口に正説せず、財を失ひ命を断《た》たば、大叫地獄に堕つ。*化楽天《くゑらくてん》の八千年を以て彼の一昼夜とす。此の昼夜に乗じて月とし年として、寿《いのち》八千歳なり。

*炎熱とは、若し人《ひと》、堅重に殺・盗・邪行・飲酒・妄語して、復《また》*邪見有りて、楽ひて行じ多く作して他人に向ひて施無く、捨も善悪の果報も無しと説けば、炎熱地獄に堕《お》つ。*他化天《たくゑてん》の寿万六千年を以て彼の一昼夜とす。此の昼夜に乗じて月とし年として、寿命一万六千歳なり。

*極熱とは、若し殺・盗・邪行・飲酒・妄語・邪見有りて、復《また》持戒浄行の童子と善比丘尼の未だ曾て戒を犯《ぼん》せざるに於て、其れをして退壊《たいゑ》せしめて、罪福無しと言へば、大熱地獄に堕つ。寿命半*中劫なり。

*無間とは、若し人《ひと》、重心をして、母を殺し、父を殺し、仏身の血を出し、*和合僧を破《は》

夜摩天　欲界の第三天。閻魔王と同一視される場合がある。

号叫とは…　『正法念処経』巻七、地獄品之三(正蔵一七・三九上)取意。

観史多天　兜率天。欲界の第四天。

大叫とは…　『正法念処経』巻八、地獄品之四(正蔵一七・四五下)取意。

王と…と謂ふに　冠註は「王ト王ニ等シキトヲ謂ツテ正直トス」と訓む。

化楽天　欲界の第五天。

炎熱とは…　『正法念処経』巻十、地獄品之六(正蔵一七・五四下)取意。

邪見　とくに因果の道理を無視する妄見。

他化天　同第六天。他化自在天。この天に大魔王の宮殿があるという。

極熱とは…　『正法念処経』巻十一、地獄品之七(正蔵一七・六三上中)取意。

中劫　人寿八万四千歳のときから、百年毎に寿一歳を減じて人寿十歳のときにいたり、さらに百年毎に寿一歳を増して人寿八万四千歳のときにいたる一減一増の間を一小劫といい、二十小劫を一中劫という。四中劫が一大劫である。

無間とは…　『正法念処経』巻十三、地獄品之九(正蔵一七・七四上)取意。

和合僧　僧侶の団体。三人または五人以上の比丘が一処に集り、和合して修行する意。

し、阿羅漢*を殺さば、阿鼻地獄に堕つ。若し一逆乃至五逆を造れば、長《たケ》百由旬乃至五百由旬なり。苦を受くること一倍乃至五倍す。寿《いのチ》一中劫なり」と。

二つに餓鬼趣を明す。

餓鬼趣の頌

慳*心にして財《ざい》を散ぜざれば　定めて餓身《がしん》を感し来る
涕唾《ティダ》にも自在なること無く　河に臨めば炎火開《ヒラ》く
前年には摘*《ト》るべき色《いロ》　骨《ほネ》立ちて面灰《おもテハヒ》の如し
今日は寒枯の樹《キ》　葉《ヲ》飛ちて見る者《もノ》哀れぶ
親親も知問を絶ちて　独り長夜の台《うてナ》に泣く
少を分ちて甘を割《サ》く者《もノ》　居然《キヨゼン》として此の災を脱《のが》る

注すらく、

諸鬼の住処とは、「起世経*」に云はく、「閻浮洲の南に当りて、鉄囲山の外に、閻魔王*の宮殿住処有り。縦広正等にして六千由旬、七宝*所成なり。園苑《ヲン〱》行樹、花果美妙にして、衆鳥和鳴す。不善の果の故に、昼夜六時に赤融《しやくユ》の銅有り。諸の宮殿等尽く変して鉄の鉗《カナハシ》と為《ナ》りて、王の口を張りて銅を写《ウツ》す。口の中より次第に燋然*《せうねん》して下《しモ》より而も出づ。諸鬼を部領し罪人等を治す」と。

「正理論*」に云はく、「諸鬼の本住は琰魔王国なり。此れより展転して余方に散趣す。

阿羅漢　修行が完成してまた学ぶべきもののなく、世の供養を受くべき位に到ったもの。大乗仏教では主として小乗の聖者の意味に用いられる。

—— 2 餓鬼 ——

慳心　慳貪の惑が心を蔽うて布施を行ぜしめないこと。

摘るべき色　底本の左訓および真本によれば、「摘ツツベカツシ色ナレドモ」、冠註は「摘ルベキノ色ナレドモ」。

起世経　巻四、地獄品第四之三(正蔵一・三三〇中)取意。

閻魔王の宮殿　閻魔王の性格はいろいろにいわれるが(→二七頁「琰魔王」注)、ここでは餓鬼界の主としてあらわれてくる。

七宝　金・銀・瑠璃・頗黎・硨磲・赤珠(珊瑚)・瑪瑙の七、他にも数え方あり。

燋然　燋燃に同じ。

正理論　『順正理論』巻三十一(正蔵二九・

此の贍部洲の南辺より直に下ること深さ五百由旬那量を過ぎて、琰魔〈此《ここ》には静息と云ふ〉王の都《みやこ》有り。縦広の量亦爾《またしか》なり。鬼に三種有り。謂はく、無と少と多財となり。三に各《おのおの》三を分つ。故《かるがゆへ》に九類と成る。大勢鬼とは、謂はく、諸の*薬叉《やしゃ》と、及び羅刹娑と*恭《く》畔荼《ハンダ》と等なり。所受の富楽《フラク》、諸天と同じ。或いは樹林に依り、或いは霊廟《レイメウ》に*住し、或いは山谷《センコク》に居し、或いは*空宮《くうぐう》に処す。諸鬼は多分形《かたち》竪《たたさま》にして行く。*劫初《こふしょ》の時に於ては皆《みナ》聖語に同じ。後には処別に随つて種種に乖訛《くわいくわ》せり。鬼は人間の一月を以て一日とす。此の月歳に乗じて、寿《いのチ》五百年なり」と。

*「正法念経」に云はく、「餓鬼の世界は、閻浮提の下《シタ》五百由旬に住せり。長《ナガ》さ三万六千由旬なり。三十六種有り。一切の餓鬼は皆《みナ》慳嫉《けんしち》の因縁に為《ヨ》つて生ずる所なり。種種の心を以て種種の業を造りて、飢渇《けかつ》の火の為《ため》に其の身《み》を焚焼せらる。人中の十年を一昼夜として、寿《いのチ》五百歳なり」と。

此れより下は不同に略して八類を明す。〈然も前の二経と「瑜伽」と「正理」とに多くの差別有り。此れより下は唯し「正法念経」に依ると。〉

餓鬼の嗢陀南に曰はく、

三十六種の餓鬼等は　皆《みナ》慳嫉の因業に由つて生ず
人間の一月を一日として　此の月歳に乗じて五百年なり
*針口は慳嫉にして雇《ヤト》つて人を殺す　食吐《じきト》は夫婦惑《マド》はして妬食《とじき》す
糞鬼は慳惜《けんじゃく》して穢食《あじき》を施す　無食《むじき》は人を枉《マ》げて囚《トラ》へて食を断つ

五七中—五八上)略抄。

薬叉　夜叉。羅刹と併称され、人を傷害し噉うなど、暴悪を事とする鬼類。

恭畔荼　人の精気を噉う鬼で、その疾いこと風のごとしといわれる。

住　真本・冠註は「依」とする。

空宮　冠註は「室宮」。

劫初　成劫の初、世界の成りはじめ。

正法念経　『正法念処経』巻十六、餓鬼品第四之一(正蔵一七・九二)取意。

針口　鬼の種類。以下、食吐・糞鬼・無食・水鬼・熾然・欲色・魔身も同様。

水鬼は灰酒《くわいしゅ》し施を行ぜず　熾然《しねん》は財を奪ひて王臣に奉《たてまツ》る
欲色は婬法をもて不浄にして施す　魔身は邪法を*真諦と謂《イ》ふ

注すらく、

*針口鬼とは、若し人《ひト》慳嫉にして、財を以て人を雇《ヤト》つて殺戮《せつリク》を行ぜしむ。若し夫《ヲツト》、妻をして*沙門等に施せしむるに、其の婦《メ》慳惜して、実に有るを無しと言はば、針口餓鬼の中に堕つ。寿命前の如し。

食吐鬼とは、若し婦人《ぶにん》有りて、其の夫《をつト》をのみ誑惑《わうわく》して自《みづか》ら美食を噉《くラ》ひ、或いは丈夫有りて、妻は異心無きに、便ち妬意《トい》を起して独り美味を食すれば、食吐餓鬼の中に堕つ。寿命前の如し。

食糞鬼とは、若し人《ひト》慳惜にして、不浄の食を以て沙門等に施するに、彼れ知らずして已《すで》に而《しか》も便《すなは》ち之を食すれば、食糞餓鬼の中に堕つ。寿命前の如し。

無食鬼とは、若し人《ひト》慳嫉にして、自《みづか》ら強力を恃《タノ》んで、良善を*枉誣《ワウブ》して、之を囹圄《レイゴ》に繫《ツナ》ぎ、人の糧食《ラウじき》を禁し、其れをして死に致さしめて悔恨を生ぜざれば、無食餓鬼の中に堕つ。寿命前の如し。

食水鬼とは、若し人《ひト》酒を沽《ウ》るに、水と灰《はひ》の汁とを加へて以て愚人を惑《マド》はし、*布施を行ぜず、*福徳を脩せず、*禁戒を持せず、作《な》し已《をは》つて悔せざれば、食水餓鬼の中に堕つ。寿命前の如し。

熾然鬼とは、若し人《ひト》貪嫉にして、人の財を枉奪し、人の城郭《じやうくわく》を破し、人民を殺害し、

真諦　真実の深い道理。

針口鬼とは…　『正法念処経』巻十六―十七、餓鬼品(正蔵一七・九三上―一〇三下)取意。

沙門　出家して仏道を修める人。

枉誣　真本の訓「ヨコサマニアサムイテ」。

布施　他人に物を施すこと。

福徳　一切の善行。

禁戒　戒律のこと。

抄掠して財を得《エ》、王と大臣とに奉りて、転《ウタ》た凶暴を増《ぞう》せば、熾然餓鬼の中に堕つ。寿命前の如し。

欲色鬼とは、若しは男、若しは女の、婬女の法を行じて、此れに因つて財を得て*非福田に施し、不浄の心をもて施すれば、欲色餓鬼の中に堕つ。世人説きて如意夜叉と云ふ。寿命前の如し。

魔身鬼とは、若し邪道を行じ、邪見の法を説きて、是れ真諦なりと謂《イツ》て、正法を信せざれば、魔羅身餓鬼の中に堕つ。若しは諸の*比丘の行時と食時とに、為《ため》に妨碍と悪声と悪夢とを作す。寿命前の如しと。

三つに畜生趣を明す。

傍生趣の頌

畜生は何れの処よりか出づる　本《もト》是れ*愚癡《ぐち》の人なり
黒と白とを辨へず　情を任《ホシイマヽ》にし亦《また》身を任《ほしいまま》にせり
*賢聖の誡《いましめ》を信すること無し　寧ろ後世の*辛《ミ》を知らんや
悠悠《イウイウ》たる彼の狂子　此れは是れ傍生の因なり
強弱互に食することを為《ナ》す　枉冤《ワウエン》誰れに向つてか陳べん
*微《イヤ》しき彼己《ヒキ》の者《モノ》を式《モ》て　羝羊《ていやう》の神《たましヒ》を放《ホシイマヽ》にすること莫れ

注すらく、

非福田　如来または比丘以外のもの。福田→七四頁注

比丘　出家して具足戒を受けたものの通称。女性を比丘尼という。

3　畜生

愚癡　心性暗愚で一切の事理に通達する能力のないこと。

賢聖　→二七頁注

辛　真本「辜」。

微しき彼己の者を式て　冠註は、「式(アヽ)微(オトロ)ヘタリ彼己ノ者」と訓む。

「*順正理論」に云はく、「傍生の所止《しよし》は、謂はく、水と陸と空となり。生類の顕形《けんぎやう》に無辺の差別あり。其の身の*行相は少きは竪《たたさま》にして、多くは傍《よこさま》なり。水の羅刹娑及び緊捺落等の如きは、傍生の摂なりと雖《いへド》も、而も形《かたチ》竪にして行く。本は海中に住し、後には*五趣に流す。初めは聖語に同じ、後には漸く乖訛《くわいぐわ》せり」と。

「正法念経」に云はく、「*諸の畜生を観するに、種類差別にして三十四億有り。*心の自在なるに随つて五道に生ず。五道の中に於て、畜生の種類、其の数《かズ》最も多し。種種の相貌、種種の色類あつて、行食《ぎやうじき》不同なり。群《ムラガ》り飛《ト》ぶこと各《おのおノ》異《ノこト》に、憎愛違順、伴行雙《サウ》隻《シヤク》ありて、同じく生じ共に遊ぶ」と。

然も「*正法念」及び「*起世経」、「*正理」「*瑜伽」に多くの建立有り。憎愛恐怖、*四生四食の水陸空を行く、因果寔《マコト》に繁くして、備《ツブ》さに挙ぐることを為《ナ》し難し。又《また》*難陀等は是れ傍生なりと雖《いヘド》も、然も其の威徳、諸の天衆に勝れたり。*阿《あ》素《す》洛《ら》は諸の天衆と違諍《ゐじやう》交通して、諂曲《テムゴク》多きが故に、或いは天鬼畜の三趣の中に収む。然も「*正法念」には修羅と竜と修羅と等なり。論及び経に准するに、此れに三種を分つ。雑類の傍生に二つ有り、鬼及び畜生なり。論及び経に准するに、此れに三種を分つ。初めの雑類に於て、「*正法念経」に依るに、略して七類を明すと。

傍生の嗢陀南

傍生の一趣は類極めて多し　水陸空に生じて形《かたチ》無辺なり
怨対《をんつい》は邪法をもて邪論義すれば　蚖蛇《ぐわんじやう》烏鴟《シ》となりて互に殺害す
相随《さうずい》は愛心をもて施して契《ちぎり》を結べば　必ず*鴛鴦鴿鳥《エンアウガウてう》等に生ず

順正理論　巻三十一(正蔵二九・五一七中)。

行相　ここでは歩行するかたち。すなわち竪は立ってまっすぐに歩むこと。傍は傍行、よこざまに行くこと。

五趣　また五悪道、五道。地獄・餓鬼・畜生・人・天。

諸の畜生を…　『正法念処経』巻十八、畜生品第五之一(正蔵一七・一〇三)中。

心の自在なるに　底本左訓「(ココ)ロヲワカマヽニスルニ」、真本「心ヲ自在(ワカマヽニスル)ニ」。

正法念　『正法念処経』巻十八(正蔵一七・一〇三中)。

起世経　巻五、諸竜金翅鳥品第五(正蔵一・三三一―三三五)。

正理　『順正理論』巻三十一(正蔵二九・五一七中下)。

瑜伽　『瑜伽論』巻二(正蔵三〇・二八七―二八八)。

四食　ここでは恐らく肉菜等の有形の食物によって身を支えること(段食)、沙嚢をみて米と思い身を保つように、願望によって命を継ぐこと(願食)、地獄の衆生が業によって食わなくても生きていること(業食)、無色界の衆生が心識の力によってのみ生きていること(識食)の四食をいうのであろう。また、段食・触食・思食・識食とも。

難陀　難陀竜王。八大竜王の一、跋難陀竜王と兄弟で常に併挙される。目連(↓四二頁注)に教化されて仏に帰し、仏法を守護するという。

阿素洛　阿修羅。↓一七頁注

正法念　『正法念処経』巻十八(正蔵一七・

怖畏は強賊《がうぞく》として聚落《じゆらく》を破すれば　後に*麞鹿《シヤウろく》の多怖の中に生ず

*化生《くゑしやう》は蚕《カイコ》を養ひ及び虫を殺し　*外道《ぐゑだう》 *火祀《くわし》すれば化生に生ず

*湿は諸の水虫亀等を殺し　邪見にして虫を殺して天に祭る等なり

三毒未だ断せずして*世通を得《エ》　瞋《しん》を起して国を破すれば*卵生に生ず

*染心をもて牛馬等を和合せしめ　邪見非礼ならしむれば*胎の畜に生ず

是くの如き等の類は寿《いのチ》定まれること無し　多《た》分傍行《ぶんばうぎやう》するが故に之に名《なづ》く

注すらく、

*怨対とは、若し人《ひと》邪見にして邪法を習学し、互相《たがひ》に諍論すれば、後に怨対畜生の中に生じて、還つて相殺害《あひ》す。所謂《いはゆる》蚖蛇と*黄鼬《わうユ》と馬と、及び水牛と烏《ウ》と角鴟《カクシ》と等なり。此の類極めて多し。寿量定まれること無し。

相随《さうずい》とは、若し人《ひと》生死の為の故に布施を行ずる時《とキ》、尋《ツイ》で共に願を発す、当来世に於て常に夫妻と為らんと。後に*命命と鴛鴦と鵁鶄《ガウてう》とに生れて、多く楽《ねが》ひて*愛欲す。此の類極めて多し。寿量定まれること無し。

怖畏とは、若し人喜《ひとコノン》で強賊《がうゾク》を作《な》して、鼓を撃ち貝《ウ》を吹きて聚落を破壊し、大音声を作《な》す。*諸《カク》の如く恐怖せしむれば、麞鹿《シヤウロク》の中に生じて、心《こころ》常に恐怖す。此の類極めて多し。寿量定まれること無し。

化生とは、若し人蚕《ひとカイコ》を養《か》ひ繭《マユ》を殺し、蒸煮《ジョウショ》して水に漬《ヒタ》せば、無量の*火髻虫《ケつちう》に生ず。諸の外道有りて、取りて火を以て焼きて天に祀《マツ》つて福を求むれば、化生の畜生の中に生

正法念経　『正法念処経』巻十八(正蔵一七・一〇三下―一〇四中)。

鴛鴦鵁鶄　鴛の左訓「ヲシ」、鵁「イヘハト」。

麞鹿　麞の左訓「クシカ」。

化生　四生の一。托するところなく、忽然として生ずること。諸天或いは劫初の人がそれにあたるという。

外道　仏教以外の諸の教法をいう。六師外道、九十五種の外道等。

火祀　火を祭ること。

湿　湿生。四生の一。蛟や蛇のように、湿気によって生ずるとされるもの。

世通　世俗通。世俗のことに通達すること。

卵生　四生の一。

染心　けがれた心。悪心と有覆無記心(→二五頁「無覆無記」注)とをいう。

胎　胎生。四生の一。母胎にあって自体を完全に具えて生れるもの。

怨対とは…　『正法念処経』巻十八(正蔵一七・一〇三―一〇四中)略抄取意。

黄鼬　鼬の左訓「イタチ」。

命命　命々鳥。耆婆々々とも。鸕鴣の類という。

愛欲　愛は貪愛、欲は貪欲。

諸の如く恐怖せしむれば　左訓に拠れば「諸ノ恐怖ガ如キハ」。

髻　左訓「モ丶ホトキ」。

ず。種種の異類あり。此れ等極めて多し。寿量定まれること無し。

湿生とは、若し人《ひと》邪見にして、亀鼈《クキベツ》と魚蟹《*ぎよカイ》と蚌蛤《*ハウカウ》と、池の中の細虫と、酢の中の細虫とを殺害し、或いは邪見にして天に事《ツカ》へ、虫を殺して祭祀すれば、湿生の畜生の中に生ず。此の類極めて多し。寿量定まれること無し。

卵生《らんしやう》の因とは、若し人《ひと》未だ貪欲嗔癡《とんよくしんち》を断せず、*禅定を修学して世俗通を得《ウ》るが故に、嗔恚《しんい》の心を起して国土を破壊すれば、卵生の飛鳥、*鵰鷲《テウじゆ》等の中に生ず。此の類極めて多し。寿量定まれること無し。

胎生とは、若し衆生有りて、愛欲の心を以て牛馬《ぎうば》を和合し、其れをして交会《かうクワイ》せしむ、或いは他人をして邪見非礼ならしむれば、胎生の畜生の中に生ず。此の類極めて多し。寿量不定なりと。

次に*竜趣を明《あか》す。亦是れ傍生趣の摂なり。

嗔火《しんくわ》は竜趣を感す　厳顔《ゲンがん》にして遇《あ》ふべからず
熱沙は身の上《うへ》に雨《ふ》り　*啑虫《セフちう》は鱗《いろくヅ》の下《シタ》に聚《あつ》まる
皮膚《ヒフ》幾《いくば》くか銷脱《モヌク》る　毒気数《シバ〳〵》霧《きり》を為《な》す
脩羅は索《なハ》を挽《ヒキ》て来り　金鳥は翅《つばサ》を搏《ウ》ちて附《チカヅ》く
閻浮《えんぶ》に不善を行ずれば　非法禍を作《な》すこと屢《シバ〳〵》なり
人道に若し悪無ければ　善竜泉を下《クダ》し注《ソヽ》く

魚蟹・蚌蛤　蟹の左訓「カニ」、蚌蛤「ハマクリ」。

禅定　静慮明心、真理に達すること。

鵰鷲　左訓「クマタカ、ワシ」。

3′ 竜

竜　八部衆の一。蛇形の鬼神で、神通力あり、雲や雨を変化するといわれ、その種類が多いが、仏法を守護するものに八大竜王がある。

啑虫　啑はすすり食う意。

身を割《さ》くとも猶《なヲ》忍びつべし　何《いか》に況《いはン》や罵声《メしやう》の句をや
畏るべし一*嗔の報　長時《ちやうじ》に懼《ヲソレ》を免《まぬカ》れず

注すらく、

「*起世経」に云はく、「竜及び*金翅鳥《こんしてう》に各《おのおノ》四生有り、謂《い》はく卵胎湿化なり。大海水の下《シタ》に*娑伽羅《しやから》竜王宮有り。縦広八万由旬にして、七宝所成なり。園苑《をんゑん》泉池に衆鳥和鳴す。*佉低羅《ケンダら》山〈此《ここ》には持雙と云ふ〉の内海に、難陀・*憂波難陀の二《ふたり》の大竜の宮有り。大海の北に、諸の竜王、及び金翅鳥の為《たメ》に一の大樹を生ず。名けて居吒奢摩離《コダシヤマリ》と曰ふ。〈此には鹿聚と云ふ。〉其の樹の根本、周《メグ》り七由旬、地に入ること二十一由旬、高さ百由旬なり。遍く五十由旬を覆へり。其の樹の東面に卵生の竜、及び卵生の金翅鳥の宮有り。南面に胎生の竜、及び胎生の金翅鳥の宮有り。西面に湿生の竜、及び湿生の金翅鳥の宮有り。北面に化生の竜、及び化生の金翅鳥の宮有り。此れ等の諸宮は並びに皆《みナ》縦広六百由旬にして、衆宝をもて荘厳せり」と。

「*正法念経」に云はく、「若し嗔癡多きものは大海の中の深さ万由旬の竜の所住の城に生ず。名《なづ》けて戯楽《ケラク》と曰ふ。縦広正等にして三千由旬なり。竜王中《なカ》に満てり。一つは*法《ほふ》行《ぎやう》、二つは非法行なり。一つは*世界を護り、二つは*世間を壊《ゑ》す。法行の竜王の住処の宮殿には熱沙雨《フ》らず。謂はく、前世に於て外道戒を受け布施を行ずれども而も清浄ならず、嗔恚の心を以て願ひて竜の中《なカ》に生ず。福徳を憶念して法行に随順するをもて熱沙の苦無し。然も其の頂上に竜蛇の頭《カシラ》有り。其れを名けて七頭《しちづ》竜王・象面《ざうめん》竜王・和修

一嗔　左訓「(ヒト)タヒイカル」。
起世経　巻五(正蔵一・三二中下)略抄取意。
金翅鳥　迦楼羅の訳。四天下の大樹の下におり、竜を取って食となす鳥という。八部衆の一。
娑伽羅竜王　八大竜王の一、雨を供給する神として敬われる。
佉低羅山　須弥山をめぐる七金山の一。二山相倚っているので持雙の名がある。↓一九頁一四行
憂波難陀　跋難陀。八大竜王の一。↓三四頁「難陀」注
正法念経　『正法念処経』巻十八(正蔵一七・一〇五中―一〇七上)略抄取意。
法行　自ら思惟して法の如く行ずること。
世界・世間　ここでは同義。生物の住む国土。

吉竜王・徳叉迦竜王・跋難陀竜王等と曰ふ。善心を以ての故に、時に依つて雨を行《クダ》し、諸の世間をして五穀成就し、豊楽安穏ならしめて、*災雹《さいハク》を降《くだ》さず、仏法僧を信し、四天下に於て甘雨を降し澍《ソヽ》く。非法の竜王の所住の処には、常に熱沙雨《ふ》りて、宮殿及び其の眷属を焚焼《ぼんせう》す。磨滅して復《マタ》生ず。其れを名《なづ》けて悩乱竜王・奮迅竜王・黒色竜王・多声竜王と曰ふ。若し諸の衆生、善法を行ぜず、父母に孝ぜず、沙門を敬はざれば、是くの如きの悪竜勢力を増長《ぞうぢやう》し、四天下に於て悪雲雨を起して、五穀成ぜず、能く世間を壊《ゑ》す。若し閻浮提《えんぶだい》の人、法行に随順すれば、五十七億の竜、衆流を注《そそ》く」と。此《ここ》には彼の経に依つて略して二類を明す。「非法行の竜王とは、若し人、嗔恚《しんい》の心を以て僧房・聚落・*城邑《じやうヲウ》を焚焼すれば、大海の中に生じて、毒竜の身を受けて迭共《タガヒ》に嗔悩し、毒を吐きて相《あひ》害す。命《いのチ》極めて長きは寿一*中劫なり。法行の竜王とは、若し人、外道の戒を受け不浄の施を行じ、*揣食《タンじき》を持《モ》以て悪戒の者と、及び諸の賊人とに与ふるが故に竜の中に生ず。往《ムカシ》の福徳を憶《ヲモ》つて法行に随順す。命《いのチ》極めて長きは寿一中劫なり」と。

四つに阿脩羅を明す。

阿修羅の頌

諂曲《てんごく》矯心をもて布施を作《な》せば　命終《みやうじゆう》して必ず修羅道に至る
心に甘露を貪して*天帝と寇《タヽカ》ふ　天帝経を誦すれば蓮《はちス》に*入ること早《ハヤ》し
日輪眼を射れば四光を放つ　月を見る時《とキ》*憂陀嶋《うだタウ》に遊ぶ

災雹　雹の左訓「アラレ」。

城邑　邑の左訓「ムラ」。

中劫　↓二九頁注

揣食　段食とも。四食(↓三四頁注)の一。

4　阿修羅

天帝と寇ふ　左訓「(天帝)ヲソネム」。天帝は帝釈天(↓二二頁注)のこと。

憂陀嶋　後出『正法念処経』に憂陀延山とあり。

*四王の雨の如くなる剣を忍びず　天に昇つて還つて墜《お》ち幾《いくば》くか憂悩する

其の身麁大《そだい》にして山に*踞《シリウタゲ》して坐せり　心性不直にして顛倒を愛す

寿命は八千出でんことを願はず　冥冥として長夜に徒《いたづら》に生老す

注すらく、

「*起世経」に云はく、「須弥山の東《ひんがし》、千由旬を過して、大海の下に*鞞摩質多羅阿脩羅《びましたらあすら》王の国土有り。縦広正等にして八万由旬なり。一の大樹有り、蘇質怛羅波吒羅《そしたらはたら》と名く。其の本《もト》周囲して七由旬に満ち、地に入ること二十一由旬、高さ百由旬にして、枝葉五十由旬を蔭覆す。其の宮は皆《みナ》是れ七宝をもて合成《がふじやう》せり。園苑行樹に衆鳥和鳴《わミヤウ》す。其の次に復《また》一切の諸の小修羅等の宮有り」と。

「*正法念」に云はく、「天の怨敵《をんぢやく》を阿修羅と名《なづ》く。略して二種有り。一つには*鬼道の所摂、二つには畜生の所摂なり。鬼道の摂とは、魔身餓鬼の*神通力有るなり。畜生の摂とは、大海の中に住する*羅睺阿修羅《らごあすら》王なり。欲界の中に於て身を大小に化すること意に随ひて能く作す。時に阿修羅、*天女を観んと思ひて、雑色の珠玉を以て甲冑《かふちう》とし、光明晃昱《クワウイク》にして、身は須弥《しゆみ》の如し。*珠宝の光明、青黄赤黒なり。心大《こころおほき》に憍慢《けうまん》にして、天と等しと謂《おも》へり。若し閻浮提に正法を行ぜず、父母を孝せず、沙門を敬はず、法行に依らざれば、諸天の勢力、悉く為《ため》に減少す。若し閻浮提に正法を修行し、父母に孝養し、沙門を恭敬《くぎやう》すれば、一切諸天の勢力増長《ぞうぢやう》す。時に四天王、即ち修羅の所住に当りて、空中より諸の刀剣を雨《ふ》らす。若し天出でたまはざれば、修羅昇らんとす。日、

四王　四天王。→二八頁「四王天」注

踞して　左訓「ウスクマル」。

起世経　巻五、阿修羅品第六之一（正蔵一・三三六上―三三七上）取意。

鞞摩質多羅阿脩羅王　四種阿修羅の一。『法華経』序品には、四種阿修羅として、婆稚阿修羅、佉羅騫駄阿修羅、毗摩質多羅阿修羅、羅睺阿修羅をあげる。

正法念　『正法念処経』巻十八（正蔵一七・一〇七上―一〇八下）略抄取意。

鬼道　餓鬼道。

神通力　不可思議、無碍自在なる力用をいう。

羅睺阿修羅王　四種阿修羅の一。

天女　欲界六天の女性。色界以上には男女の性別がない。

珠宝　凡聖界地章・冠註「珍宝」。

千光を出だして其の目を暎障《えいしやう》して天宮を見せしめず。即ち右の手を挙げて以て日輪を障《さ》へ、手より四光を出だす。青黄赤黒なり。閻浮提の中の邪見の*論師、*業果を識らずして、妄《みだ》りに豊倹《ぶけん》なりと言ふ。又阿修羅、海上に行《ゆ》きて月を見て、常に憂陀延《うだえん》山に遊ぶ。天に往昇せんと欲《ねが》うて、手を以て月を障《さ》ふるに四種の光を出だす。諸の*呪術の師、妄りに豊倹なりと言ふ。或いは復《また》脩羅、威を奮ひて縦怒《じゆうど》し、震吼《しんく》すること雷の如し。諸国の*相師、天獣下《てんシユくダ》ると言ひて、妄りに*豊倹にして五穀貴賤ならんと言ひ、或いは王者の災変吉凶と言ひ、或いは兵起くべしと言ひて、*潔斎して福《さひはひ》を求む。当《まさ》に知るべし、皆《みナ》是れ閻浮提の中に善不善を行じて、能く斯れを感す」と。

「*正法念」に依つて、略して*四地を明す。「第一の地とは、若し*婆羅門の第一聡恵にして、四交道《だう》に於て諸の病人に施し、一の*仏塔を、悪人、火をもて焼くを見て、如来の塔を救ふ。而も信無きに由つて常に闘戦を愛すれば、羅睺阿修羅《らごあすら》の中に生ず。人間の五百年を彼の一昼夜として、寿五千歳なり。〈此の三十の昼夜を取りて一月とし、十二月を一年として、寿五千歳なり。下も皆准知すべし。〉

第二の地とは、若し人、大施会《せゑ》を作《な》して外道を供養し、浄施《じやうせ》を行ぜずして、種種の食を以て破戒雑行の人に施して、心に*正思無し。是くの如く施《せ》し已《をは》るもの、陀摩睺阿修羅《たまごあすら》の中に生ず。人間の六百年を彼の一昼夜として、寿六千歳なり。

第三の地とは、若し人、節会《セツヱ》の日に因《ヨ》つて、種種に博戯《ハツキ》して、此れに因《ヨ》つて財を得て不浄施を行じ、食を以て破戒の病人に施して、心《こころ》に正思無し。是くの如く施し已《をは》るも

論師　論師とは普通論蔵に精通した学者、或いは論を造って仏法を宣揚した人をいうが、ここにいう邪見の論師は、ただ因果の理法を無視した論者というほどの意味であろう。

業果　業(→一六頁注)によって招いた果報。

呪術の師　陀羅尼を誦して物質を変幻し、人を活殺するなどの力を示す人。

相師　人の吉凶禍福をトう人。

豊倹にして…福を求む　冠註「豊倹ト五穀ノ貴賤トヲ言フ、或ハ王者ノ災変吉凶ヲ言フ、或ハ兵起ラン、潔斎シテ福ヲ求ヨト言フ」と訓む。

潔斎　身心を清浄にして一切の行動を慎しむこと。

正法念　『正法念処経』巻十八―二十、畜生品第五(正蔵一七・一〇八下―一二四上)取意。

四地　阿修羅の四地。

婆羅門　インド四姓の一。梵天の後裔といわれ、ヴェーダを誦し祭祀を行うもので、四姓の最上位にある。その生涯の終りには隠遁・遊行の生活を送るのが普通であったといわれる。

仏塔　舎利を蔵め、或いは霊域を表わし、また供養報恩のために、塼等をもって高く築き上げた建造物。

正思　正思惟。八正道(→五二頁「正道」注)の一。正しく四諦(→五二頁注)の理を思惟すること。

精進　俗縁を絶って潔斎し、仏門の勤行に身を委ねること。

の、花鬘《くゑまん》阿修羅の中に生ず。人間の七百年を彼の一昼夜として、寿七千歳なり。第四の地とは、若し人、邪見にして業果を識らず、第一*精進持戒の人の来るを見て、其の求乞《くこつ》に従つて乃ち一食を施して、而も是が言を作《な》さく、汝は下賤の人なり、何の福徳か有らんといふもの、鉢呵婆《ハカバ》阿修羅の中に生ず。人間の八百年を彼の一昼夜として、寿八千歳なり」と。

五つに人趣を挙ぐ。

人趣の中に二種の行有り。謂はく十種の善と悪となり。悪は三途に堕ち、善は*三天に昇る。

十悪の頌

三途の*因業は是れ十悪なり　一業は必ず*五種の因と為《ナ》る
*数取《そくしゅ》の云為《うんゐ》動作の咎《トガ》を　誰《たレ》か知らん来世に苦辛多きことを
*身三口四《しんさんくし》と意の根本たる　三毒蔓延として人をして淪《シヅ》ましむ
過を知りて必ず改むれば*賢聖に斉《ヒト》し　*善男善女恕《おもんぱか》るを仁とす

*注すらく、

「*地持論《ぢぢろん》」に云はく、「殺生の罪は、能く衆生をして*三悪道に堕《おと》さしむ。若し人中に生ずれば、二種の果報を得。一つは短命、二つは多病なり」と。

是くの如きの十悪は、一一に皆《みナ》五種の果報を備《そな》ふ。

5　人

三天　三界の諸天。すなわち欲界の六欲天、色界の四禅十八天、無色界の四無色天。

因業　ここは業のこと。果報の因である業の意。

五種の因　三途(→一四頁注)と人天との五種の因。

数取　人のこと。有情が流転して数々の趣に来往するからという。数取趣。

身三口四と意…　十悪の中、殺・盗・婬の三は身業、妄・綺・両・悪の四は口業、貪・瞋・邪見の三を意業とする。

賢聖　→二七頁注

善男善女　宿善開発して仏法を聞信することのできる人、また浄信ある善人をいう。

i　殺生の果

注すらく…　以下五三頁十四行目まで、西明寺沙門釈道世(六八三寂)集『諸経要集』巻十三、受報部第二十二悪報縁第九(正蔵五四・一二四中—一二七上)を引用。→補

地持論　『菩薩地持経』であろうが、この文はそれにはなく、『華厳経』巻二十四、十地品第二十二之二(正蔵九・五四九上中)の文。以下頻出する『地持論』は全てこれに同じ。なお『菩薩地持経』十巻は、北涼、曇無讖(三八五—四三三)の訳。『瑜伽論菩薩地』の異訳である。

三悪道　↓一六頁注

一つは、殺生、何《なシ》が故にか地獄の苦を受くる。其れ殺生は衆生を苦しむるを以ての故に。所以《ユヘ》に身壊し命終《みやうじゆう》すれば、地獄の衆苦、皆《みな》来りて己れを切《セ》む。

二つは、殺生、何《なシ》が故にか出でて畜生と為《ナ》る。殺生は*慈惻《じシキ》有ること無くして、行ひ人倫に乖《そむ》くを以ての故に。地獄の罪畢つて畜生の身を受く。

三つは、殺生、何《なシ》が故にか復《また》餓鬼と為《ナ》る。其れ殺生は必ず慳心《けんしん》に縁《よ》りて滋味を貪著するを以て、復《また》餓鬼と為る。

四つは、殺生、何《なシ》が故にか人に生じて短寿を得る。其れ殺生は物の命を残害《ざんがい》するを以ての故に、短寿を得。

五つは、殺生、何《なシ》が故にか兼ねて多病を得る。殺生は適《ヨロコビ》に違して衆患《しゆぐゑん》競ひ集るを以ての故に、多病を得。当《まさ》に知るべし、殺生は是れ大苦なり。

又*「雑宝蔵経《ザウほうざうきやう》」に云はく、「時に一《ひとり》の鬼有り、*目連に白《まう》して言《まう》さく、我れ常に両肩に眼有り、胸に口鼻有りて、常に頭《かしら》有ること無し。何の*因縁の故ぞ。目連答へて言はく、汝《なんぢ》前世の時《とキ》に、恒に*魁膾《クヱエ》の弟子と作《な》りて、若し人を殺す時に、汝《なんぢ》常に歓喜の心有りて、縄を以て髻《もとどり》に著けて之を挽《ひ》き。是の因縁を以ての故に、此《か》くの如きの罪を受くる、此れは是れ悪業の*華報なり。地獄の苦果は方《まさ》に後世に在り。

復一《またひとり》の鬼有り。目連に白して言さく、我が身は常に塊《ツチクレ》の如くなる宍《ししむラ》にして、手脚眼耳鼻等有ること無し。恒に虫鳥《チウてう》の為《ため》に*食《じき》せられて、罪苦堪へ難し。何の因縁の故にか爾《しか》る。答へて言はく、汝《なんぢ》前世の時に、常に他に薬《くすり》を与へて他《ひと》の児胎を堕《おと》す。是の故に此

慈惻　惻の左訓「イタム」。

雑宝蔵経　『雑宝蔵経』十巻本にはこの文がない。『雑蔵経(仏説雑蔵経)』(正蔵一七・五五上中)の文。以下に出る『雑宝蔵経』は全てこれに同じ。なお『雑宝蔵経』十巻は、元魏、吉迦夜訳。王子が肉をもって父母を救う等、百二十一条の因縁を挙げて、人に作福と持戒とを勧めたもの。『雑蔵経』一巻は、晋、法顕訳。餓鬼と目連との問答を記したもの。

目連　目犍連。仏十大弟子の一。婆羅門の家に生れ、舎利弗と親交あり、後、誘われて仏弟子となる。教団の長老として教化に努め、神通第一といわれたが、仏教教団の発展を嫉視した執杖梵志(婆羅門)のために害された。未だ釈尊入滅以前のことである。

因縁　因は結果を招くべき直接の原因、縁は因を助けて結果を生ぜしむる間接の原因、条件をいう。

魁膾　魁の左訓「クワイ」。

華報　果報。現在目前に受ける報。

食せられて　左訓「クラハレテ」。

くの如きの罪を受く。此れは是れ華報なり。地獄の苦果は方《まさ》に後身に在り」と。

ii 偸盗の果

又其の殺生に縁つて貪害滋《こ》く多し。滋《こ》く多きを以ての故に、便ち義譲無くして而も劫盗を行ず。今身に偸盗《ちうたう》して、与へざるを而も取《ト》れば、死して即ち当《まさ》に鉄窟《テックツ》地獄に堕《だ》ちて、*遐劫《カこふ》の中に於て諸の苦悩を受くべし。受苦既に畢つて畜生の中に堕して、身に常に重きを負ひ、駈蹴捶打《クソクスイチヤウ》せられて余息有ること無し。所食の味は唯し水草を以てす。此の中に処して無量に生死す。

本因縁を以て、若し微善に遇ひて劣《タマ〳〵》人身に復《カヘ》れば、恒に僕隷《ボクレイ》として駈策走使《クシヤクそうシ》せられて、自在なることを得ず。*償債《シヤウサイ》未だ畢へず、法を聞くことを得ず。此れに縁つて苦を受けて*輪廻すること無窮《むぐ》なり。当《まさ》に知るべし、此の苦は皆偸盗に縁る。

今身に光明を隠蔽し、光明を以て*三宝に供養ぜず、反《かへ》つて三宝の光明を取りて以用《もつ》て自《みづか》らに然《トモ》せば、死して即ち当《まさ》に黒耳・黒縄・黒暗地獄に堕ちて、遐劫の中に於て諸の苦悩を受く。受苦已に畢つて*蟣虱《キシツ》の中に堕して、光明に耐《タ》へず。此の中に在りて無量に生死す。

本因縁を以て、若しは微善に遇ひて劣《タマ〳〵》人身に復《カヘ》れば、*形容黶黒《ぎやうヨウエンこく》にして、垢膩《くニ》不浄なり。臭処穢悪《シユしよゑを》にして人に厭遠《えんをん》せらる。雙眼*盲瞎《まうカツ》にして天地を覩《み》ず。当に知るべし、光明を*隠弊すること、亦《また》偸盗に縁《ヨ》るが故なり。

故に「*地持経」に云はく、「劫盗の罪は、亦《また》衆生をして三悪道に堕さしむ。若し人中に

遐劫　遐の左訓「ハルカ」。

償債　左訓「ツクノヒツクノウレハ」。

輪廻　衆生が三界六道に迷の生死を重ねて、車輪の廻るように停止することがないこと。

三宝　仏宝・法宝・僧宝の三。

蟣虱　左訓「キサシシラミ」。

形容黶黒　底本は「形容窮壓黒」とあり、或いは「形容窮黶」の訛かとも考えられるが、他本には「窮」字がないので、姑くこれに従った。

盲瞎　瞎の左訓「クラクシテ」。

隠弊　隠蔽。

地持経　『華厳経』巻二十四(正蔵九・五四九中)。

生るれば二種の果報を得。一つは貧窮《びんぐ》、二つは*共財《ぐうざい》にして自在なることを得ず」と。劫盗、何《なン》が故にか地獄に堕つる。其の劫盗は人の財を*剝奪《ハクダツ》偸竊《ちうセツ》して衆生を苦しむるを以ての故に、身死して即ち*寒氷《かんべう》地獄に入りて、備《つぶ》さに諸苦を受く。劫盗何《なン》が故にか出でて畜生と為《な》る。其れ人道を行ぜざるを以ての故に、畜生の報を受けて、身に常に重きを負ひ、宍《ニク》を以て人に供して其の宿債《シュクサイ》を償《ツグノ》ふ。何が故にか復《また》餓鬼に堕つる。慳貪《けんとん》を以て便ち劫盗を行ずるに縁つてなり、是《ここ》を以て畜生の罪畢つて復《また》餓鬼と為る。何《なン》が故にか人として貧窮なる。其の劫奪は物をして空乏ならしむるに縁つてなり、所以《ゆへ》に貧窮なり。何《なん》が故にか共財《グウざい》にして自在なることを得ざる。其れ劫盗は偸奪して官に没《イ》るに縁つてなり、若し財銭有れば則ち五*家の為《たメ》に共せられて自在なることを得ず。当に知るべし、劫盗は二つの大苦なり。

又「*雑宝蔵経《ザフほうざうきやう》」に説かく、「時に一《ひとり》の鬼有りて目連に白して言さく、大徳、我が腹《はラ》極めて大にして甕《モタヒ》の如し。咽喉《エムこう》手足、甚だ細きこと針《ハリ》の如くして飲食すること得ず。何の因縁の故にか此くの如きの苦を受くる。目連答へて言はく、汝《なんヂ》前世の時に聚落の主と作《な》りて、自《ミづか》ら*豪貴《ガウクヰ》を恃《タノ》んで飲酒し、縦*横に余人を軽欺《きやうご》し、其の飲食を奪つて衆生を*飢《ケ》困《コン》せしむ。是の因縁に由つて此くの如きの罪を受く。此れは是れ花報なり。地獄の苦果は方《まさ》に後に在り。

復一《ひとり》の鬼有り、目連に白して言さく、常に二つの熱鉄の輪有りて両腋《わき》の下《した》に在り。身体を転《メグ》りて燋爛《セウラム》す。何の因縁の故にか爾《しか》る。目連答*へて言はく、汝《なんヂ》前世の時、衆僧の

共財　左訓「(財)トトモニ」。

剝奪　剝の左訓「ハキ」。

寒氷地獄　絶えず寒風と凍氷とに苦しむ地獄。十六遊増地獄(→二七頁補「増各十六あり」)の一。

五家の為に共せられて…　世の財物は、王・賊・火・水・悪子の五家の共有物で、独用することができぬということ。

雑宝蔵経　『雑蔵経』(正蔵一七・五五七下―五五八上)。

豪貴　豪の左訓「タウトシ」。

縦横　左訓「ホシイマヽニ」。

飢困　左訓「ウヘタシナム」。

答へて　底本になし。真本・冠註による。

与《たメ》に餅《ヒヤウ》を作《な》すに、二番を盗み取りて両の腋《わき》の底《した》*に挾《サシハサ》む。是の故に此くの如きの罪を受く。此れは是れ華報なり。後に方《まさ》に地獄の苦果を受くべし」と。

又盗を以ての故に、心《こころ》*貞正ならざるに縁つて、情を恣《ほしいまま》にして婬泆す。今身に婬泆すれば、現世に凶危《クキ》あつて常に自《みづか》ら驚恐す。或いは夫主《ブしゅ》と辺人との為に知られぬれば、時に臨んで*殃《アウ》を得《ウ》。刀杖をもて刑《ケイ》を加へ、手足分離せられて乃至命を失す。死して地獄に入りぬれば之を鉄の牀《ゆカ》に臥せ、或いは銅の柱を抱《イダ》かしむ。獄*鬼火を燃《モヤ》して以て其の身を焼く。地獄の罪《ざい》畢《を》へて当に畜生を受くべし。鶏《ケイ》・鴨《カフ》・鳧《ふ》・雀《じやく》・犬・*豕《トム》・飛蛾なり。是くの如く無量に生死して、遐劫の中に於て諸の苦悩を受く。受苦既に畢《を》へて、本因縁を以て、若し微善に遇ひて劣《タマ〳〵》人身に復《かへ》れば、*閨門《ケイもん》婬乱にして、妻妾貞《タヾ》しからず、若し寵愛《チヨウあい》有れば人の為に奪はる。常に恐怖《くふ》を懐いて、危きこと多く安きこと少し。当に知るべし、危苦《クキく》は皆《みナ》邪婬に縁つて生る。

故《カるがゆへ》に「地持論*」に云はく、「邪婬の罪は亦《また》衆生をして三悪道に堕《おと》さしむ。若し人中に生るれば二種の果報を得。一つは婦貞潔《ブテイけつ》ならず、二つは意に随ふ眷属を得ず」と。邪婬、何《なン》が故にか地獄に堕つる。其の邪婬は非分を干犯《カンぼん》して、物を侵《ヲカ》して苦を為《な》すを以て、所以《ゆへ》に命終して地獄の苦を受く。何《なン》が故にか邪婬、出でて畜生と為《な》る。其の邪婬は人理に順せざるを以て、所以《ゆへ》に獄を出でて畜生の身を受く。何《なン》が故にか邪婬、復《また》餓鬼と為る。其の婬泆は皆《みナ》同じく慳愛なるを以て、慳愛の罪の故に復《まタ》餓鬼と為る。何《なン》

底 左訓「シタ」。

iii 邪淫の果

貞正ならざるに 貞正の左訓「タヽシカラ(サル ニ)」。

殃 わざわい。

獄鬼 獄卒。地獄で罪人を苦しめる鬼。

豕 左訓「イノコ」。

閨門 閨の左訓「ネヤ」。

地持論 『華厳経』巻二十四(正蔵九・五四九中)。

が故にか邪婬は婦《ぶ》貞潔《テイけつ》ならざる。他の妻を犯《ぼん》するに縁るが故に、得る所の婦《ぶ》、常に貞正ならず。何《なン》が故にか邪婬は随意の眷属を得ざる。其れ邪婬は人の寵する所《とこロ》を奪ふことを以ての故に、其の眷属、意に随ふことを得ず。所以《ゆへ》に復《また》人の為に奪はる。当に知るべし、邪婬は三つの大苦なり。

「*雑宝蔵経」に説くが如し。「昔一《むかシひとり》の鬼有りて目連に白して言さく、我れ物を以て自《みづか》ら頭《カウベ》を*蒙籠《モウろう》せり。亦《また》常に人来りて我れを殺さんことを畏れて、心《こころ》常に怖懼すること堪忍すべからず。何の因縁の故にか爾《しか》る。答へて言はく、汝《なんヂ》前世の時《とキ》に、外色《げしき》を婬犯して常に人の見んことを畏れ、或いは其の夫主《ブしゅ》の捉《トラ》へ縛《シバ》り打ちて殺さんことを畏れ、或いは官法の之を都市《とシ》に戮《リク》せんことを畏れて常に恐怖《くふ》を懐けり。恐怖相続するが故に此《か》くの如きの罪を受く。此れは是れ悪行の花報なり、後に方《まサ》に地獄の苦果を受くべし」と。

又其の邪婬に縁るが故に、発言皆妄《みナみだり》なり。今身に若し妄にして衆生を苦悩すれば、死して則ち当《まサ》に啼哭《ていコク》地獄に堕ちて、遐劫《かこふ》の中に於て諸の苦悩を受くべし。受苦既に畢つて餓鬼の中に堕つ。*此の苦悩無量に在りて生死す。本因縁を以て、若し微善に遇ひて劣《タマく》人身に復《かへ》れば、諸の疾病多く*尫羸虚弱《ワウルイこニヤク》にして頓乏楚痛《ソツウ》す。自《みづか》ら苦毒に嬰《カヽ》り人《ひト》愛念せず。当《まサ》に知るべし、此の苦は皆《みナ》妄語に縁つて生ず。故《カるがゆへ》に「*地持論」に云はく、「妄語の罪は亦《また》衆生をして三悪道に堕《おと》さしむ。若し人中に生ずれば二種の果報を得。一つは多く誹謗を被《カブ》り、二つは人の為《たメ》に誑《トラカ》さる」と。

雑宝蔵経　『雑蔵経』(正蔵一七・五六八中)。

蒙籠　左訓「ヲヽイコメタリ」。

—— iv 妄語の果 ——

此の苦悩…　冠註は「此ニ在テ苦悩シ無量ニ生死ス」と訓む。

尫羸　左訓「ヤセタリ」。

地持論　『華厳経』巻二十四(正蔵九・五四九中)。

何《なン》が故にか妄語、地獄に堕つる。其れ妄語は不実にして、人をして虚爾《こに》にして苦を生ぜしむるに縁つて、是《ここ》を以て身死して地獄の苦を受く。何《なン》が故にか妄語、出でて畜生と為《な》る。其れ欺妄《ごまう》は人の誠信に乖《そむ》くを以て、所以《ゆへ》に獄を出でて畜生の報を受く。何《なン》が故にか妄語は復《また》餓鬼と為る。其れ妄語は皆《みナ》同じく慳欺《けんご》に縁る。慳欺の罪の故に復《また》餓鬼と為る。何《なン》が故にか人の為《ため》に多く誹謗を被る。其れ妄語は誠実にあらざるを以ての故なり。何《なン》が故にか妄語は人の為《ため》に誑《タブラ》かさるる。其れ妄語は人を欺誘《ごユ》するを以ての故に。当《まサ》に知るべし、妄語は四つの大苦なり。

又其の妄語に縁つて、両舌を致さしむ。今身には言《ことバ》に慈愛無く、讒謗毀辱《ザンバウくゐにく》し悪口《あくく》雑乱《ざふらん》すれば、死して即ち当《まサ》に*抜舌*烊銅《ヤウどう》*犂耕《リカウ》地獄に堕ちて、遐劫《かこふ》の中に於て諸の苦悩を受くべし。受苦既に畢つて、畜生の中《なカ》に堕ちて糞穢《ふんゑ》を噉食《だんじき》す。鵜鶘《テイコ》鳥の如くして舌根有ること無し。此の中に在りて無量に生死す。本因縁を以て、若し微善に遇ひて劣《タマく》人身に復《かへ》れば、舌根具せず、口気臭悪にして、*瘖瘂《ヲムア》謇渋《ケムシフ》なり。歯は斉白《さいびやく》ならずして、*滋歴《ジれき》疎少なり。脱《モ》し善言有れども人《ひト》信用せず。当に知るべし、讒乱《ザンらん》は皆《みナ》両舌に縁つて生ず。故に「*地持論」に云はく、「両舌の罪は亦《また》衆生をして三悪道に堕《おと》さしむ。若し人中に生ずれば二種の果報を得。一つは弊悪の眷属を得《エ》、二つは不和の眷属を得《ウ》」と。

何《なン》が故にか両舌、地獄に堕つる。其れ両舌は人の親愛を離れしむるに縁つて、別離の

---

v 両舌の果

抜舌 抜舌地獄。口業の悪を作るものの堕ちる地獄。鉄釘をもってその舌を抜くという。

烊銅 烊銅地獄。

犂耕 犂耕地獄。

瘖瘂謇渋 瘖瘂は唖者。謇渋は吃ること。

滋歴 重歯をいう。

地持論 『華厳経』巻二十四(正蔵九・五四九中)。

苦の故に地獄の苦を受く。何《なン》が故にか両舌は出でて畜生と為る。其れ両舌は闘乱《トウらん》の事、*野干に同じきに縁つて畜生の身を受く。何《なン》が故にか両舌は復《また》餓鬼と為る。其の両舌は亦《また》慳疾に縁るを以てなり。慳疾の罪の故に復《また》餓鬼と為る。何《なン》が故にか両舌は人と為つて弊悪の眷属を得る。両舌を以て人の朋儔《ぼうタウ》をして皆《みナ》悪を生ぜしむるに縁るが故なり。何《なン》が故にか両舌は不和の眷属を得る。両舌を以て人の親好を離《サ》けて不和合ならしむるに縁るが故に。当《まサ》に知るべし、両舌は五つの大苦なり。

vi　悪口の罪

又其の両舌に縁つて、言《コトバ》輒《スナハ》ち麁《そ》悪《あく》なり。今身に悪口するを以ての故に闘乱残害し、更相《たがひ》に侵伐《シンバツ》して、諸の衆生を殺すに縁つて、死して即ち当《まサ》に刀兵地獄に堕ちて、遐劫の中に於て諸の苦悩を受くべし。受苦既に畢つて畜生の中に堕つ。脚《アシ》を抜《ヌ》き膀《ワキ》を売《イダ》し、肶《モヽ》を輸《ヌ》き*胛《カイナ》を喪《ホロボ》さる。遐劫の中に於て諸の苦悩を受く。受苦既に畢つて、此の中に在りて無量に生死す。

本因縁を以て、若し微善に遇ひて劣《タマ》く人身に復《かへ》れば、*四支《シ》具せず。*閹《エム》・刖《クエツ》・剠《リヤウ》・劓《ギ》、*刑骸*残毀せられ、*鬼神に衛《まも》られず、人に軽棄せらる。当《まサ》に知るべし、残害の衆生は皆悪口に縁つて生ず。

故《カるがゆへ》に「*地持論」に云はく、「悪口の罪は亦《また》衆生をして三悪道に堕《おと》さしむ。若し人中に生ずれば二種の果報を得。一つは常に悪音を聞き、二つは言説すべき所に恒に諍訟《じやうジュう》有り」と。

野干　狼の一種。夜出て人肉を食うという。ときに狐と同視される。

胛　左訓「カイカネ」。

四支　両手両足。

閹・刖・剠・劓　左訓「クチフサカレ、アシキラレ、テキラレ、ハナキラレ」。閹は宮刑、剠は墨刑をいう。

刑骸　真本・冠註は「形體」。

残毀　左訓「ヤフリヤフル」。

鬼神　目にみえぬ超人的な能力をもつもので、悪行を恣にして人畜を悩ます悪鬼神と、善法を保ち国土を守る善鬼神とがあり、その種類は極めて多いが、普通は乾闥婆・阿修羅・迦楼羅・緊那羅・摩睺羅伽の六部鬼神をさす。

地持論　『華厳経』巻二十四(正蔵九・五四九中)。

何《なン》が故にか悪口は地獄に堕つる。悪口する所は皆《みナ》人を害せんとするを以て、人聞きて苦とす。所以に命終して地獄の苦を受く。何《なン》が故にか悪口は出でて畜生と為る。其れ悪口を以て人を罵るは、畜生と為《ナ》るを以て、所以に獄を出でて即ち畜生と為る。何《なン》が故にか悪口は復《また》餓鬼と為る。其の慳悋《けんリン》に縁つて干触《カンそく》し*悪詈《ヲリ》す。所以に畜生の苦畢つて復《また》餓鬼と為る。何《なン》が故にか悪口は人と為《な》りて常に悪音を聞く。其の発言の麁鄙《ソヒ》なるを以て、聞く所《とこロ》常に悪口なり。何《なン》が故にか悪口は言説すべき所に恒に諍訟《じやうジュう》有る。其の悪口は衆徳に違逆するを以て、*所説の言有れば常に諍訟を致す。当《まサ》に知るべし、悪口は六つの大苦なり。

又其の悪口に縁つて、言《コトバ》輒ち浮綺《フキ》にして、都《すべ》て*義益無し。義益無きが故に、今身に則ち憍慢を生ず。死しては即ち当《まサ》に束縛《そくバク》地獄に堕ちて、遐劫の中に於て諸の苦悩を受く。受苦既に畢つて、畜生の中に堕ちて、唯し水草のみを念して父母の恩養を識らず。此の中に在りて無量に生死す。

本因縁を以て、若し微善に遇ひて劣《タマく》人身に復れば、辺地に生在して忠孝仁義を知らず三宝を見ず。若し中国に在れば、*短陋《タンル》躷膢《ウル》にして人に淩蔑《リヨウベツ》せらる。当《まサ》に知るべし、憍慢は皆《みナ》無義・*調戯・不節に縁つて生ず。故《カるがゆヘ》に「*地持論」に云はく、「*無義語の罪は亦《また》衆生をして三悪道に堕さしむ。若し人中に生ずれば二種の果報を得。一つは所有の言語、人《ひト》信受せず。二つは言説する所有れ

悪詈　左訓「ニクミノル」。

所説の言　真本・冠註「説言スル所ロ」と訓む。

── **vii 無義語の果** ──

義益　義利利益。

短陋躷膢　躷膢、真本・冠註は「傴僂」に作る。従うべきか。

調戯　からかう。あざけりたわむれること。

地持論　『華厳経』巻二十四(正蔵九・五四九中)。

無義語　義利なき無益の語。

ども、明了なること能はず」と。何《なン》が故にか無義語は地獄に堕つる。語《こトバ》既に非義なり、事咸《コトぐ》く彼れを損す。所以に命終して地獄の苦を受く。何《なン》が故にか無義語は出でて畜生と為る。語《こトバ》無義にして、人倫の理を乖《そむ》くに縁つて、所以に地獄を出でて畜生の身を受く。何《なン》が故にか無義語は復《また》餓鬼と為る。語《こトバ》無義なるが故に慳惑に障《さ》へらる。慳惑に因るが故に復《また》餓鬼と為《な》る。何《なン》が故にか無義語の罪は、出生して人と為りて言語する所有りとも、人信受せざる。語《こトバ》無義なるに縁つて承受すべきに非ず。何《なン》が故にか無義語は、言説する所有《あ》れども明了なること能はざる。語《こトバ》既に無義なるは皆暗昧《あんまい》に縁る。暗昧の報の故に明了なること能はず。当に知るべし、無義語は七つの大苦なり。

viii 貪欲の果

又無義語に縁るが故に廉譲《レンジヤウ》なること能はず、貪欲《とんよく》をして厭《いと》ふこと無からしむ。今身に慳貪にして布施せざれば、死して即ち当《まさ》に沸屎《ヒシ》地獄に堕ちて、遐劫《かこふ》の中に於て諸の苦悩を受くべし。受苦既に畢つて、畜生と餓鬼との中に堕ちて、衣食《えじき》有ること無くして、資《たす》くるに人を仰ぐ。所啖《しよだん》の糞穢《ふんゑ》も与へざれば得ず。此の中に在りて無量に生死す。本因縁を以て、若し微善に遇ひて劣《タマく》人身に復《かへ》れば、飢寒裸露《きかんらろ》にして、困乏《コンボク》にして常に無なり。人《ひと》既に与へざれば求むれども亦得ず。縦《たと》ひ纖毫《センガウ》有れども輒《すなは》ち剝奪《ハクダツ》に遇ふ。守ること苦《ネンゴロ》なれども、無方にして身を亡《ほろ》ぼし命を喪《ほろ》ぼす。当《まさ》に知るべし、布施せざるは皆《みナ》貪欲に縁つて生ず。

故《カるがゆへ》に「*地《ぢ》持《ぢ》論《ろん》」に云はく、「貪欲《とんよく》の罪は亦《また》衆生をして三悪道に堕さしむ。若し人中に生ずれば二種の果報を得。一つは多欲、二つは厭足《えんそく》有ること無し」と。何《なン》が故にか貪欲は地獄に堕つる。其の貪欲に縁つて、身口を作動して物を苦しむ。所《ゆ》以《へ》に身死して地獄の苦を受く。何《なン》が故にか貪欲は出でて畜生と為《な》る。此の貪欲に縁つて、動《やゝ》もすれば人倫に乖《そむ》く。是の故に獄を出でて即ち畜生と為る。何《なン》が故にか貪欲は復《また》餓鬼と為る。此の貪欲に縁つて、得て必ず貪惜《とんじやく》す。貪惜の罪の故に復《また》餓鬼と為る。何《なン》が故にか貪欲の、而も復《また》多欲なる。此の貪欲に縁つて所欲弥《いよい》よ多し。何《なン》が故にか貪欲は、厭足《えんそく》有ること無き。此の貪欲に縁つて貪求《とんぐ》して厭ふこと無し。当《まサ》に知るべし、貪欲は八つの大苦なり。

又貪欲は意に適《かナ》はざるに縁るが故《ゆへ》に、則ち憤怒して瞋恚《しんい》を起すこと有り。今身に若し瞋恚多き者《もノ》は、死して即ち当《まサ》に*泥犁《ナイリ》地獄に堕ち、*歴劫《れきこふ》の中に於て具さに衆苦を受くべし。受苦既に畢つて畜生の中に堕ち、毒蛇・*蚖蝮・虎《コ》豹《ヘウ》・豺狼《サイらう》と作《な》る。此の中に在りて無量に生死す。

本因縁を以て、若し微善に遇ひて劣《タマく》人身に復《かへ》れば、復《また》瞋恚多く、面貌醜悪《シユあく》にして、人に憎悪《ゾウヲ》せらる。*唯し親友の宝を与へざるのみに非ず、亦眼に見んと喜《ネガ》はず。当《まサ》に知るべし、忿恚《ふんい》は皆瞋悩《みナしんなう》に縁つて生ず。

故《カるがゆへ》に「*地持論」に云はく、「瞋恚の罪は、亦《また》衆生をして三悪道に堕さしむ。若し人中

地持論 『華厳経』巻二十四(正蔵九・五四九中)。

ix 瞋恚の果

泥犁地獄 泥犁は可厭処、無福処と訳し、地獄をいう。泥犁地獄という特別な地獄の謂ではない。

歴劫 多劫を経歴すること。

蚖蝮・虎豹 底本「蚖虎蝮豹」。真本・冠註による。

唯し…見んと喜はず 冠註は「唯ダ親友ト与ナラザルノミニ非ズ、実ニハ亦タ眼ニ見ンコトヲモ喜ガハザルナリ」と訓み、「宝」は「実」の伝写の誤とする。

地持論 『華厳経』巻二十四(正蔵九・五四九中)。

に生ずれば二種の果報を得。一つは常に一切の為《ため》に其の長短を求められ、二つは常に衆人の為《ため》に悩害せらる」と。

何《なン》が故にか瞋悩は地獄に堕つる。此の瞋悩は恚害《いがい》し苦悩せしむるに縁るが故に、地獄の苦を受く。何《なン》が故にか瞋悩は出でて畜生と為る。此の瞋悩は*仁恕《にんジョ》すること能はざるに縁つて、所以に獄を出でて畜生の身を受く。何《なン》が故にか瞋悩は復《また》餓鬼と為る。此の瞋悩は慳心より起するに縁つて、慳心の罪の故に復《また》餓鬼と為る。何《なン》が故にか瞋悩の、常に一切の為《ため》に其の長短を求めらるる。此の瞋悩は含容《がんよう》すること能はざるに縁るが故に、一切の為《ため》に其の長短を求めらるる。何《なン》が故にか瞋悩の、常に衆人の為《ため》に悩害せらるる。此の瞋悩は人を悩害するに縁つて、人亦《また》悩害す。当《まさ》に知るべし、瞋悩は九つの大苦なり。

又其の瞋悩に縁つて、邪僻《じゃへき》を懐《いだ》きて*正道を信せず。今身に邪見にして、人の聴法誦経を遮《しゃ》し、自《ミづか》ら飡採《サンサイ》せざれば、死して即ち当《まさ》に聾癡《リョウチ》地獄に堕ちて、遐劫《カこふ》の中に於て諸の苦悩を受くべし。受苦既に畢つて畜生の中に堕ちて、三宝*四諦の声を聞けども是れ善なりと知らず、殺害鞭打《せつがいベンちゃう》の声をも是れ悪なりと知らず。此の中に在りて無量に生死す。本因縁を以て、若し微善に遇ひて劣《タマく》人身に復《かへ》れば、人中に生在すれども、聾瞽《りょうコ》にして聞かざること石壁《しゃくへキ》に異ならず、美言善響《みごんぜんかう》、絶えて覚知せず。当《まさ》に知るべし、聴法《てうばう》を岨碍《ソゲ》することは皆《みナ》邪見に縁つて生ず。

仁恕　左訓「オモハカリ」。

x　邪見の果

正道　八正道の略。八正道は、正見・正思惟・正語・正業・正命・正精進・正念・正定の八。八聖道支とも。

四諦　苦・集・滅・道の四諦。仏教の根本義。最後の道諦は、滅にいたる手段方法としての八正道をいう。↓一三八頁補「四諦四念」

故《カるがゆへ》に「*地持論」に云はく、「邪見の罪は亦《また》衆生をして三悪道に堕さしむ。若し人中に生ずれば二種の果報を得。一つは邪見の家に生じ、二つは其の心諂曲《てんごく》なり」と。何《なン》が故にか邪見は地獄に堕つる。邪見を以て唯し邪道及以《およ》び*神俗のみに向ひて、仏法僧を謗《はう》じ三宝を崇《アガ》めず、既に崇信《シウしん》せずして人の正路《しやうろ》を断して苦に遭はしむることを致すに縁つて、所以《ゆへ》に命終して阿鼻獄に入る。何《なン》が故にか邪見は復《また》畜生と為る。邪見を以て正理を識らざるに縁つて、所以に獄を出でて畜生の報を受く。何《なン》が故にか邪見は復《また》餓鬼と為る。此の邪見は慳心に堅著し、*唳僻《ライびやく》して捨てず、*捨てずして慳著《けんぢやく》するに縁つて、復《また》餓鬼と為る。何《なン》が故にか邪見の、邪見の家に生ずる。此の邪見は*僻習心《ひやくしふ》を纏ふに縁つて、所以に人と為《な》つて邪見の家に生ず。何《なン》が故にか邪見、其の心諂曲《てんごく》なる。此の邪見は中正にあらざるに縁るが故に、所以に人と為つて心常に諂曲なり。当《まサ》に知るべし、邪見は十の大苦なり。

是くの如きの一一の微細の衆悪罪業、無量無辺なり。皆《みナ》地獄に入りて備《つぶ》さに諸苦を受くること、算数《さんしゆ》して而も知るべきに非ず。且《しばら》く略して言ふのみ。若し能く悪に反して善とするは、即ち是れ我が師なりと。

次に羝羊の外道を明す。

諸の外道の嗢陀南

*時と大と相応と二の建者と　自在と流出と尊貴を計すると

地持論　『華厳経』巻二十四(正蔵九・五四九中)。

神俗　鬼神の類か。

唳僻　左訓「モトリヒカンテ」。

捨てずして慳著するに縁つて　真本「慳著ヲ捨テザルニ縁テ」と訓む。

僻習…縁つて　冠註「僻習セル纏心ナルニ縁ル」と訓む。

――外　道――

時と大と相応と…　以下、三十種外道の名を挙げる。即ち、時・五大・相応・建立・不建立・自在天・流出・時・尊貴・自然・内我・人量・遍厳・寿者・補特伽羅(数取趣)・識・阿頼耶(蔵)・知者・見者・能執・所執・内知・外知・社怛梵・摩奴周(人)・摩納婆(勝)・常定生・声顕者・声生者・非声の三十である。

自然と内我と人量を執すると　遍厳《へんごん》と寿者と*数取趣《そくしゅしゅ》と
識と蔵と知者と及び見者と　能所の二執と内外の知と
*怛梵《とぼん》と人と勝との常定を計すると　顕生の二声と*無声と
是くの如きの三十の大外道は　各各に真に迷ひて輪の如く転す

*注すらく、

「大日経」に復計有時と云ふは、謂はく、一切の天地の好醜《かうしゅ》は皆《みナ》時を以て因とすと計す。彼の偈《げ》に言ふが如し。時《じ》来れば衆生熟す。時《じ》至れば則ち催促《さいソク》す。時能《よ》く人を*覚悟せしむ。是の故に時を因とす。更《さラ》に有る人の言はく、一切の人物は時の所作に非ずと雖も、然《しか》れども時は是れ不変の因なり、是れ*実有の法なり。細の故に見るべからず。花実等の果を以ての故《ゆへ》に時有りと知るべし。何を以ての故に。果を見て因有りと知るが故に、此の時法は不壊なるが故に常なり。亦《また》時の自性を観せざるを以ての故に、是くの如きの*妄計を生ずるなり。

経に地等の変化と云ふは、謂はく、*地・水・火・風・虚空なり。各各に執して真実とする者《もノ》有り。或るが言はく、地は万物の因と為《ナ》る。一切の衆生と万物とは地に依つて生ずることを得るを以ての故に。地の自性は但し衆縁和合するに従つて有りと観せざるを以ての故に。而も是の見を生じて地を供養する者《もノ》は、当《まサ》に*解脱を得べしと以為《おも》へり。次に有るが計すらく、水は能く万物を生ずと。火風も亦爾《しか》なり。或るが計すらく、万物は空より而も生ずと。謂はく、空は是れ真の解脱の因なり。宜しく供養し承事す

数取趣　↓四一頁注
怛梵　社怛梵。↓六〇頁六行
無声　真本・冠註は「非声」。
注すらく…　以下六一頁七行目まで『大日経疏』巻一—二(正蔵三九・五九二下—五九四中)の引用。
覚悟　真理を会得し、真智を開くこと。
実有　虚妄ではなく、真実にあるという意。
妄計　妄想の計度・思慮。
地・水・火・風・虚空　五大。体性広大で、よく万物を生成する五原素。
解脱　惑業の繋縛を解き、三界の苦果を脱すること。

べしと、皆《ミナ》広く説くべし。

経に*瑜伽《ゆが》の我と云ふは、謂はく、*定を学する者《もノ》は此の*内心相応の理を計して*真我と以為《おも》へり。常住不動にして*真性湛然なり。唯し此れのみ是れ*究竟の道なり、*因果を離れたり。心の自性を観せざるが故に、是くの如きの見を生じて真我と以為《おも》へり。但し此の理に住するを即ち解脱と名《なづ》く。

経に建立《こんりふ》の浄と不建立の無浄と云ふは、是の中に二種の計有り。前の句は、謂はく、一切の法を建立する者《もノ》有り、此れに依つて修行する、之を謂ひて浄とす。次の句は、謂はく、此の建立は究竟法《くきやうぼふ》に非ず、若し建立無ければ所謂《いはゆる》*無為なり。乃ち真我と名く。亦《また》前の句の所修の浄を離る。故《カるがゆへ》に無浄と云ふ。我の自性を観せざるに猶《よ》つて、是くの如きの見生ずること有り。

経に若《にゃく》*自在天と若流出及時《にゃくるしゅつぎふじ》と云ふは、謂はく、一類の外道の計すらく、自在天は是れ常なり、是の自在は能く万物を生ずと。「*十二門論」の中に難じて云ふが如し。若し衆生は是れ自在の子ならば、唯し楽を以て苦を遮すべし、苦を与ふべからず。亦但し自在を供養ぜば、則ち苦を滅して楽を得べし。而も実には爾《しか》らず。但し自《みづか》ら苦楽の因縁を行じて而も自《みづか》ら報を受く。自在天の作には非ず。又若し自在、衆生を作《な》すといはば、誰《たレ》か復《また》此の自在を作す。若し自在、自《みづか》ら作すといはば則ち然らず。物《もノ》の自作にあらざるが如し。若し更に作者有りといはば、則ち自在と名《なづ》けじ。計流出とは、建立と大同なり。建立は心より一切の法を出すが如し。此の中の流出は、手の功《く》より一切の

瑜伽　ここは相応外道のこと。調息・制感等の法によって三昧を得、解脱に達しようとする一派をいう。

定　心を一境に専注して散動せしめないこと。三昧は修定によってえられる境地の一。

内心相応　心を摂して正理と相応する状態に入ること。

真我　真実の我。仏教の仮我にたいして外道凡夫の執する実我をいう。

真性　人が本来具えている本性。

究竟　無上。事理の至極をいう。

因果　原因と結果。因あれば果あり、果あれば因なかるべからずという因果の理法によって、一切諸法は生滅変化するとされる。

無為　因縁の造作なく、生住異滅の四相の転変なきことをいう。

自在天　大自在天。はじめは梵天の下位にあったが、次に等位となり、後には首位を占めて、世界創造の最高神となり、その住所も色界の頂上である色究竟天にあるとされるにいたった。

十二門論　一巻。竜樹造、羅什訳。『中論』『百論』とともに三論宗所依の主要典籍。一切皆空の宗義を明し、観因縁・観有果無果・観縁・観相・観有相無相・観一異・観有無・観性・観因果・観作者・観三時・観生の十二門より成る。引文は、観作者門第十(正蔵三〇・一六六上中)。

法を出だすが如し。譬へば*陶師子《タウしし》の埏埴《エンジキ》、無間にして種種の差別の形相を生ずるがごとし。*次に時と云ふは、前の外道の宗計《しゅうけい》と少異なり。皆《みな》自在天の種類なり。

経に尊貴と云ふは、此れは是れ*那羅延天《ならえんてん》なり。外道の計すらく、此の天は湛然常住にして不動なり。而も輔相《ふさう》有りて万物を造成《ざうじやう》す。譬へば人主の無為《ぶゐ》にして而も治するに、有司命《めい》を受けて之を行ずるが如し。能造の主は更に尊貴する所の者《もノ》無きを以ての故に、尊貴と名く。又此の宗の計すらく、尊貴とは、一切の地・水・火・風・空処に遍せり。昔《むかシ》、論師有りき。彼の宗計を伏せんと欲《ねが》ふが故に、*天祠《てんし》に往詣して、彼の天像の身上に於て坐して而も飲食す。西方には飲食の残を極不浄《ごくふじやう》とするを以て、皆《みな》共に忿怒す。論師の言はく、所宗《しよしゆう》の如くならば、豈《あニ》一切処の地・水・火・風・空界に遍する相に非ずや。答へて言はく、是くの如し。論師の言はく、彼れ即ち地・水・火・風ならば、我れも亦《また》是くの如し。此れを以て相入するに、何の不可なる所あつてか而も忿怒するや。彼の衆、嘿然《もくねん》として報を加ふること能はず。亦我の自性を観せざるに猶《よ》るが故に、是くの如きの妄計を生ず。

経に自然*と云ふは、謂はく、一類の外道の計すらく、一切の法は皆《みナ》自然にして有なり。造作の者《モノ》無し。蓮華の生じて色の鮮潔なるが如きは誰か染むる所ぞ。棘刺《コクシ》の利《ト》き端《ハシ》、誰か削《けつ》り成《ナ》せる所ぞ。故《カるがゆへ》に知りぬ、諸法は皆《みナ》*自爾なり。有る師難じて云はく、今《いマ》目に世人を観るに、舟船室宅の類を造作するは、皆《みナ》衆縁に従《ヨ》つて有なり、自然成には非ず。云何《いかん》が自爾なるや。若し有りと雖《いへド》も而も未だ明了ならず、故に人功を須《モ》つて之を発《アラハ》す

陶師子の埏埴　『荀子』に「陶人埏埴而為器」とあり、埏は水に土を和すること、埴は粘土をいう。

次に時と云ふは　最初にあげた時外道の計度とは異なることを示す。

那羅延天　堅固力士・金剛力士等といわれ、大力ある神とされている。

天祠　天部の諸神を祠るところ。

自然　他より何らの力を加えられることなく、自ら然ること。

自爾　自然と同じ。

と謂はば、是れ亦然らず。既に人功を須《も》つて之を発《あらは》さば、即ち是れ縁に従《ヨ》る、自然有には非ず。大唐に有らゆる老荘*の教は天の自然の道を立つ。亦此の計に同じ。

経に内我と云ふは、有るが計すらく、身中に心を離れての外に別に我性有り。能く此の身を運動して諸の事業を作す。難者《なんしゃ》の云はく、若し是くの如くならば、我は則ち無常なり。何を以ての故に。若し法の是れ因なると、及び因より生ずるとは、皆《みな》無常なるが故に。若し我無常なりといはば、則ち罪福の果報、皆《みナ》悉く断滅すべし。是くの如き等の種種の論議は、挍量の中に至りて広く明すべし。

経に人量と云ふは、謂はく、*神我《じんが》の量は人身に等しと、身小なれば亦小なり、身大なれば亦大なりと計す。「智度*」に云はく、「有るが計すらく、神の大小は人身に随ふ。死壊する時には神亦前《さキ》に出づ」と。即ち此れと同し。然るを彼の宗《しゅう》は、我を以て常住自在の法とす。今既に身の大小に随ふといはば、已に是れ無常なり。故《カるがゆへ》に知りぬ、然らざるなり。

経に遍厳《へんごん》と云ふは、謂はく、此の神我は能く諸法を造《な》す、然も世間に尊勝遍厳なる事は、是れ我の所為なりと計す。自在天の計と小《すこし》き異なり。「中論*」に自在を破して云ふが如し。自在天、何《なン》が故にか尽《ことごと》く楽、人を作し、尽く苦、人を作さずして、而も苦者と楽者と有る。当《まサ》に知るべし、愛憎より生ず、故《カるがゆへ》に自在にあらず。今遍厳とは、既に能く諸の福楽を造《な》すといはば、而も楽を以て苦を遮すること能はず。何ぞ遍厳自在と名けんや。

老荘の教　老子・荘子の教。

神我　神は我の古訳で、重複して呼ばれる。これを常住自在の法とする一派は、また神我外道とよばれる。

智度　『大智度論』巻十二、釈初品中檀波羅蜜法施之余(正蔵二五・一四九中)。

中論　ここは『十二門論』の誤り。『中論』はまた『中観論』とも。四巻。竜樹の『中論本頌』を青目が釈したもの、羅什訳。空を破し、仮を破し、進んで中に執する見をも破して、八不中道、無所得の中道を説いたもの。

経に若寿と云ふは、謂はく、有る外道の計すらく、一切の法乃至四大草木等は皆《みな》寿命有り。草木の伐り已《をは》つて続生するが如きは、当《まさ》に知るべし、命有りと。又彼れ夜は則ち巻合《けんがふ》す。当《まサ》に知るべし、亦*情識有り、睡眠するを以ての故に。難者の云はく、若し斬伐せられて還つて生ずるを見て命有りとせば、則ち人の一支を断つに復《また》増長せず、豈に命無からんや。*合昏木《がふこんもく》の眠《ねぶり》有るが如くならば、則ち水の流れて昼夜に息まざる、豈に是れ常に覚《サ》めたらんや。皆《みナ》我の自性を観せざるに由るが故に、種種の妄見を生ず。経に補特伽羅《ふどがら》と云ふは、謂はく、彼の宗の計に数取趣《そくしゆしゆ》の者《もの》有りと。皆《みナ》是れ一つの我なり。但し事に随つて名を異にすらくのみ。若し今世より後世に趣くこと有らば、是れ則ち*識神常なりとやせん。識神若し常ならば、云何《いかん》が死生有らん。死をば此の処に滅すと名け、生をば彼の処に出づと名く。故《カるがゆへ》に神常なりと言ふこと得ず。若し無常ならば、則ち我有ること無し。仏法の中の*犢子道人《とくしだうにん》と、及び*説一切有者との如きは、此の両部は*三世の法有りと計す。若し定《さだ》めて過去・未来・現在有らば、則ち数取趣の者有るに同じて仏の*三種の法印を失す。西方の諸の菩薩、種種の量を作して、彼の宗計を破《は》す。

経に若識と云ふは、謂はく、有る一類の執すらく、此の識は一切処に遍せり、乃至地・水・火・風・虚空界にも、識皆《みナ》其の中に遍満せりと。此れ亦然らず。若し識神遍常ならば、独り能く見聞覚知すべし。而も今要《かなら》ず*根塵《こんぢん》和合するに由つて、方《まサ》に識生ずることと有り。則ち汝が識神は所用無しとす。又若し識神、五道の中に遍せば、云何《いかん》が復《また》死

情識　本来は凡夫迷情の見解をいう。

合昏木　合歓樹。ねむの木。

識神　たましい。

犢子道人　犢子部の人々。犢子部は小乗二十部の一。仏滅後三百年の頃、説一切有部より出で、舎利弗の法系を受け、阿毘曇を重んじた一派という。

説一切有者　説一切有部の人々。説一切有部は、仏滅後三百年の初、根本上座部より分出した一派。迦多衍尼子(紀元前後の人)を祖とする。倶舎論は主としてこの部の教義を明したものといわれる。

三世　過去・現在・未来。

三種の法印　仏教と外道との教理の差別を識別する三種のしるし。諸行無常印・諸法無我印・涅槃寂静印の三。

根塵　眼・耳・鼻・舌・身・意の六根とその対境である色・声・香・味・触・法の六塵をいう。

生有るや。故《カるがゆへ》に知りぬ、爾《しか》らざるなり。

経に阿頼耶《あらや》と云ふは、是れ執持含蔵の義なり、亦是れ室の義なり。此の宗の説かく、阿頼耶有りて能く此の身を持せり。造作する所有りて万像を含蔵す。之を摂すれば則ち所有無し。之を舒《の》ぶれば則ち世界に満つ。*仏法の中の第八識の義に同ならず。然も世尊、*密意をもて*如来蔵を説きて阿頼耶としたまふ。若し仏法の中の人、自心の実相を観せずして分別し執著すれば、亦《また》我見に同じ。

経に知者見者と云ふは、謂はく、有る外道の計すらく、身の中に知者有り、能く苦楽等の事を知ると。復《また》有るが計すらく、能見者は即ち是れ真我なりと。「*智度」に云はく、「目に色を観るを名けて見者とし、*五識をもて知るを名けて知者とす」と。皆《みナ》是れ我計なり。事に随つて名を異にす。難者の云はく、汝能見《なんヂのうけん》は是れ我なりと言はば、而も彼の能聞能触知《のうもんのうそくち》の者《もの》は是れ我なりとせんや不《イナ》や。若し皆《みナ》是ならば六根の境界は互に相《あひ》知らず、一をもつて六を作《な》すべからず、六をもつて一を作すべからず。若し我に非ざる者有りといはば、是れ亦《また》疑に同ず。故《カるがゆへ》に知りぬ、根塵和合して知見する所《ところ》有り、別の我無し。

経に能執所執と云ふは、謂はく、有る外道の言はく、身中に*識心を離れて別に能執の者《もの》有り。即ち是れ真我なり。能く身口を運動して、諸の事業を作すと。或いは有るが説きて言はく、能執の者は但し是れ識心なり。其の所執の境界を乃ち真我と名く。此の我は一切処に遍せりと。然も内外の*身受心法の性は、皆《みナ》縁より生じて自性有ること

仏法の中の第八識　唯識では有情の心識に眼・耳・鼻・舌・身・意・末那・阿頼耶の八識を立てるが、その中で意識以下をそれぞれ第六識・第七識・第八識とよび、前七識は阿頼耶識の所生として(七)転識・阿頼耶識は根本識・種子識などとよばれる。

密意　方便の意。

如来蔵　真如・仏性の異名であるが、衆生の煩悩の中に隠され覆われている自性清浄心をいう。如来蔵の教義はいろいろに説かれるが、その一にこれを阿頼耶識と同視するものがあった。

智度　『大智度論』巻三十五、釈習相応品第三之一(正蔵二五・三一九下)。

五識　ここは六識の中、眼識を除いた五識をいう。

識心　六識または八識の心王(心の主作用)をいう。

身受心法　身受は眼・耳・鼻・舌・身の五根によって生ずる感覚。心法は色法の対。もしこれを三十七道品(↓一三八頁補「三十七菩提」)の第一、四念処観の意にとれば、身・受・心・法はそれぞれ不浄・苦・無常・無我の謂になる。

無し。是の中の所執能執の執すら尚し不可得なり。何に況んや我をや。亦《また》我の自性を観せざるに猶《よ》るが故に、是の説を作すなり。

経に内知外知と云ふは、亦是れ知者の別名なり。分ちて二計とす。有るが計すらく、内知を我とす。謂はく、身の中に別に*内證の者《モノ》有り、即ち是れ真我なり。外知を以て我とす。謂はく、能く*外塵の境界を知る者、即ち是れ真我なり。

経に社怛梵《シャトバム》と云ふは、云はく、知者外道の宗計と大《おほき》に同し。但し部党別異なるが故に、特《コト》に之を出だすのみ。

経に若*摩奴闍《まぬしゃ》と云ふは、「智度」には翻して人とす。即ち是れ人執なり。具さに訳せば当《まサ》に人生と言ふべし。此れは是れ自在天外道の部類なり。人は即ち人より生ずと計するが故に、以て名とす。*唐の三蔵の意生と云ふは非なり。*末那《まな》は是れ意なり。今は末奴《まぬ》と云ふ。声転じて義別なり。誤れるのみ。

経に摩納婆《まナフば》と云ふは、是れ*毗紐天《びチウてん》外道の部類なり。正翻《しやうほん》には勝我と云ふべし。言はく、我は身心の中に於て最《もつト》も勝妙なりとす。彼と常に心中に於て、我は一寸許りなるべしと観す。「*智度」に亦云はく、「有るが計すらく、神は心中に在り、微細なること芥子の如し。清浄なるを名《なつ》けて浄色とす。或いは豆麦の如し。乃至一寸なり。初めに身を受くる時《トキ》、最《もつト》も前《さき》に在りて受く。譬へば像骨の如し。及び其の身を成ずるは像の已に荘《かざ》れるが如し」と。唐の三蔵、翻して*儒童とするは非なり。儒童をば梵には摩拏婆《まなば》と云ふ。此《ここ》には納《なふ》と云ふ、義別なり。誤れるのみ。

内證　内心のさとり。

外塵の境界　一切世間の事法をいう。塵境。

摩奴闍　劫初、大自在天が八女人を作り、マヌと名づけられたその第六子が人類を生んだという創生伝説があり、マヌの大洪水の話もこれに関連している。

唐の三蔵　三蔵は経律論三蔵に通暁した僧の美称。或いは玄奘三蔵をさすか。

末那　唯識の第七識がこれに当る。意、思量の義といわれる。

毗紐天　ヴィシュヌ。インド神話では宇宙維持の神。仏教では自在天・那羅延天などの別名とされる場合がある。

智度　『大智度論』巻十二(正蔵三五・一四九中)。

儒童　童子の総称。

経に常定生と云ふは、彼の外道の計すらく、我は是れ常住なり、破壊すべからず。自然に常に生じて、更に生ずること有ること無し。故《カルガユヘ》に以て名とす。

経に声と云ふは、即ち是れ声論外道なり。若し声顕者の計すらく、声の体は*本有なり、縁を待ちて之を顕《あら》はす。体性は常住なりと。若し声生者の計すらく、声は*本生なり、縁を待ちて之を生ず。生じ已《をは》つて常住なり。彼の中に復《マタ》自ら異計を分つ。余処に広く釈するが如し。非声とは前《さき》の計と異有り。彼れは声は是れ遍常なりと計す。此の宗は*悉く撥《はつ》して無として無善悪の法に堕在す。亦《また》声字無き処《ところ》、此れを以て実とすと。

「*楞伽経《ろうが》」には*百八邪見を説き、「*瑜伽論」には*十六の計を説き、「*智度論」には*十六知見を説けり。

秘密曼荼羅十住心論巻第一

本有　本来固有の意。はじめからあること。

本生　本有ではなく、生まれるものの謂。

悉く撥して　因果の道理をはらいのけて信じないこと。

楞伽経　『入楞伽経』巻一、入楞伽経問答品第二(正蔵一六・五二二中下)。なお『楞伽経』には四訳あり。一は北涼、曇無讖訳、四巻。現存せず。二は『楞伽阿跋多羅宝経』四巻。劉宋、求那跋陀羅訳。三は『入楞伽経』十巻。元魏、菩提流支訳。四は『大乗入楞伽経』七巻。唐、実叉難陀訳。仏陀が楞伽山に入って説いた法の謂で、三界唯心の理を示すことを主とし、真妄の因縁、邪正の因果、五法・三自性・八識・二無我の理を説き、法身の常住を明して、広く六度の行を勧めたもの。

百八邪見　真本・冠註は「百八部ノ邪見」。→補

瑜伽論　『瑜伽論』巻六—七、本地分中有尋有伺等三地之三・四(正蔵三〇・三〇三—三一三)。

十六の計　因中有果・従縁顕了・去来実有・計我・計常・宿作因・計自在・害為正法・有辺無辺・不死矯乱・無因見・断見・空見・妄計最勝・妄計清浄・妄計吉祥等の論をなす十六外道の計。

智度論　『大智度論』巻三十五(正蔵二五・三一九下)。

十六知見　→一六頁注

秘密曼荼羅十住心論巻第二

愚童持斎住心第二

愚童持斎心といふは、即ち是れ人趣善心《にんしゆぜんじん》の*萌兆《マウテウ》、凡夫帰源《くゐぐゑん》の濫觴《らんしやう》なり。*万劫《まんごふ》の*寂種、春雷に遇ひて甲坼《コフサ》け、一念の*善幾《ぜんキ》、時雨《じウ》に沐《ボク》して牙《げ》を吐く。歓喜を節食《せつじき》に発《ヲコ》し、*檀《だん》施《せ》を親疎に行ず。少欲《せうよく》の想《おもひ》始めて生じ、知足《ちそく》の心稍《ヤヽ》発《おこ》る。高徳《カウとく》を見て尊重し、*伎楽《きがく》を具して供養《くやう》ず。過《トガ》を知りて必ず改め、賢を見て斉《ヒト》しからんと思ふ。初めて因果を信し、漸《やうや》く罪福を諾《ウベナ》ふ。親々《しんしん》に孝《ケウ》し、忠を国主に竭《ツク》す。*不及の善生じ、*探湯《タンタウ》の悪休《アクキウ》す。内外の*三帰《さんくゐ》、此れより而《しか》も発《おこ》り、人天の十善、是れに因つて修行す。*疱《ハウ》・葉・華・果・受用・無畏・殊勝・決定、是くの如きの*十地、相続して生ず。羝羊《ていやう》の冬樹《トウジユ》、乍《ニワカ》に春苑《しゆんヲン》の錦華《キンクワ》を抜《ヒラ》き、異生の石田《セキデン》に、忽ちに秋畝《しうホ》の茂実《ボじち》を結ぶ。人天の十地、此《ここ》に於て初《はじメ》て開け、三乗の位次、相続して発《ヲコ》る。

◇愚童持斎住心　斎は清浄の義、身口意の三業をつつしむこと。

——**大綱**——

萌兆　左訓「キサシハシム」。

万劫　久遠劫。

寂種　寂滅涅槃をねがう種性。

善幾　善機。修善の可能性。

檀施　布施。

伎楽　雅楽の一種。↓補

不及の善・探湯の悪　論語「見レ善如レ不レ及、見二不善一如レ探レ湯」。探湯は沸騰した湯の中に手を入れること。

三帰　三帰依。仏法僧の三宝に帰依すること。

疱・葉…　↓六三頁五行以下

十地　十心。地は心地。

故に大日尊の説きたまはく、

*復《まタ》次に秘密主、愚童凡夫の類は猶《なほ》し羝羊《ていやう》の如し。或る時に一法の想生ずること有り。所謂《いはゆル》持斎なり。彼れ此の少分を思惟して歓喜を発起し、数々《しばしば》に修習す。秘密主、是れ初《はじメ》の種子《しゆうじ》の善業の発生なり。復《まタ》此れを以て因として、*六斎日に於て父母・男女・親戚《しんシャク》に施与す。是れ第二の牙種《げしゆう》なり。復《まタ》此の施《せ》を以て非親識の者《もノ》に授与す。是れ第三の*疱《はう》種《しゆう》なり。復《まタ》此の施を以て器量高徳の者《もノ》に与《アタ》ふ。是れ第四の葉種なり。復《まタ》此の施を以て、歓喜して伎楽《きがく》の人等に授与し及び*尊宿《そんしゆく》に献す。是れ第五の敷華《ふくゑ》なり。復《まタ》此の施を以て、親愛の心を発《ヲコ》して之を供養ず。是れ第六の成果なりと。

釈して云はく、

*世間に久《く》遠《をん》より来《コノカタ》、展転相承《テンでんさうじよう》して、*善法の名《ナ》有り。然《しか》れども違理の心を以て種々に推《スイ》求《ぐ》すれども、得ること能はず。後《ノチ》の時に欻然《コツねん》として自《ヲのづか》ら念生ずること有り。我れ今に節食持《せつじきぢ》斎《さい》せんと。即ち是れ善法なり。然《しか》れども猶《なほ》し未だ是れ仏法の中の*八関戒《クヱンかい》にはあらず。彼れ節食し自《ミづか》ら誡《イマシム》るに由るが故に、*縁務《えんム》減少して、我れをして飲食足《タ》り易うして、馳求《ちぐ》の労苦《ラウく》を生ぜざらしむることを覚る。爾《そ》の時に即ち少分*不著《ふぢやく》の心を生ず。其の心歓喜して安穏なることを得《ウ》。此の利益を見るに由るが故に、数数《シバ〳〵》之を修習すること有り。即ち是れ最初に微《スこ》しき善悪を識《シ》るが故に、種子心と名《なづ》く。経に、「復《マタ》此れを以て因として、六斎日に於て父母・男女・親戚に施与す。是れ第二の牙種《げしゆう》生ずるなり」と云ふは、此の六斎日に、即ち是れ「*智度」の中に、上代の*五通の

復次に秘密主…　『大日経〔大毘盧遮那成仏神変加持経〕』巻一、入真言門住心品第一(正蔵一八・二中)。

六斎日　毎月、八・十四・十五(白月)と二十三・二十九・三十(黒月)の六日は持斎、八戒をたもつべき日とされたもの。六斎日の中、八・二十三の両日は四天王の使者、十四・二十九の両日は四天王の太子、十五・三十の両日は四天王自身がそれぞれ天下を案行して、帝王・臣民以下の心念・口言・身行の善悪を伺察する日であるという(『四天王経』)。

疱種　疱は苞か。苞はハカマ、草の茎を被う皮の意。　**尊宿**　徳高く年長けた僧。

世間に久遠より…　『大日経疏〔大毘盧遮那成仏経疏〕』巻二、入真言門住心品第一之余(正蔵三九・五九四下―五九五上)。

善法　世間の善法をいう。出世間の善法とは五戒・十善をいう。出世間の善法とは三学・六度。

八関戒　八斎戒。在家の男女が一日一夜を期してたもつ戒。殺生・不与取・非梵行・虚誑語・飲酒・塗飾香鬘舞歌観聴・眠坐高広厳麗床上の七戒と食非時食の斎法を加えたものという。

縁務　わが身にかかる世間の務。

不著　愛着・執着をはなれる。

智度　『大智度論』巻十三、釈初品中尸羅波羅蜜義第二十二(正蔵二五・一五九中―一六〇中)。

五通の仙人　五種の通力(天眼通・天耳通・他心通・宿命通・神足通)を得た外道の高徳の行者。

仙人、勧めて此の日をして断食せしむ。既に善法に順し、又鬼神《くゐじん》の災横《さいワウ》を免《マヌカ》る。彼に広く説くが如し。貪求《とんぐ》を止息《しそく》して、内に利楽を獲ることを見るに由るが故に、此の法を脩習して、増長することを得しめんと欲《おも》ふが故に、持斎の日に於て、已が財物を捨てて*六親に与ふ。自《みづか》ら、我れ守護の憂《うれへ》無し、他人をして愛敬せしめ、孝義の誉《ホマレ》を獲《ウ》と念す。此の因果を見るを以ての故に、転《ウタヽ》歓喜を生ず。歓喜の故に善心稍《やうや》く増すこと、由《ナヲ》し種子より牙《げ》を生ずるが如し。

経に、「復《また》此れを以て非親識の者に授与す。是れ第三の疱種《はうしゆう》なり」と云ふは、謂はく、此の*守斎の善法を成ぜんと欲して、無貪恚《むとんゑ》捨《しや》の心を脩習す。数《シバ〳〵》習ふに由るが故に、善心漸く増長して、復《まタ》能く非親識の人に施与す。此の平等施心の*功徳利益を見る、爾《そ》の時に善萌《ぜんマウ》倍《マス〳〵》復《まタ》増広なること、猶《なほ》し牙茎《げきやう》の滋《シゲ》く盛《さかん》にして、未だ葉を生ぜざる時《トキ》の如し。故に疱種と名《なづ》くるなり。

経に云はく、「復《また》此の施を以て器量高徳の者に与ふ。是れ第四の葉種なり」と。謂はく、*以《スデ》に能く恵捨を習行す。此れを因と為《な》すに籍《ヨ》つて、漸く能く所施の*境を*甄択《ケンちやく》す。是くの如きの人は徳行高勝なり。我れ今《いま》宜しく親近して供養ずべしと。即ち是れ恵性漸く開けて、*善知識に遇ふ*由漸なり。

経に云はく、「復《また》此の施を以て歓喜して伎楽の人等に授与し及び尊宿に献す」といふは、謂はく、恵性漸く開けて、復《また》所施の境を甄別《けんべち》して、其の利他の益を見るに、伎楽の人は、能く大衆を化して其れをして歓喜せしむるを以ての故に、其の功《コウ》を賞楽《シヤウラク》す。

六親　父母・妻子・兄弟。

守斎　持斎に同じ。

功徳利益　自ら益するを功徳、他を益するを利益という。

以に　左注「已疏」。

境　対象。

甄択　甄は見る。明らかに分つこと。

善知識　高徳の賢者。仏道に縁を結ばせる人。

由漸　由来。

凡そ此くの如きの類、衆多なり。是れを以て等と云ふなり。尊宿といふは、耆《ギ》旧《ク》にして見聞する所《ところ》多く、及び学行高く尚《タット》うして、世《ヨ》の師範とする所なり。其れ遵利《シュムり》する所《ところ》多きを以ての故に、誠を推《イタ》して歓喜して之に施与す。亦《まタ》我が施の時の心をして倍《マスく》歓喜せしむるが故に、即ち是れ花種なり。

経に云はく、「復《まタ》此の施を以て、親愛の心を発《ヲコ》して之を供養ず、是れ第六の成果なり」といふは、謂はく、所習醇熟《ジュムジュク》して、直《ただ》に歓喜するのみに非ず、復《まタ》能く親愛の心を以て尊行の人に施与す。又前の施の因縁に由つて、*法利を聞くことを得て、彼れ内に勝徳を懐くと知り、能く欲等を出離せりと謂《おも》ひて、*狎習親附《カウしふしんふ》して之を供養ず。初めの種子に望《み》れば、即ち是れ成果の心なりと。

三帰・五戒・八禁の頌

嬰児《やうに》の母《ハヽ》在らず　*犢子《とくし》の所依無きは
必ず死せんこと疑慮《ギリョ》無し　豺狼《サイラウ》悉く走り帰《ヲモム》く
衆生仏に帰せざれば　魔鬼捴《スベ》て来り囲《カコ》む
己を剋《セメ》て三宝に投ずれば　諸天敢へて違《ゐ》せず
五常を持して犯《ぼん》せざれば　来葉に美名《ビメイ》を飛《トバ》す
*八禁《キム》能く修習すれば　人天に光暉《くわうキ》を作す
三途何ぞ必ずしも怖れむ　諸仏毎《つね》に威を加へたまふ

法利　仏法の功徳・利益。

狎習　なれ親しむこと。

――三帰――

犢子の所依　子牛にたいする母牛の謂。或いは犢子比丘(仏在世当時の外道の一、後出家)にたいする釈尊または舎利弗(→一三二頁注)をさすか。

八禁　八斎戒。

昇墜《ショウツイ》他の意に非ず　　衰栄《スイエイ》我が是非なり

持斎の心は、必ず三帰を求めて修す。五戒・八戒*・十善は此れより相続して修行す。

初めに三帰とは、

*仏《ほとけ》、*尸利《シリ》に因《ヨ》つて三帰を説き、*末伽《マツカ》に因《ヨ》つて五戒を説き、*伽《ガ》王の為に十善を説き、*提謂《ダイキ》長者の為《タメ》に六斎を説きたまふ。三帰は勧《スス》めて邪を捨てしめ、五戒は其の行悪《ぎやうあく》を防《フセ》き、十善は其れをして貴を招かしむ。六斎は其れをして楽を得《エ》しむと、云々《しかしか》。

「*毘尼母《びにも》」に云はく、

三帰に五種有り。一つには翻邪《ホムじや》の三帰、二つには五戒の三帰、三つには八戒の三帰、四つには十戒の三帰、五つには具戒の三帰なりと。

今且《いましばら》く第一の翻邪の三帰を明す。

問《ト》ふ、帰の意云何《こころいカン》ぞ。答ふ、三宝を以て所帰《しよくゐ》の境として、救護して*浸陵《シムレウ》せしめざらしめんと欲《おも》ふ。人の、罪を王に得るとき、他国に投《イタ》り向ふに、彼の王語《カタ》りて云はく、汝無畏《むゐ》を求むれば、我が境《さかひ》を出づること莫れ、我が教に違すること莫れ、必ず相《あひ》救護せんといふが如し。衆生も亦爾《しか》なり。*魔に繋属して生死の過《トガ》有り。三宝に帰向して、仏教に違せざれば、魔、繋属すること無し。如何《いかん》となれば、*仏戒は身《み》を沾《ウルヲ》して人《ひト》多く益《ウ》を得ること、甘露を飲みて*纏痾《デムア》を*蠲療《クエムれう》するが如し。故に「*観仏三昧経」の第六に云はく、「昔《むかシ》童子有り、仏の三帰を受けて、*散脂鬼《さんシくゐ》の損を被《かうぶ》ることを免《マヌカ》る等《トウ》」と、云々《しかしか》。

八戒　八斎戒。
仏尸利に因つて…　法琳『辯正論』巻一、三教治道篇第一上(正蔵五二・四九三下)。↓補
尸利　文殊師利。
末伽　末伽梨拘賖梨子(六師外道の一、邪命外道の長)か。
伽王　伽梵波提(憍梵波提、仏弟子の一)か。
提謂長者　釈尊成道の後、最初に帰依した商人の名。
毘尼母　『毘尼母経』八巻。失訳、律蔵犍度品の釈という。引文は、巻一(正蔵二四・八〇三中)取意。これは『法苑珠林』巻八十七、受戒篇第八十七、受法部第五(正蔵五三・九二六上)取意の文。『法苑珠林』百巻は、唐、道世(六八三寂、『諸経要集』の撰者)の撰。劫量・三界・日月・六道等、百篇に分けて経論の所説を類集したもの。
浸陵　左訓「ヲカシヲカス」。
魔　擾乱・障礙・破壊・能奪命・殺者の意という。また悪魔。
仏戒　ここは仏所説の戒法をいう。
纏痾　纏は煩悩、痾は病。
蠲療　左訓「ノソク、ツクロフ」。除きいやす。
観仏三昧経の第六　『観仏三昧経(仏説観仏三昧海経)』十巻。東晋、仏陀跋陀羅訳。一心に仏の相好形色を観想すること(観仏三昧)の功徳を説いたもの。インド神話の引用で知られる。引文は、巻七、観四威儀品第六之余(正蔵一五・六七八下)取意。
散脂鬼　鬼子母神の次子という。世間を巡行して善悪を賞罰し、仏法を護持する。

問ふ、此の翻邪の三帰を受くる所以《ユヘ》は何《いカン》。答ふ、其れ邪を信せしより来《コノカタ》、久しく非境に耽著《タムちゃく》するを以て、今《いマ》忽ちに善を発《おこ》して仏法に帰投《くゐトウ》す。創《ハジメ》て三帰を以て其の邪倒を翻す。心を易《カヘ》て仏に帰信し、弟子と為《ナ》るが故に翻邪と名《なづ》く。

「*灌頂経」に云はく、「時《トキ》に*異道の*鹿頭梵志《ろくづぼんし》有り、仏の所《もと》に*来致して*稽首《ケシュ》作礼して白《まう》して言《まう》さく、今《いマ》異学を捨置《シャち》して、三帰五戒を受けんと欲ふ。仏の言《のたま》はく、善哉《ヨキカナヤ》善哉、梵志、汝《なんヂ》能く余道を捨置して我れに帰命せば、其の徳無量にして称説すべからずと。梵志の言《まう》さく、*諾《ダク》す、身を終るまで*奉行して敢へて毀壊《くゐゑ》せじと。爾《そ》の時に仏《ほとケ》、為《ため》に授《さづ》け已《ヲハ》つて梵志に告げて言《ノタマ》はく、汝《なんヂ》一心に三帰を受け已《をは》りぬ。我れ常に汝《なんヂ》及び十方の人の為に、*天帝釈の所遣の諸の鬼神に勅して、以て男子と是くの如き等の輩とを護らしめん。*卅六部の神王有り。此の諸の善神に、凡そ万億恒沙の鬼有りて、以て眷属とす。相《サウ》を陰《カク》し番《バン》に代《カハ》つて、以て男子と是くの如きの輩とを護らしめん」と、云々《しかしか》。*諸神の名字は、具さに*経に之を説くが如し。

経に云はく、「*三帰を受くるを以て、竜、*鳥難を免る」と、云々。

偈《げ》に曰はく、

昔の邪心を捨てて　戒を受けて正に帰すれば
人天稽首《けしゅ》し　諸仏同じく慶《ヨロコ》びたまふ

五　戒

次に五戒を明す。

灌頂経　十二巻。東晋、帛尸梨蜜多訳。『三帰五戒帯佩護身呪経』など十二部の経を集めたもの。十二経の一々に仏説灌頂の四字を冠しているのでこの名がある。灑水灌頂の謂ではない。引文は『仏説灌頂三帰五戒帯佩護身呪経』巻三(正蔵二一・五〇一下–五〇二中)取意。

異道　外道。

鹿頭梵志　梵志は婆羅門。

来致　慶本・冠註「来到」。

稽首　礼するにあたって、頭を下げて地にいたるをいう。

諾　左訓「ウヘナウ」。

奉行　教を奉じて修行すること。

天帝釈　帝釈天。梵王とともに仏法を守護する神。→二二頁注

卅六部の神王　三帰を受持するものを守護する善神。

諸神の名字　→補

経　『灌頂経』巻一(正蔵二一・四九五–四九六)取意。

三帰を受くる…　『観仏三昧経』巻七(正蔵一五・六八〇中下)取意。

鳥難　金翅鳥(→三七頁注)は竜を取って食うという。

*夫れ五戒は、*外書《ぐゑしよ》に五常の教有るに同じ。謂はく、仁・義・礼・智・信なり。愍《あは》れみ傷《いた》むで殺せざるを仁《じん》と曰ひ、害を防《フセ》いて婬せざるを義と曰ひ、故《コトさら》に心に酒《さケ》を禁するを礼と曰ひ、清察《シヤウさつ》して盗せざるを智と曰ひ、法に非ざれば言はざるを信と曰ふ。此れを五徳とす。造次《ザウシ》にも虧《カ》くべからず、須臾《しゆゆ》も廃《ス》つべからず。王者之を*履《ヲコナ》つて以て国を治《ち》し、君子之を奉《ウケ》て以て身を立つ。用ゐて蹔《しばら》くも替《スツ》ること無し。故に五常と曰ふ。天に在りては*五緯《ごヰ》とし、地に在りては*五岳とし、処《ところ》に在りては*五方とす。人に在りては*五蔵とし、物《モノ》に在りては*五行とす。之を持《たも》つを五戒とす。故に「*天地本起経」に云はく、「劫初《こふしよ》の時の人は地肥《ぢヒ》を食す。一《ひとり》の衆生有りて頓《タチマチ》に五日《ごにち》の食を取る。因《ヨツ》て盗戒を制《セイ》す。地肥《ぢヒ》を食するを以て貪欲を生ず。因つて婬戒を制す。婬欲を以ての故に共に相欺奪《あヒゴだつ》す。因つて殺戒を制す。求欲を以ての故に妄語《まうご》諂曲《テンゴク》なり。因つて不妄語戒を制す。飲酒を以ての故に昏乱《コンらん》して非を行ず。因つて酒戒を制す。五戒の興《おこリ》を討尋《タヅヌ》るに、其の来れること久し。天地の始に萌《キザ》し、万物の先《セン》に形《カタド》る」と。

「*論語」に云はく、「殷《イン》は夏《カ》の礼《レイ》に因《ヨ》る。損益《ソンエキ》する所《とこロ》知りぬべし」と。〈*馬融《バイフ》が日はく、因《イン》する所といふは、三綱・五常を謂ふ。〉

*疏に云はく、「三綱といふは、夫婦・父子・君臣を謂ふ。五常といふは、仁・義・礼・智・信を謂ふ。五行に就《ギヤウ》て而《しか》も謂《い》はば、則ち木を仁とし、火を礼とし、金を義とし、水を信とし、土を智とす。人《ヒト》此の五気《キ》を稟《ウケ》て生《セイ》ずるときは、則ち備《つぶサ》に仁義礼智信の性《セイ》有り。人《ヒト》に博愛《ハクアイ》の徳有る、之を仁と謂ひ、厳断《ゲンダン》の徳有るを義とし、明かに尊卑を辨《わきま》へ

夫れ五戒は…　『辯正論』巻一(正蔵五二・四九三中)略抄。

外書　仏教以外の書物。

履　左訓「フムテ」。

五緯　乾(西北)・坤(西南)・艮(東北)・巽(東南)の四維に中を加えるか。

五岳　泰山(東)・華山(西)・衡山(南)・恒山(北)・富山(中)の五。

五方　東・西・南・北・中。

五蔵　五臓。肺・心・脾・肝・腎の五臓。

五行　木・火・土・金・水。

天地本起経　『大智度論』巻十三等にこの経の引文がある。この文は『辯正論』巻一(正蔵五二・四九五上)。

論語　為政篇。

馬融　七九—一六六。後漢の学者。『孝経』『論語』をはじめ詩・書・三礼・易、さらに『列女伝』『老子』『淮南子』『離騒』等の注釈があったというが、今は断片的にしか伝わらない。

疏　皇侃の『論語義疏』をいう。皇侃は梁代の学者。何晏(?—二四九)の『論語集解』を疏釈したもので、魏晋以来の諸家の説を参酌している。中国では夙く佚し、日本にだけ伝わっている。

て敬譲《ケイジヤウ》の徳有るを礼とし、言ふこと虚妄ならざる徳有るを信とし、昭了の徳有るを智とす。此の五つは是れ人《ひト》の性《セイ》の恒《ツネ》なり、蹔《しばら》くも捨つべからず。故に五常と謂ふ」と。「尚書《シヤウシヨ》」の洪範《コウハン》に云はく、「五《ご》行《カウ》といふは、一つには曰はく水、二つには曰はく火、三つには曰はく木《ボク》、四つには曰はく金《キン》、五つには曰はく土なり。〈皆《みナ》其の生《セイ》ずる数《かズ》なり。〉水をば潤下《ジユンカ》と曰ひ、火をば炎上と曰ひ、〈其の自然《しぜン》の常の性を言ふ。〉木をば曲直と曰ひ、金をば*刅革《シヨウカク》と曰ひ、〈木は揉《タメ》て曲直にすべし、金は改め更《カ》ふべし。〉土をば*稼穡《かしよく》と爰《イ》ふ。〈種《ウ》るを稼と曰ひ、斂《ヲサム》るを*穡と曰ふ。土は以て種うべく、以て斂むべし。〉潤下は鹹《シハヽユ》いことを作す。〈水鹵《すいロ》の生《ナ》す所なり。〉炎上は苦《ニガ》いことを作す。〈焦《コガ》れたる気《キ》の味ぞ。〉曲直は酸《ス》いことを作す。〈木の実《ミ》の性ぞ。〉刅革《シヨウカク》は辛《カラ》いことを作す。〈金の気の味ぞ。〉稼穡《カシヨク》は甘きことを作す。〈甘き味《あぢはヒ》は百穀《ハクコク》に生《ナ》る。五行より以下《シモツカタ》は、*箕子《キし》が陳《ツラ》ねたる所なり〉」と。

*正義に曰はく、「此れより以下《しもつかた》は箕子が陳《つら》ねたる所なり。第一には其の名の次《ツイデ》を言ひ、第二には其の体性《テイセイ》を言ひ、第三には其の気味《キビ》を言ふ。言ふこころは五つの者の性《セイ》異にして味《アぢはヒ》別なり、各《おのおノ》人の用為《ヨウタ》り」と。

書伝に云はく、「水火は百姓《はくせい》の飲食《インシヨク》する所《とこロ》なり。金木は百姓の興作《クヰヨウさく》する所《とこロ》なり。土は万物の資《ヨ》り生《ナ》る所、是れを人用とす。五行は即ち*五材なり」と。襄《ジヤウ》の廿七年の「左伝」に曰はく、「天、五材を生《ナ》す、民《たみ》並《ならび》に之を用ゐる。言ふこころは五つの者《もノ》各《おのおノ》材幹《ざいカム》有るなり。之を行《かう》と謂ふことは、若し天に在るときは則ち五気流《キリウ》行《カウ》す。若し地に在るときは世《ヨ》の行用する所なり」と。

刅革　左訓「シタカイアラタム」。
稼穡　底本「稼嗇」。農業の意。
穡　底本「嗇」。

箕子　殷の人。周の武王は殷に勝って、虜囚となっていた箕子をつれかえり、これに道を聞いて「洪範」を作ったといわれる。
正義　唐、孔頴達(五七四—六四八)を中心に撰定された『尚書正義』(五経正義の一)をいう。

五材　材の左訓「タカラ」。

昭の元年の「左伝」に云はく、「天に六気《リツキ》有り。〈陰・陽・風・雨・晦《くわイ》・明《メイ》を謂ふ。〉降《クダ》りて五味《ミ》を生《な》す。〈金の味《アぢはひ》は辛く、木の味《あぢはひ》は酸《ス》く、水の味は鹹く、火の味は苦く、土の味は甘きを謂ふ。皆《ミナ》陰陽風雨に由つて生《ナ》る。〉発《アラハレ》て五色《シヨク》を為《ナ》す。〈辛《しん》が色は白し、酸《サン》が色は青し、鹹《かん》が色は黒し、苦《コ》が色は赤し、甘《かん》が色は黄なり。発は見なり。〉徴《アラハレ》て五声《＊セイ》を為す。〈白《ハク》が声《コヘ》は商、青《セイ》が声は角、黒が声は羽、赤《セキ》が声は徴、黄《クワウ》が声は宮なり。＊徴《ちよう》は験《けん》なり〉」と。

「多論＊」に云はく、「五戒を受けんと欲はば、先づ三帰を受け竟つて、爾《そ》の時に五戒を得《とく》す」と。

「智度論＊」に云はく、「戒に五種有り。始《はじメ》不殺より乃《いま》し不飲酒に至る。若し一戒を受くるをば、是れを一分と名《なつ》け、若し二三戒を受くるをば、是れを小分と名け、若し四戒を受くるをば、是れを多分と名く。五戒をば是れを満分と名く。此の分の中に於て何れの分をか受けんと欲ふ。当《まさ》に意に随つて之を受くべし。凡そ五戒を受くる時《とキ》は、或いは昼《ひル》、或いは夜《よル》受くる等《ラ》、亦《また》小善を獲《ウ》」と。

故に「十誦律＊」に云はく、「女人有りて、夜は多く婬を行じて、楽《ねが》うて昼の戒を受くるに縁つて、当来に昼は快楽を受け、夜の間は苦を受く。因果相感を以ての故なり。或いは猟師《レウシ》有りて、昼は殺生を貪して、便ち夜の戒を受くる、来報に夜は多く楽を受け、昼日《ひる》は苦を受く。分限の心を以て昼夜の戒を受くれば、果報の苦楽に此の不同有り。故に亦《また》小善と曰ふ」と。

「薩婆多論＊」に云はく、「問ふ、五戒の中に幾《いくば》くか是れ実戒＊なるや。答ふ、前の四つは

五声　五音。宮・商・角・徴・羽の五音律。

徴は験なり　底本の左訓「チョウ」、「ケムナリ」。

多論　『薩婆多毘尼毘婆沙』九巻。失訳。薩婆多部(説一切有部と訳す)所伝の戒法、十誦律を釈したもの。『薩婆多論』とも。引文は、巻一、総序戒法異名等(正蔵二三・五〇六中)。

智度論　『大智度論』巻十三(正蔵二五・一五八下―一五九上)取意。これは『法苑珠林』巻八十八、受戒部第八十七之二、五戒部第四、得失部第五(正蔵五三・九三〇上)の引文。

十誦律　六十一巻。姚秦、弗若多羅・鳩摩羅什共訳。薩婆多部の広律。戒律の項目を十種とし、その初誦から第三誦の二十巻に二百五十戒、第四誦八巻に受戒・布薩・自恣・安居・皮革・医薬・衣の七法を述べている。以下、第十誦にいたり、その後の毘尼序に第一・第二の結集である五百集法・七百集法、並に雑因縁を述べている。引文は、巻二十五、七法中皮革法第五(正蔵二二・一五九中下)取意。

薩婆多論　『薩婆多毘尼毘婆沙』巻一(正蔵二三・五〇六下)略抄取意。

実戒　性戒。在家出家を問わず、行為そのものが罪となるものを戒としたもの。

遮　遮戒。出家・持戒者に限って遮止し、在家・未受戒者はこれを犯しても罪とな

是れ実なり。後の一つは是れ*遮《しや》なり。同じく結する所以は、放逸《はういち》の根本にして能く四戒を犯《ぼん》するを以てなり。*迦葉《かせふ》仏の時の*優婆塞《うばそく》有り、飲酒に由るが故に、他の妻を婬し、他の雞《にはとり》を盗みて殺す。他人来りて問ふ時に、答へて作さずと言ひて、便ち妄語を犯す如きは、亦《また》能く四逆を造《つく》る」と、云々《しかしか》。

若し五戒を持すれば、便ち*廿五の善神有りて、恒に人身を衛護して、人の左右に在り。宮宅《くうたく》門戸の上《ほとり》に於て、万事をして吉祥ならしむ。諸神の名字は、広くは「*灌頂経」に説くが如し。

頌に曰はく、

五戒は身を資《たす》けて　人天に趣を受く
往《ゆ》きて遊行する所に　鬼神避《さ》り去《さ》る

次に八戒を明す。

「*成実論」に云はく、「五戒を得するを名《なづ》けて優婆塞とす、此《ここ》には近事《ごんじ》と云ふ。八戒を得《とく》するを名けて優婆々娑とす、此《ここ》には近住《ごんぢう》と云ふ」と。

「*戒消災経」に云はく、「五戒の法は、俗人及び鬼の辺に就《ゆ》きて之を受くること有り。自妻を離れず、身穢濁《あぢよく》なるに縁《よ》るが故に。八戒は乃《いま》し是れ浄行の法なり。要《かなら》ず須《すべか》らく*五衆の辺に就《ゆ》きて受くべし。八戒を持する人は、浄行を生ずるが故に」と。

「*斎法経」に云はく、「譬《たと》へば天下《てんげ》の*十六大国の人の、中に満てらむ衆宝の称説すべか

らぬ戒をいう。不飲酒戒がその例である。

迦葉仏　過去七仏の第六。釈尊の前仏にて、人寿二万歳のとき婆羅門種として波羅奈城に生れ、尼拘楼陀樹下に成道し、弟子二万人あったといわれる。

優婆塞　三帰・五戒を受けた在俗の男子。女子は優婆夷という。

廿五の善神　五戒を持するものを護る神。蔡芻毘愈他尼・輸多利輸陀尼・毘楼遮那波・阿陀竜摩坻・婆羅桓尼和婆の五神は不殺のものを守り、以下、不盗・不邪婬・不妄語・不飲酒のものを守る善神各五ありという。

灌頂経　巻三(正蔵二一・五〇二下―五〇三上)。

——八　戒——

成実論　↓補。巻八、五戒品第一百九・六業品第一百一十・七不善律儀品第一百一十一・七善律儀品第一百一十二・八戒斎品一百一十三(正蔵三二・三〇〇中―三〇三下)取意。

戒消災経　『仏説戒消災経』か。但し、これに相当する文はない。

五衆　比丘・比丘尼・式叉摩那(学法女)・沙弥・沙弥尼。

斎法経　『仏説斎経』(正蔵一・九一二下)略抄取意。これは『法苑珠林』巻八十八、八戒部第五、功能部第三(正蔵五三・九三二下)の引文。『斎経』一巻は、呉、支謙訳。『中阿含経持斎経』。持斎の功徳を説いたもの。

十六大国　釈尊当時のインドにおける十六の大国。↓補

らざるが如きは、一日、仏の斎法を受くるに如《しか》ず。其の福に比せんや」と。

「*善生経」に云はく、「八戒を受くる者は、五逆罪を除きて、余の一切の悪皆《みな》消滅す」と、云々《しかしか》。

帝釈、*偈を説きて曰はく、

*六斎と*神足月とに　八戒を奉持すれば
此の人《ヒト》の福徳を獲ること　則ち我れと等しとす

偈に曰はく、

八戒之を受くれば　善神擁護《おうご》す
当《まさ》に聖道を成ずることは　持すること堅固なるに由るべし

次に十善を修することを明す。

十善の嗢陀南《うだな》

殺と怨恨とを離れて利慈を生ずれば　端正長命にして諸天護《まも》る
盗せず知足して衆生に施すれば　資財壊せず天上に生ず
邪婬を遠離《をんり》して染心無ければ　自妻知足せり況《いは》んや他女をや
所有の妻妾侵奪《シムだつ》せられず　是れ*円寂の器にして生死を出づ
妄語せざる者《もノ》は常に実言なり　一切皆《みな》信供すること王の如し
両舌の語を離れて離間《りけん》無ければ　親疎堅固にして怨の破ること無し

善生経　『法苑珠林』巻八十八、八戒部第五、功能部第三(正蔵五三・九三上)に「優婆塞戒経云」として引用している。『優婆塞戒経』巻五、八戒斎品第二十一(正蔵二四・一〇六三中)。『優婆塞戒経』七巻は、北涼、曇無讖訳善生長者という優婆塞のために菩薩戒を説いたもので、一に『善生経』と称ばれる。

偈　『成実論』巻八(正蔵三二・三〇三下)また『大智度論』巻十三(正蔵二五・一六〇上)にこれに類する偈がある。

六斎　→六三頁「六斎日」注

神足月　正・五・九の三長斎月。長斎とはその月一月の間、持斎(午後食事をしない)を続けること。

――十善戒――

円寂　涅槃。

綺語　無義語。巧みに飾って誠実を欠く言葉。十悪の一。

輪王　転輪王。身に三十二相を具し、即位の時、天より輪宝を感得し、その輪宝を転じて四方を降伏する。感得する輪宝に金・銀・銅・鉄の四あり、金輪王は四洲、銀輪王は東西南の三洲、銅輪王は東南二洲、鉄輪王は南閻浮提の一洲を領するという。

七宝　輪王の七宝とは、右の金・銀・銅・鉄の中一宝の他に、象・馬・珠・主蔵臣・玉女・主兵臣の六宝を加える。

八邪見　ここは八邪、邪見・邪思惟・邪語・邪業・邪命・邪方便・邪念・邪定の謂か。

諸の悪口を離れて柔軟の語なれば　勝妙の色を得《エ》て人皆慰《ヒトミナヤスム》ず
道義の語を思ひて*綺語を離れば　現身に即ち諸人の敬《ウヤマイ》を得《ウ》
他の財を貪《とん》せず心に願はざれば　現《げん》に珠宝を得《エ》後に天に生ず
瞋《しん》を離れて慈《じ》を生ずれば一切に愛せらる　*輪王の*七宝此れに由つて得《ウ》
*八邪見を離れて正道に住するは　是れ*菩薩の人なり*煩悩を断《だん》す
是くの如きの十善の上と中下とは　*粟散と輪王と三乗との因なり

「*華厳経」に云はく、「十善業道は、是れ人天の因と、及び*有頂の因となり」と。三乗の賢聖、亦皆《ミナ》修習す。*此れと別なることは、*彼れは皆《ミナ》劫に入り、劫より賢に至り、*賢より聖に至る。此れは唯《ただ》し劫外なり。或いは具不具、或いは*散、或いは定、*三有の因と為《ナ》る。

彼の経に云ふが如し。「十善業とは、菩薩は性《ひととなり》殺生を離れて怨恨を懐《イダ》かず、常に利益慈念の心を生ず。性偸盗《ちうたう》せずして、自《みづか》らの資財に於て常に止足《シそく》を知りて、乃至草葉をも与へざれば取らず。性邪婬せずして、自妻に知足す。他の妻他の女に尚《ナヲ》し染心無し。何《いか》に況んや事に従《シタガ》はんや。性妄語せずして常に実語を作《ナ》し、乃至夢の中にも亦《また》妄語せず。何に況んや故《コとさら》に犯せんや。性両舌せずして、諸の衆生に於て離間の心無し。此の語を将《モ》て彼に向ひて説かず、彼の語を将《モ》て此れに向ひて説かず。他を破《は》せんことを為《ナ》すが故に。性悪口せずとは、謂はく、毒害の語と、*麁獷《そくハウ》の語と、鄙悪《ヒあく》の語と、怨結《ヲンけち》の語となり。常に柔耎《にうなん》の語と、悦意《エツい》の語と、人の心に入る語と、人の愛楽《あいげう》する語とを作

菩薩　仏果を志求するものの謂。声聞・縁覚の二乗とは異なり、四弘誓願を発し、六度(六波羅蜜)の行を修して、上は菩提を求め、下は衆生を化し、五十一位(↓九三頁補「十住」)、三祇百劫の修行を経て仏果を証するものをいうとされる。

煩悩　惑・随眠とも。心の穢の意。また身を煩わせ心を悩ます心作用。

粟散　粟散王。小国の王をいう。

華厳経　『大方広仏華厳経』巻三十五、十地品第二十六之二(正蔵10・一八五)略抄取意。以下、八二頁二行目まで、嗢陀南を除いて、偈も含め『凡聖界地章』巻上の引文。

有頂　有頂天。色界の第四天、色究竟天をいう場合と、無色界の第四天、非想非非想天をさす場合とあり。前者は形ある世界の頂、後者は世界の最頂の意。

此れ　人天。

彼れは皆劫に入り　「彼れ」は三乗。「劫に入る」は、菩薩が成仏するまでの時劫(三祇百劫)に入ること。

賢より聖に　十住・十行・十廻向の三賢から、初地乃至十地の十聖へ(菩薩五十二位↓九三頁補「十住」)。ここでは賢は惑を伏する位、聖は惑を断ずる位といわれ、菩薩乗の因位がそれに当るとされる。

散　心が散乱して一境に止住せざること。定に対す。

三有　ここでは有漏法(有為法、遷流して無常なる法)の異名。有漏法は欲・色・無色三有の因となり、所依となり、これに摂せられるという。

麁獷　獷の左訓「アラシ」。

す。性綺語《キゴ》せずして、常に審義を思ふ語と、道理に順する語と、巧《たくみ》に調伏する語とを楽《ネガ》ふ。性貪欲《とんよく》せずして、他の財物に於て貪心を生ぜず、願はず求めず。性瞋恚《しんい》を離れて、諸の衆生に於て常に慈心を起し、常に思ひて仁慈祐益《いうやく》を順行す。性邪見を離れて、正道・正見・正直に住して、誑《ワウ》無く諂《テン》無し。若し能く爾《しか》る者《もノ》は是れ菩薩の行なり」と。

「*仁王経」に云はく、「中下品の善は粟散王なり」と。中下品を修すれば、人中に王と為る。三界に生ずる因、此れに准して悉すべし。〈自下の十善は是れ「正法念経」なり。〉

不殺生とは、「*正法念経」に云はく、

謂はく殺生を離れ、世間の一切衆生を摂取して、*無畏を施与すれば、諸根端正にして長命の業を得《ウ》。羅刹諸天常に随ひて擁護《おうご》し、乃至命終して天世間に生ずと。

不偸盗とは、経に云はく、

偸盗せざる者《もノ》は大貪の網を出づ。若しは*王と、王と等《ひと》しきもの一切皆《みナ》信す。所有の財物失せず壊せず、諸の*福田の中に皆《みナ》能く捨施《しやせ》すれば、乃至命終して天世間に生ずと。

不邪行とは、経に云はく、

邪婬を離るる人は善人に讃めらる。所有の妻妾、能く侵奪するもの無し。設《たと》ひ衰損《すいそん》有りとも、妻妾嫌《キラ》はず、諸の善法を摂す。是れ涅槃の器なり。乃至命終して天世間に生ずと。

不妄語とは、経に云はく、

妄語を離るれば、世間の人一切皆《みな》信す。設《たと》ひ財物無くとも、一切の世人供養ずること

仁王経　『仏説仁王般若波羅蜜経』巻上、菩薩教化品第三(正蔵八・八二七中)。

正法念経　『正法念処経』巻二、十善業道品之二(正蔵一七・六下―一〇)略抄。以下、「不邪見」までの経は全てこれに同じ。

無畏　仏・菩薩の具える徳の一。智恵が内にあるので、大衆中に法を説いて畏れるところがないこと。

王と、王と等しきもの一切皆信す　経文にはつづいて「若シハ王衆、若シハ長者衆、若シハ刹利衆、若シハ沙門衆、婆羅門衆ニ於テ一切皆信ス」とあり、王と等しきものとは、或は太子のことかと解せられている(冠註)。

福田　如来または比丘の謂。仏・僧等に供養すれば、福徳を生ずること、田地の物を生ずるが如しという。

王の如し。彼の所生に随ひて常に男子と為《ナ》る。乃至命終して天世間に生ずと。

不両舌とは、経に云はく、

両舌を離るる者は、*知識・親友・兄弟・妻子、皆悉《みな》く堅固なり。王及び*怨家、悪の兄弟等、破壊すること能はず。乃至命終して天世間に生ずと。

不悪口とは、経に云はく、

悪口を離るる者《もノ》は勝妙の色を見《ミ》、真実の人に信せらる。*滑語耎語《クワツごなんご》なれば、一切の人に於て皆悉《みナ》く安慰せらる。一切の財物、皆悉《みな》く得《エ》易し。乃至命終して天世間に生ずと。

不綺語とは、経に云はく、

綺語を離るる者《もノ》は、即ち現身に世間の敬重を得《ウ》。善語正語なれば、世に尊重せらる。少《すこし》き耎語《なんご》を説くに、人をして解《さと》り易からしむ。乃至命終して天世間に生ずと。

不貪とは、経に云はく、

貪不善の業を離るる者は、現在世に於て、一切の財物及び珠宝等、皆悉く豊饒《ブねう》にして、人に侵奪せらるること無し。乃至命終して天世間に生ずと。

不瞋とは、経に云はく、

瞋不善の業を離るる者《もノ》は、豊財大富《ぶざいだいふ》にして一切に愛念せらる。怖畏の悪処に能く便《たより》を得るもの無し。輪王の七宝、此れに由つて得《ウ》。乃至命終して天世間に生ずと。

不邪見とは、経に云はく、

邪見を離るる者《もノ》は*正見を脩習す。一切の*結使不*饒益の法、皆悉く断滅し、能く生死に

知識 善知識(→六四頁注)の略。

怨家 己にたいしてうらみをもつ人。

滑語耎語 滑らかな言葉、やわらかな言葉。麁語に対す。

正見 諸の邪僻顚倒の悪見を離れた無漏の智恵、一切の煩悩妄想を離れた清浄の智恵をいう。八正道の一。

結使 煩悩。

饒益 人を利益すること。

於て厭離の心を起す。乃至命終して天世間に生ずと。

次に異生の不正治の国王を明す。

異生の不正治の国王の嗢陀南

*滅劫《げんこふ》の有情は衆悪盛《さかり》なり　富楽寿命已《すで》に減少せり
大人の器に非ざれば輪王《りんわう》無し　但し法と非との二種の王出づ
正法を信せず悪人に親しむ　経王及び持人を重くせず
甚深の妙法流布せざれば　諸天*薬叉亦《また》聞かず
繋縛殺害《けいばくせつがい》辜《ツミ》無きに及び　大臣輔相*諂佞《テンネイ》を懐《いだ》く
非法を行ふことを好んで正治《しやうぢ》無くは　王位久しからず諸天忿《イカ》る
護国の諸天及び薬叉　国界を棄捨《きしや》して他方に往く
国土に飢饉及び疾疫あり　種々の災変数々《シバシバ》現す

釈して曰はく、

不正理とは、「*倶舎論」に云はく、

減劫の時に於ては、有情の富楽寿量損減し、衆悪漸く盛《さかン》なり。大人の器に非ざれば転輪王無しと。

「*金光明経」には、

王の不正治に惣じて二の縁有り。一つには正法を信せざれば、*天竜捨てて去る。二つ

不正治国王

滅劫　→二五頁注

薬叉　夜叉。→三一頁注

諂佞　左訓「ヘツラウ、イツハリ」。

倶舎論　巻十二、分別世品第三之五(正蔵二九・六三―六四)取意。

金光明経　漢訳に三本あり。一は『金光明経』四巻。北涼、曇無讖訳。二は『合部金光明経』八巻。隋、宝貴等訳。(以上二本旧訳。)三は『金光明最勝王経』十巻。唐、義浄訳(新訳)。この経の講讃読誦されるところには四天王等が来ってその国を擁護すると説き、また国王が正法を行ずるときには諸天がこれを守護するというので、『仁王経』『法華経』とともに、鎮護国家の経典として尊重された。引文は、『金光明最勝王経』巻六、四天王護国品第十二(正蔵一六・四二九下―四三〇上)略抄。

天竜　→九二頁注「天竜八部」

には正法を行ぜずして、悪人に親近すと。
不正信とは、経*に云はく、
爾《そ》の時《とき》に四天王、倶に仏に白《まう》して言《まう》さく、若し人王有りて、其の国土に於て此の経有りと雖も、未だ曾つて流布せず。心に捨離を生じて聴聞せんと楽《ねが》はず、亦供養じ尊重し讃嘆せず、四部の衆*の経を持《ぢ》する者を見て亦尊重せず、遂《ツキ》に我等と及び余の眷属と無量の諸天とをして、此の甚深の法要を聞くことを得《エ》ざらしむ。威光と及以《およ》び勢力と有ること無し。我れ幷びに眷属、及び薬叉等、悉く皆捨《みナス》て去る。其の国に当《まさ》に種々の災禍有るべし。国位を喪失《サウしち》し、一切の人衆皆《みナ》善心無く、多く他方の怨賊侵掠《をんゾクシムリヤウ》すること有りて、国内の人民、諸の苦悩を受け、無量百千の災怪《サイクエ》悪事あらむと。
不行正法とは、経*に云はく、
唯し繫縛と殺害と瞋諍《しんじやう》とのみ有りて、互相《たがひ》に讒誑《ザンワウ》して、枉《マゲ》て辜《ツミ》無きに及ぶと。
又偈*に云はく、

若し王非法を作し　悪人に親近して
而も正法を以てせざれば　斯《こ》れに因つて衰損を受く
国中の最大臣と　及以《およ》び諸の輔相と
其の心諂佞《てんネウ》を懐《いだイ》て　並びに悉く非法を行ふ
正法に由つて王と為《な》れども　其の法を行ぜざれば
国人皆《みナ》破壊すること　象の蓮池《れんち》を踏《フ》むが如し

経　『金光明経』。前注に同じ。

四部の衆　四衆。比丘・比丘尼・沙弥・沙弥尼。

経　『金光明経』。前注に同じ。

偈　『金光明経』巻八、王法正論品第二十（正蔵一六・四四二下－四四三中）の偈の略抄。

五穀と衆《もろもろ》の花菓との　苗実《めうじち》皆《みナ》成《ナ》らず
国土飢饉に遭《ア》ふことは　王の正法を捨つるに由れり
王位久しく安んぜず　諸天皆忿恨《ふんこん》す
彼れ忿《いかり》を懐くに由るが故に　其の国当《まさ》に破亡《はぼう》すべし

王の不正理の災変《さいへん》は後の如し。〈並びに「金光明経」に依る。〉

経*に云はく、

唯《タヾ》繋縛・殺害・瞋諍のみ有りて、互相《たがひ》に讒誣して枉げて辜《つみ》無きに及ぶと。

又云はく、

*彗星《サイせい》数《シバ〳〵》出《イ》で、両日並び現し、*薄蝕《ハクシヨク》恒《ツネ》無く、*黒白二つの虹《ニジ》不祥の相を表し、星《ホシ》流れ地動き、井の内に声を発《おこ》すと。

又云はく、

暴《ボう》雨悪風《あくふう》、時節に依らず、常に飢饉に遭《アフ》て苗実成《ナ》らずと。

又云はく、

国《くニ》の重んずる所の大臣、狂横《キヤウわう》して而も身死《シ》す。所愛の象馬等、亦復《また》皆散失すと。

又云はく、

処々に*兵戈《ひやうクハ》有りて、人《ひト》多く非法に死す。悪鬼来りて国に入り、疾疫遍《あまね》く流行すと。

又云はく、

少力にして勇勢無く、所作堪能ならず。*鬼魅《くゐみ》遍《あまね》く流行し、処に随ひて*羅刹《らせつ》を生《な》すと。

経　『金光明経』巻六（正蔵一六・四三〇上）。

彗星数出で…　『金光明経』巻八（正蔵一六・四四二下―四四三中）略抄。以下、次頁三行目の「…孝子に非ず」まで同じ。彗星は、ははきぼし、わざわいぼし。

薄蝕　日月の光が薄い、また日蝕・月蝕が起ること。

黒白二つの虹　白虹日を貫くときは兵乱の兆という。

兵戈　戈の左訓「ホコ」。

鬼魅　鬼とばけもの。

羅刹　→二三頁「羅刹娑」注

又云はく、
諸天の教と、及以《およ》び父母の言とに順せず。此れは是れ非法の人なり。仁に非ず孝子に非ずと。

次に異生の正*治を以てする国王を明す。

正治の国王の嗢陀南

八万四千の贍部《せんぶ》の王　*端心正念にして放逸せず
宮殿を荘厳して経法を講じ　人と法とを恭敬《くぎやう》供養《くやう》じ
正法を修行して悪業を遮すれば　上下和睦《クワボク》にして乳水の如し
慈悲謙譲にして十善を修すれば　諸天歓喜して国王を護り
風雨時に順して五穀成じ　災難起らずして国土楽しむ

釈して曰はく、
「*金光明経」に云はく、「此の贍部州に八万四千の城邑聚落あり。八万四千の諸の人王等、各《おのおの》其の国に於て諸《もろもろ》の快楽《くあらく》を受け、皆《みな》自在を得て、相《あひ》侵奪せず、咸《ことごと》く少欲利楽の心を生ず。其の土《くに》の人民、自然に楽を受くと。此の経文に准するに、王の正治とは、要《かなら》ず三縁を具す。一つには放逸せずして有徳に親近し、二つには正信にして是の経を聴受し、三つには王法を犯《をか》せば正法をもて*治擯《ぢヒン》す。
故《カるがゆへ》に下の経*に云はく、

正治国王

正治を以てする国王　慶本・冠註は「正ヲ以テ国ヲ治スル（冠註ムル）王」と訓む。

端心正念　貪瞋癡の三毒を制止して、心をただし、正見等にたいして観念すること。

金光明経　巻六（正蔵一六・四二八上－四二九上）略抄。

治擯　擯の左訓「シリソク」。

経　『金光明経』。前注に同じ。

未来世に於て、若し人王有りて、自身と后妃と王子と内外の城邑宮殿とを擁護《おうご》し、王位尊高にし、自在昌盛《ジざいしやうじやう》にして、自《みづか》らの国土に於て怨敵《をんちやく》及び諸の憂悩災厄の事無からしめんと欲ふが為《たメ》には、是くの如きの人王は放逸して心をして散乱せしむべからずと。

又云はく、

当《まサ》に恭敬《くぎやう》を生じ誠を至して、慇重《おんぢう》に宮室を荘厳《しやうごん》し、種々に厳飾して、*法師の所《もと》に於て*大師の想を起し、端心正念にして是の経王を聴くべし。王自《みづか》ら香を焼《た》きて是の経を供養ずれば、彼の時に香煙、一念の頃《あひだ》に於て虚空に上昇して、即ち我等《われら》諸天*釈梵竜神等の宮《ミヤ》に至りて、変して*香蓋と成りて金光照曜す。仏《ほとケ》、四王に告げたまはく、此の一念の香は、能く*十方*恒沙の仏土に遍して、咸《ことごと》く共に*世尊に称讃せられ、是の故に我等《ワレラ》当《まサ》に是の王を護りて、其の衰患を除くべしと。

又*偈に云はく、

国人悪業を造るに　王捨てて禁制せざれば
斯れ正理に順するに非ず　治擯《ぢひん》すること当《まサ》に法の如くすべし
若し悪を見て遮せざれば　非法便《すなは》ち滋長して
遂に王の国内をして　*姧詐《カンソ》日《ヒヾ》に増多《ぞうた》ならしむ

又云はく、

*所有の財宝豊足《ぶそく》して、受用するに相《あヒ》侵奪せず、悪念を起さずして、咸《ことごと》く少欲利楽の心を生ずと。

法師　常に説法し、浄行を修し、世の軌範となり、衆生を導く僧。
大師　大導師。仏陀の尊称。
釈梵　帝釈天と梵天。仏法を護持する天神の意味で、釈梵護世ともいう。
香蓋　香煙が上って蓋(きぬがさ)の形になること。
十方　四方・四維(東南・西南・東北・西北)・上下をいう。
恒沙　恒河沙の略。恒河の砂の数の意味で、物の数の多いこと。
世尊　仏の尊称。十号の一、また十号の総称ともいわれる。↓一〇頁補「如来」
偈　『金光明経』巻八(正蔵一六・四四三下)。
姧詐　左注「カタマシ、イツハル」。
所有の財宝…　『金光明経』巻六(正蔵一六・四二八上)略抄。以下、次頁十二行「…天衆を増長す」まで同じ。

又云はく、
其の土《くに》の人民、自然に楽を受け、上下和睦《わぼく》にして、猶し水乳の如し。情《こころ》に相《あヒ》愛重して、歓喜し遊戯すと。
又云はく、
慈悲謙譲にして善根を増長す。是の因縁を以て、此の贍部州、安穏豊楽にして、人民熾盛《しじやう》なりと。
又云はく、
寒暑《かんシヨ》調和にして、時《とキ》、序《つひデ》を乖《ソム》かず、日月星宿、常の度《ど》虧《か》くること無く、風雨、時に随つて諸の災横を離ると。
又云はく、
資産・財宝悉く皆《みナ》豊盈《ぶやう》して、心に慳鄙《けんひ》無く、常に恵施《ゑせ》を行じ、十善業を具して、天衆を増長すと。
又云はく、
*和風《わふう》常に節に応じ、甘雨時《とキ》に順して行じ、苗実皆《みナ》善く成じて、人に飢饉の者《もノ》無しと。
又云はく、
善を以て衆生を化し、正法をもて国を治し、勧めて正法を行ぜしめば、当《まサ》に我が宮《ミヤ》に生ぜしむべしと。
又云はく、

和風常に…　『金光明経』巻八(正蔵一六・四四三下―四四四上)略抄。以下、次頁二行「…国土安寧なることを得」まで同じ。

彼の一切の人をして十善を修行せしむれば、率土常に豊楽にして、国土安寧なることを得《ウ》と。

又、「*王法正論経」に云はく、

爾《そ》の時に世尊、*優塡《うでん》王に告げて曰《のたま》はく、大王、今当《いままさ》に王の過失と、王の功徳と、王の衰損門と、王の可愛の法と、及び能く王の*可愛を起発する法を了知すべし。

云何《いかン》が王の過失。大王当《まサ》に知るべし、王の過失とは略して十種有り。王若し是くの如きの過失を成就すれば、大府庫《フコ》有り、大臣佐有り、大軍衆有りと雖《いヘド》も、帰仰すべからず。何等をか十とする。一つには種姓高からず、二つには自在を得ず、三つには立性《リツしやう》暴悪なり、四つには猛利に憤発す、五つには恩恵*賒薄《シヤハク》なり、六つには邪佞の言を受く、七つには所作古の先王の制に順せず、八つには善法を顧みず、九つには是と非と勝と劣とを鑑《カヾ》みず、十には一向*縦蕩《じゆうタウ》にして専ら放逸を行ず。

云何《いかン》が王の種性高からずと名《なづ》くる。謂はく、庶臣《ショしん》有りて類にあらずして而《しか》も生じ、宿《ムカシ》の尊貴に非ずして王位を簒紹《サンせう》す。是れを種姓高からずと名く。

云何《いかン》が王の自在を得ずと名くる。謂はく、帝王有りて、諸《もろもろ》の大臣輔相官僚《くわんレウ》の所制を被《カブ》つて所欲に随はず、所作常に諫約《カンヤク》有り、*妙五欲に於て亦《また》意の如くに歓娯し遊戯せず。是くの如きを王の自在を得ずと名く。

云何《いかン》が王の立性暴悪と名くる。謂はく、帝王有りて、諸臣の類、或いは余人等の小《すこし》きの愆過《ケンクワ》を犯するを見て、即便《すなは》ち対面して麁悪《そを》の言を発し、*咆勃《ハウボツ》忿恚《ふんい》し、嚬蹙《ヒンシク》*貶黜《ヘムシュツ》す。

王法正論経　『仏為優塡王説王法政論経』一巻。唐、不空訳。空海船載経の一。玄奘訳の『王法正理論』と同本。ともに、『瑜伽論』決択分中尋伺地の別行である。帝王十種の過失、十種の功徳、五種の衰損法、五種の方便法、五種の可愛法、五種の能引可愛法を説く(正蔵一四・九七中―九九下)。

優塡王　仏在世当時の憍睒弥国の王。皇后の化によって釈尊に帰依し、外護者の一人となった。憍睒弥国は、インド十六大国の一。中インド、舎衛・迦毘羅衛諸国の西方に当るという。

可愛を起発する法を　冠註は「可愛ノ法ヲ起発スルコトヲ」と訓む。

賒薄　賒の左訓「ヲソシ」。

縦蕩　縦の左訓「ホシイマヽ」。

妙五欲　五欲は財・色・飲食・名・睡眠の五。

咆勃　左訓「タケシ、ハケシ」。

貶黜　黜の左訓「シリソク」。

設《たと》ひ対面せざれども、彼を背き余に向ひて而も前の黜罵《シユツメ》等の事を作《な》す。或いは長時にあらざれども、是くの如きの対面の暴悪と背面の暴悪とを捨てず。是れを帝王の立性暴悪と名く。

云何《いかン》が王の猛利憤発《フンはつ》と名くる。謂はく、国王有りて、諸の群臣の小《すこし》きの愆過《ケンくわ》有り、少《すこし》きの違越有るを見て、便《すなは》ち封禄《ほうロク》を削《ケヅ》り、妻妾を奪ひ去《しりぞケ》て、即ち重き法を以て而も之を刑罰す。是くの如きを王の猛利の憤発《フンはつ》と名く。

云何《いかン》が王の恩恵賒薄《シヤハク》と名くる。謂はく、国王有りて、諸《もろもろ》の有《アラ》ゆる群臣等親近し侍衛すること、極めて清白にして善く其の心に称《かな》ふと雖《いへド》も、而も微劣の耎言《なんごん》を以て慰喩《ヰゆ》して、其れを賜禄を頒《アカ》ち、勲庸《クンヨウ》を酬賞するに円満すること能はず、常の式に順せず、或いは*損耗《そんカウ》し已《をは》り、或いは稽留《ける》し已つて、然うして後方《のチまサ》に与ふ。是くの如きを王の恩恵賒薄《シヤはく》と名《なづ》く。

云何《いかン》が王の邪佞の言を受くと名くる。若し帝王有りて、諸の群臣の実《じつ》に忠政《ちうしやう》に非ず、*憲式を閑《ナラ》はず、潜《ひそカ》に輔佐を謀《ハカ》り、佞心偏党にして善政《ぜんしやう》を脩《ヲサ》めず、良賢《りやうけん》を妬嫉《としち》するを見て、是くの如き等の人の所進の議を信用す。此の因縁に由つて、王務《わうム》財宝、虚しく善政と称して、並びに皆《みナ》衰損す。是くの如きを王の邪佞の言を受くと名く。

云何《いかン》が王の先王の所制に順せずと名くる。謂はく、国王有りて、究《きハ》め察すること能はず、審《あきら》かに諸の群臣等を簡択《ケンぢやく》せず、種々の務国《ムこく》の法事の中に於て、*委任に堪へざるを而も之を任す。*賞賚《しやうライ》すべき者《もノ》をば之を刑罰し、刑罰すべき者《もノ》をば而も之を賞賚《しやうライ》す。又

損耗 秏の左訓「ソコナフ」。損耗に同じ。

憲式 左訓「ノリ、ノリ」。

委任 左訓「マカセマカス」。

賞賚 左訓「タマフ、タマモノ」。

此の群臣、大朝会に処して、余論未だ終らざるに、言《ことば》を発して間絶し、敬はず憚《はばカ》らずして而も諫諍《カンサウ》を興《ヲコ》す。法に依りて而も善く奉行すること能はず、正しく能く先王の教命に任せず。是くの如きを即ち先王の所制の法に順せずと名く。

云何《いかン》が王の善法を顧みずと名くる。謂はく、国王有りて、因果を信せず、当来の善不善の業と、人天の果報とを悟らず、情《こころ》に随つて身語意業の三種の悪行を造作す。時を以て恵施し修福し、持斎し戒を学し、*陀羅尼業の*灌頂法門を受くること能はず、*四無量心に於て広済を興さず。是くの如きを王の善法を顧みずと名く。

云何《いかン》が王の是と非と勝と劣とを鑑みずと名くる。謂はく、国王有りて、諸の大臣・輔相・官僚に於て、用心顚倒して、善く忠信・伎芸・智恵の差別を了知せず、知らざるを以ての故に、忠信に非ざるに忠信の想《おもひ》を生じ、伎芸に非ざるに伎芸の想《おもひ》有り、悪慧の所に於て善慧の想を生じ、善恵の所に於て悪恵の想を生ず。又諸の群臣等の年耆《ねんぎ》衰《すい》邁《マイ》にして、曾て久時《くじ》に於て親近し侍衛するに、其の*無勢《むセイ》を知りて遂に敬愛せず、爵禄《シヤクロク》を賜はず、其の賞を酬ひず、他の陵蔑《レウベツ》を被《かうむ》れども捨てて問はず。是くの如きを王の是と非と勝と劣とを鑑みずと名く。

云何《いかン》が王の一向縦蕩《じゆうたう》にして専ら放逸を行ずと名くる。謂はく、帝王有りて、*妙五欲に於て一向に沈没し耽著《たんぢやく》し嬉戯して、時時に誠慎すること能はず。是くの如きを即ち名けて一向縦蕩にして専ら放逸を行ずとす。

若し国王有りて、是くの如きの十種の過失を成就すれば、大府庫有り、大輔佐有り、

陀羅尼業　陀羅尼は、善法を持して散ぜしめず、悪法を遮して起らしめざる力用に名づける。

灌頂法門　ここは菩薩法門に同じ。

四無量心　慈無量心・悲無量心・喜無量心・捨無量心の四。四等・四梵行とも。

無勢　慶本・冠註「無藝」。

妙五欲　→八二頁注

正直　下文「正直言」とあり。

王の種姓と名くる　『王法正論経』には、「名二王種性尊高一」(正蔵一四・七九八上)とある。

大軍衆有りと雖《いへど》も、久しからずして国界自然に災乱して、而も帰仰すべからず。当《まさ》に知るべし、此の十の過失の、初めの一つは時の王の種性の過失、余の九つは是れ王の自性の過失なり。

云何《いかん》が王の功徳と名くる。大王の功徳とは、略して十種有り。一つには種性尊高なり、二つには大自在を得《う》、三つには性暴悪ならず、四つには憤発軽微《きやうみ》なり、五つには恩恵猛利なり、六つには正直*を受く、七つには所作諦《あきら》かに思ひて善く先教に順す、八つには善法を顧恋《これん》す、九つには善く差別を知る、十には自《みづか》ら縦蕩せず放逸を行ぜず。

云何《いかん》が王の種性*と名くる。謂はく、国王有りて、宿《むかシ》善根を植《う》ゑて、大願力を以ての故に王族に生じ、国位を紹継して万姓を恩養し、三宝を浄信す。是くの如きを王の種性尊高と名く。

云何《いかん》が王の大自在を得と名くる。謂はく、帝王有りて、自《みづか》ら所欲に随つて、妙五欲に於て歓娯し遊戯し、賞賜《しやうし》すべき所意《ところ》に随つて而も作《な》し、百僚《ひやくれう》等に於て出す所の教命、宣布滞ること無し。是くの如きを王の自在を得と名く。

云何《いかん》が王の性暴悪ならずと名くる。謂はく、国王有りて、諸の群臣を見るに、違せる少小《すこしキ》の愆犯《ケンぼん》等の事ありと雖《いへど》も、而《しか》も能く容忍して即ち貶黜《ヘンシユツ》せず、麁言《そごん》を発《おこ》さず、亦《また》対面して憤発せず、亦《また》内意に秘匿《ひノク》せず。是くの如きを王の性暴悪ならずと名く。

云何《いかん》が王の憤発軽微と名くる。謂はく、国王有りて、諸の群臣等、大愆《だいけん》有り、大違越《ゐをつ》有りと雖《いへど》も、而も一切に其の封禄を削り、其の妻妾を奪はず、重き法を以て而も之を刑罰せず、過《とが》の軽重に随つて矜降《コウがう》を行ふ。是くの如きを王の憤発軽微すと名く。

云何《いかン》が王の恩恵猛利と名《なつ》くる。諸の群臣有りて、親近し侍衛して、其の心清白に、其の心調順なれば、王即ち時々に正円満の耎言《なんごん》を以て慰喩して、勲庸《くんよう》を頒賜《アカチタマ》うて、彼をして損耗《そんカウ》稽留し、劬労《クらう》怨恨せしめず、親近すべきこと易く、承事するに難からず。是くの如きを王の恩恵猛利と名く。

云何《いかン》が王の正直の言を受くと名くる。謂はく、国王有りて、諸の群臣等の、実《まこと》に忠正有りて濁無く偏無く、善く憲式を閑《ナラフ》て、情《こころ》に違叛《ヰホン》無し。其の王、是くの如き等の人の所進の言議を信用すれば、国務財宝悉く皆《みナ》成就し、名称遠布《をんぷ》して、黎庶《レイシヨ》咸《ことごと》く歓ぶ。是くの如きを王の正直の言を受くと名く。

云何《いかン》が王の所作諦《あきら》かに思ひて先王の教に順すと名くる。謂はく、国王有りて、性能く究《きハ》め察して、審《つまびら》かに能く諸の群臣等を簡択して、種々の務公の法事の中に於て、委任に堪へざる者をば之を任せず、委任に堪へたる者をば之を委任す。賞賚《しやうライ》すべき者をば正《ただ》しく賞賚し、刑罰すべき者をば正しく刑罰す。凡そ為《ナ》す所《ところ》有るには審かに思ひ審かに択んで、然して後《のち》に方《まさ》に作《な》す。亦《また》卒暴ならず。其の群臣等、朝会に処すと雖も、終に言を発して余論を間絶せず、要《かなら》ず言《ことバ》の終るを待つて*諫諍《カムサウ》を興《おこ》し、其の王の教の如く而も善く奉行す。是くの如きを即ち先王の教に順すと名く。

云何《いかン》が王の善法を顧恋すと名《なつ》くる。謂はく、帝王有りて、因果と、善不善の業と、人天の果報と有りと信し、慚恥《ざんち》を具足して、而も情《こころ》を恣《ほしいまま》にし身語意の三種の悪行を作さず、

諫諍　諫の左訓「イサム」。

曼荼羅　ここは道場・壇の意味。
護摩　火炉を設けて乳木を焼くこと。智恵の火をもって煩悩の薪を焼き、真理の性火をもって魔害を尽す標幟としたもの。
聖衆　聖は正。無漏智を発して正理を証した人をいう。

敖慢　左訓「ヲコル、アナツル」。

時時に恵施し修福し持斎し、*曼荼羅を建立して灌頂の法を受け、而も*護摩《ごま》を設けて*聖衆を供養じ、四無量心をもて常に広済を懐く。是くの如きを王の善法を顧恋すと名く。云何《いかん》が王の能く是と非と勝と劣とを鑑《かが》みると名くる。謂はく、国王有りて、諸の大臣・輔相・百僚に於て、心に顚倒無くして能《よ》く忠信・伎芸・智慧の差別を了知し、若しは有若しは無、並びに実の如く知りて、其の無き者《もノ》に於ては軽うして之を遠《トヲザ》け、其の有る者《もノ》に於ては之を敬愛す。又諸の臣等の年耆《ねんギ》衰邁《スイマイ》にして、曾て久時に於て親近し侍衛するに、無勢無力を知ると雖も、然も昔の恩を念じ、転《ウタヽ》敬愛を懐《いだ》きて軽賤せず、爵禄勲庸《くんヨウ》、分賞《ぶんしやう》替《カハ》ること無し。是くの如きを王の能く是と非と勝と劣とを鑑みると名《なづ》く。云何《いかん》が王の自ら縦蕩せず放逸を行ぜざると名くる。謂はく、国王有りて、妙五欲に於て沈没し*敖慢《ガウまん》し嬉戯せずして、而も耽著《たんぢやく》せず、能く時々に於て誡慎《カイシン》して、方便をもて作《ナ》すべき所を作し、群臣を慰労す。是くの如きを王の自ら縦蕩せず、放逸を行ぜずと名く。

若し王、是くの如きの功徳を成就すれば、府庫無く、大輔佐無く、大軍衆無しと雖《いへド》も、久しからずして国界自然《じねん》に豊饒《ぶねう》にして而も帰仰《くゐがう》すべし。大王、当《まさ》に知るべし、是くの如きの十種の王の功徳は、初めの一つをば種性の功徳と名く、余の九つは自性の功徳なり。

云何《いかん》が名けて王の衰損門とする。大王、当に知るべし、王の衰損門に、略して五種有り。一つには善く観察せずして而も群臣を摂す。二つには善く観察すと雖も恩恵無く、縦《たと》ひ恩有りとも時に及ぶこと得ず。三つには専ら放逸を行じて国務を思はず。四つには専ら放逸を行じて府庫を守らず。五つには専ら放逸を行じて善法を修せず。是くの如きの五種を皆悉く名《なづ》けて衰損門とす。

云何《いかん》が王の善く観察せずして而も群臣を摂すと名くる。謂はく、国王有りて、群臣等に於て究め察すること能はず、審《あきら》かに忠信・伎芸・智恵の差別を簡択せずして、摂して親侍《しんジ》とす。加以《シカのみならず》*寵愛《チヨウあい》して厚《アツ》く爵禄を賜ひ、重ねて寄処に委《ゐ》して相《あヒ》委任し、数《シバ〳〵》耎言《なんごん》を以て而も相慰喩《あひゐゆ》す。然も此の群臣は所謂《いはユル》財宝に多く*損費《そんヒ》有り。若し*冤敵《エムテキ》に遇《ア》ふときは軍陣有ることを悪《にく》んで、先づ*退敗《たいハイ》す。破散を懼《ヲソ》るるを以て、便《すなは》ち*奔背《ホンハイ》を生じて主を恋《ヲシ》むこと無し。是くの如きを王の善く観察せずして群臣を摂すと名く。

云何《いかん》が王の善く観察すと雖も恩恵無く、縦《たと》ひ有りとも*是に非ずと名くる。謂はく、国王有りて、性能く*観察し、審《アキラ》かに能く是くの如きの忠信・伎芸・智恵を簡択して、摂して親侍《シムじ》とすれども、而も寵愛せず、其の才を量《はカ》らず、爵禄を賜はず、形《カタド》れる要処に於て委任せず。忽ちに一時に於て、王、*冤敵《エムてき》に遇《ア》ふ。*軍陣に怖畏せざる事有ることを悪《にく》む。急難の時に臨みて、諸の臣等に於て方《まさ》に寵爵《チヨウしやく》を行《おこナ》ひ、而も耎言を以て慰喩す。時に群臣等、共に相謂《あヒカタ》らひて曰はく、王、今者《イマ》に於て危迫《クキハク》の因縁をもて、方《まさ》に我等に於て暫《しばら》く恩恵を行《おこナ》ふ。長久《ちやうク》の心に非ず。此の事《こと》を知り已《ヲハ》つて、忠信・伎芸・智恵有りと雖も、悉く隠して現せず。是くの如きを王の善く観察して群臣を摂すと雖も恩恵の行無く、縦《たと》ひ有りとも時に非ずと名く。

寵愛　寵の左訓「ウツクシム」。

損費　費の左訓「ツイヤス」。

冤敵　左訓「シヘタク、カタキ」。別訓あり。後注参照。

退敗　敗の左訓「ヤフル」。

奔背　奔の左訓「ハシル」。

是　『王法正論経』は「時」。

観察　『王法正論経』は「究察」。

冤敵　冤の左訓「アタ」。

軍陣に怖畏せざる事…急難の　冠註は「軍陣ニ有ルコトヲ悪メドモ怖畏セズ。事ト急難ノ」と訓む。『王法正論経』は「悪友軍陣大怖畏事」(正蔵一四・七九九)とある。

云何《いかん》が王の専ら放逸を行じて国務を思はずと名くる。謂はく、国王有りて、和好すべき所作、所成の国務等の事に於て、時時に独り空閑《くうゲン》に処し、或いは智士《ちじ》と共に正しく和好の方便を思惟せずして、*施等事を乖《ソム》き、及び賞賚《しやうライ》すべく、乃至軍陣の所作、所成《しよじやう》の要務等の事をも懃《ネンゴロ》に意に在《ヲ》かず。是くの如きを王の専ら放逸を行じて国務を思はずと名く。

云何《いかん》が王の専ら放逸を行じて府庫を守らざると名くる。謂はく、国王有りて、寡《ヒト》り事業を営《イトナン》で、諸務を観《ミ》ず、王門宮廷《クウデイ》庫蔵《こざう》を禁せず、国家の密要を婦人《ぶにん》に説き向ひ、乃し捕猟《ブレウ》*博戯《ハツキ》の事の中に於て財宝を費《ツヤシ》損して、而も慎み護らず。是くの如きを王の専ら放逸を行じて府庫を守らずと名く。

云何《いかん》が王の専ら放逸を行じて善法を修せずと名くる。謂はく、国王有りて、世の所知の柔和淳質《ジユンシチ》、聡慧《ソウヱ》辨才、得理*下脱の所有の沙門・婆羅門に於て、数《シバ/\》近づき礼敬して、云何《いかン》が是れ善、云何《いかン》が不善、云何《いかン》が有罪、云何《いかン》が無罪、云何《いかン》が有福吉祥の法門と諮詢《シジユン》し、諸悪を遠離すること能はず、設《たと》ひ聞くことを得《う》とも、以て依りて修行せず。是くの如きを王の専ら放逸を行じて善法を修せずと名く。

若し国王有りて、是くの如きの五つの衰損門を成就せば、当《まさ》に知るべし、此の王は現世の果報を退失し、乃至来生には人天の福を失す。謂はく、前の四門は*現に福利を受け、最後の一門は来生の果報を退す。

云何《いかん》が名けて王の可愛の法とする。大王、当《まさ》に知るべし、略して五種有り。謂はく、

施等…賞賚すべく　冠註は「施等ノ事、及ビ賞賚スベキニ乖キ」と訓む。

博戯　博の左訓「ウツ」。

下脱　慶本・冠註は「解脱」につくる。

現に福利を受け　『王法正論経』は「退㆓現受福利㆒」とあり、冠註は「現失㆓福利㆒」とある。「現受ノ福利ヲ退シ」を採るべきか。

王の可愛・可楽・可欣・可意の法なり。何等をか五つとする。一つには人に敬愛せらる、二つには自在増上なり、三つには能く冤敵《エムてき》を摧く、四つには善く身を摂養す、五つには能く善事を簡《エラ》ぶ。是くの如きの五種は、是れ王の可意の法なり。

云何《いかん》が善能《よ》く王の可愛の法を発起する。大王、当《まさ》に知るべし、略して五種有り、善能《よ》く王の可愛の法を発起す。何《いかン》が五つとすることを得る。一つには世間を恩養し、二つには英勇《エイユ》具足し、三つには善権方便《ぜんゴンはうべん》あり、四つには正《ただ》しく境界を受け、五つには善法を懃修す。

云何《いかん》が王の蒼生《さうセイ》を恩養すと名くる。謂はく、国王有りて、性本《もと》より知足にして能く謹《キン》慎《シン》を為《ナ》し、無貪白浄の法を成就して、所有の庫蔵、力に随つて貧窮孤露《びんぐころ》に給施《きふせ》し、柔和*忍辱《にんにく》にして、多く耎言を以て国界を暁喩《けうゆ》す。諸《もろもろ》の有《アラ》ゆる群臣、故《ことさラ》に違犯して免《ユル》すべからざる者《モノ》有れども、罪を量りて*矜恕《コウショ》して、実を以てし時を以てす。理の如く治罰す。是くの如きを王の正化の法を以て蒼生を恩養するが故に、世間に敬愛せらるることを感すと名く。

云何《いかん》が王の*英勇具足と名くる。謂はく、国王有りて、*神策墜《じんシヤクツイ》せず、*武略円満して、未だ降《がう》せざる者をば而も之を降伏し、已《すで》に降伏する者《モノ》をば而も之を摂護す。是くの如きを王の英勇具足と名く。

云何《いかん》が王の善権方便と名くる。謂はく、国王、一切の好事分明に了知して、方便をもて能く和《ワ》して強党《がうたう》を摂受するが故に、一切の冤敵《ゑんてき》を摧伏することを得。

忍辱　諸の侮辱・悩害を忍受して恚恨なきをいう。
矜恕　左訓「アハレミヲモンハカル」。
英勇　左訓「ヒテ、イサム」。
神策　左訓「アヤシ、ハカリコト」。
武略　略の左訓「ハカリコト」。

宜しき所を…避くべし　底本は「食ノ宜(ヨ)キ所ニ応ジテ宜カラザル所ヲ避ク」と訓む。

医候の食性をば　候の左訓「ウカ、ウ」。冠註は「医、食性ヲ候(ウカ)ヒテ」と訓む。

年三の長と毎月の六斎　三長斎月(↓七二頁「神足月」注)と六斎日(↓六三頁注)。

云何《いかん》が王の正受境界と名くる。謂はく、国王有りて、善能《よ》く府庫の増減を籌量《ちうりやう》して、慳《けん》せず悋せず、平等に受用し、其の時候の所宜に随つて給与す。臣佐と親族と王等と及び伎楽人と有り。又疾《やまひ》有る時には、*宜《よろ》しき所を食して宜しからざる所を避くべし。

*医《イ》候《コウ》の食性をば方《まさ》に以て之を食せしむ。若し食して未だ消《セウ》せざる、或いは食して痢《リ》するをば皆《みナ》食せしむべからず。共に食すべき者《もノ》をば独り食すべからず。所有の精味《シヤウミ》、分布して歓《よろコ》ばしむ。是くの如きを王の正しく境界を受けて、遂《ツイ》に能く善巧《ぜんげう》に自身を摂養すと名く。

云何《いかん》が王の善法を勤修すと名くる。謂はく、国王有りて、浄の信・戒・聞・捨・慧を具足して、浄信の処に於て了《ツマビラ》かに他世を信し、及び当来の善不善の業と、人天の果報とを信す。是くの如きを名けて浄信を具足すとす。浄戒を受持すといふは、*年三の長と毎月の六斎とに於て、殺生と及び偸盗と邪行と妄言と飲酒《おんしゆ》との諸の放逸の処を遠離《をんり》す。是くの如きを王の浄戒を具足すと名く。浄聞の処に於てすといふは、現世の業と及び当来の果とに於て、徳を修し業を進む、楽《ねが》ひて般若衆妙の法門を聴《キ》き、意を専にし心を懃《ネンゴロ》にして究竟して通達す。是くの如きを王の浄聞を具足すと名く。浄捨《じやうシヤ》の心に於てすといふは、慳貪《けんとん》を遠離し、手を舒《の》べて恵施し、常に福を修して円満平等なるべし。是くの如きを王の浄捨を具足すと名く。謂はく、浄恵を具足する処に於てすといふは、実《まこと》の如く有罪と無罪と、修と不修との勝劣を了知して、方便をもて多聞戒行の沙門に親近し、諸の悪邪教の者を遠離し、善く三種の果報円満と士《し》用《ヨウ》円満と功徳円満とを知る。所謂《いはゆる》国王、帝業《ていゴフ》を継ぎ習うて、所生の宗族《シュウゾク》聡利明恵《みやうゑ》にして、府庫の財宝、用に応じて虧《カ》けず。是くの如きを名けて果報円満とす。若し諸の国王、善権の方便をもて恒常に成就し、英勇《えいユ》進退にして善く芸能に達す。是れを即ち名《なづ》けて士用円満とす。若し諸の国王、正法を任持して、諸の内宮の王子大臣と共に恵施を修し、好んで善事と持斎と、受戒と慈*三摩地門と、上妙の*梵行とを行じ、頻《しき》りに護摩の息災増益《ぞうやく》を作《ナ》し、曼荼羅を建てて具さに灌頂を受く。是れを功徳円満とす。若し能く是くの如く行ずる者《もノ》を、是れを浄慧具足と名く。

復次《また》に大王、当《まさ》に知るべし、我れ已《すで》に王の過失と、王の功徳と、王の衰損門と、王の可愛の法と、及び能く王の可愛の法を発起することを説きつ。是の故に大王、毎日の晨朝に*若しは読に若しは此の秘密王の教を誦《じゅう》して、之に依つて修行するを即ち聖王と名く、即ち法王と名く。諸仏菩薩、*天竜八部、日夜に加持し恒常に護念して、能く世間の風雨時に順し、兵甲《ヒヤウカウ》休《ク》息《ソク》し、諸国の*朝貢《てうぐう》、*福祚《ふくソ》の無辺《むへん》にして、国土安寧《あんネイ》に、寿命長遠《ちやうをん》なることを感す。是の故に当《まさ》に一切の利益を獲て、現世安楽なるべし。爾《そ》の時に優塡王、仏の所説を聞き、踊躍歓喜して信受奉行すと。

次に*輪王を明す。

輪王とは、已《すで》に*賢聖の位に入れり。是れ嬰童《やうどう》の心にあらずと雖も、然《しか》も是れ人間の

三摩地門　三摩地は三昧とも。心を一境に専注させる作用をいう。

梵行　梵は清浄、また涅槃の義といわれ、涅槃を証するための清浄な行を梵行という。

若しは読…誦して　冠註は「若シハ読若シハ誦セヨ。此レ秘密ノ王教ナリ」と訓む。

天竜八部　仏法を守護する八種の異類。天・竜・夜叉・乾闥婆・阿修羅・迦楼羅・緊那羅・摩睺羅伽をいう。

朝貢　貢の左訓「タテマツル」。

福祚　祚の左訓「サイハイ」。

――**1 輪王　四種輪王**――

輪王　→七三頁注

賢聖　→二七頁注

四種の輪王の伽陀　この伽陀は、初め三句は『順正理論』、次一句は『順正理論』、次四句は『仁王経』、次二句は『華厳経』『仁王経』、次一句は『十住毘婆沙論』(→一〇〇頁「十住論」注)、後の三句は『起世経』の、それぞれの長行釈の要文をとって作ったもの。

伽陀　偈・偈頌等と訳す。韻文体の経文をいう。

苦輪海　生死の苦果が輪転して止まない

王なるが故に、次いでに之を叙ぶ。

*四種の輪王の*伽陀

金・銀・銅・鉄の四輪王は　大心を発起して十善を修す
長く三界の*苦輪海を別して　*増劫《ぞうこふ》富楽の時に出現す
上品の十善は*鉄輪王なり　*十住は*銅輪二天下なり
*十行は*銀輪三天下なり　*十向は*金輪四天下なり
*初地と二地とは亦《また》金輪なり　七宝《しちほう》具足して十善をもて化《くゑ》す
宮殿・楼閣は天と斉《ヒト》し　国界豊饒にして人《ヒト》熾盛《しじやう》なり
土地*平坦にして*坑険《キヤウけん》無し　大小便《ベン》の時には地開合す

*転輪聖王の伽陀

輪王に四種の*如意の徳あり　色貌《しきめう》無比なるは第一の徳なり
身上に病無きは是れ第二なり　人民深く愛するを第三とす
寿命長遠《ちやうをん》にして十善をもて化す　天宮充満して悪趣減《げん》し
端厳《たんごん》にして愛すべきこと満月の如し　能く世間を照すこと猶《なほ》し日の如し
威儀安祥として*軽躁《きやうさう》ならず　威力勇猛にして大事に堪へたり
大勢力を具すること帝釈《たいしやく》の如し　財宝富《フ》饒《ねう》なること*多聞に似たり
所言《しよごん》誠実にして未だ曾て*両《フタコト》ならず　音声深遠にして聴解し易し
不散不乱にして*迦羅鳥のごとし　美《み》濡《ナム》和《わ》雅《げ》にして聞く者《もノ》悦ぶ

こと。
増劫　→二五頁注
鉄輪王　鉄の輪宝を感得し、南閻浮提洲を統御する帝王。
十住　菩薩五十二位の中、第十一位より第二十位までをいう。心を真諦の空理に安住する故に住という。五十二位については→補
銅輪二天下　銅の輪宝を感得し、二大洲に王たる銅輪王。
十行　菩薩五十二位の中、第二十一位より第三十位まで。利他行を行ずる位をいう。
銀輪三天下　銀の輪宝を感得し、西南の三洲を統領する銀輪王。
十向　十廻向。菩薩五十二位の中、第三十一位より第四十位まで。己が功徳を普く衆生に廻向する位。
金輪四天下　金の輪宝を感得し、須弥四洲を統領する金輪王。
初地と二地　菩薩五十二位の中、十地(第四十一位より第五十位まで)の第一・第二。
平坦　坦の左訓「タヒラカ」。
坑険　左訓「アナ、ケハシ」。
転輪聖王の伽陀　この伽陀は『十住毘婆沙論』による。
如意　物事がわが意のままになること。
軽躁　躁の左訓「サハカシ」。
多聞　毘沙門天。四天王の一。常に仏の道場を護って説法を聞くといわれる。
両　左訓「フタツラ」。
迦羅鳥　迦陵頻伽。

能く施し戒を持して常に咲《エミ》を含む　未だ曾て眉を皺《シハ》め悪眼をもて視《ミ》ず
威徳尊厳《そんごん》にして能く忍辱《にんにく》なること　猶し大地と*須弥山との如し
其の性猛厲《みやうレイ》にして疾《ト》く事《じ》を辨し　善《よ》能く思量して乃ち事に従ふ
大智恵を具して経書に通《トウ》じ　兼ねて伎芸《ぎげい》と算と呪術《しゆじゆつ》とを解《さと》る
巧みに能く論説して義を分別す　深心《じんしん》なること海の如くして量るべからず
千子囲繞して天子の如し　威徳勇猛にして能く敵《テキ》を破す
地水虚空に障り無くして住《ぢう》す　宮殿楼閣は*釈天に均《ヒト》し
*四種の兵は勢力具足せり　浄行の*居士皆《ミナ》共に愛す
甘香美食《かんかうみじき》自然に有なり　国界日《ヒヾ》に増して損減せず
施作するに曾《かつ》て兵仗《ひやうぢやう》を用ゐず　法を以て治化して天下安し
内外に敵無くして*陰謀《インボウ》を絶つ　諸の災横と疾疫と飢《ケ》と無し
諸宝妙事の所住の処　諸善福徳の依止する所なり
帰無きには帰為《タ》り舎無きには舎たり　怖畏には怖れを除き悩者には離れしむ
輪王聖主《セイしゆ》の無量の徳　略して説く是くの如きの少分の相を

*金輪宝の伽陀

千輻《せんぷく》の金輪は十五里なり　種々の珍宝をもて其の*輞《マウ》を荘《かざ》れり
百種の*薬叉共に守護し　天女*払《ほつ》を執つて亦《マタ》侍立す
種々の*花瓔間錯《けんしやく》して校《マジハ》れり　五種の伎楽常に随逐《ずいちく》す

須弥山　妙高。一小世界の中心をなす山。

釈天　帝釈天。→二二頁「帝釈」注

四種の兵　象兵・馬兵・車兵・歩兵の四。

居士　インド四姓の中、商工を業とする毘舎族の富豪をいう場合と、在家の男子で帰仏受戒したものをいう場合とあるが、ここでは前者の意に解していいであろう。

陰謀　左訓「カクシタルハカリコト」。

金輪宝の伽陀　以下の転輪王七宝の伽陀は『十住毘婆沙論』による。

輞　左訓「ヲホワ」。

薬叉　→三一頁注

払　払子。もとはインドにおいて蚊や蠅等を払うために、長い獣毛を束ね、これに柄をつけたもの。

花瓔　花鬘瓔珞。花鬘は花を多く結び貫いて首や身を飾るもの。瓔珞は珠玉または貴金属を編んで作った装身具。頭におくのを瓔、身につけるのを珞という説もある。

宝蓋上に覆うて妙香を焼《タ》く　行《ユ》く時には雑華*散末の香あり
飛行速疾にして風と念との如し　詣《イタ》る所に即ち諸の怨衰を滅す

象宝の伽陀

象宝は大身にして銀山の如し　能く虚空を飛ぶこと鳥王の如し
神嶽《じんがく》の大象の中《なか》より出生して　*伊羅象王等を摧壊《ざいゑ》す

馬宝の伽陀

馬宝の色相は孔雀の如し　疾《と》きこと*金翅鳥王の飛ぶが如し

主兵臣宝《しゆびやうじんぽう》の伽陀

貴家に生長《しやうぢやう》して身に疾《やまひ》無く　大勢力有りて形体浄《いさぎよ》し
憶念深遠にして直くして柔軟なり　経術《きやうじゆつ》を通達して王を敬愛す

主蔵臣宝《しゆざうじんぽう》の伽陀

富《フ》相《さう》具足すること天王の如し　種々の伏蔵《ぶくざう》常に逐《お》ひて行く
善く諸宝を知りて善く出入す　千万の薬叉常に従ひ行《ユ》く

如意宝の伽陀

如意宝の形は大鼓の如し　光明日《ヒ》の如くして*十六を照す
華瓔《くゑやう》をもて荘厳《しやうごん》して高幢《かうどう》に在《ヲ》けば　能く衆生をして希願を満てしむ

玉女宝の伽陀

身体脩直にして*肥《ヒ》瘦《シユ》せず　身肉次第にして*肌《ケ》膚《フ》実《ミ》てり

散末の香あり　慶本「散シ末香アリ」と訓む。

伊羅象王　伊羅鉢那。帝釈天の乗御する象王の名。

金翅鳥王　→三七頁注

十六　下文、十六由旬(一〇一頁十三行)。

肥瘦　瘦の左訓「ヤセ」。

肌膚　左訓「カハヘ、ハタヘ」。

細密薄皮《はくひ》にして事《じ》に堪へず　身安《みやす》く*堅牢にして*多羅樹《たらじゆ》のごとし
額《ひたひ》広く平長《ひやうぢやう》にして吉画《よきヱ》の文あり　両頬《りやうケフ》深からずして倶に平満せり
眼精は白黒の色《いロ》分明なり　*眼睫《げんセフ》は*青稺《しやうチ》にして乱れず
眉《まゆ》の毛《け》は初月のごとくして高く曲りて長し　厚からず薄からず高下《かうげ》にあらず
鼻は端《イツクシ》くして光沢臃円《ヨウゑん》にして直《ナヲ》し　耳は濡長《ナムちやう》にして無賈《むゲ》の環《タマキ》を垂れたり
歯の色は珠を貫きて*雪珂《せつか》の如し　丹唇《あかきくちびる》は*頻果《びんくわ》のごとくして麁細《そさい》ならず
腹は臃《マリリカ》にして現せず斉《ホソ》は円《まろらか》にして深し　*背脊《はいシヤク》は平直にして亀の背のごとくして足る
両の乳は頻果のごとくして鴛鴦を雙《つが》へたり　円《まどか》に起《た》ちて垂れず濡《ヤワラカ》にして鮮浄《せんじやう》なり
跟《クビス》は円《まどカ》にして広く膊《コムラ》は臃《マリリカ》にして柔濡なり　膝は円《まどカ》にして現せざること金柱《こんチウ》の如し
頭髪は青細にして潤《うる》うて乱れず　其の身《ミ》芬馨《カウバ》しきこと*香斂《かうレン》の如し
毛孔より常に妙*栴檀を出だし　口の中より亦《また》*青蓮の香を出だす
身体柔濡にして*迦天《カてん》の衣のごとし　*象牛馬幡魚《ご》園《ヲム》の文あり
心に諂曲《てんごく》無くして信《まこと》に慚愧なり　時を知りて方便をもて王の意を摂す
坐起言語《さきごんご》に王の意を得たり　衆好円備《しゆうかうゑんび》して天女の如し
天衣《てんえ》鬘香《まんかう》をもて其の身を荘《かざ》れり　歌舞戯咲して王をして喜《ヨロコ》ばしむ

釈して曰はく、

*賢位の輪王とは、「*仁王経」に云はく、「十善の菩薩、大心を発して長く三界の*苦輪海を別る。中下品の善は*粟散王、上品の十善は鉄輪王、*習種《しふしゆう》は銅輪二天下、*銀輪は三天

堅牢　牢の左訓「マタクシテ」。
多羅樹　形は棕櫚に似て堅く、花は白くして大、果は赤くして柘榴の如しという。
眼睫　睫の左訓「マツケ」。
青稺　稺の左訓「ホソシ」。
雪珂　珂は白瑪瑙をいう。
頻果　頻婆樹の果実で、その色は鮮赤といわれ、女子の唇色に喩えられる。
背脊　背の左訓「セナカ」。
香斂　斂の左訓「ハコ」。
栴檀　香木の名。赤・白・紫の諸種あり。
青蓮　睡蓮の一種。
迦天の衣　迦陵伽天衣。迦陵伽国に産する犢毛布で作った衣をいう。
象牛馬幡…　下文には「象王牛王馬王の画の文と、幡蓋の文と、魚の文と、薗林等の文と、其の身の上に現せり」(一〇二頁二行)とあり。
賢位の輪王とは…　以下一〇〇頁三行目まで、『凡聖界地章』巻上の文。菩薩五十二位(↓九三頁補「十住」)の中、十住・十行・十廻向の三十位を三賢という。
仁王経　巻上(正蔵八・八二七中)。
苦輪海　↓九三頁注
粟散王　↓七三頁注
習種　菩薩の十住位(↓九三頁注)をいう。
銀輪は三天下性種性なり　経文には「三天性種性」とあり、『凡聖界地章』も同じ。底本は「三天下性種」として右傍に「性ナリ」という一字を插む。

下性種性なり。*道品堅徳の転輪王は、七宝の金光四天下なり」と。*経に准すれば、十善は鉄輪、十住は銅輪、十行は銀輪、十廻向は金輪なり。故に四つの輪王は三賢の位に在り。

「*順正理」に云はく、

此《コ》の州の人の寿命、無量より乃至八万歳に転輪王生ずること有り。八万を減する時には有情の富楽寿量損減《そんげん》して、衆悪漸く盛なり。*大人の器に非ず、故に輪王無し。此の王は輪の旋転するに由つて、道に応じて一切を威伏すれば、転輪王と名《なづ》く。「*施設足」の中に四種有りと説く。金銀銅鉄の輪、応ずること別なるが故に、謂はく、鉄輪王は一州界に王たり、銅輪王は二州界に王たり、銀輪王は三州界に王たり、金輪王は四州界に王たり。故に*契経に言はく、善王*刹帝利種に生在して、*灌頂の位を紹《ツ》ぐに、十五日に於て斎戒を受くる時《トキ》に、首身を沐浴して勝斎戒を受け、高台《かうだい》の殿《でん》に升《のぼ》つて臣僚《しんレウ》輔翼するときに、東方より忽ちに金輪宝現すること有り。余の転輪王も応《まさ》に知るべし、亦爾《しか》なり。輪王は仏の如くして二《ふたり》倶に生ずること無し。*一切の輪王は皆《みナ》傷害《しやうがい》すること無し。伏せしめて勝《た》ふることを得《エ》已《をは》りぬれば、各《おのおの》其の所居に安んじて、勧導して十善業道を脩せしむ。故に輪王は死して定めて天に生ずることを得《ウ》。経に説かく、輪王、世に出現すれば、便ち七宝、世間に出現すること有り。所謂《いはゆる》輪宝と象宝と馬宝と珠宝と女宝と主蔵臣宝と主兵臣宝となり。象等の五宝は有情の所摂なり、珠輪の二宝は乃ち是れ非情なりと。

道品堅徳　経文は「道種堅徳」。『凡聖界地章』も同じ。

経　『仁王経』巻上(正蔵八・八二七中)。

順正理　『順正理論』巻三十二、辯縁起品第三之十二(正蔵二九・五二四中下)略抄取意。

大人　大丈夫人の謂。転輪王または仏・菩薩をいう。

施設足　『阿毘達磨施設足論』七巻。迦多延尼子造、説一切有部の宗義を述べた六種の論、いわゆる六足論の一。玄奘は六足論の中、五部を訳したが、この書に及ばず。北宋、法護の『施設論』七巻は、この書の抄訳であろうといわれる。

契経　仏教経典の総称。

刹帝利種　インド四姓の一。婆羅門の次に位し、王族・武人の階層をいう。

灌頂の位　ここでは帝王の位。即位のとき、四大海の水を取ってその頂に灌ぐ儀式があったといわれる。

一切の輪王は…　『順正理論』巻三十二(正蔵二九・五二五下)略抄。

論に輪王を説くに、*賢と言《イ》はざれども、経に依つて通会するに、賢聖なること知りぬべし。四種の輪王の差別は後の如し。並びに「正理論」に依る。

金輪王とは、謂はく、金輪王は諸の小国の王、各《おのおの》自《みづか》ら来り迎《ムカ》へて、我等《ラ》が国土豊饒安穏なり。唯し願はくは大王、親《まのあた》り教勅を垂《タ》れたまへといふ。銀輪王とは、若し銀輪王は自《みづか》ら彼の土《くに》に往きて、威厳《ゐゲム》をもて彼の方に近づき至るに臣伏《しんぶく》す。銅輪王とは、銅輪王は彼の国に至り已《をは》つて、威を宣《ノ》べ徳を競《きそ》ふに、彼れ方《まさ》に勝《カ》つことを推《ユヅ》る。鉄輪王とは、若し鉄輪王は亦《また》彼の国に至りて、威を現し陳《ぢん》を列ね剋勝して便ち止《ヤ》む。

又、聖位の金輪王とは、「*仁王」「*花厳」には並びに閻浮提の王と作《な》ると云ひ、「*瑜伽論」には、転輪王と作《な》つて瞻部州《せんぶしう》に居して、四天下に王たりと云ふ。「*起世経」の中には、但し聖王と言《イフ》て初地とは指《サ》さず。彼の経に云はく、

閻浮提の内に転輪聖王、世に出現する時に、王として四天下に十善の法を行じ、*七瑞宝を具せり。一つには金輪宝、*千輻《ブク》の*轂輞《コクマウ》あつて、内外金色にして、能く*未だ伏せざるを伏して輪王とするなり。故に此の州の中に於て、最勝の地を択《エラ》ぶ、東西七由旬、南北十二由旬なり。即ち其の夜に於て、諸天即ち来下して宮殿を造立す。金・銀・瑠璃・頗梨の四宝をもて厳飾せり。二つには象宝、*潔純白と名《なつ》く。六牙ありて*七支《シ》地を柱《サヽ》ふ。三つには馬宝、長毛と名く。色《いロ》青く体潤うて、並びに能く空《ソラ》に騰《ノボ》る。動ずるに時を移さず、四天下を周《めグ》る。四つには珠宝、*毗瑠璃《ベイるり》色にして光明を流出す。五つには

賢と言はざれども　『凡聖界地章』は「賢位ト言ハザレドモ」に作る。

2　転輪聖王

仁王　『仁王経』巻上(正蔵八・八二七上中)。
花厳　『華厳経』(八十巻本)巻三十四、十地品第二十六之一(正蔵一〇・一八三中)。
瑜伽論　『瑜伽師地論』巻四、本地分中有尋有伺等三地之一(正蔵三〇・二九八上)。
起世経　巻二、転輪聖王品第三(正蔵一・三一七—三一九上)取意。
七瑞宝　七宝。
千輻　輻の左訓「ヤ」。
轂輞　左訓「コシキヲホワ」。
未だ…故に　冠註「未ダ伏セザルヲ伏ス、輪王ノ為ノ故ニ」と訓む。
潔純白と名く　『凡聖界地章』は「潔斎ト名ク、純白ニシテ」に作る。
七支　七支提か。支提は塔婆。
毗瑠璃　瑠璃。

女宝、進止*姝妙《シユめう》にして、観《み》むと楽《ねが》ひて厭《いと》ふこと無し。六つには主蔵臣宝、*報得の*天眼ありて、洞《ホガラ》かに伏蔵を見る。七つには兵将宝、善く四兵を理《トヽノ》へて、行走集散《ぎやうそうしふさん》すること、王の心に合《カナ》へりと。

「*正法念経」の七宝、此れに同じ。然も一一の宝の功用《くよう》倍《マス》く多し。

「*起世」に又云はく、

輪王終歿《じゆうモツ》すれば、七宝皆《みナ》隠れ、四種の宝城、変して*墫土《セムど》と為《な》る。人民減少して、磨滅すること須臾なりと。

聖位の輪王の*風化は後の如し。「*正法念経」に云はく、

殊に八徳を具す。百由旬の内に、心行正直なり。一切の所求、皆《みナ》悉く満足すと。

「*起世経」に云はく、

此の閻浮提、清浄平正にして、*荊棘《ギヤウコク》及び諸の丘坑《くきやう》有ること無しと。

又云はく、

世間の種々の資産《しサン》豊饒《ぶねう》にして、珍琦《チンキ》の衆宝を具足せずといふこと無しと。

又云はく、

*坑坎廁溷《キヤウカンシコム》雑穢《ざふゑ》有ること無く、大小便利には、地自《ヲのづか》ら開合すと。

又云はく、

此の閻浮提、皆《みナ》悉く快楽し、人民熾盛にして、穀食豊饒なりと。

又云はく、

姝妙 姝は女の美しきさま。

報得 果報として自然に得ること。

天眼 色界の諸天に生れて得る眼。

正法念経 『正法念処経』巻二(正蔵一七・八下)取意。

起世 『起世経』巻二、転輪聖王品第三(正蔵一・三一〇中)取意。

墫土 墫の左訓「カハラ」。

風化 人を教えて善に導くこと。

正法念経 『正法念処経』巻二(正蔵一七・八下)取意。

起世経 巻二(正蔵一・三一九下―三二〇上)取意。

荊棘 荊の左訓「ムハラ」。

坑坎廁溷 左訓「アナ、アナ、カハヤ、セヽナキ」、坑の左訓また「タニ」。

常に夜半に於て雲を興して雨を注《ソヽ》き、清涼の風有りて潤沢し流散すと。

又云はく、

此の閻浮提の一切の土地、自然に*沃壌《ヲクジヤウ》にして、*欝茂滋液《うつムジエキ》なりと。

「*十住論」に云はく、

第二地の菩薩、此の地に住して、常に転輪王と作《ナ》る。第二地をば、十地の中に於て名《なつ》けて離垢とす。慳貪は十悪の根本なり。永く尽すが故に名けて離垢とす。菩薩、是の地の中に於て深く*尸羅波羅蜜《しらはらみつ》を行ず。是の菩薩、若し未だ欲を離れざれば、此の地の果報の因縁の故に、四天下の転輪聖王と作《な》りて、千輻の金輪の種々の珍宝をもて、其の輞《マウ》を荘厳し、*瑱琉璃《テンるり》を轂《コク》として、周円十五里なるを得。百種の薬叉神、共に守護する所なり。能く虚空に飛行して、四種の兵を導き、*転すること軽捷《きやうケン》にして迅疾《じんしち》なること金翅鳥王の如く、風の如く念の如し。所詣《しよけい》の処に諸の衰患を滅し、怨賊を降伏す。一切の小王、皆《みナ》来つて帰伏し、親族人民、愛敬せずといふこと莫し。普《あまね》く能く聖王の姓族を照明す。種々の*花鬘瓔珞《くゑまんやうらく》、間錯《けんシヤク》し荘挍《しやうケウ》して、五種の伎楽、常に之に随逐《ずいちく》し、奇妙の宝蓋、其の上に羅覆《ラフ》せり。行く時には種々の華香《くゑかう》、砕末《サイまつ》の栴檀《せんだん》有つて、常に而も供養じ、真黒の*沈水《ちんすい》・*牛頭栴檀《ごづせんだん》・黄栴檀《わうせんだん》を焼《タイ》て、以て其の身に塗《ヌ》る。其の輪の両辺に、天女、*白払《びやくはつ》を執持して侍立せり。種々の珍宝を以て其の蓋とす。其の輪に種々の希有《けう》の事有つて、而も用《モ》て荘厳せり。是れを金輪宝の一切を具足すと名く。其の象の相は、身大にして、白きこと真銀山《しんぎんせん》の如し。神嶽《じんがく》の大象の衆の中《なカ》より生出して、

沃壌　左訓「コエタリ、ツチクレ」。

欝茂滋液　欝の左訓「サカリ」、液の左訓「ウルウ」。

十住論　『十住毘婆沙論』十七巻。竜樹著、羅什訳。『華厳経』十地品の初地・二地の釈、三十五品より成る。なおその第九易行品の一品は別出され、浄土諸家に重んぜられている。引文は、巻十七、戒報品第八（正蔵二六・一二一上―一二三中）。

尸羅波羅蜜　尸羅は戒。尸羅波羅蜜は持戒の行。六度・十波羅蜜の一。

瑱琉璃　瑱はみみたま。また文彩相交るさまをいう。

転すること軽捷にして　慶本「転（ウタ）軽捷シテ」と訓む。

花鬘瓔珞　↓九四頁注「花瓔」

沈水　沈水香。香木の名。香材の最上のものの一という。

牛頭栴檀　香樹の名。赤檀ともいう。

白払　白毛の払子。

能く虚空に飛行し、*伊羅婆那《いらバナ》・安闍那王《あざなわう》・摩那《まナラ》等の諸大象王を皆《みナ》能く摧却《さいきやく》す。是れを白象《ザウ》宝具足すと名《なづ》く。

馬相は、色《いロ》孔雀の頸《クビ》の如し。其の体疾《はや》きこと金翅鳥王の如くして、飛行無碍《むげ》なり。是れを馬宝と名く。

貴家の中に生じて、身に疾病無く、大勢力有つて形躰浄潔なり。憶念深遠にして直心《ちきしん》柔軟なり。持戒堅固にして深く王を敬愛し、能く種々の経書伎術を通達す。是れを主兵臣宝と名く。

財主天王の如く富相《ふさう》具足し、千万億の種々の諸宝の伏蔵、常に随逐して行く。千万億種の諸の薬叉神の眷属、随従せり。皆《みナ》是れ先世の行業の報なり。善く知りて金・銀・*帝青・*大青・金剛・*摩羅竭《マラキヤ》・車渠《しやこ》・馬瑙《めなう》・珊瑚《さんご》・*頗梨《はり》・*摩尼《まに》・*瑱珠《てんしゆ》・流璃《るり》等の種々の宝物を分別し、悉く能善《よ》く*知つて出入せしむ。多少宜《よろ》しきに随つて能く用《モ》て、能く王の願を満つ。是れを居士宝《こじほう》と名く。

光明は日月の如くして十六由旬を照し、形《かたチ》大鼓の如くして、能く種々の毒虫・悪気《あくケ》・疾病・苦痛を滅す。人天の見る者《もノ》珍愛せざること莫《な》し。好花瓔珞《やうらく》を以て荘厳として、高幢《かうどう》に処在するに、威光奇特《きどく》にして、能く衆生をして希有《けう》の心を発《おこ》し、大歓喜を生ぜしむ。是れを珍宝と名く。

其の手の抓《ツメ》の甲《コフ》は紅赤にして薄し。其の形脩直《かたチしゆぢき》にして高隆《かうりう》なり。潤沢《じゆんたく》にして肥《コ》えず痩《ヤ》せず。身肉次第にして肌《ケ》膚《フ》厚《アツ》く実《ミ》てり。細密薄皮にして苦事《クジ》に堪《タ》へず。身安《やす》く堅牢に

伊羅婆那　藹羅筏拏。伊羅象王(→九五頁注)に同じ。

帝青　帝釈宝。宝珠の名。
大青　同右。
摩羅竭　緑色宝。金翅鳥の口辺より出る宝玉という。
頗梨　水晶。
摩尼　珠玉の総称。
瑱珠　真珠。
知つて…多少　慶本「出入ノ多少ヲ知テ」と訓む。

して多羅樹の如し。身上の処処に吉字明了にして吉樹の文画《エ》あり、其の身を荘厳せり。象王・牛王・馬王の画《エ》の文と、幡蓋の文と、魚の文と、薗林等の文と、其の身の上に現せり。踝《ツブヽシ》は平《たひら》にして現せず。足は亀の背《せなカ》の如し。足の辺は倶《とも》に赤《あか》し。跟《クビス》は円《まどか》にして広し。腨《コムラ》は臑《マリヽカ》にして柔軟なり。膝は円《まどか》にして現せず。髀《モヽ》は金柱の如し、芭蕉《ばせう》樹の如し。象王の如く鼻は濡沢《ナンタク》にして光潤あり、臑円《ヨウゑん》にして直し。横文三つ有り。腹は臑《マリヽカ》なり、現せず。斉《ホソ》は円《まどか》にして而も深し。脊背《シヤクハイ》は平直《ヘイチキ》なり。乳《チ》は*頻婆菓《びんばくわ》の如く、雙《つが》へる鴛鴦の如し。円《マドカ》に起《タ》ちて垂《タ》らず、柔軟にして鮮浄なり。又其の臂《ヒヂ》は纎《ホソ》く臑円《ヨウゑん》にして且《マ》た長《ナガ》し、節《フシ》隠れて現せず。其の鼻《ハナ》は端直にして匾《ヒラ》ならず、現出すること大にあらず小にあらず、孔覆《アナヲホ》うて現せず。*両頰《りやうケウ》は深からず、平満にして高からず、両辺倶《とも》に満《ミ》てり。額《ヒタイ》は平《たひら》にして而も長し、吉画《ゑ》の文《かざり》有り。耳は濡《ヤはら》かにして而も垂《タ》れ、無罣《むゲ》の環《タマキ》を著《ツ》けたり。歯は真珠を貫《ツラヌ》けるが如し、月の初めて生《ナ》れるが如く、雪の如く*珂《か》の如し。唇《くちびル》は*丹《タム》霞《カ》の如く、頻婆菓の如くして、上下相当《あヒ》りて*麁《ソ》ならず*細ならず、赤瑱珠《せきテンしゆ》を貫《ツラヌ》けるが如し。眼は白黒の精二つの色分明にして荘厳《しやうごん》せり、長広にして光明清浄なり。其の*睫《セウ》は*青稺《しやうチ》にして長うして而も乱れず。眉の毛は厚《アツ》からず薄からず、高ならず下《げ》ならず、月の初生の如し。高曲《かうコク》にして而も長し。両辺相似《あひニ》たり。髪《カミ》は*而細くして潤沢あつて乱れず。其の身は芬馨《フンケイ》にして常に香気有り。種々の上好《じやうかう》の香斂《かうレン》を開《ひら》けるが如し。身の諸の毛孔より常に真妙の栴檀の香を出だして、能く人の心を悦《ヨロコ》ばしむ。口の中《なカ》には常に青蓮花の香有り。身躰は柔軟にして、*迦陵伽《カリヨウギヤ》の天衣の細滑《さいクハツ》の事の如し。一切具足せり。

頻婆菓　頻果。↓九六頁注

両頰　左訓「(両)ツノツラ」。

珂　左訓「タマ」。

丹霞　左訓「ユウヤケ」。

麁ならず　左訓「フトカラ(ス)」。

細ならず　左訓「ホソカラ(ス)」。

睫　左訓「マツケ」。

青稺　左訓「アヲクホソシ」。

而細　或いは耎細か。冠註は、髪而細に「蔵本作二髪軟一」と注記。

迦陵伽の天衣　↓九六頁「迦天の衣」注

天文の…天香　冠註「天文ノ衣鬘、天ノ香ヲ著シ」と訓む。

薄　左訓「ウスラク」。

心に諂曲《てんごく》無く、直信にして慚愧あり、深く王を愛敬す。時を知り方《ハウ》を知り、善く方便有りて王の心を摂取す。坐起言語《ざきごんご》に能く王の意を得たり。王の意に随ひて行じ、常に愛語を出だす。人間の徳女の如くして衆好具足せり。色は提盧多摩《ダイロたま》天女の如し。清浄分明なること、月の十五日の如し。画《ヱ》の文柄現《モンへいげん》して、帝釈の夫人舎脂《ぶにんしやシ》の、天文の衣鬘*を著し、天香、多く天の光明金摩尼珠を以て其の身を荘挍せるが如し。善く歌儛・伎楽、娯楽戯咲の事を知り、善く方便有りて、意に随つて能く王をして歓喜を発《おこ》さしむ。

一切の女の中に是の女を最とす。是れを玉女宝と名く。

又、転輪聖王に四つの如意の徳有り。一つには色貌端政《しきメウタンじやう》にして、四天下に於て第一無比なり。二つには病痛無し。三つには人民深く愛す。四つには寿命長遠なり。

衆生を教誨《けうくゑ》するに十善業を以てし、能く諸天の宮殿をして充満せしめ、能く阿脩羅の衆を減し、能く諸の悪趣を薄*くし、善処を増益す。能く衆生の為に多く利事を求め、施作《せさく》する所《ところ》有るに兵仗《ひやうぢやう》を用《モチ》ゐず、法を以て治化して天下《てんげ》安楽なり。外には敵国の畏《おそレ》無く、内には陰謀《イムボウ》の畏《おそレ》無し。又其の国の内には疫病飢餓《ケが》と、及び諸の災横衰悩との事無し。一切の辺王、皆《みナ》帰伏する所なり。多く眷属有りて、能く疾《ト》く人を摂して、更に能く国界を侵害すること有ること無し。其の四種の兵は勢力具足せり。諸の婆羅門と、居士と庶人《シヨにん》と、皆《みナ》共に愛敬す。甘香美食は自然に而《しか》も有り。国界日《ヒ》に増《ま》して損減《そんげん》有ること無し。善《よ》く能く経書伎芸、算数呪術を通達して、皆《みナ》悉く受持せり。巧《たくみ》に能く論説《ろんぜつ》して義趣を分別す。群臣《ぐんしん》具足して悉く威徳有り。常に財施を行ずるに能く及ぶ者《もノ》無し。

千子端政《たんじやう》にして諸の天子の如し。威徳勇健にして能く強敵《がうテキ》を破す。所住の宮殿、堂閣楼観は、*四天王と*帝釈との勝殿の如し。王の教誨する所《ところ》、能く壊《ゑ》するもの有ること無し。四天下に於て、唯《タヾ》此の王のみ有りて威相具足するが故に、能く及ぶ者《もノ》無し。音声《おんしやう》深遠《じんをん》にして聴《キ》き易く解《さと》り易し。不散不乱にして*迦羅婆頻伽《カラバビンガ》鳥の如し。美濡和雅《ミナムわゲ》にして聞く者《もノ》*悦ぶのみ。眷属心を同《どう》じて沮壊《ソヱ》すべからず。所住の処は、地水虚空に、無障無碍なり。威力の猛士にして能く大事に堪へたり。念《ヲモ》ひて耆老《ぎらう》に問ひて人を欺誑《ゴワウ》せず。心に妬嫉《トシツ》無くして非法を忍びず、瞋恨有ること無し。威儀安詳として軽躁《きやうサウ》ならず。所言誠実にして未だ曾て両舌せず。施を行じ戒を持して常に咲《エミ》を含めり。未だ曾て眉《マユ》皺《シハ》め悪眼をもて人を視《ミ》ず。利を退失する者《もノ》には之が為に利を作《ナ》し、已《すで》に利有る者《もノ》には深く報を知らしむ。慚愧の心を懐《いだ》きて大智慧有り。威徳尊厳《そんゲン》にして而も能く忍辱なり。大丈夫の相あつて其の性猛厲《まうレイ》なり。諸《ヲホヨソ》の所為の事、疾く能く成辨す。先づ正《ただ》しく思量して、然《しか》して後に乃し行ず。王に*法眼有つて所為殊勝なり。善く思量する者《もノ》には乃し与《トモ》に事に従ふ。若し任《タ》へざれば更に賢明《けんメイ》を求む。善く福徳を集めて財物清浄なり。能く自《みづか》ら防護《はうご》して禁戒を破せず。多く財宝に饒《ユタカ》なること*毘沙門王の如し。大勢力有ること天帝釈の如し。端厳にして可愛なること、猶《なほ》し満月の如し。能く照すこと日の如し。能く忍ぶること地の如し。深心《じんしん》なること海《うみ》の如し。苦楽の為に傾動せられざること、須弥山王の風《カゼ》、揺すること能はざるが如し。諸宝妙事の所住の処《ところ》、諸善福徳の依止する所なり。是れ諸《もろもろ》の一切世間の親族なり。諸

四天王　→二八頁「四王天」注

帝釈　→二二頁注

迦羅婆頻伽　迦陵頻伽。

悦ぶのみ　慶本「耳ヲ悦バシム」と訓む。

法眼　一切諸法を観ずる眼をいう。

毗沙門王　四天王・十二天の一。北方天・多聞天等の称あり、北方の守護神として知られる。

の苦悩の者の帰趣する所なり。帰無きには帰と作《ナ》り、舎無きには舎と作《な》り、怖畏有る者《もノ》には能く怖畏を除く。転輪聖王に是くの如き等の相有りと。

秘密曼荼羅十住心論巻第二

秘密曼荼羅十住心論巻第三

嬰童無畏住心第三

夫《そ》れ、*蠰虫《ジヤウちう》は定《さだ》めて蠰に非ず、*鯤魚《コンぎよ》は必ずしも鯤にあらず。泥を出でて乍《ニハカ》に虚空を払《はラ》ひ、水を摶《ウ》つて忽ちに風上に臥《フ》す。羝羊《ていやう》の人を之に譬《たと》ふ、愚童の心、亦如《またシカ》なり。羝羊、自性無きが故に善に遷《うツ》る、愚童、*内熏力の故に苦を厭《いと》ふ。戒を護りて*天堂に生じ、善を修して地獄を脱《まぬか》るるが如きに至りては、下《げ》を悪《にく》む心稍《ヤヽ》発《おこ》り、上《じやう》を欣《よろこ》ぶ願《ぐわん》初めて起る。是《ここ》に於て帰依《くゐえ》を彼の*天竜に求め、虔誠《ケンじやう》を此の*神鬼に尽す。*抜苦を仰ぎて悲しみ、*与楽を祈りて眄《カヘリ》みる。影は形に随つて*直《カナ》ひ、響《ひびき》は声《こゑ》に逐《シタガ》つて応ず。三途の苦果は*前因に畢《をは》つて出づ、*四禅の楽報は*今縁に感して昇る。因果信せずはあるべからず、罪福慎まずはあるべからず。*鐘谷《しゆうこく》の応、良《まこと》に以有《ユヘ》るをや。嬰童《やうどう》は*初心に拠つて名を得《エ》、無畏は*脱縛に約して称《しよう》を樹《タ》つ。

◇嬰童無畏住心　『宝鑰』では、「小分ノ厄縛ヲ脱スルガ故ニ無畏ナリ、未ダ涅槃ノ楽ヲ得ザルガ故ニ嬰童ナリ」と説明している。

―― 大　綱 ――

蠰虫　蠰はかみきり虫の一。

鯤魚　鯤は荘子に出る想像上の大魚。化して鳥となったという。

内熏　衆生の心の内にある真如の感化をいう。

天堂　天上界。

天竜　天竜八部。↓九二頁注

神鬼　ここでは夜叉以下の六部鬼神(夜叉・乾闥婆・阿修羅・迦楼羅・緊那羅・摩睺羅伽)をさすか。

抜苦・与楽　仏の慈悲の徳をいう。抜苦は悲、与楽は慈の徳とされる。

直　左訓「ナヲク」。

前因　前世の因縁、十悪業。

四禅　四禅定。欲界の惑を超えて色界に生ずる四種の禅定をいう。初禅より第四禅にいたる。

今縁　今世の因縁。十善・六度。

鐘谷の応　鐘の音が谷にひびき、こだまして応ずるさま。因果の道理の必然なるに喩えられる。

初心　初発心。初めて道を求める心を発すること。

脱縛　縛脱とも。縛は煩悩、煩悩の繋縛を脱すること。

外の三宝と世間の三昧

文 『大日経〔大毘盧遮那成仏神変加持経〕』巻一、入真言門住心品第一(正蔵一八・二中)。

善友 善知識。

自在天 ↓五五頁注

梵天 大梵天王。色界初禅天の主。帝釈天とともに仏法を守護するという。

無畏依 依はものの依止・依憑となること。

復次に秘密主… 『大日経疏〔大毘盧遮那成仏経疏〕』巻二、入真言門住心品第一之余(正蔵三九・五九五上中)。

斎施 斎食と施物。

大名聞 名聞は名誉が世間に聞えること。

故に*文に云はく、

復《また》次に秘密主、彼れ戒を護りて天に生ずるは、是れ第七の受用種子《じゆようしゆうじ》なり。復次に秘密主、此の心を以て生死に流転して、*善友の所に於て是くの如きの言を聞く。此れは是れ天なり、大天なり、一切の楽を与ふる者なり。若し誠を虔《イタ》して供養ずれば、一切の所願皆《みナ》満つ。所謂《いはゆる》*自在天・*梵天、乃至彼れ是くの如くなるを聞きて、心に慶悦を懐きて、殷重《おんぢう》に恭敬《くぎやう》し、随順し修行す。秘密主、是れを愚童異生の生死流転の*無畏依第八の嬰童心と名《なづ》くと。〈此《ここ》には戒を護りて外の三宝に帰依することを明す。〉

釈して云はく、

「*復次に秘密主、彼れ戒を護《ご》して天に生ずれば、是れ第七の受用種子なり」とは、謂《い》はく、已《すで》に能く*斎施を造り、其の利益を見て、即ち知りぬ、三業の不善は皆《みナ》是れ衰悩の因縁なり、我れ当《まさ》に之を捨てて戒を護りて而も住すべしと。戒を護るに由るが故に、現世には諸の善利を獲《エ》、*大名聞有りて身心安楽なり。倍《マス〳〵》復《また》賢善を増広して命終《みやうじゆう》して而も天に生ずることを得。譬へば種果《しゆうくわ》已に成じて其の実を受用するが如し。故《かるがゆへ》に受用種子と曰ふ。又云はく、一の種子より而も百千の果実を成《な》す、是の一々の果実、復《また》若干を生ず、展転滋育《てんでんじいく》すること勝《アゲ》て数ふべからず。今《いマ》此の受用果の心《しん》、復《また》後心の種子と成ること亦復《また》是くの如し。故《カるがゆへ》に受用種子と曰ふ。

経に云はく、「秘密主、此の心を以て生死に流転して、善友の所に於て是くの如きの言を聞く。此れは是れ天なり、大天なり、一切の楽を与ふる者なり。若し誠を虔《イタ》して供養ずれば、一切の所願皆満《みナ》つ。所謂《いはゆる》自在天等なり、乃至彼れ是くの如くなるを聞きて、心に慶悦を懐《いだ》きて、殷重《おんぢう》に恭敬《くぎやう》し、随順して修行す。秘密主、是れを愚童異生の生死流転の無畏依《むゐえ》の第八の嬰童心と名く」といふは、已に知りぬ、尊行の人と宜しく親近し供養ずべしといふ。又持戒にして能く善利を生ずるを見るは、即ち是れ漸く因果を識る。今復《また》善知識の、此の大天有りて、能く一切の楽を与ふ、若し虔誠に供養ずれば所願皆満《みナ》つと言ふを聞きて、即ち能く帰依の心を起す。未だ仏法を聞かずと雖《いへド》も、然も此の諸天は善行を修するに因つて此の善報を得《う》と知り、又漸く解《げ》して勝田を甄別《けんべち》す。復《また》仏法の殊妙を聞かば、必ず能く帰依し信受すべし。故《カるがゆへ》に世間の最上心とす。

問ひて曰はく、前には自在天等は皆《みナ》是れ邪計《じやけ》なりと説く、今復此等《またこれら》に帰依するは是れ世間の勝心なりと云ふ。前《サキ》と何の異か有る。

答へて曰はく、前のは是れ因果を識らざる心なり。但し諸法は是れ自在天等の所造なりと計す。今は*善根熟するに由るが故に、生死流転《しやうじるてん》の中に於て無畏依を求め、彼の行因を効《ナラフ》て、冀《ネガ》ひて勝果を成《じやう》ぜんと欲ふが故に、前の計には同ぜざるなり。

*商羯羅《しやうがら》といふは是れ*摩醯首羅《まけいしゆら》の別名なり。黒天といふは、梵音には嚕捺羅《ろなら》といふ。是れ自在天の眷属なり。竜尊といふは、是れ諸大竜なり。*倶吠羅《くばいら》等は、皆《みナ》世の宗奉する所の大天なり。*梵天后といふは、是れ世間の奉尊する所の神なり。然も仏法の中には、梵王は離欲にして后妃有ること無し。*波頭摩《ハヅま》より以下は、所謂《いはゆる》*得叉迦《とくしやか》竜・*和修《わしゆ》吉竜《きつりう》・*商佉《しやうギヤ》竜・羯句擿《キヤラクダ》剣竜・大蓮華竜・*倶里《くり》剣竜・*摩訶泮尼《まかハニ》竜・阿地提婆《あちだいば》竜・薩他《さつた》

善根　善き果報を受くべき善因。善本。
商羯羅　大自在天の異名。
摩醯首羅　大自在天。
倶吠羅　毘沙門天の別名とも、眷属ともいう。
梵天后　梵天の后妃。
波頭摩　鉢頭摩華。紅蓮華。ここは竜神の名。
得叉迦竜　『法華経』所列の四竜王の一。
和修吉竜　九頭竜と訳す。
商佉竜　商佉は贏具と訳す。
倶里剣竜　倶利伽羅。黒色の竜の意。この竜が剣を纏う形が不動明王の三昧耶形になっている。
摩訶泮尼竜　泮尼は波泥、玉の意か。
難陀　→三四頁注

竜・*難陀《なんだ》等の竜は、皆《みナ》是れ世間の奉尊する所の神なり。天仙といふは、謂はく、諸の*五通の神仙なり。其の数無量なり。故《カるがゆへ》に名を列ねず。*囲《ゐ》陀《だ》といふは、是れ梵王の演《の》ぶる所の四種の*明論なり。*大囲《ゐ》陀《だ》論師《ろんじ》といふは、是れ彼の経を受持する能教授の者なり。能く出欲の行を開示するを以ての故に帰依すべし。彼の部類の中に於て、梵王は猶《なほ》し仏の如し。*四囲陀典は猶し*十二部経の如し。此の法を伝ふる者は猶し*和合僧の如し。是れ時に彼れ是くの如き等の世間の三宝を聞きて、歓喜し帰依し随順して修行す。是れ第八の生死凡夫の無畏依なりと。

又云はく、

*秘密主、世間の因果と及び業とは、若しは生じ若しは滅《めっ》する、他主に繋属して*空三昧を生ず。是れを*世間の三昧道と名《なづ》く、とは、

釈して云はく、

*謂はく、一切世間の三昧は、要を以て之を言はば、究竟の処に至りて、皆《みナ》因と果と及び因より*果を辨する時《とキ》の所有の作業とを滅壊す。謂はく、此の*三事、若しは生じ若しは滅する、皆《みナ》他に繋属す。他といふは、謂はく*神我なり。然る所以《ゆへ》は、若し行人、正因縁の義を解せずして諸禅を修證すれば、必ず当《まさ》に自心に計著して、以て*内我とす。彼れ世間の万法は心に因つて有なりと見て、則ち神我に由つて生ずと謂《ヲモ》へり。設令《タトイ》内我に依らずとも、必ず*外我に依る。即ち是れ自在梵天等なり。若し深く此の中の*至頤《セキ》を求むるに、自然に因業を撥除して、唯《ただ》し我性のみ独り存す。乃至一法として心に入

五通の神仙　↓六三頁「五通の仙人」注

囲陀　韋陀。吠陀。婆羅門教の根本聖典。

明論　ヴェダのこと。

大囲陀論師　梵天に奉事し、ヴェダを受持する外道の学者。

四囲陀典　リグ・シャマ・ヤジュル・アタルヴァの四ヴェダ。

十二部経　十二分経とも。経典を形式・内容から十二種に分けたもの。修多羅(契経)・祇夜(応頌また重頌)・伽陀(諷頌また孤起頌)・尼陀那(因縁)・伊帝目多(本事)・闍多伽(本生)・阿浮達摩(未曾有)・阿波陀那(譬喩)・優婆提舎(論議)・優陀那(自説)・毘仏略(方広)・和伽羅(授記)。

和合僧　↓二九頁注

秘密主世間の因果…　『大日経』巻二、入漫荼羅具縁真言品第二之余(正蔵一八・九下)。

空三昧　人・法の空なることを観ずるための住する定の名。

世間の三昧道　凡夫の修する定。

謂はく一切世間の…　『大日経疏』巻七、入漫荼羅具縁品第二之余(正蔵三九・六四八下―六四九上)。

果を辨する　果を成ずるの謂。

三事　因・果・業。

神我　我。人天各自に常住の我ありとすること。

内我・外我　自らの身心に常に一の主宰者ありとするのが内我、自在天等を執して、これが自身の主宰者であるとするのが外我。

至頤　頤はイと訓むか。深の義あり。

ること無くして而も空定を證す。最も是れ世間究極の理なり。是の故に三有を尽さんと垂《ス》れども、還りて三途に堕す。禅定の中に於て種々の世間の勝智を発し、*五神通を具す、其の宗趣を研《ミガ》くと雖も、終に是の処に帰するが故に、斯の*一印を以て、一切世間の三昧道を統収《ツウシユ》す」。〈此《ここ》には諸の外道の世間の三昧を表す。〉

外道に九十六種の大外道と九万三千の眷属の外道と有り。捴《すべ》て十六とす。

十六外道の*嘔陀南

因の中に果有るは*雨際《ウさい》の計なり　縁に従《シタガ》つて顕了するは*数と声との執なり
去来実有は*勝と時となり　我れ実有なりと計するは*特子等なり
常を計する論者は*伊師迦《いしか》なり　全《ぜん》と分《ぶん》と有《う》と無《む》と倶非《くひ》との常なり
静慮と天眼とは実常なりと計す　*無繋は宿を計して餓《ウヘ》て巌《ガン》に投《ナ》ぐ
*自在の変化は世間の因なり　丈夫《ちやうぶ》時等は不平の因なり
*害を正法とするは肉を食せんが為《タメ》なり　*上下は辺有りて辺は辺無しといふ
*不死矯乱《けうらん》は秘して別せず　*諸法無因は定《ちやう》と尋《じん》とに依る
*欲界の人天と色の静慮と　無色の細色とは断滅して無《ム》なり
*空見論者《ろんじや》は一切無なり　尋定等に依つて是くの如く説く
*闘諍劫の時の浄行の者《モノ》は　我は是れ最勝なり余は下劣なりといふ
*清浄を計《け》する者《モノ》は*殑河《ごう》に浴《よく》す　或いは拘《ク》戒《かい》露《ろ》灰《クエ》等を持す

五神通を…研くと雖も　慶本・冠註「五神通ヲ具スト雖モ其ノ宗趣ヲ研クニ」と訓む。五神通→六三頁「五通の仙人」注

一印　一つの法印。印は真実にして不動不変なる意。

―十六外道―

嘔陀南　→二八頁注

雨際　雨際外道。以下の外道については下文参照。

数と声と　数論外道と声論外道と。

勝と時と　勝論外道と時論外道と。

特子等　犢子外道等。

伊師迦　伊師迦外道。伊師迦は、中インド摩掲陀国王舎城附近にあった山という。

無繋　無繋外道。宿作外道とも。

自在の変化は　自在天外道。

害を正法とする　害為正法外道。

上下は辺有り　辺無辺等外道。

不死矯乱　不死矯乱外道。

諸法無因　諸法無因外道。

欲界の人天と　七事断滅外道。

空見論者　因果皆空外道。

闘諍劫の時の…　妄計最勝外道。

清浄を計する者　妄計清浄外道。

殑河　ガンジス河。

*吉祥論者は博食《ハクショク》の時に　　事成ぜずとして日月《にちぐわつ》を供す

*釈して曰はく、

*第一に、因中に果有りと執する論者《ろんじゃ》は、梵には伐利沙《バリシャ》と云ふ、*此《ここ》には雨際《ウさい》と云ふ。即ち*劫毗羅《コウびら》僧佉《そうギャ》の弟子なり。雨際外道は、因は常恒《じゃうごう》にして具《つぶ》さに果の性有りと計す。

第二に、従縁顕了なりと計する論者は、此れに二の別あり。一つには数論外道。法体本より有なれども衆縁より顕はると計す。二つには声論外道。声の体は是れ常なり、而《しか》れども但し縁に従ひて宣吐して顕了なりと計す。

第三に、去来実有なりと計する論者は、此れに二の別あり。一つには勝論、二つには時論外道なり。過去有りと計し、未来有りと計す。其の相成就せること、猶し現在の如くして、実有にして仮に非ず。

第四に、我れ実有なりと計する論者は、即ち彼の数と勝と*離繫と*獣主《シュしゅ》と*赤衣《しゃくエ》と*遍出となり。*即離蘊を計す。非即非離は犢子部等なり。並びに我は実有にして而も是れ一なり常なりといふ。

第五に、常を計する論者は、伊師迦《いしか》外道等なり。全常なり分常なり有想常なり無想常なり倶非常なりと計す。由《ナヲ》し静慮に依つて*宿住智を起して、及び天眼に由つて妄《みだり》に実常なりと計す。

第六に、*宿作《シュクさ》を計する論者は、謂はく、無繫外道なり。彼の所計は、世間の士夫の現に受くる所の苦は*皆《みナ》宿作の悪を因とするに由る、勤めて精進するに由つて旧業《クごふ》を吐く

吉祥論者　妄計吉祥外道。
釈して曰はく…　以下一一三頁十四行目まで『凡聖界地章』巻上の文。
第一に因中に…　『瑜伽論〔瑜伽師地論〕』巻六―七（正蔵三〇・三〇三―三一三）取意略抄。
此には雨際と云ふ　『凡聖界地章』はこの下に「雨時生故」の四字あり。
劫毗羅僧佉　劫毗羅は迦毗羅とも。数論派の祖とされる。僧佉は数論のこと。
離繫　離繫外道。裸形外道とも。一切の繫縛を離れることをあらわすために、裸形で苦行を修したという。
獣主　『唯識論』に説く五種外道の一に獣主あり。
赤衣　赤衣外道。
遍出　遍出外道。
即離蘊　即蘊・離蘊。即蘊は我の体即ち蘊（積聚）なりとするもの、離蘊は我の体は五蘊（→一六頁「諸蘊」注）を離れ、而も五蘊合成の身中に住して常一主宰の力ありとするもの。
宿住智　宿住智証明。自他身の宿世における生死の相を知る智恵。
宿作　宿昔の作業。
宿作の悪を　慶本「悪ヲ宿シ作クルヲ」と訓む。

と執す。故《かるがゆへ》に自ら餓ゑて巌《ガン》に投《ナゲ》て諸の苦行を脩《しゅ》す。

第七に、*自在を計する論者は、凡そ諸の世間の士夫の*所受は、彼れ自在の変化を以て因とし、或いは余の丈夫と時と方と*本際と自然と虚空と*極微と我等との不平等の因なりと計す。

第八に、害を正法とすと計する論者は、謂はく、*諍競劫の諸の婆羅門、肉を食《じき》せんと欲ふが為に、妄りに論を立てて言はく、若し祠《シ》の中に於て諸の生命を害して能く祀《マツ》るものと、所害のものと、若しは諸の助伴《じょばん》のものとは、皆《ミナ》天に生ずるを得《ウ》。

第九に、*辺無辺等を計する論者は、謂はく、即ち諸の静慮に依止《えし》するが故に、彼の世間に於て有辺の想に住し、無辺の想と、倶と不倶との想に住す。上下に辺有り、傍に於ては辺無し。

第十に、不死*矯乱を計する論者は、謂はく、四種の不死矯乱外道なり。若し人来て世出世の道を問ふこと有らば、彼れ便《すなは》ち称して云はく、我れは*不死浄天に事《ツカ》ふ、浄天秘密して*記別すべからずと等なり。

第十一に、諸法無因の見を計する論者は、謂はく、無因外道なり。謂はく、静慮に依り、及び*尋伺に依つて、一切の法は因無くして而《しか》も起る、我れ及び世間も皆無因より生ずと計す。

第十二に、断を計する論者は、謂はく、七事の断滅を計す。欲界の人と天と*色の四静慮の*麁の四大色とは、病の如し、箭の如し。四無色処の細色は、*癰の如し。若し我れ

自在　大自在天。→五五頁注
所受　所受の苦楽。
本際　根本究竟の辺際の意。
極微　色法を最微の点まで分割したもの。
諍競劫　下文「闘諍劫」に同じ。劫末五濁悪世の時をいう。
辺無辺　辺は辺際・限界の意。
矯乱　矯はかこつける。
不死浄天　無想天。色界第四静慮天にあり。→一二九頁十行以下
記別　記莂とも。仏が弟子等にたいして与える来世に関する予言。
尋伺　尋求伺察。麁く尋求するのが尋、細かく伺察するのが伺。覚・観。
色の四静慮　ここは色界の四禅定を修して生ずる天処の謂。
麁の四大色　四大(地水火風)よりなる身体をいう。麁色とは細色(極微―前出)によって造られた総ての麁なる色法をいう。
癰　はれもの。

死して後《のチ》に断滅して有ること無しとす。

第十三に、空見を計する論者は、謂はく、尋伺に依り、或いは静慮に依る。断見外道なり。是くの如きの見を起して、因果無く、施与有ること無し。祠祀《シシ》有ること無し、定めて妙行と及び悪行との二業の果報無し、乃至世間に真の*羅漢無しと計す。

第十四に、最勝を計する論者は、謂はく、闘諍劫の諸の婆羅門は、是れ最勝の種なり。*刹帝等は是れ下劣の種なり。諸の婆羅門は是れ梵王の子《コ》なり。腹《フク》口より生ずる所、余は則ち爾《しか》らずといふ。

第十五に、清浄を計する論者は、謂はく、有《アルイ》は妄《みだり》に計す、*殑伽河《ごうが》等に於て支体を沐浴すれば、*所是諸悪、悉く皆《みナ》除滅して第一清浄なりと。復《まタ》有る外道の計すらく、*狗戒《クかい》を持し、或いは油墨《ユモク》戒を持し、或いは露形《ろぎやう》戒を持し、或いは灰《クヱ》戒を持し、或いは自苦戒を持し、或いは糞穢《ふんゑ》戒を持し、及び涅槃を現するを計して清浄なりとす。

第十六に、吉祥を計する論者は、謂はく、尋思に依り、或いは静慮に依りて、但し世間の日月の博食《ハクショク》、星宿の失度を見て、事成ぜずとするが故に、勤めて日月星等を供養じ、大きに呪を誦し、茅草《バウさう》を安置す。謂はく、*暦数の者《モノ》、是くの如きの計を作《ナ》すと。

次に修定を明す。

*定とは、梵には禅那と云ふ。*旧は思惟修と云ふ、亦《また》は功徳林と云ふ。*新には静慮と云ふ。義翻して定とす。謂はく、所観の境に於て*心心所をして専注《せんちう》せしむるを性とす。

羅漢　阿羅漢(→三〇頁注)。

刹帝　→九七頁「刹帝利種」注

殑伽河　→二二頁「殑伽河」注

所是　冠註「所有」、慶本「所是(有イ)」。

狗戒　狗の所作に則った外道の戒。

暦数の者　陰陽道の道士。

―― **修　定** ――

定とは…　以下一一五頁八行目まで『凡聖界地章』巻上の文。

旧・新　旧訳・新訳をさす。旧訳とは鳩摩羅什(三四四―四一三)以後の翻訳をいい、玄奘(六〇〇―六六四)以後の新訳と区別する。なお鳩摩羅什以前は古訳という。

心心所　心は精神。心所にたいして心王とも。心所は心王所有の法。

若し*三昧耶と云ふは、此《ここ》には*等持と云ふ。*若し三摩地と云ふは、此《ここ》には*等至と云ふ。若し三摩呬多《キタ》と云ふは、此《ここ》には*等引と云ふ。若し三摩鉢《はチ》底・三摩鉢《へ》帝《てい》と云ふは、此《ここ》には均等《くゐんとう》と云ふ。皆《みナ》是れ定なり。

*地繫には八つ有り。*四禅と四空となり。*界繫に二つ有り。謂はく、色と無色となり。多くの差別有り。唯し異生を辨す。〈自下は「順正理論」に依る。「*瑜伽」の文、之に同じ。〉

初静慮とは、「*正理論」に云はく、

世俗の*無間《むけん》には、惣じて欲界を縁す、*麁苦障の三が随一の行相なり。諸の*解《げ》脱道《だつだう》には、*初めの根本を縁す、静妙離の三が随一の行相なり。謂はく、上中下、三品の因に随つて、当《まさ》に*三天処に生ずべしと。

第二静慮とは、論に云はく、

世俗の無間には、惣じて初禅を縁す、麁苦障の三が随一の行相なり。諸の解脱道には、*二静慮を縁す、静妙離の三が随一の行相なり。謂はく、上中下、三品の因に随つて、当に*三天処に生ずべしと。

第三静慮とは、論に云はく、

世俗の無間には、惣じて二禅を縁す、麁苦障の三が随一の行相なり。諸の解脱道には、*三静慮を縁す、静妙離の三が随一の行相なり。謂はく、上中下、三品の因に随つて、当に*三天処に生ずべしと。

第四静慮とは、論に云はく、

三昧耶　「耶」衍字か。『凡聖界地章』は「三摩地三摩提」に作る。
等持　心を一境に住し平等に維持する意。
若し三摩地と…等至と云ふ　『凡聖界地章』になし。
等至　心を平等の位に至らしむる意。
等引　安和平等の位を引生する意。
地繫・界繫　地は九地、界は三界。九地は三界を欲一、色無色を各四の九地に分けたもの。繫は繫属・繫縛の義、業。
四空　四無色とも。無色界の四空処、すなわち空無辺処・識無辺処・無所有処・非想非々想処の四をいう。『凡聖界地章』は「四定」に作る。
瑜伽　『瑜伽論』巻四、本地分中有尋有伺等三地之一(正蔵三〇・二九五)、巻五、同之二(同三〇・二九九)、巻十三、本地分中三摩呬多地第六之三(同三〇・三四一)。
正理論　『順正理論(阿毘達磨順正理論)』巻六十六、辯賢聖品第六之十(正蔵二九・七〇二上中)取意略抄。
無間・解脱道　四種道(加行道・無間道・解脱道・勝進道)のうちの二。正しく煩悩を断ぜんとする位を無間道といい、煩悩を断じ了って正しく理を証するを解脱道という。加行道→一三三頁「加行」注
麁苦障　寂静に非ざる故に麁、美妙に非ざる故に苦、出離に非ざる故に障という。下の静妙離に対す。
初めの根本　色界の離生喜楽地。
三天処　初禅中の三天処。梵衆・梵輔・大梵の三天処。→一二五頁八行以下
二静慮　定生喜楽地。

世俗の無間には、惣じて三禅を縁す、麁苦障の三が随一の行相なり。諸の解脱道には、*四下の三を縁す、静妙離の三が随一の行相なり。謂はく、上中下、三品の因に随つて、当に*三天処に生ずべしと。

無色界とは、*処別に四つ有り。「*倶舎論」に云はく、

世俗の無間と、及び解脱道とには、次の如く能く下地と上地とを縁して、苦麁障と、及び静妙離とす。彼の四つの*近分に、下地の染を離る。第九の解脱道現在前する時《とき》、必ず*根本に入る。*受《じゅ》、異《い》無きが故に。色の四静慮にのみ、*能化の十四心あり。無色界の中には定は有つて*通は無きが故にと。

次に三界の諸天を明す。亦是れ嬰童の心なり。故に*経に云はく、「彼れ戒を護りて天に生ずるは、是れ第七の受用種子なり」と。

言はく、護戒生天に、且《しばら》く三種有り。一つには外道の護戒生天、二つには二乗の護戒生天、三つには菩薩の護戒生天なり。今異生を明す。天に廿八種有り。大きに分ちて三とす。一つには欲界、二つには色界、三つには無色界なり。

三界の諸天の惣頌

欲色無色の三界の天は　欲界に六天、色に十八
無色界の天に四種有り　*魔《ま》波旬《はじゅん》天は*欲の頂に在り
日月星等の*遊空天は　*四王の所摂なり風《カゼ》に乗じて転す

三天処　二禅天、少光・無量光・極光（光音）の三天処。→一二六頁十三行以下
三静慮　離喜妙楽地。
三天処　三禅天、少浄・無量浄・遍浄の三天処。→一二七頁十三行以下
四下の三　四禅九天の中、下の三天処。冠註に「余ノ六天処ヲ除ク所以ハ無想ハ即チ広果ノ摂ノ故ニ無煩等ハ異生ニ共セザルガ故ナリ」とある。
三天処　無雲・福生・広果の三天処。→一二八頁十一行以下
処別に四つ有り　上の四空処をいう。
倶舎論　『阿毘達磨倶舎論』巻二十四、分別賢聖品第六之三（正蔵二九・一二七下）。
近分　近分定。根本定に近き分の意。下地の修惑を伏圧して得る上地の禅定。八近分定あり。
根本　根本定。下地の修惑を断じて得た上地の禅定。四静慮・四無色定に各一の根本定あり、合せて八根本定となる。
受　摂受。
能化の十四心　神境通所生の能変化の心。
通　神境通。境界を自在に変現する通力。
経　『大日経』巻一（正蔵一八・二中）。

――三界の諸天――

魔波旬天　欲界第六天の他化自在天、或いは大自在天をさすとされる。仏・仏弟子等を嬈乱しようと企てた魔王。→一二一頁十三行
欲の頂　欲界第六天。
遊空天　遊虚空天。虚空に遊行する天神。
四王　四天王。

欲界の九天の因頌〈四天王天の中に日月星三天を分つが故に九と為《な》る。〉

下品の三種は十善を修《しゅ》して　星月日の天宮*に生ずることを得《ウ》
中品の三種の十善戒は　四*と忉《たう》と時分《じぶん》との三天処なり
上品の三種の十戒業は　覩*《と》と楽と他化との天に生ずることを得《ウ》
是くの如きの九種の欲界の天は　皆三々の十善より来れり

六天の身量と寿命と成婬との頌

四と忉と夜と覩と楽と他化と　是くの如きの六天の初生の時は
五と六と七と八と九と十との歳なり　是くの如きの形体膝《ひざ》に化生す
身の長《たケ》は半里と一と一半と　二里と二半と及び三里となり
人間の五十と及び百年とを　一昼夜として月歳を成ず
是の日月《にちぐわつ》を以て年歳を数《カズヘ》て　四王は五百、忉は一千なり
自上の四天の寿命等は　重々に倍増すること当に知るべし
六欲の諸天は皆染心*あり　四と忉との地居*は形を交へて婬す
時分は相把*《あヒタ》く、覩《と》は手を執る　化楽は相咲《あヒ》ふ、他化は視る

欲界の六天の海を去《サ》る数量の伽陀

四王は四万由なり忉利《たうり》は八万旬なり　時分は十六万なり覩史は三*十三
化楽は六十四なり他は百廿八万なり　是くの如く六欲天の海を去ること一々に倍せり
初めの二は地居天なり後の四は雲を地とす

1　欲界の諸天

天宮　天人の宮殿。

四と忉と時分と　四天王と忉利天と時分(夜摩天)と。→一一七頁四行以下

覩と楽と他化と　覩史多(兜率)天と化楽天と他化自在天と。→一二〇頁十行以下

染心　ここは愛欲の心。

地居　地居天。須弥山に住する故、地居という。

相把く　タクは腕を使ってことをする。

三十三　慶本・冠註「三十二」。

初*めの欲界に六天有り。一つには四天王天、二つには忉利天〈已上の二をば地居天とす〉、三つには夜摩天、四つには覩史天、五つには化楽天、六つには他化自在天〈已上の四をば空居天とす〉。

第一の四天王天*に、亦《また》三種有り。一つには下の三つの層級《ぞうきふ》、二つには日月星宮《くう》、三つには四大王天なり。

一つに下の三の層級を明さば、「倶舎論*」に云はく、「蘇*迷盧《すめる》山に四つの層級有り。始め水際より第一の層を尽すまで、相去《あひ》ること十千踰繕那《ゆぜんな》量なり。第二第三の層、亦各十千量なり。此の三つの層級は、傍《かたハラ》に出《いデ》て囲繞《ゐねう》せり。最初の層級は、出づること十六千なり。第二第三は、八四等の千の量なり。最下は薬叉神の堅手と名《なづ》くるが所住なり。持鬘《ちまん》は第二に住し、恒憍《ガウけう》は第三に住す。此の三つは皆《みナ》是れ四大天王の所摂なり」と。「起世経*」に云はく、「鉢手薬叉《ハツしゆやしや》の宮は、縦広六十由旬なり。上の二つは、次の如く四十と二十との由旬なり。七重の欄楯《らんじゆん》あり、七宝の所成なり。樹林池沼《ちセウ》あり、衆鳥和鳴す。四大王天の処と、及び帝釈等の宮とには、青衣の薬叉あり。並に皆此の類は大力の鬼なり」と。

二つに日月星宮を明す。是*れ亦は遊虚空天と名《なづ》く。古くは逝宮《セイくう》と名く。「智度論*」に云はく、「下の下品の十善を脩して諸の星宮に生ず、下の中品の十善を修して月宮に生じ、下の上品の十善を修して日宮に生ず。并びに燈明を施《せ》する等なり」と。

「倶舎論」に云はく、「日月衆星*は、妙高*の半に斉《ヒト》し。風に依つて而《しか》も住す。謂はく、

初めの欲界に… 以下一二一頁十五行目まで『凡聖界地章』巻下の文。

四天王天 『凡聖界地章』は「四大王天」に作る。

倶舎論 巻十一、分別世品第三之四（正蔵二九・五九中下）取意略抄。

蘇迷盧山 須弥山（↓九四頁注）。

起世経 巻一、閻浮洲品第一（正蔵一・三一〇下―三一一上）取意。

是れ亦は…逝宮と名く この一句は現存『凡聖界地章』にはなく、「日月星者」の四字あり。

智度論 『大智度論』巻九十六、釈涅槃如化品第八十七の取意の文か。不詳。

日月衆星は… 『倶舎論』巻十一（正蔵二九・五九中）略抄。

妙高 須弥山。

諸の有情の、業増上力をもて、共に風を引きて起《ヲコ》して、妙高山を繞《めぐ》り、空中に旋環す。日等を運持して、停墜《ちやうツイ》せざらしむ。日は五十一踰繕那、月は五十踰繕那、星は最小なるは唯《ただ》し一*倶盧舎、其の最大なるは十六踰繕那なり。日輪の下面は*頗胝迦宝《はていかほう》なり。火珠の所成にして、能く熱く能く照《てら》す。月輪の下面は頗胝迦宝なり。水珠の所成にして、能く冷《すずシ》く能く照す。唯し一の日月、普く四州に於て、夜半と日没と中となり、昼夜に増減有り。四大王天の天衆の所住は、若し空居ならば日月等の宮に住し、若し地居天は妙高の層級に住す。七金山の上《うへ》に、亦天居すること有り。是れ四天王の所部の*村邑《そんヲウ》なり。身量と寿量とは四王天に同じ」と。

三つに四大王天とは、「*起世経」に云はく、「妙高の半腹の東面に、*提頭頼吒《ディヅラタ》天王の宮あり、上賢と名く。南面に*毗勒博叉《びろくはくしや》天王の宮あり、善現と名く。西面に*毗婁勒叉《ビルロクしや》天王の宮あり、善現と名く。北面は*毗沙門天王なり。彼に三宮有り、一つには毗舎羅婆《びさらば》と名く、二つには伽婆鉢《カばは》帝と名く、三つには阿荼盤多《あダハンタ》と名く。此の諸宮等、並びに皆《みナ》縦広*六十由旬なり。七重の欄楯あり、七宝の所成なり」と。若し異生等、中の下品の十善を修して、則ち其の中に生ず。

「*倶舎論」に云はく、「蘇迷盧《すめる》山の第四の層級は、海を去ること四十千なり、傍に出ること二千量なり。四大王天と及び眷属と、共に住止する所なり」と。又云はく、「*中に於て、最下の地に依つて居する天は、形を交へて婬を成す。人と別無し。彼の天の中の男女の膝の上に随つて、童男童女、欻爾《コツに》に化生すること有り。彼の天の初生は、五

倶盧舎　里程の単位。牛または鼓の声を聞き得る最大距離、一踰繕那の八分の一という。

頗胝迦宝　頗梨。水精。これに火珠・水珠の二ありという。

村邑　左訓「ムラムラ」。『凡聖界地章』は「封邑」に作る。

起世経　巻六、四天王品第七(正蔵一・三三九下–三四〇上)取意。

提頭頼吒天王　持国天。東方の守護に当る。

毗勒博叉天王　広目天。西方の守護に当る。

毗婁勒叉天王　増長天。南方の守護に当る。ここでは南と西とが逆になっている。

毗沙門天王　多聞天。北方の守護に当る。

六十由旬　『起世経』は「六百由旬」に作る。

倶舎論　巻十一(正蔵二九・五九中下)取意略抄。

中に於て…　『倶舎論』巻十一(正蔵二九・六〇中–六一中)取意略抄。

歳の人の如し。生じ已《をは》つて身形速かに成満することを得《ウ》。身の長《たケ》半里なり。其の寿量は、人間の五十年を彼の一昼夜として、寿《いのち》五百歳なり。花《ハナ》の開合と、諸鳥の鳴静と、天衆の寤寐《ごび》とに依つて、昼夜を建立す。彼れ放逸せざれば、当に自上に生ずべし。若し放逸なれば、便ち退堕するが故に」と。

二に忉利天を明す。忉利天とは、此《ここ》には*三十三天と云ふ。

「*倶舎論」に云はく、「海を去ること八万踰繕那なり。三十三天は蘇迷盧の頂に住す。其の頂の四面に各《おのおノ》八十千なり。山の頂の四角に各《おのおノ》一の峯有り、高広量等にして五百踰繕那なり。薬叉神有り、金剛手と名《なづ》く。其の中に止住して諸天を守護す。山の頂の上に於て善見宮有り、面《おもテ》二千五百にして、周《めぐり》万踰繕那なり。金城の量の高さ、一踰繕那半なり。其の地平坦《ヘイタン》にして、赤金《しやくこん》の所成なり。倶《とも》に百一の雑宝を用《モ》て厳飾《ごんしよく》せり。是れ*天帝釈の所都の大城なり。中に殊勝殿あり、面《おもテ》*二千五十、周《メグリ》千由旬なり。城の外の東北に円生樹有り、三十三天の欲楽《よくげう》を受くる処なり。外の西南の角に善法堂有り。諸天、時に集《あつマ》りて如法不如法の事を詳論す」と。「*起世経」に云はく、「帝釈宮の外に三十三天の宮有り」と。若し異生等、中の*中下品の十善を修して、則ち其の中に生ず。

「*倶舎」に又云はく、「中に於て、第二の地に依つて居する天は、形を交へて婬を成ず。人と別無し。彼の天の中の男女の膝の上に随つて、童男女、欻爾に化生すること有り。初生は六歳の人の如し。生じ已《をは》つて速かに成ず、身の長《たケ》一里なり。其の寿量は、人間の一百年を彼の一昼夜として、寿命千歳なり。花の開合と、諸鳥の鳴静と、天衆の寤《ご》

三十三天　中央を帝釈天とし、四方に各八天があるので、合わせて三十三天になる。

倶舎論　巻十一(正蔵二九・五九下-六〇上)取意略抄。

天帝釈　→二二頁注

二千五十　『凡聖界地章』は「二百五十」に作る。従うべきか。

起世経　巻六、三十三天品第八之一(正蔵一・三四一中)取意。

中下品　慶本・冠註「中品」。『凡聖界地章』も同じ。

倶舎　『倶舎論』巻十一(正蔵二九・六〇中-六一中)取意略抄。以下、「他化自在天」まで、「倶舎論」とあるはこれに同じ。

寐《び》とに依つて、昼夜を建立す。彼れ放逸せざれば、当に自上に生ずべし。若し放逸すれば便ち退堕するが故に」と。

三に夜摩天とは、此《ここ》には時分と云ふ。

「倶舎論」に依れば、「海を去ること十六万踰繕那なり。此の天は空に依つて、*宝雲を地とす。若し異生等、中の上品の十善を修して、則ち其の中に生ず」と。

「倶舎論」に云はく、「夜摩天衆は、纔《わづ》かに抱《イダイ》て婬を成ず。彼の天の中の男女の膝の上に随つて、童男女、欻爾《こつに》に化生すること有り。彼の天の初生は、七歳の人の如し。生じ已《をは》つて速かに成ず。長《たケ》一里半なり。彼れ放逸せざれば当に自上に生ずべし。若し放逸すれば便ち退堕するが故に」と。

四に都支多《つきた》天とは、此《ここ》には知足と云ふ。

「倶舎論」に依れば、「海を去ること三十二万踰繕那なり。宝雲を地とす。下の天は放逸なり、上の天は闇鈍なり。故に知足と云ふ。*一生補処《いつしやうふしよ》の菩薩は、当《まさ》に其の中に生ずべし。若し異生等、上の下品の十善を修して、則ち其の中に生ず。

「倶舎」に云はく、「手を執りて婬を成ず。彼の天の膝の上に随つて、童男女化生すること有り。初生は八歳の人の如し。速かに成ず、長《たケ》二里なり。彼れ放逸せざれば、当《まさ》に自上に生ずべし。若し放逸すれば便ち退堕するが故に」と。

五に化楽天とは、

「倶舎論」に云はく、「海を去ること六十四万踰繕那なり。宝雲を地とす。楽《ねが》ひて自

宝雲　七宝の密雲をいう。

一生補処の菩薩　わずかに一生繫縛されるだけで、次生には仏の位処を補う位、菩薩の最高位を一生補処といい、弥勒菩薩は今兜率天にあり、次生には人界に下生して釈迦の仏処を補うというので、一生補処の菩薩といわれる。

化の諸の妙欲の境を受く。彼れ自化の妙欲の境の中に於て、自在に而《しか》も転す。若し異生等、上の中品の十善を修して、則ち其の中に生ず。*楽変化天は、唯《ただ》し相《あひ》向ひて咲《ワラ》ふ。咲《ワラ》へば即ち婬を成ず。謂はく、彼の天の膝の上に、男女化生すること有り。初生は九歳の人の如し。速かに成ず、長《たケ》二里半なり。彼れ放逸せざれば、当に自上に生ずべし。若し放逸する者《もノ》は便ち退堕するが故に」と。

六に他化自在天とは、

「倶舎論」に依れば、「海を去ること一百二十八万踰繕那なり。宝雲を地とす。彼れ他化する妙欲の境の中に於て、自在に而《しか》も転す。故に他化と曰ふ。欲界頂なり。若し異生等、上の上品の十善を修して、則ち其の中に生ず。他化自在は相《あひ》視て婬を成ず。彼の天の膝の上に随つて、男女化生すること有り。初生は十歳の人の如し。速かに成ず、長《たケ》三里なり。彼れ放逸せざれば、当に自上に生ずべし。若し放逸すれば便ち退堕するが故に」と。

魔波旬天とは、「*起世経」に云はく、「他化天の上《かみ》、初禅の下《しも》、中に於て魔波旬の宮殿有り。身光は上よりも劣《レツ》に、下よりも勝《まさ》れり。威力自在にして、仏と力を*掬《タクラ》ぶ。他化に属して摂す、更に別に開かず」と。

第二に色界を明す。

色界の四禅の十八天の伽陀

楽変化天　妙変化天とも。化楽天のこと。

起世経　巻七、三十三天品第八之二（正蔵一・三五五中）取意。

掬ぶ　くらべる。

2　色界の諸天

色界の十八の諸天等は　皆《みナ》三種の因縁に由つて生ず
梵衆と梵輔と大梵天と　此れ是の三天を初禅と名《なづ》く
宝雲を地とす、天女無し　色界の天の中には昼夜無し
身の長《たケ》は半と一と一由半となり　寿命は半劫と一と一半となり

第二静慮

少光と無量と極光浄と　是くの如きの三天を二禅とす
*下《しも》の有漏は麁《そ》苦障《くしやう》なりと厭ひ　二の根本は静妙離なりと欣ぶ
下中上《しもなかかみ》に順して三天に生ず　身は二と四と八との踰繕那なり
寿量は二と四と八との大劫なり　*上《かみ》に生じ下《しも》に退すること*放と不とに由《ヨ》る

第三静慮

少浄と無量と遍浄天と　是くの如きの三天を三禅と名く
下の有漏《うろ》の麁《そ》等の三つを厭ひ　*三の五支の静等の三つを欣ぶ
身の長《たケ》は十六と三十二と　六十四との踰繕那量なり

第四静慮

無雲と福生と広果天と　無想と無繁《ハン》と無熱天と
善現と善見と色究竟と　此れ是の九天を第四と名く
初めの三は異生の厭と欣となり　下中上に住して初の三に生ず

*十八禅支頌

下の有漏　初禅の有漏道。

上に生じ下に退す　上は第三禅、下は欲界の三悪道。

放と不と　放逸と不放逸と。

三の五支　三禅の定心。捨・念・恵・楽・一心の五支。

十八禅支頌　『倶舎論』巻二十八、分別定品第八之一（正蔵二九・一四六下）による。十八禅支とは、初禅の五支（覚・観・喜・楽・一心）と第二禅の四支（内浄・喜・楽・一心）、三禅の五支（前注参照）、四禅の四支（不苦不楽・捨・念・一心）を合せた十八。

初め*と三とは 各《おのおの》五支なり　二*と四とは各四有り
尋*と伺と喜と生*と定と　捨と念と知と楽と禅となり
初めの五は初めの五支なり　二の五は三の根本*なり
浄と喜と楽と一境と　捨と念との 各《おのおの》清浄と
不苦楽と及び定とは　次いでの如く二と四との四なり

色界の十八天の海を去る量の伽陀

二百五十六万と　五百一十二万とは
梵衆と輔天と次いでの如し　大梵は二浄*の中に住す
一千二十四万と　二千四十八万と
四千九十六万とは　少*と量と極との三天の数なり
八千百九十二は　此れは是れ少浄の海を去るなり
一万六千三百　八十四万由旬と
三万二千七百　六十八万瑜繕とは
無量と遍浄との二天の　海を去れる数量なり配して知るべし
六万五千五百　三十六万は無雲なり
三*万一千七十　二万由延は福生なり
二十六万二千　一百四十四万は
広果天の数量なり　無想天は別の処無し

初めと三と・二と四と　初禅三禅、二禅と四禅。
尋と伺と喜と生と定　初禅の五支(右の十八禅支の覚観喜楽一心に同じ)。
生　慶本・冠註「楽」。『倶舎論』も。
根本　根本定。→一一五頁注

二浄　第二禅の浄定。

少と量と極と　少光・無量光・極光浄の三天。量は慶本・冠註「無」。

三万一千　慶本・冠註「十三万千」。

六万　慶本・冠註「八万」。
初後二々　初の二禅と後の二禅。また二二は一一の誤写として、初の梵衆から最後の究竟まで、一一にの意味にとる説もある(冠註)。
正理論　『順正理論』巻八十、辯定品第八之四(正蔵二九・七七五上)。以下一三一頁八行目まで『凡聖界地章』巻下の引文。
三縁　ここは因・業・法爾三力の意。
近と及び数とに修するを　冠註「近ト及ビ数修トヲ」と訓む。
順後受業　現在世に業を作り、来々世に果を受ける業。
異熟　果の性質が因のそれと異なるもの。また因と果とが世を隔てて異時に熟する意味とも。
将に…起せしむ　『凡聖界地章』は「将ニ起セントスルニ、勢力ヲ現前シテ、進ンデ彼ノ定ヲ起セシム」と訓み、「能」字なし。
法爾　法の自爾の意。法そのものが自ら然るをいう。法然・自然。
諸有…時には　冠註「諸ノ色界ノ中ニ生在シテ静慮ヲ起スコト有ル時ニハ」と訓む。
上定　上地の静慮、色無色界の定。
人の三州　須弥四州の中、北洲を除く。

五十二万四千　　二百八十八万と
一百四万八千　　五百七十六万と
二百九万七千　　一百五十二万と
四百一十九万　　四千三百四万と
八百三十八万　　八千六百*六万とは
無繁と無熱と善現と　　善見と究竟との五天
次の如く海を去る量を知るべし　　*初後二々倍数せり
四欲と三禅とは諸天　　宝雲の地なり、四禅には無《ナ》し

「*正理論」の八十に云はく、「色界に生ずる者は*三縁有るが故なり。一つには因力に由る。謂はく、先の時に於て、*近《ごん》と及び数《そく》とに修するを起因とするが故に。二つには業力に由る。謂はく、先曾《むかし》上地の生を感する*順後受業を造れり。彼の業の*異熟、*将《まさ》に起して現前せんとするに、勢力能く進んで彼の定を起《き》せしむ。若し未だ下地の煩悩を離れざれば、必定して上地に生ずべきこと無きを以ての故に。三つには*法爾《ほふに》力。謂はく、器世界将《まさ》に壊《ゑ》せんとする時に、下地の有情、法爾能く上地の静慮を起す。此の位に於て所有の善法、法爾力に由つて皆増盛《みなぞうじやう》なるを以ての故に。*諸有《アラユル》色界の中に生在して静慮を起する時には、上の二縁と及び法爾力とに由る。若し欲界に生じて*上定を起する時には、一々に知るべし、教力に由ることを加す。教力に由るとは、謂はく、*人の三州なり。天も亦《マタ》聞くべし、微《み》なるが故に説かず」と。

「*倶舎」の十一に云はく、「色界の天衆《てんしゆう》は、初生の時に於て身量周円にして、妙衣服を具す。一切の天衆は皆*聖言を作《ナ》す。謂はく、彼の言詞は中印度に同じ」と。

又云はく、「*色界の天の中には昼夜の別無し。但し劫数を以て寿の短長《たんぢやう》を知る。彼の劫寿の短長は身量の数《カズ》と等し。謂はく、若し、身量半踰繕那なれば寿量も半劫なり。若し彼の身量一踰繕那なれば寿量も一劫なり。乃至身量の長《タケ》万六千なれば、寿量も亦同じく万六千劫なり」と。

先づ静慮天の名を列ぬ。自下は名に依つて具さに釈す。

*初静慮に三天有り。梵衆天と梵輔天と大梵天となり。第二静慮に三天有り。少光天と無量光天と極光浄天となり。第三静慮に三天有り。少浄天と無量浄天と遍浄天となり。第四静慮に九天有り。無雲天と福生天と広果天と無想天と*無煩天と無熱天と善現天と善見天と色究竟天《しきくきやう》となりと。

梵衆天とは、「*正理論」に云はく、「大梵所有の*所化所領なるが故に、梵衆と名く」と。*論に依つて云はば、海を去ること二百五十六万踰繕那なり、宝雲を地とす。若し異生等は、初めの近分に依る。世俗の無間には*欲の有漏を厭ふ。*麁苦障の三の随一の行相なり。諸の解脱道《げだつだう》には*初めの根本の五支の静慮を欣ぶ。静妙離の三の随一の行相なり。離生喜楽の下品に順住《じゆんぢう》して、則ち其の中に生ず。身の長《タケ》半踰繕那、寿量半劫なり。即ち二十の中劫なり、大の半を劫とす。生上退下《しやうじやうたいげ》、准説《じゆんせつ》して知りぬべし。

梵輔天とは「正理論」に云はく、「梵王の前《まへ》に於て行列し侍衛するが故に、梵輔と名

倶舎の十一　『倶舎論』巻十一(正蔵二九・六〇中)。

聖言　聖語とも。梵語のこと。

色界の天の中…　『倶舎論』巻十一(正蔵二九・六一中)。

初静慮に三天有り…　『倶舎論』巻八、分別世品第三之一(正蔵二九・四一上)。

無煩天…　第四禅九天の中、初の三天は凡夫の居る所、次の無想天は外道の居る所であるのにたいして、無煩(繁)天以下の五天は不還果(阿那含果)の聖者の居る所として、五那含天・五浄居天とよばれる。

正理論　『順正理論』巻二十一、辯縁起品第三之一(正蔵二九・四五六中)。以下一三一頁まで「正理論」とあるは全てこれに同じ。

所化　能化の対。師に教化される人、弟子。

論　『倶舎論』巻十一(正蔵二九・五九-六二)。以下一三一頁まで「論」とあるは全てこれに同じ。

欲の有漏　欲界の五趣の有漏。

麁苦障　→一一四頁注

初めの根本の五支の静慮　→一二三頁「尋と伺と喜と生と定」注

く」と。論に准するに、海を去ること五百一十二万踰繕那なり、宝雲を地とす。若し異生等は、初めの世道に依る。欲の有漏を厭ふ。麁苦障の三の随一の行相なり。諸の解脱道には初めの根本の五支の静慮を欣ぶ。浄妙離の三の随一の行相なり。離生喜楽の中品に順住して、則ち其の中に生ず。身の長《たケ》一踰繕那、寿量一劫なり。即ち四十の中劫なり、大の半を劫とす。生上退下、准説して知りぬべし。

大梵王とは、「正理論」に云はく、「広善の所生なるが故に、名《なづ》けて梵とす。此の梵即ち大なるが故に大梵と名《なづ》く。彼れ*中間定を獲得するに由るが故に、最初に生ずるが故に、最後に没するが故に」と。身の長《たけ》一踰繕那半、寿量一劫半なり。即ち六十の中劫なり、大の半を劫とす。梵輔天に居せり。高台の閣有り、大梵天と名く。一主の所居なり、別の地有るに非ず。*尊の処座を四衆囲繞《ゐねう》するが如し。大梵と梵輔との寿量・身量・*無尋・*受等、皆《みな》別有るが故に。小乗は唯し凡なり、大乗は亦聖なるが故に。初静慮の地は*小千界に等し。

第二静慮の*三つ。小光天とは、「正理論」に云はく、「自地の天の内に光明最少なるが故に、小光と名く」と。論に准すれば、海を去ること一千二十四万踰繕那なり。宝雲を地とす。若し異生等は、二の近分に依る。世道の無間に下の有漏を厭ふ。麁の三の随一なり。諸の解脱道には二の根本の四支静慮を欣ぶ。静の三の随一なり。定生喜楽の下品に順住して、即ち其の中に生ず。身の長《たケ》二踰繕那、寿量二劫なり。此れより已上は*大の全を劫とす。生上退下、准説して知りぬべし。

中間定　初禅天の根本定(有尋無伺地)と二禅天の近分定(無尋無伺地)との中間にある定(無尋唯伺地)をいう。

尊の処座　釈尊の居所。

無尋　右の有尋無伺と無尋唯伺との別か。

受　受支。苦楽捨の三受を覚知する時。また受の心所の名言種子(業種子の対)といわれる。

小千界　小千世界。四洲と欲界の六天と色界初禅の三天とを一世界とし、この世界の数一千を一小千世界という。

三つ　『凡聖界地章』は「三天」。

大の全　八十中劫。

無量光天とは、「正理論」に云はく、「光明殊勝にして量測り難し。故に無量光と名く」と。論に准すれば、海を去ること二千四十八万踰繕那なり。宝雲を地とす。若し異生等は二の近分に依る。世道の無間には下の有漏を厭ふ。麁の三の随一なり。諸の解脱道には二の根本の四支の静慮を欣ぶ。静の三の随一なり。定生喜楽の中品に順住して、即ち其の中に生ず。身の長《たケ》四踰繕那、寿量四劫なり。生上退下、准説して知るべし。

極光浄天とは、「正理論」に云はく、「浄光遍く自地の処を照す。故に極光浄と名《なづ》く」と。論に准すれば、海を去ること四千九十六万踰繕那なり。宝雲を地とす。若し異生等は、*二の道分に依つて、世道下を厭ふ。麁の三の随一なり。諸の解脱道には二の根本の四支の静慮を欣ぶ。静の三の随一なり。定生喜楽の上品に順住して、即ち其の中に生ず。身の長《たケ》八踰繕那、寿量八劫なり。生上退下、准説して知るべし。第二静慮は*中千界に等し。

第三静慮に三天。少浄天とは、「正理論」に云はく、「*意地の受楽を説きて名《なづ》けて浄とす。自地の中に於て此の浄最劣なり。故に少浄と名く」と。論に准すれば、海を去ること八千一百九十二万踰繕那なり。宝雲を地とす。若し異生等は下の有漏を厭ふ。麁苦障の三の随一なり。三の根本の*五枝の静慮を欣ぶ。静妙離の三の随一の行相なり。離喜楽定の中の下品に順住して、即ち其の中に生ず。身の長《たケ》十六踰繕那、寿量十六劫なり。生上退下、准説して知るべし。

二の道分　『凡聖界地章』は「二ノ近分」に作る。

中千界　中千世界。小千世界の数一千をいう。この中に千個の色界二禅天が含まれる。

意地　意は第六識。意は一身を支配し、万事を発生する場処として地という。

五枝　『凡聖界地章』は「五支」に作る。

測り難し　『凡聖界地章』は「量測リ難シ」。

大千界　大千世界・三千大千世界。中千世界の数一千を大千世界といい、これを三千大千世界という。→二四頁十七行以下

身と寿と倶に三を減す　前の遍浄天の身寿六十四に倍すれば一百二十八、それより三を減じて身長一百二十五踰繕那、寿量一百二十五劫とすること。

異受と究竟　異受は変異受、三禅の定。究竟は色究竟天。

八災患　憂・喜・苦・楽・尋・伺・出息・入息の八。禅定を妨げるので災患という。これを離れたのが色界の第四禅。

無量浄天とは、「正理論」に云はく、「此の浄《じやう》転《うた》た増して*測り難し。故に無量浄と名く」と。論に准すれば、海を去ること一万六千三百八十四万踰繕那なり。宝雲を地とす。若し異生等は、下の有漏を厭ふ。麁の三の随一なり。三の根本の五支の静慮を欣ぶ。静の三の随一なり。離喜楽定の中品に順住して、即ち其の中に生ず。身の長《たケ》三十二踰繕那、寿量三十二劫なり。生上退下、准説して知るべし。

遍浄天とは「正理論」に云はく、「此の浄《じやう》は周普《しうふ》せり。故に遍浄と名く。意は更に楽の能く此れに過ぎたる無きことを顕はすなり」と。論に准すれば、海を去ること三万二千七百六十八万踰繕那なり。宝雲を地とす。若し異生等は、下の有漏を厭《いと》ひ、三の根本の五支の静慮を欣ぶ。離喜楽定の上品に順住して即ち其の中に生ず。身の長《たケ》六十四踰繕那、寿量六十四劫なり。生上退下、准説して知るべし。第三静慮は*大千界に等し。

第四静慮の九天。無雲天とは、「正理論」に云はく、「以下の空中の天所居の地は、雲の密合せるが如し。故に説きて雲と名く。此れより上の諸天には、更に雲地無し。無雲の首《はじメ》に在り。故に無雲と説く」と。論に准すれば、海を去ること六万五千五百三十六万踰繕那なり。若し異生等は、下を厭ひ、上の四支の静慮を欣ぶ。下品に順住して即ち其の中に生ず。身の長《たケ》一百二十五踰繕那、寿量一百二十五劫なり。*身と寿と倶に三を減することは、*異受と究竟に順するが故なり。生上退下、准説して知りぬべし。故に自上をば不動と名く。*八災患を離るるが故に名く。

福生天とは、「正理論」に云はく、「更に異生の勝福なる有りて、方《まさ》に往生する所なる

が故に、説きて福生と名く」と。論に准ずれば、海を去ること十三万一千七十二万踰繕那なり。若し異生等は、四の近分に依つて、下の有漏を厭ふ。麁の三の随一なり。四の根本の四支静慮を欣ぶ。静の三の随一なり。中品に順住して、即ち其の中に生ず。身の長《たケ》二百五十踰繕那なり、寿二百五十劫なり。生上退下、准説して知りぬべし。

広果天とは、「正理論」に云はく、「居在の方所、異生の果の中に此れ最も殊勝なり。故に広果と名《なづ》く」と。論に准すれば、海を去ること二十六万二千一百四十四万踰繕那なり。若し異生等は、四の近分に依つて下の有漏を厭ふ。麁の三の随一なり。四の根本の四支静慮を欣ぶ。静の三の随一なり。上品に順住して、即ち其の中に生ず。身の長《たケ》五百踰繕那、寿量五百劫なり。上に生じ*寂《じやく》を證すること、准説して知りぬべし。

無想天とは、「*倶舎論」に云はく、法の能く心々所をして滅せしむるもの有りて、想を滅の首《はじメ》とすれば、無想天と名く。謂はく、広果天に高勝の処有り。*異生外道は、後の静慮に依つて、彼れ*無想を執して真の解脱として、出離の想を起して此の定を修す。定は是れ善なるが故に、能く彼の天を招く。身量寿量は広果に同じ。故に彼より没し已つて必ず欲界に生ず。五趣不定なり。先に定を修せし行の勢力尽《つ》くるが故に、彼に於て更に定を修すること能はざるが故に。箭《や》をもて空を射るに、力《ちから》尽きぬれば堕《お》つるが如きが故に。

無繁天とは、「正理論」に云はく、「繁《はん》は謂はく*繁雑《はんざふ》なり、或いは謂はく*繁広なり。繁雑無き中に此れ最初なるが故に。繁広天の中に此れ最劣なるが故に」と。論に准すれ

寂　滅とも。涅槃(→二二頁注)。

倶舎論　巻五、分別根品第二之三(正蔵二九・二四中下)略抄取意。

異生外道…　ここは不死矯乱外道をさす。→一一二頁十一行

無想を…として　冠註「無想ハ為(ニ)真ノ解脱ナリト執シテ」と訓む。

繁雑・繁広　繁雑は煩悩に、繁広は功徳の雑修についていう。

ば、海を去ること五十二万四千二百八十八万踰繕那なり。*楽恵の上流は、*三縁の為の故に、受生と現楽と*遮煩悩退となり、必ず先づ第四静慮を雑修《ざふしゅ》す。是くの如く*有漏の中間の刹那と、前後の刹那の無漏と雑《まじ》ふるが故に。下品の三心は、無繁に生ずるが故に。

無熱天とは、「正理論」に云はく、「已《すで》に善く雑修静慮の*上中品障を伏除して、意楽調柔にして、諸の熱悩を離るるが故に、無熱と名く」と。論に準すれば、海を去ること一百四万八千五百七十六万踰繕那なり。楽恵の上流は三縁の為の故に、*彼等《ら》の根は最も堪能なるを以ての故に、諸の楽行の中に彼れ最勝なるが故に、是くの如く有漏の中間の刹那と、前後の刹那の無漏と雑《まじ》ふるが故に、中品の六心は無熱に生ずるが故に。

善現天とは、「正理論」に云はく、「已に上品の雑修静慮を得ぬれば、果位彰《アラハ》れ易きが故に、善現と名く」と。論に準すれば、海を去ること二百九万七千一百五十二万踰繕那なり。楽恵の上流は三縁の為の故に、受生と現楽と遮煩悩退となり、必ず先づ第四静慮を雑修す。彼等の根は最も堪能なるを以ての故に、諸の楽行*等に彼れ最勝なるが故に、是くの如く有漏と無漏と雑ふるが故に、上品の九心は善現に生ずるが故に。

*善見天とは、「正理論」に云はく、「雑修定の障《さはり》の余品の至つて微《ミ》なるを見ること、極めて清徹なるが故に、善見と名く」と。論に準すれば、海を去ること四百一十九万四千三百四万踰繕那なり。楽恵の上流は、三縁の為の故に、受生と現楽と遮煩悩退と、必ず先づ第四静慮を雑修す。彼等《ラ》の根は最も堪能なるを以ての故に、諸の楽行の中に

楽恵の上流　色界に上って般涅槃する不還果の聖者(阿那含)を五種に分ち、その第五を上流般という。上流般に二あり、一は不雑修の楽定那含、二は雑修の楽恵那含。ここはその後者。

三縁　次の受生・現楽・遮煩悩退の三縁。

遮煩悩退となり　慶本「煩悩ノ退ヲ遮スルトナリ」。十二行目も同じ。

有漏の…刹那の無漏と　五那含生天の別因として説かれる雑修の五品(下・中・上・上勝・上極の五品)の中、初めの下品に三心あり、即ち初めに一の無漏、次に一の有漏、後に一の無漏を起すという。

上中品障　障は煩悩。障の五品の上中は右の定の五品の配列とは逆になる。

彼等の根…　冠註に「章本モ亦タ同シ。今ニ謂ク、此ノ中ノ根ノ字、恐クハ筆悞ナリ。〈後ノ文ノ中ノ二ノ根ノ字モ亦タ悞リ〉持ノ字ニ作ルベシ。本論ニハ持ニ作ルヲ以テノ故ニ。正理ノ六十五モ亦タ爾リ」と注記。

等　冠註「中」。

善見天　底本「善現天」。慶本・冠註および『凡聖界地章』による。

彼れ最勝なるが故に、是くの如く有漏と無漏と雑ふるが故なり。然も上勝品の十二心、現前して善見に生ずるが故に。

阿迦膩吒天《あかにた》といふは、此《ここ》には色究竟天と云ふ。色究竟天とは、「正理論」に云はく、「更に色処の有色《うしき》の中に於て能く此れに過ぎたる無ければ、色究竟と名く」と。論に准すれば、海を去ること八百三十八万八千六百六*十踰繕那なり。楽恵の上流は、三縁の為の故に、彼等《ラ》の根は最も堪能なるを以ての故に、諸の楽行の中に彼れ最勝なるが故に、是くの如く有漏と無漏と雑ふるが故なり。然れども上極品、十五心を経て究竟に生ず。故に此れ色界頂なり。上には色《しき》無きが故に。

第三に無色界を明す。〈自下は准して異生を明す。〉

無色界天の伽陀

空*と識と無所と非々想と　是くの如きの四処を無色と名《なづ》く
空と識と無との近*に依つて無*間に　下の有漏の麁*等の三を厭ふ
空と識と無とを欣ぶに静*等の三なり　*四蘊《しうん》を身として其の中に生ず
非想の異生是くの如く念す　唯《タダ》し非想非々想のみ有つて
上と相違して*寂《じやく》静《じやう》妙《めう》なり　此*れは是れ解脱《げだつ》なりと其の中に生をもてす
寿は二と四と六と八万との劫なり　三*処の上と退とは亦逸と不となり
非々の一処は必ず下に生ず　箭《ヤ》をもて空を射るに力《ちから》尽きて堕つるが如し

六十　冠註「六万」。『凡聖界地章』も同じ。但し冠註に「恐クハ是レ…筆悞ナラン。応ニ八万ニ作ルベシ。比来ノ倍数ニ準カ故ニ」と注記。

3　無色界の諸天

空と識と無所と非々想と　空無辺処・識無辺処・無所有処・非想非々想処。

近　近分定。

無間　無間業。解脱業に対す。↓一一四頁「無間・解脱道」注

麁等・静等　麁苦障(↓一一四頁注)と静妙離。

四蘊　色以外の四蘊。受・想・行・識。

寂静　煩悩を離れ(寂)、苦患を絶つこと(静)。

此れは是れ…もてす　慶本「此レ是ノ解脱、其ノ中ニ生ズ」、冠註「此ハ是レ解脱ナルヲモツテ其ノ中ニ生ズ」と訓む。

三処　空・識・無の三処。

「*正理」の八十に云はく、「*色《しき》無色に生ずるに、惣じて二縁有り。一つには因力に由る、二つには業力に由る」と。具《つぶ》さに引くこと前の如し。諸の*上二界の中に生在して無色定を起すこと有るは、因と業との力に由る。*法爾力に非ず。無雲等の天は、*三災《サイ》の為《ため》に壊《ゑ》せられざるが故に。若し欲界に生じて無色定を起《き》すには、前の二が上に於て教力に由ることを加す。上に准して知りぬべし。

無色の所居と及び有と無との色《しき》は、大小乗等の所説不同なり。

「*起世経」に云はく、「阿迦尼《あかに》の上に更に諸天有り、空無辺等と名く」と。

又「*正理論」に、*経部師の云はく、「然も無色界には心等相続して、別の依有ること無し」、*上座部の云はく、「言はく、無色界には心と心所と更互《たがひ》に相依す、*三の蘆束《ロしよく》の相依して住するが如し」と。

「*倶舎論」に、*一切有の云はく、「無色界の中には都《すべ》て処《ところ》有ること無し。*無色の法は方所有ること無きを以てなり。過去と未来と無色とは方所に住せず、理決然なるが故に。但し*異熟生の差別に四有り。謂はく、空無辺等なり。此の四は処に由つて上下有るには非ず。但し生に由るが故に勝劣殊《こと》なること有り」と。

*対法の諸師の説《と》かく、「彼の心等は*衆同分《しゆうどうぶん》と及び*命根とに依つて而して相続することを得」。*大衆部に云はく、「然も無色界に細の色身有り」と。

「*阿含経」に云はく、「*舎利弗、入涅槃の時に、色無色の天の空中より涙《ナンタ》を下すこと、春の細雨の如し。*波闍波提《はじゃはてい》、涅槃に入りし時、色無色の天、仏辺に側立《ソクリふ》せり」と。

正理　『順正理論』巻八十(正蔵二九・七七五上)略抄取意。以下は一三四頁十二行目まで『凡聖界地章』巻下の引文。

色無色　底本「無色」。慶本による。

上二界　欲色二界。**法爾**　↓一二四頁注

三災　水災・火災・兵災。

起世経　巻一(正蔵一・三一一上)。

正理論　『順正理論』巻二十一(正蔵二九・四五八下)。

経部　経量部。小乗二十部の一。説一切有部より分出し、根本枝末の二部あり。前者は鳩摩羅駄(第三世紀末葉、北インド怛叉始羅国の人)に始まり、後者は室利羅多(第四世紀頃、中インド阿踰陀国の人)に起る。

上座部　ここは小乗二十部の中、根本二部の一たる上座部(↓一四四頁「躰毗履」注)ではなく、経部の室利羅多であるといわれる。

三の蘆束　二の蘆束か。

倶舎論　巻八(正蔵二九・四一上-中)。

一切有　説一切有部。↓五八頁注

無色の法…以てなり　冠註「色法無キニ以(ヨ)テ方所有ルコト無シ」と訓む。

異熟生　異熟果。異熟因より生ずる果をいう。↓一二四頁「異熟」注

対法の諸師…　『順正理論』巻二十一(正蔵二九・四五六中)取意。対法とは、阿毘達磨の訳で、論部の総称。

衆同分　有情をして同等・類似の果報を得しむる因をいう。

命根　命は寿、根は能生・増上の義。

大衆部　小乗二十部の一。仏滅百年、上

然も「*大乗唯識論」等には、無色界に*定果《ぢやうくわ》の色《しき》有つて、*業果と通果との色《しき》無きを許す。故に「*瑜伽」の五十三に云はく、「無色界の中には*定境の色有つて、能く一切を変するが故に」と。五十四に云はく、「色無色の天は、身を万億に変して共に毛端に立《タテ》り」と。「*花厳経」に云はく、「菩薩の鼻根は、無色界の宮殿の香を聞《カ》ぐ」と。「*仁王経」に云はく、「無色の諸天の所散の花々は須弥《しゆみ》の如し、香は*車輪の如し」と。諸師の不同、具さに引くこと上の如し。若し色無しと言はば*二界の中《なか》なるべし、色有りと許さば何ぞ*色の上《かみ》あることを妨《さまた》げん。

無色界の中の天処に四つ有り。一つには空無辺処天、二つには識無辺処天、三つには無処有処天、四つには非想非々想処天なり。

一つに空無辺処とは、「*倶舎論」に云はく、「*加行を修《しゆ》する時に、無辺の空を思ひて、第四禅を離れて生ずるを空無辺処と名《なづ》く」と。然るに異生等は空処の近分に依つて、諸の*無間《むけん》道に下の有漏を厭ふ。麁の三の随一なり。諸の*解脱《げだつ》道には空の根本を欣ぶ。静の三の随一なり。即ち其の中に生ず。四蘊身を成ず、命根と衆同分《しゆうどう》とに依る。寿二万劫なり。生上退下、准説して知りぬべし。

二つに識無辺処とは、「倶舎論」に云はく、「加行を修する時に、無辺の識を思ひて、空無辺処を離れて生ずるを識無辺処と名く」と。然るに異生等、識処の近分に依つて、諸の無間道に下の有漏を厭ふ、麁の三の随一なり。諸の解脱道に識の根本を欣ぶ、静の三の随一なり。即ち其の中に生ず。四蘊身を成ず、命根と衆同分とに依る。寿命四

座部の保守的傾向に反対した一団。摩訶提婆(大天)を祖とする。
阿含経 →補。『増一阿含経』巻十八、四意断品第二十六之一(正蔵二・六四〇下)取意。
舎利弗 仏十大弟子の一。摩掲陀国王舎城の北、那羅村の婆羅門の家に生れ、隣村の目連と共に仏弟子となり、智恵第一と称せられたが、仏に先んじて示寂した。
波闍波提 摩訶波闍波提。瞿曇弥または憍曇弥とも。釈尊の叔母。姉摩訶摩耶の死後浄飯王の妃となり、釈尊を養育した。後出家して仏教教団最初の比丘尼となり、仏滅に先立つこと三月にして寂すという。
大乗唯識論 →補。『成唯識論』巻二(正蔵三一・一〇下)。
定果の色 禅定の果としての色身。
業果と通果との色 業・煩悩や神通の果としての色身。
瑜伽 『瑜伽論』巻五十三、摂決択分中五識身相応地意地之三(正蔵三〇・五九四上)、巻五十四、同之四(同三〇・五九七下)取意。
定境の色 禅定の対境としての色身。
花厳経 『大方広仏華厳経』巻四十一、離世間品第三十三之六(正蔵九・六五八上)取意。
仁王経 『仏説仁王般若波羅蜜経』巻上、序品第一(正蔵八・八二五中)取意。
車輪 『凡聖界地章』は「車軸」に作る。
二界 欲色二界。 **色の上** 色界の頂上。
倶舎論 巻二十八(正蔵二九・一四六中)。以下、次頁まで「倶舎論」とあるは全てこれに同じ。
加行 加行道。断惑証理の四種道(加行・無間・解脱・勝進)の中、無間道の前に、

万劫なり。生上退下、准説して知りぬべし。

三つに無所有処とは、「倶舎論」に云はく、「加行を修する時に無所有を思ひて、識無辺処を離れて生ずるを無所有処と名く」と。然るに異生等は、無所有処の近分に依つて、諸の無間道に下の有漏を厭ふ、麁の三の随一なり。諸の解脱道に無所有の根本を欣ぶ、静の三の随一なり。即ち其の中に生ず。四蘊身を成ず、命根と衆同分とに依る。寿六万劫なり。生上退下、准説して知るべし。

四つに非想非々想とは、「倶舎論」に云はく、「想昧劣《まいれつ》なるに由る。謂はく、明勝の想無ければ非想の名を得《ウ》。昧劣の想有るが故に非々想と名く」と。然るに異生等、非想非々想処の近分に依つて、加行を修する時に「是くの如きの念を作《な》す、諸想は病の如く箭の如く癰《ヲウ》の如し。若し想全く無くは、便《スナハ》ち癡闇《ちあん》に同じなり。唯し非想非々想の中にのみ上《かみ》と相違せる*寂静美妙なること有り」。解脱道満《まん》して即ち其の中に生ず。四蘊身を成ず、寿八万劫なり。此れを有頂とす、後には下に生ずるが故に。

此れ是の天乗に二種の義有り。一つには浅略、二つには深秘なり。初めの浅略は前の説の如し。深秘とは後の真言門、是れなり。所謂《いはゆる》嬰童無畏住心とは、是れ所謂《いはゆる》天乗なり。若し只《タヾ》浅略の義をのみ解すれば、則ち生死に沈淪して解脱を得ず。若し*真言の実義を解すれば、則ち若しは天、若しは人、若しは鬼畜等の法門、皆《ミナ》是れ秘密仏乗なり。故に*文に云はく、「我れ則ち天竜鬼等」と云々。言はく、我《が》といふは則

その準備として力を加えて修行する期間をいう。

無間道・解脱道　↓一一四頁注

寂静　↓一三一頁注

——真言の密意——

真言　呪とも。仏菩薩の本誓を示す秘密語をいう。また密呪・陀羅尼。

文　『瑜伽経(仏説瑜伽大教王経)』の文という。『吽字義』の中にその具文を引く。ここでは『大日経疏』巻二十、次嘱累品第三十一(正蔵三九・七八八下)による。『瑜伽経』五巻は、趙宋、法賢訳。大遍照金剛如来が浄光天の大楼閣中にあって説いたものといわれ、金剛界の秘法を明したもの。

大日如来　密教の教主。宇宙の実相を仏格化したもの。

大日経　巻二、普通真言蔵品第四(正蔵

ち大日如来なり。*

「大日経*」に、諸の天人鬼等の真言有り、其の数《かず》無量なり。是くの如きの真言は五字を本とす。彼の五字の真言に曰はく、

*[梵字]《タンカンハンカンエン》

初*めの字は如々*なり。上に空点*有り、即ち如々不可得なり。大空に同じ。具さに説くこと別の如きなり。

又諸の世天*等の普明心真言*有り。

*[梵字]《ロ*キャロキャギャラヤサラハデイバナウギャヤキシャケンタラバアソラギャロタキン*ダラマゴラギャテイカリ》

[梵字]《ダ*ヤ*ナウキャリシャヤビシッタラギャチ》(ソハカ)

若し広説せば、三界*の中の廿八種の天に各〻に真言有り。若し略して摂せば、皆此の一の真言に摂す。外金剛部*、其の数《かず》無量なりと雖も、而も五類八部*に摂し尽す。

嚧*迦嚧迦といふは世間なり。即ち是れ暗冥の義なり、所謂《いはゆる》無明なり。此の字に倶に皆阿の声有り、即ち本無の義なり。無暗は即ち是れ真実の明なり。阿嚧迦は明*なり。迦羅は作なり。所謂《いはゆる》是れ照の義なり、明を作すなり。明の相を作すを以て、此の八部等の普*現の身を現して、彼の暗を除きて明行を作《な》さしめ、世間をして明ならしむ。薩縛《サラハ》は一切なり。提婆《ディバ》は天なり。那伽《ナウキャ》は竜なり。夜乞叉《ヤキシャ》・健闥嚩《ケンダッバ》・阿修羅《あソラ》・掲露荼《キャロタ》・緊那羅《キンナラ》・摩呼羅伽《マコラキャ》、並びに八部の名なり。爾《ディ》は等なり、諸部を摂す。訶哩駄夜《カリタヤ》は心なり、費只多羅掲帝《ヒシタラカティ》は種々那也迦沙也《なやきやしやや》は摂なり。此の八部等の心を摂して明かに作さしむ。

(六・一五上―一七中)。

[梵字]… taṃ haṃ paṃ haṃ yaṃ.

初めの字は如々… 『大日経疏』巻十、普通真言蔵品第四(正蔵三九・六八六下)。

如々 真如の異名。

空点 梵字の文字の上に打って「ン」の発音を表わす点。菩提点(→二八四頁「初後の四字は…」注)。

世天 世間の人王をいう。

心真言 『大日経』巻二(正蔵一八・一五下)。

[梵字]… lokāloka karāya sarva deva nāga yakṣa gandharvā asura garuḍa kiṃnara mahoragādi hṛdayānyākarṣaya vicitragati svāhā.

[梵字] 底本[梵字]。慶本により訂す。

[梵字] 文意からは[梵字]。

[梵字] 文意からは[梵字]。次の句末を示す〻は不要。

[梵字] 文意からは[梵字]。

三界の中の廿八種の天 欲界の六欲天、色界の四禅十八天、無色界の四無色天。

外金剛部 曼荼羅の外部四方に布列する諸天。金剛界は二十天、胎蔵界は二百五尊(二百三とも)、一尊曼荼羅は八天ないし十二天を布列する。

五類八部 五類は五類天(上界・虚空・地居・遊虚空・地下)、八部は八部衆(→九二頁「天竜八部」注、下文)。

嚧迦嚧迦といふは… 『大日経疏』巻十(正蔵三九・六八六上)。

明なり 慶本・冠註「是明」。

普現の身 普現は普く種々の色身を示現すること。

の行なり。亦《また》是れ巧色の義、類に随つて一切の可愛楽の身を示現するを巧色《げうしき》と名《なづ》く。亦是れ雑色《ざふしき》の義なり。種々の行と、種々の雑色との法門を以て、世間の暗を除くことをす。即ち是れ諸明の中の無比の義なり。

*顕句義は是くの如し。

若し深秘の釈ならば、一々の字、皆《みな》*字門の義を以て釈す。且《しばら》く初めの𑖨𑖺《ロ》の一字を体とす。即ち是れ一切諸法相の義を字相とす、字義とは一切諸法相不可得の義なり。言はく、一切世間の*縁起の法は、種々の色、種々の形、種々の相を具す。若し阿字門に入らば、悉く一切の相を離る。離相の相は、相として具せざること無し。是れ則ち法身の普現色身なり。各〻に*四種曼荼羅を具す。若し衆生有りて、能く此の義を解すれば、則ち世天の真言と大日の真言と無二無別なり。若し深秘を解せざれば、則ち途《みチ》に触れて縛を為《ナ》す。生死を出でて解脱を證すること得ず。一々の字門、是くの如く釈すべし。所有の人天外道等の無量の法教、皆悉く一の𑖨𑖺《ロ》字の真言に摂し尽す。此の一字を誦すれば、即ち一切の人天の法門を持するに為《ナ》る。若し深秘の義を此門より解すれば、則ち*法界身を證す。

故に*経に云はく、

世尊、*一切智々を得て、無量の衆生の為《たメ》に広演分布し、種種の趣、種種の性欲に随つて、種種の*方便道をもて一切智智を宣説したまふ。或いは声聞乗道、或いは縁覚乗道、或いは大乗道、或いは五通智道、或いは願ひて天に生じ、或いは人中及び竜・夜叉・

顕句義　深秘釈をさらに顕句義と深秘釈とに分けたもの。ここでは梵字を漢訳して所詮の義を明らかにしたこと。

字門の義　字相字義の二門。

縁起の法　因縁生起の諸法。

四種曼荼羅　大曼荼羅・三昧耶曼荼羅・法曼荼羅・羯磨曼荼羅の四。↓九頁補「四曼」

法界身　仏の法身をいう。

経　『大日経』巻一(正蔵一八・一中)。

一切智々　↓一二頁注

方便　↓一二頁注

*乾闥婆《けんだつば》に生じ、乃至*摩睺羅伽《まごらきや》に生ずる法を説く。各〻に彼の言音に同じ、種種の*威儀に住す。而して此の一切智々の道は*一味なり、所謂《いはゆる》如来の解脱味なりと。

云はく、

又《また》*執金剛・*普賢・*蓮華手菩薩等の像貌を現して、普く十方に真言道句法を宣説したまふ。所謂《いはゆる》初発心より乃し十地に至るまで、次第に此の生に満足すと。

言はく、等とは八部天鬼等の外金剛部なり。

又*大毘盧舎那如来、諸仏菩薩天竜鬼等の真言印を説き訖つて、即ち秘密主に告げて

言はく、

*是くの如きの上首の諸の如来の印は、如来の信解より生ず。即ち菩薩の標幟に同ず。其の数《かず》無量なり。乃至身分の挙動住止は、知るべし、皆《みナ》是れ*密印なり。舌根所転の衆多の言説は、知るべし、皆《みナ》是れ真言なりと。

秘密曼荼羅十住心論巻第三

乾闥婆 →二二頁注

摩睺羅伽 八部衆の一。人身蛇首の大蟒神といい、また楽神の類、非人なりともいう。

威儀 戒律に契った立居振舞。

一味 事または理の平等なること。

執金剛 胎蔵界曼荼羅の外金剛部の諸衆は、如来の智印を標して、手に金剛を執っている故、この称がある。

普賢 文殊菩薩とともに釈迦如来の脇仕として知られるが(→一八五頁「普賢菩薩の行願」注)、密教では大日如来の眷属とされる。

蓮華手菩薩 観自在菩薩の異名。

大毘盧舎那如来 大日如来(→一三五頁注)。

是くの如きの… 『大日経』巻四、密印品第九(正蔵一八・三〇上)。

密印 諸仏菩薩の本誓を標幟するために結ぶ諸の印契は、その理趣秘密深奥なる故、密という。

秘密曼荼羅十住心論巻第四

唯蘊無我住心第四

初めに大意といふは、夫《そ》れ*尺蠖《しやくクワク》は《の》申びて而も還りて屈*す、車輪は仰《アガ》りて而も亦低《クダ》る。*非想の八万は、上空《かミ》を射れども下《しモ》に堕つ。外道の三昧は、有を尽すとすとも還りて没す。出欲の術を願ふと雖《いへド》も、未だ断縛の剣を得《エ》ず。人我《にんが》の空を解《さと》らず、何ぞ法空の理を覚らん。是の故《ゆへ》に生死に流転して、涅槃を得ず。*大覚、其の是くの如くなるを愍《あは》れんで、解脱の道を説きたまへり。*生空《しやうくう》を*唯蘊《ゆいうん》に遮し、*我倒を*幻炎に譬ふ。*二百五十戒は身口の非を防《ふせ》き、*三十七菩提は身心の善を習ふ。時を告ぐれば則ち*三生六十、果を示せば則ち*四向四果《しかうしくわ》なり。*識を説かば唯六種、法を摂すれば則ち*五位なり。*四諦四念に其の観を瑩《みが》き、*六通八解に其の證《ウ》を得。生死を厭怖《えんふ》して*身智を灰滅し、*湛寂《たんじやく》を欣仰《ゴンガウ》して*虚空に等同なり。是れ則ち*声聞自利の行果、*羊車出欲の方便なり。大躰此くの如し。

◇唯蘊無我住心　「法ヲ存スルガ故ニ唯蘊ナリ、人ヲ遮スルガ故ニ無我ナリ」(『宝鑰』)といわれ、人空法有の立場をとる声聞の住心を示す。

――大　意――

尺蠖　蠖の左訓「ヲキムシ」。尺取虫。
屈　慶本左訓「カヽマリ」。
非想の八万　非想は非想非々想天、八万はその寿八万劫。
大覚　仏の尊号。
生空　衆生空の略。また我空・人空。
唯蘊　五蘊(→一六頁「諸蘊」注)の法の実有なることをいう。
我倒　実我ありとする顚倒の妄見。
幻炎　幻化と陽燄(かげろう)。
二百五十戒・三十七菩提　↓補
三生六十　六十は六十劫。利根のものは三生で、鈍根のものは六十劫を経て成仏する。
四向四果　声聞乗の修行証果の階位。須陀洹(預流)・斯陀含(一来)・阿那含(不還)・阿羅漢(無学)の四。向は果に向って修行し、未だ果に入らざる間、果はその証果をいう。
識　六識。眼・耳・鼻・舌・身・意の六。八識を立てるときには、これに末那・阿頼耶の二を加える。
五位　色・心・心所・所不相応・無為の五。
四諦四念・六通八解　↓補
身智を灰滅　二乗の人が三界の煩悩を断じた後、火光三昧に入って、身を焼き心を二に教を摂せば、大日尊、秘密主に告げて言はく、「*世間の三妄執を越えて出世間の心生ず。謂はく、是くの如く唯蘊無我《ゆいうんむが》を解了す」と。釈して云はく、諸の外道等は*我我所有りと計す。是くの如く妄執するに因つて生死を出でず。非想非非想処に生ずと雖《いへド》も、還りて復《マタ》堕落す。故に仏、声聞を求むる者《もノ》の為《たメ》に、人空法有《にんくうほふう》の理を説きたまへり。所謂《いはゆる》人といふは則ち人我等なり、法といふは則ち五蘊等の法なり。此の唯蘊無我の一句の中に、一切の小乗の法を摂し尽せり。故に今《いま》声聞乗を唯蘊無我住心と名《なづ》くるなり。

三に三昧を明さば、

「*大日経」に云はく、「復《また》次に秘密主、声聞衆は有縁の地に住して、生滅を識り、*二辺を除く。*極観察智をもて*不随順修行の因を得《ウ》。是れを声聞の三昧道と名《なづ》く」とは、「*阿毗曇《あびどん》」に明すが如し。*九想・八念・背捨・勝処・一切入・三三昧等を皆《みナ》住有縁地と名く。此等の三昧を方便とするに依るが故に、其の心をして恬然《テムねん》として静かならしめ、*正観察を得て、世間出世間の法は皆悉く因有り、縁有り。世間は集を以て因とし、苦を以て果とす、出世間は道を以て因とし、滅を以て果とすと覚《さト》むぬ。「*毗尼」の中に要を挙げて之を言へば、所謂《いはゆる》、諸法は縁より起る、如来、是の因を説きたまふ、彼の法は因縁をもて尽す、是れ*大沙門の説なりといへり。因縁の生滅を知るを以ての故に、

滅して空寂無為の涅槃界に帰入すること。
湛寂　湛然常寂の意。涅槃界をいう。
虚空　虚空無為。真如。
声聞　仏の教誨の声を聞いて悟る人の意。
羊車出欲　羊車・鹿車・牛車の三をそれぞれ声聞・縁覚・菩薩の三乗に喩える。

摂　教

世間の三妄執を…　『大日経〔大毘盧遮那成仏神変加持経〕』入真言門住心品第一(正蔵一八・三上中)。次の「釈して云はく」以下は『大日経疏』の文ではない。三妄執とは、三劫妄執・三劫惑ともいい、密教では我執・法執・無明の惑の三をいう。
我我所　↓一四頁「我我所執」注

三　昧

大日経に…　『大日経疏〔大毘盧遮那成仏経疏〕』巻七、入漫荼羅具縁品第二之余(正蔵三九・六四八中)。なお引文中の「毗尼」の偈は『大智度論』巻十一、釈初品中舎利弗因縁第十六(正蔵二五・一三六下)に同じ。
二辺　辺は中道を離れて一方に傾くこと。二辺とは有辺と無辺、増益辺と損減辺、断見と常見などをいう。
極観察智・不随順修行　下文参照。
阿毗曇　阿毘達磨。論蔵。
九想・八念・背捨・勝処・一切入・三三昧　↓補
正観察　観ずる心と観ぜられる対境とが相応すること。
毗尼　毗奈耶。律蔵。
大沙門　仏の尊号。

有無の見を滅し、*断常の二辺を遠離《をんり》して、真諦の智生ずることを得。故に極観察智と名く。能く極めて観察するを以ての故に、倒せず謬せず。故に名《なつ》けて諦とするなり。*無明より老死に至るまで、此れ有るが故に彼れ有り、此れ生ずるが故に彼れ生じて、乃至輪廻無際なり。若し此れに随つて輪転する、之を名けて順とす。既に四真諦を見已《をは》つて、生死の流に背《そむ》いて聖道を随行す、乃至能く自《みづから》記説す、我れ生已《すで》に尽《じん》せり、*梵行已に立《りつ》せり、所作已に辨せり、*後有を受けじと。是れを不随順と名く。是くの如きの種種の不随順の行は、要《かなら》ず三昧を因とするが故に、不随順脩行の因を得《う》と曰《い》ふ。声聞の三昧は復《また》諸部の異説種種に不同なりと雖《いへド》も、但し是くの如きの*法印に合するをば即ち正行と名く。若し是くの如きの印無きをば是れを邪行と名くるなりと。

四に*名を釈せば、「*華厳経」に云はく、

上品の十善をもて自利の行を脩す。智恵狭劣なるを以て三界を怖る。*大悲を闕きたり。他に従つて声を聞きて解了することを得。故に声聞と名くと。

五に地位とは、「*大乗同性経」に云はく、

声聞に*十地有り。一つには*受三帰地、二つには*信地、三つには*信法地、四つには*内凡夫地、五つには*学信戒地、六つには*八人地、七つには*須陀洹《しゅだをん》地、八つには斯陀含《しだごむ》地、九つには阿那含《あなごむ》地、十には阿羅漢地なりと。

断常の二辺　断は断見、世間及び我の断無を執する辺見。常は世界の常住不変と、人の死後も我は不滅なりと執する辺見。

無明より老死に至る　十二因縁。無明・行・識・名色・六処・触・受・愛・取・有・生・老死。↓一六三頁三行以下

梵行　↓九二頁注

後有　未来の果報、後世の心身。

法印　印は印璽。正法の真実不変なこと。

―― 釈　名 ――

名を釈せば…　以下三行は『凡聖界地章』巻上の文。

華厳経　『大方広仏華厳経』巻三十五、十地品第二十六之二(正蔵一〇・一八五下)取意。

大悲　衆生の苦を救う仏菩薩の大慈悲心。

―― 地　位 ――

大乗同性経　↓補。巻下(正蔵一六・六五〇上)。

十地　ここは声聞の修行の階位。

受三帰地　初めて三帰戒を受ける位。

信地　信根成就の位。

信法地　四諦の理を信ずる位。

内凡夫地　五停心観等を修する位。

学信戒地　三学成就の位。

八人地　見道の位。

須陀洹地…　↓一三八頁「四向四果」注

瑜伽論の声聞地…　以下一四三頁十三行目まで『凡聖界地章』巻上の引文。『瑜伽師地論』巻二十一―巻三十四、本地分中声聞地第十三初瑜伽処種姓地第一―同第四瑜伽処之二(正蔵三〇・三九五―四七八)略抄取意。

倶舎論　『阿毘達磨倶舎論』巻二十二―

是れを十種の声聞の地と名く。
「*瑜伽論」の声聞地と「*倶舎論」とは、広略を異とす。速は即ち三生、遅は六十劫なり。*前の七方便は浅より深に至る。*見脩《けんしゆう》の惑を断するに四沙門の果を立つ。*五停心《ちやうしん》と四念処と四聖諦と*七支別解脱戒とは、是れ其の*学処なり。

五停心観とは、多貪の衆生は不浄観を修し、乃至*多尋思の衆生には*持息観を修す。初めの不浄観に二有り。一つには別、二つには通なり。

別に*四貪を治すとは、*論に云はく、「不浄観を脩することは、正しく貪を治せんが為なり。然も貪の差別に略して四種有り。一つには顕色貪を治するには、*青瘀《しやうお》等を縁して不浄観を修す。二つには形色貪を治するには、*被食等を縁して不浄観を脩す。三つには妙触貪を治するには、虫蛆《ちうソ》等を縁して不浄観を修す。四つには承奉《じようぶ》貪を治するには、屍不動を縁して不浄観を修す」と。通じて四貪を治すとは、「若し*骨瑣を縁して不浄観を修するは、通じて能く是くの如きの四貪を対治するなり」と。

*多尋伺を治するに、*息念と言ふは*阿那阿波那《あなあはな》なり。謂はく、息入を持し、謂はく、息出を持するなり。

別相念住とは、已《すで》に修して*勝止を成満するに依つて、四念住を観修するなり。如何《いかん》が四念住を脩習するや。身念住を観するには*自共相を以てす。謂はく、身は皆《みナ》不浄の性なりと観するなり。受念住を観するには自共相を以てす。一切有漏、皆《みナ》是れ苦の性な

巻二十五、分別賢聖品第六(正蔵二九・一二三―一二四)。
前の七方便　見道前の七方便。↓一四九頁三行以下
見脩の惑　見惑(四諦の理に迷って起す邪想)と修惑(思惑、三乗の聖者が修道において断ずる煩悩。貪・瞋・癡・慢)。
五停心と…学処なり　この一文現存『凡聖界地章』にはない。五停心観とは五種の過を停止する五種の観法で、不浄・慈悲・因縁・界分別・数息。↓一四九頁
七支別解脱戒　受戒の作法によって身三(殺・盗・婬)・口四(妄語・両舌・悪口・綺語)の悪業七支を別々に解脱することをいう。
学処　所学の処の意。また戒をいう。
多尋思　冠註「多尋伺」。
持息観　数息観。息を数えて乱心を摂すること。
四貪　四種貪。顕色・形色・妙触・承事の四。
論　『倶舎論』巻二十二(正蔵二九・一一七中)略抄。
青瘀・被食・骨瑣　何れも九想(↓一三九頁補)の一。
多尋伺を治する…　『倶舎論』巻二十二(正蔵二九・一一八)略抄取意。
息念　持息念。持息観。
阿那阿波那　阿那は入息、身に入る息。阿波那は出息、身から出る息。この出入の息を数えて心を鎮める観法。
勝止　止は奢摩他の訳。寂静・能滅の意。
自共相　自相・共相。自相は他の諸法と共通せざるその法独自の体相、共相は諸法通有の相状をいう。

り。心念住を観するには自共相を以てす。一切の有為は皆《みナ》無常の性なり。法念住を観するには自共相を以てす。及び一切の法は空無我の性なり。

*惣相念住《そうさうねんぢう》とは、彼の観行者、惣じて所縁の*身等の四境を観して、*四行相を修するなり。*縁惣雑法念住の中に居《こ》して身受心法を観するに、惣じて無常観を脩し、縁惣雑法念住の中に居して身受心法を観するに、惣じて苦観を修し、縁惣雑法念住の中に居して身受心法を観るに、惣じて空観を脩し、縁惣雑法念住の中に居して身受心法を観るに、惣じて無我観を脩するなり。

*煗善根《なんぜん》とは、*分位長きが故に、能く具さに四聖諦の境を観察し、及び能く具さに*十六行相を脩するなり。苦聖諦を観するに四行相を脩す。一つには無常、二つには苦、三つには空、四つには無我なり。集聖諦を観するに四行相を脩す。一つには因、二つには集、三つには生、四つには縁なり。滅聖諦を観するに四行相を脩す。一つには滅、二つには静、三つには妙、四つには離なり。道聖諦を観するに四行相を脩す。一つには道、二つには如、三つには行、四つには出なり。

*頂善根とは、山の頂の如くなるが故に。此れ亦煗《なん》の如し、此れ転《うた》た勝《まさ》るが故に更に頂の名を立つるなり。

*忍善根とは、四諦の理に於て此れ最勝なるが故に、退堕無きが故なり。然も此の忍法に下中上有り。下品の忍とは、謂はく、具さに四聖諦の境を観察し、*十六行を脩して、具さに三界を縁するなり。中品の忍とは、欲・色・無色の聖諦の行相を漸く減し漸く

惣相念住とは…　『倶舎論』巻二十二(正蔵二九・一一九上中)略抄取意。

身等の四境　身・受・心・法の四。

四行相　苦諦を観ずる無常・苦・空・無我の行相をいう。

縁惣雑法念住　法念処に雑縁不雑縁の二あり、不雑縁法念処がただ法の一境のみを観ずるにたいして、雑縁法念処は身等の四境において或いは身受の二を合観し、ないしは四境ともに総観する。

煗善根　四善根の一。四善根位は加行位(→一四七頁注)にあたる。

分位　ここは四加行位の一としての位。

十六行相　→一三八頁補「四諦四念」

頂善根　四善根の一。

忍善根　四善根の一。

十六行　十六行相。

略して、乃《いま》し*二念と欲の苦諦の境とに至るなり。上品の忍とは、中の無間より勝善根を起して、一行一刹那なるを上品の忍と名《なづ》く。*世第一法は、上品の忍の如く、欲の苦の一行、唯一刹那なり。*同類因を離れて、聖道を引きて生ず。故に最勝と名くるなり。

*四沙門の法とは、諸の無漏道は是れ沙門の性なり。此の道を懐《イダ》ける者《モノ》を名けて沙門と曰ふ。能く勤労して煩悩を息《や》むるを以ての故に。須陀洹《しゅだをん》とは、謂はく、欲界の苦聖諦の境を縁して、*無漏の摂に有りて*法智忍生ずるなり。乃至《ないし》*道類智を預流《よる》果と名く。斯《し》陀含《だごん》とは、謂はく、欲の脩惑を断すること一より六に至りて、一たび天上に往き一たび人間に来つて、*般涅槃するを一来果と名くるなり。阿那含といふは欲の九品を断す。此の類に七つ有り。色に行くに五つ有り、無色に行くに四つぁり。必ず還来せざれば不還果と名くるなり。阿羅漢とは、謂はく、初定の一品より初めとして、*有頂を断する第九の無間の*金剛喩定に至り、*尽智生ずるに至つて、阿羅漢と成りて生を受けざるが故に。

法門・脩證の位次
1　二十部の異執

声聞蔵の法門と幷びに脩證の位次とに、略して八門有り。第一には廿部の異執を明し、第二には所立の法門を明し、第三には進修の位を明し、第四には断惑の依地を明し、第五には所断の惑を明し、第六には断惑の得果を明し、第七には定不定の性

二念　底本、「二一念」の左に「二イ」と傍書。慶本「二」。『凡聖界地章』も同じ。
世第一法　四善根の一。
同類因　六因の一。習因とも。同類は相似の義。相似の法のために因となり、相似の法をもって因としたもの。これに対してその果を等流果という。
四沙門の法とは…　『倶舎論』巻二十四(正蔵二九・一二三上―一二六中)取意。
無漏の摂に…生ずるなり　冠註「無漏摂ノ法智忍生ズルコト有リ」と訓む。
法智忍　法智は八智、八様の無漏智の中、欲界の四諦を縁じて起す智、法忍は法智を得る前に起る忍可決定の心をいう。→一三八頁補「四諦四念」
道類智　類智は八智の中、上二界の道諦を縁じて起す智。
般涅槃　ここは涅槃(→一二一頁注)と同義。
有頂　有頂惑。有頂天(ここは非想非々想処)の惑。
金剛喩定　一切の煩悩を断じ得る禅定。三乗の行者最後心の禅定といわれる。
尽智　十智の第九。有頂の惑を断じ、一切の煩悩を尽して、我すでに苦を知り、集を断じ、滅を証し、道を修せりと知る智恵をいう。

を明し、第八には理に大小無きことを明す。

第一に廿部の異執を明すとは、「*宗輪論」等に依るに、自《おのづか》ら廿部有り。

「*文殊問経」の頌に曰く、

*摩訶僧祇部に　分別して出だすに七有り
*躰毗履《ていびり》に十一あり　是れを二十部と謂ふ
十八と及び本の二と　皆大乗より出でたり
是も無く亦《また》非も無し　我れ*未来起を説く

具さに釈することは余の如し。然も此の廿部を摂して*六宗とす。一つには我法俱有宗。此の宗の所計は我と法との二種皆《みな》有なり。〈此れに六部有り。*犢子《とくし》と賢胄《けんちう》と正量と密林山と*経量と法上部となり。〉二つには有法無我宗。此の宗の所執は法は則ち実有なり、我は則ち無なりとす。〈此れに四部有り。*一切有と多聞と雪山と飲光部となり。〉三つには法無去来宗。此の宗の所執は現法は是れ有なり、去来は無なりとす。〈此れに七部有り。大衆と鶏胤《ケイいん》と制《セイ》多山と西山と北山との化地と法蔵部となり。〉四つには現通仮実宗。此の宗の計すらく、世出世の法は皆《みナ》仮名及以《およビ》真実に通ずといふ。〈此れに一部有り。即ち説仮部なり。〉五つには俗妄真実宗。世法は顚倒《てんたう》にして但《ただ》し仮名のみ有り、出世は非倒《ひたう》の法なれば是れ真実なり。〈此れに一部有り。即ち説出世部なり。〉六つには諸法但名宗《たんめいしう》。此の宗の所計は、若しは世間の法、若しは出世の法、但し仮名のみ有りて而も実躰無しといふ。〈此れに一部有り。即

宗輪論　『異部宗輪論』一巻。著者不詳。玄奘訳。説一切有部宗を中心として、小乗二十部派の分裂とその教理を述べたもの。正蔵四九・一五―一七。

文殊問経　『文殊師利問経』二巻。梁、僧伽婆羅訳。大乗の諸戒、悉曇の字母、仏滅後における小乗二十部の分出等を明す。引文は、巻下、分部品第十五(正蔵一四・五〇一中)。

摩訶僧祇部　大衆部(→一三二頁注)。

躰毗履　上座部。小乗二十部のうち、根本二部の一。仏滅百年頃、仏教教団が分裂したが、摩訶僧祇部(大衆部)に対し、保守派の拠った一団。

未来起　「未来ニ起ルコト」(冠註)。未来。

六宗　法蔵『華厳経探玄記』巻一(正蔵三五・一一六中)の五教十宗の判に説かれる小乗の六宗。

犢子　→五八頁「犢子道人」注

経量　→一三二頁「経部」注

一切有　→五八頁「説一切有者」注

ち一説部なり。〉

第二に所立の法門を明すとは、*「倶舎」等の論に准するに、惣じて七十五法有り、一切の法を摂し尽す。惣じて此の法を束《つか》ねたり。以て五位とす。頌を作りて云はく、

色に十一、心に一　心所に四十六
不相応に十四　無為の法に三種あり

色に十一とは、*五根と五境と無表色となり。五根とは「倶舎」の頌に云はく、

*彼の識の依の浄色を　眼等の五根と名《なづ》く

五境とは「倶舎」の頌に云はく、

*色に二或いは二十あり　*声に唯《ただ》八種有り
*味に六、*香に四種あり　*触は十一を性とす

無表色とは、不可見無躰色なり。

心王に一とは、「倶舎」の第四に云はく、

*集起を心と名け、思量を意と名け、了別を識と名くと。

王とは、三業を集起するに自在を得るが故に。

心所に四十六とは、此れに六の位有り。

一には*大地法に十有り。「倶舎」の頌に曰はく、

*受と想と思と触と欲と　恵と念と作意と

2　所立の法門

倶舎　『倶舎論』巻一—七、分別界品、分別根品(正蔵二九・一—四〇)。

五根　眼根・耳根・鼻根・舌根・身根の五。

彼の識の…　『倶舎論』巻一(正蔵二九・二中)。

色に二或いは…　『倶舎論』巻一(同前)。二は顕色と形色、二十は顕色の十二(青黄赤白雲煙塵霧影光明闇)と形色の八(長短方円高下正不正)をいう。

声に唯八種　言語の声、拍子の声、化人の語声、渓声水音などの四に分ち、さらにそのおのおのに好悪二種の別を立てて八種とする。

味に六　苦・酸・甘・辛・鹹・淡の六。

香に四種　好・悪・等・不等の四。

触は十一　四大種と滑性・渋性・重性・軽性の四、及び冷・饑・渇の十一。

集起を心と…　『倶舎論』巻四(正蔵二九・二一下)。

大地法　心識の起るとき必ず伴って起る心所の総称。

受と想と…　『倶舎論』巻四(正蔵二九・一九上)。

勝解と三摩地となり　　一切の心に遍せり

二には*大善地法に十有り。「倶舎」の頌に云はく、

*信と及び不放逸と　　*軽安と*捨と慚と愧と
*二根と及び不害と　　勤となり唯《ただ》し善心に遍せり

三には*大煩悩地法に六有り。頌に云はく、

癡《ち》と放逸と懈怠《けだい》と　　不信と*惛沈《こんぢん》と掉となり

四には大不善地法に二有り。「倶舎」の頌に云はく、

無慚と及び無愧となり　　唯《ただ》し不善心に遍せり

五には小煩悩地法に十有り。頌に云はく、

忿と覆と慳と嫉と悩と　　害と恨と諂《てん》と誑と憍となり

六には*不定地法に八有り。頌に曰はく、

尋と伺と及び悔と眠と　　貪と瞋と慢と疑となり

*不相応に十四とは、頌に云はく、

得と非得と同分と　　*無想と二の滅定と
命根と*四相と　　及び名と句と文と身となり

*無為法の三種とは、頌に云はく、

*虚空と及び*二滅となり

此の七十五法に*三科門を摂尽す。三科と言ふは「倶舎」の頌に云はく、

大善地法　一切の善心起るとき必ず伴って起る心所の総称。

信と及び…　『倶舎論』巻四(正蔵二九・一九上中)。

軽安　身を軽利安適ならしめ、心を善事に堪えしむる心作用。

捨　行捨。心を惛沈と掉挙(後出)から離れ、平等平安ならしむる心作用。

二根　無貪と無瞋の謂か。

大煩悩地法　一切の煩悩染心に通じて起る心所。

頌に云はく…　以下の五頌は、『倶舎論』巻四(正蔵二九・一九—二二上)。

惛沈と掉と　惛沈は心を暗く沈ませる心作用。掉は掉挙、心挙りて静かならざるをいう。

不定地法　広く善悪無記の三性に通じ、一切の心に必ず伴って起るのでもない心所の総称。

不相応　心不相応行法。心法にも色法にもあらざる有為法をいう。

無想と二の滅定と　冠註「無想ノ二ト滅定ト」と訓む。無想果・無想定の二と滅尽定。

四相　生・住・異・滅の四相。

無為法　因縁の造作を離れた法。

虚空と及び…　『倶舎論』巻一(正蔵二九・一下)。虚空即ち虚空無為。虚空は一切処に遍満して他を障えず他に障えられぬ故、無為という。

二滅　択滅無為・非択滅無為の二。

三科　蘊・処・界(→一六六頁注)。

聚*と生門と種族と　是《こ》れ瘟と処と界との義なり

3　進脩の位

第三に進脩の位を明すとは、捴じて五位有り。一には順*解脱分位〈亦は資*糧位と名《なづ》く〉、二には*順決択分位《じゆんけつちやくぶんい》〈亦は加*行位と名く〉、三には見*道位、四には脩*道位、五には無*学位なり。

初めに順解脱分とは、解脱は即ち涅槃なり。躰、諸縛を離るるが故に。此の位、彼に順するが故に是の名を得《う》。如何《いかん》が解脱分の善を種殖するや。謂はく、諸《もろもろ》の有情、人中に生在して、或いは一*食を施し、或いは一戒を持して、深く解脱を楽《ねが》ふ。願力に持せらるるを便《すなは》ち解脱分の善を種殖すと名くるなり。「正*理」に云はく、初脩行の者《もノ》は当《まさ》に解脱に於て深意楽を具し、涅槃の徳を観し、生死の過を背きて、先づ善友に近づくを衆行の本とすといへりと。

「倶舎」の二十三に云はく、

諸*の創《はじ》めて順解脱分を殖《う》うること有るは、極速は三生に方《まさ》に解脱分*を得。謂はく、初生には順解脱分を起し、第二生には順決択分を起し、第三生に於て便ち入聖し、乃至解脱を得。譬へば下種と苗成《めうじやう》と結実との三位不同なるが如し。身《み》、法*性に入ると成就と解脱との三位も亦爾《またしか》なりと。

此《ここ》に三生と言《イ》ふは、極速の者《もノ》に拠つて説くなり。若し極遅《ごくち》の者《もノ》は即ち六十劫なり。遅に非ず、速に非ず、中間は知りぬべし。

聚と生門と…　『倶舎論』巻一(正蔵二九・四下)。

順解脱分位　分は因の義。解脱に順ずる因道の意。

資糧位　無上菩提の資糧たる種々の功徳を修集する位。

順決択分位　決択分は見道。見道に順じてそれを引起す位。

加行位　加行は見道に入る準備として功を加えて修行する位。

見道位　無漏の正智を発して未曾見の諦理を始めて見照する位という。

脩道位　余習を断ずるために無分別智を修習する位。

無学位　煩悩を断尽して更に学ぶべきもの無き位。

一食を施し…　『倶舎論』巻二十三(正蔵二九・一二三上)。

正理　『阿毘達磨順正理論』巻五十九、辯賢聖品第六之三(正蔵二九・六六八中)。

諸の創めて…有る　『倶舎論』巻二十三(正蔵二九・一二三上)。冠註「諸有ユル創メテ順解脱分ヲ殖ユルモノハ」と訓む。

分　『倶舎論』に「分」字なし。

法性　諸法の真実如常の本性、諸法本然の実性をいい、仏正覚の内容をなすもの。

二には順決択分を明す。中に於て二を分つ。初めには進脩の加行を明し、二つには正しく順決択分を明す。初めの加行に三つ有り。一つには清浄戒に住して三恵*を脩習し、二つには身器*を脩持し、三つには入脩の要門なり。

「倶舎」の二十二に云はく、

諸*の発心の将《まさ》に見諦*に趣くこと有るには、先づ清浄の尸羅*に安住して、然して後に聞*所成等を勤脩すべしと。〈思と脩との所成を等しくするなり。〉

世*親、此の三恵の相を釈して言はく、

謂*はく、脩行者、至教*を聞くに依つて生ずる所の勝恵を聞所成と名《なづ》く、正理を思するに依つて生ずる所の勝恵を思所成と名く、等持を修するに依つて生ずる所の勝恵を脩所成と名くるなりと。

二には身器を脩持すとは、論*に云はく、

身器清浄は略して三因に由る。何等《ラ》をか三とする。一つには身*心遠離《をんり》、二つには喜足少欲、三つには住四聖種なり。身遠離とは相*雑住を離れ、心遠離とは不善の尋を離るるなり。二つには喜足少欲とは、喜足と言ふは喜足せざること無きなり、少欲と言ふは謂はく大欲無く、無貪の善根、之を以て性とす。三つには四聖種に住すとは、一つには衣服に於て喜足する聖種、二つには飲食に於て喜足する聖種、三つには臥具に於て喜足する聖種、四つには有と無有とに於て煩悩を断せんと楽《ねが》ひ、聖道を脩せんと楽《ねが》ふなり。皆《みな》無貪喜足を以て躰とすと。

三恵　聞・思・修の三恵。

身器　身は諸法を受ける器の意。

諸の発心の…　『倶舎論』巻二十二(正蔵二九・一一六下)。冠註「諸有ユル発心シテ将ニ見諦ニ趣ントスルハ」と訓む。『倶舎論』も同じ。

見諦　真理を悟ること。

尸羅　戒。

聞所成　聞恵。

世親　旧訳は天親。五世紀頃、犍陀羅国富婁沙富羅の人。兄、無著の誘化により大乗に帰し、『倶舎論』『辯中辺論』『唯識三十頌』『十地経論』『摂大乗論釈』『無量寿経優婆提舎』等をはじめ、多くの著述をもって知られる。

謂はく脩行者…　『倶舎論』巻二十二(正蔵二九・一一六下)。

至教　聖教の至言。

論　『倶舎論』巻二十二(正蔵二九・一一七上)略抄取意。次の「論」もこれに同じ。

身心遠離　身遠離と心遠離。

相雑住を離れ　冠註は「相ヒ雑住スルコトヲ離レ」と訓んで、「宝ニ云ク、謂ク悪友ヲ離ル、也」と注記する。

論に云はく、「何の義を顕はさんが為《ため》に四聖種を立つるや。解脱を求めて仏に帰して出家せんが為《ため》なり」と云云《しかしか》。

三つには入修の要門とは、見道の前には七方便有り。此の七方便は、聖諦を遊践するをもて、能く生死を超え、*涅槃の果を證す。一つには五停心観、二つには別想念処、三つには惣想念処、四つには煗《なん》、五つには頂、六つには忍、七つには世第一法なり。

五停心観とは、一つには多貪の者《もの》は不浄観を修し、二つには多瞋の者《もの》は慈悲観を修し、三つには多癡《たち》の者《もの》は縁起観を修し、四つには多著我の者《もの》は界分別観を修し、五つには多尋伺の者《もの》は数息観を修す。此の五種を以て其の心を停息すれば、五停心と名くるなり。此の五つ有りと雖《いへど》も、入修の要は唯《ただ》二門のみ有り。一つには不浄観、二つには持息念なり。故に「*倶舎」の頌に云はく、

入修の要は二門なり　不浄観と息念となり
貪と尋と増上なる者《もの》　次第の如く修すべし云云《しかしか》

「*婆沙」に云はく、

不浄観と持息念とを、仏法の中に於て涅槃甘露の門とすと、云云。

此の不浄観は、躰是れ無貪なり。不浄の境を縁して貪心を*対治す。境に従ひて名として不浄観と名く。此の観、能く四種の境の貪を治す。謂はく、青瘀《しやうお》を縁して不浄観を修するは顕色貪を治す。被食等を縁して不浄観を修するは形色貪を治す。虫蛆《ちうそ》

涅槃　→二二頁注

倶舎の頌　『倶舎論』巻二十二(正蔵二九・一一七中)。

婆沙　『阿毘達磨大毘婆沙論』(二百巻。二世紀前半の成立といわれる。『発智論』の注釈。玄奘訳)巻二十六に持息念を、巻四十に不浄観を説くが、共にこの文はない。『大智度論』巻四十八、釈四念処品第十九(正蔵二五・四〇四中)参照。

対治　煩悩を断ずること。

等を縁して不浄観を修するは妙触食を治す。屍不動を縁して不浄観を修するは供奉食を治す。若し骨璅を縁して不浄観を修するは、通じて能く是くの如きの四食を対治するなり。

所依地とは、通じて十地に依る。謂はく、四静慮と四近分と*中間と欲界となり。其の所縁とは唯欲界の所見の*顕形を縁す。此れに由るが故に知りぬ、是れ人趣の中の三州なり、北を除く。若し是れ*生法は能く自世を縁し、若し*不生の法は通じて三世を縁するなり。既に勝解の作意と相応す、唯《ただ》し是れ有漏なり。*離染得と及び*加行得と有り。

若し*尋増の者《もノ》は持息念を修す。*論に云はく、

持息念と言ふは、即ち*契経の中に説く所の阿那阿波那《あなあはな》念なり。阿那と言ふは、謂はく、息入を持するなり。是れ外風を引きて身に入れしむる義なり。阿波那とは、謂はく、息出を持するなり。是れ内風を引きて身を出さしむる義なり。此の観は恵を以て躰性とす。持息念と言ふは、恵は念力に由つて此れを観して境とす。故に名とするなり。此の相円満するに、捴じて六の位有り。一には*数、二には*随、三には*止、四には*観、五には*転、六には*浄なりと。

広くは「*婆沙」等の説の如し。

別相念処観とは、七方便の中の第二の方便なり。此の*別相念住の躰に三種有り。

*一つには自性念住、聞思修の三恵を以て性とす。故に「*倶舎」に云はく、

中間　中間定。

顕形　顕色と形色。

生法・不生の法　生法は人法・我法とも。衆生と諸法とをいう。不生は阿羅漢、また涅槃の訳。如来の異名とされることもある。

離染得　生得の離染の謂か。或いは下地の染を離れて上地の観を得ることか。

加行得　加行によって未曾得を証得すること。

尋増　多尋伺。

論　『倶舎論』巻二十二(正蔵二九・一一八上)略抄。

契経　ここは『雑阿含経』巻二十九(正蔵二・二〇六上)。

数・随・止・観・転・浄　数は数息、息を数えて乱心を摂す。随は随息、息の出入に随って心を散らさぬ。止は心を息め慮を静めること。観は境を明了に観察すること。転は転心返照。浄は心所依なく妄波起らざることをいう。

婆沙　『大毘婆沙論』巻二十六、雑蘊第一中補特伽羅納息第三之四(正蔵二七・一三四下)。「等」とは『順正理論』巻六十、辯賢聖品第六之四(正蔵二九・六七三下)。

別相念住　底本「別念住」。慶本・冠註による。

一つには自性念住…　以下次頁十二行目まで神泰『倶舎論疏』巻二十三によるという(冠註)。

倶舎　『倶舎論』巻二十三(正蔵二九・一一八下–一一九上)略抄取意。

自性念住は恵を以て躰とす。此れに三種有り、謂はく、聞等の所成なりと。二つには相雑念住、恵と、所余の倶有と相応との法を以て躰とす。三つには所縁念住、恵の所縁の七十五法を以て躰とす。

前に説く不浄と持息とは、是れ聞思の恵なり。即ち修恵に入る方便門なり。此の二門に由つて、心便《すなは》ち定を得て、*舎摩他《しやまた》と*毗鉢舎那《びばしやな》とを修す。舎摩他、此《ここ》には止と云ふ、毗鉢舎那、此《ここ》には観と云ふ。即ち是れ定恵の二行を修習するなり。*自相共相を以て*身受心法を観す。此の身受心法の各別の自相を名《なづ》けて自相とす。*一切の苦集は有為にして皆無常の性なり。一切の苦集は、有漏にして皆是れ苦の性なり。*一切の有為の法は定めて空と非我との性なりとするを名けて共相とす。身の自性とは*大種造色なり。受と心との自性は自名に顕はすが如し。法の自性とは七十五法の中に身と受と心とを除きて、余の六十二の法なり。是れ即ち別相法念住の境なり。念住といふは境に於て心をして散せざらしむ。故《かるがゆへ》に念住と名く。

捴相念とは、即ち七方便の中の第三の方便なり。恵を以て性とす。彼の観行者、縁捴雑法念住の中に居して、捴じて所縁の身等の四境を観して四行相を修す。所謂《いはユル》無常と苦と空と無我となり。故に捴相念住と名く。此の順解脱分の善根は、仏の出世に遇ひ、唯《ただ》人の三州にして方《まさ》に能く之を種《う》う。広くは*論に説くが如し。

煗法《なんほふ》とは、是れ七方便の中の第四の方便なり。*謂はく、捴縁共相法念住を修習して、漸次に成就して上上品に至る。此の念住の上上

舎摩他　止・寂静・能滅と訳す。心を摂して対境に住し、散乱せしめぬこと。

毗鉢舎那　観・見・種々観察と訳す。仔細に事理を観察して誤りなきこと。

自相共相　→一四一頁「自共相」注

身受心法　四念処。→一三八頁補「三十七菩提」

一切の苦集　神泰『倶舎論疏』には「三諦」とあり。

一切の有為の法　『倶舎論疏』に「有為無為の法」とあり。

大種造色　大種は四大。四大所造の色法。

論　『倶舎論』巻二十三(正蔵二九・一二八下―一二九上)略抄取意。

謂はく捴縁共相法念住…　『倶舎論』巻二十三(正蔵二九・一二九中)略抄取意。

品より後に、順決択分の善根生ずること有るを名けて煖《なん》とす。恵を以て性とす。此の法初めに起ること、譬へば火を鑽《き》るに煖を前相とするが如し。*真智も亦爾《しか》なり。義喩相似す。故に煖の名を立つ。是の法は能く煩悩惑の薪《たきぎ》を焼《や》く。道の前相の義、火の前相の如し。相に従つて名を立つ、故に名けて煖法とす。此の煖善根は分位長きが故に、能く具さに四聖諦の境を観察し、乃至具さに十六行相を修す。苦諦を観するに四行相有り。謂はく、非常・苦・空・非我なり。集諦を観するに四行相有り。謂はく、因・集・生・縁なり。滅聖諦を観するに四行相有り。謂はく、滅・静・妙・離なり。道聖諦を観するに四行相有り。謂はく、道・如・行・出なり。是れを十六とすと。

具さには「*倶舎」の如し。

頂法とは、是れ七方便の中の第五の方便なり。

*此れは前煖善根に下中上品有りて、漸次に増長して第三品の成満《じやうまん》に至る時に、善根生ずること有るを名けて頂法とす。此の法亦《また》恵を以て自性とす。此れ煖に転勝するをもて、更に異名を立つ。前の二種の善根の中に、*此の法最勝なり。故に頂法と名く。或いは此《こ》れは是れ進退の両際にして、猶し山の頂の進みては山の南に向ひ、退きては山の北に還るが如くなるに由つて、故《かるがゆへ》に名けて頂とす。

故に「*婆沙」に云はく、「煖は邪教を受けず、頂は善根を断せず、忍は悪趣に堕せず、世第一法は凡夫と作《な》らず」といふこと、「*倶舎論」の文稍《やゝ》異なり。

忍法とは、七方便の中の第六の方便なり。

真智　聖智とも。真如実相を縁ずる智をいう。

倶舎　『倶舎論』巻二十三(正蔵二九・一一九中)。

此れは前煖善根…　『倶舎論』巻二十三(正蔵二九・一一九中)。

此の法最勝なり　『倶舎論』は「此法最勝如㆓入頂㆒」とする。

婆沙　出典不明。

倶舎論　巻二十三(正蔵二九・一二〇中)に「煖必至㆓涅槃㆒頂終不㆑断㆑善忍不㆑堕㆓悪趣㆒第一入㆓離生㆒」とある。

*彼の頂善根の下中上品、漸次に増上して、第三品の成満に至る時に、善根生ずること有るを名けて忍法とす。此の法亦《また》恵を以て自性とす。四諦の能く忍可の中において煗頂に形《かたど》るを、此れ要勝なるが故に之に名けて忍とす。然《しか》も此の忍法に上中下有り。下中二品は頂法と同じなり。謂はく、四聖諦の境を観し、及び能く具《つぶ》さに十六行相を修す。然も下品に於ては卅二を具す。中は漸漸に略す。上品は唯《ただ》し欲界の苦諦を観す。世第一と相隣接するが故に。

世第一法とは、是れ七方便の中の第七の方便なり。此の上品の忍の無間に善根生ずること有るを名《なつ》けて、世第一法とす。此の法亦《また》恵を以て自性とす。上品の忍に同じくして、欲界の苦諦を縁して、一行の相を行修す。唯し一刹那なり。此れ有漏なるが故に、名けて世間とす。後《ウシロ》に形《かたど》るに最勝なり。故に第一と名く。前《マヘ》に対すれば*等無間縁と作《ナ》る。*士用力有りて、*同類因を離れて聖道を引生すれば、士用果とす。故《かるがゆへ》に第一と名く。

此の四善根をば、亦は順決択分と名く。修恵を以て躰とす。皆六地に依る。謂はく、四静慮と*未至と中間となり。欲界の中には闕して*等引無きが故に。無色に亦無し。煗等の四種の*善根の無きを、見道の眷属なるに以《よっ》てなり。又無色界には欲界を縁せず、故に見道無し。見道の中には欲界の苦を以て先づ遍知すべきが故に。欲界の集を先づ断すべきが故に。此の四善根は是れ有漏なるが故に、能く色界の*五蘊の異熟を感す。故に「*涅槃」に云はく、「是の法の報得は、色界の五蘊なり」と。然れども助満とし、

彼の頂善根…　以下一五四頁二行目まで、神泰『倶舎論疏』巻二十三によれば、『倶舎論』の取意という(冠註)。

等無間縁　次第縁とも。等同にして無間に生ずる法のために縁となる謂。

士用力　士用は士夫造作の力用の意。士用果は六因中の倶有・相応の二因によって得る果。

同類因　→一四三頁注

未至　初禅の定を発得するための前位方便の定をいう。他の定の方便が近分。

等引　定。→一一四頁注

善根の無きを　冠註「無ハ恐ハ衍字カ」と注記。「善根ハ、見道ノ…」と続くか。

五蘊　→一六頁「諸蘊」注

涅槃　『大般涅槃経』。釈尊の入涅槃にさいして説かれた説法を記したものであるが、これに大小乗の二経あり、『大乗経』にはさらに北本・南本の二がある。北本は四十巻、北涼、曇無讖訳。南本は三十六巻、劉宋の恵観・恵厳・謝霊運らが『小乗経』を参酌して北本を再治校合したもの。『小乗経』は三巻、東晋、法顕訳。これに釈尊入涅槃にさいして三十七道品を説かれたことを記している。引文は出典不明。

円満因と作《し》て、喜楽捨受の心心所の法、色触二処と*四相と及び得とを感得す。*牽引《ケンいん》の因と作《し》て、命根と*衆同分と眼等の五根とを感ずること能はず。*有を増背するが故に。

第四に断惑の依地を明すとは、四禅と*三空と未至と中間との九地を依とす。若し次第の者《もノ》は、唯《ただ》未至地に依つて三界の惑を断し尽す。若し超越の者《もノ》は、*四根本と未至と中間とに依つて亦《また》皆能《よ》く断す。此の所依は不定なり。謂はく、声聞種姓の若し未至定に依つて煗を起《おこ》せるは、即ち此の地に依つて頂・忍・世第一法を起《おこ》し、*正性離生に入る。乃至若し第四静慮に依つて煗を起せるは、即ち此の地に依つて頂・忍・世第一法を起し、正性離生に入る。或いは復《また》余地に依る者《もノ》は、若し未至定に依つて煗を起せるに、彼れ初静慮に依つて煗・頂・忍・世第一法を起し、正性離生に入る。乃至第四静慮も亦爾《しか》なり。

見所断の惑は、諸の有情をして諸の悪趣に堕し、諸の劇苦《ギャクく》を受けしむること、譬へば生食の久しく身中に在りて能く種種の極苦悩の事を作《な》すが如し。是の故に此の惑を説きて名《なづ》けて生とす。見道能く滅す、故に離生と名《なづ》く。復《また》次に*有見等の惑は、剛強にして伏し難きこと、*狩《ケモノ》の㦕悷《ロウレイ》するが如し。故に説きて生と名く。見道能く滅す、故に離生と名く。自余の義は、広くは「*婆沙」の如し。

第五に所断の惑を明すとは、所迷の不同に二有り。理と事となり。迷理の煩悩を名

四相　不相応中の四相。
牽引　牽の左訓「ヒク」。
衆同分　同分とも。有情をして同等・類似の果報を得しむる因をいう。
有　三有。

4　断惑の依地

三空　空・無相・無願の三解脱門。三三昧。
四根本　四根本定。色界四静慮の根本定。↓一一五頁「根本」注
正性離生　貪瞋癡の煩悩を断じて見道位に入り、凡夫の生を離れること。
有見等の惑は　冠註「見等ノ惑有リ」と訓む。
狩の㦕悷　左訓によれば「レウライヲカル」。
婆沙　『大毘婆沙論』巻三、雑蘊第一中世第一法納息第一之二(正蔵二七・一三上)、巻七、同第一之六(正蔵二七・三二下)。

5　所断の惑

けて見惑とし、事に迷する者《もノ》を名けて修惑とす。迷理の惑とは、且《しばら》く苦諦に迷ひて十煩悩を起す。謂はく、*身辺二見と邪見と*見取と*戒禁取と貪と瞋と慢と疑と無明となり。集諦に迷ひて七煩悩を起す。謂はく、邪見と見取と貪と恚と慢と疑と無明となり。滅諦に迷ひて七煩悩を起《おこ》せるは、集諦と同じなり。道諦に迷ひて八煩悩を起す。謂はく、邪見と見取と戒禁取と貪と瞋と慢と疑と無明となり。事法に迷へるに四煩悩を起す。謂はく、貪と恚と慢と無明となり。

此の欲界の中に捴じて三十六有り。色界には恚を除きて三十一有り。所以者何《そのゆへ》は、彼の界は*定地にして、心皆軟滑《なんクワツ》にして違情の事無し。故に恚を起さず。無色亦爾《またしか》なり。卅一有り。迷事の煩悩は欲界に四を具す。上二界の中に各《おのおノ》三なり。恚を除く六有り。故に三界の迷理の煩悩に八十八有り、迷事の煩悩に捴じて十種有り。故に三界の中に捴じて九十八*使有るなり。

第六に断惑得果を明すとは、見道の位なり。前の順決択分には、四諦を観すと雖《いへド》も、由《ナヲ》し未だ見所断の惑を断せず、未だ真諦を見ず。此れより已去《すで》に無漏道を以て迷理の惑を断して、親《まのあた》り諦理を見るをもて見道の名を得《ウ》。此の位を亦は正性離生と名《なづ》くるなり。此の見道已上の聖に廿七有り。*捴頌に云はく、

*信と見と身と恵と倶と　*向果に各四有ると
*七反《ホン》と家と并びに種と　*中と生と有と無と上と

身辺二見　身見は我見・我所見。辺見は断常・有無等の一辺に偏する悪見。
見取　身・辺・邪見に執する妄見。
戒禁取　戒律にたいする謬見。

定地　禅定の地。

使　煩悩の異名。

6　断惑得果

捴頌　『成唯識論了義燈』巻一末(正蔵四三・六七五下)。
信と見と…　信は信解、見は見至、身は身証、恵は恵解脱、倶は倶解脱。
向果に各四…　四向四果(→一三八頁注)。
七反と家と…　七反は七返生、預流果の聖をさすか。家は家々、種は一種子(一間)。一来果の聖。→一五七頁十行以下
中と生と…　中は中般、生は生般、有は有行、無は無行、上は上流。不還果の聖。→一五七頁十三行

*退と思と護と住法と　　　堪達と并びに不動となり

捴じて*有為無漏の五蘊と、*択滅無為との六法を以て躰とす。得果は二種なり。一つには次第、二つには超越なり。且《しばら》く次第を説きて、後に超越を論せん。

次第行の者《もの》は、忍位に在りて、未至禅に依つて*八諦*十六の観行を修するに、略《はぶ》きて唯《ただ》欲界の苦を観するに至る。次に世第一の刹那の心の後に、*苦法忍を以て無間道とし、乃至道類智を解脱とす。捴じて*八無間・八解脱有り。第八の無間を近の無間として、第八の解脱の一刹那の中に、尽《ことごと》く三界の*見諦の煩悩を断す。唯是れ無漏なり、頓《にはか》に九品の見所断の惑を断するが故に。修道に二有り、通じて有漏と無漏との道を用ゐるが故に須陀《しゅだ》洹果《をんくわ》を證す。須陀洹といふは、名けて*預流とす。

*問ひて曰はく、此の預流の名は何の義に目《なづ》くとやする。若し初めて聖道を得るを名けて預流とせば、即ち預流の名は四向四果八人の後より前に向ひて、数へて初向の第八人に目《なづ》くべし。又八忍を釈する中に、後より前に向ひて数へて苦法忍を預流とすべし。答ふ、此の預流の名は初果を得るに目《なづ》く。第八には目《なづ》けざるなり。

*見道位の中の聖者に二有り。一つには随信行、二つには随法行なり。根の利鈍に由る、故に此の名を立つ。随信行とは、信に由つて随行すれば随信行と名く。随法行といふは、彼れ先の時に於て、自ら契経等の法を被閲《ヒエツ》するに由る。随行する義の故に。故《カるがゆへ》に此の名を立つ。

退と思と…　退法・思法・護法・安住法・堪達法・不動法。阿羅漢果(無学果)の聖。→一五七頁十八行以下

有為無漏　有為(因縁所生)にして無漏なる法、道諦をいう。

択滅無為　智恵の力によって煩悩を断じたところにあらわれる無為法(因縁の造作を離れた法)。

八諦　四諦を開いて八種としたもの。即ち行苦諦・壊苦諦・苦々諦・流転諦・流息諦・雑染諦・清浄諦・正方便諦の八。

十六の観行　十六行相。

苦法忍　苦法智忍の略。

八無間・八解脱　八忍と八智。十六心。→一三八頁補「四諦四念」

見諦　真理を悟ること。声聞の預流果以上、菩薩の初地以上の聖者。

預流　聖者の流類に預る意。

問ひて曰はく…　以下、一五八頁六行目まで神泰『倶舎論疏』によるというが(冠註)、現存本にはない。

見道位の中の…　『倶舎論』巻二十三—二十四(正蔵二九・一二一中—一二四中)取意。

修道の位の中には、諸の鈍根の者《もの》を転するを*信解と名け、諸の利根の者《もの》を転するを*見至と名く。

欲界の修惑に其の九品有り。色界の初禅に九品有り。乃至非想に亦《また》九品有り。即ち是れ九九八十一品なり。失と徳とに各九品を分つ。謂はく、下下と下中と下上と、中下と中中と中上と、上下と上中と上上と、知りぬべきが故に、此の中の下下品の道の勢力、能く上上品の障を断し、是くの如く乃至上上品の道の勢力、能く下下品の障を断す。上上品等の諸の能治の徳は初めに未だ有らざるが故に、此の徳有る時には上上品等の失已《すで》に無きが故に。欲界の修惑の九品の中に、未至定に依つて初めの一品乃至五品を断するを斯陀含向《しだごんかう》と名《なづ》く。第六品を断して第六の解脱道起するに斯陀含果を證す。唐には一来と云ふ。此の人一たび人間に来て般涅槃するが故に一来と名く。天に向《むか》ふも亦爾《しか》なり。薄貪瞋癡《はくとんしんち》といふ。唯《ただ》下品の三品の惑のみ有るが故に。欲界の惑の七八品を断する者《もの》を阿那含向《あなごんかう》と名く。第九品を断し尽す。第九の解脱道に阿那含果を證す。唐には不還と云ふ。必ず還来して欲界に生ぜざるが故に、亦は五下結断と名くるなり。那含に七有り。一つには*中般、二つには*生般、三つには*有行、四つには*無行、五つには*上流、六つには*楽恵、七つには*楽定なり。楽恵とは、色の浄居に生ず。五の那含に有る是れなり。楽定とは、色界の惑を断して無色界に生ずるを名けて上流と曰ふ。彼の初品を断してより、非想の第九品の無碍道に至り、来《このかた》を羅漢向と名く。彼の非想の第九の惑を断し尽す。解脱道の中にして羅漢果を證す。*羅漢に六有り。一つには*退法、

信解　信の力によって無漏の正解に達した人。

見至　勝見の力によって正見に至った人。

中般　欲界より色界に上る中有の位において聖道を起し、上二界の修惑を断じて無学果を証し、無余涅槃に入る聖者。

生般　欲界より色界に生じ、生じ已って久しからずして聖道を起し、残りの修惑を断じて有余涅槃に入る聖者。

有行　有行般。欲界の修惑を断じて色界に生じ、長い間の加行によって般涅槃するもの。

無行　無行般。色界に生じて、功力を加えないでも自然に上地の惑を断じ、般涅槃するもの。

上流　上流般。流は進行の意。色界において下天より上天に進行し、その間に余惑を断じて般涅槃する。これに楽恵・楽定の二種あり。

楽恵　色究竟天に生じて余惑を断じ、般涅槃する。

楽定　無色界の有頂天に生じて余惑を断じ、般涅槃する。

羅漢に六有り…　『倶舎論』巻二十五(正蔵二九・一二九上中)略抄。

退法　退法羅漢。一旦羅漢果を得ても些の悪縁に遇って所得を退失するもの。

二つには*思法、三つには*護法、四つには*安住法、五つには*堪達法、六つには*不動法なり。此の六が中に於て、前《さき》の五種は先の学位の信解《しんげ》の姓より生ず。即ち此れを捴じて時愛心解脱と名く。要《かなら》ず時を待ちて及び解脱するを以ての故に。不動法とは、此れ即ち名けて不動心解脱とす。退動無く及び心解脱するを以てなり。亦説きて名けて不時解脱とす。時を待たずして及び解脱するを以ての故に。此れは学位の見至の姓より生ず。

此の羅漢果に二の涅槃有り。一つには有余、二つには無余なり。*結惑を断し尽して身智猶《なヲ》在るを名けて有余と曰ひ、身智倶に亡ずるを名けて無余と曰ふ。此の四果を捴じて沙門と名くるなり。

第七に定不定性を明すとは、*応果を得る人に二種の別有り。一つには定性、二つには不定性なり。若し定性の者《もノ》は、此の位に住して、*灰身滅智《くゑしんめつち》して無余界に入るなり。不定性とは、善知識に遇ひて*廻心向大《ゑしんかうだい》して、*変易身を受けて*大行を修し、終《つひ》に*正覚を成ず。「*瑜伽論疏ノ」に云はく、

問ふ、諸の阿羅漢の有余依涅槃界の中に住するをば、何等の心に住してか無余依般涅槃界に於て当に般涅槃すべきや。

答ふ、一切の相に於て復《また》思惟せず、*真如界を正思して、漸く*滅定に入りて*転識等を滅し、次に異熟の所依止を捨《す》つ。*異熟識、取ること有ること無きに由るが故に、諸識等

思法　所得の証果の退失を怖れ、自害して無余涅槃に入ることを思うもの。

護法　所得の証果において能く自ら護るもの。

安住法　不退不進、当位に安住するもの。

堪達法　能く修練して不動羅漢の性に達するもの。

不動　根性最も殊勝、いかなる逆縁にあっても所得の法を動転させぬもの。

結惑　煩悩。

7　定不定性

応果　応は阿羅漢の訳。阿羅漢は人天の供養に応ずべき徳を具えているという意味である。

灰身滅智　→一三八頁「身智を灰滅」注

廻心向大　小乗に執する心を廻らせて大乗に向うこと。廻小向大。

変易身　変易は変易生死、三界内の生死を離れた聖者が受ける界外、細妙の生死をいう。　**大行**　菩薩の万善万行。

正覚　一切諸法を悟る如来の真正の覚智をいう。

瑜伽論疏　「疏」は誤りか。『瑜伽論』巻八十、摂決択分中菩薩地之九(正蔵三〇・七四(上)の文。

真如　宇宙万有に遍通する常住の真体。また法界・法性とも。

滅定　滅尽定。不還果以上の聖者の修する心心所を滅尽して起らしめぬ禅定。

転識　八識の中の前七識。

異熟識　阿頼耶識の異名。

疏　遁倫『瑜伽論記』巻二十一之下、論

の生るること得と謂はず。余法の清浄無為の垢を離るる真如法界のみ在りといふ。

若し此の文に依らば、一切の阿羅漢は、無余依涅槃界の中に於て般涅槃せんとする時には、要《かなら》ず滅尽定に入りて、方《まさ》に次に即ち無余涅槃に般《ウツ》る。

問ふ、若し爾《しか》らば恵解脱の阿羅漢は般涅槃せざるべしや。

答ふ、二の釈有り。広くは*疏に述するが如し。

第八に理に分隔の無きことを明すとは、*宣律師の云はく、

原《たづね》みれば夫れ大小二乗、理に分隔無し。機に対して薬を設く。病を除くを先とす。故に*鹿野《ろくや》の初唱《はじメ》は本《もと》声聞の為なれども、八万の諸天は便ち大道を発す。*雙林に滅を告げて、終に*仏性を顕はすとも、聴衆有りて果に羅漢を成ず。此れを以て之を推するに、悟解は心に在り、唯《ただ》し教の指すにはあらず。故に世尊、世に処して深く物の機を達《ヲ》へり。凡そ施為する所は必ず*威儀を以て主とすと、云云。「*勝鬘経」に云はく、「*毗尼とは即ち大乗なり」と云云《しかしか》。「*智度論」に云はく、「*八十部は*尸羅波羅蜜《しらはらみつ》と」と云云。「*摩耶経」に云はく、「年少の比丘、親《まのあた》り衆中に於て毗尼を毀呰《キシ》す。当《まさ》に知るべし、是れを法滅の相とす」と云云。

又云はく、「*初心の*大士は、声聞の律儀に同じて、*識慊戒を護《まも》ること、*性重と別なること無し」と云云。

「*大般若経」に云はく、

本第八十(正蔵四二・八〇〇中)。

8　理無分隔

宣律師の云はく…　↓補。道宣『四分律删繁補闕行事鈔』巻中一、篇聚名報篇第十三(正蔵四〇・四九下)略抄。『勝鬘経』『智度論』『摩耶経』の引文も『行事鈔』の文。

鹿野の初唱…　鹿野苑の初転法輪。この文は『無量義経』説法品第二(正蔵九・三八六中)の説。

雙林に滅を告げ　『涅槃経』の説という。

仏性　仏陀の本性。性は種子・因本の義という。因位に具わる仏果にいたるべき種子の義。

威儀　戒律。

勝鬘経　『勝鬘師子吼一乗大方便方広経』一巻。宋、求那跋陀羅訳。一乗真実の理を説き、如来蔵法身の義を述べたもの。引文は、一乗章第五(正蔵一二・二一九中)。

毗尼　戒律。

智度論　『大智度論』巻二、初品総説如是我聞釈論第三(正蔵二五・六九下)取意。

八十部　八十部律。

尸羅波羅蜜　持戒の行。

摩耶経　現存の『摩訶摩耶経』巻下には相当する文がない。『摩耶経』二巻は、斉、曇景訳。仏が一夏、忉利天に昇って、母摩耶夫人の為に法を説いたものという。

初心の…　道宣『四分律删繁補闕行事鈔』巻中一(正蔵四〇・四九下)。

大士　菩薩。

識慊戒　息世識嫌戒。世間の誹議を止めるために制定された戒。罪悪の動機・原因となるべきものを制した戒の総称。

仏、鹿野に於て初めて法輪を転したまふに、無量の衆生、声聞の心を発し、無量の衆生、縁覚の心を発し、無量の衆生、菩提心を発し、初地二地を、三地乃至十地を證すといへりと、云云。

是くの如きの文證、一に非ず。上の如くは声聞の人の所修所證なり。四阿含《あごん》等の経二百四十部六百一十八巻、摩訶僧祇及び根本有部等の律五十四部四百十六巻、大毗婆沙・*発智・六足等の論三十六部六百九十八巻、是れ其の所宗の三蔵の法門なり。我聖朝《わレセイてう》に見《げん》に伝ふる所の数《かず》此くの如し。天竺の所有甚だ多し。然れども其の要旨は此《ここ》には出ださず。是れ則ち所謂《いはゆる》羊車なり。

喩して曰はく、「*大日経」に声聞の真言有り。真言に曰はく、

*ケイト ハラチヤヤ ビ ギヤタ キヤラマ ヂ*リジヤタ ム

*初めの醯《けい》字に訶の声有り。是れ行、是れ喜なり。即ち声聞の行なり。伊の声有り。即ち声聞の三昧なり。次の覩字に多の声有り。即ち声聞所入の如*如なり。鄔の声有り、三昧なり。次に鉢字有り。声聞所見の第*一義諦なり。羅《アラ》字を帯せり。即ち小乗の離する所の六塵なり。帝也《ヤ》といふは乗如の義なり。是れ声聞所乗の乗なり。毗《ひ》に縛の声有り、是れ縛なり。縛《ハ》は則ち煩悩なり。伊の声有り、則ち無縛三昧なり。掲多《きやた》といふは、離なり、行なり。已下は怖障の義なり。声聞の人は、生死を厭怖すること極めて切なるが故に。此の真言は是れ法*仏如来、大悲願力をもて有情を利せんとして、之を説き

性重　性重戒。行為そのものが罪となる四重禁戒をいう。

大般若経に云はく…　この文は『大智度論』巻六十五、釈無作実相品第四十三之余(正蔵三五・五一七上)取意の文。『大般若経〔大般若波羅蜜多経〕』六百巻は玄奘訳。般若波羅蜜の義を説く諸部の経典を集成したもの。四処、十六会の説法より成る。

発智・六足等の論　『発智論〔阿毘達磨発智論〕』二十巻は迦多延尼子造。玄奘訳。有部宗根本所依の論。『六足論』は有部の宗義を述べた六種の論、『阿毘達磨集異門足論』(二十巻、舎利子造)・『阿毘達磨法蘊足論』(十二巻、大目犍連造)・『阿毘達磨施設足論』(七巻、迦多延尼子造)・『阿毘達磨識身足論』(十六巻、提婆設摩造)・『阿毘達磨品類足論』(十八巻、世友造)・『阿毘達磨界身足論』(三巻、世友造)の六をいう。『発智論』を身論と称ぶのに対して、これを助成する意味で足論と名づけるという。『施設足論』(↓九七頁注)の他は玄奘訳。

真言の密意

大日経　巻二、普通真言蔵品第四(正蔵一八・一五中下)。

… hetu pratyaya vigata karma nirjāta hūṃ.

文意からは。

初めの醯字に…　『大日経疏』巻十、普通真言蔵品第四(正蔵三九・六八五下)略抄。

如如　真如の異名。

たまへり。若し衆生有りて、此の法を以て道に入るべき者《もの》をば、此の門より大悲蔵に入れしめたまふと。

是れ則ち法界の一門、法身の一徳なり。若し此の意を得れば、声聞乗と即ち是れ仏乗と、無二無別なり。若し知るべからざる者は、則ち菩薩の毒、大士の魔なり。詳かにせずはあるべからず。

秘密曼荼羅十住心論巻第四

第一義諦　真諦・勝義諦・聖諦とも。世俗諦の対。深妙の絶対真理。

法仏　法身仏。

秘密曼荼羅十住心論巻第五

抜業因種住心第五

抜業因種心《ばつごふいんしゆうしん》といふは、*麟角の所證、部行の所行なり。因縁を*十二に観し生死を*四五に厭《いと》ふ。彼の*華葉《くゑえふ》を見て*四相の無常を覚《さと》り、此の*林落に住して三昧を無言に證す。業悩の株杌《しゆこつ》、此れに猶《ヨ》つて抜き、無明の種子、之に因つて断つ。*爪犢《サウトク》遙かに望むも近づかず、*建声《こんじやう》何ぞ窺窬《きゆ》することを得ん。*湛寂《たんじやく》の潭《フチ》に游泳《ユウエイ》し、*無為《むゐ》の宮《ミヤ》に*優遊《イウいう》す。自然の*尸羅《しら》、授くること無くして具し、無師の智恵、自我にして獲《ウ》。*三十七品は他に由《よ》らずして悟り、*蘊処界《うんじよかい》の*善は*藍《アヰ》を待たずして色《いろ》あり。*身通《しんつう》をもて人《ひと》を度《ど》して言語を用ゐず、*大悲闕《カ》けて無ければ*方便具せず。但自《ただみづか》ら*苦を尽して*寂滅《じやくめつ》を證得す。

故に経*に云はく、

業と煩悩の株杌《しゆこつ》と無明の種子との十二因縁を生ずるを抜くと。

◇抜業因種住心　業因は十二因縁、種は無明の種子。以下一六四頁七行目まで『宝鑰』同文。

―― 大意 ――

麟角の所證、部行の所行　麟角は独居の修道者、部行は群居の修行者をいう。無師独覚は何れも同じ。

十二　無明・行・識・名色・六入・触・受・愛・取・有・生・老死。

四五　四大(地水火風)・五蘊(色受想行識)。　**華葉**　飛花落葉。

四相　生・住・異・滅。

林落　山林聚落。

爪犢　長爪梵志と犢子外道。長爪梵志は舎利弗の舅といい、十八大経を読み尽すまでは爪を剪らぬ誓を立てたことで知られる。　**建声**　建立外道と声論外道。

湛寂の潭　湛然寂静の涅槃の境。

無為の宮　無為涅槃の界。

優遊　左訓「タカフル」。　**尸羅**　戒。

三十七品　三十七道品。→一三八頁補「三十七菩提」

蘊処界　→一六六頁注

善　善巧。縁覚所観の十善巧か。

藍を待たず　「師を待たず」の意。

身通　飛行自在の通力。

大悲　衆生の苦を救う仏菩薩の大慈悲心。

方便　仏菩薩が衆生済度のために用いる諸手段。

苦を尽す　四諦十二因縁の観行によって生死の苦を断尽すること。

寂滅　涅槃の訳。

又云はく、

是*の中に*辟支仏《ひやくし》は復《また》少の差別有り。謂はく、*三昧分異にして業生《ごふしやう》を浄除すと。

釈して云はく、謂はく、十二因縁とは、「*守護国経」に云はく、

復《また》次に*善男子、如来は一切の静慮・*解脱・*等持・等至に於て、煩悩を伏滅すると生起するとの因縁を皆実の如く知りたまへり。仏《ほとケ》云何《いかン》が知りたまふ。謂はく、衆生の煩悩の生起することは、何の因を以て生じ、何の縁を以て生ずと、惑を滅して清浄なることは、何の因をもて能く滅し、何の縁をもて能く滅すといふことを知りたまふ。

此の中に煩悩の生ずる因縁とは、謂はく、*不正思惟なり。此れを以て其の因とし、無明を縁とす。無明を因とし行を縁とす。行を因とし識を縁とす。識を因とし名色を縁とす。名色を因とし六処を縁とす。六処を因とし触を縁とす。触を因とし受を縁とす。受を因とし愛を縁とす。愛を因とし取を縁とす。取を因とし有を縁とす。有を因とし生を縁とす。生を因とし老死を縁とす。煩悩を因とし業を縁とす。*見を因とし貪を縁とす。*随眠煩悩を因とし*現行煩悩を縁とす。此れは是れ煩悩生起の因縁なり。

云何《いかン》が衆生の諸の煩悩を滅する所有の因縁とならば、二種の因有り、二種の縁有り。云何《いかン》が二とする。一つには他に従つて種種の随順の法声《ほふしやう》を聞き、二つには内心に正念を起《おこ》すなり。復《また》次に二種の因有り、二種の縁有り。能く衆生をして清浄に解脱せしむ。謂はく、*奢摩他《しやまた》心一境の故に、*毗鉢舎那《びばしやな》能く*善巧の故に。復次に二種の因有り、二種の縁有り。*不来智の故に、*如来智の故に。復《また》二種の因縁有り。微細に*無生の理を観察

経 『大日経(大毘盧遮那成仏神変加持経)』巻一、入真言門住心品第一(正蔵一八・三中)。

是の中に… 『大日経』巻二、入漫荼羅具縁真言品第二之余(正蔵一八・一〇上)。

辟支仏 縁覚・独覚。

三昧分異 三昧分は所修の三昧上の勝劣浅深をいう。

守護国経 ↓補。『守護国界主陀羅尼経』巻五、入如来不思議甚深事業品第五之一(正蔵一九・五四七上中)。慶本・冠註「守護国界経」。

善男子 在家の聴衆にたいしていう。

解脱 この解脱は禅定の別称か。

等持・等至 修得の定七名の一。等持は三摩地・三昧の訳、有心定。等至は三摩鉢底の訳、有心・無心に通ず。

不正思惟 正思惟(八正道の一)に反すること。八正道↓五二頁「正道」注

見 見惑、迷理の惑という。

随眠煩悩 阿頼耶識の中に眠伏する煩悩の種子をいう。

現行煩悩 随眠(種子)にたいして、現行・所知の二煩悩をいう。

奢摩他・毗鉢舎那 ↓一五一頁注

善巧 冠註に「有ルガ云ク、止観ニ云ク方便ヲ善巧ト名クト。記ニ曰ク善巧ト云ハ廻向シテ妙因ヲ成ゼシムル故ニ善巧ト名ク」と注記。

不来智・如来智 自証智と化他智の謂か。

無生の理 人空不生の理。

するが故に、解脱に近きが故に。復《また》二種の因縁有り。*具足行の故に、*智恵解脱現在前の故に。復《また》二種の因縁有り。謂はく、*尽智の故に、*無生智の故に。復《また》二種の因縁有り。随順して真諦の理を覚悟するが故に、随順して真諦の智を獲得するが故に。此れは是れ衆生の煩悩を除滅する清浄の因縁なり。如来、悉く知りたまへり。

復次に善男子、煩悩の因縁、数量有ること無ければ、解脱の因縁も亦《また》数量有ること無し。或いは煩悩有りて能く解脱の与《たメ》に以て因縁と為《ナ》る、実体を観するが故に。或いは解脱有りて能く煩悩の与《たメ》に以て因縁と為《ナ》る、執著を生ずるが故にと。

又云はく、

*縁覚は、*因果を観察して無言説の法に住し、転せずして言説無し。一切の法に於て、極滅語言三昧を證すと。

釈して云はく、

*業とは悪業、因は則ち十二因縁なり。種とは無明の種子なり。声聞の極観察智をもて唯蘊無我を解了するが如きは、厭怖《えんふ》の心重きを以ての故に、疾く煩悩を断し、自ら涅槃を證す。十二因縁の実相を分析し推求すること能はず。辟支仏は、智恵深利なるが故に、能く捴別の相を以て深く之を観察して、一切の集法は皆是れ滅法なりと見る。此れと声聞と異なり。又辟支仏は、一切の集法は皆悉く涅槃の相の如きなりと観して、種種の有為の境界の中に於て、皆亦戯論の風息《ヤ》む。能く此の二種の三昧を證すと。故に業煩悩の株杌《しゅこつ》及び無明の種子を抜く。是れ則ち辟支仏の学処證処なり。此の抜

具足行　六波羅蜜中の前五波羅蜜。

智恵解脱　同、第六の慧波羅蜜をいう。

尽智・無生智　尽智は一切の煩悩を尽して四諦の理を知る智恵、無生智は尽智の後に起す無漏智。

縁覚は因果を…　『大日経』巻二(正蔵一八・九下)。

因果を観察…三昧を證す　慶本・冠註は「因果ヲ観察シ無言説ノ法ニ住シテ転セズ。言説無クシテ(冠註-無キコトハ)一切ノ法ニ於テ極滅語言三昧ヲ證ス(冠註-證スレバナリ)」と訓む。

業とは悪業…　『大日経疏(大毘盧遮那成仏経疏)』巻七、入漫荼羅具縁品第二之余(正蔵三九・六四八下)略抄。

業因種の一句の中に、悉く辟支仏乗を摂し尽す。故に縁覚乗を抜業因種住心と名《なづ》くるなり。

「*花厳経」に云はく、

上品の十善、自利清浄にして、他の教に従はずして自《みづか》ら覚悟するが故に、大悲と方便と具足せざるが故に、甚深*縁生の法を悟解するが故にと。

「*大乗同性経」に云はく、

辟支仏に十種の地有り。一つには苦行具足地、二つには自覚甚深十二因縁地、三つには覚了四聖諦地、四つには甚深利智地、五つには八聖道地、六つには覚了法界虚空界衆生界地、七つには證寂滅地、八つには六通地、九つには徹秘密地、十には*習気漸薄地なり。是れを十種の辟支仏地と名くと。

「*瑜伽論」の第三十四に云はく、

云何《いか》なるか独覚地。当《まさ》に知るべし、此の地に五種の相有り。一つは種姓、二つは道、三つは習、四つは住、五つは行なり。

云何なるか独覚の種姓。謂はく、三相に由つて正しく了知すべし。一つには本姓独覚、先《さき》に未だ彼の菩提を證得せざる時は、*薄塵の種姓有り。此の因縁に由つて、*憒閙《くわいねう》の処に於て、心に愛楽《あいげう》せず、寂静《じやくじやう》の処に於て、深心に愛楽す。二つには本姓独覚、先《さき》に未だ彼の菩提を證得せざる時は*薄悲の種姓有り。是の因縁に由つて、正法を説き有情を

諸経論の説

花厳経　『大方広仏華厳経』巻三十五、十地品第二十六之二（正蔵一〇・一八五下）取意。ここは『凡聖界地章』巻上の文。

縁生　因縁所生。

大乗同性経　巻下（正蔵一六・六五〇上）。

習気　煩悩の余気・余熏。

瑜伽論の第三十四　『瑜伽師地論』巻三十四、本地分中声聞地第十三第四瑜伽処之二（正蔵三〇・四七七下－四七八上）。

薄塵　煩悩の稀薄なること。

憒閙の処　心みだれさわがしき場所。

薄悲　衆生済度の慈悲心稀薄なること。

利する事に於て、心に愛楽せず、思務《しむ》すること少《カ》けたる寂静住の中に於て、深心に愛楽す。三つには本姓独覚、先に未だ彼の菩提を証得せざる時は*中根の種姓有り。是れ*慢行の類なり。是の因縁に由つて、深心に無師無敵《むチヤク》を希願して菩提を證す。

云何なるか独覚の*道。謂はく、三相に由つて正しく了知すべし。謂はく、有る一類は、独覚種姓に安住して、百劫を経て仏の出世に値《あ》ひて、親近《しんごん》し、承事《じようじ》し、成就し、相続して、専心に独覚の菩提を證せむことを求む。*蘊善巧《うんぜんげう》に於て、*処善巧《しよぜんげう》に於て、*界善巧に於て、*縁起善巧に於て、*処非処善巧に於て、*諦善巧《たいぜんげう》に於て、勤めて修学するが故に、当来世に於て速かに能く独覚の菩提を證得す。是くの如くなるを名《なつ》けて初めの独覚の道とす。復《また》有る一類は、仏の出世に値ひて、*善士《ぜんじ》に親近し、正法を聴聞し、理の如く作意して、先より未だ起《き》せざる所の順決択分の善根に於て、引発して起《き》せしむ。謂はく、煗頂忍《なんちやうにん》なり。而も力能《りきのう》として即ち此の生に於て*法現観を證し、*沙門果を得ること無し。復《また》蘊善巧を修し、処善巧を修し、界善巧を修し、縁起善巧を修し、処非処善巧を修し、諦善巧を修するが故に、当来世に於て能く法現観を證し、沙門果を得る、是れを第二の独覚道と名くるなり。復《また》有る一類は、仏の出世に値ひて、善士に親近し、正法を聴聞し、理の如く作意して、法現観を證し、沙門果を得《ウ》。而も力能として*一切種に於て極究竟に至り、畢竟じて垢を離れ、畢竟じて*梵行辺際の阿羅漢果を證得すること無し。復《また》蘊善巧を修し、処善巧を修し、界善巧を修し、縁起善巧を修し、処非処善巧を修し、諦善巧を修するが故に、出世道に依つて、当来世に於て極究竟に至り、畢竟

中根　その機根が利鈍の中位にあるもの。下根の声聞、上根の菩薩に対していう。
慢行　慢は己を恃み、他にたいして高挙する煩悩をいう。
道　冠註に「方便―即チ七方便ノ位ニ六善巧ヲ修ス」と注記。
蘊・処・界　五蘊・十二処・十八界。三門ともに凡夫実我の執を破せんために施設したもの。三科という。心に迷うものには五蘊(色を合して一とし、心を開いて受想行識の四となす)を、色に迷うものには十二処(色を開いて十とし、心を合して二とす)を、色心ともに迷うものには十八界(色の五根五境と、心の意根・法根・六識)を立てる。
縁起　十二因縁。→一六二頁「十二」注
処非処　処は道理、ことわりの謂。
諦　四諦。→一三八頁補「四諦四念」
善士　優婆塞のこと。冠註には「仏菩薩等」と注記。
法現観を證す　見道位に入ること。
沙門果　四果。

一切種に於て極究竟に至り　慶本「一切種ノ至極究竟ニ於テ」、冠註「一切種ニ於テ至極シ究竟シ」と訓む。
梵行辺際　辺際は最勝の意。

じて垢を離れ、畢竟じて梵行の辺際の阿羅漢果を證得す。是れを第三の独覚道と名《なづ》く。

云何なるか独覚の*習。謂はく、有る一類は、初めの独覚道に依つて、百劫を満足して資糧を修集す。百劫を過ぎ已つて、無仏世に出でて、師無くして自《みづか》ら能く*三十七菩提分法を修して、法現観を證し、独覚菩提の果を得《え》、永く一切の煩悩を断して阿羅漢と成るなり。復《また》有る一類は、或いは第二に依り、或いは第三の独覚道に依つて、彼の因縁に由つて無仏世に出でて、師無くして自《みづか》ら能く三十七菩提分法を修して、或いは法現観を證し、乃至阿羅漢果を得《え》、或いは*沙門果を得、極究竟に至り、畢竟じて垢を離れ、畢竟じて梵行の辺際を證得し、最上の阿羅漢果を證得す。当に知るべし、此の中には初めの習に由るが故に独覚と成る者《もの》をば麟角喩《りんかくゆ》と名《なづ》く。第二第三の習に由るが故に独勝と成る者をば部行喩と名くるなり。

云何なるか独覚の住。謂はく、初めの所習の麟角喩の独覚は、孤林に処せんと楽《ねが》ひ、独り居住《コぢう》せんと楽《ねが》ひ、甚深の勝解を楽ひ、甚深の縁起の道理を観察せんと楽ひ、最極の*空・無願・無相の作意に安住せんと楽《ねが》ふ。若し第二第三の所習の部行の喩の独勝は、必ずしも一向に孤林に処せんと楽ひ、独《ひと》り居住《コぢう》せんと楽はず。亦《また》部衆と共に相雑住《あひざふぢう》せんと楽ふ。所余の住相は麟角喩の如し。

云何なるか独覚の行。謂はく、一切の独覚は、随つて彼彼の村邑聚落《ジユンヲウじゆらく》に依つて住《ぢう》して、善く其の身を護り、善く諸根を守《まぼ》り、善く正念《しやうねん》に住して、随つて彼彼の村邑聚落に入りて、或いは*乞食を為《な》し、或いは他の下劣の愚昧を済度するに、身を以て済度して、

習　ここは修習の意。

三十七菩提分法　三十七道品。↓一三八頁補

沙門果を得極究竟に至り　慶本「沙門果ノ至極究竟ヲ得テ」、冠註「沙門果ヲ得、至極シ究竟シ」と訓む。

空・無願・無相　三三昧。↓二〇〇頁注

乞食　一切の生業を絶つ比丘が己が色身を資けるために食を人に乞うこと。これを清浄の正命とする。

語言《ごごん》を以てせず。何を以ての故に。唯《ただ》し身相を現して彼が為に説法して、言を発せざるが故に、種種の神通の境界を示現す。乃至為に心に誹謗する者をして帰向を生ぜしむるが故に。又彼の一切は応に知るべし、本《もと》より来《このかた》一向趣*寂なりと。

或いは云はく、

独覚を明すとは、此れに二種有り。一つには麟角喩独覚、二つには部行独覚。麟角喩とは、曾《むか》し百劫に於て因行を修するを以て、自乗の解脱に於て深く善根を種《う》ゑて、最後身の時に無仏世に出で、但《ただ》世間に有らゆる草木の、春生ひ、夏栄え、秋衰へ、冬落つるを観して、無常を悟りて便《すなは》ち無*学を成ずること、麟の角《つの》の猶《ゴト》くして独一無二なるが故なりと。

故に「瑜*伽」の釈に云はく、「常に善寂を楽《ねが》ひて雑居を欲《おも》はず、加行を修すること無*師に満して、自《みづか》ら悟りて永く世間を出づるが故に独覚と名く」と。

部行とは、是の人は本より是れ縁覚の種姓なり。常に楽《ねが》ひて十二縁の法を観察するをもて、最後身に於て仏の為《ため》に十二縁の法を説くに値《あ》うて、道を悟《さと》ることを得《ウ》。故に「法*花」に云はく、「仏世尊に従つて法を聞きて信受し、殷勤《おんごん》に精進して自然の恵を求め、独り善寂を楽《ねが》ひて、深く諸法の因縁を知る、是れを辟支仏《ひやくし》乗と名く。此れに衆多の部類有りて行ずるが故に部行と名く」と。

此の二《ふたり》の成覚は、見修の惑を断するに、都《すべ》て一*百六十心有り。諸の縁覚乗は、法爾《ほふに》として皆凡夫の位の時に於て、無所有処已下の諸惑を先に已《すで》に断し竟《をは》る。後に見道

趣寂　二乗が寂滅の涅槃に趣向すること。

無学　阿羅漢果。

瑜伽の釈　『瑜伽師地論釈』(正蔵三〇・八八七中)略抄。『瑜伽師地論釈』一巻は最勝子造、玄奘訳。

無師に満して自ら悟りて　慶本「満シテ師無クシテ自(みづから)悟テ」、冠註「満シテ無師自悟ニシテ」と訓む。

法花　『妙法蓮華経』八巻。鳩摩羅什訳。『法華経』は代表的な大乗経典の一。漢訳には三本あるが、ここに引く鳩摩羅什訳『妙法蓮華経』八巻が最も流布した。二十八品よりなり、二乗作仏並びに釈尊久遠成道等を説く。引文は、巻二、譬喩品第三(正蔵九・一三中)。

一百六十心　下文参照。

に入るに十*六心有り、前に説くが如し。但し法忍法智は断惑せざること知りぬべし。修所断の惑を断するに、*上《かみ》の八地は、地毎に九品に各《おのおの》二心有れば、合して一百卌四心有り。前の見位に通ずれば、惣じて一百六十心ならくのみ。

次に大覚を明さば、

*小乗の成仏は惣じて四階有り。一つには三無数劫に於て*有漏の四波羅蜜を修行す。禅定と般若との*種智の因と為《な》るを除くなり。二つには百劫の中に於て*相好の因を修す。三つには最後身に出家し已りて後に、有漏の四禅四無色定を修して、非想已下の所有の諸惑を断す。四つには菩提樹下にして*卅四心に断惑成仏すと、云云《しかしか》。

「*対法論」の第十三巻に云はく、

独覚乗の*補特伽羅とは、謂はく、独覚の法性に住せる、若しは*定、*不定性なり。是の中根は自《みつか》ら解脱を求めて、正願を発弘《ほつぐ》して、貪《とん》の縁を厭離《えんり》する解脱の意楽《いげう》を修し、及び独證菩提の意楽《いげう》を修す。即ち声聞蔵を所縁の境として、精進して*法随法行を修行す。或いは先《さき》に未だ順決択分を起せず、或いは先に已に順決択分を起し、或いは先に未だ得果せず、或いは先に已に得果する。無仏世に出でて、唯し内に正しく思惟して、聖道を現前するとき、或いは麟角の如くして独住し、或いは復《また》独勝部行、*苦際を尽すことを得。若し先に未だ順決択分を起せざること、亦《また》得果せざるとの是くの如き等は、方《まさ》に麟角と成りて独住す。所余は当に独勝部行の等《ゴトク》成るべしと、云云。

*或いは云はく、

十六心　八忍八智。↓一三八頁補「四諦四念」

上の八地　見位以前の八地。

小乗の成仏は…　法礪『四分律疏』巻二(大日本続蔵経、第一輯第六十五套第三冊)略抄。

有漏の四波羅蜜　布施・持戒・忍辱・精進の四。

種智　一切種智。仏の智恵。

相好　仏の色身に具わる三十二相と八十種好。

卅四心　十六行相と十八念。前三十三を菩薩の学心、第三十四を仏の無学心という。

対法論　『大乗阿毘達磨雑集論』巻十三、決択分中得品第三之一(正蔵三一・七五三下)。『雑集論』十六巻は安慧造、玄奘訳。無著の『大乗阿毘達磨集論』(七巻)の注釈。

補特伽羅　数取趣、人・衆生等と訳す。

定性　冠註に「唯ダ麟(角)喩覚ナリ」と注記。

不定性　冠註に「部(行)麟(角)二覚ニ通ズ」と注記。

法随法行　随法行は随信行の対。

苦際　苦の終。生死の苦を受ける最後の身をいう。

或いは云はく…　以下一七二頁まで『大乗阿毘達磨雑集論述記』巻十(大日本続蔵経、第一輯第七十四套第五冊、四四四—四四五頁)の文。

先《さき》に未起順決択《みきじゆんけつぢやく》と乃至先に已に得果《とくくわ》せりといひて、下に云ふ未起決択分と未得果《みとくくわ》と、此の二つは廻心《ゑしん》して麟角《りんかく》と成り、所余《しよよ》は衆出*と成るといふは、此の中に已得《いとく》順決択分と未得果と何の異ぞや。

*法師の云はく、今大乗の云はく、未だ決択分を得ずして廻心する者《もノ》は、唯《ただ》此れ麟角と成る、余の三句は衆出と成る。何《いかん》とならば已に*次の未得果と言《イ》ふは、已に句を対して成るが故に。

此の義然らず。下に解するが如し。又声聞《しやうもん》より廻心して縁覚に入ることは、煗《なん》・頂《ちやう》・忍《にん》より廻心す。世第一法の位に至らず。前の三位は多刹那有るを以て、世第一法は唯《ただ》し一刹那なるが故に、転勝することを得ず。若しは「*毗婆沙」の使犍度《シケンド》の如し。又は「*倶舎論」の偈に曰ふが如し。転すること三は余なり。釈して曰はく、声聞の三善根を転して、正覚に異《こと》なる独覚乗と成る。世第一法にはぁらず。亦一刹那にして廻心せざるが故に、此れは小乗の義なり。今大乗は然らず。義に曰はく、世第一法も亦多刹那なり。何を以てか知ることを得むとならば、即ち*此の前の論の文に、世第一法は即ち此生と云ふが故に、刹那刹那なるに非ざらんや。若し此の義を以てせば、四位倶《とも》に廻心することを得べし。又世第一法には出観することを得ず、唯《ただ》観の中にのみ在り。云何《いかん》が廻心することを得《エ》ん、亦得ざるなり。唯《ただ》前の三位のみなり。又不定性の人は各《おのおノ》三乗の種子有るを以て、若し廻心し已《をは》りぬるとき、即ち独覚の種子より独覚の果を生ず。羅漢等も廻心して亦独覚と成るを以ての故に、若

衆出　部行独覚のこと。

法師　霊雋。『対法論疏』の著者。

已に次の　慶本・冠註「已決」。

毗婆沙　『阿毘達磨大毘婆沙論』巻七、雑蘊第一中世第一法納息第一之六(正蔵二七・三三中)。

倶舎論　『阿毘達磨倶舎論』巻二十三、分別賢聖品第六之二(正蔵二九・一二〇下)。

此の前の論　『対法論』巻十三(正蔵三一・七五四上)を指す。

し已《すで》に声聞にして六十劫に*解脱分を修習せる、廻心して独覚に入る時には衆出と成る。若し独覚の解脱分等の*善根位の等《ゴトキ》の中に至りて、更に卌劫《こふ》練する者《もノ》は麟角と成る、此れなり。

*「大智度論」に云はく、已に決択分を得て衆出と成ると言ふは、練根せずして涅槃に入るに約する語《コトバ》なり。此の中に未だ決択分を起せざると、及び未だ得果せざると、廻心して麟角と成ると言《イ》ふは、此の中に義有り。大義に曰はく、若し未だ決択を起せずして廻心に至る者《もノ》は、皆此れ麟角と成ると。大小乗咸《ことごと》く然なり。此の義決定せり。疑ひて曰はく、若し已に六十劫は未だ廻心せざる時に修習し、及び廻心し已つて更に卌劫修習するに爾《しか》るべし。若し已《すで》に六十劫修せりと雖も、廻心し已つて更に卌劫練根せず、又《また》先の六十劫の人に非ざる、但《ただ》し三生のみせる人等の、廻心して復《また》修習せざるとは、未だ決択分を起せずと雖も、已に多く修習せざるが故に、此の人は何者《ナニモノ》とか成るや。

義に曰はく、此の人は一向に利根なるをもて、先に未だ修習せずして已に廻心し、及び未だ廻心せざる時に已に六十劫修習して廻心するは、必ず独覚の位を経《フ》るに、或いは百劫、或いは卌劫修習して必ず麟角と*成る。異文無きが故に。「*決択分」の六十四の文に解するが如し。其れ已に決択分の位に入りて、廻心する者《もノ》に二人有り。一つには、已に六十劫を経て修習し、及び未だ修習せずして廻心し已《をは》つて更に卌劫及び百劫練根する、此の人は定《さだ》めて麟角と成る。故に論に云はく、復《また》未得果の者《もノ》、麟角と成る有り

解脱分　冠註に「恐ハ是レ六十劫中ノ満位順決択分ナルベシ」と注記。

善根　底本「善提」。慶本・冠註による。

大智度論に云はく…　この文は『大智度論』には見出されない。『瑜伽論』巻六十四、摂決択分中聞所成慧地(正蔵三〇・六五四上)取意の文か。

成る　底本ナシ。慶本により補う。

決択分の六十四　『瑜伽論』巻六十四(正蔵三〇・六五四上)。

といへり。二つには六十劫を経《へ》已つて廻心し、及び未だ六十劫に已《ヲハ》らずして廻心し、廻心し已つて卌劫乃至百劫を経て修習せざる者《モノ》、此の人は衆出と成る。故に論に云はく、已《すで》に決択分を起する者《もノ》、独勝部と成るといへり。故に論に、已に起決択分有りて衆出と成り、未得果の者《もノ》は麟角と成ると云ふ。此の二文の不同なること有り。余の三果の向より廻心して麟角と成るには非ず。

已得果に由るが故に、其の廻心する時には、三乗各《おのおの》何れの位《くらゐ》等に於てするとならば、大義の曰はく、若し二乗の人の廻心向大することは、初めの発心より乃至二乗の無学を得るより已来皆得《コノカタミナウ》。其れ成果の不同有ること、前に釈するが如し。若し大乗と独覚とより退するが等《ゴトキ》は、下の退の中に至りて釈せん。

又其の廻心する時に至る所《ところ》と、廻心して取果する処《ところ》とは何《いづ》れの位ぞ。釈して曰はく、大乗は並びに初行の位に至る。其れ廻心して独覚を取ること有る者《もノ》は、縁境も位行も声聞と相似せるを以ての故に、何れの位にも随ふべし。解脱分よりの廻心ならば、即ち次第に独覚の此の位に至る。又還りて独覚の初行の位に至る、根性異なるを以ての故に位を超すべからず。若し已に決択分の善及び果を得るより已去《いこ》の者《もノ》は、皆《みな》次第に随つて独覚の此の位に至る。

問ふ、其の独覚の果を取る時剋には、須《すべか》らく那含果*を取つて後に方《まさ》に独覚の果を取るべし。答ふ、非想地は有漏心の所厭に非ざるを以ての故に。広くは前に釈するが如し。

那含果　阿那含果。不還果と訳す。↓一三八頁「四向四果」注。冠註に「即チ独覚向ニ当ル」と注記。

*竜猛菩薩の「*菩提心論」に云はく、

又二乗の人は、声聞は四諦の法を執し、縁覚は十二因縁を執す。四大*五陰は畢竟じて磨滅すと知りて、深く厭離《えんり》を起して*衆生の執を破し、*本法を勤修し、其の果を剋證す。*本涅槃に趣きて究竟と以為《ヲモ》へり。真言行者、当《まさ》に観すべし、二乗の人は人執を破すと雖も、猶《なほ》し法執有り。但《ただ》し意識を浄《きよ》めて*其の他を知らず。久久に果位を成じ、灰身滅智を以て其の涅槃に趣くこと、大虚空の湛然常寂《たんねんじやうじやく》なるが如し。定性有る者《もノ》は発生すべきこと難し。要《かなら》ず劫限等の満を待ちて方《まサ》に乃ち発生す。若し不定性の者《もノ》は劫限を論ずること無し。縁に遇へば便ち廻心向大す。*化城より起して三界を超えぬと為以《ヲモ》へり。謂はく、宿《むかシ》仏を信せしが故に、乃《いま》し諸仏菩薩の加持力を蒙りて、方便を以て遂に大心を発す。乃《いま》し初《はじメ》十信より下《しモ》諸位を遍歴して、三無数劫《むしゆこふ》を経《へ》、難行苦行して然して成仏することを得。既に知りぬ、声聞縁覚は智恵狭劣なり、亦楽《ねが》ふべからずと。

「*十住論」に云はく、

復《また》二の過有り。疾《ト》く遠離すべし。一つには声聞地を貪し、二つには辟支仏地を貪するなり。

偈に云はく、

若し声聞地と　及び辟支仏地とに堕する
是れを菩薩の死と名《なづ》く　亦は一切の失と名く
地獄に堕すと雖も　怖畏を生ずべからず

竜猛菩薩　竜樹。竜勝とも。二、三世紀頃の人。南インドの婆羅門の出身という。『中論頌』『十二門論』『大智度論』『十住毘婆沙論』『菩提心論』等、著述頗る多し。

菩提心論　『金剛頂瑜伽中発阿耨多羅三藐三菩提心論』一巻。不空訳。菩提心の行相を示したもの。空海船載。真言宗では十巻章の一として尊重される。引文は、正蔵三二・五七三上。この引文、『宝鑰』同じ。

五陰　五蘊(色・受・想・行・識)。冠註「仮和合ノ衆生」と注記。

衆生の執　我執・人執。

本法　声聞の四諦、縁覚の十二因縁。

本涅槃　無余涅槃。

其の他　末那識・阿頼耶識。

化城　仮りに作った城(小乗の悟りの境地)。冠註に「此ノ化城ノ語ハ法華ノ化城喩品ニ出ヅ。謂ク二乗ノ涅槃ヲ三百由旬ノ化作ノ城ニ喩フナリ」と注記。

十住論　『十住毘婆沙論』巻十三、略行品第二十七(正蔵二六・九三上)。

若し二乗に堕すれば　畢竟じて仏道を遮《しゃ》す
仏の命を愛する者《もの》は　首を斬《き》るを則ち大きに畏すと説きたまへり
是くの如く仏に作《な》さんと欲《おも》はば　二乗を大きに畏るべし

喩して曰はく、此の乗に二種の意有り。一つには浅略、二つには秘密なり。浅略の意は前に已に説くが如し。秘密の義といふは、「大日経*」に縁覚の真言有り。此の一字の真言に一切の縁覚乗の法を摂し尽せり。彼の真言に曰はく、

*《ナウマクサ》《マンダ》《ボ》《ダ*ナン》《バク》

縛字門は一切諸法無言説の義を顕はす。是れ則ち縁覚所証の極なり。若し衆生有りて、此の法門より得度すべき者《もの》には、即便《すなは》ち此の真言の法を誦持して、法界胎蔵*に入ることを得しめたまふ。亦是れ法仏の一躰万徳の一なり。此の義を知らずは深く哀愍すべし。胎蔵の曼荼羅に声聞縁覚を置く所以《ゆへ》、良《まこと》に深意有るなり。

秘密曼荼羅十住心論巻第五

真言の密意

大日経　巻二、普通真言蔵品第四（正蔵一八・一五下）。
…　namaḥ samanta buddhānāṃ vaḥ.
底本。慶本により訂す。
法界胎蔵　胎蔵は一切を含蔵する義。法界宮などと同義。

大意

◇他縁大乗住心　他縁は他の衆生を縁ずる意。無縁の慈を起して他を済度する大乗行を為す住心という。一七六頁七行目まで『宝鑰』同文。

大士の法　大士は菩薩。
建爪　建立外道と長爪梵志（→一六二頁「爪犢」注）。
声縁　声聞・縁覚。　**二空**　人・法二空。
三性　遍計所執性・依他起性・円成実性（→一九〇頁注）の三。
四量　四無量心。慈・悲・喜・捨。

秘密曼荼羅十住心論巻第六

他縁大乗住心第六

粤《ここ》に*大士の法有り、樹《た》てて他縁乗と号す。*建爪《こんさう》を越えて高く昇り、*声縁《しやうえん》を超えて広く運ぶ。*二空・*三性に自執の塵を洗ひ、*四量・*四摂に他利の行を済《ト、ノ》ふ。*陀那の深細《じんさい》を思惟し、幻焔の*似心《じしん》に専注《せんぢう》す。是に、*芥城竭《けじやうつ》きて還りて満ち、*巨石磷《キヨセキヒスラ》いで復《マタ》生ず。*三種の練磨は初心の退せんとするを策《はげま》し、*四弘願行は後身の勝果を仰ぐ。*等持《とうぢ》の城を築《つ》きて唯識《ゆいしき》の将《いくサ》を安《シヅ》め、*魔旬の仗陣《ぢやうちん》に征《たたカ》つて煩悩《ぼんなう》の賊帥《ぞくスイ》を伐《き》る。*八正の軍士を整《ととの》へて縛《ばく》するに同事の縄を以てし、六通の精騎を走《は》せて殺すに智慧の剣を以てす。労績を封ずるに*五等の爵を以てし、心王を冊《かしづ》くに*四徳の都を以てす。*勝義勝義に太平の化を致し、*廃詮談旨《はいせんだんし》に無事の風を扇《あふ》ぐ。*一真の台《うてな》に垂拱《スイクキヨウ》し、法界の殿に無為《ぶゐ》たり。*三大僧祇の庸《トモガラ》、是に帝と称《あ》げられ、*四智法王の号、本無《な》くして今得たり。爾《しか》れば乃《すなは》ち*蔵海《ざうかい》には*七転の波を息《やす》め、*蘊落《うんらく》には*六賊《ろくぞく》の害を断つ。*無分の正

四摂　四摂法。布施・愛語・利行・同事の四摂。↓一八五頁「四摂の法」注

陀那　阿陀那。執持と訳す。第八阿頼耶識の別名とする説と第七識と見る説とあり。法相宗は前者。

似心　唯識にいう依他の心法。似有非有の心。　**芥城・巨石**　↓補

三種の練磨　下文、修行の五位の一。資糧位にいう三退屈にたいして心を練磨すること。

四弘願行　四弘誓願。衆生無辺誓願度・煩悩無尽誓願断・法門無量誓願学・仏道無量誓願成。

等持の城・魔旬の仗陣・八正の軍士　下文、加行位・通達位・修習位の修行をいう。

五等の爵　修行の五位。第五は究竟位。

四徳の都　四徳は涅槃の四徳(常・楽・我・浄)。　**勝義勝義**　勝義中の勝義。

廃詮談旨　言詮をもって義旨を談ずることのできぬ真如の境をいう。

一真　一如・一実とも。真如。一真法界は平等不二で虚妄を離れた宇宙界。

三大僧祇の庸　菩薩をいう。三大僧祇は三阿僧祇百大劫、菩薩が仏果を得るまでの修行の年時。

四智　大円鏡智・平等性智・妙観察智・成所作智の四。

蔵海　第八識(阿頼耶識)を海に喩える。所生の前七識は波浪。

七転　七転識。第八識より転生する前七識(眼・耳・鼻・舌・身・意・末那)。

蘊落　五蘊。　**六賊**　六塵。

無分の正智　無分別智。

智は*真常の函《はこ》に等しく、後得の*権悲《ごんひ》は諸趣の類に遍す。*三蔵の法令を製して*三根の有情を化し、十善の格式《きゃくしき》を造りて六趣の衆生を導く。乗を言へば即ち三つ、*識を談すれば唯《ただ》し八つなり。*五性に成と否と有り、*三身は則ち常と滅となり。*百億の応化は同じく*六舟を泛《うか》べ、*千葉の牟尼は等しく*三駕を授く。

法界の有情を縁するが故に他縁なり。声独《しゃうどく》の羊鹿に簡《えら》ぶが故に大の名あり。自他を*円性に運《めぐ》らす故に乗《じょう》と曰ふ。此れ乃《すなは》ち君子の行業、菩薩の用心なり。*北宗の大綱、蓋《けだ》し此くの如し。

然るに此の乗に二種の義有り。謂はく、浅略・深秘、是れなり。多名句を以て一の義理を説く、此れ即ち浅略なり。一一の言名に無量の義を具す、即ち是れ真言深秘なり。初めに浅略を顕はし、次に深秘を明す。

初めに浅略とは、大日尊、秘密主に告げて言はく、

*復次《また》に秘密主、大乗の行あり。無縁乗の心を発《おこ》す、*法無我の性なり。何を以ての故に、彼《か》れ往昔に是くの如く修行せし者の如きは、*薀《うん》の阿頼耶《あらや》を観察して、自性は*幻と陽炎と影と響と旋火輪と乾闥婆《けんだつば》城との如しと知る、といへるは、

釈して曰はく、

*即ち是れ第二重に法無我の性を観することを明すなり。梵音には莽鉢羅《まはら》といふ、是れ無の義なり。亦是れ他の義なり。所謂《いはゆる》他縁乗とは、謂はく、平等の大誓を発して、法

真常　真実常住の謂、涅槃の境をいう。
権悲　仏の権智(方便智)より起す大悲心。
三蔵の法令　三蔵は経・律・論の三蔵。
三根の有情　三根は上・中・下の三根、声聞・縁覚・菩薩。
識を…唯し八つなり　唯識にいう有情の心識。眼・耳・鼻・舌・身・意・末耶・阿頼耶の八。→五九頁「仏法の中の第八識」注
五性に成と否と有り　五性は声聞・縁覚・菩薩の三定性と不定性、無性の五をいい、その中菩薩定性と不定性は成仏、声聞・縁覚の二定性は廻小向大(→一五八頁「廻心向大」注)して成仏、無性有情は成仏しないという。
三身　仏身もこれを三身(法・報・応、自性・受用・変化等)に分けると常住(性身)・生滅(受用・変化身)の別が立てられる。
百億の応化・千葉の牟尼　『梵網経』所説の仏身観。
六舟　六波羅蜜。　**三駕**　三乗の教。
円性　円成実性。真如・法界等と同義。
北宗　ふつうは北宗禅をいうが、ここは法相宗をさす。何故か不詳。

―― 摂　教 ――

復次に秘密主…　『大日経(大毘盧遮那成仏神変加持経)』巻一、入真言門住心品第一(正蔵一八・三中)。
法無我　人無我の対。諸法は唯因縁所生で実体なしという意味。
薀の阿頼耶　五薀の生滅する根原としての阿頼耶識。
幻と陽炎と…　万法仮有の十喩。密教で

界の衆生の為に菩薩の道を行ず、乃至諸の*一闡提及び二乗の未だ正位に入らざる者をも、亦当《まさ》に種種の方便を以て、*折伏《セツぷく》し摂受して、普《あまね》く同じく是の乗に入れしむべし。此の無縁の大悲に約するが故に他縁乗と名《なづ》く。又無縁乗とは、*此の僧祇《そうぎ》に至りて始めて能く阿陀那《あだな》深細の識を観察して、三界は唯心なり、心の外に更に一法として得べき者《もノ》は無しと解了す。此の無縁心に乗じて、大菩提の道を行ずるが故に無縁乗と名くるなり。「楞伽」「*解深密」等の経と、「瑜伽」「唯識」等の論とに説く所の、*八識・*三性・*三無性、皆是れ此の意なりと。

法相大乗は此れを以て宗とす。此れ則ち所謂《いはゆる》菩薩乗なり。菩薩とは、梵には菩提薩《ぼだいさっ》埵《た》と云ふ、二字を略去するが故に菩薩と云ふ。

「*唯識」「瑜伽」に皆《みな》五位を明す。五位と言ふは、資糧と加行と通達と修習と究竟位との等《ごと》くなり。

初めに資糧位とは、「*唯識論」の頌に、

乃《いま》し未だ識を起して　唯識の性に住せんと求めざるに
*二取の随眠に於て　由《なほ》し未だ能く伏滅せざるに至る

「*摂論」に云はく、

*清浄の増上力と　堅固の心とをもて勝進するを

は十縁生句という。

即ち是れ第二重… 『大日経疏〔大毘盧遮那成仏経疏〕』巻二、入真言門住心品第一之余(正蔵三九・六〇二上)略抄。

一闡提　断善根・信不具足と訳す。無性有情のこと。

折伏し摂受して　折伏は悪人悪法を折き伏せしむること、摂受は心を寛にして他人を容れ、反撥しないこと。

此の僧祇に至りて　菩薩の修行に入って、の意。　**解深密**　→補

八識　→前頁注「識を…唯し八つなり」

三性　→一七五頁注

三無性　相無性・生無性・勝義無性の三。また相無性・無自然性・法無性とも。上の三性(三自性)と表裏をなし、唯識の根本義をあらわすものとされる。

法相宗の行位
1　資糧位

唯識瑜伽に… 以下一九四頁四行目まで『凡聖界地章』巻上の文。

唯識論　『成唯識論』巻九(正蔵三一・四八中)。

二取の随眠　二取は能所二取。随眠は阿頼耶識の中に眠伏せる煩悩の種子という。この頌、「唯識ノ性ニ住セント求メザルニ至ルマデニハ、…由シ未ダ伏滅スルコト能ハズ」(冠註)と訓むべきか。一七八頁十一行目参照。

摂論　→補。『摂大乗論釈』巻七、彼修差別分第六(正蔵三一・四二五下)。

清浄の増上力　冠註「清浄ト増上力」と訓む。清浄は清浄力。

菩薩の初めて　　無数三大劫を修すと名《なづ》く

*即ち初めて深固の大菩提心を発《おこ》すより、乃《いま》し未だ順決択識を起して、唯識の真勝義の性に住せんと求めざるに至るまで、此れに斉《カギ》つて皆是れ資糧位の摂なり。大菩提心は、善根力を以て自体とし、大願を以て縁とし、退屈せざるを策発とす。*悪友に遇ふと雖《いへど》も破壊すること能はず。

此の位には未だ識相を伏除すること能はず。即ち*地前三十心は皆是れ此の位なり。菩提の果を望みて生死を出でむことを求む。此れを自利とす、故に資糧と名く。涅槃の果を望む、即ち有情の為なり。利他に約するが故に解脱分と名く。

此の位の菩薩は、因と善友と作意と資糧との四つの勝力に依るが故に、唯識の義に於て深く信解すと雖も、未だ能所取空なることを了すること能はず。多く外門に住みて菩薩の行を修す。二取の随眠において、未だ伏滅して彼をして二取の*現行を起せざらしむること能はず。

此の位には*二障未だ伏除せずと雖も、勝行を修する時に*三の退屈有り。而も能く三事をもて其の心を練磨す。一つには無上正等菩提は広大深遠なりといふを聞きて、心便ち退屈するときに、他の*證し已ることを引きて練す。二つには施等の波羅蜜多は甚だ修すべきこと難しといふを聞きて、心便ち退屈するときには、已れを省み*増修して練す。三つには諸仏円満の*転依は極めて證すべきこと難しといふを聞きて、心便ち退屈するときには、*麁《そ》を引きて妙に況《なラ》へ練すと。

即ち初めて深固の…　『成唯識論』巻九(正蔵三一・四八中－四九上)略抄取意。
悪友　悪知識。
地前三十心　地前三賢とも。菩薩の五十二位中、十地以前の十住・十行・十廻向の三十住をいう。五十二位↓九三頁補「十住」
現行　阿頼耶識中にある種子から色心の法を生ずること。
二障　煩悩障と所知障。
三の退屈　菩提広大屈・万行難修屈・転依難証屈の三。この三退屈を対治するのが三練磨。
證し已ることを　底本「已ヲ證コトヲ」。
増修して練す　冠註「増ヽ修練ス」。
転依　転は転捨・転得の義、依は第八識が所転捨の二障と所転得の二果との所依となる謂とされ、第八識中の煩悩障の種子を転捨して涅槃を転得し、所知障の種子を転捨して菩提を転得することを転依という。
麁を引きて妙に況へ　麁は他人の有障碍の善、妙は自己の妙因。

―― i 十住 ――

三賢位　↓「地前三十心」注
習種性　性種性の対。習所成種性とも。熏成によって増長せる無漏の種子という。
発趣　梵網経では三賢位を十発趣・十長養・十金剛と名づける。
仏地経　十地経の誤か。『仏説十地経』巻一、菩薩極喜地第一之一(正蔵一〇・五三五

*三賢位の中に、初めの十住とは*習種性なり、即ち*発趣なり。行、不退を成ず、故に住の名を立つ。

「*仏地経」に依らば、第二七日に忉利天の妙勝殿に在りて説《と》かる。

「*華厳」に云はく、「爾《そ》の時に法慧菩薩、仏の*神力を承けて、菩薩無量方便三昧より起ちて、菩薩の十住を説きたまふ。十方に千*仏刹*微塵数の諸仏有り、同じく法慧と名《なづ》く、而して現前に*加被したまふ。十方に十千仏刹微塵数の菩薩有り、同じく法慧と名く、雲集して證を作《な》したまへり」と。〈自下の三賢の位は皆「華厳経」の文なり。〉

*十住の心、一に発心住とは三有り。一つには発心の縁、仏・法・僧と及び苦の衆生とを見て菩提心を発す。二つには所求の法、謂はく、*十力の処非処等を求めて心を発す。三つには所学の法、*十法を勤学す。菩薩の心をして転《うたた》増広ならしめんと欲《おも》ふなり。

二に治地住とは二有り。一つには利他の行、諸の衆生に於て*十種の心を発す、謂はく、*利益心等なり。二つには自利の行、十法を勤学す、謂はく、誦習《じゆうしふ》多聞《たもん》と虚《こ》閑寂静《ゲンじやくじやう》となり、善知識に近くして発言和悦なり。菩薩をして大悲を増長せしめんと欲ふなり。

三に修行住とは二有り。一つには治煩悩行、*十種の行を以て、一切の法の無常と苦と空と無我等とを観す。二つには治小乗行、十法を勤学す。謂はく、衆生界と法界と世界と地等と欲等とを観察して、菩薩をして智慧を明了ならしめんと欲ふなり。

四に生貴住とは二有り。一つには聖法の中に生じて十法を成就し、衆生と国土と世界と業行と果報と生死と涅槃とを了知するなり。二つには上《かみ》仏法を求めて、十法を学し

上中)取意の文か。『仏地経』一巻は、唐、玄奘訳。仏地の五相(清浄法界と四智)を説き、十地の第十、仏地を中心にこれを細論したもの。『十地経』九巻は、于闐国、尸羅達摩訳。『華厳経』十地品の別本。

華厳 『大方広仏華厳経』巻十六、十住品第十五(正蔵一〇・八四上–八五下)取意。

神力 神通力。

仏刹 刹は土の義。仏土・仏国の意。

微塵数 数量の多いこと。

加被 仏菩薩が神力を衆生に加え被らせて利益を与えること。

十住の心 この三字、『凡聖界地章』になし。

十力の処非処等 『経』には具さに処非処智・善悪業報智・諸根勝劣智・種々解差別智・種々界差別智・一切至処道智・諸禅解脱三昧智・宿命無礙智・天眼無礙智・三世漏普尽智の十を数える。

十法 勤供養仏・楽住生死・主導世間令除悪業・以勝妙法常行教誨・歎無上法・学仏功徳・生諸仏前恒蒙摂受方便・演説寂静三昧・讃歎遠離生死輪廻・為苦衆生作帰依処。なお、治地住以下の十法については↓補

十種の心 利益・大悲・安楽・安住・憐愍・摂受・守護・同己・師・導師の十心。

利益心 『凡聖界地章』には「利益心大悲心」とあり。

十種の行 観一切法無常・一切法苦・一切法空・一切法無我・一切法無作・一切法無味・一切法不如名・一切法無処所・一切法離分別・一切法無堅実の十。

て、三世の一切仏法を了知すべし。増進して三世の中に於て心に平等を得しめんと欲ふなり。

五に具足方便住とは二有り。一つには利他の行、而《しか》も*十心を起す。所修の善根は、皆一切衆生を救護し、饒益《ねうやく》し、安楽する等《ごと》きが為なり。二つには自利の行。十法を勤学す。衆生の無辺等を知りて、其の心をして転復《うたたまた》増勝して染著する所無からしめんと欲ふなり。

六に正心住とは二有り。一つには決定の信、十種の法を聞き、心定まりて動ぜず。讃仏毀仏と讃法毀法と讃毀僧との等《ごと》きなり。二つには決定の智、十法を勤学す。謂はく、一切の法の無相と無体との等《ごと》きなり。其の心をして不退転の無生法忍を得しめんと欲ふなり。

七に不退住とは二有り。一つには不退行、十種の法を聞きて堅固にして不退なり。有仏と無仏と、有法と無法との等《ごと》きを聞く。二つには不退智、十法を勤学して、一即多なりと説き、多即一なりと説くが等《ごと》きなり。増進して一切の法に於て、善《よ》く出離せしめんと欲ふなり。

八に*童真住とは二有り。一つには得勝行、*十種の業に住す。謂はく、身と語と意との行に失無く、衆生の種種の欲と解と界と業との等《ごと》きを知るなり。二つには縁浄土、十法を勤学す。謂はく、一切の仏刹を知るが等《ごと》きなり。増進して一切の法に於て、能く善巧を得しめんと欲ふなり。

十心　所修善根皆為救護一切衆生・饒益一切衆生・安楽一切衆生・哀愍一切衆生・度脱一切衆生・令一切衆生離諸災難・令一切衆生出生死苦・令一切衆生発生浄信・令一切衆生悉得調伏・令一切衆生咸証涅槃の十。

童真住　童真は沙弥の異名。

十種の業　身行無失・語行無失・意行無失・随意受生・知衆生種々欲・知衆生種々解・知衆生種々界・知衆生種々業・知世界成壊・神足自在所行無礙の十。

九に*法王子住とは二有り。一つには利衆生行、善く十法を知る。謂はく、善く諸の衆生の受生を知り、煩悩の現起を知るが等《ごと》きなり。二つには求菩提行、十法を勤学す。謂はく、法王処善巧と法王軌度との等《ごと》きなり。増進して心に障礙無からしめんと欲ふなり。

十に灌頂住とは三有り。一つには度衆生、*十智を成就す。無数の衆生を開示し調伏せしむるが等《ごと》きなり。二つには得深法、身と及び身業との神通《じんづう》と変現となり。法王子等も亦知ること能はず。三つには所知広、十智を勤学す。一切種智を増進せしめんと欲ふなり。

十行。

*十行とは、長養の性なり。修起するを行と名《なづ》く。有為を厭ふが故に、菩提を求むるが故に、有情を悲愍《ひみん》するが故に。二諦を修するに依りて、中品の障を伏す。第二七日に、炎摩天の宝荘厳殿に在《ましま》して説きたまふ。爾《そ》の時に功徳林菩薩、仏の神力を承けて、菩薩善思惟三昧より起《た》ちて、菩薩の十行を説きたまふ。十方に万仏刹微塵数の菩薩有り、同じく功徳林と名く。雲集して作證す。

一に*歓喜行とは、施を修するに二有り。一つには自《みづか》ら喜を生じて大施主と為《ナ》る。凡そ所有の物を悉く能く恵施す。二つには他喜を生ず。此の行を修して時に一切を愛楽して、願ひて身肉を以て一切に充足するに、自身と施者とを見ず、其れをして永く安穏の快楽を得しむ。

法王子住　法王子は菩薩のこと。

十智　震動無数世界・照耀無数世界・住持無数世界・往詣無数世界・厳浄無数世界・開示無数衆生・観察無数衆生・知無数衆生根・令無数衆生趣入・令無数衆生調伏の十。下文、勤学すべき十智は、三世智・仏法智・法界無礙智・法界無辺智・充満一切世界智・普照一切世界智・住持一切世界智・知一切衆生智・知一切法智・知無辺諸仏智の十をいう。

── ii　十　行 ──

十行とは…　『華厳経』巻一九・二十、十行品第二十一（正蔵一〇・一〇二中―一〇八下）略抄取意。

歓喜行　布施。

二に*饒益行とは、戒を修するに二有り。一つには自利の行、浄戒を護持して六塵に著せず。仮使《たとひ》、*那由他《なゆた》の天の諸の魔女ありて、端正殊麗なりとも、戒を傾くること能はず。二つには利他の行、未*度の者をして度せしめ、解脱し調伏せしむる等なり。心常に甚深の智慧に安住す。

三に*無違逆行とは、忍を修するに二有り。一つには自利、常に忍法を修して謙下し恭敬す。仮使《たとひ》、那由他の衆生、言語をもて毀辱し、器仗をもて逼害すとも、心浄にして歓喜す。二つには利他、此の身空寂にして*我我所無きをもて、自他覚悟して心に退転せず。

四に*無屈撓行《ネウぎやう》とは、精進に二有り。一つには自利の行、第一精進にして煩悩を断つ故に、一切衆生の諸根の勝劣を知るが為の故なり。二つには利他の行、設《たと》ひ、衆生の為には微塵数の劫を経て苦を受くとも、彼の衆生をして、永く諸苦を脱し、乃《すなは》ち究竟に至らしむるなり。

五に*離癡乱行とは、修定に二有り。一つには癡乱を離れて正念を成就す。*死此生彼、入胎出胎するに、心に癡乱無きなり。二つには深法を悟る。恐怖の声、悦意の声等を聞くとも壊《こほ》つこと能はず。諸の三昧の同一体性を知りて、*一切智に於て不退転を得。

六に*善現行とは、修慧に二有り。一つには順空の行、三業清浄にして虚妄無きが故に、無相甚深にして真実に住す。二つには随有の行、諸の衆生の常に癡闇に処することを念す。若し未だ調伏せざるをば、我れ当に先づ作し、成就し、調伏して、必ず菩提に

饒益行　持戒。

那由他　インドの数量の単位。千万・億・京といわれる倶胝の百倍が阿由多、またその百倍が那由他。

度　生死の苦海を渡って涅槃の彼岸に至ること。

無違逆行　忍辱。

我我所　我は自身、我所は身外の事物をいう。

無屈撓行　精進。

離癡乱行　静慮。

死此生彼　冠註「此ニ死シ彼コニ生ズトモ」と訓む。

一切智　内外一切の法相・言教に了達したる智恵。

善現行　智恵。

至らしむべし。
七に無著行とは、方便を修するに二有り。一つには無取著、念念の中に於て、僧祇界に入りて、見仏・聞法するに皆《みな》所著無し。二つには諸の有情を利す。一切の法は幻の如く、諸仏は影の如く、菩薩の行は夢の如く、説法は響の如しと観して、自利・利他・清浄に満足す。
八に難得行とは、願を修するに二有り。一つには利他の行、譬へば、船師の此岸・彼岸・中流にも住せずして、而も能く運度して此れより彼れに至るが如し。菩薩も亦爾《しか》なり。二つには不求報、一縷《る》一毫《がう》及以《およ》び一字の讃美の言をも求めず、彼れを安穏せしめて菩提に至らしめむが為の故なり。
九に善法行とは、力を修するに二有り。一つには無礙《むげ》力、四無碍解《むげげ》を得、仮使《たとひ》、那由他の衆生、各別に問ふ所をも皆為《ため》に酬対《しうたい》して、疑惑を除かしむ。二つには示導力、十種の身等を成就し、衆生の為に清涼の池と作し、能く一切の仏法の源を尽すが故に。
十に真実行とは、智を修むるに二有り。一つには十力の智、第一誠諦の語を成就して衆生の是処非処智等を知るなり。二つには現神力、念念に遍く十方世界に遊びて、如来の自在神力を示現し、親近する者《もの》有れば歓喜し清浄せしむ。

十廻向。

十廻向とは、不可壊性の十金剛なり。己《おのれ》が所修を廻して趣向すること有るが故に、衆生と菩提と涅槃との不可壊性に廻施す。第二七日に、都史天の一切妙宝所荘厳殿に在《ましま》

無著行　方便。
僧祇界に入る　菩薩としての修行に入ること。僧祇は三阿僧祇百大劫の略。

難得行　願。

善法行　力。
四無碍解　法無碍・義無碍・辞無碍・楽説無碍の四。仏菩薩の説法の滞ることなき智弁に名づけられたもの。
十種の身　入無辺法界非趣・入無辺法界諸趣・不生・不滅・不実・不妄・不遷・不壊・一相・無相の十身をいう。
真実行　智。
第一誠諦の語を…知るなり　底本「第一誠諦ノ語ト知ト衆生ノ是処非処智等ヲ成就スルナリ」。慶本による。

―― iii　十廻向 ――

十廻向とは…　『華厳経』巻二十三—三十三、十廻向品第二十五(正蔵一〇・一二四上—一七八中)取意。
十金剛　十金剛心。覚了法性・化度衆生・荘厳世界・善根回向・奉事大師・実証諸法・広行忍辱・長時修行・自行満足・令他願満の十。

して説きたまふ。爾《そ》の時に、金剛幢菩薩、仏の神力を承《うけたまは》り、菩薩智慧光明三昧より起ちて、菩薩の十廻向を説きたまふ。十方に十万の仏刹、微塵数の諸仏有り、同じく金剛幢と名《なづ》けて現前して加被したまふ。百万の仏刹、微塵数の菩薩有り、同じく金剛幢と名く、雲集して作證す。

一に救護一切衆生離衆生相廻向とは、此の菩薩の所修の六度、*四無量心は、一切衆生の為に燈と作《な》り、*炬と作りて無明の闇を破す。此の文に三有り。一つには衆生に廻施し、二つには菩提に廻向し、三つには一切法の真実性に廻向するなり。

二に不《ふ》壊《ゑ》廻《ゑ》向《かう》とは、此の菩薩は、仏・法・僧に於て、*不壊の信を得て、三乗等に於て、心転《うたた》増長して、念念に仏を見て、阿《あ》僧祇《そうぎ》の*供具を以て、諸仏に供養ずるなり。文の三、前の如し。此の善根を以て、*一切衆生を度脱して清浄の智を得、寂滅の性を證せむと欲ふが為なるが等《ごと》きなり。

三に*一切仏廻向とは、此の菩薩は、去来現在の諸仏の廻向の道を随順し修学して、一切の*色乃至触法の、若しは美、若しは悪を見るに、愛憎を生ぜず。文の三、前の如し。此の善根を以て、衆生に授け、金剛の菩提心に安住し、*実際に住す。

四に至一切処廻向とは、此の菩薩は、善根を修習するに、*如実際無処不至を願ひ、去来現劫の仏の正覚を成じたまふに、*願ひて不可説の*香雲摩尼供養等を以てす。文の三、前の如し。此の善根を以て、普く衆生を摂し、如来智に入りて法界に充遍せしむ。

五に無尽功徳蔵廻向とは、此の菩薩は、普く諸の清浄の業を行じ、不可思議自在三昧

四無量心　慈・悲・善・捨の四。
炬　慶本左注「トモシヒ」。
不壊の信　堅固な信念。
供具　供物。
一切衆生を…　底本「一切衆生ヲ度脱セント欲フガ為ナリ。清浄ノ智ヲ得、寂滅ノ性ヲ證スル等」と訓む。慶本による。
一切仏…　『華厳経』『凡聖界地章』等には、「等一切仏廻向」とある。冠註「恐クハ是レ古ヘ当論ヲ写スノ人等ノ字脱スナラン」と注記。但し『凡聖界地章』には前行の「等」字なし。あるいは「等一切仏…」と訓むべきところを誤って分けて訓んだか。
色乃至触法　五境(色・声・香・味・触の五法)。
実際　真如・法性の意。
如実際無処不至を願ひ　慶本「実際ヲ処トシテ至ラザルコト無キガ如キヲ願シ」、冠註「実際ノ如ク処トシテ至ラザルコト無シト願ヒ」と訓む。
願ひて…を以てす　慶本・冠註「不可説ノ香雲摩尼供養ヲ以テセント願スル(冠註‐センコトヲ願フ)等ナリ」。
香雲摩尼　香雲はふつうかおれる雲、梅花などの形容に用いるが、ここは沈香・伽羅などの香料の称としてよかろう。摩尼は珠玉の総称。

に入り、善巧方便をもて、能く仏事を作《な》し、仏の光明を放ちて、普く世界を照す。文の三、前の如し。己が善根を以て衆生界に及ぼし、*薩婆若に趣かしめ、遍く法界に入るのみ。

六に随順堅固一切善根廻向とは、此の菩薩は、或いは帝王として刑せず罰せず、*四摂の法を以て、諸の衆生を摂し、七宝妻子、*手足支分を歓喜して尽く施す。文の三、前の如し。彼の善根を以て、諸の衆生を智慧海に入りて実際に安住せしめんと願する等《ごと》きなり。

七に*随順一切衆生廻向とは、此の菩薩は、積集する所の一切の善根に随つて、無量の三昧に入りて、智慧を以て、一切衆生の心行の差別を観察して、咸《ことごと》く清浄ならしむ。文の三、前の如し。此の善根を以て、一切衆生を*無上智に住せしめ、平等に清浄ならしめんと願す。

八に真実相廻向とは、此の菩薩は、正念、明了にして、其の心堅住し、智慧の明を得て善知識の為に摂受せられ、*如来の慧日、其の心を明照して、永く癡冥を滅す。文の三、前の如し。此の善根を以て、衆生界を尽して*等正覚を成じ、法界に周遍す。

九に無著無縛解脱廻向とは、此の菩薩は、一切の善根に於て、心に尊重を生じ、*普賢菩薩の行願を修習して、*仏の灌頂を得、一念の中に於て*方便地に入る。文の三、前の如し。此の善根を以て、衆生を開悟して大智慧を得、仏境界に住せしむ。

十に等法界無量廻向とは、此の菩薩は、*離垢《りく》の繒《かとり》を以て其の頂に繫けて、*法師の位に

薩婆若　一切智と訳す。

四摂の法　法施・財施を以てする布施摂、親愛の語を以てする愛語摂、三業の善行を以て衆生を利益する利行摂、形を変じて衆生に近づき衆生と事業を同じくする同事摂の四。

手足支分　支分は細かに分つこと。

随順一切…　『華厳経』『凡聖界地章』では「等随順一切…」とある。また前段の最後の「等」字は『凡聖界地章』になし。↓前頁「一切仏…」注

無上智　仏菩薩の智恵。

如来の慧日　仏の智恵を日光に喩える。

等正覚を成ず　仏陀と同じ悟りに入る。

普賢菩薩の行願　普賢は一切諸仏の理徳・定徳・行徳を主宰、文殊の智徳・慧徳・証徳と相対して一雙をなし、釈迦如来の脇士とされる菩薩。その行願とは、礼敬諸仏・称讃如来・広修供養・懺悔業障・随喜功徳・請転法輪・請仏住世・常随仏学・恒順衆生・普皆廻向の十願をいう。

仏の灌頂　諸仏の智水を頭上に注ぐこと。菩薩が一定の資格を具えたことを証する儀式。

方便地　方便有余土、地前の菩薩の生ずべき界外の浄土の謂か。

離垢の繒　繒はきぬ。帛の総名。

法師　常に説法し、浄行を修し、世の軌範となり、衆生を導く僧の意。

住す。広く法施*を行じ、諸の衆生の為《ため》に調御師*と作《な》して、一切智道を示す。文の三、前の如し。是くの如きの行を修して、普く衆生の為に一切智を成じ、法界に充満す。

二には加行位を明かす。

加行位とは、第十の廻向の末なり。論*に云はく、

現前に少物*を立て　是れ唯識の性なりと謂《おも》へり
有所得*を以ての故に　実《まこと》に唯識に住するには非ず

菩薩*、先に初の無数劫に於て、善く福徳と智慧との資糧を修して、見道に入りて唯識の性に住せんが為に、復《また》加行を修して二取*を伏除す。謂はく、煗《なん》と頂と忍と世第一法となり。此の四つを惣じて順決択分と名《なづ》く。謂はく、見道の中には彼れ無漏なるが故に、名けて真実とす。此の煗等の四は彼の分に順趣すれば、順決択分と名く。前《さき》の順解脱は、既に初めて発心して究竟の果を求むるが故に遠し。此の順決択は、見道に隣近するが故に近し。煗等の四法は、四尋思*と四如実智*とに依りて初後の位に立つ。四尋思とは、名と義と自性と差別との仮有実無*なり。実の如く、此の四は識*に離れ及び識も有に非ずと遍知するを如実智と名く。

是くの如く、煗頂は能取の識に依つて、所取空なりと観ず。下忍*起する時には境の空相を印す。中忍転する位には、能取の識に於て、境の如く、是れ空なりと順楽し、忍可す。上忍起する位には能取の空を印す。世第一法には雙《なら》べて空相を印す。皆《みな》相を帯す

法施　法供養とも。法を説いて人に聞かせること。

調御師　衆生の三業を調整し、すべての悪業を制伏・除滅して正しく治するの意。また仏十号(→一〇頁補「如来」)の一。

2　加行位

論　『唯識論』巻九(正蔵三一・四九上)。

少物　真如相(十廻向の第八位)という。

有所得　一異・有無・是非などの相対法において、その一分を捨て他の一分を取ろうとする心。無所得の対。

菩薩先に…　『唯識論』巻九(正蔵三一・四九)略抄取意。

二取　能所二取の空。

四尋思　四尋思観。尋思は尋求思察の義という。四善根の中、煗・頂の二は四尋思観で、所取の苦を観じ、これを初位とする。

四如実智　四如実智観。四善根の中、忍・世第一の二、能取の空を観じ、これを後位とする。

仮有実無なり　慶本「仮ニ有リ実ニ無ナリトス」と訓む。

識に離れ…有に非ずと　底本「離識ト及識ト非有トヲ」。慶本による。

下忍　忍位に上中下の三品あり、最初の位を下忍という。

るが故に未だ実を證すること能はず。故に、菩薩、此の四位の中には猶し現前に於て小物を安立して、是れ唯識の真勝義の性なりと謂ふ。彼の空有の二相、*未だ帯相を除かざるを以て、観心有所得の故に、実に真の唯識の理に安住するに非ずと説きたまふ。是くの如きの義に依つて「*厚厳経」に云はく、

菩薩は定位に於ては　影は唯是れ心なりと観す
*義の想既に滅除せるをもて　審《つばひら》かに唯《タヾ》自相を観す
是くの如く内心に住して　所取の非有を知る
次には能取も亦無なり　後には無所得に触《カナ》ふ

此の加行の位には、唯能く伏除して、全《もはら》に未だ滅すること能はず。*安立諦と非安立諦とに於て、倶《とも》に学し観察す。*当来の二種の見を引かんが為の故に。非安立諦は是れ正しき所観なり。二乗の唯し安立を観するが如きには非ず。菩薩、此の煗等の善根を起すに、*方便の時には諸の静慮に通ずと雖も、而《しか》も*第四に依つて、方《まさ》に成満することを得。最勝の依に託して見道に入るが故に。唯《ただ》欲界の善趣の身に依つて起す。*余は慧と厭との心と、殊勝に非ざるが故に。故に、「*顕揚」に云はく、

*極慼《ごくしゃく》なるをもて悪趣に非ず　極欣《ごくごん》なるをもて上の二に非ず
唯《ただ》欲界の人天と　仏出世に*現観す

〈自下は「唯識論」の文に依る。〉

*煗善根とは、*明得定に依つて、下の尋思を発して、所取無きなりと観するを立てて煗

未だ帯相を…有所得の故に　冠註「未ダ除セザルヲ以テナリ。相ヲ帯セル観心ハ所得有ルガ故ニ」と訓む。

厚厳経　『厚厳経』は未翻経典。この頌は『唯識論』所引の頌で、本来『分別瑜伽論』の頌。『厚厳経』の頌とするのは誤り。

義の想　或いは義相か。

安立諦　言亡慮絶の真如を仮に言詮をもって差別してあらわすこと。非安立諦の対。

当来の二種の見　下文、真見道と相見道。

方便の時　煗・頂・下中忍の時。

第四　上忍と世第一法の時。

余　上二界。

顕揚　『顕揚聖教論』二十巻。無著造『顕揚聖教論頌』と世親造といわれるその釈文とを合せたもの。玄奘訳。『瑜伽論』の枢要をとって聖教を顕揚せんとしたもの。引文は、巻十六、成現観品第八之一(正蔵三一・五八〇中)。

極慼　慼は憂えること。いたむ。

現観　有漏無漏の恵をもって明了に現前の境を観ずること。

煗善根とは…　『唯識論』巻九(正蔵三一・四九中下)略抄。

明得定　煗位において所取の境の空無を観ずる定。

名等の四法　名・義・自性・差別。
仮施設　施設は安立・建立・発起の義という。
明増定　頂位において所取の境の空無を観ずる定。
印順定　忍位において下品の如実智を発して所取の境の空無を印可し、また能取の識の空無を観じ印可せしむる定。前を印し後に順ずる意。
無間定　世第一位において上品の如実智を発し、所取・能取の空無を印忍する定。
初阿僧祇劫　菩薩の修行期間、三大阿僧祇劫の中、第一の阿僧祇劫の修行がこれで満たされる。

3　通達位

聖種性　十地の位。
論　『唯識論』巻九(正蔵三一・四九下)。
無分別智　能所二取の相を離れて平等に転ずる智。
有る釈は…　『唯識論』巻九(正蔵三一・五〇)取意略抄。
相と見と　相分(所縁の境)と見分(能縁の用)と。
相は無くして…取らざるが故に　慶本・冠註「相ハナシ。相無クシテ取ルハ、相ヲ取ラズト説クガ(冠註-説ケル)故ニ」と訓む。
真見道　見道位において無分別智を起し唯識真如の理を悟る位。
二空所顕の真理　二空は我法二空。
二障の分別の随眠　二障は煩悩・所知の

位とす。謂はく、此の位の中には創《はじ》めて所取の*名等の四法は皆《みな》自心の変にして、*仮施設の有なり。実には不可得なりと観す。

頂善根とは、*明増定に依つて、上の尋思を発して、所取無しと観するを立てて頂位とす。謂はく、此の位の中には重ねて所取の名等の四法は皆自心の変にして、仮施設の有なり。実には不可得なりと観す。

忍善根とは、*印順定に依つて、下の如実智を発して、所取を無《な》みするに於ては決定して印持し、能取を無みする中に亦順楽忍《またじゆんがくにん》す。既に実境の能取の識に離れたる無し。寧《いづく》んぞ、実識の所取の境に離れたる有らんや。

世第一の善根とは、*無間定に依つて、上の如実智を発して、二取の空を印するを世第一法と立つ。謂はく、前の上忍には唯《ただ》能取の空なるを印し、今の世第一法には二空を雙《なら》べて印す。真見を起するが故に、*初阿僧祇劫《しよあそうぎこふ》満しぬ。

三に通達位を明かす。

通達位とは、謂はく、*聖種性、見道の位なり。*論に云はく、

若し時に所縁の於《うへ》に　智都《すべ》て所得無し
爾《そ》の時に唯識に住す　二取の相を離るるが故に

若し時に菩薩、所縁の境の於《うへ》に、*無分別智都《すべ》て所得無し。種種の戯論《けろん》の相を取らざるが故に、智と真如と平等平等にして、倶《とも》に能取と所取との相を離るるが故に。

*ア有る釈は、此の智は*相と見と倶《とも》に無なり。有る釈は、此の智は相と見と倶《とも》に有なり。有る釈は、此の智は見は有りて*相は無くして、相取無しと説く。相を取らざるが故に、此れ正義なり。

加行の無間に此の智生ずる時に、真如に体会するをもて通達位と名《なづ》く。初めて理を照すが故に、亦《また》見道と名く。此れに二種有り。

一には*真見道、謂はく、即ち所説の無分別智なり。実に*二空所顕の真理を證し、実に*二障の分別の随眠を断す。*多刹那に事方《まさ》に究竟ずと雖も、即ち一無間、一解脱、一勝進にして相等しきが故に、惣じて*一心と説く。此れ復《また》二有り。*漸と頓とに断なるが故に。

二には*相見道、此れ復《また》二つ有り。一には非安立諦を観するに、*三品の心有り。二には安立諦を縁するに、*十六心有るが故に、前の真見道には唯識の性を證し、後の相見道には唯識の相を證す。二つが中には初め勝れたり。故に頌《じゅう》に偏《ひとへ》に説く、

前の真見道は*根本智の摂なり　後の相見道は*後得智の摂なり

此の二つの見道に六現観を摂すとは、謂はく、*思現観と*信現観と*戒現観と*智諦現観と*辺智諦現観と*究竟現観となり。此の真見道には彼の第四の現観の小分を摂す。此の相見道には彼の第四と第五との小分を摂す。初めは*賢位に在りて*思所成に由る。後のは是れ*果に収む。謂はく、尽智《じんち》等なり。第二と三とは見と倶に起すと雖も、而《しか》も自性に非ざるが故に、相摂せず。菩薩、此の二つの見道を得る時には*如来家に生じ、*極喜地

二障。随眠はその種子の名。

多刹那　怛刹那か。百二十刹那をいう。一時間の二千二百五十分の一に当るという。無間・解脱・勝進の三道をいうとも。

一心　一心真見道。

漸と頓とに断なる　煩悩の漸断と頓断。修惑は三界九地に各九品、合せて八十一品あり、これを一品ずつ断ずるのが漸断、一時に多くの煩悩を断ずるのが頓断。

相見道　真見道の後にさらに後得智を起し、三心をもって二空の理を観ずる位。

三品の心　我空を悟り、法空を悟り、我法二空を悟る心という。

十六心　八忍八智。→一三八頁補「四諦四念」

根本智　正しく真如に冥合する智。無分別智。

後得智　根本智の後に得る一切差別の相を分別する智。分別智。

思現観　思所成の恵。

信現観　三宝を縁ずる世出世の決定の心。

戒現観　無漏の道具戒。

智諦現観　非安立諦を縁ずる根本・後得の二智。

辺智諦現観　諸の安立諦を縁ずる世出世の智。

究意現観　究竟位における尽智・無生智等の智。　**賢位**　三賢位。

思所成に由る　慶本・冠註「思ニ由テ成ズル所ナリ」と訓む。

果　仏果。　**如来家**　真如法界をいう。

極喜地　歓喜地とも。菩薩の階位としての十地の第一。

に住す。善く法界に達し、諸の平等を得《へ》、常に諸仏大集会の中に生じて、*多百門に於て已《すで》に自在を得《へ》て、自《みづか》ら久しからずして大菩提を證し、能く未来を尽して一切を利楽すべしと知るが故に。

第四に修習位。

修習位とは、十地の通名なり。依持・生長の故に名けて地とす。

「*華厳経」に云はく、「*金剛蔵の言はく、我れ諸仏の国土の其の中の如来の十地を説かざる者《もの》有るを見ず」と。

「*唯識論」に云はく、

無得なり不思議なり　是れ出世間の智なり
二の*麁重を捨つるが故に　便《すなは》ち*転依《てんえ》を證得す

*菩薩、前の見道より起ち已《をは》りて、余障を断して転依を證得せんが為に、復数《シバく》無分別智を修習す。此の智は所取と能取とを遠離するが故に、無得と説く。妙用測《はか》り難ければ、不思議と名《なづ》く。二取の随眠は是れ世間の本なり。唯し此れのみを能く断するを出世間と名く。二障の種子に麁重の名を立つ。彼をして永く滅せしむるが故に、説きて捨とす。此れ能く彼の二の麁重を捨するが故に、便ち能く広大の転依を證得す。数《シバく》無分別智を修習して、*本識の中の二障の麁重を断するに由るが故に、能く*依他起の上の*遍《へん》計所執《けしよしふ》を転捨し、及び能く依他起の中の*円成実性を転得す。煩悩を転するに由つて*大

多百門　百三昧を証して百如来を見ること。下文参照。

華厳経　巻三十四、十地品第二十六之一(正蔵一〇・一七九中)。

金剛蔵　金剛蔵菩薩。

唯識論　巻九(正蔵三一・五〇下)。

4　修習位

麁重　種子、または習気の謂。

転依　↓一七八頁注

菩薩前の見道より…　『唯識論』巻九―十(正蔵三一・五一上―五五中)略抄取意。

本識　阿頼耶識をいう。

依他起　依他起性。因縁和合によって生じ、因縁散ずれば滅する法。

遍計所執　遍計所執性。凡夫が妄情をもって依他起の諸法を計度するとき、その妄情の前にあらわれる無体のものをいう。

円成実性　煩悩・所知二障を空じたるところにあらわれる諸法真実の体性をいう。

大涅槃　大般涅槃の略。

涅槃を得、所知障を転して*無上覚を證す。

云何《いかん》が二種の転依を證得する。謂はく、十地の中に*十勝行を修し、*十重障を断し、*十真如を證して、二種の転依、斯《こ》れに由つて證得す。

転依の位の別に、略して六種有り。一つには損力益能転、謂はく、*初二の位なり。二つには通達転、謂はく、通達位なり。謂はく、見道に在り。三つには修習転、十地の行に在り。四つには果円満転、謂はく、究竟位なり。五つには下劣転、謂はく、二乗の位なり。六つには広大転、謂はく、大乗の位なり。

此の中の意の説く広大の転依は、二の麁重を捨して證得するが故に。*転依の義に別して略するに四種有り。一つには能転道、二障の種を伏す。謂はく、永断の故に。二つには所転依、持種と本識と迷悟と真如となり。三つに所転捨、所断は二障なり、所捨は有と無となり。四つには所転得、所顕は涅槃なり、所生は菩提なり。

此の四義の中には所転得を取る。頌に證得転依の言を説くが故に。然るに初地より覚道成ずるに至るまで、諸地の不同は皆此の位に摂す。名を列ねて相を辨することは、下の如く知りぬべし。

*第二七日に、他化自在天宮摩尼宝蔵殿に在《ましま》す。爾《そ》の時に金剛蔵菩薩、仏の神力を承《うけたまは》りて、菩薩大智慧光明三昧より起ちて、菩薩の十地を説きたまふ。爾《そ》の時に十方に十億仏刹微塵数の諸仏有《いま》す、同じく金剛蔵と名く。而も現前に加被したまふ。十億仏刹微塵数の菩薩有《まし》ます。同じく金剛蔵と名くる、雲集作證す。

無上覚　無上正覚の略。

十勝行　十波羅蜜、また十度。涅槃の彼岸に到る(波羅蜜)ため菩薩の修する大行で、六波羅蜜(布施・持戒・忍辱・精進・静慮・智恵)の第六智恵(般若)波羅蜜を、方便・願・力・智の四に分ち、合して十としたもの。『唯識論』では、これを菩薩が十地に於て次第に修習するものとして十勝行と名づける。

十重障　異生性・邪行・闇鈍・微細煩悩現行・於下乗般涅槃・麁相現行・細相現行・無相中作加行・利他中不欲行・於諸法中未得自在の十障。

十真如　遍行・最勝・勝流・無摂受・無別・無染浄・法無別・不増減・智自在所依・業自在等所依の十真如。

初二の位　資糧位と加行位。

転依の義に別して略するに　慶本「転依ノ義ヲ別スルコト略シテ」、冠註「転依ノ義、別ニ略シテ」と訓む。

第二七日に…　『華厳経』巻三十四(正蔵10・一七八中―一七九上)略抄取意。

第一に歓喜地とは、「*仁王経」に云はく、「若し菩薩、百仏国の中に住して、閻浮提の四天王と作《な》りて百法門を修し、二諦平等の心をもて一切衆生を化す」と。

「*華厳経」に云はく、「仏子菩薩、歓喜地に住して、多の歓喜と、多の浄信と、多の無悩害と、多の無嗔恨とを成就して、諸仏の法を念し、諸菩薩の法を念し、清浄の波羅蜜を念し、一切如来智に入ることを念す。仏境界の中に生ずるが故に、一切菩薩平等性の中に入るが故に、一切の怖畏を遠離《をんり》するが故に、皆《みな》歓喜を生ず。此の菩薩は、已に*五の怖畏を遠離することを得るが故に。所謂《いはゆる》、不活《クワツ》畏《ゐ》と悪名畏と死畏と悪道畏と大衆威徳畏となり。已に我想を離れて自身を愛せず、何《いか》に況《いは》んや資財をや。故に他の供給を求めず一切衆生に施するが故に、我見を遠離し我想無きが故に、決定して仏菩薩を離れざるが故に、世に等しき者無し。況んや勝れたる有らんや。故に此れを即ち次の如く五の怖畏に配す。此の菩薩は、大悲を首として広大の志楽あり。能く沮《ソ》壊《ゑ》するもの無し。諸仏の教法を敬順し尊重し、日夜に善根を修習するに厭足《えんそく》すること無きが故に、善知識に親近するが故に、多聞を求むるに厭足すること無きが故に、*一切智地を求むるが故に、如来の*力無畏不共の仏法を求むるが故に、諸波羅蜜と*助道の法とを求むるが故に。乃至凡そ所有の物の倉庫・七宝・頭目・手足をも皆惜しむ所《ところ》無し。諸仏の広大の智慧を求めんが為なり。是れを大捨とす。十度の中には*檀波羅蜜を行じ、*四摂の中には布施偏多なり。余を修せざるには非ず、力に随ひ分に随ふ。多く閻浮提《えんぶだい》の王と作《な》りて、諸の所作の業、仏法僧を念することを離れず、乃至一切種・一切智智

i　歓喜地

仁王経　『仏説仁王般若波羅蜜経』巻上、菩薩教化品第三(正蔵八・八二七上)。

華厳経　巻三十四(正蔵一〇・一八一)。

五の怖畏　不活畏は布施を行ずるものが己れの生活の破壊を怖れてその所有を尽さぬこと。悪名畏は己が悪名を怖れて和光同塵の行を為しえぬこと。死畏は広大な心は発しても己が死を怖れて身命を抛つことができぬこと。悪道畏は己が悪道に堕することを怖れて不善法を対治すること。大衆威徳畏は多勢の人または威徳の人を怖れてその前に獅子吼することができぬこと。

一切智地　一切智を証得する位。仏果の位。

力無畏不共の仏法　十力(→一七九頁注)・四無畏(四無所畏—一切智無所畏・漏尽無所畏・説障道無所畏・説尽苦道無所畏の四)・三念住・大悲の、十八不共法をいう。

助道の法　三十七道品(→一三八頁補「三十七菩提」)をいう。

檀波羅蜜　布施の行法。

四摂　→一八五頁「四摂の法」注

を具足せんと念することを離れず」と。

「*唯識論」に云はく、「極喜地とは、初めて聖性を獲て具《つぶ》さに二空を證し、能く自他を益して大喜を生ずるが故に、*施波羅蜜多を行ず。此れに三種有り。謂はく、財施と無畏施と法施となり。*異生性障を断ず。謂はく、二障の中の分別起の者なり。彼の種に依つて異生性を立つるが故に。二乗の見道、現在前する時には、唯し一種を断ずるを聖性を得と名《なづ》く。菩薩の見道の現在前する時には、具さに二種を断ずるを聖性を得と名く。二の真見道の現在前する時には、彼の二障の種、必ず成就せず。猶《なほ》明と闇と倶起せざるがごとし。故に、此れ即ち通達なり。何をか修習と名くる。*住と満との地の中に、時既に淹久《エンく》す。理として進んで所応断の障を断ずべし。爾《しか》らずは*三時の道、別なること無かるべきが故に。菩薩、現観を得已《へをは》つて、復《また》十地の修道の位の中に於て、唯《ただ》所知障を永《とこしへ》に滅する道を修し、煩悩障を留めて助願受生すと説く、二乗の速かに円寂に趣《おもむ》くが如くには非ざるが故に。修道の位には煩悩を断ぜず、将に成仏せんとする時《とき》に、方《まさ》に頓《にはか》に断ずるが故に。*遍行真如を證す。謂はく、此の真如は二空の所顕なり、一法として在らざること有ること無きが故に」と。

「*華厳経」に云はく、「此の地の菩薩は、勤めて精進を加へて、*一念の頃に於て、百の*三摩地を證し、*浄天眼を以て諸仏の国を見る。二つには百の如来を見、三つには百の世界を動かし、身も亦能く彼の仏世界に往きて大光明を放つ。四つには化して百類として、普《あまね》く他をして見しむ。五つには百類の所化の有情を成就す。六つには若し身を

唯識論　巻九―十(正蔵三一・五一上―五四中)の十地・十勝行・十重障・十真如を結合、略抄取意。

施波羅蜜多　檀波羅蜜に同じ。

異生性　凡夫をして凡夫たらしめる本性。唯識では五性の中、菩薩種性と不定種性のものには分別起の二障の種子、定性の二乗には分別起の煩悩障の種子に名づける。

住と満との地　初地の二心(住・出)をいう。

三時の道　初地中の三僧祇、即ち入・住・出の三心。

遍行真如　十真如の一。初地の菩薩が証する二空の真理。

華厳経　巻三十四(正蔵一〇・一八三下)取意。

一念　極めて短い時刻。六十刹那、或いは九十刹那をいうとも、一刹那の訳ともいう。

三摩地　三昧。

浄天眼　天眼通。

留めんと欲するには百劫住することを得。七つには*前後際の百劫の中の事を見る。八つには知見して能く*百法明門に入る。九つには化して百身と作《ナ》る。十には身に皆能く百の菩薩の眷属を現す。若し菩薩殊勝の願力を以て自在に示現せむことは、是の数《かズ》に過ぎたり。乃至百千億劫にも数知すること能はず」と。

*第二に離垢地とは、「*仁王経」に云はく、「若し菩薩、*千仏の国の中に住して、忉利天の王と作《な》りて、*千法門を修し、十善道を以て一切衆生を化す」と。

「*華厳経」に云はく、「仏子*菩薩摩訶薩、二地に入らんと欲《おも》はば、当《まさ》に十種の心を起すべし。所謂《いはゆる》正直心と柔耎《にうなん》心と堪能心と調伏心と寂静心と純善心と不雑心と無《む》顧《コ》恋《レン》心と広心と大心とをもて、第二の離垢地に入ることを得。此の菩薩、是の念を作さく、十不善道は是れ三悪趣の因なり、十善業道は是れ人天乃至有頂処の因なりと。上品の十善は、清浄に修治して心広にして無量なるが故に、悲愍を具足し衆生を捨てず、諸仏の大智を希求するが故に、乃至十力四無畏を證するが故に、一切の仏法皆《みな》成就することを得。此の菩薩は、無量百千億那由他劫《なゆたこふ》に於て慳嫉破戒《けんしちはかい》の垢を遠離するが故に、四摂の法の中には愛語偏多なり。十度の中には戒波羅蜜多を修持す。多く輪王と作《な》る」と。

「*唯識論」に云はく、「二には離垢地は、浄尸羅を具し、能く微細の毀犯、煩悩の垢を起すことを遠離するが故に、戒波羅蜜多を行ず。謂はく、*摂善法戒と*摂律儀戒と*饒益有情戒となり。邪行障を断し、*最勝真如を證す。謂はく、此の真如は無辺の徳を具して、一切法に於て、最勝とするが故に」と。

前後際　前中後三際。過去・現在・未来の三世をいう。

百法明門　菩薩が初地において得るところの法門。百法とは、たんに種々の法門の義とも、地上において談ずる十信は、そのおのおのにまた十信を具する故に百法を成ずとも、また唯識にいう五位百法のことともいわれる。

ii　離垢地

第二に離垢地…　以下二一〇頁十四行目まで『凡聖界地章』巻下の文。

仁王経　巻上(正蔵八・八二七上)。

千仏の国　過現未の三劫に各一千仏の出世があるという。たんに千仏というときは賢劫(現劫)の千仏。

千法門　千法明門。千種の法に通達する智恵。第二地の菩薩の所修という。

華厳経　巻三十五、十地品第二十六之二(正蔵一〇・一八五上―一八六下)略抄。

菩薩摩訶薩　摩訶薩は摩訶薩埵の略。菩薩の通称。大心・大士・大有情等と訳す。

唯識論　巻九(正蔵三一・五一上)略抄。

摂善法戒　三聚浄戒の一。一切の善法を悉く実行することを戒としたもの。

摂律儀戒　同右。菩薩が身口意の三業に悪を制し、諸の善戒を持すること。七衆の別解脱戒をいう。

饒益有情戒　同右。摂衆生戒とも。菩薩が一切の衆生を摂取して遍く利益すること。

最勝真如　十真如の一。

論に准すれば、応《まさ》に多千門に於て、已《すで》に自在を得と云ふべし。

「華厳経」*に云はく、「一刹那の頃に於て、千の三摩地を證して、浄天眼を以て諸仏の国を見る。二つには千の如来を見る。三つには千の世界を動かし、身亦《また》能く彼の仏世界に往きて大光明を放つ。四つには化して千類と為《な》りて普く他をして見しむ。五つには千類の所化の有情を成就す。六つには若し身を留めんと欲へば、千劫住することを得。七つには前後際千劫の中の事を見る。八つには知見して能く千法明門に入る。九つには化して千の身と作る。十には身に皆《みな》能く千の菩薩の眷属を現す」と。然るに「仁王経」に依れば、二地の菩薩は忉利天の王と為《ナ》る。若しは「華厳経」には転輪聖王と作《な》るといふ。二説不同なること、具さに引くこと上の如し。

第三に発光地とは、「仁王経」*に云はく、「若し菩薩、十万仏国の中に住して、炎天*の王と作《な》り、十万法門*を修し、四禅定を以て、一切衆生を化す」と。

「華厳経」*に云はく、「仏子菩薩摩訶薩、第三の発光地に入らんと欲はば、当《まさ》に十種の深心を起すべし。所謂《いはゆる》清浄心と安住心と厭捨《えんしや》心と離貪《りとん》心と不退心と堅固心と明盛心と勇猛心と広心と大心となり。是の十心を以て第三地に入ることを得。此の菩薩は、四禅と四空*とに於て、次第に随順して無量の神力を得て、能く大地を動かし、一身を多身と為《ナ》し、多身を一身とす。或いは隠、或いは顕、石壁山の障*にも往く所《ところ》無礙なること、猶し虚空の若《ごと》し。六通*具足せり。此の菩薩は、忍辱心と柔和心と諸順心と悦美心と不嗔心と不動心と等、皆《みな》転*して清浄なり。四摂の中に於ては利行偏多なり、十度の

華厳経　巻三十五(正蔵一〇・一八六下)取意。

iii　発光地

仁王経　巻上(正蔵八・八二七上)。
炎天　焰摩天、また夜摩天。
十万法門　下文、百千法明門。
華厳経　巻三十五(正蔵一〇・一八七中―一八八下)略抄取意。
四空　四空定。四無色定とも。空無辺処定・識無辺処定・無所有処定・非想非非想処定の四。
石壁山の障　仏菩薩の神力が石壁をも障なく自在に通行することを石壁無礙という。
六通　→一三八頁補「六通八解」
転して　慶本・冠註「転(ウ)タヽ」。

中には忍辱波羅蜜偏多なり、余も修せざるには非ず。力に随ひ分に随ひ、多く三十三*天の王と作《な》る」と。

「唯識論*」に云はく、「三に発光地とは、勝定*と大法の惣持とを成就し、能く無辺の妙慧の光を発するが故に、忍辱波羅蜜多を行ず。謂はく、耐怨害忍《ナイヲンガイニン》*と安受苦忍*と諦察法*忍となり。闇鈍障を断し、勝流真如*を證す。謂はく、此の真如所流*の教法は、余の教法に於て、極めて勝れたりと為すが故に」と。

「華厳経*」に云はく、「一念の頃に於て、百千の三摩地を證し、浄天眼を以て諸仏国を見る。二つには百千の如来を見る。三つには百千の世界を動かし、身亦《また》能く彼の仏世界に往きて大光明を放つ。四つには化して百千の類と為《な》りて、普く他をして見しむ。五つには百千類の所化の有情を成就す。六つには若し身を留めんと欲はば百千劫住を得。七つには前後際百千劫の中の事を見る。八つには知見して能く百千法明門に入る。九つには化して百千の身と作《な》る。十には身に皆《みな》能く百千の菩薩の眷属を現す」と。然るに「仁王経」に依らば、三地の菩薩は夜摩天*の王と作《な》る。若しは*「華厳経」に三十三天王と作《な》るといふ。

第四に燄慧地とは、「仁王経*」に云はく、「若し菩薩、百億仏国の中に住し、兜率天*の王と作《な》りて百億の法門を修し、道品*を行じて一切衆生を化す」と。

「華厳経*」に云はく、「仏子菩薩摩訶薩、第四地に入らんと欲はば、当《まさ》に十法明門*を修行すべし。所謂《いはゆる》衆生界と法界と世界と虚空界と識界と欲界と色界と無色界と広大信解

三十三天　忉利天。→一一九頁

唯識論　巻九（正蔵三一・五一上）略抄。

勝定と大法の惣持と　勝定は四禅八定。大法の惣持は四種惣持、即ち菩薩の有する惣持の徳。法惣持（聞惣持とも）・義惣持・呪惣持・忍惣持の四。

耐怨害忍　三忍の一。他より迫害を加えられても能く忍耐して復讐の心なきこと。

安受苦忍　三忍の一。疾病・水火・刀仗等の苦に迫られても能く忍んで心を動かさぬこと。

諦察法忍　三忍の一。諸法の本体には生滅なきことを審かに観察して、その真実を了解し忍可すること。

勝流真如　十真如の一。

真如所流の　冠註「真如ヨリ流スル所ノ」と訓む。

華厳経　巻三十六、十地品第二十六之三（正蔵一〇・一九〇上）略抄取意。

夜摩天　六欲天の一。→一二〇頁三行

若しは…といふ　『凡聖界地章』にはこの後「二説不ㇾ同具引如ㇾ上」の一文あり。

―― iv　燄慧地 ――

仁王経　巻上（正蔵八・八二七上）。

兜率天　都支多天、覩史天とも。六欲天の一。→一二〇頁十行

道品　三十七道品。

華厳経　巻三十六（正蔵一〇・一八九下―一九〇下）略抄取意。

十法明門　法明とは諸法の事相を照し、義理を分別すること。明は智の意。

界と大心信解界とを観察す。此の十法明門を以て、燄慧地に入ることを得。此の菩薩の修行は、*身・受・心・法を観す。*未生と已生との不善法をば*生ぜざらしむると断するが故に。未生と已生との善法をば*生ぜしむると不失の故に。*信と進と念と定と慧との根力等と、*念覚分と択法《ちゃくほふ》と精進と喜と軽安と定と捨との等《ごと》き覚分と、*正見と正思惟と正語と正業と正命と正精進と正念と正定等との禅定・根力覚道を修す。四摂の法に於て同事偏多なり。十度の中には精進波羅蜜偏多なり。此の地には当《まさ》に夜摩天の王と作るべし」と。

「*唯識論」に云はく、「四に燄慧地は、最勝の*菩提分法に安住して、煩悩の薪を焼く、慧燄増の故なり。精進波羅蜜多を行ず。謂はく、被甲精進と摂善精進と利《り》楽《ラク》精進となり。微細煩悩現行障を断す。*第六識と倶なる*身見等に摂す。最下品の故に、不作意縁の故に。遠く随つて現行するが故に、説きて微細と名《なつ》く。彼れ四地の菩提分法を障《さ》ふ。四地に入る時に便ち能く永断す。初二三地には*施と戒と修とを行じ世間に相同す。四地には菩提分法を修得すれば、方《まさ》に出世と名く。故に、能く二身見等を永害す。*第七識と倶なる執我見等は、無漏道と性相《あひ》違するが故に、八地以去には方《まさ》に永く行ぜず。*無摂受真如を證す。謂はく、此の真如は繋属する所無し。我執等の依取する所に非ざるが故に」と。

「*華厳経」に云はく、「一念の頃に於て、百億の三摩地を證し、乃至身に皆《みな》能く百億の菩薩の眷属を現す」と。

身受心法　四念処。→一三八頁補「三十七菩提」

未生と已生と…　四正勤。

生ぜざらしむると断するが故に　慶本「生ニシ断セザラシムルガ故ニ」、冠註「生ゼザラシムルト断スルトノ故ニ」と訓む。

生ぜしむると不失の故に　慶本「生ジ失セザラシムルガ故ニ」、冠註「生ゼシムルト失セザルトノ故ニ」と訓む。

信と進と…　五根・五力。

念覚分と択法と…　七覚支。

正見と…正定　八正道。

唯識論　巻九―十(正蔵三一・五一上―五四中)の十地・十勝行・十重障・十真如を結合、略抄。

菩提分法　道品。

第六識　意識。

身見　我我所見。

施と戒と修　修は忍辱。

第七識　末那識。

無摂受真如　十真如の一。

華厳経　巻三十六(正蔵一〇・一九〇下)取意略抄。

「仁王」「華厳」の二説は上の如し。

第五に難勝地とは、「*仁王経」に云はく、「若し菩薩、千億仏国の中に住し、*化楽天王と作《な》りて千億の法門を修す、二諦・四諦・八諦をもて一切衆生を化す」と。

「*華厳経」に云はく、「仏子菩薩摩訶薩、第五地に入らんと欲はば、当《まさ》に十種の平等清浄心を以て趣入すべし。所謂《いはゆる》過去仏法平等、未来仏法平等、現在仏法平等、戒平等、心平等、除見疑悔平等、道非道智平等、修行知見平等、一切菩提分法上上観察平等、教化衆生清浄心平等に於てなり。此の十種の平等清浄心を以て、第五地に入ることを得。此の菩薩は、如来の護念を受くるが故に、不退転の心を得て、実の如く、此れは是れ苦聖諦・集聖諦・滅聖諦・道聖諦なりと知る。善く世俗諦と第一義諦とを知る。此の菩薩は、衆生を利益せむが為の故に、*世間の伎芸、*該習せざること靡《な》きなり。四摂法を行ず。十度の中には禅波羅蜜偏多なり。多く兜率天の王と作《な》る」と。

「*唯識論」に云はく、「五に極難勝地は、真俗両智の行相互ひに違するを、合して相応せしむること、極めて難勝なるが故に、静慮波羅蜜多を行ず。謂はく、安住静慮と引発静慮と辨事静慮となり。下乗般涅槃障を断す。生死を厭ひ、*涅槃を楽趣し、下二乗の厭苦《えんく》欣滅《ごんめつ》に同ぜしむ。彼れは五地の無差別の道を障《さ》ふれば、五地に入る時に便ち能く永断して、*類無別真如を證す。謂はく、此の真如は類に差別無し、眼等の類に異有るが如くには非ざるが故に」と。

「*華厳経」に云はく、「一念の頃に於て、千億の三摩地を證し、浄天眼を以て諸仏国を

―v　難勝地―

仁王経　巻上(正蔵八・八二七上)。
化楽天　↓一二〇頁十七行
華厳経　巻三十六(正蔵一〇・一九一中―一九二下)取意略抄。

世間の伎芸　声明・算数・図画・方薬・歌舞音楽の類をいう。
該習　該は何事にもよく行渡ること。
唯識論　巻九―十(正蔵三一・五一上―五四中)の十地・十勝行・十重障・十真如を結合、略抄。
涅槃を楽趣し…同ぜしむ　慶本・冠註「楽(がね)ツテ涅槃ニ趣カシムルコト、下ノ二乗ノ苦ヲ厭ヒ滅ヲ欣ブニ同ナリ」と訓む。
類無別真如　十真如の一。
華厳経　巻三十六(正蔵一〇・一九二下)取意。

見る。二つには千億の如来を見る。三つには千億の世界を動かし、身亦《また》能く彼の仏世界に往きて大光明を放つ。四つには化して千億の類と為《な》りて、普《あまね》く他をして見しむ。五つには千億類の所化の有情を成就す。六つには若し身を留めんと欲はば、千億劫に住することを得。七つには前後際の千億劫の中の事を見る。八つには知見して能く千億の法明門に入る。九つには化して千億の身と作《な》る。十には身に皆《みな》能く千億の菩薩の眷属を現す」と。

教に二説有り。具《つぶ》さに引くこと前《さき》の如し。

第六に現前地とは、「*仁王経」に云はく、「若し菩薩、十万億仏国の中に住し、*他化自在天王と作《な》りて十万億の法門を修す。*十二因縁智をもて一切衆生を化す」と。「*華厳経」に云はく、「仏子菩薩摩訶薩、第六地に入らんと欲はば、当に十平等の法を観察すべし。所謂《いはゆる》無相の故に平等なり。無体の故に、無生の故に、無滅の故に、本来清浄の故に、無戯論の故に、無取捨の故に、寂静の故に、幻夢影響等の如くなるが故に、有無不二なるが故に。是くの如く、一切の法は自性清浄なりと観して、随順して違すること無くして、現前地に入ることを得。此の菩薩は、大悲を以て首《はじめ》として世間の生滅を観す。謂はく、業を田とし、識を種とし、無明の闇覆《ヲンフク》、愛水を潤とし、我慢漑灌《ガイくわん》し見網増長して、名色の牙を生ず。名色増長して五根を生ず。諸根相対して触を生ず。乃至終没を死とす。是くの如きの十種をもて順逆に諸の縁起を観し、*三脱門を修す。此の地の中に住して般若波羅蜜偏多なり。多く*善化天王と作《な》る」と。

― vi 現前地 ―

仁王経 巻上(正蔵八・八二七上)。
他化自在天 ↓一二一頁六行
十二因縁智 十二因縁を観じて染浄なしと観ずる智。
華厳経 巻三十七、十地品第二十六之四(正蔵一〇・一九三下)取意略抄。
三脱門 三解脱門。
善化天王 冠註「楽変化天ノ別名也」と注記。楽変化天は化楽天のこと。

「*唯識論」に云はく、「六に現前地、縁起智に住して、無分別の最勝の般若を引きて現前せしむるが故に、般若波羅蜜多を行ず。謂はく、*生空の無分別の慧と、法空の無分別の慧と、*倶空の無分別の慧となり。麁相現行障を断して、*無染浄真如を證す。謂はく、此の真如は本性無染にして、亦後方《のちまさ》に浄と説くべからざるが故に」と。

「*華厳経」に云はく、「一念の頃に於て、百千億の三摩地を證して、浄天眼を以て諸仏国を見る。二つには百千億の如来を見る。三つには百千億の世界を動かし、身も亦能く彼の仏世界に往きて大光明を放つ。四つには化して百千億の類と為《な》りて、普く他をして見しむ。五つには百千億類の所化の有情を成就し、六つには若し身を留めんと欲はば、百千億劫に住することを得。七つには前後際の百千億劫の中の事を見る。八つには知見して能く百千億の法明門に入る。九つには化して百千億の身と作《な》る。十には身に皆《みな》能く百千億の菩薩の眷属を現す」と。

二文の不同、具《つぶ》さに引くこと上の如し。

第七に遠行地とは、「*仁王経」に云はく、「若し菩薩、百万億仏国の中に住して、初禅の王と作《な》りて百万億の法門を修す。*方便智と*願智とをもて一切衆生を化す」と。

「*華厳経」に云はく、「仏子菩薩摩訶薩、第七地に入らんと欲はば、当に十種の方便慧を修すべし。謂はく、*空・無相・無願三昧等を修するなり。是くの如きの十種の方便慧は、殊勝の行を起して第七地に入ることを得。第六地より来りて能く滅定に入る。今此の地に住しては、能く念念に入り、念念に起《タ》ちて作證せず。*大方便を以て生死に

唯識論　巻九―十(正蔵三一・五一上―五四中)の十地・十勝行・十重障・十真如を結合、略抄。

生空　衆生空の略。我空・人空とも。

倶空　我法の二執著を離れ、その離れた無執著も離れて、執と空とともに滅し、諸法の本性に契うことという。

無染浄真如　十真如の一。

華厳経　巻三十七(正蔵一〇・一九五中)取意。

vii　遠行地

仁王経　巻上(正蔵八・八二七上)。

方便智　方便の法に達する智。また方便を行ずる智。

願智　願の如く生じ来る妙智という。

華厳経　巻三十七(正蔵一〇・一九六上―一九八上)略抄取意。

空・無相・無願三昧　三三昧。我我所の空を観じ(空三昧)、空なるが故に差別の

示現すと雖も、恒に涅槃に住す。眷属囲繞《けんぞくゐねう》すと雖も常に遠離を楽《ねが》ふ。願力を以て三界に生を受くと雖も、世法の為に染せられず。仏境界を得と雖も、魔の境界を示現し外道に示同し、如実三昧の智慧光明を獲て随順し修行すること、一切の二乗、能く及ぶこと有ること無し。悉く能く一切衆生の諸惑の*泥淹《デイエム》を乾竭《カンカツ》す。十度の中には方便波羅蜜偏多なり。多く自在天王と作《な》る」と。

「*唯識論」に云はく、「七には遠行地とは、無相住の功用の後辺に至りて、世間と二乗との道を出過するが故に、方便善巧波羅蜜多を行ず。謂はく、廻向方便善巧と、抜済方便善巧となり。*細相現行障を断す。彼れ*七地の妙無相の道を障《さ》ふれば、七地に入る時に便ち能く永断す。斯れに由つて七地に二愚と及び彼の麁重とを断すと説く。一つには細相現行愚、即ち是れ此の中に生有りと執する者《もの》なり。猶《なほ》し流転の細の生相を取るが故に。二つには純作意勤求無相愚、即ち是れ此の中に滅有りと執する者《もの》なり。尚し還滅《ぐゑんめち》の細の滅相を取るが故に。純《もはら》、無相に於て作意し勤求して、未だ空の中に有の勝行を起すこと能はず。*法無別真如を證す。謂はく、此の真如は、多の教法を種種に安立すと雖も、而も異無きが故に」と。

「*華厳経」に云はく、「一念の頃に於て百千億那由他の三摩地を證す。浄天眼を以て諸仏を見る。乃至身に皆《みな》能く百千億那由他の菩薩の眷属を現す」と。

教に二説有り、具さに引くこと前の如し。

第八に不動地とは、「*仁王経」に云はく、「若し菩薩、百万微塵数の仏国の中に住して、

相なきを観じ(無相三昧)、無相なるが故に願求すべきことなしと観ずる(無願三昧)。

大方便 仏菩薩が衆生を済度する広大な方便。

泥淹 淹は水涯。『凡聖界地章』は淹を潦に作る。

唯識論 巻九―十(正蔵三一・五一上―五四中)の十地・十勝行・十重障・十真如を結合、略抄。

細相 有為法には一刹那に生・住・異・滅の四相を具することを細の四相、四有為相という。

七地 底本「七境」、慶本・冠註による。

法無別真如 十真如の一。

華厳経 巻三十七(正蔵一〇・一九六上)取意。

―― viii 不動地 ――

仁王経 巻上(正蔵八・八二七上)。

*二禅の梵王と作《な》り、百万微塵数の法門を修し、*雙照《そうせう》の方便神通智をもて一切衆生を化す」と。

「*華厳経」に云はく、「仏子菩薩摩訶薩、一切の心意識の分別を離れ、一切法の如虚空性に入るを無生法忍と名《なづ》く。此の忍を成就して不動地に入ることを得。此の菩薩摩訶薩は、菩薩心・仏心・菩提心・涅槃心、尚《なほ》し現起せず。況《いは》んや復《また》世間の心を起せむや。此の菩薩は、本願の故に、諸仏世尊其の前に現して言はく、善哉善哉《よいかなやよいかなや》、善男子、此の忍は第一にして諸仏の法に順す。然るに我等が所有の十力、四無畏、十八不共の諸仏の法をば、汝今未だ得ず。成就せんと欲ふが為には、勤めて精進を加へて復《また》放捨すること勿《な》く、*此の忍門に住すべし。乃至*第七までに勧《すす》め已《をは》つて、一念の頃に於て生ずる所の智業、若しは不可説の三千大千世界の、衆生の身の信解の差別に随ひて、普く其の中に於て受生を示現し、教化し成就す。*十度の中には願波羅蜜偏多なり。多く大梵天王と作《な》り、千世界に王たり」と。

「*唯識論」に云はく、「八に不動地とは、無分別智、*任運に相続して、相用の煩悩に動ずること能はざるが故に、願波羅蜜多を行ず。謂はく、求菩提の願と利楽他の願となり。無相中作加行障を断す。無相観をして任運に起せざらしむるなり。前の五地には、有相観は多く無相観は小《すくな》し、第六地に於ては、有相観は小《すくな》く無相観は多し。第七地の中には、純無相観、恒に相続すと雖も、而も加行有り。無相の中に加行有るに由るが故に、未だ任運に相及び土を現すること能はず。是くの如きの加行は八地の中の*無功

二禅の梵王　この梵王は大梵天王ではなく、色界諸天の総称か。
雙照　真俗二諦。
華厳経　巻三十八、十地品第二十六之五（正蔵一〇・一九九上-二〇一上）略抄取意。
此の忍門　無生法忍。
第七までに勧め　応趣果徳勧・慇念衆生勧・令憶本誓勧・訶同二乗勧・指事令成勧・勿生止足勧・悉応通達勧。
十度　→一九一頁「十勝行」注
唯識論　巻九―十（正蔵三一・五三上-五四中）の十地・十勝行・十重障・十真如を結合、略抄。
任運　自然に同じ。
無功用　自然のままで何等の造作を加えぬこと。

二の自在　相と土の自在。
生空の智果　第六識の生空の無分別智と後得智という。
不増減真如　十真如の一。

華厳経　巻三十八(正蔵一〇・二〇一上)取意。

ix　善慧地

仁王経　巻上(正蔵八・八二七上)。
四無碍智　四無碍解・四無碍弁とも。↓一八三頁注
仏子菩薩摩訶薩…　『華厳経』巻三十八(正蔵一〇・二〇三上―二〇四上)略抄取意。
法輪を転し　仏の教法を説くこと。
本願力　仏菩薩が因位に立てた誓願の力。

用の道を障《さ》ふるが故に。若し第八地に入ることを得る時には、便ち能く永く彼を断す。永く断するが故に二*の自在を得。八地已上は、純無漏道、任運に起するが故に、三界の煩悩永く現行せず。第七識の中の細の所知障は猶し現起すべし。生*空の智果、彼に違せざるが故に、不*増減真如を證す。謂はく、此の真如は増減の執を離れて、浄染に随ひて増減有るにあらざるが故に。即ち此れを亦は相士自在所依真如と名《なづ》く。謂はく、若し此の真如を證得し已《をは》らば、相を現し、土を現すること、倶に自在なるが故に」と。

「華*厳経」に云はく、「一刹那の頃に百万三千世界微塵数の三摩地を證す、乃至菩薩の眷属あり」と。

二経の不同、具さに引くこと上の如し。

第九に善慧地とは「仁*王経」に云はく、「若し菩薩、百万億阿僧祇微塵数の仏国の中に住し、三禅の大梵王と作《な》り、百万億阿僧祇微塵数の法門を修す。四*無碍智をもて一切衆生を化す」と。

「華厳経」に云はく、「仏*子菩薩摩訶薩、広大の神通を具して差別の世界に入らんと欲はば、力無畏・不共法を修し、諸仏に随つて法*輪を転し、大悲本*願力を捨てず。第九の善慧地に入ることを得」と。

此の地には大法師と作《な》りて法師行を具す。善《よ》能く如来法蔵を守護し、無量の善巧智を以て四無碍解を起し、菩薩の言辞を用ゐて法を演説す。此の菩薩は、四無碍を起すこと、蹔くも捨離すること無し。何等をか四とする。謂はく、法と義と詞と楽説との無

碍智なり。法は諸法の自相を知り、義は諸法の別相を知り、詞は無錯謬を知り、楽説は断尽無し。仮使《たとひ》不可説の世界の所有の衆生に、一刹那の間に皆無量の言音を以て問難を興すこと各各不同ならしむとも、菩薩、一念の頃に於て悉く能く領受して、仍《なほ》し一音を以て、普く為に解釈して、各《おのおの》心楽に随つて歓喜を得しむるなり。十度の中には力波羅蜜最勝なり。多く二千世界主の大梵王と作《な》る。

「*唯識論」に云はく、「九には善慧地、微妙の四無碍解を成就して、能く十方に遍して、善く説法するが故に、力波羅蜜を行ず。謂はく、思択《しちやく》力と修習力となり。利他中不欲行障を断す。利楽有情界の事の中に於て、勤行を欲《ヲモ》はず、楽《ねが》ひて已利を修せしむる、彼は九地の四無碍解を障ふれば、九地に入る時に便ち能く永断して、*智自在所依真如を證す。謂はく、若し此の真如を證得し已《な》ば、無碍解に於て、自在を得るが故に」と。

「*華厳経」に云はく、「一念の頃に於て、百万阿僧祇国土の微塵数の三摩地を證し、浄天眼を以て諸仏国を見る。二には百万阿僧祇国土の微塵数の如来を見る。乃至百万阿僧祇国土の微塵数の菩薩を示現して以て眷属とす。若し菩薩殊勝の願力を以て自在に示現することは此の数に過ぎたり。乃至百千億那由他劫にも数知すること能はず」と。

教に二説有り。具さに引くこと前の如し。

第十に法雲地とは「*仁王経」に云はく、「若し菩薩、不可説不可説の仏国の中に住し、第四禅天の王と作り、三界の主として、不可説不可説の法門を修して、*理尽三昧を得、仏の行処に同じく、*三界の源を尽して、一切衆生を教化す」と。

唯識論　巻九―十（正蔵三一・五一上―五四中）の十地・十勝行・十重障・十真如を結合、略抄。

智自在所依真如　十真如の一。

華厳経　巻三十八（正蔵一〇・二〇四上）取意。

―― **x　法雲地** ――

仁王経　巻上（正蔵八・八二七上）。
理尽三昧　極理を照解する禅定という。
三界の源　唯識でいえば第八識。

「*華厳経」に云はく、「仏子、初地より乃《いま》し第九地に至りて、是くの如きの無量の智慧を以て、観察し已《をは》つて、善く思惟し修習し観察して、善く*白法を満足し、無辺の*助道法を集め、大福徳智慧を増長し、広く大悲を行じ、世界の差別を知り、*衆生界の稠林に入り、如来の所行の処に入りて、如来に随順する寂滅の行を證し、常に如来の力、無畏、不共の仏法を観察するを、名《なづ》けて*一切種・一切智智の*受職の位を得とす。乃至、仏子、此の地の菩薩は、自願力を以て、大悲の雲を起し大法の雷を震ふ。*通と*明と無畏とを以て電光とし、福徳智慧を密雲とす。種種の身を現し、周旋往反して、一念の頃に於て、普く十方の百千億那由他世界の微塵の国土に遍して、*大法を演説し、魔怨を摧伏《ざいぶく》す。復《また》此の数に過ぎて、微塵の国土に於て、諸衆生の心の所楽に随ひ、甘露の雨を霔《そそ》いで、一切の衆惑の塵𦦨を滅除す。是の故に此の地を名けて法雲とす。乃至、此の地には多く*摩《ま》醯首羅《けいしゅら》天王と作《な》り、法に於て自在にして能く衆生・声聞・独覚、一切の菩薩に*波羅蜜の行を*受けしむ。法界の中に於て、所有の問難に能く屈すること無き者なり。*布施・愛語・利行・同事の所作の諸業、皆《みな》仏法僧を念することを離れず、乃至、一切種・一切智智を具足せんと念することを離れず」と。

「*唯識論」に云はく、「十に法雲地とは、*大法の智雲、*衆徳の水を含す。*空の如く蔽《ヲホ》ひ、麁重、法身に充満するが故に、智波羅蜜多を修す。謂はく、受用法楽智と成就有情智となり。諸法中の未得自在障を断す。謂はく、所知障の中の倶生の一分なり。諸法に於て自在を得ざらしむ。彼れ、十地の大法智雲、及び含蔵する所の*所起の事業を障《さ》ふ。

華厳経　巻三十九、十地品第二十六之六(正蔵一〇・二〇五上―二〇八下)略抄。

白法　仏所説の教法。黒法(外道の説、または煩悩)の対。

助道法　観法・果徳を助ける道法。

衆生界の稠林　稠林は密茂せる林。衆生の煩悩邪見の繁きをいう。これに心・煩悩・業・根・解・性・楽欲・随眠・受生・習気相続・三聚差別の十一稠林があるという。

一切種一切智智の…得とす　慶本・冠註は「一切種一切智智ヲ得ル受職ノ位トス」と訓む。

受職　法を伝えること。

通　通力・神通。

明　慧の別名。

大法　仏の教法の尊称。

摩醯首羅天王　大自在天。↓五五頁「自在天」注

波羅蜜　波羅蜜多。到彼岸・度・度無極・事究竟と訳す。

受　『華厳経』『凡聖界地章』は「授」。

布施・愛語…　四摂法(↓一八五頁注)。

唯識論　巻九―十(正蔵三一・五一上―五四中)の十地・十勝行・十重障・十真如を結合、略抄。

大法の智雲　真如を縁ずる智恵。

衆徳の水　惣持・三昧をいう。

空の如く蔽ひ麁重　冠註「空ノ如ナル麁重ヲ蔽ヒ」と訓む。

所起の事業　智雲の起す神通。

十地に入る時に便ち能く永断す。斯れに由つて、十地に二愚及び彼の麁重を断すと説く。一つには大神通愚、即ち是れ此の中の所起の事業を障《さ》ふる者なり。二つには悟入微細秘密愚、即ち是れ此の中の大法智雲と及び所含蔵とを障ふる者なり。此の地には法に於て自在を得《う》と雖も、而も余障有りて未だ最極とは名《なづ》けず。*業自在等所依真如を證す。謂はく、若し此の真如を證得し已れば、普く一切の神通の作業と惣持と定門とに於て皆自在なるが故に」と。

「*華厳経」に云はく、「菩薩、復是《またこ》の念を作《な》さく、我れ一切衆生に於て、首為《タ》り勝と為《な》る。若し勤めて精進を加ふれば、一念の頃に於て、十不可説百千億那由他の仏刹微塵数の三昧を得、乃至爾所《そこハク》の微塵数の菩薩を示現し、以て眷属とす。若し菩薩の殊勝願力を以て、自在に示現せむことは此の数に過ぐ。若しは修行、若しは荘厳、若しは信解、若しは所作、若しは身、若しは語、若しは光明、若しは諸根、若しは神変、若しは音声、若しは行処、乃至百千億那由他劫にも数知すること能はず」と。

五には究竟位。

究竟位とは「*十地経」に云はく、「妙浄土有り。三界を出過せり。十地の菩薩、当《まさ》に其の中に生ずべし」と。

「*瓔珞経」に云はく、「三僧祇を満する十地の菩薩、四禅の上の大自在宮に於て、百劫に*相好を修し、千劫に威儀を学し、万劫に*変化を学して、将に正覚を成ぜんとするに、

業自在等所依真如　十真如の一。

華厳経　巻三十九(正蔵一〇・二〇八下)。

5　究竟位

十地経　『十地経論』二巻、姚秦、竺仏念訳。菩薩四十二位の名義行業及び菩薩戒等を説いたもの。引文は、巻十二、法雲地第十(正蔵二六・一九三下)取意か。

瓔珞経　『菩薩瓔珞本業経』巻上、賢聖学観品第三(正蔵二四・一〇一六下)取意。

相好　三十二相・八十種好。

*蓮坐に昇る等」と。

「*華厳経」に云はく、「仏子菩薩摩訶薩、受職地に入りて、即ち百万阿僧祇の三昧、皆《みな》現在前することを得。其の最後の三昧をば受一切智勝職位と名《なづ》く。此の三昧現前する時に、*大宝蓮花有りて、忽然として出生せり。其の花広大にして、量百万三千大千世界に等し。衆の妙宝を以て*間錯《けんしゃく》し荘厳せり。一切世間の境界に超過せり。出世の善根の生起する所なり。恒に光明を放ちて、普く法界を照す。諸の天処の能く有る所に非ず。*毘瑠璃と*摩尼宝とを茎《クキ》とし、*栴檀王を台とし、*馬瑙を鬚とし、*閻浮檀金《えんぶだごん》を葉とし、衆宝を蔵とし、宝網弥覆せり。十三千大千世界の微塵数の蓮花を以て眷属とす。爾《そ》の時に菩薩、此の花座に坐す。身相の大小、正しく相称可《あひカナ》へり。無量の菩薩を以て眷属とし、各余花に坐して、周匝《しゆさふ》し囲遶《ゐねう》せり。一一に各《おのおの》百万三昧を得、*大菩薩に向ひて一心に瞻仰《せんかう》す。

仏子、此の大菩薩と、幷びに其の眷属の花座に坐す時に、所有の光明及以《および》言音、普く皆《みな》十方法界に充満す。一切世界咸《みな》悉く震動して悪趣休息《くそく》し、国土厳浄なり。同行の菩薩、来集せざること靡《ナ》し。仏子、此の菩薩、花座に坐する時に、両足の下より光を放ちて、普く十方の諸の大地獄を照す。両の膝輪《シツりん》より光を放ちて、普く十方の諸の畜生趣を照す。斉《ほぞ》の中より光を放ちて、普く十方の閻羅王界を照す。左右の脇より光を放ちて、普く十方の人趣を照して皆《みな》衆苦を滅す。両手の中より光を放ちて、普く十方一切の諸天、阿修羅を照す。両肩の上より光を放ちて、普く十方一切の声聞を照す。其

変化　形を変じて種々の相をあらわすこと。

蓮坐　蓮華座。仏菩薩の坐する蓮華の台座。

華厳経　巻三十九（正蔵一〇・二〇五中―二〇六上）略抄取意。

大宝蓮花　珠宝より成れる大蓮華。

間錯　まじる。

毘瑠璃　瑠璃。

摩尼宝　珠宝。

栴檀王　香木。

馬瑙　瑪瑙。七宝の一。

閻浮檀金　金。

大菩薩　不退位に到れる菩薩という。

の項背より光を放ちて、普く十方の辟支《ひやくし》仏の身を照す。其の面門*より光を放ちて、普く十方の初始発心より乃至九地の諸の菩薩を照す。両の眉間より光を放ちて、普く十方の受職の菩薩を照す。其の頂上より百万阿僧祇三千大千世界の微塵数の光明を放ちて、普く十方一切世界の諸仏如来の道場衆会*を照し、諸の摩尼《まに》を雨ふらして、以て供養を為《ナ》す。復《また》十方を繞《めぐ》ること十匝《さふ》を経《へ》已《をは》りて、諸如来の足下より入る。

爾の時に諸仏、某の世界の中の某の菩薩摩訶薩、受職の位に到れりと知りたまへり。眉間より清浄の光明を出《い》だしたまふを、増益一切智神通と名《なづ》く。普く尽虚空遍法界*を照し已りて、此の菩薩の会上に来至して、周匝し右に繞りて荘厳を示現し已りて、大菩薩の頂上より入る。

爾の時に菩薩、百万の三昧を得《え》、名けて已得受職位の境界とす。十力を具足して、仏の数に随在しぬ。若しは身と座と倶に世界に遍せり」と。

「唯識論*」の究竟位の頌に云はく、

此れ即ち無漏なり界なり　不思議なり善なり常なり
安楽なり解脱身なり　大牟尼*なるを法と名く

此れ*は、謂はく、此の前の菩提・涅槃の二転依*の果なり。即ち是れ究竟の無漏界の摂なり。諸漏永く尽きて、漏*の随増するに非ず、性浄く円明なり。故に無漏と名く。界といふは、是れ蔵の義なり。此れが中に無辺の希有《けう》の大功徳を含容す。故に清浄法界と四智心品*とは、滅道諦の摂なり。故に唯《ただ》無漏なり。謂はく、仏の功徳と及び身と土

面門　口。

衆会　諸衆の会合。

尽虚空遍法界　尽虚空は竪に尽未来際というのにたいして、横に尽虚空界という。遍法界は法界に周遍する意。辺際なき虚空・法界をいう。

唯識論　巻十(正蔵三一・五七上)。

大牟尼　牟尼は寂黙・仁・仙・智者と訳す。大牟尼は無上寂黙の法を成就した人の意、釈尊のこと。

此れは謂はく…　『唯識論』巻十(正蔵三一・五七上―五八下)略抄取意。

転依　↓一七八頁注

漏　煩悩の異名。

四智心品　唯識にいう四智相応の心品。

四智↓一七五頁注

無漏種性　阿頼耶識の中に具わっている菩提を証得する因となるべき種子性分をいう。

十八界　六根・六境・六識。

白法　→二〇五頁注

体と依と聚と…　下文参照。

五の法　清浄法界(真如)と四智。

との等《ごと》きは、皆《みな》是れ*無漏種性の所生なり。故に仏身の中の*十八界の等《ごと》きは、皆悉く具足して純《もはら》に無漏なり。此の転依の果は又《また》不思議なり。尋思と言議との道を超過するが故に、此れ又《また》是れ善なり。*白法の性なるが故に、清浄の法界なり。生滅を遠離して極めて安穏なるが故に、四智心品は妙用無方にして極めて巧便なるが故に、二種皆《みな》順益の相有るが故に、不善に違するが故に、倶に説きて善とす。此れ又是れ常なり、尽期無きが故に。清浄法界は生も無く滅も無し、性変易《へんやく》無きが故に説きて常とす。四智心品は、所依常なるが故に、断も尽も無きが故に、亦説きて常とす。自性常には非ず、因より生ずるが故に。此れ又安楽なり。逼悩無きが故に、清浄法界は衆相寂静なり。故に安楽と名く。四智心品は永く悩害を離る。故に安楽と名く。二乗所得の二転依の果は、唯《ただ》し永く煩悩障の縛を遠離し、殊勝の法無し。故に、但し解脱身と名く。大覚世尊は、無上の寂黙の法を成就するが故に、大牟尼《むに》と名く。此の牟尼尊の所得の二果は、永く二障を離れたれば、亦は法身と名く。無量無辺の力と無畏との等《ごと》きの大功徳の法に荘厳せられたるが故に、*体と依と聚との義をもて、惣じて説きて身と名《なつ》く。故に、此の法身は*五の法をもて性とす。浄法界を独り法身と名くるには非ず。二転依の果をば、皆此れに摂せらるるが故に。是くの如きの法身に三相の別有り。

一に自性身は、謂はく、諸の如来の真浄の法界なり。受用と変化との平等の所依なり。大功徳法の所依止なるが故に。

二に受用身は、此れに二種有り。一つには自受用、謂はく、諸の如来の三無数劫に無量の福と慧との資糧を修集して、起したまへる所の無辺の真実の功徳と、極めて円《まどか》に浄き常遍の色身となり。相続して湛然《たんねん》として、未来際を尽して、恒に自《みづか》ら広大の法楽を受用す。二つには他受用、謂はく、諸の如来の平等智に由つて、微妙の浄功徳の身を示現して、純《もはら》の浄土に居して、十地に住したまへる諸の菩薩衆の為に大神通を現し、正法輪を転して、衆の疑網を決して、彼に大乗の法楽を受用せしむるなり。此の二種を合して受用身と名く。

三に変化身は、謂はく、諸の如来の*成事智に由つて、*無量の随類の化身を変現して、浄穢土に居して、*未登地の諸菩薩衆と二乗と異生との為に、彼の根の宜に称《かな》ひて通を現し、法を説きて、各《おのおの》に諸の利楽の事を獲得せしむるなり。

然るに仏の三身は、即ち五法なるが故に、所證の真理は謂はく、即ち法身なり。四智の菩提は、即ち報身なるが故に。受用と変化とは、大悲力の故に利他なり。無漏の因縁成就せり。*三身三土に或いは異或いは同あり、大小勝劣して前後改転あり。浄穢報化の漏・無漏の摂なり。性・相の身土の差別無辺なり。諸教の中に広く顕示するが如きが故にと。

此の北宗は、唯識と二諦との二の義を以て、深極の秘要とす。故に、略して大綱を出《い》ださん。*慈恩法師の「*唯識義」に云はく、

成事智　成所作智。四智(↓一七五頁注)の一。

無量の…変現して　慶本・冠註「変現シタマヘル無量ノ随類ノ化身ナリ」と訓む。

未登地　三賢・四善根。未だ初地に登らぬもの。

三身三土　三身は自性身・受用身・変化身。三土は法性土(自性身の土)・受用土(報身受用の土)・変化土(変化身所居の土)。

法相宗義の大綱

慈恩法師　窺基(六三二―六八二)。唐、長安の人。玄奘の弟子。六五四年より大慈恩寺に止住、玄奘と共に訳経に従事、『成唯識論』十巻を完成、更にその旨を受け『唯識二十論述記』二巻を著わす。『大乗法苑義林章』七巻等、多くの著述があり、百本の疏主と称せられた。法相宗の開祖。

唯識義　『大乗法苑義林章』巻一、唯識義林第三(正蔵四五・二五八中―二五九上)。以下二一六頁九行目まで引文。

1　所観の唯識

遍計所執　遍計所執性。三性の一。↓一九〇頁注

情有理無　情は凡夫の妄計をいう。

依他　依他起性。三性の一。↓一九〇頁「依他起」注

円成　円成実性(↓一九〇頁注)。三性の一。

二智　無分別智と後得智。

無著　北インド犍駄羅国の婆羅門の家に生れる(推定生存年代三一〇―三九〇頃)。弟に世親(↓一四八頁注)がいる。はじめ小乗

第一に出体とは、此れに二種有り。一には所観の体、二には能観の体なり。

所観唯識は、一切の法を以て自体とす。通じて有無を観して唯識とするが故に。略して五重有り。

一には遣虚存実識《けんこぞんじちしき》。*遍計所執《へんけしょしふ》は唯《ただ》虚妄の起にして、都《すべ》て体用無しと観して、応《まさ》に正しく空と遣《や》るべし。*情有理無の故に。*依他と*円成とは諸法の体実にして、*二智の境界なりと観して、応に正しく有と存すべし。理有情無の故に。*無著の頌に云はく、

*名と事と互に客《キャク》と為《ナ》り　其の性*尋思《じんし》すべし
*二に於て亦当《まさ》に推すべし　*唯量と及び*唯仮となり
*実智は*義は無くして　唯*分別の三のみ有りと観す
彼れ無きが故に此れ無し　是れ即ち三性に入るなり

「*成唯識」に言はく、「識の言は、惣じて一切の有情に各*八識と、*六位の心所と、*所変の相見と、*分位の差別と、及び彼の空理に顕はるる真如と有りといふことを顕はす。*識が自相なるが故に、識と相応するが故に、二が所変なるが故に、三が分位なるが故に、四が実性なるが故に。是くの如きの諸法は皆《みな》識に離れざるをもて、惣じて識の名を立つ。唯の言は、但《ただ》し愚夫の所執の定めて諸識に離れて実《まこと》に色等有りといふを遮す」といへり。

是くの如き等の文、誠證非一なり。無始より来《このかタ》、我と法とを執して有とし、事理を撥

化地部に出家したが、賓頭盧に遇って小乗の空観を受け、さらに弥勒に従って大乗の空観を受け、大乗諸経論の義を探つて、瑜伽・唯識の教を唱え、その大成者として知られる。著書は『摂大乗論』『金剛般若論』その他。下の頌は、『摂大乗論』本巻中、入所知相分第四(正蔵三一・一四三下)。

名と事と　能詮の名と所詮の事(義)と。諸法の名・義・自性・差別をいう。

尋思　四尋思観(→一八六頁注)をもって空ずること。**二**　自性と差別。

量　心識の作用、所・能・果の三量。

仮　虚仮・権仮の義。

実智　四如実智観(→一八六頁注)。

義　所取の境。

分別の三　名分別・自性仮立分別・差別仮立分別の三。

成唯識　巻七(正蔵三一・三九下)。

八識　眼・耳・鼻・舌・身・意・末那・阿頼耶の八識。

六位の心所　心王に従属して起る心の作用(心所)をその性質より六類に分けたもの。五遍行・五別境・十一善・六煩悩・二十随煩悩・四不定の六位五十一心所。

所変の相見　四分の一、相分と見分。四分は、唯識にて心・心所の認識作用の分限を相分・見分・自証分・証自証分の四に分けたもの。

分位の差別　分位は仮立の法を示す語。差別の上の位をいう。唯識では二十四心不相応行法を立てる。

識が自相なるが故に…　五種の唯識を明す。八識心王を識の自相の唯識、五十一

して空と為すに由るが故に、此の観の中に、遣とは空観なり、有執を対破す。存とは有観なり、空執を対遣す。今《いま》空有を観して而も有と空とを遣る。有空若し無くは、亦《また》空有も無かるべし。彼の空と有と相待して観成ずるを以てなり。純有・純空ならば、誰が空・有にかゝあらむ。故に、*離言の法性に證入せんと欲はば、皆須《すべか》らく*此の方便に依つて入るべし。有空皆《みな》即ち決定せりと謂ふには非ず。真観を證する位には有にも非ず、空にも非ず。法は分別の性無し、離言なるが故に。要《かなら》ず空を観して方《まさ》に真を證すと説くことは、謂はく、要《かなら》ず彼の遍計所執の空を観して門とするが故に、真性に入る。真の体は空に非ず。此の唯識の言は、既に所執を遮す。若し実に*諸識有りて唯なるべしと執せば、既に是れ所執なり。亦《また》除遣すべし。此れ最初の門の所観唯識なり。*一切の位に於て思量し修證すべし。

二には捨濫留純識。事と理とは皆識に離れずと観すと雖も、然《しか》も、此の*内識に境有り、心有り。心の起には必ず内境に託して生ずるが故に、但《ただ》識をのみ唯と言ひて、唯境とは言はず。

「*成唯識」に言はく、「識は唯し内にのみ有《ア》り。境は亦《また》外にも通ず。外に濫せむことを恐るるが故に、但《ただ》唯識と言ふ。又諸の愚夫は、境に迷執して、煩悩と業とを起して、生死に沈淪して*心を観して出離を勤求《ごんぐ》することを解《さと》らず。彼を哀愍するが故に、唯識の言を説きて、自《みつか》ら心を観して生死を解脱せしむ。内境も外の如く都《すべ》て無なりと謂ふとには非ず」と。

心所を識相応の唯識、十一色（五根・五境・無表色或は法処所摂色）を識所変の唯識、二十四心不相応行法を識の分位の唯識、六無為法（虚空・択滅・非択滅・不動・想受滅・真如）を識の実性の唯識という。

離言の法性　離言真如。依言真如の対。真如の不可説にして思慮言説を超える側面に名づける。無相平等の如々の理体とも。

此の方便　遣存虚実の方便。

諸識有りて唯なるべしと　慶本・冠註「諸識ノ唯ナル可キ有リト」と訓む。

一切の位　資糧等の五位。

内識　外境の対。心識をいう。

成唯識　『唯識論』巻十（正蔵三一・五九上）。

心を　慶本「心ナリト」、冠註「心ノミト」と訓む。

境は濫有るに由つて、捨てて唯と称せず。心の体は既に純なれば、留めて唯識と説く。

「*厚厳経」に云はく、*心・意・識の所縁は皆《みな》自性に離るるに非ず、故に、我れ一切は唯識にして、余有ること無しと説く。「*華厳」等に、三界は唯心なりと説けり。「*遺教経」に云はく、是の故に、汝等、当《まさ》に好んで心を制すべし。之を一処に制すれば、事として辨せざること無きが等《ごと》きは皆此の門の摂なり。

三には摂末帰本識。心内*所取の境界は顕然なり。内の*能取の心の作用も亦爾《しか》なり。此の見相分は、倶に識に依つて有なり。識の自体の本を離るれば、末法必ず無なるが故に。「*三十頌」に言はく、

仮に由つて我法と説く　種種の相転すること有り
彼は識が所変に依る　此の能変は唯*三つなり

「*成唯識」に説く、「変は謂はく、識の体転して二分に似《ノル》なり。相と見とは倶に自体に依つて起るが故に」と。

「*解深密」に説く、「諸識の所縁は唯識の所現なり」と。

相見の末を摂して識の本に帰するが故に、所説の理事、真俗の観の等《ごと》きは皆《みな》此の門の摂なり。

四には隠劣顕勝識。心と及び心所と、倶に能変現なり。但《ただ》し唯心と説きて唯心所といふに非ざることは、心王は体殊勝なり、心所は劣なり、勝に依つて生ず。劣を隠して彰はさずして、唯し勝法を顕はす。故に、*慈尊の説《と》かく、

厚厳経　『唯識論』巻七（正蔵三一・三九上）所引。
心・意・識　心は第八阿頼耶識、種子を積習し現行せしむるをもって心といい、意は第七末那識、恒に審かに対境を思量する故に意と名づけ、前六識は対境を了別する義勝るをもって識と名づけるという。
華厳等　『仏説十地経』巻四、菩薩現前地第六之一（正蔵一〇・五三上）。
遺教経　『仏垂般涅槃略説教誡経』（正蔵一二・一一一一上）略抄取意。『遺教経』一巻は後秦、鳩摩羅什訳。仏が入滅にあたって、諸弟子の為に最後の遺誡を垂れたもの。
所取・能取　相分と見分。
三十頌　『唯識論』巻一（正蔵三一・一上）。
三つ　心・意・識。
成唯識　『唯識論』巻一（正蔵三一・一上中）。
解深密　『解深密経』巻三、分別瑜伽品第六（正蔵一六・六九八中）。
慈尊の説かく…　『大乗荘厳経論』巻五、述求品之二（正蔵三一・六一三中）。『唯識論』巻七（正蔵三一・三八下）所引。

心*二《の》に似りて現すと許す　是くの如く貪等に似《ノ》り
或いは信等に《の》似りて　別の染と善との法無し

心の自体は能く変して、彼の見と相との二に似りて現すと雖も、貪信等の体も亦各《おのおの》能く変して、自の見と相とに似りて現す。心は勝を以ての故に、心は二に似《の》ると説く。心所は劣なるが故に隠して説かず、*似《の》ること能はざるには非ず。「*無垢称」に言はく、*心垢なるが故に、有情垢なり、心浄なるが故に、有情浄なるが等《ごと》きは、皆《みな》此の門の摂なり。

五には遺相證性識。識の言の表《あらは》す所《ところ》は具《つぶ》さに理と事と有り。事をば相・用として遺して取らず、理をば性体として求めて作證すべし。「*勝鬘経」には*自性清浄心と云ふ。「*摂論」の頌に言はく、

縄に於て蛇の覚を起す　縄と見るときには*義は無しと了す
*彼の分を證見する時には　蛇の如く智も乱せりと知りぬ

此の中に説く所は、縄の覚を起す時に、蛇の覚を遣るをば、依他《えた》を観して所執の覚を遣るに喩ふ。*縄の衆分を見て、縄の覚を遣るをば、円成を見て依他の覚を遣るに喩ふ。此の意は即ち所遣の二覚は皆依他起なりと顕はす。此の染を断するが故に、所執の実蛇と実縄との我と法と、復《また》情に当らず。依他に於て遣と称するを以ての故に、皆互に除遣するには非ず。蛇は妄に由つて起し、体も用も倶に無なり。縄は麻《ま》に藉《よ》りて生ず、仮の用無きに非ず。麻をば真理に譬へ、縄をば依他に喩ふ。縄麻の体と用とを知れば、

二　見と相と。
似ること能はざるには　慶本・冠註「能似ニアラザルニハ」と訓む。
無垢称　『説無垢称経』巻二、声聞品第三(正蔵一四・五六三中)。『唯識論』巻七(正蔵三一・三九上)所引の取意。『無垢称経』六巻は玄奘訳の『維摩経』をいう。
垢　煩悩の異名。不浄の意。
勝鬘経　『勝鬘師子吼一乗大方便方広経』一巻は、宋、求那跋陀羅訳。波斯匿王の女勝鬘夫人が仏の威神力を蒙って、この経を説く形式になっている。引文は、自性清浄章第十三(正蔵一二・二二二中)。
自性清浄心　人々本具の心は自性清浄にして一切の妄染を離れているということ。
摂論の頌　無性『摂大乗論釈』巻六、入所知相分第四(正蔵三一・四二五下)。これはもと陳那『掌中論』(正蔵三一・八八四中)の頌。
義は無し　実蛇の体。
彼の分　実縄の体。
縄の衆分　縄の体は衆多の麻であることをいう。

蛇の情自滅す。蛇の情、滅するが故に、蛇、情に当らざるを所執を遣ると名《なづ》く。依他の聖道を須《も》ちて断するが如くには非ず。故に、漸く真に入り、*蛇の空を達し、縄の分を悟り、真観を證する位には、真理を照して俗事彰《あら》はる。理と事と既に彰なれば、我と法と便《すなは》ち息《や》みぬ。此れ即ち一重所観の体なり。

能観の唯識は、*別境の慧を以て自体とす、云云《しかしか》。然るに、惣じて遍く諸教所説の一切の唯識を詳ずるに、五種には過ぎず。

一つには境唯識。「*阿毗達磨経」に云はく、「鬼と傍生と人と天と、各其の所応に随つて、等しき事において心異なるが故に、*義は真実に非ずと許す」といへり。是くの如き等の文、但《ただ》唯識の所観の境を説くは、皆《みな》境唯識なり。

二つには教唯識。*由自心執著等の頌、「*華厳」「深密」等の唯識を説く教は、皆《みな》教唯識なり。三つには理唯識。「*三十頌」に言はく、

是の諸の識転変して　*分別と所分別とあり
此れ彼は皆《みな》無なるに由る　故に一切唯識なり

是くの如く、唯識の道理を成立するは、皆《みな》理唯識なり。

四つには行唯識。*菩薩於定位等の頌と、四種の尋思と、如実智との等《ごと》きは、皆《みな》行唯識なり。

五つには果唯識。「*仏地経」に云はく、「*大円鏡智には、*諸処の境と識と皆《みな》中に於て現

蛇の空を達し　慶本・冠註は「蛇ハ空ナリト達シテ」と訓む。

2　能観の唯識

別境の慧　第六意識相応の別境の心所の中、第五の恵の心所をいう。

阿毗達磨経　未翻。『摂大乗論』本巻中、所知相分第三(正蔵三一・一三九上)・『唯識論』巻七(正蔵三一・三九上)所引。

義は真実に非ず　義は所縁の境界の義。

由自心執著等の　冠註「自心ノ執著ニ由ル等ノ」と訓む。

華厳・深密等の…　華厳の三界唯一心、深密の諸識所縁唯識所現等の説。

三十頌　『唯識論』巻七(正蔵三一・三八下)。

分別と所分別と　見相二分。

菩薩於定位等の頌　もと『分別瑜伽論』の頌。『摂大乗論』巻中(正蔵三一・一四三下)・『唯識論』巻九(正蔵三一・四九中下)所引。

仏地経　正蔵一六・七二中。

大円鏡智　四智の一。一切の諸法は恒にこの智の上にあらわれ、万徳円満、欠くるところなしといわれる。

諸処の境と　冠註「諸ノ処ト境ト」と訓む。即ち「処」は内の六処(六根)、「境」は外の六境。

す」と。

又「*如来功徳荘厳経」に云はく、

如来の*無垢識は　　是れ浄なり*無漏なり界なり
一切の障を解脱して　　円鏡智と相応す

「*唯識」に亦言はく、

此れ即ち無漏なり界なり　　不思議なり善なり常なり
安楽なり解脱身なり　　大牟尼の法と名く

是くの如きの諸説の唯識の得果は、皆果唯識なり。此の中の所説の五種の唯識に、惣じて一切の唯識を摂し皆尽すと、云云《しかしか》。

*又、類差別を顕はすとは、其の円成の真性識は、若し加行と後得との観するは、是れ*共相にして*別相には非ず。惣じて*法を縁遍するを以ての故に。*根本智の観するは、是れ別相にして共相に非ず。諸法を別知するが故に。乃至或いは因と果とに体は倶に一識なり、作用は多を成ずと説く、一類の菩薩の義なり。或いは因と果と倶に二なりと説く。

「*決択分」の中の有心地に説くなり。謂はく、*本識と及び*転識となり。或いは唯し因のみ三を説く。

「*辯中辺」に云はく、「*識生ずるときには、変して*義と有情と*我と及び*了とに似《の》る」と。

「*三十唯識」に云はく、

如来功徳荘厳経　未翻。『唯識論』巻三（正蔵三一・一三下）所引。

無垢識　阿摩羅識の訳。心識を九種に分ける諸派ではこの識を第九識とし、唯識では第八識の浄分、大円鏡智と相応する浄位の阿頼耶識の別名とする。

無漏なり界なり　慶本・冠註「無漏界ナリ」と訓む。

唯識　『唯識論』巻十（正蔵三一・五七上）。

又類差別を顕はす…　以下二一七頁十四行目まで『大乗法苑義林章』巻一、唯識義林第三（正蔵四五・二六一上中）。

共相・別相　共相は諸法通有の相状、別相は事々物々に存する各別の相。

法を縁遍するを　慶本・冠註「遍法ヲ縁スルヲ」と訓む。

根本智　無分別智。

決択分　『瑜伽師地論』巻六十三、摂決択分中有心地（正蔵三〇・六五一中）。

本識・転識　本識は第八識、転識は前七識。

辯中辺　『辯中辺論』三巻、玄奘訳。世親が弥勒造『辯中辺論頌』を解釈したもの。引文は巻上、辯相品第一（正蔵三一・四六四下）。

識生ずるとき…　能変の第八識。

義と有情　第八識所変の法。五塵の境と五根の有情。

我・了　我は第七識・第八識の見分を縁じて執して我とするもの。了は前六識所変の境、色等の六境。

三十唯識　『唯識論』巻一（正蔵三一・一上）。

異熟　異熟識。第八識の異名。三能変の第一。

謂はく*異熟と*思量と　及び*了別境との識なり

多く異熟の性なり。故に、偏へに之を説く。*阿陀那《あだな》の名は、理、果に通じて有り。或いは因と果と倶に三を説く。謂はく、心と意と識となり。或いは唯し果に四を説く。「*仏地経」等の説なり、四智品なり。或いは因と果と倶に六を説く。「*勝鬘経」の中に六識を説く。或いは因と果と倶に七を説く。諸教に*七心界を説く。或いは因と果と倶に八を説く。謂はく、八識なり。或いは因と果と合して*九を説く。「*楞伽《ろうが》」の第九の頌に云はく、

八と九との種種の識は　水の中の諸波の如し

「*無相論」と「*同性経」との中に依つて、若し真如を取りて第九とするは、真と俗とを合説するが故なり。今は*浄位の第八の本識を取りて、以て第九とす。染浄の本識を各別して説くが故なり。

「*如来功徳荘厳経」に云はく、

如来の無垢識は　是れ浄なり無漏なり界なり
一切の障を解脱して　円鏡智と相応す

又、「*二諦義」に云はく、*瑜伽と*唯識との二諦に各四重有り。世俗諦の四の名とは、

一には世間世俗諦〈亦は*有名無実諦と名《なづ》く〉

二には道理世俗諦〈亦は随事差別諦と名く〉

思量　思量識。第七識の異名。三能変の第二。

了別境との識　前六識。三能変の第三。

阿陀那　阿頼耶識の別名。

仏地経　正蔵一六・七二〇–七二三。

勝鬘経　自性清浄章(正蔵一二・二二二中)。

七心界　十八界の中、眼・耳・鼻・舌・身・意の六識に意根を加えたもの。

九　九識。唯識所立の八識に無垢識を加えて九種の識とするもの。

楞伽　『入楞伽経』巻九、総品第十八之一(正蔵一六・五六五中)。

無相論　『顕識論』(一巻、梁、真諦訳。顕識は阿頼耶識の別名)、『転識論』(一巻、真諦訳。『唯識三十論頌』の異訳)、『三無性論』(二巻、真諦訳。第九識建立の典拠の一という)は、それぞれ『無相論』の一部をなすものと考えられている。

同性経　『大乗同性経』(正蔵一六・六四〇–六五二)にはこれに相当する文はない。

浄位の第八の本識　無垢識。

如来功徳荘厳経　未翻。『唯識論』巻三(正蔵三一・一三下)所引。

3　二　諦

二諦義　『大乗法苑義林章』巻二、「二諦義」(正蔵四五・二八七中–二八八下)略抄。

瑜伽　『瑜伽論』巻六十四、摂決択分中聞所成慧地(正蔵三〇・六五三下–六五四上)。

唯識　『唯識論』巻九(正蔵三一・四八上)。

有名無実諦　仮名のみ有り、実体無きもの。

三には證得世俗諦〈亦は方便安立諦と名く〉
四には*勝義世俗諦〈亦は仮名非安立諦と名く〉
勝義諦の四の名とは、
一には世間勝義諦〈亦は体用顕現諦と名く〉
二には道理勝義諦〈亦は因果差別諦と名く〉
三には證得勝義諦〈亦は依門顕実諦と名く〉
四には*勝義勝義諦〈亦は廃詮談旨諦と名く〉
前の三種をば*安立勝義と名《なづ》く、第四の一種は*非安立勝義諦なり。
又云はく、「勝義勝義とは、体妙にして言を離れたり。迥《はる》かに衆法を超えたれば、名けて勝義とす。聖智の内證は、前の四の俗に過ぎたれば、復《また》は勝義諦と名く」と。
又云はく、「第四の勝義勝義諦とは、謂はく、安立の廃詮談旨・一真法界に非ず」と。
*又、四種の体を以て、諸の教体を釈す。故に、略して之を出だす。
初めに*摂相帰性体とは、教即ち真如なり。「*般若論」に云はく、

*応化は真仏に非ず　*亦説法の者に非ず
説法は二取にあらず　説無し言相を離れたり

第二に摂境従識体とは、若し根本を取らば、能説者の識心を体とす。若し枝末を取らば能聞法者の識心を体とす。故に、*天親云はく、

勝義世俗諦　我法の二を空じて得た真如。

勝義勝義諦　一真法界。

安立・非安立　↓一八七頁「安立諦」注

4　四種教体

又四種の体を…　『大乗法苑義林章』巻一、総料簡章(正蔵四五・二五三中下)。

摂相帰性体　相は有為の諸相、依他起の法、性は無為の一法、円成実性という。

般若論　『金剛般若波羅蜜経論』三巻は、魏、菩提流支訳。また別に隋、達磨笈多訳の二巻本あり。引文は、巻上(正蔵二五・七八四下)。

応化　仏の応化身。

説法の者　法身仏をいう。

天親云はく…　『唯識二十論』(正蔵三一・七六下)。天親は世親(↓一四八頁注)のこと。

展転して増上力をもて　二が識決定を成ず

第三に摂仮従実体とは、一切の*内教は、体唯し是れ声なり。名・句・文は体是れ仮有なるに由つて、実に随つて説く。故に、「*対法論」に成所引声と説きて、名等を成所引と名《なづ》くとは説かず。

第四に相用別論体とは、唯し根本の能説法者の識が上に現する所の声・名・句・文を取りて、以て教体とす。仮と実との義用殊なるが故に。此の中の四の体は義用に約して分つ。真俗法相の理に乖かざるが故に。

具《つぶ》さには「*法苑」の惣聊簡《そうれうけん》に説くが如し。

*又、六合釈有り。一切の法の得名の所以を釈するが故に、次に略して之を出だす。此の六合釈は義を以て之を釈し、亦名《なづ》けて六離合釈とすべし。初めには各別に釈す、之を名けて離とす。後には惣合して解す、之を名けて合とす。此の六とは何ぞ。一には持業釈、二には依主釈、三には有財釈、四には相違釈、五には隣近釈、六には帯数釈なり。

初めの*持業釈をば、亦は同依《どうえ》と名《なづ》く。*謂はく、任持なり、業は業用作用の義なり。体能く用を持するを持業釈と名く。同依と名くることは、依は謂はく、所依なり。二義同じく一の所依の体に依るを同依釈と名く。大乗と名くるが如し。

*依主釈とは、亦は依士と名く。依とは能依なり、主とは法体なり。他の主法に依つて

内教　仏教が自教を称する語。

対法論　『大乗阿毘達磨集論』巻一、本事分中三法品第一（正蔵三一・六六三下）。

法苑　『大乗法苑義林章』巻一（正蔵四五・二五三中下）。

5　六合釈

又六合釈有り…　『大乗法苑義林章』巻一（正蔵四五・二五五）略抄。六合釈は六離合釈とも。梵語の合成語を解釈する六種の方法をいう。

持業釈　梵語の複合詞中、前の語が後の語にたいして形容詞・副詞、または同格の名詞たる関係にありと解すること。

謂　慶本・冠註「持謂」。

依主釈　名詞・代名詞と名詞・分詞・形容詞とが合して一語をなす場合、前の名詞・代名詞が、後の語の性質を説明・制限・規定すると見る解釈。

以て自の名を立つるを依主釈と名く。或いは主は是れ君主なり。一切の法体を名けて主とすとは、喩に従つて名とす。臣は王に依る、王が臣なるが故に、名けて王臣と曰ふが如し。士は謂はく、士夫なり。

*有財釈とは、亦《また》多財と名く。有財に及ばず。財は謂はく財物なり。自、他の財に従つて己が名を立つるを有財とす。世の有財の如く、亦是れ喩に従つて名とす。

*相違釈とは、名既に二義有り。目《なつ》くる所の自体各別にして、両体互に乖《そむ》くとも、而も惣じて称を立つる、是れ相違釈なり。

*隣近釈とは、倶時の法の義用増勝なるに、自体、彼に従つて其の名を立つるを、隣近釈と名く。有尋及び有伺等と説くが如くなり。諸の相応の法は皆是れ此の体なり。

*帯数釈とは、数は謂はく一十百千等の数なり、帯は謂はく挟帯《ケフたい》なり。法体に数法を挟帯すれば、名として帯数釈と名く。「二十唯識論」と説くが如し。

此の六の釈の中に各《おのおの》多くの説有り、煩はしく述ぶること能はず。

此の中の六の釈は、且《しばら》く共伝に依つて略して体義を示す。其れ広く相を辨せむことは余処に説くが如し。謂はく、此の六が中に初の持業釈は、*八転声に於て何れの声の中にか釈する。乃至帯数釈も亦爾《しか》なり。皆《みな》別処の如し。更に釈の名有り。「*宗輪の疏」の如し。*繁多を厭ふことを恐れて、且く綱要を指す。

菩提心論の説

*竜猛菩薩の「*菩提心論」に云はく、

有財釈　複合詞を形容詞と解すること。

相違釈　相異なる二箇以上の名詞が合して一語をなした場合、部分を成す名詞間に接続詞を加えて解釈する法。

隣近釈　或る概念を広義に解すること。

帯数釈　依主釈の前詞が数詞である場合をいう。

八転声　梵語における名詞・代名詞・形容詞・数詞の語尾に八種の変化があること。

宗輪の疏　『異部宗輪論述記』巻上。

繁多を厭ふことを恐れて　冠註「繁多ヲ恐レ厭テ」と訓む。

竜猛菩薩の…　以下四行、『宝鑰』に同文又衆生有り、大乗心を発して、菩薩の行を行じ、諸法門に於て遍修せざること無し。復《また》三阿僧祇劫を経て*六度万行を修して皆悉く具足して、然して仏果を證すること、久遠にして成ず。斯れ所習の法教、致《むね》に次第有るに由るなり。所以《そのゆへ》に、亦楽《ねが》ふべからずと。

次に秘密の義とは、上の無縁乗の法の如きは、即ち是れ弥勒菩薩の三摩地門なり。是の三昧は、則ち所謂《いはゆる》大慈三昧なり。亦《また》是れ*大日如来の四行の一なり。一切如来の大慈無量なるを悉く弥勒と名《なづ》く。此の菩薩、亦*普遍大慈発生三昧に住して、自心の真言を説きたまへり。

*𑖀𑖕𑖰𑖝𑖕𑖧𑖭𑖨𑖿𑖪𑖭𑖝𑖿𑖪𑖧𑖧𑖟𑖐𑖝《アジタムジャヤ　サラバサ*トハシヤ*ヤ*ドギヤタ》

釈して云はく、

*阿誓単闍耶《あせいたんしやや》といふは無能勝の義なり。薩縛《さつば》薩埵《さつた》といふは一切衆生なり、奢也といふは心性なり。謂はく、彼れ先世に習行する所の諸根性類なり。奴掲多《とぎやた》といふは知なり、謂はく、能く衆生の諸根性行を了知するなりと。

句義、是くの如し。*深秘の義に云はく、

初めの𑖀字を体とす、即ち是れ本不生なり。生ずる者《もノ》は生老病死の一切流転の法なり。彼れ即ち体、常に自《みつか》ら不生なり。是れ阿字の義なり。諸法の自性不生なりと知るを以てなり。是の故に、一切衆生において*上有ること無くして勝上・無等なりとす。又能

の引証あり。ただし最後の「所以に…」の句なし。

菩提心論 『金剛頂瑜伽中発阿耨多羅三藐三菩提心論』(正蔵三二・五七三上)。

六度万行 六度は六波羅蜜。六度の行は一切の善行の根本として、これを開けば万行となり、合すれば六度となるということ。

――真言の密意――

大日如来の四行 四行は菩提・福徳・智恵・羯磨の四。

普遍大慈発生三昧… 『大日経』巻二、普通真言蔵品第四(正蔵一八・一四上)。

𑖀𑖕𑖰… ajitaṃjaya sarvasatvāśayānugata.

𑖝 文意からは𑖝𑖽。𑖭𑖝𑖿𑖪(satva)はプラークリット(俗語)。クラシカル・サンスクリットでは𑖭𑖝𑖿𑖪(sattva)。真言・陀羅尼の中には俗語の混入がしばしば見られる。

𑖧 文意からは𑖧𑖯。

𑖟 文意からは𑖡𑖲。

阿誓単闍耶といふは… 『大日経疏』巻十、普通真言蔵品第四(正蔵三九・六八〇下)。

深秘の義 『大日経疏』巻十(正蔵三九・六八〇下、六八一上)。

上有ること…無等なりとす 冠註「上勝有ルコト無シトス。上トイハ無等ナリ」と訓む。

く法体の不生なりと知るが故に、群機の一切の心性を達鑑して、現覚せざる所《ところ》無し。彼の所応度の者に随つて之を成就する、即ち是れ慈が中の上なり。遍く衆生に施すに窮尽有ること無し。是の故に、若し衆生有りて、能く此の法を通達して受持し読誦すれば、行者久しからずして即ち弥勒の行に同じて早く大慈三昧を證するなりと。

此の一真言に悉く法相の法門を摂す。若し此の一真言を誦すれば、則ち*弥勒の所證に所説の一切の法を持入するに為《な》んぬ。即ち三大劫を経ずして一生に成仏することを得てむ。常途の説に云はく、弥勒菩薩は、位十地に居して当来に成仏すといふ。

此くの如きの説は所謂《いはゆる》未了の言なり。

弥勒の所證に…為んぬ　慶本・冠註「弥勒ノ所證ニ入ル所説ノ一切ノ法ヲ持スルニ為ンヌ」と訓む。

秘密曼荼羅十住心論巻第七

覚心不生住心第七

夫れ、*大虚寥廓《レウクワク》として、万象を越《ここ》に*丨気《タイキ》に含み、*巨壑泓澄《キヨガクワイタイ》として、千品《ヒン》を爰《ここ》に一水に孕《ハラ》む。誠に知りぬ、一は百千の母為《ハヽタ》り、空は即ち仮有の根《モトキ》なり。仮有は有に非ざれども、有々として森羅たり。絶空は空に非ざれども、空空として不住なり。色は空に異ならざれば、諸法を建《タテ》て宛然《ゑんねん》として空なり。空は色に異ならざれば、諸相を泯《ほろぼ》して宛然として有なり。是の故に色即ち是れ空なり、空即ち是れ色なり。諸法亦爾《またしか》なり、何物《なにもの》か然らざらむ。水波の不離《ふり》に似たり、*金荘《キンサウ》の不異に同じ。不一不二の号《ナ》立《タ》ち、二諦*四中の称顕《なあら》はる。空性を*無得に観し、戯論を*八不に越《むきか》ふ。時に*四魔戦《タヽカ》はざるに面縛し、*三毒殺《コロサ》ざるに自降《じがう》す。生死即ち涅槃なれば、更に階級無し。煩悩即ち菩提なれば、断證を労すること莫し。然りと雖《いへど》も無階の階級なれば、*五十二位を壊《ヤブ》らず、階級の無階なれば、一念の成覚を碍《サ》へず。一念の念に*三大を経て自行を勤

◇覚心不生住心　一心の本来不生、ないし不常の道理を覚り、一切の戯論妄想を離れる住心。以下二二五頁七行目まで『宝鑰』同文。

大　意

大虚寥廓　寥はしずか、廓は大なるさま。

丨気　丨はコン。草木の発芽に象り、すすむ意あり。混元の一気に喩える。これを「タイ」と訓ませてきたのは、下文の「一水」にたいして「大気」或いは「一気」とするところを天地貫通の気に象る「丨」字を用い、訓みは「タイ」としたものかといわれる(冠註)。

巨壑泓澄　巨壑は海。泓澄は水の深くして澄みたるさま。

金荘　荘は荘厳具の謂か。

四中　四中は三論にいう対偏中・尽偏中・絶待中・成仮中の四。

無得　無得正観。

八不　不生・不滅・不断・不常・不一・不異・不来・不去の八。

四魔　煩悩魔・陰魔・死魔・他化自在天子魔の四。

三毒　貪・瞋・癡。

五十二位　菩薩の修行の階位。↓九三頁補「十住」

三大　三大阿僧祇劫。

め、*一道の乗に*三駕を馳せて化他を労す。*唯蘊の無性に迷へるを悲しみ、*他縁の境智を阻《へダ》てたるを歎く。*心王自在にして*本清の水を得《エ》、*心数の客塵は動濁の波を息《や》む。*権実の二智は円覚を*一如に證し、真俗の両諦は教理を*絶中に得《ウ》。心性の不生を悟《サト》り、境智の不異を知る。斯《こ》れ乃《すなは》ち*南宗の綱領なり。

故《カるがゆへ》に大日尊、秘密主に告げて言はく、

*秘密主、彼れ是くの如く無我を捨てて、心主自在にして自心の本不生を覚《さと》る。何を以ての故に。秘密主、心は前後際不可得なるが故にと。

釈して云はく、

*心主といふは即ち心王なり。有無に滞《トヾコオ》らざるを以ての故に、心に*罣碍《けいげ》無くして、所為の妙業、意に随ひて能く成ず。故《カるがゆへ》に心主自在と云ふ。心王自在といふは、即ち是れ*浄菩提心の更に一転の開明を作して、前劫に倍勝することを明す。心王は猶《なほ》し池水の性の本より清浄なるが如し。心数の浄除は猶《なほ》し客塵の清浄なるが如し。是の故に此の性浄を證する時《トキ》、即ち能く自《みづか》ら心の本不生を覚る。何を以ての故に。心は前後際、倶《とも》に不可得なるが故に。譬へば大海の波浪は縁より起するを以ての故に。即ち是れ先にも無く後にも無し。而《しか》れども水性は爾《しか》らず、波浪の縁より起する時《トキ》、水性は是れ先《さき》に無きにも非ず、波浪の因縁尽くる時《トキ》、水性は是れ後に無きに非ざるが如く、心王も亦《また》復是くの如し。前後際無し。前後際断するを以ての故に。復《マタ》境界の風に遇ひて縁に随ひ

一道の乗　菩薩乗。
三駕　声聞・縁覚・菩薩の所乗。
唯蘊の無性に迷へる　第四の住心（声聞）で諸法の無自性を悟らず、法我ありと執すること。
他縁の境智を阻てたる　第六住心では境と智とを隔て、そのともに空なることを知らぬ。
本清の水　冠註「本性之水」。　**心王**　八識心王。
心数の客塵　心数は心所の旧訳という。客塵は煩悩。
権実の二智　権智（方便智）と実智。
一如　一は不二、如は不異。不一不異。
絶中　絶待中。
南宗　北宗の対。三論宗。

―― 摂　教 ――

秘密主彼れ…　『大日経（大毘盧遮那成仏神変加持経）』巻一、入真言門住心品第一（正蔵一八・三中）。
心主といふは即ち…　『大日経疏（大毘盧遮那成仏経疏）』巻二、入真言門住心品第一之余（正蔵三九・六〇三上中）略抄。
罣碍　前後左右上下、皆塞がって進退すべき途なきこと。
浄菩提心　清浄の菩提心。
阿字門　阿字本不生、諸法また本来不生なることを悟る法門。
無為生死　変易生死。無為の聖者が受ける生死という。
勝鬘経　『勝鬘師子吼一乗大方便方広経』（正蔵一二・二一九・二二三）。
宝性　『究竟一乗宝性論』四巻。堅恵著。

て起滅すと雖も、而も心性は常に生滅無し。此の心の本不生を覚《さと》るは、即ち是れ漸く*阿字門に入るなりと。

是くの如きの*無為生死、縁因生壊《えんいんしやうゑ》等の義は、「*勝鬘経《しようまんぎやう》」「*宝性《ほうしやう》」「*仏性論」等の中に広く明すが如し。謂はく、本不生とは、兼ねて不生不滅、不断不常、不一不異、不去不来等を明す。

三論の家には、此の八不を挙げて以て究極の中道とす。故に、*吉蔵法師の*二諦方言と仏性と等の章に盛《さかり》に此の義を談す。

今略して綱要を出だす。

*謂はく、二諦とは、蓋し是れ*言教《ごんけう》の通詮と、*相待の仮称と、*虚寂《こじやく》の妙実と、*窮中《ぐちう》の極《ごく》号《がう》となり。「*中論《ちうろん》」に云はく、「諸仏は常に二諦に依つて法を説きたまふ。一には世諦、二には第一義諦なり」と。故に二諦は唯《ただ》是れ*教門にして、*境理に関《アヅ》けず。而《しか》も学者其の巧拙有りて、遂に得失の異有り。*若し巧恵有りて此の二諦を学すれば*無所得を成ず、巧慧無き者《モノ》教を学すれば、即ち*有所得の失を成ず。故に*常途の諸師、或いは言《コトバ》に智解を含み、或いは辞《コトバ》に聖教を兼ね、同じく境理を以て諦とす。今は此れに同じからず。

問ふ、「*中論」に云はく、「諸仏は二諦に依つて法を説きたまふ」と。「*涅槃経」に云はく、「衆生に随順するが故に二諦を説く」と。是れ何れの諦ぞや。答ふ、能依は是れ

後魏、勒那摩提訳。如来蔵、自性清浄等の教義を説く。引文は、正蔵三一・八三三—八四八。

仏性論　四巻。世親造。陳、真諦訳。縁起・破執・顕体・辨相の四分七六品より成り、仏性の義を詳論したもの。引文は、正蔵三一・七八七—八一三。

1 二諦大意

吉蔵法師　五四九—六二三。↓補

二諦方言…等の章　『大乗玄論』巻一、二諦義有十重(正蔵四五・一五上—二五上)、巻三、仏性義十門(同三五中—四八下)。

謂はく二諦とは…　『大乗玄論』巻一、二諦義有十重の第一「標大意」(正蔵四五・一五)略抄。

言教　如来が言語をもって垂示した教法。

相待　互いに相待って存立すること。

虚寂　虚空寂滅。

窮中　中道をきわめる謂か。

中論　巻四、観四諦品第二十四(正蔵三〇・三三下)。　**教門**　教法の門戸。

境理　到達した真理。

若し巧恵有りて　吉蔵の師、法朗(五〇七—五八一)をさすという。

無所得　無所得中道。

有所得　↓一八六頁注

常途の諸師　『成実』の学者で、梁の三大法師とされた智蔵(四五八—五二二)・慧(僧)旻(四六九—五二九)・法雲(四六七—五二九)の三師をさすという。

中論　巻四(正蔵三〇・三二下)。

涅槃経　『大般涅槃経』巻十二、聖行品之二(正蔵一二・六八四下)。

*教諦、所依は是れ*於諦なり。

問ふ、於諦を失とし、教諦を得とすや不《イナ》や。答ふ、*凡夫の於を失とし、如来の於を得とす。聖人の於は亦は得、亦は失なり。而るに*師の云はく、「於諦を失とし、教諦を得とするは、乃ち是れ*学教成迷なり」と。本の於は是れ通迷なり、学教の於は別迷なり。通迷は是れ本、別迷は是れ末、本は是れ前《さき》の迷、末は是れ後《のち》の迷なり。

問ふ、何の意をもてか凡聖の二つの於諦を開くや。答ふ、凡聖の得失を示して、凡を転して聖と成らしめんとなり。

問ふ、於諦を失とすとは、何を以てか諦と言《イ》ふや。答ふ、*論の文に自《みづか》ら解くらく、諸法は性空なり、世間顚倒して有と謂《ヲモ》へり。世人に於て実とすれば、之を名《なづ》けて諦とす。諸の賢聖は、顚倒は性空なりと真知す。聖人に於て是れ実なれば、之を名けて諦とす。此れ即ち二つの於諦なり。諸仏は此れに依つて説きたまへば、名けて教諦と為《な》すのみ。問ふ、教を若為《イカン》が諦と名くるや。答ふ、数《アマタ》の意《こころ》有り。一つには実に依つて説くが故に、所説亦《また》実なり。是の故に諦と名く。二つには如来は誠諦の言なり。是の故に諦と名く。三つには有無の教を説きて、実に能く道を表す。是の故に諦と名く。四つには法を説きて実に能く縁を利す。是の故に諦と名く。五つには説顚倒せず。是の故に諦と名く。*他家の二諦と十種の異有り。一つには理教の異。彼れが明《あか》さく、二諦は是れ理、*三仮は是れ俗、*四絶は是れ*真なりと。今《いマ》明さく、二は是れ教なり、*不二は是れ理なり。二つには相無相の異。他家は有無に住するが故に、是れ有相なり。今《いマ》明さく、有は不有

教諦・於諦　教諦は仏の説法、於諦は所依の二諦をいう。於は所依の義。
凡夫の於を…　凡夫の実有の於諦、如来の無所得の於諦、聖人(声聞・縁覚)の偏空の於諦。
師　法朗をさす。
学教成迷なり　慶本「教ヲ学テ迷ヲ成ナリ」と訓む。
論　『中論』巻四(正蔵三〇・三三下)。
他家　前出、智蔵・僧旻・法雲らをいう。
三仮　因成・相続・相待の三仮。
四絶　自・他・共・無因の四句(四句分別)を絶すること。
真　真諦。
不二　八不中道の理。

を表《へう》し、無は不無を表す。有無に住せざるが故に無相と名く。三つには得無得の異。他家は有無に住するが故に*有得と名く。今《いマ》明さく、有無に住せざるが故に*無得と名く、云々《しかしか》。

他は但し有を以て世諦とし、空を真諦とす。今明さく、若しは有、若しは空、皆是れ世諦なり、非空非有を始めて真諦と名《なづ》く。三つには空有を二とし、非空有を不二とす。二と不二とは皆《みな》是れ世諦なり、非二非不二を名けて真諦とす。四つには此の三種の二諦は皆是れ教門なり。此の三門を説くことは、不三を悟らしめんが為《ため》なり。無所依得なるを始めて名けて理とす。

問ふ、前の三は皆是れ世諦なり、不三を真諦とするや。答ふ、此くの如し。

問ふ、若し爾《しか》らば理と教と、何の異ぞ。答ふ、自《ヲのづか》ら三諦を教とし、不二を理とすること有り。皆是れ転側《てんソク》、縁に適《カナ》ひて妨ずる所《ところ》無し。

問ふ、何が故にか、此の四重二諦を作す。答ふ、*毗曇《びどん》の事理の二諦に対して、第一重の空有の二諦を明《あか》し、*成論師の空有の二諦に対して、汝が空有の二諦は是れ我が俗諦なり。非空非有、方《まさ》に是れ真諦なり。故に第二重の二諦有り。*大乗師の依他と分別との二を俗諦とし、依他の無生と分別の無相と不二の真実との性を真諦とするに対して、今明さく、若しは二、若しは不二、皆《みナ》是れ我が家の俗なり、非二非不二、方に是れ真諦なりと。故に第三重の二諦有り。

大乗師復《また》言はく、*三性は是れ俗なり、*三無性の非安立諦を真諦とすと。故に、今《いマ》明さ

有得・無得　有所得・無所得。

毗曇　毗曇宗、倶舎宗の先駆。

成論師　成実論師。

大乗師　ここは摂論宗の人々をいう。

三性　三自性。

三無性　相・生・勝義の三無性。

く、汝が依他分別の二と真実の不二とは是れ安立諦なりと。非二非不二の三無性は非安立諦といふは、皆《みナ》是れ我が俗なり。言亡慮絶《ごんまうりよぜつ》、方《まさ》に是れ真諦なり。

問ふ、若し有無を以て教とし、非有非無の理を表《へう》せば、何ぞ非有非無の教を以て非有非無の理を表せずして、必ず有無の教を以て非有非無の理を表するや。答ふ、月を以て月を指すべからず、指を以て月を指すべし。若し利根の人《ひト》は是くの如く説くべし。但し凡夫は有無に著するが故に、有無を以て非有非無を表す。

問ふ、若し於諦を以て衆生の為に説かば、更に其の患《うれへ》を増《マ》すべし。何を以てか二の於諦に依つて法を説くや。答ふ、凡夫は有に著し、二乗は空に滞《とどこほ》る。今《いマ》明さく、如来の因縁の有無は、仮有仮無なり。仮有の故に不有なり、仮無の故に不無なり。云何《いかン》が患を増《マ》さん、云々《しかしか》。

*釈名とは、若し他の釈の如きは、俗は浮虚《ふこ》を以て義とし、真は真実を以て名とす。*世は是れ隔別を義とし、*第一は莫過を旨《ムネ》とす。此れは是れ*随名釈義なり、是れ義を以て名を釈するに非ず。若し爾《しか》らば謂ふべし、世間の法は字《な》有りて義無かるべし。今明さく、俗は不俗を以て義とし、真は不真を以て義とす。若し具足して之を論せば、非俗非不俗を以て*四句を遣して俗の義とすべし。但し、今他の浮虚は是れ俗の義といふに対して、今明さく、不俗を義とす。是れを出世の法に名くれば、字《な》有り義有り。諦の義を釈するに四家有り、云々《しかしか》。

2 釈 名

釈名とは若し… 『大乗玄論』巻一、二諦義有十重の第二「釈名」(正蔵四五・一六上―下)略抄。
世 世諦。
第一 第一義諦。
随名釈義 依名釈義とも。字義・名称を文面のままに解釈すること。
四句 →二二六頁「四絶」注

今明さく、此の真俗は、是れ如来の二種の教門なり。能表を名とすれば、則ち二諦有り。若し所表に従《つか》へて名とすれば、則ち唯し一諦なり。故に只《ただ》審実を以て義とするに非ず。若し二の於諦は、即ち審実を以て諦とす、若し因縁の教諦に就かば、即ち多義有り。或いは誠諦の言を以て諦を釈す。此の二教は不二の道を表《へう》す。教必ず差違せざる、即ち是れ諦の義なり。名に依つて諦を釈すること是くの如し。若し義に依つて諦を釈せば、諦は不諦を以て義とす。此れは是れ竪《たたさま》に論す。若し横《よこさま》に論せば、諦は諸法を以て義とす。例せば真俗の義の中に説くが如し、云々《しかしか》。

*立名といふは、三門をもて分別す。前《マヅ》立名を辨し、次に絶名を辨し、後に釈名を辨せむ。初めに立名とは、不真不俗、亦《マタ》是れ中道なり。亦は無所有と名《なづ》け、亦は正法と名け、亦は無住と名く。此の非真非俗は名無し。今仮に為《ため》に名を立つ。此の名は無名が所立の名なるを以てす。*提羅《テイラ》波夷《はい》の真《まこと》に油を食せざれども、強ひて食油とするが如し。二諦も亦爾《またしか》なり。其の真は不真を表し、俗は不俗を表するを以て、仮に真俗と言ふ。其れ仮言なるを以て、名に得物の功無く、物に応名の実無し。

「*浄名経」に云はく、「*無住の本に従ひて一切の法を立つ、無住は即ち無の本なり」と。

「*大品」に云はく、「*般若は猶《なほ》し大地の万物を出生するが如し」と。

般若と正法と無住と、此の三は眼目の異名なり、云々《しかしか》。

第二に絶名を辨す。常途の相伝は、世諦は絶名ならず。「*成論」の文を引く。劫初の

3 立名

立名といふは… 『大乗玄論』巻一、二諦義有十重の第三「立名」(正蔵四五・一六下—一七中)略抄。

提羅波夷… 『涅槃経』巻二十三、光明遍照高貴徳王菩薩品第十之三(正蔵一二・五〇三下)の喩。

浄名経 『維摩詰所説経』三巻。姚秦、鳩摩羅什訳。維摩居士が般若皆空の思想に立って妙有の道理を示し、小乗を破して大乗に摂入することを根本の趣意としたもの。引文は、巻中、観衆生品第七(正蔵一四・五四七下)。

無住 法には自性なく、住著するところなく、縁に随って起ること。

大品 『摩訶般若波羅密経』巻十四、仏母品第四十八(正蔵八・三三三)取意。『大品経』二十七巻は羅什訳。

般若 智慧と訳す。本来は了達を性とし、四諦の境を知り、衆悪・生死を除く慧に名づけられたもの。

成論 『成実論』。

時には物に未だ名有らず、聖人名字を立つ。瓶衣《ひやうえ》等の物の如し。故に世諦は絶名ならず。真諦と仏果とは*三師不同なり。*光宅の云はく、此の二つ皆《みな》絶名ならず。真諦には真如実際の名有り、仏果には常楽我浄の名有り、但し麁名《そみやう》を絶して妙名を絶せず。*荘厳の云はく、此の二は皆《みな》絶名なり、仏果は二諦の外に出づ、是の故に絶名なり。真諦は本来《もとよりこのかた》自《ヲのづか》ら空なり、四句を忘じ*百非を絶す、故に絶名なり。*開善の云はく、云々。今明さく、一往論を為さば何《なン》すれぞ得《エ》ざらむ。然も理実の説に非ず。今問ふ、若し劫初の物に名諱《めいメイ》を作《ナ》さば、真諦も名無きを以て、名諱を仮《カ》らむは、真と何の異ぞ。又問ふ、火の名は当《まさ》に火に即すとやせむ、火を離れたりや。若使《モシ》此の火の名、火に即せば、火を呼《ヨ》ぶに即ち口を焼くべし。若使《モシ》火の名、火を離れたらば、何が故ぞ水を得ざるや。故に知りぬ、即離の体に名有るに非ず。若し口の中に在りて火の上に在《ア》らずは、是れ即ち火の絶名なり。且復《マタ》*従来《もとより》、*蛇床《じやシヤウ》*虎杖は世諦の絶名なり。復問《また》す、人は是れ何《なニ》物ぞ、人の頭手等、何の意をもて人と呼ぶや。強ひて為に名を立つ、豈に皆《みナ》絶するに非ずや。次に、三家を難ぜむ、云々《しかしか》。

今《いマ》明さく、四句を以て之を辨せん。一には倶絶、二には倶不絶、三には真絶俗不絶、四には俗絶真不絶なり。二諦倶絶と言ふは、二諦皆《みな》如なり。奈《ナン》ぞ皆不絶なることを得《エ》ん。二諦倶不絶とは、是くの如きの相を得るを名けて如来とす。是の二の如きの相を得《ウ》、所以《ユヘ》に皆不絶なり、云々。

三師　法雲・僧旻・智蔵。→二二五頁「常途の諸師」注
光宅　法雲のこと。光宅寺に住していたためかく呼ばれる。底本、右傍書「恵雲師也」。
荘厳　僧旻のこと。荘厳寺に住していた。底本、右傍書「交軌師也」。
百非　生滅・去来・一異・断常の八不について無数に重ねて否定すること。
開善　智蔵のこと。開善寺に住していた。
従来　底本左訓「イニシエヨリコノカタ」。
蛇床　底本左訓「ヒルムシロ」。
虎杖　底本左訓「イタトリ」。

*二諦の体を釈するに、常《つね》の解不同なり、云々。今の意は第*三の諦有り。彼には第三の諦無し。彼は理を以て諦とす、今は教を以て諦とす。彼は二諦を以て天然の理とす。今明さく、唯し一実諦なり、方便して二と説く。唯し一乗なれども、方便して三と説くが如し。

問ふ、何《いづ》れの処《ところ》の経文にか中道を二諦の体とする。答ふ、「*中論」に云はく、「因縁所生の法をば、我れ即ち是れ空なりと説く、亦《また》是れ仮名なりとす。亦《また》是れ中道の義なり」と。因縁所生の法といふは是れ俗諦なり、即ち是れ空とは是れ真諦なり。亦《また》是れ中道の義とは是れ体なり。

「*華厳経」に云はく、「一切の有無の法をば、非有無なりと了達すべし」といへり。

「*涅槃経」に云はく、「随順の衆生に二諦有り」と説く。故に、教門を以て諦とす。

「*仁王経」に云はく、「有諦・無諦・中道第一義諦といへり」と。故に知りぬ、第三の諦有るなり。

問ふ、教諦をば是れ一体とやせん、是れ異体とやせむ。答ふ、前に言ふが如し。中道を体とす、故に是れ一体なり。

問ふ、若し一体なりと言はば、他家の一体と何か異なる。答ふ、他家は定《さだ》めて一、定めて異、定めて亦一亦異なり。*今は初めの第一重を明すが故に此の語を作す。第二第三第四重に至りては、一とも言ふべからず、異とも言ふべからず。

問ふ、於諦をば是れ一体とやせむ、是れ異体とやせむ。答ふ、*初めには二つの妄情な

---

4 二諦の体

二諦の体を釈するに… 『大乗玄論』巻一、二諦義有十重の第五「釈二諦体」(正蔵四五・一九上中)略抄。

第三の諦 中道第一義諦。

中論 巻四、観四諦品(正蔵三〇・三三中)には「衆因縁生法、我説即是無。亦為最仮名、亦是中道義」とある。

華厳経 『大方広仏華厳経』巻五、四諦品第四之二(正蔵九・四二六下)。

涅槃経 巻十二、聖行品之二(正蔵一二・六八四下)。

仁王経 『仏説仁王般若波羅蜜経』巻上、二諦品第四(正蔵八・八二九)取意。

今は初めの…故に 慶本「今明サク、第一重ニ初スルガ故ニ」、冠註「今ハ明ク、第一重ニ約センガ故ニ」。

初めには…をもて 慶本「二ノ妄情ニ約スレバ」、冠註「二ノ妄情ニ約セバ」。底本の「初」字、欄外に「約スレハ」と注記。「二つの妄情」とは、凡夫と二乗との妄情。

るをもて二体とす。爾《しか》れども終には両物有ること無し。眼病の空花を見るに、空に異して華《ハナ》無きが如し。故に一の中道を以て体とす。

問ふ、仮有仮無を二諦とし、非有非無を中道とするや。答ふ、一往中と仮との義を開くが故に、仮は中に非ず、中は仮に非ざるなり。究竟じて而《しか》も言はば、仮亦《マタ》是れ中なり。故に「涅槃経*」に云はく、「有無は即ち是れ非有非無なり」と。亦《また》中を仮とすることを得《ウ》。一切の言説は皆《みナ》是れ仮なるが故に。

問ふ、何者《なニモノ》か是れ体仮《たいけ》用仮《ヨウけ》なる、何をか体中用中《ヨウちう》とするや。答ふ、仮有仮無は是れ用仮、非有非無は是れ体仮なり。有無は是れ用中、非有非無は是れ体中なり。復《マタ》言はく、有無と非有非無とは、皆《みナ》是れ用中と用仮となり。非二非不二は、方《まさ》に是れ体仮と体中となり。合して四仮と四中と有り、方《まさ》に是れ円仮円中ならくのみ。

*中道を明さば、初めには八不に就て中道を明し、後には二諦に就て中道を明す。初めの中に師*に三種の方言*有り。第一の方言に云はく、八不を牒*《てふ》して初めに在《ヲ》く所以《ゆへ》は、一切の有所得の心を洗浄《セムじやう》せんと欲ふ。有得の徒《ともガラ》は此の八計*の中に堕せずといふこと無し。小乗人の言ふが如し。謂はく、解《さとり》の生ずべく惑《まどひ》の滅すべき有り、乃至衆生は、無明より流来して本に反り源に還るが故に去なり。今の八不は、横《よこさま》には八迷を破し、竪《たたさま》には五句を窮《きは》む。彼の生滅を求むるに得ざるを以ての故に、不生不滅と言ふ。生滅既に去りぬれば、不生不滅と、亦生滅亦不生滅と、非生滅非不生滅との五句*、自《ヲのづか》ら

涅槃経　巻十八、梵行品之第五(正蔵一二・七二七中)。

―― 5　中　道 ――

中道を明さば…　『大乗玄論』巻一、二諦義有十重の第六「明中道」(正蔵四五・一九下)略抄。

師　法朗。

方言　方便の言教。

牒　牒は文書。ここは『中論』の初に八不を明すことをいうか。

八計　衆生の起す妄想邪見を生滅・断常・一異・去来の八に該括したもの。八迷。

五句　生・滅・不生不滅・亦生滅亦不生滅・非生滅非不生滅の五。

崩《ホウ》じぬ。

又「*三論玄」の文に云はく、

三論の*部帙《ぶちつ》は異有りと雖《いへど》も、而《しか》も同じく*無所得の正観を以て宗とす。然る所以《ゆへ》は、此の論は一切の有所得の辺病を破除して、無依無得不二の中道を明すが故に、三論は執を破する用異《ヨウ》なれども、正観は別なること無し。故に「*無量義経」に云はく、水の穢を洗ふ義は同じくとも、井池《シヤウチ》に約して異とするが如く、今、用の不同に約するが故に、所宗の差別を辨す。

「*中論」は、二諦を以て宗とす。二諦を用ゐて宗とする所以《ユヘ》は、二諦は是れ仏法の根本なり。如来の自行化他は皆《ミナ》二諦に由る。自行二諦に由るとは「*瓔珞経《やうらくきやう》」の仏母品に明すが如し。「二諦能く仏を生するが故に、二諦是れ仏母なり」と。蓋し*二智を取りて仏とす、二諦能く二智を生ずるが故に、二諦を以て母とす。即ち是れ如来の自徳円満したまふことは二諦に由るなり。化他の徳二諦に由るとは、如来の所説の法有りて、衆生を教化したまふことは、常に二諦に依る。故に「*中論」に云はく、「諸仏は二諦に依つて衆生の為に説法したまふ」と。是れ化他の徳、二諦に由るなり。自行化他、二諦に由ると知る所以《ユヘ》は、「*十二門論」に云はく、「二諦を識るを以ての故に、則ち自利利他及び共利を得」といふ。即ち其の事なり。二諦は是れ自行化他の本なるを以ての故

三論の要旨

三論玄の文に…　以下二三六頁十二行目まで、『三論玄義』(正蔵四五・一〇下—一一上)略抄取意。

部帙　部帙。

無所得の正観　三論では八不を中観と名づけるのに対して、無得(空不可得を観ずること)を正観という。

無量義経　一巻。斉、曇摩伽耶舎訳。無量の法が一の空相より生ずることを説く。無量の法が実相の一に帰することを説く『法華経』にたいして、この経を法華経の開経という。引文は、正蔵九・三八六中。

1 中論

中論　巻四(正蔵三〇・三三下)。

瓔珞経　『菩薩瓔珞本業経』巻下、仏母品第五(正蔵二四・一〇一八中)。

二智　仏の具える権実二智。

中論　巻四(正蔵三〇・三二下)。

十二門論　観性門第八(正蔵三〇・一六五上)取意。

に、二諦を申明して以て論の宗とす。則ち一切衆生をして具さに自他の二利を得しむ。問ふ、何人《ナニ》の二諦に迷へればか、論主迷を破して二諦を申《ノ》べたまふや。答ふ、三種の人有りて二諦に迷ふ。一つには*小乗の五百部、各《おのおの》諸法は決定《けちぢやう》の性有りと執して、畢竟空を聞きては刀をもて心《ムネ》を傷《ヤブ》るが如くす。此の人は第一義諦を失す。然《しか》も既に第一義諦を失すれば、亦《マタ》世諦を失す。然る所以は、空は宛然として有なるが故に、有を空が有と名《なづ》く。方《まさ》に是れ世諦なり。彼れ既に空を失すれば、亦《また》是れ有に迷ふが故に世諦を失す。五百部の執は如来の二諦の外に出でたり。二つには*方広道人、一切の法は*亀毛《くゐもう》菟《と》角《かく》の如くして、罪福報応無しと謂《おも》へり。此の人は世諦を失す。然も有は宛然として而《しか》も空なるが故に、空を有が空と名く。*既に空が有を失し、亦《また》有と空とを失す。斯くの如きの人は亦《また》二諦を失す。又諸の外道、亦《また》二諦を失す。*有見外道の如きは真諦に迷ひ、*空見外道は世諦に迷ふ。又凡夫は有に著するが故に真諦に迷ひ、二乗は空に滞《とどこほ》れば世諦に迷ふ。今此の迷を破せんとして、二諦を申明するが故に、二諦を用《モ》て宗とす。問ふ、何を以てか、此の論は二諦を以て宗とすと知ることを得るや。答ふ、「*瓔珞経」に云はく、「二諦は不生不滅、乃至不来不去なり」と。今の論に正しく八不を明す。故に知りぬ、二諦を以て宗とす。又*青目《しやうもく》、論の意を序《ノ》ぶるに、*外人二諦を失すれば、*竜樹、是等《こレ》が為の故に此の「中論」を造れりと明す。即ち知りぬ、外道の迷失を破して二諦を申明す。故に、二諦を以て宗とす。

問ふ、既に「中論」と名く。何を以てか中道を用《モ》て宗とせずして、乃《いま》し二諦を以て宗

小乗の五百部　『智度論』に、仏滅後五百年において小乗の異部雑出し、五百部をなしたということがみえる。

方広道人　大乗の教を解する外道をいう。大乗方広の空理に著して空見に堕したものという。

亀毛菟角　本来無いものを有りと信ずることを喩えた語。

既に…空とを失す　冠註「既ニ空ガ有ヲ失スレバ、亦タ有ガ空ヲモ失ス」と訓む。

有見外道・空見外道　外道の特定の宗派名ではなく、所執の見によって大別したもの。

瓔珞経　巻下(正蔵二四・一〇一八下)取意。

青目　四世紀頃のインドの論師。竜樹の『中論本頌』の注釈を造る。これを鳩摩羅什が訳したものが漢訳『中論』である。

外人　外道。

竜樹　→一七三頁『竜猛菩薩』注

2　百論

百論　二巻。提婆造、世親釈、鳩摩羅什訳。もと百偈より成るをもってこの名ありという。仏教の無所得中道の教旨を顕彰したもの。引文は、巻下、破空品第十（正蔵三〇・一八二下）。

開避　差別すること。

提婆　三世紀頃、南インドの人。竜樹の弟子。中インド、波吒釐子城に行化して外道を伏したが、後、外道のために害せられたという。『百論』『四百論』等を著す。

とするや。答ふ、即ち二諦は是れ中道なり。既に二諦を以て宗とすれば、即ち是れ中道を宗とす。然る所以は、還りて二諦に就きて以て中道を明すが故に、世諦の中と、真諦の中と、非真非俗の中道と有り。但し今は名と宗との両つながら挙げんと欲ふが故に、中と諦とを互に説くが故に、宗には其の諦を挙げ、名には其の中を題す。若し中道を以て名とし、復《また》中道を以て宗とせば、但し不二の義をのみ得て、其の二の義を失するが故なり。

問ふ、仏《ほとけ》、何の故にか二諦を明したまふや。答ふ、仏法は是れ中道なりと示さんと欲《おも》ふが故なり。世諦を以ての故に不断なり、真諦を以ての故に不常なり。所以《ゆへ》に二諦を立つ。又二慧は是れ三世の仏の法身の父母なり。第一義有るを以ての故に般若を生じ、世諦有るを以ての故に方便を生ず。実慧と方便とを具するが故に、三世十方の仏有《イマ》す。又第一義を知るは是れ自利なり。世諦を知るが故に能く他を利す。共にして二諦を知りぬれば則ち共利を得《ウ》。又二諦有るが故に仏語皆《みナ》実なり。世諦を以ての故に有と説く、是れ実なり。真諦の故に空と説く、是れ実なり。所以《ゆへ》に二諦を明す。

次に「*百論」には邪を破して二諦を申《ノ》ぶ。具《つぶ》さには破空品の末に説くが如し。亦《また》二諦を以て宗とすべし。但し今は「中論」と互相《たがひ》に*開避《かいヒ》せんと欲《おも》ひて、「中論」は二諦を以て宗とし、「百論」は二智を以て宗とす、諦と智と互相に成ずることを明さんと欲ふ。

問ふ、「百論」は何が故ぞ二智を用《モ》て宗とするや。答ふ、*提婆と外道と対面撃揚《キャクやう》して

3　十二門論

境智　所観の境である真如実相と、これを達観する智と。

論　『十二門論』観因縁門第一（正蔵三〇・一五九下）。

4　中の意義

問ふ論を中論と…　『三論玄義』第十三「別釈中論名題門」（正蔵四五・一四中下）略抄取意。

秤　慶本・冠註は「称」に作る。

闘《タヽカ》ひしは、一時の権巧《ごんげう》の智慧なり。但し提婆の権智は巧《たくみ》に能く邪を破し、巧に能く正を顕はせども、而も実には所破も無く、亦《また》所顕も無し。故に実智と名《なづ》く。一論の始終に此の二智を明すが故に、二智を以て宗とす。「中論」は内と諍《アラソ》ふ一時の権巧にあらず、但し共《トモ》に同じく二諦を学する人、二諦の得失を諍ふ。故に二諦を以て宗とす。則ち「中論」は所申を用《も》て宗とし、「百論」は能申を用《モ》て宗とす。仏と菩薩と、能所共に相《あひ》成ずることを明さんと欲ふ。

次に「十二門論」は、亦《また》内迷を破して二諦を申明す。亦《また》二諦を以て宗とすれども、但し今は三論の不同を示さんと欲ひて、宜しく境智*を以て宗とすべし。言ふ所の境智とは、論*に云はく、「大分の深義といふは所謂《いはゆる》空なり。若し是の義を通達すれば、則ち大乗を通達するなり。六波羅蜜を具足して障碍する所無し」と。大分深義とは、謂はく、実相の境なり。実相の境に由つて般若を発生す。般若に由るが故に、万行成ずることを得、則ち是れの義なり。故に境智を用《も》て宗とす。

問*ふ、論を「中論」と名《なづ》く、中に幾種《いく》か有る。答ふ、既に秤*《ひやう》して中とす、則ち多に非ず一に非ず、義に随ひ縁に対して多と一とを説くことを得《ウ》。言ふ所の一中とは一道清浄なり、更に二道無し。一道とは即ち一つの中道なり。言ふ所の二中とは即ち二諦に約して中を辨す。謂はく、世諦の中と、真諦の中となり。三中と言ふは、二諦の中と及び非真非俗の中となり。四中と言ふは、謂はく、対偏中と尽偏中と絶待中と成仮中となり。

対偏中とは、大小の学人の断常の偏病に対す。是の故に対偏中と説く。尽偏中とは、大小の学人、断常の偏病有れば則ち中を成ぜず。偏病若し尽きぬれば即ち名《なづ》けて中とす。是の故に*経に云はく、「衆生の見を起すに凡そ二種有り。一つには断、二つには常。是くの如きの二見をば中道と名けず、無常無断を乃《いま》し中道と名く」と。故に尽偏中と名く。本《モト》偏病に対す、是の故に中有り。偏病既に*除《ノゾ》いつれば中も亦《マタ》立せず。中に非ず偏に非ざるを、衆生を出処せしめむが為に、強ひて名けて中とす、謂はく、絶待の中なり。故に、此の*論に云はく、「若し始終有ること無ければ、中も当《まさ》に云何《いかん》が有なるべき」と。*経に云はく、「二辺を遠離して中道に著せず」といふは、即ち其の事なり。

成仮中とは、有無を仮とし、非有非無を中とす。非有非無に由るが故に有無を説く。此くの如きの中は、仮を成ぜんが為なり、謂はく、成仮の中なり。然る所以は、良《マコト》に由《ヲモンミ》れば正道は未だ曾て有無にあらざれども、衆生を化せんが為に仮りて有無と説く。故に非有無を以て中とし、有無を仮とするなり。

―― 真言の密意 ――

此の覚心不生心に亦《また》二種の義有り。一つには浅略、二つには深秘なり。浅略は前の説の如し。深秘の義とは、下の所説の*真言秘義、是れなり。所謂《いはゆる》覚心不生住心の法

経 『大般涅槃経』巻二十七、師子吼菩薩品第十一之一(正蔵一二・五二三下)。

除いつれば ノゾキツレバの音便。慶本「ノソコンヌレハ」と訓。

論 『中論』巻二、観本際品第十一(正蔵三〇・一六上)。

経 『大方等大集経』巻十四、虚空蔵品第八之一所問品第一(正蔵一三・九六上)。

真言秘義 慶本・冠註とも「真言秘密ノ義」。

門は、是れ*文殊師利菩薩の三摩地門なり。「*大日経」に云はく、時に文殊、仏加持神力三昧に入りて、自證の真言を説きて曰はく、

*ケイケイクマラキヤ、ビボキチハタ*シチタ、サンマラサンマラハラチゼン

釈して云はく、

*醯々《けいけい》といふは是れ呼召《コテウ》なり、倶摩羅迦《くまらきや》といふは是れ童子なり。即ち是れ呼召して本願を憶せしむるなり。又倶《く》といふは是れ摧破の義なり、摩羅《まら》といふは是れ四魔と及び眷属となり。此の真言は麼字を以て体とす。即ち是れ大空の義なり。此の大空を證して、一切の魔を摧壊するなり。毗目乞底鉢他悉体多《びボキチハタシチタ》は解脱道住なり。此の童子の解脱道に住する者《モノ》を請呼するなり。即ち是れ諸仏の解脱なり、所謂《いはゆる》*大空なり。サンマラといふは憶念憶念なり。ハラチゼンといふは先所立の願なり。此の真言浅略なり。

意の云はく、*醯々といふは、童子の解脱道に住する者《もノ》をして本所立の願を憶念せしむるなり。一切の諸仏の法身は成仏して、身口意の秘密の体に入れり。一切の心有《ア》るもの能く及ぶ者《もノ》無し。然るを本願を憶するが故に、自在の力を以て生死に還りて衆生を救度す。大意は此くの如し。此の童子、久しく已に法身成仏せり。故に、其の本願を憶するを以て衆生を度せよと請ずるなり。

菩薩の本願を請ずるに由つて、若し見聞触知して我れを憶念する者有れば、皆《ミナ》諸乗に於て*畢定を得《エ》、乃至一切の願を満す。此の菩薩は久しく已に成仏せり。所謂《いはゆる》*普見如来

文殊師利菩薩　普賢菩薩(→一八五頁注)と相対して釈尊の左脇に侍し、智恵を司るとされる菩薩。

大日経　巻二、普通真言蔵品第四(正蔵一八・一四中)。

… he he kumāraka vimukti pathasthita smara smara pratijñāṃ.

文意からは。

醯々といふは是れ…　『大日経疏』巻十、普通真言蔵品第四(正蔵三九・六八二中)。

大空なり　底本は「大涅槃」の「涅槃」を見セケチ、「空ナリ イ」とする。慶本「大空ノ涅槃ナリ」、冠註「大空ナリ涅槃ナリ」。

醯々といふは…者をして　慶本・冠註は「童子ノ解脱道ニ住スル(冠註ｰセル)者ヲ醯々シテ」と訓む。

畢定　畢の左注「果荒」。

普見如来・普現如来　文殊菩薩が当来に成仏したときの名。

なり、或いは*普現如来と云ふ。大悲加持力を以て童子の身を示す。

顕の義は是くの如し。

深秘の義といふは、𑖀の一字を体とす。是れ大空の義なり。大空は則ち大自在なり、大自在は則ち*大我なり、大我は能く大空を證す。大我は一切の法に於て無著無得なり。是れ則ち如来の智慧なり。若し平等の恵を得れば、一切の法に於て都《すべ》て戯論を絶つ。是の故に亦《また》無戯論如来と名《なづ》く。

故に「*金剛頂経」に云はく、

時に*薄伽梵《ばがぼん》一切《いっさい》無戯論《むけろん》如来《にょらい》は復《また》転字輪《てんじりん》般若《はんにゃ》理趣《りしゅ》を説きたまふと。

「*釈経」に云はく、

是れ則ち文殊師利菩薩の異名なり。転字輪とは是れ*五字輪の三摩地なり。所謂《いはゆる》諸法は空なり、無自性と相応するが故にとは、*金剛界曼荼羅《まんだら》の中の*金剛利菩薩の三摩地なり。諸法は無相なり、無相の性と相応するが故にとは、是れ降《がう》三世曼荼羅の中の忿怒金剛利の三摩地なり。諸法は無願なり、無願の性と相応するが故にとは、是れ遍調伏《へんでうぶく》曼荼羅の中の蓮華利の三摩地なり。諸法は光明なり、般若波羅蜜多清浄なるが故にとは、一切義成就曼荼羅の中の宝利菩薩の三摩地なりと、云々。

所謂《いはゆる》空・無相・無願は是れ三解脱門なり。「大般若」等の諸の空無相等を顕はす経は、皆《みナ》是れ文殊師利菩薩の三摩地法曼荼羅なり。故に「*六波羅蜜経」に云はく、

文殊師利菩薩をして所説の般若蔵を受持せしむと。

大我　この我は自在の義、真如常住自在の妙用をいう。

金剛頂経　↓補。『大楽金剛不空真実三麼耶経』(『般若理趣経』)(正蔵八・七六五上)。

薄伽梵　諸仏通号の一。

釈経　『般若理趣釈〔大楽金剛不空真実三昧耶経般若波羅蜜多理趣釈〕』巻下(正蔵一九・六一三中)。

五字輪　阿・囉・跛・者・娜の五字。五字文殊の陀羅尼。

金剛界曼荼羅　金剛界如来(大日如来の異名)が示現した曼荼羅の意。

金剛利菩薩　金剛界十六菩薩の一。文殊菩薩と異名同体。

六波羅蜜経　『大乗理趣六波羅蜜多経』十巻。唐、般若三蔵訳。空海請来の新訳経。引文は、正蔵八・八六五―九一七。

*竜樹菩薩は、此の般若蔵に依つて、「中観」「十二門論」を作りて、三解脱の中道正観を示す。竜樹菩薩の弟子*提婆菩薩は「百論」を作りて、二乗外道等の執《しふ》を破す。*無著菩薩は「*順中論」を造り、*世親菩薩は「*百論の釈」を作り、*清辨《しやうべん》菩薩は中論の釈を造る、此れを「*般若燈論」と名《なづ》く。*護法菩薩は「*広百論の釈」を造る。唐の三蔵*玄奘法師訳して大唐に伝ふ。秦の姚興《ヨウキヨウ》の時に、*鳩摩羅什三蔵、*青目所作の「中観の釈」を訳して四巻とす。吉蔵法師、中・百・十二の三論に依つて、広く章疏を造りて、盛んに三解脱門を伝ふ。*入唐の学生智蔵・道慈法師等、受学して此の間に伝ふ。是れを三論宗と名く。是れは此れ人に名《なづ》くれば則ち文殊師利菩薩なり、法に約すれば「*大般若波羅蜜多経」と名く。

此くの如く経論等の所詮の無量の教義等は、悉く文殊の一の[梵字]字の真言に摂し尽す。若し此の一字を観誦《くわんじゆう》すれば、則ち*大空三昧《だいくうさんまい》を證す。文殊菩薩に等同なり。此の大空の恵を證する時《とき》、能く一切の諸法は本来不生不滅、不断不常、不一不異、不去不来等なりと知る。「中論」の初めに八不を説くこと、良《まこと》に以《ゆへ》有り。是の大慧は亦是れ大日尊の万徳の一つなり。故に*善無畏三蔵の云はく、「*文殊師利とは是れ大日如来の智恵なり、大日如来に離れて別に恵有るにあらず」と云々。

秘密曼荼羅十住心論巻第七

竜樹　竜猛菩薩。→一七三頁注
提婆　→二三五頁注
無著　→二一一頁注
順中論　二巻。元魏、瞿曇般若流支訳。具名は『順中論義入大般若波羅蜜経初品法門』。引文は、正蔵三〇・三九-五〇。
世親　→一四八頁注
百論の釈　『百論釈』二巻(正蔵三〇・一六八-一八二)。
般若燈論　十五巻。波羅頗蜜多羅訳。引文は、正蔵三〇・五〇-一三六。
清辨菩薩　六世紀頃インド駄那羯磔迦国の人。清辨は底本「声清辨」、慶本「清辨」。
護法菩薩　六世紀中葉、南インド達羅毘茶国の人。
広百論の釈　『大乗広百論』十巻(正蔵三〇・一八七-二五〇)。
玄奘　六〇〇―六六四。インドより多くの経論をもたらし『成唯識論』等を訳出。四大翻訳家の一。また『西域記』を著す。
鳩摩羅什　三四四―四一三。西域亀茲国の人。『法華経』『大智度論』等三百余巻を訳出。四大翻訳家の一。→一一三頁「旧・新」注
青目　→二三四頁注
入唐の学生智蔵・道慈　→補
大般若波羅蜜多経　六百巻。玄奘訳。般若波羅蜜の義を説く諸部の経典を集成したもの。
大空三昧　空空三昧・無相無相三昧・無願無願三昧をいう。重三三昧とも。
善無畏三蔵　→一五頁注
文殊師利とは…　『大日経疏』巻二十、次嘱累品第三十一(正蔵三九・七八八下)取意。

秘密曼荼羅十住心論巻第八

一道無為住心第八〈亦《また》如実知自心と名《なづ》け、亦空性無境心と名く〉

若し夫れ孔宣*、震旦*に出でて五常*を九州*に述べ、百会《ひやくゑ》*、華胥《くゑショ》*に誕《ウマ》れて、一乗*を三草*に開く。是《コヽ》に狂酔の黎元《レイぐゑん》*は住《トゞマ》りて進まず、癡闇《ちあん》の黔首《キンシュ》*は往きて帰《カヘ》らず。七十の達者*は頗《スコブ》る其の堂に昇り、万千の羅漢*は乃《すなは》ち金口《こんく》*を信す。度内《どない》*の五常は方円《ほうゑん》合《カナ》はず*、界外の一車*は大小入らず。是《こ》の故に三七*に樹を観し、四十に機を待つ。初めには四諦《したい》*方等を転して、人法の垢穢《くゑ》を洗ひ、後には一雨円音*を灑《そそ》いで、草木の牙葉《げえふ》を霑《ウルヲ》す。蓮華三昧*に入りて性徳《しやうとく》*の不染《ふせん》を観し、白毫《びやくがう》*の一光を放ちて修成の遍照を表するが如きに至つては、会三帰一*して仏智の深多を讃し、指本遮末*して成覚《じやうかく》の久遠《くをん》を談す。宝塔*騰踊《とうよう》して二仏同座し、娑《さ》界震裂《かいしんれつ》して四唱一処《ししやういつしよ》なり。髻珠《けいしゅ》を賜ひ瓔珞《やうらく》を献す。利智の鶖子は吾が仏《ほとけ》の魔に変せることを疑ひ、等覚《とうがく》の弥勒《みろく》は子《コ》の年《トシ》の父に過ぎたることを怪しむ。一実*の理、本懐を此の時に吐き、無二*の道、満足を今日に得《う》。

◇一道無為住心　『宝鑰』では如実一道心とよんでいる。下の如実知自心と合せたのであろうが、一道無為・如実知自・空性無境の三住心は、もと天台の中・仮・空の三諦にあてて名づけられたもの。以下二四四頁十行目まで『宝鑰』同文。

大　意

孔宣　孔子。名は丘、字は仲尼。宣は諡号、文宣王という。

震旦　支那。インドから支那を指して呼んだ言葉。　**五常**　仁・義・礼・智・信。

九州　冀・兗・青・徐・荊・揚・予・梁・雍。

百会　人の頂上の謂、釈尊の異称。

華胥　安心自得の境、また至極治まれる国の謂。ここはインドを指す。

一乗　一切衆生を悉く成仏せしめる教法。

三草　↓補

黎元・黔首　黎も黔も、ともに「黒し」。黒き首、人民のこと。

七十の達者・万千の羅漢　孔子門下の達人と『法花経』の同聞衆(一万二千という)。

金口　如来の口舌。仏直接の説法。

度内　度は法度・法則。

方円合はず　機教の相応せぬこと。

界外の一車　大白牛車(『法花経』譬喩品)。

三七に樹を観し四十に機を待つ　↓補

四諦方等を転し　天台の五時教にいう鹿苑時・方等時の諸経を説くこと。

一雨円音　一雨は一乗の教法に喩える。円音は『法花経』の教説。

蓮華三昧　仏が法花妙蓮の理に坐すること、法花三昧(↓二四四頁注)の異名とも。

爾《しか》れば乃《すなは》ち*羊鹿斃《タフ》れて露牛疾《ト》し。*竜女出でて象王迎《ムカ》ふ。*二種の行処は身心の室宅に宿《ヤド》り、*十箇の如是は止観の宮殿に安んず。*寂光の如来は境智を融《いう》して心性を知見し、応化の諸尊は行願を顧みて分身相に随ふ。寂にして能く照《てら》し、照にして常に寂なり。澄水の能《よ》く鑒《カヾミ》るに似たり。瑩金《エイキン》の影像の如く、湿金《シフキン》即ち照影、照影即ち金水《コンすい》なり。

即ち知りぬ、境《きやう》即ち般若、般若即ち境なり。故に無境界《ぶきやうがい》と云ふ。即ち此れ実の如く自心を知るを名《なづ》けて菩提とす。

故に大日尊、秘密主に告げて言はく、

*秘密主、云何《いかン》が菩提とならば、謂はく、実の如く自心を知るなり。秘密主、是の*阿耨《あのく》多羅三藐三菩提《たらさんみやくさんぼだい》は、乃至彼の法《ほふ》として少分も得べきこと有《あ》ること無し。何を以ての故に。虚空の相は是れ菩提なり。知解の者《もノ》も無く、亦《また》開暁のものも無し。何を以ての故に。菩提は無相なるが故に。秘密主、諸法は無相なり、謂はく、虚空の相なり。爾《そ》の時に金剛手、復《また》仏に白《まう》して言《まう》さく、世尊、誰《たレ》か一切智を尋求する、誰か菩提の為《たメ》に正覚を成ずる者、誰か彼の一切智智を発起する。仏の言《のたま》はく、秘密主、自心に菩提と及び一切智とを尋求す。何を以ての故に。本性清浄の故に。*心は内に在らず外に在らず、及《また》両中間にも心不可得なり。秘密主、如来応正等覚は、青に非ず、黄に非ず、赤に非ず、白に非ず、紅に非ず、紫に非ず、水精色に非ず。長に非ず、短に非ず、円に

性徳の不染　本性の清浄なること。

白毫の一光　仏の眉間に白色の毫（細毛）があり、常に光を放っているという。

会三帰一・指本遮末　↓補

宝塔騰踊して…　以下のことは『法花経』にある。↓補

一実の理・無二の道　ともに法華一乗を指す。仏の本懐たる一実の理が開示され、法華一乗の道が明されて、仏の所願が満足されたこと（方便品）。

羊鹿斃れて露牛疾し　羊鹿は声聞・縁覚二乗の教。露牛は露地白牛の略、一乗の法を喩える（譬喩品）。

竜女出でて象王迎ふ　竜女成仏の話（提婆品）。

二種の行処は…　安楽行品の所説。

十箇の如是は…　方便品の所説。

寂光の如来は…　宝塔品の所説。

―― 摂教 ――

秘密主云何が…　『大日経（大毘盧遮那成仏神変加持経）』巻一、入真言門住心品第一（正蔵一八・一下）。

阿耨多羅三藐三菩提　無上正遍智・無上正真道・無上正等正覚などと訳す。仏の覚智をいう。

心は内に在らず外に在らず　内は眼耳鼻舌身意の六処、外は色声香味触法の六処。

非ず、方《ほう》に非ず、明に非ず、暗に非ず、男に非ず、女に非ず、不男女に非ず。秘密主、心は欲界と同性に非ず、色界と同性に非ず、無色界と同性に非ず。*天・竜・夜叉・乾闥婆・阿脩羅・迦楼羅・緊那羅・摩睺羅伽、人非人趣と同性に非ず。秘密主、心は眼界に住せず、耳鼻舌身意界に住せず、見に非ず顕現に非ず。何を以ての故に。虚空の相の心は、諸の分別と無分別とを離れたり。所以《そのゆへ》は何《いか》なれば。性、虚空に同じなれば即ち心に同じなり、性、心に同じなれば即ち菩提に同じなり。是くの如く秘密主、心と虚空界と菩提との三種は無二なり。此等は悲を根本として、*方便波羅蜜満足す。是の故に秘密主、我れ諸法を説くこと是《か》くの如し。彼の諸の菩薩衆をして菩提心清浄にして其の心を知識せしめんとなり。秘密主、若し*族姓の男、族姓の女、菩提を識知せんと欲はば、当《まさ》に是くの如く自心を識知すべし。

秘密主、云何《いかん》が自心を知るとならば、謂はく、若しは*分段、或いは*顕色、或いは*形色、或いは境界、若しは色、若しは受想行識、若しは我、若しは我所、若しは能執、若しは所執、若しは清浄、若しは界、若しは処、乃至一切分段の中に求むるに、不可得なり。秘密主、此れ菩薩の浄菩提心門なり。*初法明道と名《なづ》くと。

釈して云はく、謂はく、無相虚空相及び非青非黄等の言は、並びに是れ法身真如一道無為の真理を明すなり。仏《ほとけ》此れを説きて初法明道と名く。「*智度」には入仏道の初門と名く。仏道と言ふは金剛界宮大日曼荼羅の仏を指す。諸の顕教に於ては是れ究竟の*理智法身なれども、真言門に望《み》れば是れ則ち初門なり。大日世尊及び竜猛菩

注

天・竜…摩睺羅伽　→九二頁「天竜八部」

方便波羅蜜　菩薩が方便をもって種々に身を現じ、衆生を済度すること。

族姓の男(女)　族姓は良家に生れたものの謂。善男子(善女人)に同じ。

分段　分段身の略。変易身の対。六道に生死輪廻する凡夫の身をいう。

顕色　眼識の対境としての色境の中、顕了に見られる色。青・黄・赤・白等。

形色　長短・方円等の形の眼に見られる物質。

初法明道　真言の行者が第十住心に住して除蓋障三昧を得る初地分証の位という。

智度　『大智度論』巻三十一、釈初品中十八空義第四十八(正蔵二五・二九五上)。

理智法身　真如の理とこれを見る智慧とを合せて法身としたもの。

薩、並びに皆《みナ》明説したまへり。疑惑すべからず。又下*の文に云はく、

所謂《いはゆる》空性は根境を離れて、相も無く境界も無し。諸の戯論《けろん》を越えて、虚空に等同なり。有為無為界を離れ、諸の造作を離れ、眼耳鼻舌身意を離る、とは、

亦《また》是れ理法身を明す。無畏*三蔵の説かく、

行*者、此の心に住する時《とキ》、即ち釈迦牟尼の浄土毀《キ》せずと知り、仏の寿量長遠本地《ちやうをんほんぢ》の身と、上行等の従地涌出の諸の菩薩と、一処に同会すと見る。対*治道を修する者《もノ》は、迹《あト》補*処に隣《トナ》ると雖《いへど》も、然も一人をも識らず。是の故に此の事を秘密と名《なづ》くと。

此の理を證する仏を亦《また》常*寂光土の毗盧遮那と名く。

大隋《だいズイ》の天台山国清寺の智者禅*師、此の門に依りて止*観を脩し、法*華三昧を得て、即ち「法花」「中論」「智度」を以て所依として一家の義を構《カマ》ふ。

止観を脩し、兼ねて門徒の為に説きて云はく、

正*しく止観を脩する者《モノ》は乃至心を観するに十法門を具す。一つには観不可思議境、二つには起慈悲心、三つには巧安止観、四つには破法遍、五つには識通塞、六つには脩道品、七つには対治助開、八つには知次位、九つには能安忍、十には無法愛なりと。

一*つには心は是れ不可思議の境なりと観すとは、夫《それ》一心に十*法界を具す。一法界に又《また》十法界を具すれば百法界あり。一界に三*十種の世間を具し、百法界には即ち三千種の

下の文　『大日経』巻一(正蔵一八・三中)。

無畏三蔵　→一五頁「善無畏三蔵」注

行者此の心に…　『大日経疏(大毘盧遮那成仏経疏)』巻二、入真言門住心品第一之余(正蔵三九・六〇三下)。

対治道を修する者　対治は煩悩を断ずること。ここは迹門の修行をする菩薩をいう。

補処　一生補処(→一二〇頁注)の略。

常寂光土　法身仏所居の浄土という。

—— **天台宗義の綱要** ——

智者禅師　智顗(五三八—五九七)。天台大師。五時八教の教判で、『法華経』の最高であることを示すとともに、天台の体系を大成した。智顗の講義を弟子灌頂(章安)がまとめた『法華文句』『法華玄義』『摩訶止観』は法華三大部といわれる。隋の三大法師の一。

止観　定恵・寂静・明静とも。分別を絶し邪念を離れて心を一境におくことを止、さらに正智を発して分明に諸法を照見することを観という。

法華三昧　『法花経』『観普賢経』により、実相中道の理を観ずること。四種三昧の中、半行半坐三昧(→二四七頁注)に含まれる。

正しく止観を脩する者…　『摩訶止観』巻五上(正蔵四六・五二中)。『摩訶止観』二十巻は天台智者禅師説、章安記。法華三大部の一。

—— **1　観不可思議境** ——

一つには…『摩訶止観』巻五上(正蔵四六・五三中―五四上)。
十法界　地獄・餓鬼・畜生・修羅・人・天・声聞・縁覚・菩薩・仏。
三十種の世間　十界に、おのおの三世間(五陰・衆生・国土)を具するから、三十種の世間という。
無心而已　已の左訓「ヤムヌ」。冠註「心無キトキンバ已ミナム」と訓む。
介爾　極めて微弱なること。
亦心は前に在り　『止観』の本文には「亦一心前ニ在リ」とあり、従うべきか。
四句倶に皆…　『摩訶止観』巻五上(正蔵四六・五五)。
鵠　『止観』は鶴に作る。
若し　『止観』にこの字無し。

世間を具す。此の三千、一念の心に在り。若し*無心而已《ノミ》、*介爾《ケニ》も心有れば即ち三千を具す。*亦《また》心は前《さキ》に在り、一切の法は後に在りと言《イ》はず、亦《また》一切の法は前に在り、一心は後に在りと言《イ》はず。若し一心より一切の法を生ずといはば、此れ則ち是れ縦なり。若し心一時に一切の法を含すといはば、此れ即ち是れ横なり。縦も亦《また》不可なり、横も亦《また》不可なり。只《ただ》心は是れ一切の法なり、一切の法は是れ心なり。故に縦に非ず横に非ず、一に非ず異に非ず、玄妙深絶せり。識の識《シ》る所に非ず、言の言《イ》ふ所に非ず。所以《そのゆへ》に称して不可思議の境とす、意《ここロ》此れに在りと。

又云はく、

*四句倶に皆《みな》説くべし、因も亦《また》是なり、縁も亦《まタ》是なり、共も亦《また》是なり、離も亦《また》是なりと説くに、*若し盲人の為に乳を説かば、貝《バイ》の若《ごと》し、粖《マツ》の若し、雪の若し、*鵠《コク》の若し。若し盲《マウ》、諸説を聞きて即ち乳を解《さと》ることを得るは、世諦に即して是れ第一義諦なり。当に知るべし、終日《ひねもス》に説き、終日《ひねもす》に説かず、終日に雙べて遮し、終日に雙べて照す。破に即して即ち立し、立に即して即ち破す。経論に皆爾《みナしか》なり。

天親・竜樹は、内鑒《ないかん》冷然として、外に時《とキ》の宜しきに適《シタが》ふ、各《おのおノ》権《かり》に拠《よ》る所《とこロ》なり。而《しか》も人師偏《ひとへ》に解し、学者苟《イヤシク》も執す。遂に矢石《シセキ》を興して各《おのおノ》一辺を保《タモ》ち、大きに聖道に乖《そむ》けり。若《も》し此の意を得つれば、倶《とも》に説くべからず、倶《とも》に説くべし。若し便宜《ベンギ》に随はば、無明の法性に法《のと》りて一切の法を生ずと言ふべし。眠法《めんほふ》の心に法《ノト》りて則ち一切の夢事有るが如し。心と縁と合すれば則ち三種の世間、三千の相性、皆《みな》心より起《おコ》る。一性少《スクナ》しと雖も而《しか》も無にあらず。無明多しと雖も而《しか》も有《ウ》にあらず。何となれば一を指して多とすれば、多も多に非ず。多を指して一とせば、一も少に非ず。故に此の心を名《なづ》けて不可思議の境とするなり。

若し一心は一切心なり、一切心は一心なり、非一非一切なり。一陰は一切陰なり、一切陰は一陰なり、非一非一切なり。一入は一切入なり、一切入は一入なり、非一非一切なり。一界は一切界なり、一切界は一界なり、非一非一切なり。一衆生は一切衆生なり、一切衆生は一衆生なり、非一非一切なり。一国土は一切国土なり、一切国土は一国土なり、非一非一切なり。一相は一切相なり、一切相は一相なり、非一非一切なり。乃至一究竟は一切究竟なり、一切究竟は一究竟なり、非一非一切なりと解すれば、遍《あまね》く一切の法*に歴《へ》て、皆《みな》是れ不可思議の境なり。

若し法性と無明と合して一切の法に陰*界入等有りといはば、即ち是れ俗諦なり。一切の界入は是れ一法界なりといはば、即ち是れ真諦なり。非一非一切といはば、即ち是れ中道第一義諦なり。是くの如く、遍く一切の法に歴《へ》て不思議の三諦に非ずといふこと無し。

若し一法一切法といふは、即ち是れ因縁所生の法なり。是れを仮名仮観《けみやうけくわん》とす。若し一切の法は即ち一法といふは、我れ説く即ち是れ空の空観なり。若し非一非一切といはば、即ち是れ中道の観なり。一空一切空なれば、仮中として空にあらざること無し、捴の空観なり。一仮一切仮なれば、空中として仮にあらざること無し、捴の仮観なり。

法　『止観』この字無し。

陰界入　五蘊・十八界・十二入(処)。蘊界処とも。→一六六頁「蘊・処・界」注

中論　巻四、観四諦品第二十四(正蔵三〇・三三中)。

因縁所生法　『止観』には「因縁所生ノ一切法」とあり。

随情　俗情に随ってあらわした差別の側面をいう。

道種の権智　「三智」(→後注)の一。

随智　真智に随ってあらわした平等の側面。

名中道義　慶本「中道ノ義ト名」と訓む。

三智　一切智(一切法の総相を知る声聞・縁覚の智)・道種智(一切種々差別の道法

一中一切中なれば、空仮として中にあらざる無し、捴の中観なり。即ち「*中論」に説く所の不可思議の一心三観なり。一切の法に歴《へ》て亦《また》是くの如し。

若し*因縁所生法とは、即ち*方便随情の*道種の権智なり。若し一切法一法、我れ説きて即ち是れ空といはば、即ち*随智の一切智なり。若し非一非一切を亦《また》*名中道義といはば、即ち非権非実の一切種智なり。上《かみ》に例《レイ》せば一権一切権《いちごんいっさいごん》なり、一実一切実なり。一切権に非ず実に非ず。遍く一切に歴《へ》て是れ不可思議の*三智なり。若し随情、即ち*随他意語なり。若し随智は*随自意語なり。若し非権非実は即ち非自非他意語なり。遍く一切の法に歴《へ》て、漸と頓と不定との不思議の教門に非ざる無し。若し頓を解するは即ち心を解す。心尚《ナヲ》し不可得なり、云何《いかん》が当に趣非趣有るべきや。若し漸を解するは即ち一切の法の心に趣《しゅ》するを解するなり。若し不定を解するは即ち是の趣の不過を解するなり。此れ等、名《な》異にして義同なり、行人を軌則するを呼《ヨン》で三法とす、所照を三諦とす、所発を三観とす、観成ずるを三智とす、他を教ふるを呼びて三語とす、宗に帰するを呼びて三趣とす。若し斯《こ》の意を得つれば、一切に類して皆《みな》法門を成ず。種種の味に煩《わづら》はんと嫌《きラ》ふこと勿れ。

又、*四種の三昧を修して菩薩の位に入ることを明す。云はく、

*行法衆多なれども、略して其の四を言《イ》ふ。一には*常坐、二には*常行、三には*半行半坐、四には*非行非坐なり。*亦《また》は随自意、亦《また》は覚意と名《なつ》く。通じて三昧と称することは*調直定なり。「*大論」に云はく、善く心《しん》一処に住して動ぜざる、是れを三昧と名く。法界

を知る菩薩の智)・一切種智(一切種の法に通達する仏智)の三。

随他意語 対手の意にかなうように斟酌して説いた方便の教。

随自意語 対手の如何を見ず、我が思をありのままに説示すること。

四種の三昧 止観の行法を身儀の異なるに随って四種に分けたもの。

行法衆多なれども… 『摩訶止観』巻二上(正蔵四六・一一上)。

常坐 常坐三昧。一行三昧とも。九十日を一期とし、静室に独坐して専ら一仏の名号を称えて加護をもとめ、念を法界に繋けてこれを観ずること。

常行 常行三昧。般舟三昧・仏立三昧とも。七日または九十日を一期とし、常に歩行して口に阿弥陀仏の名を称え、心に阿弥陀仏を想って息まざること。

半行半坐 半行半坐三昧。一七日の方等三昧と三七日の法華三昧とをいう。ともに懺悔滅罪を主とするもので、或いは行道して経文を誦し、或いは安坐して実相を思惟する。

非行非坐 非行非坐三昧。随自意三昧・覚意三昧とも。方法・期間を定めず、一切の事に通じて、意の起るに随って禅定を修すること。

亦は随自意亦は覚意と名く 『止観』の本文にこの句なし。

調直定 心の暴きを調え、曲れるを直し、散るを定むる意。天台の語という。

大論 『大智度論』巻七、初品中仏土願釈論第十三(正蔵二五・一一〇中)。

は是れ一処なり。*止観は能《よ》く住して動ぜず、*四行を縁として観心、縁に藉《ヨ》りて調直《でうちき》なり。故《かるがゆへ》に、通じて三昧と称すと。

又云はく、

*根塵相対して一念の心に起するに、即空・即仮・即中なるを、是れを最要とすと。

又云はく、

*横竪《わうじゆう》一心にして止観を明さば、*上の如く所説の横竪深広にして、一切の邪執を破し、一切の経論を申《ノ》べ、一切の観行を脩し、一切の根縁に逗《カナ》ふて廻転無窮《ゑてんむぐ》なり。言《コトバ》煩はしくして見難《ミ》し。今当《イマ》に結束して其の正意を出だすべし。若し*無生門、千万重畳《テウデウ》すとも、只是れ無明一念の因縁所生法なり。即空・即仮・即中の不思議の三諦なり。一心三観、一切種智、仏眼等の法ならくのみ。無生門既に爾《シカ》なり。*諸余の横門も亦復《また》是くの如し。種種に説くと雖も、只《ただ》一心三観なり。故に横も無く竪も無く、但し一心に止観を脩すと。

又云はく、

*衆生と言ふは、貪恚癡《とんいち》の心《しん》に皆我《みなが》有りと計す。我即衆生なり。我、心に逐《シタガ》つて起す。心に三毒を起《ヲコ》すを即ち衆生と名く。此の心《しん》起る時、即空・即仮・即中なり。心に随つて念を起するに止観具足す。観をば仏知と名け、止をば仏見と名く。念念の中に於て、止観現前す。即ち是れ衆生、仏の知見を開くなり。此の観成就するを*初の随喜品と名

止観　『止観』には「正観」とあり。

四行　常坐・常行等の四行。

根塵相対して…　『摩訶止観』巻五下(正蔵四六・六三下)取意。

2　破法遍

横竪一心にして…　『摩訶止観』巻六下(正蔵四六・八四中下)。

上の如く所説の　冠註「上ノ所説ノ如キハ」と訓む。

無生門　諸法無生の理を観ずること。

諸余の横門　『止観』の前文に、「横ノ門トハ中論ノ八不ノゴトシ。…一論ニ八門ヲ明ス、諸経論ニハ即無量ナリ…」とあり。

衆生と言ふは…　『摩訶止観』巻六下(正蔵四六・八五上)。

初の随喜品　天台でいう五品弟子位(随喜・読誦・説法・兼行六度・正行六度)の一。

第二品　読誦品。

転深にして　冠註「転(た)タ深ケレバ」と訓む。

く。読誦扶助《ふじょ》して、此の観転明して*第二品を成じ、行の如くして説《トイ》て心を資くること転明にして第三品を成じ、兼ねて六度を行ず。功徳転*深にして第四品を成じ、具《つぶ》さに六度を行じて事理の減ずること無くして*第五品を成ず。六根浄に転入するを*相似の位と名く。故に「*法華」に云はく、「未だ無漏を得ずと雖も、而も其の意根清浄なり」と。此《か》くの若《ごと》く相似の位より*銅輪に進入して、無明を破して無生忍を得るに四十二地の諸位あり。故に「*法華」に云はく、「是くの如きの無漏清浄の果報を得《ウ》」と。亦《また》「*是れ*三賢十聖は果報に住す。唯仏一人のみ浄土に在《ましま》す」と。聖賢を以て仏に例するに、妙覚を指すに是れ報なりと。

又云はく、

*若し*法愛を破すれば、三解脱に入りて真の中道を発す。所有の*恵身、他に由らずして悟る。自然に*薩婆若海《さつばにゃかい》に流入して、無生忍に住するを亦《また》寂滅忍と名く。*首楞厳《しゅろうごん》を以て遊戯神通にして、大智恵を具すること大海水の如し。所有の功徳の、唯し仏のみ能く*今《いま》止観を知りたまへり。進趣の方便、此れに斉《カギ》らくのみ。入住の功徳をば今論する所《ところ》無し。後に当《まさ》に*重釈すべし。是の*十種の法を大乗観と名《なづ》く。是の乗を学する者《もノ》、*摩訶行と名くと。〈是れを天台宗の修行の相とす。〉

此の一道無為住心に二種の義有り。謂はく、*浅略深秘《せんりゃくじんぴ》なり。浅略といふは前説の如

第五品を成ず 『止観』はこの下に「第五品、六根清浄ニ転入スルヲ…」とあり。

相似の位 六根相似位。六根清浄の徳を得る位。

法華 『妙法蓮華経』巻六、法師功徳品第十九(正蔵九・五〇上)。

銅輪 十住の菩薩。

法華 『妙法蓮華経』巻五、分別功徳品第十七(正蔵九・四四中)。

是れ三賢十聖… 『仁王経(仏説仁王般若波羅蜜経)』巻上、菩薩教化品第三(正蔵八・八二八上)。

三賢十聖 十住・十行・十廻向の三賢と初地ないし十地の十聖。

3 無法愛

若し法愛を… 『摩訶止観』巻七下(正蔵四六・九九下―一〇〇上)。

法愛 菩薩の未だ法執を断ぜずして善を愛するもの。

恵身 無漏の智恵によって証得する身をいう。

薩婆若海 薩婆若は一切智と訳す。

首楞厳 健相・健行・一切事竟と訳す。仏所得の三昧の名。

今止観を知りたまへり 冠註「知リタマフ。今止観」と訓む。

重釈 『止観』には「重辨」とあり。

十種の法 十乗観法。

摩訶行 大乗。

真言の密意

浅略深秘なり 慶本・冠註になし。

し。深秘の義とは、下の所説の真言門の義、是れなり。言はく、一道無為住心の所説の法門は是れ*観自在菩薩の三摩地門なり。所以《このゆへ》に観自在菩薩の手に蓮華を*持ちて、一切衆生の身心の中に本来清浄の理有ることを表す。無明三毒の泥の中に沈淪し、六趣四生の垢穢に往来すと雖も、染せず垢せざること猶し蓮華の如し。是の本来清浄の理を一道無為と名く。是の一道を亦《また》一乗と名く。所謂《いはゆる》仏乗なり。乗は能運載に約して名を得、道は能開通に拠《ヨ》りて称を立つ。名は二つ別なりと雖も、理は則ち一なり。

是の*観自在菩薩、*普観三昧に住して、自心の真言を説きて曰はく、

*サラバタタギヤタ*バロキテイ　キヤロダマヤラララムジヤク

初めの一句は「*即ち是れ一切如来なり。謂はく、十方三世の諸仏なり。次の句は観の義なり。彼の仏の所観を用ゐるが故に、諸如来観と名く。即ち是れ平等観なり、即ち是れ普眼観なり。次の句は体なり。所謂《いはゆる》大悲を体とす。猶《なほ》し金人の彼の自体純《もはら》に是れ金なるを以ての故に*金人と為すが如し。此の菩薩も亦爾《しか》なり、純《もはら》に大悲を以て体とす。羅羅羅といふは、囉は是れ塵垢の義なり。阿字門に入る、即ち是れ無塵垢なり」。

三つ重《カサ》ぬる所以は、三毒・三界・三乗・三業等を除くなり。

此の三重の塵垢を除くに由つて、速かに本来清浄一道無為の理を證す。此の真言、初めの𑖭字を以て躰とす。薩字、一切諸法諦の義なり。観自在菩薩、普眼力を以て一切の諸法を観し、不倒不謬なるが故に諦と名《なつ》く。諦は審《しん》なり、所観の理事、*徹底《テツテイ》

観自在菩薩　観音。

持ちて　慶本・冠註「執テ」。

観自在菩薩…　『大日経』巻二、普通真言蔵品第四(正蔵一八・一四上)。

普観三昧　普眼三昧とも。普眼は観音の慈眼が普く一切衆生を観ずること。

𑖭𑖨𑖿𑖪…　sarva tathāgatāvalokita karuṇa maya ra ra ra hūṃ jaḥ.

ヽ　文意からは不要。

即ち是れ一切如来…　『大日経疏』巻十、普通真言蔵品第四(正蔵三九・六八一中)。

金人　仏をいう。

徹底　徹の左訓「トヲス」。

して審諦《あきらカ》にあらざること無きが故に。

「法華経」の題目、梵名に云はく、

[梵字]《*サ*タ ラマフン*ダ*リキャ*ソ*タラン》

初めの[梵字]字、亦《また》是れ薩《サ》字なり。此の経も亦《また》初めの一字を以て躰とす。経内の一切の句義、皆此の一字の義を説くなり。譬へば、*易《ヤク》の一爻《ケウ》に能く六十四卦《クエ》及び十翼等の万象を含むが如し。故に観自在菩薩、此の一字を以て真言とす。此の菩薩を亦《また》得自性清浄如来と名《なづ》く。故に「*金剛頂経」に云はく、

時に、薄伽梵得自性清浄法性如来、復《また》一切法平等観自在智印を説きたまふなりと。

「*釈経」に云はく、

得自性清浄法性如来とは、是れ観自在菩薩の異名なり。所謂《いはゆる》世間一切欲清浄の故に、則ち一切瞋清浄とは、此れ則ち金剛法菩薩の三摩地なり。*所謂世間一切垢清浄の故に、則ち一切罪清浄といふは、此れ則ち金剛利菩薩の三摩地なりと、云云。

「法華経」と及び余の観音部の経等とは皆是れ観自在菩薩の法曼荼羅なり。[梵字]の一字の真言を以て悉く摂し尽す。天台の智者禅師、「法華経」「中論」「智度論」等に依つて止観の法を脩して、「*四教義」「*禅門」「*観心論」を撰し、兼ねて弟子等の為に説く。上足の弟子*灌頂、法華の「*玄文」「*文句」「*止観」各《おのおの》十巻を記す。後の弟子*湛然、「文句」「玄義」「止観」等の「*私記」を作《ツク》る。是れを天台法華宗と名《なづ》く。此くの如きの法門は、並びに是れ法王の一職《ショク》、法界の一門なり。百字輪の一の[梵字]字より

[梵字]… saddharma puṇḍarīka sūtram.
[梵字] 文意からは[梵字]。
[梵字] 底本[梵字]、慶本により訂す。
[梵字] 文意からは[梵字]。
[梵字] 文意からは[梵字]。
[梵字] 底本[梵字]、慶本により訂す。
易 周易。六十四卦と彖辞・爻辞・十翼とから成る。
金剛頂経 『大楽金剛不空真実三麽耶経』(『般若理趣経』)(正蔵八・七六四下)。
釈経 『般若理趣釈(大楽金剛不空真実三昧耶経般若波羅蜜多理趣釈)』巻下(正蔵一九・六二三上)略抄。
所謂…金剛利菩薩の三摩地なり 底本なし。慶本・冠註による。
四教義 十二巻(正蔵四六・七二一―七六九)。
禅門 『天台智者大師禅門口訣』一巻(正蔵四六・五八一―五八四)。
観心論 一巻(正蔵四六・五八四―五八七)。
灌頂 章安(五六一―六三二)。
玄文 『妙法蓮華経玄義』二十巻(正蔵三三・六八一―八一四)。
文句 『妙法蓮華経文句』二十巻(正蔵三四・一―一四九)。
止観 『摩訶止観』二十巻(正蔵四六・一―一四〇)。
湛然 七一一―七八二。
私記 『法華文句記』三十巻(正蔵三四・一五一―三八〇)・『法華玄義釈籤』二十巻(正蔵三三・八一五―九六三)・『止観輔行伝弘決』四十巻(正蔵四六・一四一―四四六)。

流出して、摂末帰本すれば悉く一字に含めり。

若し衆生有りて此の門より法界に入るべき者《もノ》には、観音の身を現して、此の法教を授けたまふ。若し能く受持し読誦すれば、速かに解脱を得、観音菩薩に等同なり。若し此の真言の密義を得れば、一切の法教皆《みナ》悉く平等平等なり。若し多名顕句の経論疏等に依つて修行する者《もノ》は、徒《いたづラ》に年劫を積みて空しく身心を費《ツヒヤ》せども、法界に證入することを得ず。

故《カるがゆへ》に「*法華の儀軌経」に云はく、

一切衆生の身中に皆《みな》*仏性有り、*如来蔵を具せり。一切衆生は無上菩提の法器《はつき》に非ざる無し。若し此くの如きの法を成就せんと欲《おも》はば、応当《まさ》に先づ是くの如きの四縁を具すべし。一つは善知識に親近す、即ち是れ*灌頂《くわんぢやう》の阿闍梨なり。二つは正法を聴聞す、正法とは是れ妙法蓮華経王なり。三つは理の如く作意す、理の如く作意すとは、即ち是れ*瑜伽の観智なり。瑜伽の観智とは、即ち是れ本尊及び真言印等を観念するなり。四つは法随法行す、法随法行とは、謂はく、*奢摩他《さまた》と*毘鉢舎那《びばさな》とを修するなり、即ち無上菩提を證するに堪任《たへ》たり。若し妙法蓮華経を修持せむ、若しは男、若しは女、則ち須《すべから》く修真言行に依つて、密《ひそか》に菩薩の道を行ずべし。当に先づ*大悲胎蔵《だいひたいざう》大曼荼羅に入り、並びに*護摩《ごま》の道場を見《ミ》て、身中の業障を滅除すべし。阿闍梨の其の灌頂を与《アた》ふることを得《ウ》べし。即ち師に従《シタガ》つて*念誦の儀軌*三昧耶を受け、*護身*結界し、*迎請《ガウじやう》供養し、乃至己《コ》身普賢《しんふげん》大菩薩の身に等同なりと観す。

法華の儀軌経 『成就妙法蓮華経王瑜伽観智儀軌』一巻、不空訳。空海請来の新訳経の一(『請来目録』)。引文は、正蔵一九・五九四下―五九五上。

仏性 性は種子・因本の義。因位に具わる仏果になるべき種子をいう。

如来蔵 真如・仏性の異名。衆生の煩悩の中に隠されている自性清浄心。

灌頂の阿闍梨 求道者に灌頂(↓一二頁注)を授ける資格と学徳を具えた人。

瑜伽の観智 瑜伽は相応と訳す。心を摂して正理と相応する状態におくこと。

奢摩他・毘鉢舎那 奢摩他は止・寂静・能滅と訳し、毘鉢舎那は観・見・種々観察と訳す。↓一五一頁注

大悲胎蔵大曼荼羅 大悲胎蔵は衆生の身中にある菩提の理性が大悲の万行によって成長発育することをいう。大曼荼羅は四種曼荼(↓九頁補「四曼」)の一。

護摩の道場 護摩は火炉を設けて乳木を焼き、智恵の火をもって煩悩の薪を焼き、真理の性火をもって魔害を尽す幖幟としたもの。

念誦の儀軌 儀軌は軌則・儀式、またはその軌則儀式を記述した経典をいう。

三昧耶 ここは三昧耶戒の謂か。

護身 加持の法をもって身を護持すること。

結界 修法によって一定の地域を結護すること。

迎請 迎の左訓「ケイ」。

若し是くの如きの*増上縁を具せざる者は、所有の此くの如きの経王を読誦修習すとも、速疾に三昧を證成すること得難し。一一の印契、儀軌真言、応当《まさ》に灌頂阿闍梨の処に於て躬《ミヅカ》ら決択《けっちゃく》を稟受《ウ》くべし。而《しか》も専ら*擅作する者《モノ》をば、是れを則ち名けて*越三昧耶とす。伝及び受者、倶に重罪を獲《ウ》と。

秘密曼荼羅十住心論巻第八

増上縁 他の法の生ずることをさまたげない縁をいう。

擅作 擅の左訓「ホシイマヽニ」。

越三昧耶 如来の本誓に違越する罪。

秘密曼荼羅十住心論巻第九

極無自性住心第九

極無自性心といふは、今《いマ》此の心を釈するに二種の趣有り。一つには顕略趣、二つには秘密趣なり。顕略趣とは、夫れ甚深なるは*麼嚧《まろ》、峻高《しゅんかう》なるは*蘇迷《そめい》、広大なるは虚空《こくう》、久遠なるは*芥石《ケしやく》なり。然りと雖《いヘド》も芥石も竭磷《ツキヒスラ》ぎ、虚空も量りつべし。蘇迷《ソメイ》は十六万、磨嚧《まろ》は八億那*なり。近くして見《ミ》難きは我が心、細にして空に遍するは我が仏なり。我が仏《ほとケ》思議し難し、我が心《こころ》広にして亦《まタ》大なり。*巧芸《げうゲイ》、心《こころ》迷ひて算を擲《ナ》げ、*離律眼盲《まなコバウ》じて見ることを休《や》む。*禹《ウ》が名舌断《シタタ》え、*夸《クワ》が歩《アユ》み*足削《あシキ》る。*声縁の識も識《し》らず、*薩埵《さつた》の智も知らず。奇哉《キサイ》の奇《キ》、絶中の絶なるは其れ只《タヾ》自心の仏か。

自心に迷ふが故に六道の波鼓《なミク》動《どう》し、心原を悟るが故に一大の水《みヅ》澄静なり。澄静の水《みヅ》、影《カゲ》万象を落《ウツ》し、一心の仏《ほとケ》、諸法を鑒知《カンち》しぬ。衆生此の理に迷ひて、輪転絶ゆること能はず。蒼生太《はなは》だ狂酔して、自心を覚ること能はず。

◇極無自性住心　顕教の至極で、真如法界不守自性随縁の義を説く故、この名があるという。また極を第八の住心とみて、この住心は未だ至極せず、自性なしと知り、さらに進趣の心を生ずる位とする説もある。以下二五六頁八行目まで『宝鑰』同文。

――大意――

麼嚧　水と訳す。海。

蘇迷　蘇迷盧の略。須弥山。

芥石　芥子劫・盤石劫の略。↓一七五頁補「芥城・巨石」

那　蹁繕那の略。↓一八頁注

巧芸　巧暦(『荘子』に見える暦学者)と衆芸(『華厳経』に見える算道の達人)と。

離律　離は離朱・離婁の何れか。共に明目をもって知られた人。律は阿那律、仏十大弟子の一で、天眼第一といわれた人。

禹が名舌断え　夏の禹王は「山海経」を造って万物に名を立てたが、この心に名をつけることはできぬ。

夸が歩み　夸は夸父。神人の名。『列子』に「日影ヲ追フ」といわれた人。

足削　慶本・冠註「足刖」。

声縁の識・薩埵の智　声聞縁覚の識、菩薩の智。

都亭　旅宿。

真如受薫の極唱　真如が無明に薫習されて縁起するという至極の説。

勝義無性の秘告　勝義菩提心も自性なく、次第に向上するという秘密仏の告勅。『菩提心論』の説という。

大覚の慈父、其の帰路を指《しめ》したまふ。帰路は五百由旬なり、此の心は則ち*都亭なり。都亭は常の舎《いエ》に非ず、縁に随つて忽ちに遷移す。遷移定れる処《ところ》無し、是の故に自性無し。諸法、自性無きが故に卑《ひ》を去《サ》け尊《そん》を取る。故に、*真如受薫の極唱、*勝義無性の秘告有り。*一道を弾指に驚《おどろ》かし、無為を未極《みごく》に覚《さと》す。*等空の心、是《コヽ》に始めて起り、寂滅の果、果還つて因と為《ナ》る。

是の因、是の心、前の顕教に望《み》れば極果《ごくくわ》なり、後の秘心に於ては初心なり。初発心の時に便《すなは》ち正覚を成ずること、宜しく其れ然るべし。初心の仏《ほとケ》、其の徳不思議なり。万徳始めて顕はれ、一心稍《ヤヽ》現す。此の心を證する時《とキ》、*三種の世間は即ち我が身なりと知り、*十箇の量等は亦《また》我が心なりと覚る。

盧舎那仏、始め成道の時《とキ》、第二七日に、普賢等の諸大菩薩等と、広く此の義を談したまへり。是れ即ち所謂《いはゆる》「花厳経」なり。爾《しか》れば乃《すなは》ち*花蔵《くゑざう》を苞《カネ》て以て家とし、法界を籠めて而も国とす。*七処に座を荘《かざ》り、*八会《ゑ》に経を開く。此の*海印定に入りて法性の円融を観し、彼の*山王の機を照《てら》して心仏の不異を示す。*九世を刹那に摂して、一念を多劫に舒《ノ》ぶ。一多相入し、理事相通す。*帝網を其の重重に譬へ、*錠光を其の*穏《おん》隠《おん》に喩ふ。

*遂使《つひン》じて覚母に就て以て発心し、普賢に帰《くゐ》して證果す。*三生に練行し、*百城に友を訪ふ。一行に一切を行じ、一断に一切を断す。初心に覚を成じ、*十信に道円《まどカ》なりと云ふと雖《いヘド》も、因果異ならずして*五位を経て車を馳せ、相性殊ならずして*十身を渾《ヒタヽ》け

一道　第八の住心をいう。

等空の心　第九住心を指す。

三種の世間　『華厳経』では器世間・衆生世間・智正覚世間の三をいう。

十箇の量等　量等は量等身の略。一切の有為無為の諸法の量に等しき身の意。仏身。『華厳経』では十三箇の量等身を説く。

花蔵　蓮華蔵世界。香海中にある大蓮華に含蔵される世界の謂。

七処・八会　寂滅道場会・普光明殿会・忉利天会・夜摩天会・兜率天会・他化天会・普光明殿会・逝多林会の八会。第二と第七の普光明殿は同じ場所であるから、これを合せて七処という。『八十花厳』では第八をまた普光明殿会とするので、七処九会になる。

海印定　海印三昧とも。仏所得の三昧の名。仏の智海に一切の法を印現する三昧。

山王の機　『華厳経』性起品所説の日照高山の喩。

九世　過去・現在・未来の三世にまたおのおの三世があるから九世になる。

帝網　帝釈天の珠網。

錠光　錠光仏。また玻瓈珠という。

穏隠　無碍の意。

遂使じて覚母に就て…　覚母は文殊菩薩。以下は善財童子求法の話(入法界品)。

三生　過去見聞生・現在解行生・未来証入生。

百城に友を訪ふ　善知識を百十城に訪う。

十信に道円なり　十信の位において菩薩五十二位(→九三頁補「十住」)の全き果道が円満するという意。

て同帰す。斯れ則ち花*厳三昧の大意なり。

故に大日如来、秘密主に告げて言はく、

*所謂《いはゆる》空性は、根境を離れて相も無く境界も無し。諸の戯論《けろん》を越えて虚空に等同なり。有為無為界を離れて諸の造作を離れ、眼耳鼻舌身意を離れて極無自性心生ずと。

*善無畏三蔵の説かく、

*此の極無自性心の一句に悉く花厳教を摂し尽すと。

所以何《ゆへいかん》となれば、華厳の大意は、始めを原《タツ》ね終りを要《モト》むるに、*真如法界不守自性随縁の義を明す。

故に*法蔵師《ほふざうし》の「*五教」に云はく、

若し真如一向に有なりと計せば、*二の過失有り。一には常の過《トガ》。謂はく、随縁せざるが故に、*染《せん》に在りて隠《ヲム》に非ざるが故に、*了因を待たざるが故に、即ち常の過《トガ》に堕す。

問ふ、諸の聖教の中に、並びに真如を説きて凝然《ぎようねん》常とす。既に縁に随はず、豈に是れ過《とが》ならむや。答ふ、聖の真如を説きて凝然とすることは、此れは是れ縁に随つて染浄と成る時《トキ》に、恒に染浄と作《な》りて而も自躰を失せず。是れ即ち無常に異らざる常なり、不思議常と名《なづ》く。諸法と作《な》らざる如情所謂《しよヰ》の凝然と謂ふとには非ず。若し諸法と作《な》らずして凝然なりと謂《イ》はば、是れ情の所得なるが故に即ち真常を失す。彼の真常は無*常に異らざるを以てなり。無常に異らざる常は情の外に出でたり、故に真常と曰ふ。是

五位　十信・十住・十行・十廻向・十地の五位。　**十身**　十仏とも。

花厳三昧　花厳とは一真法界無尽縁起の理趣を悟り、万行を修して仏果を荘厳することをいい、一心にこれを修するのが花厳三昧である。果位の海印三昧にたいして因位の三昧といわれる。

―― 摂　教 ――

所謂空性は…　『大日経〔大毘盧遮那成仏神変加持経〕』巻一、入真言門住心品第一（正蔵一八・三中）。

善無畏三蔵　→一五頁注

此の極無自性心…　『大日経疏〔大毘盧遮那成仏経疏〕』巻三、入漫荼羅具縁真言品第二（正蔵三九・六二二中）。

真如法界不守自性随縁の義　真如が無明の薫を受けて自性を守らず、随縁無碍なること。

法蔵　六四三—七一二。華厳宗の第三祖、賢首大師・香象大師・華厳和尚等と称せらる。『華厳経探玄記』『五教章』『華厳旨帰』『遊心法界記』『金獅子章』『妄尽還源観』『起信論義記』等、著述多し。

五教　『華厳五教章〔華厳一乗教義分斉章〕』『五教章』四巻(或いは三巻)は、法蔵が三乗の外に別教一乗の華厳を立て、一乗三乗の浅深勝劣を示し、また五教十宗の教判を示したもの。華厳教学の概説書であると同時に、一種の仏教概論ともいうべき体裁を整えた体系的な著述。引文は、巻四（正蔵四五・五〇〇上中）。

の故に*経の中に不染而染とは、常の無常と作《ナ》ることを明す。染而不染とは、無常と作る時に常を失せざることを明す。

問ふ、教の中に既に無常に異らざる常に就くが故に、真如を説きて凝然常とすといふは、何が故ぞ常に異らざる無常に就くが故に真如を説きて無常とせざるや。答ふ、教の中に亦《また》此の義を説けり。故に経に云はく、「*如来蔵は苦楽を受けて、因と倶《とも》に若しは生じ若しは滅す」と。経に云はく、「*自性清浄心は無明の風に因りて動じて染心と成る」等《ラ》なり。此の教理を以ての故に、真如は常に異らざる無常なり、故に縁に随ひ、躰を隠《カク》して是れ非有なり。

問ふ、真如は是れ不生滅の法なるが故に、既に無常に異《ことナ》らざるの常なるが故に、説きて常とし、常に異《ことナ》らざるの無常なるが故に、無常を説くことを得《ウ》といはば、亦《また》*依他は是れ生滅すべき法なれども、亦《また》常に異らざるの無常と、無常に異らざるの常との義有ることを得べきや。答ふ、亦《また》並びに有ることを得。何を以ての故に。諸の縁起無常の法は、即ち自性無くして方に縁起を成ず。是の故に、常の性に異らずして而《しか》も無常なることを得。故《かるがゆへ》に経に、「*不生不滅は是れ無常の義なり」と云《イ》ふは、此れ即ち常に異らずして無常を成ず。又諸の縁起は即ち是れ無性なるを以て、縁起を滅して方に無性を説くに非ず。是れ即ち無常に異らざるの常なり。故に経に、「*色即是空なり、色滅の空には非ざるが故に」と云《イ》ふ。又云ふ、「*衆生即ち涅槃なり、更に滅せざるが故に」といふ等《ラ》なり。此の中の二義と真如の二義と相配《あひはい》して知るべし。此れ即ち真俗雙融し

二の過失　断・常二の過失。

染に在りて隠に非ざるが故に　随縁せざるが故に、染にあっても浄性を守るが故にの謂。

了因　了は照了の義。了因は無漏の智種、本覚の妙智をいう。

無常　慶本・冠註「無常之常」。従ってこの一句を「無常ニ異ナラザルノ常ナルヲ」と訓む。

経　『勝鬘経〔勝鬘師子吼一乗大方便方広経〕』(正蔵一二・二二一下—二二二下)取意。

如来蔵は苦楽を…　『楞伽経〔楞伽阿跋多羅宝経〕』巻四、一切仏語心品之四(正蔵一六・五一二中)。如来蔵→五九頁注

自性清浄心…　「経」は誤り。正しくは「論」。『大乗起信論』(正蔵三二・五七七下)取意。『大乗起信論』は馬鳴述。一巻本(真諦訳)と二巻本(実叉難陀訳)とあり。一心(衆生心)・二門(真如・生滅)・三大(体・相・用)・四信(真如・三宝を信ず)・五行(布施・持戒・忍辱・精進・止観)を明す。その教義は大乗の諸教に通ずるが故に、『大乗通申論』ともいわれる。

依他　依他起性。→一九〇頁注

不生不滅は…　『維摩経〔維摩詰所説経〕』巻上、弟子品第三(正蔵一四・五四一上)。

色即是空…　『維摩経』巻中、入不二法門品第九(正蔵一四・五五一上)。

衆生即涅槃なり…　『維摩経』巻上、菩薩品第四(正蔵一四・五四二中)取意。

て、二にして而も無二なり。故《かるがゆへ》に論*に云はく、「智障*、極めて盲暗《マウあん》なりといふは、謂はく、真俗の別執なり」といふは、此の謂《いひ》なり。是の故に若し真如、情所謂に同じくして凝然常なりと執せば即ち縁に随つて其の自躰を隠さず、了因を仮《カ》らざれば即ち常の過に堕するなり。又若し縁に随つて染浄を成ぜずは、染浄等の法、即ち所依無けむ。依無くして法有らば又常に堕するなり。染浄の法は皆《みナ》自躰無くして、真に頼《ヨ》つて立するを以ての故に。

二に断の過《トガ》とは、如情の有*は即ち真の有に非ず。真の有に非ざるが故に、即ち真を断するなり。又若し有《ウ》といはば、即ち染浄に随はじ。染浄の諸法、既に自躰無し。真にも又随はずは、法有ることを得《へ》じ。亦是れ断なりと。

三蔵又云はく、

*行者是くの如きの微細の恵を得る時《トキ》に、一切の染浄の諸法は、乃至少分も由《ナヲ》し隣虚*の如きも縁より生ぜざる者無しと観す。若し縁より生ずるは即ち自性無し。若し自性無くは即ち是れ本不生なり。本不生は即ち是れ心の実際*なり。心の実際も亦復《また》不可得なり。故に極無自性心生と曰ふ。此の心は前《さき》の二劫に望《み》ること、由《なほ》し蓮華の盛りに敷けるが如し。若し後の二心に望《み》れば、即ち是れ果復《カヘ》つて種と成る。故に、経に如是初心、仏説成仏因と曰ふと。〈前の二劫とは他縁・一道の二種の住心を指す、後の二心とは真言門の根と究竟との二心を示す。〉

又、極無自性心に、真如法身、驚覚の縁力を蒙りて更に金剛際*に進むことを明す。

論　真諦訳『摂大乗論釈』巻一、釈依止勝相中衆名品第一（正蔵三一・一五三下）。『摂大乗論釈』は無著の『摂大乗論』の注釈。世親・無性の二釈あり。世親釈の漢訳に三本あり、真諦訳十五巻はその一。

智障　所知障とも。煩悩障に対す。二障の一。

如情の有　有情の実在せりと思うもの。

行者是くの如きの…　『大日経疏』巻二、入真言門住心品第一之余（正蔵三九・六〇四上）。

隣虚　隣虚塵。極微の旧訳。

心の実際　一心の本源。底本「心」字なし。慶本・冠註により補う。

金剛際　第十の住心を指す。

金剛頂経　『金剛頂一切如来真実摂大乗現證大教王経』巻上、金剛界大曼荼羅広大儀軌品之一（正蔵一八・二〇七下）略抄取意。

一切如来心…住したまふ　冠註「一切如来ノ心ニ住シタマフ。寂滅無相平等究竟

「大日経」及び「*金剛頂経」等に拠らば、云はく、
時に婆伽梵大菩提普賢大菩薩、*一切如来心、寂滅無相、平等究竟真実に住したまふ。時《とき》に金剛界の一切如来、*受用身を現して弾指警覚して告げて曰はく、善男子、汝が所證は是れ一道清浄なり。未だ*秘密金剛三摩地を證せず。此れを以て足りぬとすること勿れ。時に*一切義成就菩薩、一切如来の警覚に由りて、即ち*無色身三昧より起《タ》つて、一切如来を礼し、白《まう》して言《まう》さく、世尊如来、我れに所行の道を教示したまへ、云何《いかん》が脩行し云何《いかん》が是れ真実なる。一切如来、異口同音に彼の菩薩に告げて言はく、善男子、当《まさ》に*観察自心三摩地に住すべしと。

此れより已後に*五相成身の真言を説く。此の五相の真言加持に由りて、大日尊の身と成ることを得《ウ》。是くの如きの明證一つに非ず。繁を恐れて述せず。一道清浄と言ふは、即ち是れ*一乗一如等の理是れなり。

又花厳宗は*五教と*十玄と*六相と華厳三昧とを以て至要とす。故に略して之を出だす。

*蔵公《ざうコウ》の「*金師子章」に云はく、

此の金師子一章を釈するに、略して十門を作りて分別す。一つには縁起を明し、二つには色空を辨し、三つには三性に約し、四つには無相を顕はし、五つには無生を説き、六つには五教を論し、七つには十玄を勒《ろく》し、八つには六相を括《クヽ》り、九つには菩提を成

真実ナリ」と訓む。

受用身 自受用心・他受用身の二あり、ここは応身たる後者。

秘密金剛三摩地 金剛三摩地は能く一切諸法に通達する三昧をいう。

一切義成就菩薩 一切義成就は悉達太子の訳名。

無色身三昧 無識身三昧。一切義成就菩薩が未だ五相成身観をなさざる前に住した三昧という。

観察自心三摩地 自心を観察する三昧。

五相成身 通達菩提心・修菩提心・成金剛心・証金剛身・仏心円満の五相の観を成じて金剛界大日如来の身を成就すること。

一乗一如等の理 第八の住心をいう。

――華厳宗の至要――

五教 小乗教・大乗始教・終教・頓教・円教の五。

十玄 ↓補

六相 総・別・同・異・成・壊の六。

――1 金師子章の説――

蔵公 法蔵。

金師子章 法蔵撰『金師子章』、浄源述『金師子章雲間類解』(正蔵四五・六六三中―六六六下)の抄。但し字句の相違がある。『金師子章』一巻は、法蔵が則天武后にたいして、殿前の金獅子を以て喩とし、華厳の重々無尽縁起、六相円満の玄旨を説いたものといわれる。『請来目録』に「金師子章并縁起六相一巻」とあり。

じ、十には涅槃に入るなり。

一つに縁起を明さば、金は無自性を以て、工巧匠《くげうしやう》の縁に随つて遂に師子起ること有り。起ること但《タヾ》是れ縁なり。故に縁起と名《なづ》く。

二つに色空を辨す。師子の相は虚にして唯《ただ》是れ真金なるを以て、師子有《ウ》にあらず、金躰無《ム》にあらず、故に色空なり。又空は自躰無し、色に約して以て明す、*幻存を礙《サ》へざるが故に色空と云ふ。

三つに三性に約すとは、師子の*情有《じやうう》を名けて*偏計とす。金性の不変を号して*円成《ゑんじやう》と曰ひ、金師子の*似有《じう》を称して*依他《えた》と曰《い》ふ。

四つに無相を顕はすは、金を以て師子を収むるに、金の外に更に師子の相として得べきこと無し。故に無相と云ふ。

五つに無生を説くとは、正しく師子の生を見る時《トキ》に、祇《マサ》に是《コ》れ金生なり。金の外に更に一物無し。師子は生滅有りと雖も、金体は本《もと》より増減無し。金の増減無きを以ての故に無生と曰ふ。

六つに五教を論するは、此の金師子は唯《タヾ》是れ因縁の法なり。念念に生滅して、実に師子として得べきこと無く、*愚法の声聞教と名《なづ》く。第二に即ち此の縁生の法は、各《おのおノ》自性無し。徹底《テツテイ》唯空《いくう》なるを大乗始教と名く。第三に言はく、復《マタ》徹底唯空なりと雖も、*幻法宛然なることを礙《さ》へず。縁生《えんしやう》と仮有との二相雙《なら》べて存するを大乗終教と名く。第四に即ち此の二相、互奪《ごダツ》両亡して情謂《じやうゐ》存せず、倶に力《ちカラ》有ること無し、互《たがヒ》に立し雙べて泯《みん》し

幻存　慶本・冠註「幻有」に作る。法の仮有をいう。

情有　理には無くして情(凡夫の妄計)には存すること。

偏計　偏計所執性。↓一九〇頁注

円成　円成実性。↓一九〇頁注

似有　有に似て而も有に非ざること。

依他　依他起性。↓一九〇頁注

愚法の声聞　愚法小乗・愚法二乗とも。ただ自法を迷執して大乗の理に愚なる声聞縁覚をいう。

幻法　幻化の法門。

て名言路絶して、心を*栖《ヤド》すに寄《ヨ》んどころ無きを大乗頓教と名く。第五に即ち此の情尽き体露《たいアラ》はるる法、*混《コン》して一塊《クワイ》と成りて大用《だいヨウ》を繁興す。起ること必ず全く真なり。万像紛然《フムネン》として参《マジハ》りて而も雑《マジハ》らず。一切即一にして皆《みな》同じく無性なり、一即一切にして因果歴然なり。力用相収《あひヲサ》めて*巻舒自在なるを一乗円教と名く。

七つに十玄を勒《ろく》すとは、一に云はく、此の金と師子と同時に成立して、円満具足するを、同時具足相応門と名く。第二には金と師子と相容成立し、一多無碍にして、中に於て理事の諸相各各に不同にして、或いは一に或いは多にして各《おのおの》自位に住するを、一多相容不同門と名く。第三には若し師子を看《み》れば即ち唯《ただ》師子のみにして金無し。即ち金は隠れて師子は顕はる。若し金を看《み》れば即ち唯金のみにして師子無し。即ち金は顕はれ師子は隠る。両処に看《み》れば即ち倶に顕はれ倶に隠る。隠をば即ち秘密と名け、顕をば即ち顕著《けんチヨ》と名く。故《カるがゆゑ》に秘密隠顕倶成門と名く。第四には即ち此の師子の眼耳支節《しせつ》、一一の毛処に各各《おのおの》に全く師子を収む。一一の*能所の師子、同時に一茎毛の中に頓入す。一一の茎毛の中に各各に皆《みな》無辺の師子有り。又復《また》一一の毛に此の無辺の師子を載せて、各《おのおの》還《ノ》りて一の茎毛の中に入る。是くの如く重重無尽なり、無尽にして*帝網天珠の如くなるを、*因陀羅網境界門と名く。第五には此の師子の眼に師子を収め尽せば、即ち一切純に是れ眼なり。若し耳に師子を収め尽せば、即ち一切純に是れ耳なり。若し*諸相同時に相収《あひヲサ》めて尽く皆具足すれば、即ち一一に皆《みナ》純に皆《みナ》雑なり。亦《また》一一に皆是れ円満蔵なるが故に、諸蔵純雑具徳門と言ふ。第六には師子の諸根一一の毛頭に、

栖す　左訓「スマス」。

混して　左訓「ヒタヽケテ」。

巻舒　進退または屈伸の意。

能所　慶本・冠註「毛処」に作る。

帝網天珠　帝釈天(→二二頁注)の珠網。

因陀羅網　帝網に同じ。

諸相　慶本・冠註「諸根」に作る。

九世十世　過去・現在・未来の三世のおのおのにまた三世ありとして九世を立て、この九世を総括する一世を合せて十世という。

同じて　慶本「相同ク」、冠註「相同シテ」。

皆各《みナおのおの》全く師子を収め尽す。一一に皆《みな》徹遍す。師子に耳《ニ》即ち眼、眼即ち鼻《び》にして、自在に成立すること障碍無きが故に。故に諸法相即自在門と名《なづ》く。第七には此の師子、或いは隠れ或いは顕はれ、若しは一若しは多と、定純定雑と、有力無力と、此れに即し彼れに即して、主伴輝《ヒカリ》を交《マジ》へ、理事斉《ヒト》しく現して、皆尽《みなことごと》く相容して、安立《あんりふ》を碍《さ》へず、微細に成辨するが故に、微細相容安立門と名く。第八には此の師子は是れ有為の法にして、念念に生滅して刹那も間《ひま》無し。分ちて三際とす。為《イハ》く、過去現在未来なり。此の三際に各《おのおの》過去現在未来有り、惣じて三三の位、以て九世を立つ。即ち更に束《ツカ》ねて一数の法門とす。復《まタ》*九世十世各各《おのおの》に融隔の不同有りと雖も、相由《あひよ》つて成立し、通融無碍にして同*じて一念とするが故に、十世隔法異成門と名く。第九には即ち此の師子と金と、或いは隠れ或いは顕はれ、或いは一或いは多、自性有ること無く、心の廻転に由つて事と説き理と説く。成有り立《りふ》有るが故に、唯心廻転善成門と名く。第十には此の師子を説いて、用《も》つて無明を表し、此の金躰に託《ツイ》ては具さに真性を彰《アラハ》す。二事合説して、阿頼耶識《あらやしき》に沉《ま》して正解を生ぜしむるを、名けて託事顕法生解門とす。

第八に六相を括《ク、》るとは、言はく、一の師子は是れ惣相なり。五根の差別は是れ別相なり。共じて一縁起を成ずるは是れ同相なり。眼耳各《おのおノ》相是《あヒぜ》せざるは是れ異相なり。諸根合会して師子有ることを得るは是れ成相なり。諸根各《おのおの》自位に住するは是れ壊相なり。

第九に成菩提とは、此《コ、》には道なり覚なりと云ふ。眼に師子を看《ミ》るの時に一切の有為の法を見る、更に*待壊《たいエ》を須《モチ》ゐず、本来寂滅《じゃくめつ》にして諸の取捨を離る。即ち此の路《みち》より*薩婆若海に流入するが故に、名《なづ》けて道とす。無始より已来《コノカタ》の所作顛倒して、一として実躰有ること無しと解するが故に名けて覚とす。畢竟じて一切種智を具するを成菩提と名く。

第十に涅槃に入るとは、此の師子と金とを見るに、二相倶に尽きて*煩悩好醜を生じて現前せず、心《しん》安なること海の如し。妄想都《すべ》て尽きて諸の逼迫無し。*纏を出で*障を離れて永く苦源を絶するを入涅槃とするなりと。

2　新花厳疏の説

又、*澄観法師の「*新花厳疏」に云はく、

頓に諸行を成ずとは、一行即ち是れ一切行なるが故に。此れに復《また》二の義あり。一つには*心に約して観し、二つには*性に約して融す。今謂はく、一念相応して能く頓に具さに成ず。謂はく、此の心をば即ち是れ仏智なりと知るなり。仏智は即ち是れ無念なり。無念の心躰は内外に著すること無し。諸過自《ヲノづか》ら防《フセ》いで諦理を忍可し、身心の相を離れて寂然《じゃくねん》として動ぜず。性空を了見し、善く有無に達して、進みて妙覚に詣《イタ》る。是れ真の脩習なり。決断分明にして*十度具せり。十度既に爾《しか》なり、余行も例して然《しか》なり。故に一行を脩して一切の行を成ず。

二に性融に約すとは、一行に随つて法性に称《カナ》ふを以ての故に、法性融摂す。故に此の一行は、性の如く、普《あまね》く収《をさ》めて行として具せざること無し。広くは下に説くが如しと。

待壊を須ゐず　冠註「壊スルコトヲ待ツベカラズ」と訓む。

薩婆若海　薩婆若は一切智と訳す。

煩悩好醜を…現前せず　冠註は「煩悩生ゼズ、好醜現前スレドモ」と訓む。

纏・障　ともに煩悩の異名。

澄観　七三八―八三九(ただし異説あり)。華厳宗第四祖。清涼大師・華厳菩薩等とよばれる。唐、貞元十二年(七九六)、長安に出て、般若三蔵の四十華厳の伝訳に参与し、のち、その疏十巻をつくる。

新花厳疏　『大方広仏華厳経疏』。六十巻。法蔵の『探玄記』とともに『華厳経』注釈の双璧といわれる。空海請来経の一(→一七頁補「花厳経」)。引文は、巻一(正蔵三五・五〇四下)略抄取意。

心に約して観し・性に約して融す　冠註「心観ニ約ス」「性融ニ約ス」と訓む。

十度　十波羅蜜。→一九一頁「十勝行」注

又云はく、
*七に地位を知らしむといふは、同じく一道を脩して仏果に至るに階差《かいしや》有るが故に、虚《こ》室《しち》の千燈の如く、同じく室に遍すと雖も、前後の明《あきら》かに微《ミ》著《チヨ》有ることを妨《サマタ》げず。若し此の位無くは徒らに妙行を脩し、此の位を知らずは、或いは叨《ミダリ》に上流に濫《ラン》し、或いは少を得て足りぬとす。此れに亦《また》二種あり。一つには*行布の位なり、初後の浅深、五位の差別なり。二つは*円融の位なり、一に一切を摂して、一一の位《ゐ》満《まん》に即ち成仏《じやうぶつ》を説く。一位の中に具さに一切の諸位の功徳を摂して、信《まこと》に*果海《くわかい》を該《カネ》て、初発心の時に便《すなは》ち正覚を成ず。上の*二相、行に摂例して説けと。

又、*杜順和尚の「*花厳三昧」に云はく、
但し*法界縁起には惑へる者《もノ》は階《カナ》ひ難し。若し先づ垢心を濯《アラ》はずしては、以て其の正覚に登ること無し。故に「*大智論」に云はく、「人の鼻の下に糞有るときは*沈《ちん》麝《ジヤ》等の香《カ》を嗅《カイ》で亦臭《クサ》しとするが如し」と。故に「*維摩経」に云はく、「生滅の*心行《しんぎやう》を以て実相の法を説くこと無し」と。故に、須《すべから》く先づ*計《け》執《シツ》を打ちて然して後に方《まさ》に*円明に入るべし。若し直ちに色等の諸法の縁に従ふを見ること有るは、即ち是れ法界の縁起なり。必ずしも更に前の方便を須《モチ》ゐざるなり。如《モ》し其れ直ちに此れに入ること得ずは、宜しく始めより終りに至るまで、一一に致《ムネ》を徴問《チヨウもん》して惑を断し、迷を尽し、*法を除き、言を絶し、性を見せ、解を生ぜしむるを、方《まさ》に意を得《ウ》とすべからくのみ。

七に地位を…　『大方広仏華厳経疏』巻一(正蔵三五・五〇四中)略抄取意。

行布の位　行布は次第行布の略。菩薩の修行の次第に十信乃地十地の階位ありとする見方を行布門という。

円融の位　円融相摂門。行布門の対。菩薩が進趣して仏果に至る過程を、竪にその階位を次第に累進するものと見ず、横に一位を得ればこれに一切位を摂し、各位互に鎔融すと見る一門をいう。

果海　仏果の功徳。

二相行に摂例して　慶本・冠註「二ノ相摂(冠註-ハ)行ニ例シテ」と訓む。

3　五教止観の説

杜順　法順(五五七—六四〇)。『華厳法界観門〔修大方広仏華厳法界観門〕』『十門実相観』等の著作があり、後世、華厳宗第一祖とされた。

花厳三昧　『華厳五教止観』第五、華厳三昧門。『華厳五教止観』一巻は華厳五教(小乗教・大乗始教・大乗終教・大乗頓教・一乗円教)の観門の趣入次第を説いたもの。なお、古来杜順の撰と伝えられるが、後世の玄奘の訳語が用いられるなど疑わしい点が多い。あるいは、その所説が法蔵の『華厳遊心法界記』とほぼ同一なことから、本書はその稿本ではないかと推測されている。引文は、正蔵四五・五一三中—五一三下。

問ひて曰はく、云何《いかん》が色等の諸法を見《さと》りて即ち大縁起法界に入ることを得るや。答へて曰はく、色等の諸事は本《もと》より真実なるを以て*詮を亡ずるは即ち妄心及ばざるなり。故に、*経に云はく、言説は別に施行す、真実は文字を離る。是の故に、眼耳等の事を見《さと》りて即ち法界縁起の中に入るなり。何となれば皆是れ実躰の性無し。即ち無躰なるに由つて*幻相方《まさ》に成ず。縁より生ずるを以て自性《じしやう》有に非ず。故に即ち無性に由りて幻有を成ずることを得。是の故に、性相*渾《コン》融《ゆう》して全に収めて*一際なり。所以《このゆへ》に法を見《さと》りて即ち大縁起法界の中に入る。

問ふ、既に空有無二にして即入融通すと言《イ》ふは、如何《いかん》が復《また》眼耳等を見《さと》りて即ち法界の中に入ると云ふや。答ふ、若し能く空有を見《さと》ること、是くの如きの者《もノ》は、即ち妄見の心尽きて方《まさ》に理に順し法界に入ることを得。何を以ての故に。縁起の法界は見を離れ情を亡じて万像を繁興するを以ての故なり。

問ふ、既に知りぬ、是くの如くならば何《いか》なる方便を以てか入ることを得しむるや。答ふ、方便不同なり。略して三種有り。

一つには*徴にして見を尽さしむ。如《モ》し事を指《サ》さば、問ひて云はく、何者《なにもノ》か是れ眼。已に前《さき》の小乗の中の*六種に之を簡《えら》ぶが如し。若し*一切諸法但名門の中に入りて収むれば、一法として名に非ざる者《もノ》有ること無し。*復須《またすべから》く其の所以《ユヘ》を責むべし。所以《コノユヘ》に知りぬ、眼等は是れ名なりと。是くの如く展転して其の所以《ゆへ》を責めて、其れをして言を亡じ解を絶せしむ。

法界縁起　法界の諸法が互に相即相入して、一に一切を具し、一切即一にして、依正・染浄・情非情など、一として無礙即入せざることなき甚深の縁起。無尽縁起とも。

大智論　『大智度論』。出典巻数不明。

沈麝等の香　沈は沈水、香木。麝は麝香鹿の腹部にある鶏卵大の塊状をなす皮腺。何れも香材・香料として珍重される。

維摩経　巻上(正蔵一四・五四一上)。

心行　念々に遷流する心。

計執　計は情量計度の謂。それに執すること。

円明　法界縁起。

法を除き　法は法執。

詮　言詮、また詮顕。

経　不明。或いは『楞伽経』の文かという。

幻相　幻のごときさま。

渾　左訓「ヒタヽク」。

一際　彼此の二辺差別なきことをいう。

徴　左訓「ハタテ」。徴責の意。

六種　名・事・体・相・用・因の六種。

一切諸法但名門　『華厳』にいう十宗の第六。一切の我・法はただ仮名にして実体なしと立てる教。小乗二十部中、一説部等の説で、大乗始教に入る初門とされる。

復須く…名なりと　冠註「復タ須ク所以ニ眼等ハ是レ名ノミナリト知ル所以ンヲ責ムベシ」と訓む。

二つには法を示して思はしむ。此れに復《また》二門有り。一には*顚倒の心を剝《サ》けて決し尽す。如《モ》し事を指《サ》さば、色香味触等を以て其の*妄計を奪ひて、*倒惑を知らしむ。所有の*執取は法に順せず。即ち是れ意識の無始の妄見、薫習《くんしふ》の所成にして、無始より急曳《コノカタ》、三界に続生して輪環すること絶えず。若し能く此の執は即ち是れ縁起なりと覚知すれば、*当処無生なり。二には法を示して疑を断す。若し先づ*妄心を識らずして法を示せば、反つて倒惑を成ず。若し法を示して見《さと》らしめざれば、迷心還りて空に著す。所以《このゆへ》に先づ妄心を剝《サ》けて、後に乃ち法を示して見《さと》らしむべし。

三つには法の言を離れ解を絶つことを顕はす。此の門の中に就きて亦《また》二とす。一つには*遮情。二つには*表徳。

遮情と言《イ》ふは、問ふ、縁起は是れ有なりや。答ふ、不なり、即空の故に。縁起の法は無性にして即空なり。

問ふ、是れ無なりや。答ふ、不なり、即有の故に。縁起の法は即ち無始より有《ウ》なることを得るに由るを以ての故なり。

問ふ、亦有《やくう》亦無《やくむ》なりや。答ふ、不なり、空有円融して、一にして無二なるが故に。縁起の法は空有一際にして二相無きが故《ゆへ》なり。金と荘厳の具との如く之を思へ。

問ふ、非有《ひう》非無《ひむ》なりや。答ふ、不なり、両存を碍へざるが故に。縁起の法は空有互奪、同時に成ずるを以てなり。

問ふ、定めて是れ無なりや。答ふ、不なり、空有互に融して両《ふた》つ存せざるが故に。縁

顚倒の心　第六識。

妄計　妄想の計度・思慮。

倒惑　惑。事理を顚倒する迷妄の心。煩悩。

執取　事物を固執し対境を取著する妄情。

当処無生なり　底本の左訓に従えば「当(ま)ニ無生ニ処ス」。

妄心　誤れる分別心。

遮情　凡夫の迷情をはらうこと。

表徳　諸法の真理または本有の功徳を積極的に表示すること。

起の法は、空は有を奪尽《ウバイツク》して唯《ただ》空にして有に非ず、有は空を奪尽《ウバイツク》して唯《ただ》有にして空に非ず。相《あひ》奪ふこと同時にして両《ふた》つ相《あひ》雙びて泯《みん》す。

二に表徳とは、問ふ、縁起は是れ有なりや。答ふ、是なり、幻有《げんう》は無にあらざるが故に。

問ふ、是れ無なりや。答ふ、是なり、無性は即空なるが故に。

問ふ、亦有亦無なりや。答ふ、是なり、両存を碍《さ》へざるが故に。

問ふ、非有非無なりや。答ふ、是なり、互奪雙泯《ごだつさふみん》の故に。又縁起を以ての故に是れ有なり、縁起を以ての故に是れ無なり。縁起を以ての故に是れ亦有亦無なり、縁起を以ての故に是れ非有非無なり。乃至一と不一、亦一と亦不一、非一と非不一、多と不多、亦多と亦不多、非多と非不多なり。是くの如く是多と是一、亦是多と亦是一、非非是多と非非是一、非非多と非非一なり。即と不即との四句は之に准せよ。

是くの如く遮表円融無碍なり、皆《みな》縁起の自在に由るが故なり。若し能く是くの如くなる者《もノ》は、方《まさ》に縁起の法を見ることを得。何を以ての故に。円融一際にして法に称《カナ》うて見るが故に。若し同時にあらずして前後に見る者は、是れ顚倒の見にして正見に非ず。何を以ての故に。前後の別見は法に称はざるが故に。

問ふ、是くの如く見《ミ》已《をは》らば、云何《イカ》なる方便をもて法界に入るや。答ふ、入方便と言《イ》ふは、即ち縁起の法の上に於て、消息して之を取る。何となれば即ち此の縁起の法は、即空無性なり。無性に由るが故に幻有《げんう》方《まさ》に成ず。然るに此の法は即ち全く無性の性を以て其の法とす。是の故に此の法は即ち無性にして相存することを碍《さ》へず。若し無性にあらずは性起成ぜず。自性生ぜざるを以て皆《みな》縁に従ふが故に。既に全く性を収《をさ》め尽《つく》せば、性即ち無為なり、分別すべからず。其の大*小の性に随ふとも、円《まどか》ならざること無し。一*切亦即《またすなは》ち全性を身とす。是の故に彼れを全うして此れを為《ナ》す。性に即して幻相を碍《さ》へず。所以に一に衆多を具す。既に彼此《ひし》全躰相《あひ》収むるに、彼此の差別を碍《さ》へず。是の故に彼《ひ》の中に此《し》有り、此《し》が中に彼《ひ》有り。

故に経*に云はく、「法は法性に同じ、諸法に入るが故に」と。

解きて云はく、法とは即ち縁起幻有の法を挙ぐるなり。同性とは縁起即空にして此の相を碍《さ》へざるが故に、全く彼を収めて此とす。彼即空なるを以て彼の相を碍《さ》へざるが故に、既に此彼全収するに相皆《ミナ》壊せず。是の故に此《し》が中に彼有り、彼が中に此有り、但《ただ》し彼此相収するのみに非ず、一切も亦《また》復是くの如し。故に経*に云はく、「一が中に無量を解し、無量の中に一を解す。転転して生じて実に非ず。智者は所畏無し」と。又云はく、「一*法の中に於て衆多の法を解し、衆多の法の中に一法を解了す」と。是くの如く相収し、彼此即*入して同時に頓現す、前も無く後も無し。一の円融に随つて即ち彼此を全くす。

問ふ、法既に是くの如し、智は復如何《またいかん》。答ふ、智は法に順つて一際して縁成す。冥契《みやうかい》して差無し。頓《たちまち》に現すとも先後無きにあらず。

故に経*に云はく、「普*眼の境界は清浄の身、我れ今《いま》演説す。人諦《あきら》かに聴け」と。

解きて云はく、普眼とは、即ち是れ法と智と相応して、頓に多法を現す。即ち法は唯《タヾ》

大小　大乗の菩薩と小乗の声聞縁覚。

一切　六道の凡夫。

経　不明。『維摩経』巻二か。

経　『華厳経〔大方広仏華厳経〕』(六十巻本)巻五、如来光明覚品第五(正蔵九・四三上)。

一法の中に於て…　『華厳経』(同)巻二十八、十忍品第二十四(正蔵九・五八〇下)。

即入　相即相入の意。

経　『華厳経』(同)巻三、盧舎那仏品第二之二(正蔵九・四〇九下)。

普眼の境界　普眼は一法に一切法を具して普遍円融すること(普法)を観ずること。

普眼の所知にして、余智の境界に非ざることを簡ぶことを明す。境界とは、即ち多法の互入すること、猶《なほ》し帝網の天珠の重重無尽なるが如くなる境界を明すなり。清浄身とは、即ち前の諸法同時に即入して終始源《タヅ》ね難《かた》く、縁起集成して心を見《サト》るに寄《ヨ》んどころ無きことを明す。

然るに帝釈天の珠網とは、即ち因陀羅網と号するなり。然《しか》も此の帝網は皆《みナ》宝を以て成ず。宝の明徹するを以て、遞相《たがひ》に影現して渉入重重なり。一珠の中に於て同時に頓《たちまち》に現す。随一即爾なり、竟《ツヒ》に去来無し。今且《いましばら》く西南の辺に向きて、一顆《クワ》の珠を取りて之を験《シル》すに、即ち此の一珠に能く頓《たちまち》に一切の珠の影を現す。此の珠既に爾《しか》なり、余の一一も亦《まタ》然なり。既に一一の珠、一時に頓に一切の珠を現すること既に爾なり、余の一一も亦《また》然なり。是くの如く重重にして辺際有ること無し。即ち此の重重無辺際の珠の影《かゲ》、皆《みナ》一珠の中に在りて炳然《ヘイぜん》として斉しく現す。余も皆《みな》此れを妨げず。若し一珠の中に於て坐する時に、即ち十方の重重の一切珠に坐著するなり。何を以ての故に。一珠の中に一切の珠有るが故に。一切珠の中に一珠有る時に即ち一切珠に坐著するなり。一切此れに反《ホン》して准して以て之を思へ。既に一珠の中に於て一切珠を入るとも而《しか》も竟《ツイ》に此の一珠を出でず、一切珠に於て一珠を入るとも而《しか》も竟《ツイ》に此の一珠を*超《い》でず。

問ふ、既に一珠の中に於て一切珠を入るるに、而も竟《ツイ》に此の一珠を出でずと言《イ》はば、云何《イカン》が一切珠に入ること得《エ》んや。答ふ、只《タヾ》此の珠を出でざるに由る。是の故に一切珠に入ることを得《ウ》るなり。若し此の一珠を出でて一切珠に入らば、即ち一切珠に入るこ

超　底本「起」、慶本による。冠註「出」に作る。

とを得《エ》じ。何を以ての故に。此の珠の内《ウチ》を離れて別の珠無きが故に。

問ふ、若し此の珠の内を離れて一切珠無くは、此の網は即ち但《タダ》し一珠の所成なり。如何《イカン》が多珠を結《ムス》びて成ずと言ふや。答ふ、只《タダ》唯し独《ヒト》り一珠を方《まさ》に始めとして多を結びて網とするに由つてなり。何を以ての故に。此の一珠、独り網を成ずるに由るが故に。若し此の珠を去つては全く網無きが故に。

問ふ、若し唯独《ただひと》りの一珠ならば、云何《いかん》が結びて網を成ずと言《イ》はんや。答ふ、多珠を結びて網を成ずとは、即ち唯独《ただひと》りの一珠なり。何を以ての故に。一は是れ惣相なり、多を具して成ずるが故に。若し一無くは一切も無きが故に。是の故に此の網は一珠の成なり。一切一に入ること、准思して知りぬべし。

問ふ、西南辺の一珠に惣じて十方一切珠を*収め尽すと雖も、*余方にも各各に珠有ることと無からむや。云何《いかん》が網は唯《タダ》一珠の成なりと言《イ》ふや。答ふ、十方の一切珠は、惣じて是れ西南方の一顆の珠なり。何を以ての故に。西南辺の一珠は即ち十方一切の珠なるが故に。若し西南辺の一珠は即ち是れ十方一切の珠なりと信せずは、但墨点《ただモクてん》を以て西南辺の一珠に点し著《ツ》くる時に、即ち十方の珠の中に皆《みな》墨点有り。既に十方の一切珠の上に皆《みな》墨点有り。故に知りぬ、十方の一切珠は即ち是れ一珠なり。十方の一切珠は、是れ西南辺の一珠にあらずと言《イ》はば、豈に是の人一時に遍く十方の一切珠を点すべけんや。*縦令《タトヒ》遍く十方の一切珠を点すといはば、即ち是れ一珠なり。此の一を始めとすること既に爾《しか》なり。余を初めとすることも亦《また》然なり。重重無際にして点点皆《みな》同じ。杳《エウ》

収め尽すと…無からむや　冠註は「収メ尽シテ余無シト雖モ、方ニ各各ニ珠有リ」と訓む。

余方　底本「柰方」、慶本・冠註による。

縦令…点すといはば　この下に、冠註「此ニ脱文有リ」と注。

杳《く》として原《タヅ》ね難し。一*成咸《コトゴト》く畢りぬ。斯くの如きの妙喩、法に類して之を思へ。法は然《しか》の如きにあらずとも、喩は非喩に同じ。一分相似せるが故に、以て言ふことを為《ナ》す。何とならば、此の珠は但影《かゲ》のみ相《あヒ》渉入することを得れども、其の質は各《おのおの》*珠のごとくなり。法は然《しか》の如きにはあらず、全躰交徹す。故に*経に云はく、非喩を以て喩とすといふ等《ごとき》なり。諸の有《ア》らゆる行者、喩に准して之を思へ。

*盧舎那仏の過去の行は　仏刹海をして皆《みな》清浄ならしむ
無量無数にして辺際無し　彼の一切処に自在に遍す
*如来の法身は不思議なり　無色無相にして*倫匹《りんヒツ》も無し
色相を示現して衆生の為に　十方に化を受《ウ》けしめて現せざること靡《ナ》し
*一切の仏刹微塵の中に　盧舎那自在力を現す
弘誓の仏海音声を震《フル》うて　一切衆生類を調伏す

次に秘密趣とは、自上の所説の極無自性住心とは、是れ*普賢菩薩所證の三摩地門なり。亦《また》是れ大毗盧遮那如来の菩提心の一門なり。

故に善無畏三蔵の説かく、

*東南方の普賢菩薩とは何《ナン》ぞ。普賢とは是れ菩提心なり。若し此の妙因無くは、終に無上の大果に至ること能はずと。

一成　冠註「一ヲモツテ成ズルコト」と訓む。

珠　慶本の訓は「コトナリ」。冠註は「現行本作二殊字一」とのみ注記。

経　不明。『華厳経』か。

盧舎那仏の…自在に遍す　『華厳経』(六十巻本)巻三(正蔵九・四一三下)。

如来の…こと靡し　『華厳経』(同)巻三(正蔵九・四一二下)。

倫匹　同等のともがら、同列のもの。

一切の仏刹…調伏す　『華厳経』(同)巻四、盧舎那仏品第二之三(正蔵九・四一四中)。

—— 真言の密意　1 大日経及び疏の説 ——

普賢菩薩　↓一八五頁「普賢菩薩…」注

東南方の普賢…　『大日経疏』巻二十、次嘱累品第三十一(正蔵三九・七八七下)。

故に「経*」に云はく、

時に普賢菩薩、仏境界荘厳三昧*に住して自心の真言を説く。

𑖭《*サ》𑖦𑖡𑖿𑖝《マンダ》𑖡𑖲《ト》𑖐《ギャ》𑖝《*タ》𑖪𑖰《ビ》𑖨𑖕《ラムジャ》𑖠《ダ》𑖨𑖿𑖦《ラマ》𑖡𑖰《*ニ》𑖨𑖿𑖕𑖯𑖝《*リジャタ》𑖦《マ》𑖮𑖯《*カ》𑖦《マ》𑖮𑖯《カ》𑖭𑖿𑖪𑖯𑖮𑖯

顕句義に云はく、

*初句は普なり。次は去なり、往なり。微《び》羅闍《らんじゃ》は離塵垢なり。謂はく、一切の障を除く。達摩《たらま》爾《に》闍多《じゃた》は法生なり。謂はく、法界の躰性より生ず。摩訶摩訶は、上《かみ》の𑖦字は是れ第五の字なり。一切処に遍す、即ち是れ大空なり。*空中の大《だい》を名《なづ》けて大空とす。故に重ねて之を言ふ。更に等比することを得べき者《モノ》無し。故に名けて大とす。重空の中、更に無比なり。意の言はく、等とは即ち是れ諸法畢竟平等なり。進とは是れ逝の義なり。謂はく、仏、善逝*にして正覚を成ず。然るに此の平等法界は無行無到なり、云何《いかん》が来去有らんや。

次に即ち釈して云はく、能く垢を離れ一切の障を除くを以て、即ち是れ勝進の義なり。無行にして而も進むを最も善逝とす。是くの如く進行して能く法生を成ず、即ち是れ平等の法性より仏家に生ずるを以ての故に。次に大が中《なか》の大と言ふは、即ち等無碍にして證の中の大空なり。大空とは仏境界なり。

秘義に云はく、初めの𑖮𑖯字を以て躰とす。喜なり因なり。所謂《いはゆる》菩薩の行を脩行するなり。若し衆生有りて、此の法門に従つて而も受持し読誦し、或いは観照する者、即ち普賢の門に同じ。久しからずして能く仏境界荘厳三昧の自在の力を得と。

経　『大日経』巻二、普通真言蔵品第四(正蔵一八・一四上)。

仏境界荘厳三昧　仏境界とは諸仏自証の真実の境界、荘厳とは如来自証の体に無量の徳あり、自ら荘厳することという。

𑖭𑖦…　samantānugata viraja dharma nirjāta mahā mahā svāhā.

𑖝　慶本この下にㇰあり。

𑖡𑖰　底本𑖪𑖰、慶本により訂す。

𑖨𑖿𑖕𑖯　文意からは𑖕𑖯。

𑖮𑖯　底本𑖮、慶本により訂す。次の𑖮𑖯も同じ。

初句は普なり…　『大日経疏』巻十、普通真言蔵品第四(正蔵三九・六八〇下)。普字、疏には「等」とある。また去字、底本傍注「近義也」。

空中の大を名けて大空とす　底本「空中之大空」とあり、慶本・冠註により補う。

善逝　如実に彼岸に去って再び生死界に退没せぬ義。如来に対する。仏十号(↓一〇頁補「如来」)の一。

喜とは随喜なり、他の善を見て猶し己《おの》が如くにす。平等観に住して嫉妬を離るるが故に。因とは因縁なり、菩提心を因とし大悲万行を縁とす。三*密の方便を脩行し、娑*羅樹王の万徳の花果を成就す。此の𑖮𑖳𑖽字に十*二転の声字有り。即ち是れ十*二地なり。中の七字を除きて菩提の因行證入方便なり。中間は則ち大悲の句に摂す。是の五字は則ち五*仏五智なり。則ち普賢一門の五仏なり。是の五仏に各各《おのおの》十仏刹微塵数の四種曼荼羅を具す。是の四種曼荼羅に各各《おのおの》不可説不可説の眷属曼荼羅を具す。𑖮𑖳𑖽の一字をいふが如く、自余の字等も亦復《また》是くの如し。

又喜とは歓喜と喜悦と喜楽との義なり。所謂《いはゆる》大安楽適悦《ちやくえつ》の義なり。「金剛頂経」に大安楽金剛薩埵と名《なづ》く。

故に「経*」に云はく、

時に薄伽梵一*切如来大乗現證三昧耶一切曼荼羅の持*金剛勝薩埵、三界の中に於て調伏して余無し。一*切義成就金剛手菩薩摩訶薩、重ねて此*の義を顕明せんとするが為の故に、*熙怡微咲《きいみせう》して、左の手に金*剛慢の印を作《な》し、右の手に本*初大金剛を*抽擲《ちうちやく》して、勇進の勢を作《な》し、大楽金剛不空三昧耶の心真言を説いて曰はく、[梵字]と。

「釈*経」に云はく、

此の字は因の義なり。因義とは、謂はく、菩提心を因とす。即ち一切如来の菩提心なり。亦《マタ》是れ一切如来の不共真如の妙躰と、恒沙の功徳とは、皆《ミナ》此の字より生ず。此の

三密の方便　身に印を結び、口に真言を誦し、意に本尊を観じて修行すること。

娑羅樹王　娑羅樹王仏。『法華経』にいう妙荘厳王が未来に成仏したときの名。

十二転の声字　十二摩多。悉曇四十七字の中、母韻を摩多という。↓二八四頁

十二地　十地と等覚・妙覚。

五仏五智　五仏は大日・阿閦・宝生・無量寿・不空成就の五。五智は法界体性智・大円鏡地・平等性智・妙観察智・成所作智の五。

2　理趣経及び理趣釈経の説

経　『般若理趣経(大楽金剛不空真実三麼耶経)』(正蔵八・七八四中)。

一切如来…曼荼羅　一切如来の大乗の現証・三昧耶をあらわした曼荼羅。

持金剛勝薩埵　持金剛者の中でも勝れた菩薩。

一切義成就　ここは密教の修行者の謂。

此の義　大安楽の法門。

熙怡微咲　熙怡は顔をやわらげること。

金剛慢の印　大慢の相をあらわす印契という。拳をにぎって腰におく形。

本初大金剛　一切の本初、根原をかたどる大きな金剛杵(五鈷)。

抽擲　ゆりうごかす。

釈経　『般若理趣釈(大楽金剛不空真実三昧耶経般若波羅蜜多理趣釈)』巻上(正蔵一九・六〇九下)。

一字に四字の義を具す。且《しばら》く𑖮字を以て本躰とす。𑖮字は𑖀字より生ず。𑖀字の一切法本不生に由るが故に、一切法因不可得なり。其の字の中に𑖄汚の声有り。汚の声とは一切法損減不可得なり。其の字の頭《かしラ》の上に円点半月《ぐわっ》有り。即ち𑖦字とす。麼字とは一切法我不可得の義なり。我に二種有り、所謂《いはゆる》人我と法我となり。此の二種は皆《みな》是れ妄情所執なり。名《なづ》けて増益辺とす。若し損減増益を離るれば即ち中道に契《かな》ふと、云云《しかしか》。

今《いま》此の説に依らば、一切如来不共真如の妙躰、恒沙の功徳も皆《みな》此の*義𑖮𑖳𑖽字より出生す。諸の顕教は、皆《みな》真如を以て諸法の躰性とす。*仏花法花等も亦《また》此の真如を以て至極の理とす。今此の真言法教は𑖮𑖳𑖽字を以て一切真如等の所依とす。真如は則ち所生の法なり。真言は則ち能生の法なり、真如の法躰すら猶し此れより生ず。何《いか》に況んや能証の人をや。能証の仏既に亦《また》此くの如し。何《いか》に況んや所説の法教をや。能証所証平等無二なりと云ふと雖も、然も猶《なヲ》二門の真如に於て究竟の説を作《な》す。亦《また》三種世間互相に円融して無尽無尽の義を説くと雖も、迹《アト》を此の*域《ゐき》に逗《トヾ》め、影を此の床に休《ヤス》む。無尽の教義は一つの声より出づ。三種の円融は二門の境に優遊《イウユ》す。誰か真如に更に所依有ることを信せん。

仏菩薩共に此の説有り。*経に云はく、

善男子、*無上法王に大陀羅尼門有《いま》す。名けて*円覚とす。一切清浄の真如を流出すと。

一切清浄と言ふは、真如に無量の浅深差別あり、故に一切と云ふ。一切の言、其の意甚深なり。

義　慶本・冠註なし。

仏花法花　仏花は花厳経か。

域　底本「城」。慶本・冠註による。

経　『円覚経〔大方広円覚修多羅了義経〕』一巻。唐、罽賓国沙門仏陀多羅訳。引文は、正蔵一七・九一三中。

無上法王　如来の尊号。

円覚　円満なる大覚、仏の悟り。如来蔵・一心とも。

*論に云はく、
*摩訶衍とは捴なり。説に二種有り。云何《いかん》が二とする。一には*法、二には*義なり。言ふ所の法とは、謂はく*衆生心なり。是の心は則ち*一切世間の法と*出世間の法とを摂す。此の心に依りて摩訶衍の義を顕示す。何を以ての故に。是の心は*真如の相なり、即ち摩訶衍の躰を示すが故に。此の心生滅因縁の相は、能く摩訶衍の*自躰相用を示すが故に。所謂《いはゆる》義とは、即ち三種有り。云何《いかん》が三とす。一には*躰大、謂はく、一切の法は真如平等にして増減せざるが故に。二には*相大、謂はく、如来蔵に無量の性功徳を具足するが故に。三には*用大、謂はく、能く一切世間・出世間の善因果を生ずるが故にと。

謂はく、世間とは心生滅門なり。出世間とは心真如門なり。三種世間を過ぐるが故に出世間と名《なづ》く。又云はく、

*心生滅門の正智所證の性、真如の理は、何れの門の所摂ぞや。生滅門の所摂なり、真如門には非ず。分界別なるが故に。二門の真如に復《また》何の別か有るや。真如門の理は理自《みづか》ら理なるが故に、生滅門の理は智自《みづか》ら理なるが故にと。

此の生滅門に就いて、更に*四重の真如本覚有り。具さには論に説くが如し。

仏花所説の三種世間円融の仏は、則ち四種の鏡の中の第二に当るなり。四種鏡と言ふは、一には如実空鏡、二には因熏習《いんくんしふ》鏡、三には法出離鏡、四には縁熏習鏡なり。

第一の鏡とは、

――3 起信論及び釈摩訶衍論の説――

論 『大乗起信論』(正蔵三二・五七五下)。
摩訶衍 大乗と訳す。
法・義 法は大乗の実体、義はそれが大乗と名づけられる義理。
衆生心 一切の衆生が内に具えている心。
一切世間の法 迷い。
出世間の法 悟り。
真如の相 真のすがた、ありのままのすがた。
自躰相用 大乗そのものの自体(体)・その属性(相)・その働き(用)。
躰大・相大・用大 起信論の三大は、衆生心についていわれるもの。大は自体寛広の義という。
心生滅門… 『釈摩訶衍論』巻二(正蔵三二・六〇五上)。『釈摩訶衍論』十巻は、後秦、筏提摩多訳。『大乗起信論』の釈。竜樹の作といわれ、日本には奈良朝末、薬師寺戒明によって船載されたが、爾後、本書の真偽については種々の議論が起っている。空海はこれを真撰とし、真言宗では『大日経』の注釈書と同様、重要視される。
四重の真如本覚 不覚・相似覚・随分覚・究竟覚の四。

一*切の心と境界の相とを遠離《をんり》して、法として現すべきもの無し。故に性浄本覚の躰性の中には、一切の*攀縁慮知《ハンえんりよち》の諸の戯論《けろん》の識を遠離して、一味平等の義を成ずるが故に、名《なつ》けて如とす。一切の虚妄の境界の種種の相分*を遠離して、決定真実の相を成就するが故に、名けて実とす。遠離の義を顕示せんと欲ふが為の故に、名けて空とす。鏡といふは謂はく喩の名なり。此の中の鏡は即ち*摩奢趺娑珠《まさふさす》鏡なり。此の鏡を取りて一処に安置して、珠鏡の前の中に種種の石、種種の物を薀《アツ》むる時、彼の珠鏡の中に余像現せずして、唯し同類の珠のみ分明に顕了なるが故に。如実空鏡も亦復《また》是くの如し。此の鏡の中に於て、唯し同じく自類の清浄の功徳のみ安立し集成して、種種の異類の諸の過患の法は皆《みな》遠離するが故にと。

此れは真如門の法を表はす。

二に因熏習鏡といふは、

性*浄本覚は、三世間の中に皆《みナ》悉く離れず。彼の三を熏習して而も一覚と為《ナ》して、一大法身の果を荘厳す。是の故に名けて因熏習鏡とす。三種世間とは、一には衆生世間、二には器世間、三には智正覚世間なり。衆生世間とは、衆生は謂はく、異生性界なり。器世間とは、謂はく所依止の土なり。智正覚世間とは、謂はく仏菩薩等是れなり。此の中の鏡とは、謂はく輪多梨華*鏡なり。輪多梨花《りんたりくゑ》を取りて一処に安置して、周《あまね》く諸物を集むるに、此の花の熏《かをり》に由つて一切の諸物皆《みナ》悉く明浄なり。又明浄の物のみ花の中に現前して皆悉《ツク》して余無し。一切の諸物の中に彼の花《くゑ》現前することも亦復《また》余無きが如

一切の心と…　『釈摩訶衍論』巻三(正蔵三二・六二二下)。

攀縁慮知　攀縁は外境にたいする攀取縁慮の義。衆生が外境のために煩わされて心の平静を得られぬこと。

相分　心内所現の境をいう。

摩奢趺娑珠　種愛珠と訳す。宝珠の名。冠註は「摩奢趺(ﾌ)娑珠」に作り、「一本ニ趺ニ作ル」と注記。

性浄本覚は…　『釈摩訶衍論』巻三(正蔵三二・六二三上)。

輪多梨華　明耀珠と訳す。宝珠の名。

く、因熏習鏡も亦《また》復是くの如し。一切法を熏して清浄覚とし、悉《ことごと》く平等ならしむと。
此れは三*自門の法を表はす。次の二種の鏡は、染浄本覚と及び応化身とを表はす。
此の住心に於ては無用なるが故に出ださず。

又経*に云はく、

仏、秘密主に告げて言はく、一の陀羅尼有り、名《なつ》けて守護国界主と曰ふ。是の真言とは、毗盧遮那仏、色究竟天《しきくきやうてん》にして、天帝釈及び諸天衆の為に、已《すで》に広く宣説したまふ。我れ今此の菩提樹下金剛道場に於て、諸の国王及与《およ》び汝等が為に略して説かん。汝当《まさ》に諦《あきら》かに聴け。善男子、陀羅尼の母は所謂《いはゆる》𑖌𑖽字なり。所以者何《このゆへはいかん》、三字和合して一字とするが故に。謂はく、𑖌𑖽*初めの字とは是れ菩提心の義なり、是れ諸の法門の義なり、亦《また》無二の義なり、亦《また》諸法果の義なり、亦《また》是れ性の義なり、自在の義なり。猶し国王の黒白善悪、心に随つて自在なるが如し。又法身の義なり。第二の字とは即ち報身の義なり。第三の字とは是れ化身の義なり。以て三字を合し共じて𑖌𑖽字とす。義を摂すること無辺なるが故に、一切陀羅尼の首とすと。

即ち是れ毗盧遮那仏の真*身なり。

我*れ無量無数劫の中に於て、能く十波羅蜜多を習ひて、最後身に至りて六年苦行せしかども、阿耨多羅《あのくたら》三藐三菩提を得て毗盧舎《へ》那《ナ》と成らず、道場に坐《ざ》せし時、諸仏猶《なほ》し油*麻の如くにして虚空に遍満せり。諸仏同声に而も我れに告げて言はく、善男子、云何《いかん》

三自門　三自は三自一心摩訶衍法の略。自体・自相・自用の三大を具えた一心をいう。

4　守護国界主経の説

経　『守護国界主陀羅尼経』巻九、陀羅尼功徳軌儀品第九(正蔵一九・五六五下)取意。

𑖌𑖽　慶本・冠註にはこの字なし。

真身　仏の法・報・応三身の中、法・報の二身を合せたもの。応身・化身に対す。

我れ無量無数劫の…　『守護国界主陀羅尼経』巻九(正蔵一九・五七〇下)取意。

油麻　胡麻の油がその果実に遍ずるがごときさまをいう。

が成等正覚を求むる。我れ仏に白《まう》して言《まう》さく、我れは是れ凡夫なり、未だ求処《ぐしょ》を知らず、唯願はくは慈悲をもて我が為に解説したまへ。是の時に仏同じく我れに告げて言《のたま》はく、善男子、諦《あきら》かに聴け、当《まさ》に汝が為に説くべし。汝今宜《よろ》しく応当《まさ》に鼻端に於て浄月輪を想ひ、*月輪中に於て唵字の観を作《な》すべし。是の観を作し已《をは》つて、*後夜分に於て阿耨多羅三藐三菩提を成ずることを得。善男子、十方世界の恒河沙《がうがしゃ》の如くなる三世の諸仏も月輪に於て唵字の観を作《な》さずして成仏することを得といふは、是の処《ことわり》有ること無し。

今此等の文に依るに、𑖌𑖼字は是れ法身なり。法身は則ち真如なり。真如法身は悉く皆唵字の一声より出づ。何《いか》に況んや諸余の法門をや。当《まさ》に知るべし、真言をば一切の法の母とす、一切の法の帰趣なり。

5　釈摩訶衍論の説

又*論に云はく、

諸仏甚深広大義とは、即ち是れ通じて前の所説の門を捴摂す。所謂《いはゆる》通じて*三十三種の本数の法を摂す。故《かるがゆへ》に、此の義云何《いかん》。諸仏と言ふは、即ち是れ不二摩訶衍の法なり。所以者何《このゆへはいかん》、此の不二の法は彼の仏に形《たくら》ぶるに其の徳勝れたるが故に。彼の仏とは真如生滅の二門の仏と、及び三大義の仏とを指す。「*大本花厳契経」の中に、是くの如き説を作す。其の*円円海徳の諸仏は勝なり。其の一切の仏は円円海を成就すること能はず、劣なるが故に。一切仏と言ふは、即ち本末二門の仏なり。若し爾《しか》らば何《なに》が故に

月輪中に於て唵字の観を作す　月輪観は密教の基礎観法。阿字観。我が心即ち月輪の如しと観ずる。諸仏・字輪を観ずるにもまずこの観をなす。唵字観は唵字について法・報・化三身の字義を観ずるもの。

後夜分　夜三時(初夜・中夜・後夜)の一、後夜の勤行。後には昼三時の初、晨朝の勤行と合す。

論　『釈摩訶衍論』巻十(正蔵三二・六六八上)。

三十三種の本数の法　十六所入の本法、十六能入の門、及び不二摩訶衍の三十三。

大本花厳契経　華厳経十類の一、入法界品に出づる海雲比丘受持の『普眼経』の如きをいうか。

円円海徳　広大円満な如来果上の功徳をいう。

「*分流華厳契経」の中に是くの如き説を作す。盧遮那仏は三種世間を其の身心とし、三種世間に法を摂して余無し。彼の仏の身心も亦復《また》摂せざる所有ること無きや。答ふ、盧舎那仏、三世間を摂すと雖も、摂と不摂との故に過無しと。

摂不摂と言ふは、即ち上の所説の*性海と*因海との摂不摂、是れなり。又《また》真如生滅の二門、是くの如し。故に*文に云はく、

是の二種の門、皆各《おのおの》捴じて一切法を摂すとは、即ち是れ法門該摂円満門なり。謂はく、真如門を以て一切法を摂するに、一一の法として真如に非ざること無し、生滅門を以て一切法を摂するに、一一の法として生滅に非ざること無きが故に。然れども、真如門には生滅門の一切法を摂すること能はず、又生滅門には真如門の一切の諸法を摂すること能はず。而《しか》も、捴摂一切法と言ふは、捴じて生滅の一切法を摂するが故に、捴じて真如の一切法を摂するが故に。所以者何《このゆへはいかん》。是くの如き二門は皆悉く平等にして各各《おのおの》別なるが故にと。

又云はく、

*何が故に不二摩訶衍の法は因縁無きや。是の法は極妙甚深にして独尊なり、機根を離るるが故に。何が故に機を離れたるや。機根無きが故に。何ぞ建立を須《もち》ゐる。建立に非ざるが故に。是の摩訶衍の法は諸仏の所得なりや。能く諸仏を得《とく》す。諸仏は得《とく》すや。不なるが故に。菩薩二乗、一切異生も亦復《また》是くの如し。性徳円満海是れなり。所以者《このゆへは》何《いかん》。機根を離れたるが故に、教説を離れたるが故にと。

分流花厳契経　華厳経十類の一、『菩薩本業経』の如きをいうか。

性海　後にいう性徳円満海。

因海　後にいう修行種因海。

文　『釈摩訶衍論』巻二(正蔵三二・六〇五上)。

何が故に不二…　『釈摩訶衍論』巻一(正蔵三二・六〇二下)。

初めに諸仏と言ふは、是れ真如門の諸仏を指す。次の諸仏は亦《また》真如門の仏なり。能得とは、言はく、不二門の諸仏なり。其の徳勝なるが故に、能く真如門の諸仏を摂得す。次に諸仏とは生滅門の仏を指す。意の言はく、生滅門の諸仏は不二門の諸仏を摂得するや。不故とは是れ答の辞なり。生滅門の諸仏は真如と不二との仏を摂することを得ざるを言ふ。

又云はく、

*八種の本法は因縁より起す。機に応ずるが故に、説に順なるが故に。何が故ぞ機に応ずる。機根有るが故に。是くの如きの八種の法の諸仏は得《とく》せらるるや。諸仏は得せらるるなり。諸仏を得《とく》すや。不なるが故に。是くの如きは脩行種因海是れなり。所以者《このゆへは》何《いかん》。機根有るが故に、教説有るが故にと。

初めに諸仏と言ふは、種因海の本法の八仏を指す。次に諸仏と言《イフ》は、末法の八仏是れなり。言はく、本の八仏は末の八仏を摂することを得。次に諸仏とは不二性得の仏を指す。言はく、本末の八仏は円円海の仏を摂すること得ず。是くの如く、諸仏は皆悉く平等平等にして虚空法界に遍満すと云ふと雖も、然も猶《なほ》し本末各各《おのおの》差別なり。末仏は本を以て所依の境とす、勝劣差《しゃ》有り。是の故に劣を以て勝を摂すること得ず。

人既に此くの如し、法も亦《また》是くの如し。花厳所説の三種世間の仏は、是れ則ち種因海の仏なり。故に性徳海の仏を摂することを得ず。

八種の本法は… 『釈摩訶衍論』巻一(正蔵三二・六〇二下)。八種の本法とは、教・理・智・断・行・位・因・果の八をいう。凡そ一切の法門は皆この八法に帰するといわれる。

経論の明證此くの如し。末学の凡夫、強ちに胸臆に任せて難思の境界を判摂すべからず。高に居て低を接すれば功徳無量なり。劣を執し勝を僣《かく》さば、定めて深底《しんてい》に入る。信ぜずはあるべからず、慎まずはあるべからず。是くの如く、諸仏及び所説所證の教理境界、悉く一字に摂し尽す。有智の薩埵、極めて善く思念せよ。

秘密曼荼羅十住心論巻第九

秘密曼荼羅十住心論巻第十

秘密荘厳住心第十

秘密荘厳住心とは、即ち是れ究竟じて自心の源底《げんテイ》を覚知し、実の如く自身の数量を證悟するなり。所謂《いはゆる》胎蔵海会の曼荼羅と、金剛界会の曼荼羅と、*金剛頂十八会の曼荼羅とは、是れなり。是くの如きの曼荼羅に、各各《おのおの》に四種の曼荼羅、*四智印等有り。四種と言ふは、摩訶と三昧耶と達磨《タラマ》と羯磨《カツマ》と、是れなり。是くの如きの四種曼荼羅、其の数無量なり。刹塵《せっちん》も喩《ゆ》に非ず、海滴も何《ナン》ぞ比《ヒ》せん。*経に云はく、

云何《イカ》なるか菩提。謂はく、実の如く自心を知ると。

此れ是の一句に無量の義を含めり、竪《たたさま》には十重の浅深を顕はし、横《よこさま》には塵数《ちんしゅ》の広多を示す。又、

*心続生の相は諸仏の大秘密なり。我れ今悉く開示す、と云ふは、

即ち是れ竪に説《ト》くなり。謂はく、初め羝羊《ていやう》の暗心より、漸次に暗を背き明に向《ムカ》ふ、

◇秘密荘厳住心　身口意の三密をもって曼荼羅を荘厳する意という。

大意

金剛頂十八会　『金剛頂経』(→二三九頁補)の大本十万頌の説処に十八会あり。金剛界の四会九会は、十八会の中の初会の経にあるというので、この重出には古来問題があったようである(冠註)。

四智印　四種曼荼羅を能証の智の上から表現したもの。大智・三昧耶智・法智・羯磨智の四印。

経　『大日経〔大毘盧遮那成仏神変加持経〕』巻一、入真言門住心品第一(正蔵一八・一下)。

心続生の相は…　『大日経』巻一(正蔵一八・二上)。

求上《ぐじやう》の次第なり。是くの如きの次第に略して十種有り。上に已《すで》に説くが如し。又云はく、

*復次に三藐三菩提の句を志求するには、心の無量を知るを以ての故に、身の無量を知る。身の無量を知るが故に、智の無量を知る。智の無量を知るが故に、即ち衆生の無量を知る。衆生の無量を知るが故に、即ち虚空の無量を知ると。已上。

此れは即ち横《よこさま》の義なり。衆生の自心、其の数無量なり。衆生狂酔して覚せず知せず。大聖彼の機根に随つて其の数を開示したまふ。*唯蘊・抜業の二乗は但《タヾ》*六識のみを知る。*他縁・覚心の両教は但《タヾ》*八心のみを示す。*一道・極無は但《タヾ》*九識のみを知る。「*釈大衍」には*十識を説く。「大日経」王には無量の心識、無量の身等を説く。是くの如きの身心の究竟を知るは、即ち是れ秘密荘厳の住処を證するなり。故に*経に云はく、

若し大覚世尊*大智灌頂地に入るときは、自ら*三三昧耶の句に住することを見ると。

謂はく、三三昧耶とは、一には仏部三昧耶、二には蓮花部三昧耶、三には金剛部三昧耶なり。是くの如く三部の諸尊、其の数無量なり。一一の諸尊に各《おのおの》四種曼荼羅を具す。仏部は則ち身密、法部は則ち語密、金剛部は即ち心密なり。

謂はく、真言とは且《しばら》く語密に就て名を得《ウ》。若し具《つぶ》さに梵語に拠《ヨ》らば、曼荼羅と名《なづ》く。*竜猛菩薩は秘密語と名《なづ》く。且《しばら》く語密の真言法教に就て、法曼荼羅心を顕示せば、*経に云はく、

復次に三藐… 『大日経』巻六、百字果相応品第二十(正蔵一八・四〇中)。

唯蘊・抜業の二乗 声聞・縁覚の二乗。

六識 眼・耳・鼻・舌・身・意の六識。

他縁・覚心の両教 法相・三論の二宗。

八心 八識。六識に末那・阿頼耶の二識を加える。

一道・極無 天台・華厳の二宗。

九識 八識に菴摩羅識(阿摩羅識。→二一六頁「無垢識」注)を加える。

釈大衍 『釈摩訶衍論』巻二(正蔵三二・六〇六中)。

十識 九識に乾栗陀耶識を加える。

経 『大日経』巻六(正蔵一八・四〇中)。

大智灌頂地 仏地をいう。

三三昧耶の句 句は進行・所住の義という。

1 法曼荼羅心

竜猛菩薩は… 『大智度論』巻四、初品中菩薩釈論第八(正蔵二五・八四下)、巻三十八、釈往生品第四之上(正蔵二五・三三六下)。

経 『大日経』巻二、入曼荼羅具縁真言品第二之余(正蔵一八・一〇上中)。

云何《いかん》が真言法教。謂はく、𑖀*字門は一切諸法本不生の故に。𑖎《キャ》字門は一切諸法作業不可得の故に。𑖏字門は一切諸法等虚空不可得の故に。𑖐字門は一切諸法一切行不可得の故に。𑖑字門は一切諸法一*合相不可得の故に。𑖓字門は一切諸法離一切遷変の故に。𑖓𑖿𑖔*字門は一切諸法影像不可得の故に。𑖕字門は生*不可得の故に。𑖖字門は一切諸法戦敵不可得の故に。𑖘字門は慢不可得の故に。𑖙字門は長養不可得の故に。𑖚字門は怨《ワン》対《タイ》不可得の故に。𑖛字門は執持不可得の故に。𑖝字門は如如解脱不可得の故に。𑖞字門は住処不可得の故に。𑖟字門は施不可得の故に。𑖠字門は法界不可得の故に。𑖢字門は第一義諦不可得の故に。𑖣字門は不堅如聚沫の故に。𑖤字門は縛不可得の故に。𑖥字門は一切有不可得の故に。𑖧《ヤ》字門は乗不可得の故に。𑖨字門は塵垢不可得の故に。𑖩《ラ》字門は一切相不可得の故に。𑖪字門は言語道断の故に。𑖫《シャ》字門は本性寂の故に。𑖬字門は性鈍不可得の故に。𑖭《サ》字門は一切諦不可得の故に。𑖮《カ》字門は一切諸法因不可得の故に。𑖒𑖗𑖜𑖡𑖦《ギャウジャウダウナウマウ》は一切処に遍して一切の三昧に於て自在に速かに能く一切の事を成辦し、所為の義利皆《みな》悉く成就すと。

是くの如く、諸の字門に各各《おのおの》に十*二転声の字を具す。且《しばら》く初めの𑖎字に就て十二転有り。𑖎𑖎𑖯𑖎𑖰𑖎𑖱𑖎𑖲𑖎𑖳𑖎𑖸𑖎𑖹𑖎𑖺𑖎𑖻𑖎𑖽𑖎𑖾《キャキャキキククケイカイコカウケムカク》。此の十二字は即ち一一の尊の十*二地なり。中間の八字を除きて初*後の四字は、即ち求上門の因行證入なり。更に𑖎𑖾《キャク》字有り、即ち是れ方便具足の義なり。一一の字門の五字は、則ち各各《おのおの》の門の五*仏五智なり。是くの如きの五仏、其の数無量なり。五仏は則ち心*王なり、余尊は則ち心*数なり。心王心

𑖀字門は…　初めに摩多(母音)の阿字一字を説き、次に迦等の体文(子音)二十字、次に野等の偏口声の体文八字を説き、最後に仰・嬢・拏・那・莽の五字を説く。

一合相　種々の法は合して一つの相を成すこと。

𑖓𑖿𑖔　文意からは𑖔。但し𑖔(cha)は古くより𑖓𑖿𑖔(ccha)と書く慣いあり。

生不可得　慶本・冠註「一切諸法生不可得」。

十二転声　十二摩多。悉曇四十七字の中、母韻十二字を摩多という。ア・アー・イ・イー・ウ・ウー・エー・アイ・オー・アウ・アム・アクの十二。ただし、摩多の数え方には諸説があり、別摩多として、里、哩、呂、嚧の四声を加え、十六とすることもある。

十二地　十地の上に等覚・妙覚の二位を加える。

初後の四字は…　この音韻転化を発心・修行・菩提・涅槃の四徳に配し(そのおのおのを発心点・修行点・菩提点・涅槃点という—字形については本文参照)、真言行者の修行の段階を示す。

五仏五智　→二七三頁注

心王・心数　心・心所に同じ。

数、其の数無量なり。故《かるがゆへ》に文*に云はく、
等《ヒト》しく薄伽梵、大*智灌頂に入りぬれば、即ち陀*羅尼形を以て仏事を示現すと。

又云はく、

秘*密主、我が語*輪の境界を観するに、広大にして遍く無量の世界清浄門に至りて、其の本性の如く随類の法界を表示して、一切衆生をして皆《みな》歓喜を得《エ》しむと。

又云はく、

心*の無量を知るが故に、四*種の無量を得《ウ》。得已《エヲハ》りぬれば最正覚を成じ、十*智力を具して四*魔を降伏す。無所畏を以て而《しか》も師子吼《ししく》すと。

又五*種の阿字は即ち是れ正等覚の心なり。即ち此の字より声《こゑ》を出《いだ》して法を説く。即ち是れ説者なり。即ち是れ聴者なり。即ち是れ法曼荼羅身の仏の事業なり。陀羅尼形及び語輪とは即ち法曼荼羅身を明す。法*門身既に爾《シカ》り、何《いか》に況《いは》んや余身をや。

今此の「大日経」に、是くの如きの無量の四種曼荼羅身の住処、及び説法の利益を明す。是れ則ち秘密無尽荘厳の住処なり。故に経*に云はく、

一時《ヒトヽキ》、薄伽梵、如来加持広大*金剛法界宮に住したまふ。一切持*金剛者、皆悉く集会せりと。

釈して云はく、此れは捴じて大秘密究竟心*王如来大毗盧遮那の五*智四印、及び心数の微塵数《みぢんしゆ》の眷属を明すなり。薄伽梵とは、捴じて塵数の諸尊の徳号を挙《ア》ぐ。具さに

文　『大日経』巻六(正蔵一八・四〇中)。
大智灌頂　如来の第十一地。
陀羅尼形　如来の万徳を具足せる総持身をいう。
秘密主我が…　『大日経』巻六(正蔵一八・四〇中)。冠註「秘密主、我ガ語輪ノ境界広大ニシテ遍ク無量ノ世界ニ至ル清浄門ヲ観セヨ。其ノ本性ノ如ク類ニ随ツテ」と訓む。
語輪の境界　陀羅尼形をいう。
心の無量を…　『大日経』巻六(正蔵一八・四〇中下)。
四種の無量　慈・悲・喜・捨の四無量心。
十智力　仏の具する十種の智力。処非処智・業異熟智・静慮解脱等持等至智・根上下智・種々勝解智・種々界智・遍趣行智・宿住随念智・死生智・漏尽智の十力。
四魔　煩悩・陰・死・他化自在天子の四魔。
五種の阿字　ア・アー・アム・アク・アーク。五転具足の悪字。
法門身　曼荼羅の種々の形像。

2　四種曼荼羅

経　『大日経』巻一(正蔵一八・一上)。
広大金剛法界宮　摩醯首羅天にある胎蔵界の大日如来の宮殿。
持金剛者　胎蔵界の金剛部の諸衆をいう。金剛杵を持ち如来の智徳を標幟する諸尊。
心王如来　大日如来。
五智四印　五智→二七三頁「五仏五智」注。四印→二八二頁「四智印」注

釈すること疏*の如し。住とは能所二住を顕はす。言《イハ》く、各各の諸尊、自*證の三昧句に住するなり。如来加持広大金剛法界宮とは、是れ則ち五仏の異名なり。大日と宝幢と開敷と弥陀と天鼓《てんく》とに、次の如く配す。復《また》次に如来とは大曼荼羅身なり。下*の文に説く所の胎蔵曼荼羅是れなり。金剛といふは則ち三*昧耶身なり。第*四の巻に説く所の密*印及び標*幟《ヘウシ》是れなり。法界といふは則ち達磨《タラマ》曼荼羅身なり。第*二第五に説く所の種*子、字*輪等の真言是れなり。加持といふは事業威儀身なり、此れは三種の身に通ず。広大とは各各の身量、虚空法界に同なることを明す。故に下の文に云はく、

世*尊の身語意は平等にして、身量虚空に等同なり、語意の量も亦是くの如しと。

宮と言ふは所住の処を顕はす。今此の心王の如来は無始無終にして、各各に自法*界三昧に安住せり。故に下の文に云はく、

時*に薄伽梵大日如来、広大法界加持、即ち是の時に於て、法*界胎蔵三昧に住して、入*仏三昧耶を説きたまふと。

時*に釈迦牟尼仏は宝*処三昧に住して、自心及び眷属の真言を説く。是くの如く普賢は仏*境界荘厳三昧に住し、弥勒は発*生普遍大慈三昧に住し、観*自在は普*観三昧に住し、金剛手は大金剛無*勝三昧に住すると、等《ラ》の類は皆《みナ》悉く是れなり。

無量の十仏刹微塵数の三*部五部の諸尊四種曼荼羅、各各に自證の三昧に住する、是れなり。

疏　『大日経疏（大毘盧遮那成仏経疏）』巻一、入真言門住心品第一（正蔵三九・五七九下−五八〇上）。

自證の三昧句　内心の三摩地法。句とは所住処の義。

下の文　『大日経』巻二（正蔵一八・四上−一三上）。

三昧耶身　三昧耶形。

第四の巻　『大日経』巻四、密印品第九（正蔵一八・二四上−三〇上）。

密印　諸仏菩薩の本誓を標幟するために結ぶ印契。

標幟　身印・器具等をもって如来内証の徳をあらわすこと。

第二第五　『大日経』巻二、普通真言蔵品第四（正蔵一八・一四以下）、巻五、字輪品第十（正蔵一八・三〇中以下）。

種子　ここは仏菩薩ないしは種々の事項を標示する梵字をいう。

字輪　輪は生の義。悉曇の字母は各諸字を転生するので字輪という。

世尊の身語意…　『大日経』巻五、秘密曼荼羅品第十一（正蔵一八・三一中）。

法界三昧　法界体性観とも。阿等の五字を観ずること。

時に薄伽梵…　『大日経』巻二（正蔵一八・三下）。

法界胎蔵三昧　法界に周遍する大悲胎蔵三昧。胎蔵界の大日如来が大悲胎蔵曼荼羅を出生する三昧という。

入仏三昧耶　入仏平等戒とも。三種三昧耶の一。

時に釈迦牟尼仏…　『大日経』巻二（正蔵

「一切持金剛者、皆悉集会」とは、此れは心数の妙眷属を明す。*心王所住の処には必ず塵沙《ぢんしゃ》の心数有り。心数を眷属とす。今《イマ》は心王の毗盧遮那《びるしゃな》、*自然覚を成じたまふ。爾《そ》の時に一切の心数、即ち*金剛界中に入りて、如来の内證の功徳差別*智印と成《ナ》らずといふこと無し。是くの如く、智印は*唯仏与仏、乃《いま》し能く之を持したまふ。菩提の義に約すれば即ち無量無辺の金剛印有り。仏陀の義に約すれば即ち無量無辺の持金剛者有り。此の衆徳は悉《ことごと》く皆《みナ》一相一味にして、実際に到るに由るが故に、集会と名《なづ》く。

金剛と言ふは、五部の諸尊の所持の、法界の標幟なり。*独《どく》・三・五鈷・輪・剣・摩尼・蓮花等の種種の三昧耶身を通じて金剛と名く。金剛は常恒不動、不壊能壊の義を表す。

又云はく、

*如来の信解遊戯《ゆけ》神変より生ずる大楼閣宝王、高にして中辺無し。諸の大妙*宝王をもて種種に間飾《けんしょく》せり。菩薩の身を*師子座とす、とは、

釈して云はく、

*大衆已に集りて説法の処有るべし。故に次に所住の楼閣と及び師子座とを明すなり。此の楼閣宝王及び師子座も亦是れ如来の身なり。其の高なること無窮なり。当《まさ》に知るべし、広も亦《また》無際なり。辺不可得なるを以ての故に、亦復《また》中も無し。此れは是れ遍一切処の身の所住の処なり。当に知るべし、是くの如きの楼観も亦《また》一切処に遍せりと。

一八・一四上)取意。

宝処三昧　釈迦世尊の三昧という。功徳の宝財を一切に施与する意。

仏境界荘厳三昧　普賢菩薩の三昧。仏境界は諸仏自証の真実の境界。

発生普遍大慈三昧　弥勒菩薩の三昧。

観自在　観自在王如来。密教ではこれを阿弥陀仏の本名とする。

普観三昧　普眼三昧とも。

無勝　底本「無縁」。慶本・冠註による。

三部五部の諸尊　三部は胎蔵界(仏・金剛・蓮華の三部)、五部は金剛界(以上に宝・羯磨の二部を加える)。

心王所住の…　『大日経疏』巻一(正蔵三九・五八〇中)。

自然覚　本覚の内熏により開悟すること。

金剛界　大日如来の智徳を開示した部門。

智印　仏菩薩の内証の智徳の標幟である印契。

唯仏与仏　大乗の無上至極の仏知見の境界は唯仏と仏とのみが知り且つ解するところであるという意。

独・三・五鈷　金剛杵。もとインド古代の武器で、密教では煩悩を破る菩提心の標示として用いる。独鈷は一真如、三鈷は三密三身等、五鈷は五智五仏、また十波羅蜜の義をあらわすという。

如来の信解…　『大日経』巻一(正蔵一八・一上)。

宝王　仏の尊称。

師子座　仏の所坐。

大衆已に集りて…　『大日経疏』巻一(正蔵三九・五八〇下)略抄取意。

即ち是れ三昧耶身なり。又経*に云はく、
其の金剛をば名けて虚空無垢執金剛、乃至金剛手秘密主と曰ふ。是くの如きの上首*《じやうしゆ》、十仏刹微塵数等の持金剛衆と倶《とも》なりと。

釈して云はく、
*所謂《いはゆる》虚空無垢及び秘密主等の微塵数金剛は、皆是れ毗盧遮那如来の内證智印なり。所謂《いはゆる》十仏刹微塵数とは、如来の差別智印なり。其の数無量にして、算数譬喩の能く知る所に非ず。且《シバラ》く如来十種の智力*を以て、各《おのおの》一仏刹微塵に対して、以て衆会の数《カズ》を表す。然も此の毗盧遮那内證の徳は、加持*を以ての故に、一一の智印より各執金剛身を現したまふ。形色性類皆《ミナ》表象有り。各《おのおの》本縁性欲*に随つて衆生を引摂す。若し諸の行人慇懃に脩習して、能く三業をして本尊に同ぜしむれば、此の一門より法界に入ることを得《ウ》。即ち是れ普入法界門なりと。

次に経*に云はく、
及び普賢菩薩・慈氏菩薩*・妙吉祥菩薩*・除一切蓋障菩薩*等の諸の大菩薩*、前後に囲繞して而も法を演説したまふと。

釈して云はく、
*次に菩薩衆を列《つら》ぬ。四つの聖者を以て而《しか》も上首とす。前《さキ》に諸執金剛は一向に是れ如来の智印なりと明す。今此の菩薩は、義に定恵を兼ねたり。又は慈悲を兼ねたり。故に別に名を受くるなり。亦《また》是れ毗盧遮那の内證の功徳なり。執金剛に十仏刹微塵衆有る

経 『大日経』巻一(正蔵一八・一上)。
上首 一座大衆中の主位をいう。
所謂虚空無垢… 『大日経疏』巻一(正蔵三九・五八二上)略抄。冠註「所謂虚空無垢ヨリ秘密主等ノ微塵数金剛ニ及ブマデハ」と訓む。
注
如来十種の智力 →二八五頁「十智力」
加持 仏の大悲が衆生に加わり、衆生の信心に仏が応じて、互いに道交すること。
性欲 過去の習性と現在の楽欲。

経 『大日経』巻一(正蔵一八・一上)。
慈氏菩薩 弥勒菩薩。
妙吉祥菩薩 文殊菩薩。
除一切蓋障菩薩 胎蔵界曼荼羅十三大院の第八院、除蓋障院の中尊。
大菩薩 菩薩の中、不退位にあるもの。
次に菩薩衆を… 『大日経疏』巻一(正蔵三九・五八二中下)略抄。

が如く、当《まさ》に知るべし、諸の菩薩の法門にも相対して亦《また》十仏刹微塵の衆有り。加持を以ての故に、各《おのおの》法界の一門より現して一の善知識の身と為《な》ることを得《ウ》。此の四菩薩は即ち是れ仏身の*四徳なり。偏闕《へんくゑつ》する所《ところ》有れば則ち無上菩提を成ずること能はず。是の故に列ねて上首として、以て塵沙の衆徳を統《ス》べたりと。

具さに名義を釈すること「疏」の如し。次に*経に云はく、

所謂《いはゆる》*三時を越えたる如来の日、加持の故に身語意平等句の法門なり。時に彼の菩薩は普賢を上首とし、諸執金剛は秘密主を上首とす。毘盧遮那《びるしやな》如来加持の故に、*身の無尽荘厳蔵を*奮迅示現す。是くの如く、語意平等の無尽荘厳蔵を奮迅示現す。毘盧遮那仏の身、或いは語或いは意より生ずるに非ず。一切処に起滅して辺際不可得なり。而も毘盧遮那の一切の身業、一切の語業、一切の意業は、一切処一切時に有情界に於て真言道句の法を宣説したまふ。又《また》執金剛・普賢・*蓮花手菩薩等の像貌を現して、普く十方に於て真言道清浄の句法を宣説したまふ。所謂《いはゆる》初発心より乃《いま》し十地に至るまでに、次第に此の生に満足す。縁業生の増長する有情類の*業寿《ごふじゆ》の種、除《ノゾヒ》て復《マタ》牙種生起すること有り。

釈して云はく、

*将に此の平等の法門を説かんとする故に、先づ*自在加持を以て大衆を感動して、悉く*普門の境界、秘密荘厳不可思議未曾有の事を現す。普賢・秘密主等の上首の諸の*仁者は、即ち是れ毘盧遮那の差別智身なり。是くの如きの境界に於て久しく已に通達せり。

四徳　常・楽・我・浄。

経　『大日経』巻一（正蔵一八・一上中）。

三時　晨朝・日中・黄昏。

身の無尽荘厳蔵　一平等の身から普く一切の身業を示現すること。

奮迅　頭をふり立てて勇進し、勢はげしきさま。

蓮花手菩薩　観自在菩薩の異名。

業寿　宿世の業因によって定まっている寿命。

将に此の平等の…　『大日経疏』巻一（正蔵三九・五八三中）。

自在加持　自在神力加持三昧の略。大日如来はこの三昧に住して種々の身を現じ、種々の法を説くという。

普門　曼荼羅の諸尊の徳を聚め束ねた中台の大日如来をいう。

仁者　仁。人をよぶ尊称。

然も此の諸解脱門に現する所の諸の善知識、各《おのおノ》無量の*当機衆を引きて、同じく法界*曼荼に入《イ》れしむ。此れは初入法門の実行の諸の菩薩を饒益《ねうやく》せんが為の故に、如来加持をもて大神通力を奮迅示現したまふなり。師子王の将《まさ》に震吼《シムク》せんと欲《ス》るに、必ず先づ其の身を奮迅し、*材力《ざいリキ》を呈現《テイげん》して、然《しか》して後に声を発するが如く、如来も亦爾《しか》なり。将《まさ》に必定《ひつぢやう》*師子吼《ししク》して一切智門を宣説せんと欲《ス》るが故に、先づ無尽荘厳蔵を奮迅示現す。所謂《いはゆる》荘厳とは、謂はく、一平等の身より普く一切の威儀を現す。是くの如きの威儀は密印に非ざること無し。一平等の語より普く一切の音声を現す。是くの如きの音声は真言に非ざること無し。一平等の心より普く一切の本尊を現す。是くの如きの本尊は三昧に非ざること無し。然も此の一一の三業差別の相は皆辺際無し、度量すべからず。故に無尽荘厳と名《なづ》くと。

又「*金剛頂経」に云はく、

一時、薄伽梵金剛界*遍照如来〈此れは惣句を以て諸尊の徳を歎ずるなり〉、五智所成の四種法身を以て〈謂はく五智とは、一には大円鏡智、二には平等性智、三には妙観察智、四には成所作智、五には法界躰性智なり。即ち是れ*五方仏なり。次の如く東南西北中に配して之を知る。四種法身とは、一には自性身、二には受用身、三には変化身、四には等流身なり。此の四種身に竪横《たたさまよこさま》の二義を具す。横《よこさま》は則ち自利、竪《たたさま》は則ち利他なり。深義更に問へ〉、本有の金剛界〈此れは性徳の法界躰性智を明す〉、自在大三昧耶〈此れは則ち妙観察智なり〉、自覚本初〈平等性智なり〉、大菩提心普賢満月〈大円鏡智なり〉、不壊金剛光明

当機衆　説法の会座にある四衆（発起・当機・影向・結縁の四衆）の一。正しくその法を聞いて道を得る衆生。
曼荼　曼荼羅の略。
材力　生れつきの能力。
師子吼　仏が音声をもって説法すること。

3　金剛頂経（瑜祇経）の説

金剛頂経　『金剛峯楼閣一切瑜伽瑜祇経』序品第一（正蔵一八・二五三下―二五四上）。但し〈〉内は空海の釈文。『瑜祇経』一巻は不空訳。空海請来の新訳経の一。『請来目録』では貞元目録未載経の一に数えている。古来『理趣経』とともに秘経中の秘経とされる。この引文は『二教論』にもあり。
遍照如来　大日如来。
五方仏　東方宝幢仏・南方開敷華王仏・西方阿弥陀仏・北方天鼓雷音仏・中央毘盧遮那仏。

心殿の中に於て〈謂はく、不壊金剛とは捴じて諸尊常住身を歎ず。光明心とは心の覚徳を歎ず。殿とは身心互に能住所住と為《な》ることを明す。中とは語密なり、亦離辺の義なり。此れは是れ三密の、彼の*五辺と*百非とを離れて、独り非中の中に住す。等覚十地も見聞すること能はず。所謂《いはゆる》法身自證の境界なり。亦是れ成所作智なり。三密の業用は皆《みな》此れより生ず。已上五句は捴じて住処を明す。住処の名は則ち五仏の秘号妙徳なり。密意知りぬべし〉、自性所成の眷属、金剛手等の*十六大菩薩、及び*四摂行天女使と*金剛内外八供養の金剛天女使と、各各《おのおの》本誓加持を以て自《みづか》ら金剛月輪に住し、本三摩地の標幟を持せり。皆《みな》已に微細の法身秘密心地の十地を超過せる身語心の金剛なり〈此れは*三十七の根本自性法身の内眷属智を明すなり〉。各《おのおノ》五智の*光明峯杵に於て、*五億倶胝《くてい》の微細金剛を出現し、虚空法界に遍満す。諸地の菩薩の能く見ること有ること無し。倶に熾然の光明、自在の威力あるを覚知せず。〈此れ三十七尊の根本五智に各《おのおノ》恒沙の性徳を具せんことを明す。若し次第に約せば出現の文有り。若し本有に拠らば倶時に是くの如きの諸徳を円満す。〉常に三世に於て不壊の化身をもて有情を利楽すること、時として暫《しばら》くも息《や》むこと無し〈謂はく、三世とは三密なり。不壊といふは金剛を表す。化とは業用なり、言はく、常に金剛三密の業用を以て、三世に亘りて、自他の有情をして妙法の楽を受けしむ〉。金剛自性〈阿閦仏印〉、光明遍照〈宝光仏印〉、清浄不染〈清浄法界身印〉、種種業用〈羯磨智身印〉、方便加持〈方便受用身印〉を以て、有情を救度し〈大慈悲の徳〉、*金剛乗を演《の》べたまふ〈説法智徳〉。唯し一金剛のみ〈*円満壇徳〉、能く煩悩を断す〈利智の徳なり。已上九句は即ち是れ五印四徳なり。一一の仏印に各《おのおの》四徳を具す。自受用の故に、常恒に金剛一乗を演説したまふ〉。此の甚深秘密心地普賢自性常住の法身を以て、諸の菩薩を摂す〈此れは自性法身に自眷属を

五辺　有・無・亦有亦無・非有非無・非々有非々無の五辺執。

百非　百は大数、非は否定。『涅槃経』金剛身品には如来の金剛身について実数の百非を出す。

十六大菩薩　金剛手・金剛王・金剛受・金剛喜(東方)・金剛宝・金剛光・金剛幢・金剛咲(南方)・金剛法・金剛利・金剛因・金剛語(西方)・金剛業・金剛護・金剛身・金剛拳(北方)の十六。顕教の十六菩薩。密教の賢劫の十六尊とは別。

四摂行天女使　金剛鉤・金剛索・金剛鎖・金剛鈴の四菩薩をいう。

金剛内外八供養の金剛天女使　金剛嬉・金剛鬘・金剛歌・金剛舞(内供養)・金剛香・金剛華・金剛灯・金剛塗(外供養)の八菩薩。

三十七　三十七尊。金剛界曼荼羅の第一根本成身会に一千六十一尊ある中で、五仏・四波羅蜜菩薩(金剛波・宝・法・羯磨の四)・十六大菩薩・八供養菩薩・四摂行菩薩の三十七尊をいう。この数は自ら三十七菩提分法(↓一三八頁補「三十七菩提」)の数に応ずるものといわれる。

光明峯杵　金剛杵のこと。

五億倶胝　倶胝は数の名。千万、或いは億、また京といわれる。

金剛乗　真言密教。

円満壇徳　壇は曼荼羅。

摂することを明す。又は通じて他を摂す。自を挙げて他を兼ぬるなり〉。唯《ただ》此の仏刹は尽《ことごと》く金剛自性清浄を以て成ぜる所の*密厳華厳なり〈謂はく、密とは金剛三密なり。華とは開敷覚華なり。厳とは種種の徳を具す。言はく、恒沙の仏徳、塵数の三密を以て身土を荘厳す。是れを曼荼羅と名《なづ》く。又金剛をば智を表し、清浄は理を表し、自性は二つ通ず。言はく彼の諸尊各《おのおの》自然の理智を具するなり〉。諸の大悲の行願を以て、有情に円満せしむる福智の資粮《しりやう》の成就する所なり〈謂はく、上に称する所の恒沙の諸尊、各《おのおの》*普賢行願の方便を具するなり〉。*五智の光照を以て三世に常住し、蹔《しばら》くも息《や》むこと有ること無き平等智身なりと。〈五智と言ふは五大所成の智なり、一一の大に各《おのおの》智印を具す。三世とは三密三身なり。無有暫息《しばらくもやむことあることなし》とは此くの如く諸尊の業用無間なり。此の仏業を以て自他を利楽するなり。平等智身とは、智とは心の用なり、身とは心の体なり、平等とは普遍なり。言はく、五大所成の三密の智印、其の数無量なり。身及び心智、三種の世間に遍満し、仏事を勤作すること刹那も休まず。此くの如きの文句、一一の文、一一の句、皆是れ如来の密号なり。二乗の凡夫は、但し句義を解して字義を解すること能はず。但し字相を解して、字の密号を知ること得ず。之を覧《み》む智人、顕の句義を以て秘意を傷《そこな》ふこと莫れ。若し薩埵の釈経を見ば、此の義知りぬべし。怪しむこと莫れ、怪しむこと莫れ。〉

已に秘密荘厳住心の所在の処、及び彼の身語心密の数量等を知りぬ。今伝ふる所の真言教法は誰が作ぞや。

答ふ、「大日経」に拠りて云はば、諸仏と菩薩と声聞と縁覚と*摩醯《まクエい》と*梵王と*那羅延天と*釈提と*四王と、是くの如きの人等、作《な》すこと能はざる所《ところ》なり。何を以てか知るこ

密厳華厳なり 冠註「密厳華ニ厳ラレタリ」と訓む。

普賢行願 敬礼諸仏・称讃如来・広修供養・懺悔業障・随喜功徳・請転法輪・請仏住世・常随仏学・恒順衆生・普皆廻向の十願。→一八五頁「普賢菩薩の行願」注

五智の光照を以て三世に常住し 冠註「五智ノ光ヲ以テ照ラシ常ニ三世ニ住シテ」と訓む。

——1 真言宗の要義 法爾自然の法門——

摩醯 摩醯首羅。大自在天。→五五頁「自在天」注

梵王 大梵天王。→一〇七頁「梵天」注

那羅延天 梵天の異名、或いは毘紐天の別名とも。

釈提 釈提桓因。帝釈天。→二二頁「帝釈」注

四王 四天王。→二八頁「四天王」注

とを得る。大日世尊、分明に説きたまふが故に。
云何《いかん》が説きたまふや。
仏、秘密主に告げたまはく、
*此の真言の相は、一切諸仏の所作にも非ず、他をして作せしむるにもあらず、亦《また》随喜せず。何を以ての故に。是の諸法は法是くの如くなるを以ての故に、若しは諸の如来出現し、若しは諸の如来出でざれども、諸法法爾《ほふに》にして是くの如く住す。謂はく、諸の真言法爾の故に、といふは、
解して云はく、
*如来の身語意は、畢竟じて等しきを以ての故に、此の真言の相は声字皆《みな》常なり。常《じやう》なるが故に流《ル》せず、変易《へんやく》有ること無し。法爾《ほふに》にして是くの如く造作《ざうさ》の所成に非ず。若し造成すべくは即ち是れ生法なり。法若し生有らば則ち破壊すべし。*四相に遷流して無常無我なり。何ぞ名《なづ》けて真実語とすることを得んや。是の故に仏の自作にあらず、他をして作せしむるにあらず。設令《タトヒ》能作有りとも亦《また》随喜せず。是の故に此の真言の相は、若しは仏、世に出興し、若しは世に出でたまはず。若しは已説、若しは未説、若しは現説、法は*法位に住して性相常住《しやうさうじやうぢう》なり。是の故に*必定印と名く。衆聖は道同なり。即ち是れ大悲曼荼羅の一切の真言なり、一一の真言の相は皆《みな》法爾なりと。

2　付法伝来

已に法爾にして而も住して人の能く作すこと無しと知りぬ。若し然らば誰か伝へん

此の真言の相は…　『大日経』巻二(正蔵一八・一〇上)。

如来の身語意…　『大日経疏』巻七、入漫荼羅具縁品第二之余(正蔵三九・六五〇中)。

四相　生・住・異・滅の四相。

法位　法の安住する位、真如。

必定印　必定は不退転の意。

や。

答ふ、初め大日尊より下《しも》*青竜の阿闍梨に至るまで、*七葉《しちえふ》の*大阿闍梨耶有り。其の法号をば*摩訶毗盧遮那究竟大阿闍梨耶・*金剛薩埵大阿闍梨耶・*竜猛菩薩大阿闍梨耶・*竜智菩薩・*金剛智三蔵・*大広智三蔵・青竜寺の恵果《けいくわ》阿闍梨と曰《マフ》す。是くの如きの大阿闍梨等、転転して而も授けたまふ。

既に付法の伝来を知りぬ。最初の説相云何《いかん》。*経に云ふ、

秘密主、正等覚を成じたまふ*一切智者、一切見者、世に出興して、而も自《みづか》ら此の法をもて種種の道を説きたまふ。種種の楽欲《げうよく》に随つて、乃至種種の諸趣の音声をもて而も加持を以て真言道を説きたまふと。

解して云はく、

*此の意の言はく、如来自證の法躰は、仏の自作にも非ず、余の天人の所作にも非ず、法爾常住にして、而も加持神力を以て世に出興して、衆生を利益したまふ。今此の真言門の秘密の身口意は、即ち是れ*法仏平等の身口意なり。然《しか》も亦《また》加持力を以ての故に、世に出現して、衆生を利益《りやく》したまふ。如来の無碍知見《むげちけん》は、一切衆生の*相続の中に在りて、法爾に成就して缺減《けつげん》有ること無し。此の真言の躰相に於て実の如く覚せざるを以ての故に、名《なづ》けて生死の中の人とす。若し能く自《みづか》ら知り自ら見る時を、即ち一切知者・一切見者と名く。是の故に是くの如きの知見は、仏の自《みづか》ら造作したまふ所にも非ず、

青竜の阿闍梨　恵果(七四六―八〇五)。不空の弟子。真言付法第七祖。空海に密教を伝えた。　**七葉**　七代。

大阿闍梨耶　阿闍梨耶は阿闍梨の新称。軌範・正行と訳す。

摩訶毗盧遮那究竟大阿闍梨耶　大日如来。

金剛薩埵　→二三九頁「金剛利菩薩」注

竜猛菩薩　竜樹。→一七三頁注

竜智菩薩　竜猛菩薩から密教を受け、住持することを数百年、金剛智三蔵に伝えたというが、史実の徴すべきものをみない。

金剛智三蔵　六七〇―七四一。中インドの人。ナーランダ寺の学僧で開元八年(七二〇)入唐し、『金剛頂念誦経』等を訳出した。諡号大弘教三蔵。中国密教の初祖とされる。真言付法第五祖。

大広智三蔵　不空(七〇五―七七四)。南インドの人。金剛智に師事し入唐、『金剛頂経』『仁王般若波羅蜜多経』『大乗密厳経』等を訳出した。唐帝の親任厚く、中国密教の宣布は不空の功によるとされる。真言付法第六祖。また鳩摩羅什・真諦・玄奘とともに四大翻訳家と称される。

3 説相

経　『大日経』巻二(正蔵一八・一〇上)。

一切智者、一切見者　仏の称。『法華経』薬草喩品に「我是一切智者、一切見者、智度者、開道者、説道者」とあり。

此の意の言はく…　『大日経疏』巻七(正蔵三九・六五〇下)。

法仏　法身仏。

相続　間断なき第八識をいう。

亦他に伝授したまふ所にも非ざるなり。仏、道場に坐《ましま》して、是くの如きの法を證し已《をは》りて、一切の世界は本より以来《このかタ》常に是れ法界なりと了知して、即時に大悲心を生じたまふ。云何《いかん》が衆生は、仏道を去ること甚だ近くして、自《みづか》ら覚ること能はざると。故に此の因縁を以て、如来世に出興して、還りて是くの如きの不思議法界を用《も》て種種の道を分作して、種種の乗を開示したまふ。種種の楽欲の心機に随つて、種種の文句方言を以て、自在に加持して真言道を説きたまふ。*幾感の因縁より生ずと雖《いへど》も、而も実際を動ぜず。善巧方便をもて為さざる所無しと雖も、然《しか》も仏の所作にも非ず。*普門をもて異説すと雖も、但《ただ》し仏の知見を以て衆生に示悟したまふ。若し行者、此の*真言の十喩の中に於て、妄《みだ》りに有為生滅を見て更に*心垢《しんく》を増《ぞう》せば、則ち如来の本意に非ざるなり。

復《また》次に世尊、未来世の衆生は鈍根なるを以ての故に、二諦に迷ひて、俗に即して而も真なることを知らず。是の故に慇懃に事《じ》を指して言はく、*秘密主、云何《いかん》が如来の真言道。謂はく、此の書写の文字を*加持するに、*世間の文字語言は実義《じちぎ》なるを以てす。是の故に如来、即ち真言の実義を以て之を加持したまふ。若し法性を出でて、外《ほか》に別に世間の文字有りといふは、即ち是れ妄心の謬見なり。都《すべ》て実躰の求むべきこと無く、而も仏、神力を以て之を加持したまふ、是れ則ち顚倒《てんたう》に堕して真言には非ざるなり。已に所加持《しよかぢ》の処を知りぬ。如来、何《いか》なる法を以てか加持したまふや。故に仏、次に言はく、「*秘密主、如来は無量百千倶胝那庾多《くていなゆた》劫に、真実諦語と四聖諦と

幾感　仏が衆生の機に対応すること。幾、慶本・冠註は「機」に作る。

普門　ここは仏菩薩が神通力をもって無量の門を開き、種々の身を示現して衆生を化すること。二八九頁注参照。

真言の十喩　幻・陽焔・夢・影・乾闥婆城・響・水月・浮泡・虚空花・旋火輪。十縁生句という。因縁所生の諸法が無自性なることをあらわす。

心垢　煩悩。

秘密主云何が…　『大日経』巻二（正蔵一八・一〇上）。

加持するに　底本「加持シテ」と訓む。慶本による。

世間の文字語言は…　『大日経疏』巻七（正蔵三九・六五〇下）。

秘密主如来は無量…　『大日経』巻二（正蔵一八・一〇上）。

四念処と*四神足と*十如来力と六波羅蜜と*七菩提宝と*四梵住と*十八仏不共法とを積習し脩行するなり。秘密主、要を以て之を言はば、諸《もろもろ》の如来の一切智智と、一切如来の自福智力と、自願智力と、一切法界加持力とをもて、衆生に随順して、其の種類の如く真言教法を開示したまふ」といふは、謂はく、如来の無量阿僧祇劫に集むる所の功徳を以て、而も遍一切処の普門加持を作《な》したまふ。是の故に一一の言名成立の中に随ひて、皆《みナ》*因陀羅宗の如く、一切の義利成就せざること無し。故に又《また》此の一一の功徳は即ち真言の相に同じ。法性自爾にして造作の所成に非ずと。

*云何《いかん》が真言教法ぞや。謂はく𑖀𑖁𑖎𑖏𑖐𑖑𑖒乃至𑖫𑖬𑖭𑖮等の字を*本母とし、各各の字に*十二転生の字有り。此の各各の十二を本として、一合二合三合四合等の増加の字有り。都《すべ》て計《はか》れば一万に余れり。此の一一の字門に無量無辺の顕密の教義を具す。一一の声、一一の字、一一の実相は、法界に周遍して、一切諸尊の三摩地門と陀羅尼門とす。衆生の機根量に随ひて顕教密教を開示せば、密教とは、大毘盧遮那十万頌の経、及び金剛頂瑜伽十万頌の経是れなり。顕教とは、他受用応化仏釈迦如来所説の*五乗*五蔵等の経是れなり。

問ふ、「*華厳」「*般若」「*涅槃」等の経に、皆*四十二字を説けり。此の経四十九字と何《なに》か別なる。

四神足 四如意足とも。三十七道品(↓一三八頁補「三十七菩提」)の第三。欲・精進・心・思惟の四如意足。

十如来力 仏の十力。↓二八五頁「十智力」注

七菩提宝 七菩提分。七覚支とも。三十七道品の第六。択法・精進・喜・軽安・捨・定・念の七覚支。

四梵住 四無量心(慈・非・喜・捨)をいう。梵天所住の意という。

十八仏不共法 ↓一九二頁「力無畏不共…」注

因陀羅宗 因陀羅は帝釈天の異名。帝釈天が声明論を造り、能く一言に於て衆義を含むことを因陀羅宗という。

―― 4 **真言の字門** ――

云何が真言教法… 『大日経』巻二(正蔵一八・一〇上)。

本母 出生の義という。もと諸経の義を集めてこれを論議し、別趣の義理を出生する意。ここは根本の字母をいう。

十二転生の字有り 慶本「十二転ノ生字有リ」、冠註「十二転有テ字ヲ生ズ」と訓む。

五乗 人・天・声聞・縁覚・菩薩の五。

五蔵 経・律・論・慧・秘の五蔵(『六波羅蜜経』の分類)。

華厳 『大方広仏華厳経』(六十巻本)巻五十七、入法界品第三十四之十四(正蔵九・七六五下―七六六上)、同(八十巻本)巻七十六、入法界品第三十九之十七(正蔵一〇・四一八上中)。

答ふ、「華厳」「般若」の所説の字門は是れ末なり。「涅槃」の所説は是れ本母なりと雖《いへど》も、然も但し浅略の義を説きて之が深密の義を秘せり。

問ふ、悉曇の字母とは、世間の童子皆《みナ》悉く誦習す。此の真言教と何《なに》か別なる。

答ふ、今世間に誦習する所の*悉曇章とは、本は是れ如来の所説なり。*梵王等転転伝受して世間に流布せり。同じく用ふと云ふと雖も、然も未だ曾て字相字義真実の句を識らず。是の故に但し*世間の四種の言語を詮して如義の真言を得ず。義語を知らざるは皆《みな》是れ妄語なり。妄語は則ち*四種の口業を長じ、三途の苦因と為《な》る。若し真実の義を知らば、則ち一切の罪を滅して一切智を得。譬へば*薬毒の知ると知らざると、損益 立《タチドコロ》に験《シル》きが如し。

云何《いかん》が如実の義を知る。且《しばら》く*𑖀等の五転に各《おのおの》本不生と寂静と辺際不可得等との義有り。又阿字に諸法性の義と、因の義と、果の義と、不二の義と、法身の義とあり。即ち是れ大日如来の種子真言なり。此の五転は則ち五仏の種子真言なり。求上門に約すれば則ち因行證入の方便なり。此の一字に一百廿義、及び無数義理を具す。具さには「*守護国経」に説くが如し。此の字義を解するを名《なづ》けて法自在王菩薩、及び大毗盧遮那仏と曰ふ。

自余の一一の字義も亦復《また》是くの如し。諸仏菩薩、無量の*身雲を起し、無数劫を歴《へ》て、一一の字門の義を説かんに、劫は猶《なほ》し尽きぬべし、真言の実義は窮尽すべからず。即ち是れ実の如く字義を知るなり。

般若　『摩訶般若波羅蜜経』巻五、広乗品第十九(正蔵八・二五六上中)。

涅槃　『大般涅槃経』巻八、文字品第十三(正蔵一二・六五三下―六五五中)。

四十二字　悉曇の字数は経論によって種々の説がある。

悉曇章　梵字の元始及びその生字を列次し、児童最初の科本としたもの。

梵王等転転伝受　インドでは悉曇は梵王の所制といい、梵王・竜宮・釈迦・大日の四相承を説く。

世間の四種の言語　『釈摩訶衍論』にいう五種の言説(相・夢・妄執・無始・如義)の中、前四者をいう。第五の如義が真言。

四種の口業　妄語・綺語・悪口・両舌。

薬毒　慶本・冠註「毒薬」に作る。

𑖀等の五転　五転は発心・修行・菩提・涅槃・方便究竟の五位。この五位は次第に転生するゆえ五転と名づけ、これを𑖀等の五字に配して阿字の五転という。空海船載経の『瑜伽金剛頂経釈字母品』(正蔵一八・三三八中)参照。

守護国経　『守護国界主陀羅尼経』巻二、陀羅尼品第二之二(正蔵一九・五三二中―五三三中)。

身雲　種々の身を現じて衆生を覆うことを雲にたとえる。或いは仏身の辺際なきこと、諸尊の数多き義にも用いられる。

問ふ、毗盧遮那の所説を秘密と名《なづ》け、釈迦の所説を顕教と名くといふは、釈迦の説の中に亦《また》真言及び*秘蔵の名有り。此れと何《なに》か別なる。

答ふ、釈迦所説の真言は、*多名句を簡《えら》んで秘の名を得たり。彼の真言の義も亦《また》機根量に逗《かな》へり。「法華」「涅槃」「律蔵」等にも亦《また》秘の名《ナ》有り。各《おのおのノ》所望に随ひて斯の名を得《ウ》らくのみ。「律蔵」は世間の外道に望めて秘の号を得、「法花」は二乗を引摂するに約して斯《こ》の名有り。「涅槃」は仏性を示すに拠りて之を得。世間の外道の経書の中に亦斯《こ》の名有り。各各の所愛所珍《しょアイしょチン》に随ひて之を名《なづ》く。並びに是れ小秘にして究竟の説に非ず。「*大日経」に、「勝上大乗の句、心続生の相は諸仏の大秘密なり」と説く。秘密に約するに大小有り、真言に亦《また》大小有り。故に「*菩提場経」に云はく、「我をば真言と名け、亦《また》大真言と名く」といへり。初めに真言とは応化*身の所説の真言なり。次に大真言とは究竟法身所説の真言なり。

問ふ、真言と大真言と何《なに》か別なる。

答ふ、譬へば大乗と小乗との如し。若し浅略門に就て説かば浅深不同なり。云何《いかん》が不同なる。且《しばら》く初めの阿字に就て釈せば、*世天乃至如来所説の真言に皆《みな》阿字有り、*是れ阿字本不生の義なり。此の不生に於て無量の不生有り。世間*呪術の真言は、寒熱等の病を除くに約して不生と説く。*護世四王の真言は、疫癘《ヤクレイ》等の不起に約

―― 5　真言秘密の名義 ――

秘蔵　冠註「秘密」に作る。

多名句を簡んで…　長行偈頌(頭)にたいして真言陀羅尼を秘と名づけることをいう。

大日経　巻一(正蔵一八・三上)。

菩提場経　『菩提場所説一字頂輪王経』五巻。不空訳。空海請来の新訳経の一(『請来目録』)。引文は、巻三、末法成就品第七(正蔵一九・二〇七下)。

身　左注「イ無」。

―― 6　真言と大真言 ――

世天　世間天(世間の国王)、或いは生天(六趣中の天趣)の謂か。

是れ阿字　底本になし。慶本・冠註により補う。

呪術　神呪(陀羅尼)の妙術。陀羅尼を誦して不可思議な力を示すこと。

護世四王　須弥山の中腹にいて、おのおのその一天下を護るという四天王。

して不生と説く。帝釈の真言は、十不善の災横の不起に約して義を明す。梵王の真言は、*欲覚の不起に約して不生と説く。大自在の真言、声聞の真言は、*尽無生智に約して不生と説く。縁覚の真言は、*十二因縁の不起に約して不生と説く。諸菩薩の真言は、各各の通達する所《ところ》に約して不生と説く。他縁乗は、生法の二空と、*二障の不生とに約して義を明す。覚心不生乗は、諸の戯論《けろん》の不生に約して義を説く。一道無為乗は、無明の不動に約して不生を明す。*極無自性乗は、、に約して、、。

秘密曼荼羅十住心論巻第十

欲覚　三悪覚（欲・瞋・害）の一。貪欲の知覚。
尽無生智　尽智と無生智。
十二因縁　↓一六三頁
二障　煩悩障と所知障。
極無自性乗は…　以下欠。『大日経疏』の釈に準じて、或いは「浄菩提心ニ約シテ不生ヲ明ス。秘密荘厳乗ハ大悲胎蔵曼荼羅ノ究竟不生ニ約シテ義ヲ明ス」等の句が補われるところであろうといわれる。↓補

原文

秘密漫荼羅十住心論巻第一

帰命婀尾羅吽欠　最極大秘法界体
舸遮吒多波壄恵　呷汙哩嚧醫等持
制体幢光水生貝　五鈷刀蓮軍持等
日旗華観天鼓渤　薩宝法業内外供
埋鋳剋業及威儀　能所無导六丈夫
如是自他四法身　法然輪円我三密
天珠渉入遍虚空　重重無导過刹塵
奉天恩詔述秘義　警覚群眠迷自心
平等顕證本四曼　入我我入荘厳徳

夫。帰宅必資乗道。愈病会処薬方。病源巨多方薬非一。己宅遠近道乗千差。四百之病由四虵而苦体。八万之患因三毒而害心。身病雖多其要唯六。四大鬼業是也。心病雖衆其本唯一。所謂無明是也。身病対治有八。而心病能治有五也。湯散丸酒針灸呪禁者身之能治也。四大之乖服薬而除。鬼業之祟呪悔能銷。薬力不能却業鬼。呪功通治一切病。世医所療唯身病也。其方則大素本草等文是也。治心病術大聖能説。其経則五蔵之法是也。所謂五蔵者。脩多羅毗奈耶阿毗達摩般若摠持等蔵也。如是五蔵譬如牛五味。乳酪生熟両蘇醍醐如次配之。四蔵之薬但治軽病。不能消重罪。所謂重罪者。四重八重五逆謗方等一闡提是也。如醍醐通治一切病。摠持妙薬能消一切重罪。速抜無明株杌。

衆生住宅略有十処。一地獄。二餓鬼。三傍生。四人宮。五天宮。六声聞宮。七縁覚宮。八菩薩宮。九一道無為宮。十秘密曼荼羅金剛界宮。

衆生狂迷不知本宅。沈淪三趣跉跰四生。不知苦源無心還本。聖父愍其如是示其帰路。帰路有俓紆。所乗有遅疾。牛羊等車逐紆曲而徐進。必経三大無数劫。神通宝輅淩虚空而速飛。一生之間必到所詣。

人天二宮雖不免焼燬。比之三趣楽而不苦。故慈父且与人天乗済彼極苦。二乗住処雖是小城。比彼生死已出火宅。故大覚仮説羊鹿車蹔息化城。菩薩権仏二宮。亦雖云未到究極金剛界。比前諸住処亦是大自在安楽無為。故如来与大小二牛示其帰舎。如上二宮。但芟薙宅中之荒穢。猶未開地中之宝蔵。空嘗大海之醎味。孰獲竜宮之摩尼。従浅至深従近迄遠。雖云転妙転楽。由是蜃楼幻化之行宮。未入三秘密五相成身四種曼荼究竟真実金剛心殿。

従彼人天迄顕一乗。並是応化仏対治心病之薬。他受尊運載狂子之乗。名宗則七宗並鑣而馳和漢。言車則三四雙轍而遊東西。各美己戟忘己楯。並発他疵蔽他善。是非紛紜勝負不定。吠声之徒朋党相扇。雷缶之響周比痏槍。是則非設方之本懐。還乖医王之雅意。譬如悪写而求補愛薬而悪毒。誰知。体病悉薬乖方並毒。嗚呼嗚呼痛哉痛哉。縦使耆婆更生神農再出。豈弃此取彼悪毒愛薬哉。鉤挽野葛応病妙薬。何況朮黄金丹誰無除病延筭之績。苦哉末学。逃大虚於小室。偸鳴鍾乎掩耳。悪水愛火捨心愛色。

若能明察密号名字。深開荘厳秘蔵。則地獄天堂。仏性闡提。煩悩菩提。生死涅槃。辺邪中正。空有偏円。二乗一乗。皆是自心仏之名字。焉捨焉取。雖然知秘号者猶如麟角。迷自心者既似牛毛。是故大慈説此無量乗。令入一切智。若竪論則乗乗差別浅深。横観則智智平等一味。悪平等者。未得為得不同為同。善差別者。分満不二即離不謬。迷之者以薬夭命。達之者因薬得仙。迷悟在己無執而到。有疾菩薩迷方狂子。不可不慎。

至如秘密曼荼金剛心殿。是則最極究竟心王如来大毘盧遮那自性法身住処。若有衆生生輪王種性。有大度勇鋭不楽前諸住宮。則許大日所乗一体速疾神通宝輅。具授灌頂職位。令受用刹塵無尽荘厳宝蔵。浅深優劣具列如後。

大毘盧遮那経。秘密主問仏言。世尊。云何如来応供正遍知得一切智智。彼得一切智智。為無量衆生広演分布。乃至如是智恵。以何為因。云何為根。云何究竟。大日尊答。菩提心為因。大悲為根。方便為究竟。秘密主。云何菩提。謂如実知自心。

又問発趣菩提之時心所住処相続次第幾種。仏具答之。故経初品名曰住心。今依此経顕真言行者住心次第。顕密二教差別亦在此中。住心雖無量。且挙十綱摂之衆毛。

一異生羝羊住心　二愚童持斉住心
三嬰童無畏住心　四唯蘊無我住心
五抜業因種住心　六他縁大乗住心
七覚心不生住心　八一道無為住心
九極無自性住心　十秘密荘厳住心

異生羝羊住心第一

異生羝羊心者。此則凡夫不知善悪之迷心。愚者不信因果之妄執。我我所執常懐胸臆。虚妄分別鎮薀心意。逐陽燄而渇愛。払華燭而焼身。既同羝羊之思草婬。還似孩童之愛水月。不曾観我自性。何能知法実諦。違教違理。従此而生。従冥入冥。相続不断。比循廻於車輪。均无端於環玉。昏夜長遠金雞何響。雲霧靉靆日月誰褰。来途無始帰舎幾日。不覚火宅之八苦。寧信罪報之三途。遂乃嗜滋味乎水陸。耽華色乎乾坤。放鷹催犬断塡腹之禽命。走馬彎弓殺快舌之獣身。涸沢竭鱗族。傾藪斃羽毛。合囲以為楽。多獲以為功。

不顧解網之仁。豈行泣辜之悲。荒婬無度昼夜楽只。或抄掠他財物奸犯人妻妾。四種口過三種心非。誹謗人法播植闡提。无時不作無日不行。不忠不孝無義無慈。五常不能羅網。三乗不得牢籠。祖習邪師依憑邪教。不曾求出要一向営眼前。如是衆生名曰愚童羝羊。故大日世尊告秘密主言。秘密主。無始生死愚童凡夫。執著我名我有。分別無量我分。若彼不観我之自性。我我所生。又云。秘密主。愚童凡夫類。猶如羝羊。

注。善無畏三蔵釈云。従此已下十種住心。仏答心相続之義也。欲明浄心最初生起之由故。先説愚童凡夫違理之心。無始生死者。智度論云。世間若衆生若法皆無有始。経中仏言。無明覆愛所繫。往来生死始不可得。乃至菩薩観無始亦空。而不堕有始見中。愚童者。具云愚童薩埵。謂六道凡夫。不知実諦因果。心行邪道修習苦因。恋著三界堅執不捨。故以為名。凡夫者。正訳応云異生。謂由無明故。随業受報不得自在。堕於種種趣中。色心像類各各差別。故曰異生也。其所計我。但有語言而無実事。故云執著我名。言我有者即是我所。如是我我所執。如十六知見等随事差別無量不同。故名為分。次釈虚妄分別所由。故云若彼不観我之自性則我我所生。若彼観察諸蘊皆悉従衆縁生。是中何者是我。我住何所。為即蘊異蘊相在耶。若能如是諦求当得正眼。然彼不自観察。但展転相承。自久遠已来祖習此見。謂我在身中能有所作。及長養成就諸根。唯此是究竟道余皆妄語。以是故名為愚童也。羝羊是畜生中性最下劣。但念水草及婬欲事余無所知。故天竺語法。以喩不知善悪因果愚童凡夫類。

此是羝羊。凡夫所動身口意業皆是悪業。身悪業有三。謂殺盗婬。口悪業有四。謂妄語麁悪離間無義是也。意悪業有三。謂貪瞋癡是也。如是十種悪業。一一皆招三悪道果。且就初殺生業説之。由貪衆生皮宍角等故断有情命。令彼受苦痛故感地獄苦。由味著其血肉故感餓鬼果。一切衆生皆是我四恩。由無明愚癡故。愛彼血肉断其命根。坐此愚癡罪故感畜生果。若生人中時亦感二種果。断他命根故短命。生他苦痛故多病。如殺生業招三悪趣果者。余業果報亦復如是。具如花厳経説。十悪為本有無量悪業。乗此悪業感無量悪報。悪果雖無量不出三趣。所謂地獄餓鬼傍生也。人及阿脩羅二趣。非是純悪雑業所感。

如是五趣皆依器界而住。此器界有五輪山海等差別。依正二報具説如後。

初明五輪山海。次顕四大洲等。後挙五趣。

所依器界捴頌。

器界従何起　風輪初遍空
水金相続出　地火在其中
八海深八万　九山竦穹隆

四洲与八嶋　　人鬼畜地宮

五輪頌。

大虚無辺際　　風量等三千
水輪厚八億　　金地広同前
火大在何処　　遍満四輪辺
五輪因何出　　衆生業使然

注曰。依起世経倶舎瑜伽等論。空輪者。最下虚空。不可言其辺際限量。而風輪等依止而住。風輪者。依止虚空有風輪生。量広無数。厚十六億踰繕那。梵云踰繕那此十六里。云由旬由延皆訛略也。其体堅密依虚空。水輪者。大雲澍雨滴如車軸。厚八億踰繕那。徑十二億三千四百五十踰繕那。周囲三倍。依風輪住。金輪者。有情業力感別風。起搏撃此水上結成金。厚三億二万踰繕那。広等水輪。周囲三倍。依水輪住。

九山八海頌曰。

妙高十六万　　雙軸繞其辺
宝樹将善見　　金色入青天
馬耳与象鼻　　魚山在鉄前
六海広八万　　第七一千余
鹹水剰三億　　内七出扶渠

注。九山八海者。於金輪上有九大山。山間八海。妙高山王処中而住。余八周匝繞妙高山。於八山中前七名内。第七山外有大洲等。此外復有鉄輪囲山囲一世界。妙高山王入水出水。並各八万踰繕那量。四宝合成。如次四面北東南西。金銀吠琉璃頗胝迦宝。随宝威徳色顕於空。故贍部洲空似吠琉璃色。如是山海従何而生。是諸有情業増上力。復大雲起雨金輪上滴如車軸。積水奔濤即為山等。〈起世経云。此山及七金山上。皆有宝樹荘厳。〉

第一山者。梵云犍駄羅山。此云持雙。山頂有雙跡故。等名七金山者皆純金所成。入水量等。並皆八万踰繕那。多諸宝樹。此山出水及山頂厚量。皆四万踰繕那。〈自下山体及入水量准知。〉持雙山内海深広。並皆八万踰繕那。八功徳水盈満其中。有拘勿頭華。鉢頭摩花。優鉢羅花。芬陁利花。遍覆水上。〈八功徳水者。一甘二冷三耎四軽五清浄六不臭七飲時不損喉八飲已不傷腹。自下七大海深量同前。六海中八功徳水四色蓮華准知。〉第二山者。梵云伊沙駄羅山。此云持軸。峯如車軸。出水二万踰繕那。厚量亦然。持軸山内海広四万踰繕那。八功徳水四色蓮花如前。第三山者。梵云竭地洛迦山。此宝樹名。似此方檐木。山上多此宝樹。従樹為名。出水一万踰繕那。厚量亦然。此山内海広二万踰繕那。八功徳水四色蓮花如前。第四山者。梵云蘇達梨舎那。此云善見。見者称善故。出水五千踰繕那。厚量亦然。善見山内海広一万踰繕那。八功徳水四色蓮花如前。第五山者。梵云頞湿縛羯拏。此云馬耳。山形似馬耳故。出水二千五百踰繕那。

厚量亦然。馬耳山内海広五千踰繕那。八功徳水四色蓮花如前。第六山者。梵云毗那怛迦山。此云象鼻。山形似象鼻故。出水一千二百五十踰繕那。厚量亦然。象鼻山内海広二千五百踰繕那。八功徳水四色蓮花如前。第七山者。梵云尼民達羅山。此是魚名。山形似魚觜故也。出水六百二十五踰繕那。厚量亦然。此山内海広一千二百五十踰繕那。八功徳水四色蓮華如前。第八山者。梵云斫迦羅山。此云鉄囲。純鉄所成。入水如上。出水三百一十二半踰繕那。厚量亦然。鉄囲内海広三億二万二千踰繕那。其水鹹苦。於中大洲有四。中洲有八。小洲无数。人傍生餓鬼捺落迦等雑居其中。随其業力所住各異。

四洲形数等頌。

瞻勝高洲量二千　牛貨一洲余五百
車箱半月地形勢　叓方円満西北国
一二五千寿与年　六一二五丈尺量
三品五戒及無我　因縁相感現其像

注。瞻部洲者従樹為名。旧云閻浮提訛也。起世経云。閻浮樹下有閻浮那檀金聚。高二十由旬。南瞻部洲北広南狭。三辺量等各二千踰繕那。南辺唯広三踰繕那半。人面亦然。智論云。持下品五戒則生其中。身長三肘半。凡肘量長一尺八寸即六尺三寸。或長四肘即七尺二寸。自下肘量並准此。寿命百歳。唯此洲中有金剛座。上窮地際下踞金輪。一切菩薩皆登成覚。釈迦牟尼仏。示生迦毗羅衛国説三乗法。示滅拘尸那国雙樹涅槃。記法住云。正法千年像法一千五百年末法一万年。中印土北有九黒山。北有雪山。雪山之北有香酔山。雪北香南有無熱悩池。縦広五十踰繕那。池東銀牛口出殑伽河。池南金象口出信度河。池西琉璃馬口出縛蒭河。池北頗胝師子口出徒多河。流入四海。其香山中无量緊那羅住。復有二窟乾闥婆王住。於此窟北有娑羅樹王。名為善住。有八千樹周迊囲繞。中有象王亦名善住。与八千象而為眷属。瑜伽論云。与五百牝象而為眷属。毎月十五日往帝釈前侍衛行立。若閻浮提有輪王出。最少一象而為象宝。皆由余福有是威神。二中洲者。正理論云。瞻部洲辺二中洲者。一名遮末羅。此云猫牛。多羅刹娑居。二名筏羅遮末羅。此云勝猫牛。亦有人住身形卑陋。仁王経云。南閻浮提大国十六。中国五百。小国十千。〈然四大洲同一日月。昼夜増減並有短長。准起世経。四時有異。南洲増勝。東西少別。北洲无異。不寒不熱節候調和也。〉

東毗提河洲者。此云勝身。旧云弗婆提訛也。起世経云。東弗婆提有一大樹。名迦曇婆。其本縦広有七由旬。入地二十一由旬高百由旬。枝葉垂覆五十由旬。倶舎論云。三辺各有二千踰繕那。東辺三百五十踰繕那。地形如半月人面亦然。持中品五戒則生其中。身長八肘。計一丈四尺四寸。寿命二百五十歳。釈迦如来諸聖弟子。至彼洲中説法化利。有脩行者亦得果證。二中洲者。一名提訶此云勝。

二名毗提訶此云勝身。皆有人住身形卑陋。
西瞿陁尼洲者。起世経云。此云牛施。有一大樹名鎮頭迦。其本縦広有七由旬。入地二十一由旬高百由旬。枝葉垂覆五十由旬。下有石牛高一由旬。故立名也。倶舎云。西牛貨洲周円無欠。人面亦然。径二千五百踰繕那。周囲三倍。持上品五戒則生其中。身長十六肘。計二丈八尺八寸。寿命五百歳。釈迦如来諸聖弟子。至彼洲中説法化利。有脩行者亦得果證。二中洲者。一云舎搋此云諂。二云嗢怛羅縵怛里拏此云上儀。皆有人住身形卑陋。
北倶盧洲者。起世経云。欝怛羅究溜此云高上。地形畟方。四面各有二千踰繕那。人面亦方。持上品五戒十善。修无我観則生其中。身長三十二肘。計長五丈七尺六寸。定寿千歳。起世経云。有香樹衣樹。取香取衣枝自垂下。衣食共用人无親疎。男女愛染共至樹下。若是所親樹枝如本。若非親者樹為低枝。即為彼人出百千敷具。随意所為歓娯受楽。大小便利地自開合。彼若命終必生欲天。轝屍道中无悲哭者。鳥名高逝。従山飛来。銜死人髪遠置洲渚。於余三洲最上高勝名欝単越。二中洲者。一矩拉婆此云勝辺。二憍拉婆此云有勝辺。皆有人住身形卑陋。
如上洲等皆是人及鬼畜等所住処。如是一須弥一日月一四洲等為一数至一千。是為小千世界。又以小千為一数至千。是為中千。又以中千為一数至千。是為三千大千世界。是則盧舎那所居千葉蓮華一葉也。一葉中有百億須弥百億日月百億四天下。如是千葉中。各各有三千大千世界。是千箇三千大千世界中四洲等。皆是人趣等住処。如是十方有無量世界海。恐繁不述。具説如別。此大洲中。増劫時出四種輪王。減劫時仏出現。
次明五趣。
五趣者通於三界。順正理云。那落迦等下四趣全。及天一分謂六欲天。器及有情惣名欲界。如是欲界惣有廿処。地獄洲異分為二十。八大地獄名地獄異。及四大洲。如是十二幷六欲天傍生餓鬼処成二十。若有情界。従自在天至无間獄。若器世界。乃至風輪是欲界摂。於三界中説有五趣。唯於欲界有四趣全。三界各有天趣一分。云何為五体名是何。謂前所説地獄傍生鬼及人天是為五趣。善染无記有情无情及中有等皆是界性。趣体唯摂无覆无記。唯是有情而非中有。辨五名者。那落名人迦名為悪。人多造悪顛墜其中。由是故名那落迦趣。言傍生者旧云畜生。彼趣多分身横住故。又類多故。多愚癡故。名曰傍生。言餓鬼者。謂余生中憙盜他物習慳貪等。又多怯劣。其形痩悴身心軽躁。故名餓鬼。人者。多思慮故。天者。光明威徳皆熾盛故。下上界趣染善趣因。染中差別由十悪業。故正法念云。上者地獄。中者餓鬼。下者畜生。依此等文建立次第。
一明地獄趣。
寒熱二八大地獄頌。

地獄在何処　執観自心中
二八大人悪　炎寒無信通
烹爛似魚鳥　炮炙何年窮
刀剣如雨滴　割臠幾許終
人間三業過　冥路多苦聚
莫放身口業　動招寒熱躬

注。地獄者。順正理論云。此瞻部洲下。過二万踰繕那有阿鼻旨。深広同前。謂各二万故。彼底去此四万踰繕那。余七地獄在無間上。其七者何。一極熱。二炎熱。三大叫。四号叫。五衆合。六黒縄。七等活。八捺落迦増各十六。謂四門外各有四増。以非皆異名。但標其定数。寒捺落迦亦有八種。一頞部陁。二尼剌部陁。三頞哳吒。四臛臛婆。五虎虎婆。六嗢鉢羅。七鉢特摩。八摩訶鉢特摩。此中有情厳寒所逼。随身声瘡変立差別相名。謂二三三如其次第。此寒地獄。在繞四洲輪囲山外極冥闇所。多由謗賢聖招如是苦果。有説。皆此在熱地獄傍。余孤地獄或多二一各別業招。或近江河山間曠野。或在地下空中余処。無間大熱及炎熱三。於中皆無獄卒防守。大叫号叫及衆合三少有獄卒。琰魔王使。時時往来巡撿彼故。其余皆為獄卒防守。有情無情異類獄卒防守。治罪罰有情故。一切地獄身形皆竪。初同聖語後漸乖訛。正法念経。十六別処各有異名。若造軽業即生別処。具造重業生根本中。此但略明八大地獄。

八熱地獄因果嗢陁南。

等活殺善人　黒縄加盗業
衆合身三業　号殺盗見酒
大叫五種業　炎熱由六種
極熱由七悪　無間五逆罪
寿命与身量　具説如経論

注。等活者。正法念経云。若殺善人若受戒人若善行人。楽行多作普遍究竟。断命根已心不生悔。堕等活地獄。以四王天五百年為彼一昼夜。乗此昼夜為月為年寿五百歳。〈取此昼夜。三十昼夜為月。十二月為年。寿五百歳。自下余獄並是正法念経。所乗昼夜准此。〉黒縄者。若人殺生偸盗善人財物。若受戒人若行善人。楽行多作。盗離本処心不生悔。堕黒縄地獄。以三十三天寿一千年為彼一昼夜。乗此昼夜為月為年寿一千歳。衆合者。若人殺生偸盗邪行。楽行多作普遍究竟。若人邪行尊者之妻。堕衆合地獄。以夜摩天二千年為彼一昼夜。乗此昼夜為月為年寿二千歳。号叫者。若人殺盗邪見飲酒。楽行多作。若以酒与衆僧若持戒人若禅定者。心則濁乱。堕号叫地獄。以覩史多天四十年為彼一昼夜。乗此昼夜為月為年寿四千歳。大叫者。若殺盗邪行飲酒妄語。楽行多作。若王王等謂為正直。二人諍対口不正説。失財断命。堕大叫地獄。以化楽天八千年為彼一昼夜。乗此昼夜為月為年寿八千歳。炎熱者。若人堅重殺盗邪行飲酒妄語。

復有邪見。楽行多作。向他人説无施無捨善悪果報。堕炎熱地獄。以他化天寿万六千年為彼一昼夜。乗此昼夜為月為年寿命一万六千歳。極熱者。若有殺盗邪行飲酒妄語邪見。復於持戒浄行童子。善比丘尼未曾犯戒。令其退壊言無罪福。堕大熱地獄。寿命半中劫。无間者。若人重心。殺母殺父出仏身血。破和合僧殺阿羅漢。堕阿鼻地獄。若造一逆乃至五逆。長百由旬乃至五百由旬。受苦一倍乃至五倍。寿一中劫。

二明餓鬼趣。

餓鬼趣頌。

慳心不散財　定感餓身来
涕唾無自在　臨河炎火開
前年可摘色　骨立面如灰
今日寒枯樹　葉飛見者哀
親親絶知問　独泣長夜台
分少割甘者　居然脱此災

注。諸鬼住処者。起世経云。当閻浮洲南鉄囲山外。有閻魔王宮殿住処。縦広正等六千由旬。七宝所成。園苑行樹花果美妙衆鳥和鳴。不善果故。昼夜六時有赤融銅。諸宮殿等尽変為鉄鉗。張王口写銅。口中次第燋然従下而出。部領諸鬼治罪人等。正理論云。諸鬼本住琰魔王国。従此展転散趣余方。此贍部洲南辺。直下深過五百由旬那量。有琰魔〈此云静息〉王都。縦広量亦尓。鬼有三種。謂無少多財。三各分三。故成九類。大勢鬼者。謂諸薬叉及羅刹娑恭畔荼等。所受富楽与諸天同。或依樹林或住霊廟。或居山谷或処空宮。諸鬼多分形竪而行。於劫初時皆同聖語。後随処別種種乖訛。鬼以人間一月為一日。乗此月歳寿五百年。正法念経云。餓鬼世界住閻浮提下五百由旬。長三万六千由旬。有三十六種。一切餓鬼皆為堅嫉因縁所生。以種種心造種種業。為飢渇火焚焼其身。人中十年為一昼夜寿五百歳。此下不同略明八類。〈然前二経瑜伽正理有多差別。此下唯依正法念経。〉

餓鬼嘔陁南曰。

三十六種餓鬼等　皆由慳嫉因業生
人間一月為一日　乗此月歳五百年
針口慳嫉雇殺人　食吐夫婦惑妬食
糞鬼慳惜施穢食　無食枉人囚断食
水鬼灰酒不行施　熾然奪財奉王臣
欲色婬法不浄施　魔身邪法謂真諦

注。針口鬼者。若人慳嫉。以財雇人令行殺戮。若夫令妻施沙門等。其婦慳惜実有言无。堕針口餓鬼中。寿命如前。食吐鬼者。若有婦人。誑惑其夫自噉美食。或有丈夫妻无異心。便起妬意独食美味。堕食吐餓鬼中。寿命如前。食糞鬼者。若人慳惜。以不浄食施沙門等。彼不知已而便食之。堕食糞餓鬼中。寿命如前。無食鬼者。若人慳嫉。自恃強力枉誣良善。繋之囹圄禁人糧食。令其致死不生悔恨。堕無食餓鬼中。寿命如前。食水鬼者。若人沽酒。加水灰汁以惑愚人。不行布施不脩福徳。不持禁戒作已不悔。堕食水餓鬼中。寿命如前。熾然鬼者。若人貪嫉。枉奪人財破人城墎。殺害人民抄掠得財。奉王大臣転増凶暴。堕熾然餓鬼中。寿命如前。欲色鬼者。若男若女行婬女法。因此得財施非福田。不浄心施。堕欲色餓鬼中。世人説云如意夜叉。寿命如前。魔身鬼者。若行邪道説邪見法。謂是真諦不信正法。堕魔羅身餓鬼中。若諸比丘行時食時。為作妨导悪声悪夢。寿命如前。

三明畜生趣。

傍生趣頌。

畜生何処出　本是愚癡人
不辨黒与白　任情亦任身
無信賢聖誡　寧知後世辛
悠悠彼狂子　此是傍生因
強弱互為食　枉寃向誰陳
式微彼已者　莫放羝羊神

注。順正理論云。傍生所止謂水陸空。生類顕形无辺差別。其身行相少竪多傍。如水羅刹娑及緊捺落等。雖傍生摂而形竪行。本住海中後流五趣。初同聖語後漸乖訛。正法念経云。観諸畜生。種類差別有三十四億。随心自在生於五道。於五道中畜生種類其数最多。種種相皃種種色類行食不同。群飛各異。憎愛違順伴行雙隻同生共遊。然正法念及起世経正理瑜伽有多建立。憎愛恐怖四生四食行水陸空。因果寔繁難為備挙。又難陁等雖是傍生。然其威徳勝諸天衆。阿素洛者与諸天衆。違諍交通多諂曲故。或天鬼畜三趣中収。然正法念。修羅有二鬼及畜生。准論及経此分三種。雑類傍生竜修羅等。於初雑類。依正法念経略明七類。

傍生嗢陁南。

傍生一趣類極多　水陸空生形無辺
怨対邪法邪論義　蚖蚰烏鵄互殺害
相随愛心施結契　必生鴛鴦鵠鳥等
怖畏強賊破聚落　後生麞鹿多怖中
化生養蚕及殺虫　外道火祀生化生
湿殺諸水虫亀等　邪見殺虫祭天等
三毒未断得世通　起嗔破国生卵生
染心和合牛馬等　邪見非礼生胎畜
如是等類寿無定　多分傍行故名之

注。怨対者。若人邪見習学邪法。互相諍論。後生怨対畜生中。還相殺害。所謂蚖蚰黄鼬馬。及水牛烏角鵄等。此類極多。寿量無定。

相隨者。若人為生死故行布施時。尋共発願。於当来世常為夫妻。後生命命鴛鴦鴿鳥多楽愛欲。此類極多。寿量无定。怖畏者。若人喜作強賊。撃鼓吹貝破壊聚落。作大音声。如諸恐怖。生麞鹿中心常恐怖。此類極多。寿量無定。化生者。若人養蚕殺蠒蒸煮水漬。生无量火髻虫。有諸外道。取以火焼祀天求福。生化生畜生中。種種異類。此等極多。寿量無定。湿生者。若人邪見。殺害亀鱉魚蟹蜯蛤池中細虫酢中細虫。或邪見事天殺虫祭祀。生湿生畜生中。此類極多。寿量無定。卵生因者。若人未断貪欲瞋癡。修学禅定得世俗通。有因縁故起瞋恚心破壊国土。生卵生飛鳥鵰鷲等中。此類極多。寿量無定。胎生者。若有衆生以愛欲心。和合牛馬令其交会。或令他人邪見非礼。生胎生畜生中。此類極多。寿量不定。

次明竜趣。亦是傍生趣摂。

瞋火感竜趣　厳顔不可遇
熱沙身上雨　唼虫鱗下聚
皮膚幾銷脱　毒気数為霧
脩羅挽索来　金鳥搏翅附
閻浮行不善　非法作禍屢
人道若無悪　善竜泉下注
割身猶可忍　何況罵声句
可畏一瞋報　長時不免懼

注。起世経云。竜及金翅鳥各有四生。謂卵胎湿化。大海水下有娑伽羅竜王宮。縦広八万由旬七宝所成。園苑泉池衆鳥和鳴。佉低羅山〈此云持雙〉内海。有難陀憂波難陀二大竜宮。大海之北。為諸竜王及金翅鳥生一大樹。名曰居吒奢摩離。〈此云鹿聚。〉其樹根本周七由旬。入地二十一由旬。高百由旬。遍覆五十由旬。其樹東面有卵生竜及卵生金翅鳥宮。南面有胎生竜及胎生金翅鳥宮。西面有湿生竜及湿生金翅鳥宮。北面有化生竜及化生金翅鳥宮。此等諸宮。並皆縦広六百由旬衆宝荘厳。正法念経云。若多瞋癡生大海中深万由旬竜所住城。名曰戯楽。縦広正等三千由旬。竜王満中。一者法行。二者非法行。一護世界二壊世間。法行竜王住処宮殿不雨熱沙。謂於前世受外道戒。行於布施而不清浄。以瞋恚心願生竜中。憶念福徳随順法行無熱沙苦。然其頂上有竜虵頭。其名曰七頭竜王。象面竜王。和修吉竜王。徳叉迦竜王。跋難陀竜王等。以善心故依時行雨。令諸世間五穀成就豊楽安隠。不降災雹信仏法僧。於四天下降澍甘雨。非法竜王所住之処。常雨熱沙焚焼宮殿及其眷属。磨滅復生。其名曰悩乱竜王。奮迅竜王。黒色竜王。多声竜王。若諸衆生不行善法。不孝父母不敬沙門。如是悪竜増長勢力。於四天下起悪雲雨。五穀不成能壊世間。若閻浮提人随順法行。五十七億竜注於衆流。此依彼経略明二類。非法行竜王者。若人以瞋恚心。焚焼僧房聚落城邑。生大海中。受毒竜身迭共瞋悩。吐毒相害。命極長者寿一中劫。法行竜王者。若人受外道戒。行不浄施。持以揣食与悪戒者及諸賊人故。生竜中。憶往福徳随順法行。命極長者寿一中劫。

四明阿脩羅。

阿修羅頌。

諂曲矯心作布施　命終必至修羅道
心貪甘露寇天帝　天帝誦経入蓮早
日輪射眼放四光　見月時遊憂陁嶋
不忍四王如雨剣　昇天還墜幾憂悩
其身龐大踞山坐　心性不直愛顛倒
寿命八千不願出　冥冥長夜徒生老

注。起世経云。須弥山東過千由旬。大海之下有鞞摩質多羅阿脩羅王国土。縦広正等八万由旬。有一大樹。名蘇質怛羅波吒羅。其本周囲満七由旬。入地二十一由旬。高百由旬。枝葉蔭覆五十由旬。其宮皆是七宝合成。園苑行樹衆鳥和鳴。其次復有一切諸小修羅等宮。正法念云。天之怨敵名阿修羅。略有二種。一鬼道所摂。二畜生所摂。鬼道摂者。魔身餓鬼有神通力。畜生摂者。住大海中羅睺阿修羅王。於欲界中化身大小随意能作。時阿修羅思観天女。雑色珠玉以為甲冑。光明晃昱身如須弥。珠宝光明青黄赤黒。心大憍慢謂与天等。若閻浮提不行正法。不孝父母不敬沙門。不依法行諸天勢力悉為減小。若閻浮提修行正法。孝養父母。恭敬沙門。一切諸天勢力増長。時四天王即当修羅所住。空中雨諸刀剣。若天不出修羅欲昇。日出千光暎障其目不見天宮。即挙右手以障日輪。手出四光。青黄赤黒。閻浮提中邪見論師。不識業果妄言豊倹。又阿修羅。行於海上見月。常遊憂陁延山。欲往昇天以手障月出四種光。諸呪術師妄言豊倹。或復脩羅奮威縦怒。震吼如雷。諸国相師言天獣下。妄言豊倹五穀貴賤。或言王者災変吉凶。或言兵起潔斎求福。当知。皆是閻浮提中行善不善。能感於斯。依正法念略明四地。第一地者。若婆羅門第一聡恵。於四交道施諸病人。見一仏塔悪人火焼救如来塔。而由无信常愛闘戦。生羅睺阿修羅中。人間五百年為彼一昼夜。寿五千歳。〈取此三十昼夜為一月。十二月為一年。寿五千歳。下皆准知。〉第二地者。若人作大施会供養外道。不行浄施。以種種食施於破戒雑行之人。心無正思。如是施已生陁摩睺阿修羅中。人間六百年為彼一昼夜寿六千歳。第三地者。若人因節会日種種博戯。因此得財行不浄施。以食施於破戒病人。无心正思。如是施已生花鬘阿修羅中。人間七百年為彼一昼夜寿七千歳。第四地者。若人邪見不識業果。見第一精進持戒人来。従其求乞乃施一食而作是言。汝下賤人有何福徳。生鉢呵婆阿修羅中。人間八百年為彼一昼夜寿八千歳。

五挙人趣。人趣中有二種行。謂十種善悪。悪堕三途善昇三天。

十悪頌。

三途因業是十悪　一業必為五種因
数取云為動作咎　誰知来世多苦辛
身三口四意根本　三毒蔓延令人淪
知過必改斉賢聖　善男善女恕為仁

注。地持論云。殺生之罪能令衆生堕三悪道。若生人中得二種果報。一者短命。二者多病。如是十悪一一皆備五種果報。一者殺生何故受地獄苦。以其殺生苦衆生故。所以身壊命終。地獄衆苦皆来切己。二者殺生何故出為畜生。以殺生無有慈惻行乖人倫故。地獄罪畢受畜生身。三者殺生何故復為餓鬼。以其殺生必縁慳心貪著滋味復為餓鬼。四者殺生何故生人而得短寿。以其殺生残害物命故得短寿。五者殺生何故兼得多病。以殺生違適衆患競集故得多病。当知。殺生是大苦也。又雑宝蔵経云。時有一鬼白目連言。我常両肩有眼胸有口鼻常無有頭。何因縁故。目連答言。汝前世時。恒作魁膾弟子。若殺人時有汝常有歓喜心。以縄著髻挽之。以是因縁故受如此罪。此是悪行華報。地獄苦果方在後世。復有一鬼白目連言。我身常如塊宍無有手脚眼耳鼻等。恒為虫鳥所食罪苦難堪。何因縁故尓。答言。汝前世時常与他薬堕他児胎。是故受如此罪。此是華報。地獄苦果方在後身。

又縁其殺生貪害滋多。以滋多故便無義譲而行劫盗。今身偸盗不与而取。死即当堕鉄窟地獄於遐劫中受諸苦悩。受苦既畢堕畜生中。身常負重駈蹴捶打無有余息。所食之味唯以水草。処此之中無量生死。以本因縁。若遇微善劣復人身。恒為僕隷駈策走使。不得自在。償債未畢不得聞法。縁此受苦輪迴無窮。当知。此苦皆縁偸盗。今身隠蔽光明。不以光明供養三宝。又反取三宝光明以用自然。死即当堕黒耳黒縄黒暗地獄。於遐劫中受諸苦悩。受苦已畢堕蛾虱中不耐光明。在此之中無量生死。以本因縁。若遇微善劣復人身。形容窮壓黒垢膩不浄。臭処穢悪人所厭遠。雙眼盲瞎不覩天地。当知。隠弊光明亦縁偸盗故。故地持経云。劫盗之罪亦令衆生堕三悪道。若生人中得二種果報。一者貧窮。二者共財不得自在。劫盗何故堕於地獄。以其劫盗剝奪偸竊人財苦衆生故。身死即入寒氷地獄備受諸苦。劫盗何故出為畜生。以其不行人道故。受畜生報身常負重以宍供人償其宿債。何故復堕餓鬼。縁以慳貪便行劫盗。是以畜生罪畢復為餓鬼。何故為人貧窮。縁其劫奪使物空乏所以貧窮。何故共財不得自在。縁其劫盗偸奪没官。若有財賤則為五家所共不得自在。当知。劫盗二大苦也。又雑宝蔵経説。時有一鬼白目連言。大徳我腹極大如甕。咽喉手足甚細如針不得飲食。何因縁故受如此苦。目連答言。汝前世時作聚落主。自恃豪貴飲酒縦横軽欺余人。奪其飲食飢困衆生。由是因縁受如此罪。此是花報。地獄苦果方在後也。

復有一鬼白目連言。常有二熱鉄輪在両腋下。転身体燋爛。何因縁故尓。目連〔答〕言。汝前世時与衆僧作餅。盗取二番挾両腋底。是故受如此罪。此是華報。後方受地獄苦果。

又縁以盗故心不貞正。恣情婬泆。今身婬泆現世凶危常自驚恐。或為夫主辺人所知臨時得殃。刀杖加刑。手足分離乃至失命。死入地獄臥之鉄牀或抱銅柱。獄鬼燃火以焼其身。地獄罪畢当受畜生。鶏鴨鳥雀犬豕飛蛾。如是無量生死。於遐劫中受諸苦悩。受苦既畢。以本因縁。若遇微善劣復人身。閨門婬乱妻妾不貞。若有寵愛為人所奪。常懐恐怖多危少安。当知。危苦皆縁邪婬生也。故地持論云。邪婬之罪亦令衆生堕三悪道。若生人中得二種果報。一者婦不貞潔。二者不得随意眷属。邪婬何故堕於地獄。以其邪婬干犯非分。侵物為苦。所以命終受地獄苦。何故邪婬出為畜生。以其邪婬不順人理。所以出獄受畜生身。何故邪婬復為餓鬼。以其婬泆皆同慳愛。慳愛罪故復為餓鬼。何故邪婬婦不貞潔。縁犯他妻故。所得婦常不貞正。何故邪婬不得随意眷属。以其邪婬奪人所寵故。其眷属不得随意。所以復為人之所奪。当知。邪婬三大苦也。如雑宝蔵経説。昔有一鬼白目連言。我以物自蒙籠頭。亦常畏人来殺我。心常怖懼不可堪忍。何因縁故尓。答言。汝前世時。婬犯外色常畏人見。或畏其夫主捉縛打殺。或畏官法戮之都市常懐恐怖。恐怖相続故受如此罪。此是悪行花報。後方受地獄苦果。

又縁其邪婬故発言皆妄。今身若妄苦悩衆生。死則当堕啼哭地獄。於遐劫中受諸苦悩。受苦既畢堕餓鬼中。在此苦悩無量生死。以本因縁。若遇微善劣復人身。多諸疾病尫羸虚弱頓乏楚痛。自嬰苦毒人不愛念。当知。此苦皆縁妄語生也。故地持論云。妄語之罪亦令衆生堕三悪道。若生人中得二種果報。一者多被誹謗。二者為人所誑。何故妄語堕於地獄。縁其妄語不実。使人虚尓生苦。是以身死受地獄苦。何故妄語出為畜生。以其欺妄乖人誠信。所以出獄受畜生報。何故妄語復為餓鬼。縁其妄語皆同慳欺。慳欺罪故復為餓鬼。何故為人多被誹謗。以其妄語不誠実故。何故妄語為人所誑。以其妄語欺誘人故。当知。妄語四大苦也。

又縁其妄語使致両舌。今身言無慈愛。讒謗毀辱悪口雑乱。死即当堕抜舌烊銅犁耕地獄。於遐劫中受諸苦悩。受苦既畢堕畜生中噉食糞穢。如鵜鶘鳥無有舌根。在此之中無量生死。以本因縁。若遇微善劣復人身。舌根不具口気臭悪瘖瘂謇渋。歯不斉白滋麁踈少。脱有善言人不信用。当知。讒乱皆縁両舌生也。故地持論云。両舌之罪亦令衆生堕三悪道。若生人中得二種果報。一者得弊悪眷属。二者得不和眷属。何故両舌堕於地獄。縁其両舌離人親愛。別離苦故受地獄苦。何故両舌出為畜生。縁其両舌闘乱事同野干受畜生身。何故両舌復為餓鬼。以其両舌亦縁慳疾。慳疾罪故復為餓鬼。何故両舌為人得弊悪眷属。縁以両舌使人朋儔皆生悪故。何故両舌得不和眷属。縁以両舌離人親好使不和合故。当知。両舌五大苦也。

又縁其両舌言輙麁悪。今身縁以悪口故闘乱残害。更相侵伐殺諸衆生。死即当堕刀兵地獄於退劫中受諸苦悩。受苦既畢堕畜生中。抜脚売膀輪朏喪胛。於退劫中受諸苦悩。受苦既畢在此之中無量生死。以本因縁。若遇微善劣復人身四支不具。闍刖刻劓刑骸残毀。鬼神不衛人所軽棄。当知。残害衆生皆縁悪口生也。故地持論云。悪口之罪亦令衆生堕三悪道。若生人中得二種果報。一者常聞悪音。二者所可言説恒有諍訟。何故悪口堕於地獄。以所悪口皆欲害人。人聞為苦。所以命終受地獄苦。何故悪口出為畜生。以其悪口罵人以為畜生。所以出獄即為畜生。何故悪口復為餓鬼。縁其慳悋干触悪詈。所以畜生苦畢復為餓鬼。何故悪口為人常聞悪音。以其発言麁鄙。所聞常悪。何故悪口所可言説恒有諍訟。以其悪口違逆衆徳。有所説言常致諍訟。当知。悪口六大苦也。

又縁其悪口言輒浮綺都無義益。無義益故今身則生憍慢。死即当堕束縛地獄。於退劫中受諸苦悩。受苦既畢堕畜生中。唯念水草不識父母恩養。在此之中无量生死。以本因縁。若遇微善劣復人身。生在辺地不知忠孝仁義不見三宝。若在中国短陋矮腰人所淩蔑。当知。憍慢皆縁無義調戯不節生也。故地持論云。無義語罪亦令衆生堕三悪道。若生人中得二種果報。一者所有言語人不信受。二者有所言説不能明了。何故無義語堕於地獄。語既非義事咸損彼。所以命終受地獄苦。何故无義語出為畜生。縁語無義人倫理乖。所以出地獄受畜生身。何故無義語復為餓鬼。語無義故慳惑所障。因慳惑故復為餓鬼。何故無義語罪。出生為人有所言語人不信受。縁語无義非可承受。何故无義語。有所言説不能明了。語既無義皆縁暗昧。暗昧報故不能明了。当知。無義語七大苦也。

又縁無義語故不能廉譲。使貪欲無厭。今身慳貪不布施。死即当堕沸屎地獄。於退劫中受諸苦悩。受苦既畢堕畜生餓鬼中。無有衣食資仰於人。所噉糞穢不与不得。在此之中無量生死。以本因縁。若遇微善劣復人身。飢寒裸露困乏常無。人既不与求亦不得。縦有纖毫輒遇剝奪。守苦無方亡身喪命。当知。不布施皆縁貪欲生也。故地持論云。貪欲之罪亦令衆生堕三悪道。若生人中得二種果報。一者多欲。二者無有厭足。何故貪欲堕於地獄。縁其貪欲作動身口而苦於物。所以身死受地獄苦。何故貪欲出為畜生。縁此貪欲動乖人倫。是故出獄即為畜生。何故貪欲復為餓鬼。縁此貪欲得必貪惜。貪惜罪故復為餓鬼。何故貪欲而復多欲。縁此貪欲所欲弥多。何故貪欲無有厭足。縁此貪欲貪求無厭。当知。貪欲八大苦也。

又縁貪欲不適意故。則有憤怒而起嗔恚。今身若多嗔恚者。死即当堕泥犁地獄。於歴劫中具受衆苦。受苦既畢堕畜生中。作毒虵蚖虎蝮豹豺狼。在此之中無量生死。以本因縁。若遇微善劣復人身。復多嗔恚。面貌醜悪人所憎悪。非唯不与親友宝亦眼不喜見。当知。忿恚皆縁嗔悩生也。故地持論云。嗔恚之罪亦令衆生堕三悪道。若生人中得二種果報。一者常為一切求其長短。二者常為衆人之所悩害。何故瞋悩堕於地獄。縁此瞋悩恚害苦悩故受地獄苦。何故瞋悩出為畜生。縁此瞋悩不能仁恕。所以出獄受畜生身。何故瞋悩復為餓鬼。縁此瞋悩従慳心起。慳心罪故復為餓鬼。何故瞋悩常為一切求其長短。縁此瞋悩不能含容故。為一切求其長短。何故瞋悩常為衆人之所悩害。縁此瞋悩悩害於人人亦悩害。当知。瞋悩九大苦也。又縁其瞋悩而懐邪僻不信正道。今身邪見遮人聴法誦経。自不飡採。死即当堕聾癡地獄。於退劫中受諸苦悩。受苦既畢堕畜生中。聞三宝四諦之声不知是善。殺害鞭打之声不知是悪。在此之中無量生死。以本因縁。若遇微善劣復人身。生在人中。聾瞽不聞石壁不異。美言善響絶不覚知。当知。岨礙聴法皆縁邪見生也。故地持論云。邪見之罪亦令衆生堕三悪道。若生人中得二種果報。一者生邪見家。二者其心諂曲。何故邪見堕於地獄。縁以邪見唯向邪道及以神俗。謗仏法僧不崇三宝。既不崇信断人正路致令遭苦。所以命終入阿鼻獄。何故邪見復為畜生。縁以邪見不識正理。所以出獄受畜生報。何故邪見復為餓鬼。縁此邪見慳心堅著悷僻不捨。不捨慳著復為餓鬼。何故邪見生邪見家。縁此邪見僻習纏心。所以為人生邪見家。何故邪見其心諂曲。縁此邪見不中正故。所以為人心常諂曲。当知。邪見十大苦也。如是一一微細衆悪罪業無量無辺。皆入地獄備受諸苦。非可算数而知。且略言耳。若能反悪為善。即是我師。

次明羝羊外道。

諸外道嗢陁南。

時大相応二建者　自在流出計尊貴
自然内我執人量　遍厳寿者数取趣
識蔵知者及見者　能所二執内外知
但梵人勝計常定　顕生二声与无声
如是三十大外道　各各迷真如輪転

注。大日経云復計有時者。謂。計一切天地好醜皆以時為因。如彼偈言。時来衆生熟。時至則催促。時能覚悟於人。是故時為因。更有人言。雖一切人物非時所作。然時是不変因。是実有法。細故不可見。以花実等果故可知有時。何以故。見果知有因故。此時法不壊故常。亦以不観時自性故。而生如是妄計也。経云地等変化者。謂地水火風虚空。各各有執為真実者。或言地為万物之因。以一切衆生万物依地得生故。以不観地之自性但従衆縁和合有故。而生是見以為供養地者当得解脱。次有計水能生万物。火風亦尓。或計万物従空而生。謂空是真解脱因。宜応供養承事。皆応広説。経云瑜伽我者。謂学定者。計此内心相応之理以為真我。常住不動真性湛然。唯此是究竟道離於因果。不観心自性故。如是見生以為真我。但住此理即名解脱。経云建立浄不建立無浄者。是中有二種計。前句謂有建立一切法者。依此修行謂之為浄。次句謂此建立非究竟法。若無建立所謂無為乃名真我。亦離前句所修之浄。故云無浄也。猶不観我之自性有如是見生。経云若自在天若流出及時者。謂一類外道計。自在天是常是自在者能生万物。如十二門論中難云。若衆生是自在子者。唯応以楽遮苦不応与苦。亦応但供養自在則滅苦得楽。而実不尔。但自行苦楽因縁而自受報。非自在天作。又若自在作衆生者。誰復作此自在。若自在自作則不然。如物不自作。若更有作者則不名自在。計流出者。与建立大同。建立如従心出一切法。此中流出如従手功出一切法。譬陶師子埏埴無間生種種差別形相。次云時者。与前外道宗計少異。皆自在天種類也。経云尊貴者。此是那羅延天。外道計。此天湛然常住不動。而有輔相造成万物。譬如人主無為而治有司受命行之。以能造之主更無所尊貴者故名尊貴。又此宗計。尊貴者。遍一切地水火風空処。昔有論師。欲伏彼宗計故往詣天祠。於彼天像身上坐而飲食。西方以飲食之残為極不浄。皆共忿怒。論師言。如所宗豈非遍一切処地水火風空界相。答言如是。論師言。彼即地水火風我亦如是。以此相入何所不可而忿怒耶。彼衆嘿然不能加報。亦猶不観我之自性故生。如是妄計。経云自然者。謂一類外道計。一切法皆自然而有。無造作之者。如蓮華生色鮮潔誰之所染。棘刺利端誰所削成。故知。諸法皆自尔也。有師難云。今目覩世人造作舟船室宅之類。皆従衆縁而有。非自然成。云何自尔耶。若謂雖有而未明了故須人功発之。是亦不然。既須人功発之。即是従縁非自然有也。大唐所有老荘之教立天自然道。亦同此計。経云内我者。有計。身中離心之外別有我性。能運動此身作諸事業。難者云。若如是者我則無常。何以故。若法是因及従因生皆無常故。若我無常。則罪福果報皆悉断滅。如是等種種論議。至挍量中広明。経云人量者。謂計神我之量等於人身。身小亦小身大亦大。智度云。有計。神大小随人身。死壊時神亦前出。即与此同。然彼宗以我為常住自在之法。今既随身大小已是無常。故知。不然也。経云遍厳者。謂計此神我能造諸法。然世間尊勝遍厳之事是我所為。与自在天計小異。如中論破自在云。自在天何故不尽楽作人尽作苦人。而有苦者楽者。当知。従愛憎生故不自在。今遍厳者。既能造諸福楽而不能以楽遮苦。何名遍厳自在耶。経云若寿者。謂有外道計。一切法乃至四大草木等皆有寿命也。如草木伐已続生。当知。有命。又彼夜則巻合。当知。亦有情識以睡眠故。難者云。若見斬伐還生以為有命。則人断一支不復増長。豈無命耶。如合昏木有眠則水流昼夜不息。豈是常覚。皆由不観我之自性故。生種種妄見也。経云補特伽羅。謂彼宗計有数取趣者。皆是一我。但随事異名耳。若有従今世趣於後世。是則識神為常。識神若常云何有死生。死名此処滅生名彼処出。故不得言神常。若無常則無有我。如仏法中犢子道人及説一切有者。此両部計有三世法。若定有過去未来現在。則同有数取趣者。失仏三種法印。西方諸菩薩。作種種量破彼宗計也。経云若識者。謂有一類執。此識遍一切処。乃至地水火風虚空界識皆遍満其中。此亦不然。若識神遍常応独能見聞覚知。而今要由根塵和合方有識生。則汝識神為無所用。又若識神遍五道中。云何復有死生耶。故知。不尓也。経云阿頼耶者。是執持含蔵義。亦是室義。此宗説。有阿頼耶能持此身。有所造作含蔵万像。摂之則無所有。舒之則満世界。不同仏法中第八識義也。然世尊密意説如来蔵為阿頼耶。若仏法中人。不観自心実相分別執著。亦同我見也。経云知者見者。謂有外道計。身中有知者能知苦楽等事。復有計。能見者即是真我。智度云。目覩色名為見者。五識知名為知者。皆是我計。随事異名也。難者云。汝言能見是我。而彼能聞能触知者為是我不。若皆是者六根境界互不相知。一不可作六。六不可作一。若有非我者是亦同疑。故知。根塵和合有所知見無別我也。経云能執所執。謂有外道言。身中離識心別有能執者。即是真我。能運動身口作諸事業。或有説言。能執者但是識心。其所執境界乃名真我。此我遍一切処。然内外身受心法性。皆従縁生無有自性。是中所執能執尚不可得。何況我耶。亦猶不観我之自性故作是説也。経云内知外知者。亦是知者別名。分為二計。有計。内知為我。謂身中別有内證者即是真我。以外知為我。謂能知外塵境界者即是真我也。経云社怛梵者。云与知者外道宗計大同。但部党別異故特出之耳。経云若摩奴闍者。智度翻為人。即是人執也。具訳当言人生。此是自在天外道部類。計人即従人生故以為名。唐三蔵云意生非也。末那是意。今云末奴声転義別。誤耳。経云摩納婆者。是毗紐天外道部類。正翻応云勝我。言我於身心中最為勝妙也。彼常於心中観我可一寸許。智度亦云。有計。神在心中微細如芥子。清浄名為浄色。或如豆麦乃至一寸。初受身時最在前受。譬如像骨。及其成身如像已荘。唐三蔵翻為儒童非也。儒童梵云摩拏婆。此云納義別。誤耳。経云常定生者。彼外道計。我是常住不可破壊。自然常生無有更生。故以為名。経云声者。即是声論外道。若声顕者計。声体本有待縁顕之。体性常住。若声生者計。声本生待縁生之。生已常住。彼中復自分異計。如余処広釈。非声者与前計有異。彼計声是遍常。此宗悉撥為無堕在無善悪法。亦無声字処以此為実也。楞伽経説百八邪見。瑜伽論説十六計。智度論説十六知見。

秘密漫荼羅十住心論巻第一

承安二年三月三十日書写畢　二校了

秘密漫荼羅十住心論巻第二

愚童持斉住心第二

愚童持斉心者。即是人趣善心之萌兆。凡夫帰源之濫觴。万劫寂種遇春雷而甲坼。一念善幾沐時雨而吐牙。発歓喜乎節食行檀施乎親疎。少欲之想始生。知足之心稍発。見高徳而尊重具伎楽而供養。知過必改見賢思斉。初信因果漸諾罪福。孝于親々竭忠国主。不及之善生探湯之悪休。内外三帰従此而発。人天十善因是修行。疱葉華果受用無畏殊勝決定。如是十地相続而生。羝羊冬樹乍披春菀之錦華。異生石田忽結秋畝之茂実。人天十地於此初開。三乗位次相続而発。

故大日尊説。復次秘密主。愚童凡夫類猶如羝羊。或時有一法想生所謂持斉。彼思惟此少分発起歓喜。数々修習。秘密主。是初種子善業発生。復以此為因。於六斉日施与父母男女親戚。是第二牙種。復以此施授与非親識者。是第三疱種。復以此施与器量高徳者。是第四葉種。復以此施歓喜授与伎楽人等及献尊宿。是第五敷華。復以此施発親愛心而供養之。是第六成果。

釈云。世間従久遠来。展転相承有善法之名。然以違理之心種々推求而不能得。後時欻然自有念生。我今節食持斉。即是善法。然猶未是仏法中八関戒也。彼由節食自誡故。覚縁務減少令我飲食易足不生馳求労苦。尒時即生少分不著之心。其心歓喜而得安穏。由見此利益故数数有修習之。即是最初微識善悪故名種子心也。経云復以此為因於六斉日施与父母男女親戚是第二牙種生者。此六斎日即是智度中上代五通仙人勧令此日断食。既順善法又免鬼神災横。如彼広説也。由見止息貪求内獲利楽故。欲脩習此法令得増長故。於持斎之日捨己財物而与六親。自念我無守護之憂。而令他人愛敬獲孝義之誉。以見此因果故転生歓喜。歓喜故善心稍増。由如従種子生牙也。経云復以此授与非親識者是第三疱種。謂欲成此守斉善法。修習無貪恵捨之心。由数習故善心漸増長。復能施与非親識人。見此平等施心功徳利益。尒時善萌倍復増広。猶如牙茎滋盛未生葉時。故名疱種也。経云復以此施与器量高徳者是第四葉種。謂以能習行恵捨。籍此為因漸能甄択所施之境。如是之人徳行高勝。我今宜応親近而供養之。即是恵性漸開遇善知識之由漸也。経云復以此施歓喜授与伎楽人等及献尊宿者。謂恵性漸開復甄別所施之境。見其利他之益。以伎楽人能化大衆令其歓喜故賞楽其功。凡如此類衆多是以云等也。尊宿耆旧多所見聞。及学行高尚世所師範。以其多所遵利故推誠歓喜而施与之。亦令我施時心倍歓喜故。即是花種也。経云復以此施発親愛心而供養之是第六成果者。謂所習醇熟非直歓喜而已。復能以親愛心施与尊行之人。又由前施因縁得聞法利。知彼内懐勝徳。謂能出離欲等。狎習親附而供養之。望初種子即是成果心也。

三帰五戒八禁頌。

嬰児母不在　犢子無所依
必死無疑慮　豺狼悉走帰
衆生不帰仏　魔鬼捴来囲
剋已投三宝　諸天不敢違
五常持不犯　来葉美名飛
八禁能修習　人天作光暉
三途何必怖　諸仏毎加威
昇墜非他意　衰栄我是非

持斎之心必求三帰而修。五戒八戒十善従此相続而修行。

初三帰者。仏因尸利而説三帰。因末伽而説五戒。為伽王而説十善。為提謂長者而説六斉。三帰勧令捨邪。五戒防其行悪。十善使其招貴。六斉令其得楽云々。

毗尼母云。三帰有五種。一翻邪三帰。二五戒三帰。三八戒三帰。四十戒三帰。五具戒三帰。

今且明第一翻邪三帰。問帰意云何。答以三宝為所帰之境欲令救護不使浸陵。如人得罪於王投向他国。彼王語云。汝求無畏莫出我境。莫違我教。必相救護。衆生亦尓。繋属於魔有生死過。帰向三宝不違仏教魔無繋属。如何仏戒沾身人多得益。如飲甘露蠲療纏痾。故観仏三昧経第六云。昔有童子受仏三帰。免被散脂鬼損等云々。問所以受此翻邪三帰者何。答以其信邪来久躭著非境。今忽発善帰投仏法。創以三帰翻其邪倒。易心帰信仏為弟子故名翻邪也。灌頂経云。時有異道鹿頭梵志。来致仏所稽首作礼白言。今欲捨置異学受三帰五戒。仏言。善哉善哉。梵志。汝能捨置余道帰命我者。其徳無量不可称説。梵志言諾。終身奉行不敢毀壊。尓時仏為授已告梵志言。汝一心受三帰已。我常為汝及十方人。勅天帝釈所遣諸鬼神。以護男子如是等輩。有卅六部神王。此諸善神凡有万億恒沙鬼以為眷属。陰相番代以護男子如是輩云々。諸神名字具如経説之。経云。以受三帰竜免鳥難云々。偈曰。

捨昔邪心　受戒帰正
人天稽首　諸仏同慶

次明五戒。

夫五戒同於外書有五常之教。謂仁義礼智信。愍傷不殺曰仁。防害不婬曰義。故心禁酒曰礼。清察不盗曰智。非法不言曰信。此為五徳。不可造次而虧不可須臾而廃。王者履之以治国。君子奉之以立身。用無蹔替故曰五常。在天為五緯在地為五岳。在処為五方在人為五蔵。在物為五行。持之為五戒。故天地本起経云。劫初之時人食地肥。有一衆生頓取五日之食。因制盜戒。以食地肥而生貪欲。因制婬戒。以婬欲故共相欺奪。因制殺戒。以求欲故妄語諂曲。因制不妄語戒。以飲酒故昏乱行非。因制酒戒。討尋五戒之興其来久矣。萌於天地之始。形於万物之先。論語云。殷因於夏礼。所損益可知也。〈馬融曰。所因謂三綱五常也。〉疏云。三綱謂夫婦父子君臣也。五常謂仁義礼智信也。就五行而謂。則木為仁。火為礼。金為義。水為信。土為智。人稟此五気而生。則備有仁義礼智信之性也。人有博愛之徳謂之仁。有厳断之徳為義。有明辨尊卑敬譲之徳為礼。有言不虚妄之徳為信。有昭了之徳為智。此五者是人性恒。不可暫捨故謂五常。尚書洪範云。五行一曰水。二曰火。三曰木。四曰金。五曰土。〈皆其生数。〉水曰潤下。火曰炎上。〈言其自然之常性也。〉木曰曲直。金曰朋革。〈木可揉曲直。金可改更也。〉土爰稼嗇。〈種曰稼。斂曰嗇。土可以種。可以斂也。〉潤下作鹹。〈水鹵所生。〉炎上作苦。〈焦気之味。〉曲直作酸。〈木実之性。〉刅革作辛。〈金之気味。〉稼嗇作甘。〈甘味生於百穀。五行以下箕子所陳也。〉正義曰。自此以下箕子所陳。第一言其名次。第二言其体性。第三言其気味。言五者性異而味別。各為人之用。書伝云。水火者百姓之所飲食也。金木者百姓之所興作也。土者万物之所資生。是為人用也。五行即五材也。襄廿七年左伝曰。天生五材民並用之。言五者各有材幹也。謂之行者。若在天則五気流行。若在地世所行用也。昭元年左伝云。天有六気。〈謂陰陽風雨晦明也。〉降生五味。〈謂金味辛木味酸水味鹹火味苦土味甘。皆由陰陽風雨而生也。〉発為五色。〈辛色白。酸色青。鹹色黒。苦色赤。甘色黄。発見也。〉徴為五声。〈白声商。青声角。黒声羽。赤声徴。黄声宮也。徴驗也。〉多論云。欲受五戒。先受三帰竟尓時得五戒。智度論云。戒有五種。始従不殺乃至不飲酒。若受一戒是名一分。若受二三戒是名小分。若受四戒是名多分。五戒是名満分。於此分中欲受何分。当随意受之凡。受五戒時。或昼或夜受等亦獲小善。故十誦律云。縁有女人夜多行婬楽受昼戒。当来昼受快楽夜間受苦。以因果相感故。或有獦師昼貪殺生便受夜戒。来報夜多受楽昼日受苦。以分限心受昼夜戒。果報苦楽有此不同。故曰亦小善。薩婆多論云。問五戒中幾是実戒。答前四是実後一是遮。所以同結者。以放逸根本能犯四戒。如迦葉仏時有優婆塞。由飲酒故婬他妻盜他雞殺。他人来問時。答言不作便犯妄語。亦能造四逆云々。若持五戒者。便有廿五善神。恒衛護人身在人左右。於宮宅門戸上使万事吉祥。諸神名字広如灌頂経説。頌曰。

五戒資身　人天受趣
所往遊行　鬼神避去

次明八戒。

成実論云。得五戒名為優婆塞。此云近事。得八戒名為優婆々娑。此云近住。戒消災経云。五戒法有就俗人及鬼辺受之。不離自妻縁身穢濁故。八戒乃是浄行之法。要須就五衆辺受也。持八戒人生浄行故。斉法経云。譬如天下十六大国人満中衆宝不可称説。不如一日受仏斉法比其福也。善生経云。受八戒者除五逆罪。余一切悪皆消滅云々。帝釈説偈云。

六斉神足月　奉持於八戒
此人獲福徳　則為与我等

八戒受之　善神擁護
当成聖道　由持堅固

偈曰。

次明修十善。

十善嘔陁南。

離殺怨恨生利慈　端正長命諸天護
不盗知足施衆生　資財不懐生天上
遠離邪婬無染心　自妻知足況他女
所有妻妾不侵奪　是円寂器出生死
不妄語者常実言　一切皆信供如王
離両舌語無離間　親疎堅固無怨破
離諸悪口柔軟語　得勝妙色人皆慰
思道義語離綺語　現身即得諸人敬
不貪他財心不願　現得珠宝後生天
離嗔生慈一切愛　輪王七宝由此得
離八邪見住正道　是菩薩人断煩悩
如是十善上中下　粟散輪王三乗因

華厳経云。十善業道。是人天因及有頂因。三乗賢聖亦皆修習。与此別者彼皆入劫。従劫至賢従賢至聖。此唯劫外。或具不具或散或定為三有因。

如彼経云。十善業者。菩薩性離殺生不懐怨恨。常生利益慈念之心。性不偸盗。於自資財常知止足乃至草葉不与不取。性不邪婬自妻知足。他妻他女尚無染心。何況従事。性不妄語常作実語。乃至夢中亦不妄語。何況故犯。性不両舌。於諸衆生無離間心。不将此語而向彼説。不将彼語而向此説。為破他故。性不悪口。謂毒害語麁獷語鄙悪語怨結語。常作柔耎語悦意語入人心語人愛楽語。性不綺語常楽思審義語順道理語巧調伏語。性不貪欲。於他財物不生貪心。不願不求。性離嗔恚。於諸衆生常起慈心。常思順行仁慈祐益。性離邪見。住於正道正見正直。無誑無諂。若能尓者是菩薩行。

仁王経云。中下品善粟散王。修中下品人中為王。生三界因准此応悉。〈自下十善是正法念経。〉

不殺生者。正法念経云。謂離殺生摂取世間一切衆生。施与無畏諸根端正得長命業。羅刹諸天常随擁護。乃至命終生天世間。不偸盗者。経云。不偸盗者出大貪網。若王々等一切皆信。所有財物不失不壊。諸福田中皆能捨施。乃至命終生天世間。不邪行者。経云。

離邪婬人善人所讃。所有妻妾无能侵奪。設有衰損妻妾不嫌。摂諸善法。是涅槃器。乃至命終生天世間。不妄語者。経云。離妄語世間人一切皆信。設無財物一切世人供養如王。随彼所生常為男子。乃至命終生天世間。不両舌者。経云。離両舌者知識親友兄弟妻子皆悉堅固。王及怨家悪兄弟等不能破壊。乃至命終生天世間。不悪口者。経云。離悪口者見勝妙色真実人信。滑語耎語於一切人皆悉安慰。一切財物皆悉易得。乃至命終生天世間。不綺語者。経云。離綺語者即得現身世間敬重。善語正語世所尊重。少説耎語令人易解。乃至命終生天世間。不貪者。経云。離貪不善業者。於現在世一切財物及珠宝等。皆悉豊饒無人侵奪。乃至命終生天世間。不瞋者。経云。離瞋不善業者。豊財大富一切愛念。怖畏悪処无能得便。輪王七宝由此而得。乃至命終生天世間。不邪見者。経云。離邪見者脩習正見。一切結使不饒益法皆悉断滅。能於生死起厭離心。乃至命終生天世間。

次明異生不正治国王。

異生不正治国王嗢陁南。

　減劫有情衆悪盛　富楽寿命已減少
　非大人器無輪王　但出法非二種王
　不信正法親悪人　不重経王及持人
　甚深妙法不流布　諸天薬叉亦不聞
　繫縛殺害及無辜　大臣輔相懐諂佞
　好行非法無正治　王位不久諸天忿
　護国諸天及薬叉　弃捨国界往他方
　国土飢饉及疾疫　種々災変数々現

釈曰。不正理者。倶舎論云。於減劫時有情富楽寿量損減衆悪漸盛。非大人器無転輪王。金光明経。王不正治惣有二縁。一不信正法天竜捨去。二不行正法親近悪人。不正信者。経云。尓時四天王倶白仏言。若有人王。於其国土雖有此経。未曾流布。心生捨離不楽聴聞。亦不供養尊重讃嘆。見四部衆持経之者亦不尊重。遂令我等及余眷属無量諸天。不得聞此甚深法要。无有威光及以勢力。我幷眷属及薬叉等悉皆捨去。其国当有種々災禍。喪失国位。一切人衆皆无善心。多有他方怨賊侵掠。国内人民受諸苦悩。无量百千災恠悪事。不行正法者。経云。唯有繫縛殺害嗔諍。互相讒諂枉及無辜。又偈云。

　若王作非法　親近於悪人
　而不以正法　因斯受衰損
　国中最大臣　及以諸輔相
　其心懐諂佞　並悉行非法
　由正法為王　而不行其法
　国人皆破壊　如象踏蓮池
　五穀衆花菓　苗実皆不成

国土遭飢饉　由王捨正法
王位不久安　諸天皆忿恨
由彼懐忿故　其国当破亡

王不正理災変如後。〈並依金光明経〉

経云。唯有繋縛殺害瞋諍。互相讒諂枉及無辜。又云。彗星数出両日並現薄蝕無恒。黒白二虹表不祥相。星流動地井内発声。又云。暴雨悪風不依時節。常遭飢饉苗実不成。又云。国所重大臣狂横而身死。所愛象馬等。亦復皆散失。又云。処々有兵戈人多非法死。悪鬼来入国疾疫遍流行。又云。少力無勇勢所作不堪能。鬼魅遍流行随処生羅刹。又云。不順諸天教及以父母言。此是非法人非仁非孝子。

次明異生以正治国王。

正治国王嗢陀南。

八万四千贍部王　端心正念不放逸
荘厳宮殿講経法　恭敬供養人与法
修行正法遮悪業　上下和睦如乳水
慈悲謙譲修十善　諸天歓喜護国王
風雨順時五穀成　災難不起国土楽

釈曰。金光明経云。此贍部州八万四千城邑聚落。八万四千諸人王等。各於其国受諸快楽。皆得自在不相侵奪。咸生少欲利楽之心。其土人民自然受楽。准此経文。王正治者。要具三縁。一者不放逸

親近有徳。二者正信聴受是経。三者犯王法正法治擯。故下経云。於未来世若有人王。為欲擁護自身后妃王子内外城邑宮殿。王位尊高自在昌盛。於自国土令无怨敵及諸憂悩災厄事者。如是人王不応放逸令心散乱。又云。当生恭敬至誠。慇重荘厳宮室。種々厳餝。於法師所起大師想。端心正念聴是経王。々自焼香供養是経。彼時香煙。於一念頃上昇虚空。即至我等諸天釈梵竜神等宮。変成香蓋金光照曜。仏告四王。此一念香能遍十方恒沙仏土。咸共称讃世尊。是故我等当護是王除其衰患。又偈云。

国人造悪業　王捨不禁制
斯非順正理　治擯当如法
若見悪不遮　非法便滋長
遂令王国内　姧詐日増多

又云。所有財宝豊足受用不相侵奪。不起悪念。咸生少欲利楽之心。
又云。其土人民自然受楽。上下和睦猶如水乳。情相愛重歓喜遊戯。
又云。慈悲謙譲増長善根。以是因縁此贍部州。安穏豊楽人民熾盛。
又云。寒暑調和時不乖序。日月星宿常度无虧。風雨随時離諸災横。
又云。資産財宝悉皆豊盈。心無慳鄙常行恵施。具十善業増長天衆。
又云。和風常応節甘雨順時行。苗実皆善成人無飢饉者。又云。以善化衆生正法治於国。勧行於正法当令生我宮。又云。令彼一切人修行於十善。率土常豊楽国土得安寧。

又王法正論経云。尓時世尊告優塡王曰。大王今者応当了知王之過失王之功徳。王衰損門王可愛法。及能起発王可愛之法。

云何王之過失。大王当知。王過失者略有十種。王若成就如是過失。雖有大府庫。有大臣佐。有大軍衆。不可帰仰。何等為十。一者種姓不高。二不得自在。三立性暴悪。四猛利憤発。五恩恵賒薄。六受邪佞言。七所作不順古先王制。八不顧善法。九不濫是非勝之与劣。十一向縦蕩専行放逸。云何名王種性不高。謂有庶臣不類而生。非宿尊貴纂紹王位。是名種姓不高。云何名王不得自在。謂有帝王。被諸大臣輔相官僚所制不随所欲。所作常有諫約。於妙五欲亦不如意歓娯遊戯。如是名王不得自在。云何名王立性暴悪。謂有帝王見諸臣類或余人等犯小愆過。即便対面発麁悪言。咆勃忿恚嚬蹙貶黜。設不対面背彼向余而作於前黜罵等事。或不長時不捨如是対面暴悪背面暴悪。是名帝王立性暴悪。云何名王猛利憤発。謂有国王。見諸群臣有小愆過。有少違越。便削封禄奪去妻妾。即以重法而刑罰之。如是名王猛利憤発。云何名王恩恵賒薄。謂有国王諸有群臣等親近侍衛。雖極清白善称其心。而以微劣耎言慰喩其頒賜禄。酬賞勲庸不能円満不順常式或損耗已。或稽留已然後方与。如是名王恩恵賒薄。云何名王受邪佞言。若有帝王。見諸群臣実非忠政不閑憲式。潜謀輔佐。佞心偏党不脩善政。妬嫉良賢。信用如是等人所進議。由此因縁王務財宝虚称善政並皆衰損。如是名王受邪佞言。云何名王不順先王所制。謂有国王。不能究察。不審簡択諸群臣等。於種々務国法事中。不堪委任而任之。応賞賚者而刑罰之。応刑罰者而賞賚之。又此群臣処大朝会。余論未終発言間絶。不敬不憚而興諫諍。不能依法而善奉行。不正能住先王教命。如是即名不順先王所制之法。云何名王不顧善法。謂有国王。不信因果。不悟当来善不善業人天果報。随情造作身語意業三種悪行。不能以時恵施修福持斉学戒受陁羅尼業灌頂法門。於四無量心不興広済。如是名王不顧善法。云何名王不鑒是非勝之与劣。謂有国王。於諸大臣輔相官僚。用心顚倒不善了知忠信伎藝智恵差別。以不知故非忠信生忠信想。非伎藝有伎藝想。於悪慧所生善慧想。於善恵所生悪恵想。又諸群臣等年耆衰邁。曾於久時親近侍衛。知其無勢遂不敬愛。不賜爵禄不酬其賞。被他陵蔑捨而不問。如是名王不鑒是非勝之与劣。云何名王一向縦蕩専行放逸。謂有帝王。於妙五欲一向沈没躭著嬉戯。不能時時誡慎。如是即名為一向縦蕩専行放逸。若有国王。成就如是十種過失。雖有大府庫有大輔佐有大軍衆。不久国界自然災乱。而不可帰仰。当知此十過失。初一時王種性過失。余九是王自性過失。

云何名王之功徳。大王功徳者。略有十種。一者種性尊高。二者得大自在。三者性不暴悪。四憤発軽微。五恩恵猛利。六受正直。七所作諦思善順先教。八顧恋善法。九善知差別。十不自縦蕩不行放逸。云何名王種性。謂有国王。宿植善根。以大願力故生王族。紹継国位恩養万姓浄信三宝。如是名王種性尊高。云何名王得大自在。謂有帝王。自随所欲。於妙五欲歓娯遊戯。所応賞賜随意而作。於百僚等所出教命宣布无滞。如是名王得自在。云何名王性不暴悪。謂有国王見諸群臣。雖違少小愆犯等事。而能容忍不即貶黜不発麁言。亦不対面憤発。亦不内意秘匿。如是名王性不暴悪。云何名王憤発軽微。謂有国王。諸群臣等。雖有大愆有大違越。而不一切削其封禄奪其妻妾。不以重法而刑罰之随過軽重而行矜降。如是名王憤発軽微。云何名王恩恵猛利。有諸群臣親近侍衛。其心清白其心調順。王即時々以正円満耎言慰喩頒錫勲庸。而不令彼損秏稽留劬労怨恨。易可親近不難承事。如是名王恩恵猛利。云何名王受正直言。謂有国王。諸群臣等。実有忠正无濁無偏。善閑憲式情无違叛。其王信用如是等人所進言議。国務財宝悉皆成就。名称遠布黎庶咸歓。如是名王受正直言。云何名王所作諦思順先王教。謂有国王。性能究察。審能簡択諸群臣等。於種々務公法事中。不堪委任者而不任之。堪委任者而委任之。応賞賚者而正賞賚。応刑罰者而正刑罰。凡有所為審思審択。然後方作亦不卒暴。其群臣等雖処朝会。終不発言間絶余論。要待言終而興諫諍。如其王教而善奉行。如是即名順先王教。云何名王顧恋善法。謂有帝王。信有因果善不善業人天果報。具足慚恥而不恣情作身語意三種悪行。時時恵施修福持斉。建立漫荼羅受灌頂法。而設護摩供養聖衆。四无量心常懐広済。如是名王顧恋善法。云何名王能鑒是非勝之与劣。謂有国王。於諸大臣輔相百僚。心無顚倒。能善了知忠信伎藝智慧差別。若有若無並如実知。於其無者軽而遠之。於其有者而敬愛之。又諸臣等年耆衰邁曾於久時親近侍衛。雖知无勢無力。然念昔恩転懐敬愛而不軽賤。爵禄勲庸分賞無替。如是名王能鑒是非勝之与劣。云何名王不自縦蕩不行放逸。謂有国王。於妙五欲而不沈没敖慢嬉戯而不躭著。能於時々誡慎。方便作所応作慰労群臣。如是名王不自縦蕩不行放逸。若王成就如是功徳。雖無府庫無大輔佐無大軍衆。不久国界自然豊饒。而可帰仰。大王当知。如是十種王之功徳。初一名種性功徳。余九自性功徳。

云何名為王衰損門。大王当知。王衰損門略有五種。一不善観察而摂群臣。二雖善観察而無恩恵。縦有恩不得及時。三専行放逸不思国務。四専行放逸不守府庫。五専行放逸不修善法。如是五種皆悉名為衰損門。云何名王不善観察而摂群臣。謂有国王。於群臣等不能究察。不審簡択忠信伎藝智恵差別。摂為親侍。加以寵愛厚賜爵禄。重委寄処而相委任。数以耎言而相慰喩。然此群臣所謂財宝多有損費。若遇寃敵悪有軍陣而先退敗。以懼破散便生奔背无恋於主。如是名王不善観察而摂群臣。云何名王雖善観察而无恩恵縦有非是。謂有国王性能観察。審能簡択知是忠信伎藝智恵。摂為親侍而不寵愛。不量其才不賜爵禄。於形要処而不委任。忽於一時王遇寃敵。

悪有軍陣不怖畏。事臨急難時。於諸臣等方行寵爵。而以爽言慰喩。時群臣等共相謂曰。王於今者危迫因縁。方於我等蹔行恩恵。非長久心。知此事已雖有忠信伎藝智恵悉隠不現。如是名王雖善観察而摂群臣无恩恵行縦有非時。云何名王専行放逸不思国務。謂有国王。於応和好所作所成国務等事。而不時時独処空閑或与智士共正思惟和好方便。乖施等事及応賞賚。乃至軍陣所作所成要務等事不懃在意。如是名王専行放逸不思国務。云何名王専行放逸不守府庫。謂有国王。寡営事業不観諸務。不禁王門宮廷庫蔵。国家密要説向婦人。乃於捕猟博戯事中費損財宝而不慎護。如是名王専行放逸不守府庫。云何名王専行放逸不修善法。謂有国王。於世所知柔和淳質聡慧辨才得理下脱所有沙門婆羅門。不能数近礼敬諮詢。云何是善云何不善。云何有罪云何無罪。云何有福吉祥法門。遠離諸悪。設得聞以不依修行。如是名王専行放逸不修善法。若有国王成就如是五衰損門。当知。此王退失現世果報。乃至来生失人天福。謂前四門現受福利。最後一門退来生果報。

云何名為王可愛法。大王当知。略有五種。謂王可愛可楽可欣可意之法。何等為五。一者人所敬愛。二自在増上。三能摧寃敵。四善摂養身。五能簡善事。如是五種是王可意之法。云何善能発起王可愛法。大王当知。略有五種。善能発起王可愛法。何得為五。一恩養世間。二英勇具足。三善権方便。四正受境界。五懃修善法。云何名王恩養蒼生。謂有国王性本知足能為謹慎。成就无貪白浄之法。所有庫蔵随力給施貧窮孤露。柔和忍辱多以爽言暁喩国界。諸有群臣有故違犯不可免者。量罪矜恕以実以時。如理治罸。如是名王以正化法恩養蒼生故。感世間之所敬愛。云何名王英勇具足。謂有国王。神策不墜武略円満。未降者而降伏之。已降伏者而摂護之。如是名王英勇具足。云何名王善権方便。謂国王一切好事分明了知。方便能和摂受強党故。得摧伏一切寃敵。云何名王正受境界。謂有国王。善能籌量府庫増減。不慳不悋平等受用。随其時候所宜給与。有臣佐親族王等及伎楽人。又有疾時応食所宜避所不宜。醫候食性方以食之。若食未消或食而痢皆不応食。応共食者不応独食。所有精味分布令歓。如是名王正受境界遂能善巧摂養自身。云何名王勤修善法。謂有国王。具足浄信戒聞捨慧。於浄信処了信他世。及信当来善不善業人天果報。如是名為具足浄信。受持浄戒。於年三長毎月六斉。遠離殺生及偸盗邪行妄言飲酒諸放逸処。如是名王具足浄戒。於浄聞処。於現世業及当来果。修徳進業。楽聴般若衆妙法門。専意懃心究竟通達。如是名王具足浄聞。於浄捨心。遠離慳貪。舒手恵施。常応修福円満平等。如是名王具足浄捨。謂於具足浄恵之処。如実了知有罪无罪修与不修勝劣。方便親近多聞戒行沙門。遠離諸悪邪教之者。善知三種果報円満士用円満功徳円満。所謂国王継習帝業。所生宗族聡利明恵。府庫財宝応用不虧。如是名為果報円満。

若諸国王。善権方便恒常成就。英勇進退善達藝能。是即名為士用円満。若諸国王。任持正法。与諸内宮王子大臣共修恵施。好行善事持斉受戒慈三摩地門上妙梵行。頻作護摩息災増益。建曼荼羅具受灌頂。是為功徳円満。若能如是行者。是名浄慧具足。

復次大王当知。我已説王之過失。王之功徳。王衰損門。王可愛法。及能発起王可愛之法。是故大王。毎日晨朝若読若誦此秘密王教。依之修行即名聖王。即名法王。諸仏菩薩天竜八部。日夜加持恒常護念。能感世間風雨順時。兵甲休息。諸国朝貢。福祚无辺。国土安寧。寿命長遠。是故当獲一切利益現世安楽。尓時優塡王。聞仏所説。踊躍歓喜信受奉行。

次明輪王。輪王者已入賢聖位。雖不是嬰童心然是人間王故次叙之。

四種輪王伽陀。

金銀銅鉄四輪王　発起大心修十善
長別三界苦輪海　出現増劫富楽時
上品十善鉄輪王　十住銅輪二天下
十行銀輪三天下　十向金輪四天下
初地二地亦金輪　七宝具足十善化
宮殿楼閣与天斉　国界豊饒人熾盛
土地平坦無坑険　大小便時地開合

転輪聖王伽陀。

輪王四種如意徳　色貌無比第一徳
身上無病是第二　人民深愛為第三
寿命長遠十善化　天宮充満悪趣滅
端厳可愛如満月　能照世間猶如日
威儀安祥不軽躁　威力勇猛堪大事
具大勢力如帝釈　財宝富饒似多聞
所言誠実未曾両　音声深遠易聴解
不散不乱迦羅鳥　美湍和雅聞者悦
能施持戒常含咲　未曾皺眉悪眼視
威徳尊厳能忍辱　猶如大地須弥山
其性猛厲疾辦事　善能思量乃従事
具大智恵通経書　兼解伎藝竿呪術
巧能論説分別義　深心如海不可量
千子囲繞如天子　威徳勇猛能破敵
地水虚空無障住　宮殿楼閣均釈天
四種兵勢力具足　浄行居士皆共愛
甘香美食自然有　国界日増不損減
施作不曾用兵仗　以法治化天下安
内外無敵絶陰謀　無諸災横疾疫飢
諸宝妙事所住処　諸善福徳所依止

無帰為帰無舎々　怖畏除怖悩者離
輪王聖主無量徳　略説如是少分相
金輪宝伽陀。
千輻金輪十五里　種々珎宝荘其輞
百種薬叉共守護　天女執払亦侍立
種々花瓔間錯挍　五種伎楽常随逐
宝蓋覆上焼妙香　行時雑華散末香
飛行速疾如風念　所詣即滅諸怨衰
象宝伽陀。
象宝大身如銀山　能飛虚空如鳥王
出生神嶽大象中　摧壊伊羅象王等
馬宝伽陀。
馬宝色相如孔雀　疾如金翅鳥王飛
主兵臣宝伽陀。
貴家生長身無疾　有大勢力形体浄
憶念深遠直柔軟　通達経術敬愛王
主蔵臣宝伽陀。
富相具足如天王　種々伏蔵常逐行
善知諸宝善出入　千万薬叉常従行
如意宝伽陀。
如意宝形如大鼓　光明如日照十六
華瓔荘厳在高幢　能令衆生満希願
玉女宝伽陀。
身体脩直不肥痩　身肉次第肌膚実
細密薄皮不堪事　身安堅牢多羅樹
額広平長吉画文　両頬不深倶平満
眼精白黒色分明　眼睫青穉而不乱
眉毛初月高曲長　不厚不薄不高下
鼻端光沢傭円直　耳濡長垂無貫環
歯色珠貫如雪珂　丹脣頻果不麁細
腹傭不現斉円深　背脊平直亀背足
両乳頻果雙鴛鴦　円起不垂濡鮮浄
跟円広膞傭柔濡　膝円不現如金柱
頭髪青細潤不乱　其身芬馨如香歛
毛孔常出妙栴檀　口中亦出青蓮香
身体柔濡迦天衣　象牛馬幡魚園文
心無諂曲信慚愧　知時方便摂王意
坐起言語得王意　衆好円備如天女
天衣鬘香荘其身　歌舞戯咲令王喜

釈曰。賢位輪王者。仁王経云。十善菩薩。発大心長別三界苦輪海。

中下品善粟散王。上品十善鉄輪王。習種銅輪二天下。銀輪三天下性種性。道品堅徳転輪王。七宝金光四天下。准経。十善鉄輪。十住銅輪。十行銀輪。十廻向金輪。故四輪王在三賢位。順正理云。従此州人寿命。無量乃至八万歳有転輪王生。減八万時有情富楽寿量損減衆悪漸盛。非大人器故無輪王。此王由輪旋転。応道威伏一切。名転輪王。施設足中説有四種。金銀銅鉄輪応別故。謂鉄輪王王一州界。銅輪王王二州界。銀輪王王三洲界。金輪王王四州界。故契経言。善王生在刹帝利種紹灌頂位。於十五日受斉戒時。沐浴首身受勝斉戒。升高台殿臣僚輔翼。東方忽有金輪宝現。余転輪王応知亦尓。輪王如仏無二倶生。一切輪王皆無傷害。令伏得勝已各安其所居。勧導令脩十善業道。故輪王死定得生天。経説。輪王出現於世。便有七宝出現世間。所謂輪宝象宝馬宝珠宝女宝主蔵臣宝主兵臣宝。象等五宝有情所摂。珠輪二宝乃是非情。輪説輪王不言賢。依経通会賢聖応知。四種輪王差別如後。並依正理論。金輪王者。謂金輪王諸小国王各自来迎。我等国土豊饒安穏。唯願大王親垂教勅。銀輪王者。若銀輪王自往彼土。威厳近至彼方臣伏。銅輪王者。銅輪王至彼国已。宣威競徳彼方推勝。鉄輪王者。若鉄輪王亦至彼国。現威列陣尅勝便止。

又聖位金輪王者。仁王花厳並云作閻浮提王。瑜伽論云作転輪王居瞻部州王四天下。起世経中但言聖王不指初地。彼経云。閻浮提内転輪聖王出現世時。王四天下行十善法具七瑞宝。一金輪宝。千輻轂輞内外金色。能伏未伏為輪王。故於此州中択最勝地。東西七由旬南北十二由旬。即於其夜諸天即来下造立宮殿。金銀瑠璃頗梨四宝厳飾。二象宝。名潔純白。六牙七支柱地。三馬宝。名長毛。色青体潤並能騰空。動不移時周四天下。四珠宝。毗瑠璃色流出光明。五女宝。進止姝妙楽観無厭。六主蔵臣宝。報得天眼洞見伏蔵。七兵将宝。善理四兵行走集散合王心。正法念経七宝同此。然一一宝功用倍多。起世又云。輪王終歿七宝皆隠。四種宝城変為塼土。人民減少磨滅須臾。聖位輪王風化如後。正法念経云。殊具八徳。百由旬内心行正直。一切所求皆悉満足。起世経云。此閻浮提清浄平正。無有荊棘及諸丘坑。又云。世間種々資産豊饒。珎琦衆宝无不具足。又云。無有坑坎廁溷雑穢。大小便利地自開合。又云。此閻浮提皆悉快楽。人民熾盛穀食豊饒。又云。常於夜半興雲注雨。有清涼風潤沢流散。又云。此閻浮提一切土地。自然沃壌欝茂滋液。

十住論云。第二地菩薩住此地常作転輪王。第二地於十地中名為離垢。慳貪十悪根本。永尽故名為離垢。菩薩於是地中深行尸羅波羅蜜。是菩薩若未離欲。此地果報因縁故。作四天下転輪聖王。得千輻金輪種々珎宝荘厳其輞。瑱琉璃為轂周円十五里。百種薬叉神所共守護。能飛行虚空導四種兵。転軽捷迅疾如金翅鳥王。如風如念。所詣之処滅諸衰患降伏怨賊。一切小王皆来帰伏。親族人民莫不愛敬。普能照明聖王姓族。種々花鬘瓔珞間錯荘挍。五種伎楽常随逐之。奇妙宝蓋羅覆其上。行時有種々華香砕末栴檀常而供養。焼真黒沈水牛頭栴檀黄栴檀以塗其身。其輪両辺天女執持白払侍立。種々珎宝以為其蓋。其輪有種々希有之事而用荘厳。是名金輪宝具足一切。象相身大而白如真銀山。生出神嶽大象衆中能飛行虚空。伊羅婆那安闍那王摩那等諸大象王皆能摧却。是名白象宝具足。馬相色如孔雀頸。其体疾如金翅鳥王飛行无导。是名馬宝。貴家中生身無疾病。有大勢力形躰浄潔。憶念深遠直心柔軟。持戒堅固深敬愛王。能通達種々経書伎術。是名主兵臣宝。如財主天王富相具足。千万億種々諸宝伏蔵常随逐行。千万億種諸薬叉神眷属随従。皆是先世行業之報。善知分別金銀帝青大青金剛摩羅竭車渠馬瑙珊瑚頗梨摩尼瑱珠流璃等種々宝物。悉能善知出入。多小随宜能用能満王願。是名居士宝。光明如日月照十六由旬。形如大鼓能滅種々毒虫悪気疾病苦痛。人天見者莫不珎愛。好花瓔珞以為荘厳。処在高幢威光奇特。能令衆生発希有心生大歓喜。是名珎宝。其手抓甲紅赤而薄。其形脩直高隆。潤沢不肥不痩。身肉次第肌膚厚実。細密薄皮不堪苦事。身安堅牢如多羅樹。身上処処吉字明了吉樹文画。荘厳其身。象王牛王馬王画。文幡蓋文魚文薗林等文。現其身上。踝平不現足如亀背。足辺倶赤跟円広。蹲腨柔軟。膝円不現。髀如金柱如芭蕉樹。如象王鼻濡沢光潤膞円而直。横文有三。腹臍不現斉円而深。脊背平直。乳如頻婆菓如雙鴛鴦。円起不垂柔軟鮮浄。又其臂繊膞円且長節隠不現。其鼻端直不臑現出不大不小孔覆不現。両頬不深平満不高両辺倶満。額平而長有吉画文。耳濡而垂著無賈環。歯如真珠貫如月初生如雪如珂。脣如丹霞如頻婆菓。上下相当不麁不細如赤珠瑱貫。眼白黒精二色分明荘厳長広光明清浄。其睫青稗長而不乱。眉毛不厚不薄不高不下。如月初生高曲而長両辺相似。髪而細潤沢不乱。其身芬馨常有香気如開種々上好香歛。身諸毛孔常出真妙栴檀香能悦人心。口中常有青蓮花香。身躰柔軟如迦陵伽天衣。細滑之事一切具足。心無諂曲直信慚愧深愛敬王。知時知方善有方便摂取王心。坐起言語能得王意。随王意行常出愛語。如人間徳女衆好具足。色如提盧多摩天女。清浄分明如月十五日。画文炳現如帝釈夫人舎脂著天文衣鬘。天香多以天光明金摩尼珠荘挍其身。善知歌儛伎楽娯楽戯咲之事。善有方便随意能令王発歓喜。一切女中是女為最。是名玉女宝。又転輪聖王有四如意徳。一者色貌端政於四天下第一無比。二无病痛。三人民深愛。四寿命長遠。教誨衆生以十善業。能令諸天宮殿充満。能滅阿脩羅衆。能薄諸悪趣増益善処。能為衆生多求利事。有所施作不用兵仗。以法治化天下安楽。外无敵国畏内無陰謀畏。又其国内無疫病飢餓及諸災横衰悩之事。一切辺王皆所帰伏。多有眷属能疾摂人。更無有能侵害国界。其四種兵勢力具足。諸婆羅門居士庶人皆共愛敬。甘香美食自然而有。国界日増无有損減。善能通達経書伎藝竿数呪術皆悉受持。巧能論説分別義趣。群臣具足悉有威徳。常行財施無能及者。千子端政如諸天子。威徳勇健能破強敵。所住宮殿堂閣楼観。如四天王帝釈勝殿。王所教誨无有能壊。於四天下。唯有此王威相具足故。無能及者。音声深遠易聴易解。不散不乱如迦羅婆頻伽鳥。美濡和雅聞者悦耳。眷属同心不可俎壊。所住之処地水虚空無障無导。威力猛士能堪大事。念問耆老不欺誑人。心无妬嫉不忍非法无有瞋恨。威議安詳而不軽躁。所言誠実未曾両舌。行施持戒常含咲。未曾皺眉悪眼視人。退失利者為之作利。已有利者令深知報。懐慚愧心有大智慧。威徳尊厳而能忍辱。大丈夫相其性猛厲。諸所為事疾能成辨。先正思量然後乃行。王有法眼所為殊勝。善思量者乃与従事。若不任者更求賢明。善集福徳財物清浄。能自防護不破禁戒。多饒財宝如毗沙門王。有大勢力如天帝釈。端厳可愛猶如満月。能照如日。能忍如地。深心如海。不為苦楽之所傾動。如須弥山王風不能揺。諸宝妙事之所住処。諸善福徳之所依止。是諸一切世間親族。諸苦悩者之所帰趣。無帰作帰无舎作舎。有怖畏者能除怖畏。転輪聖王有如是等相。

秘密曼荼羅十住心論巻第二

承安四年四月十二日書写畢　二校了

秘蜜漫荼羅十住心論巻第三

嬰童無畏住心第三

夫蠰虫非定蠰。鯤魚不必鯤。出泥乍払虚空。搏水忽臥風上。羝羊之人譬之。愚童之心亦如。羝羊無自性故遷善。愚童内熏力故厭苦。至如護戒生天堂修善脱地獄。悪下之心稍発欣上之願。初起於是。求帰依彼天竜尽虔誠此神鬼。仰抜苦悲祈与楽眄。影随形而直響逐声而応。三途苦果畢前因出。四禅楽報感今縁昇。因果不可不信。罪福不可不慎。鍾谷之応良有以也。嬰童抛初心得名。無畏約脱縛樹称。

故文云。復次秘蜜主彼護戒生天。是第七受用種子。復次秘蜜主以此心生死流転。於善友所聞如是言。此是天大天与一切楽者。若虔誠供養一切所願皆満。所謂自在天梵天。乃至彼聞如是心懐慶悦。殷重恭敬随順修行。秘蜜主是名愚童異生々死流転無畏依第八嬰童心。〈此明護戒帰依三宝外。〉

釈云。復次秘蜜主彼護戒生天是第七受用種子者。謂已能造斉施見其利益。即知三業不善皆是衰悩因縁。我当捨之護戒而住。由護戒故現世獲諸善利。有大名聞身心安楽。倍復増広賢善命終而得生天。

譬如種果已成受用其實。故曰受用種子也。又云。從一種子而成百千果実。是一々果実復生若干。展転滋育不可勝数。今此受用果心。復成後心種子亦復如是。故曰受用種子也。経云。秘蜜主以此心生死流転於善友所聞如是言。此是天大天与一切楽者。若虔誠供養一切所願皆満。所謂自在天等。乃至彼聞如是心懐慶悦殷重恭敬随順修行。秘蜜主是名愚童異生々死流転無畏依第八嬰童心。已知。尊行之人宜応親近供養。又見持戒能生善利。即是漸識因果。今復聞善知識言有此大天能与一切楽。若虔誠供養所願皆満。即能起帰依心也。雖未聞仏法。然知此諸天因修善行得此善報。又漸解甄別勝田。復聞仏法殊妙必能帰依信受。故為世間最上心也。問曰。前説自在天等皆是耶計。今復云帰依此等是世間勝心。与前何有異耶。答曰。前是不識因果之心。但計諸法是自在天等所造。今由善根熟故。於生死流転中求無畏依。欲効彼行因冀成勝果故。不同前計也。商羯羅是摩醯首羅別名。黒天梵音嚕捺羅。是自在天眷属。竜尊是諸大竜。倶吠羅等皆世所宗奉大天也。梵天后是世閒所奉尊神。然仏法中梵王離欲無有后妃。従波頭摩以下。所謂得叉迦竜。和修吉竜。商佉竜。羯句擿剣竜。大蓮花竜。倶里剣竜。摩訶泮尼竜。阿地提婆竜。薩他竜。難陁等竜皆是世間所奉尊神也。天仙謂諸五通神仙。其数无量。故不列名。囲陁是梵王所演四種明論。大囲陁論師是受持彼経能教授者。以能開示出欲之行故応帰依也。於彼部類之中。梵王猶如仏。四囲陁典猶如十二部経。伝此法者猶如和合僧。時彼聞如是等世間三宝歓喜帰依随順修行。是第八生死凡夫無畏依也。

又云。秘蜜主。世間因果及業若生若滅繋属他主空三昧生。是名世間三昧道者。釈云。謂一切世間三昧。以要言之。至於究竟之処皆滅壊因果及従因辨果時所有作業。謂此三事若生若滅皆繋属於他。々謂神我也。所以然者。若行人不解正因縁義而修證諸禅。必当計著自心以為内我。彼見世間万法因心而有則謂由神我生。設令不依内我必依外我。即是自在梵天等也。若深求此中至賾。自然撥除因業唯我性独存。乃至无一法入心而證空定。最是世間究極之理。是故垂尽三有還堕三途。雖於禅定中発種々世間勝智具五神通。研其宗趣終帰是処故。以斯一印。統収一切世間三昧道。〈此表諸外道世間三昧〉

外道有九十六種大外道九万三千眷属外道。捴為十六。

十六外道嘔陁南

因中有果雨際計　従縁顕了数声執
去来実有勝与時　計我実有特子等
計常論者伊師迦　全分有無倶非常
静慮天眼計実常　無繋計宿餓投巌
自在変化世間因　丈夫時等不平因

害為正法為食肉　上下有辺々無辺
不死矯乱秘不別　諸法無因依定尋
欲界人天色静慮　无色細色断滅無
空見論者一切無　依尋定等如是説
闘諍劫時浄行者　我是最勝余下劣
計清浄者浴殑河　或持狗戒露灰等
吉祥論者博食時　為事不成供日月

釈曰。第一執因中有果論者。梵云伐利沙。此云雨際。即劫毗羅僧佉弟子。雨際外道計因常恒具有果性。第二計従縁顕了論者。此二別。一数論外道。計法体自本有従衆縁顕。二声論外道。計声体是常而但従縁宣吐顕了。第三計去来実有論者。此二別。一勝論。二時論外道。計有過去計有未来。其相成就猶如現在実有非仮。第四計我実有論者。即彼数勝離繋獣主赤衣遍出。計即離薀。非即非離犢子部等。並我実有而是一常。第五計常論者。伊師迦外道等。計全常分常有想常無想常倶非常。由依静慮起宿住智。及由天眼妄計実常。第六計宿作論者。謂無繋外道。彼所計執世間士夫現所受苦皆由宿作悪為因。由勤精進吐旧業。故自餓投巌脩諸苦行。第七計自在論者。凡諸世間士夫所受。彼計以自在変化為因。或余丈夫時方本際自然虚空極微我等不平等因。第八計害為正法論者。謂諍競劫諸婆羅門為欲食肉妄立論言。若於祠中害諸生命能祀。所害若諸助伴皆得生天。第九計辺無辺等論者。謂即依止諸静慮故。於彼世間住有辺想。住無辺想倶不倶想。上下有辺於傍無辺。第十計不死矯乱論者。謂四種不死矯乱外道。若有人来問世出世道。彼便称云。我事不死浄天。浄天秘蜜不応記別等。第十一計諸法無因見論者。謂無因外道。謂依静慮及依尋伺。計一切法无因而起。我及世間皆无因生。第十二計断論者。謂計七事断滅。欲界人天色四静慮麁四大色如病如箭。四無色処細色如癰。若我死後断滅无有。第十三計空見論者。謂依尋伺或依静慮。断見外道。起如是見。計無因果无有施与。无有祠祀。定無妙行及与悪行二業果報。乃至世間無真羅漢。第十四計最勝論者。謂闘諍劫諸婆羅門是最勝種。刹帝等是下劣種。諸婆羅門是梵王子。腹口所生。余則不尓。第十五計清浄論者。謂有妄計。於殑伽河等沐浴支体。所是諸悪悉皆除滅第一清浄。復有外道計。持狗戒或持油墨戒。或持露形戒。或持灰戒。或持自苦戒。或持糞穢戒。及現涅槃計為清浄。第十六計吉祥論者。謂依尋思或依静慮。但見世間日月博食星宿失度為事不成故。勤供養日月星等。大誦呪安置茅草。謂暦数者作如是計。

次明修定。

定者梵云禅那。旧云思惟修亦云功徳林。新云静慮義翻為定。謂於所観境令心々所専注為性。若云三昧耶此云等持。若云三摩地此云等至。若云三摩呬多此云等引。若云三摩鉢底三摩鉢帝此云均等。

皆是定也。地繋有八四禅四空。界繋有二謂色无色。有多差別唯辨異生。〈自下依順正理論。瑜伽文同之〉初静慮者。正理論云。世俗無間惣縁欲界麁苦障三随一行相。諸解脱道縁初根本静妙離三随一行相。謂上中下。随三品因当生三天処。第二静慮者。論云。世俗無間惣縁初禅麁苦障三随一行相。諸解脱道縁二静慮静妙離三随一行相。謂上中下。随三品因当生三天処。第三静慮者。論云。世俗無間惣縁二禅麁苦障三随一行相。諸解脱道縁三静慮静妙離三随一行相。謂上中下。随三品因当生三天処。第四静慮者。論云。世俗无間惣縁三禅麁苦障三随一行相。諸解脱道縁四下三浄妙離三随一行相。謂上中下。随三品因当生三天処。無色界者。処別有四。倶舎論云。世俗無間及解脱道。如次能縁下地上地為苦麁障及静妙離。彼四近分離下地染。第九解脱道現在前時。必入根本。受無異故。色四静慮能化十四心。無色界中有定無通故。

次明三界諸天。

亦是嬰童之心。故経云。彼護戒生天是第七受用種子。言護戒生天且有三種。一外道護戒生天。二二乗護戒生天。三菩薩護戒生天。今明異生。天有廿八種。大分為三。一欲界。二色界。三無色界。

三界諸天惣頌。

欲色無色三界天　欲界六天色十八
無色界天有四種　魔波旬天在欲頂
月日星等遊空天　四王所摂乗風転

欲界九天因頌〈四天王天中分日月星三天故為九。〉

下品三種修十善　得生星月日天宮
中品三種十善戒　四忉時分三天処
上品三種十戒業　得生覩楽他化天
如是九種欲界天　皆従三々十善来

六天身量寿命成婬頌。

四忉夜覩楽他化　如是六天初生時
五六七八九十歳　如是形体膝化生
身長半里一々半　二里二半及三里
人間五十及百年　為一昼夜成月歳
以是日月数年歳　四王五百忉一千
自上四天寿命等　重々倍増応当知
六欲諸天皆染心　四忉地居形交婬
時分相把覩執手　化楽相咲他化視

欲界六天去海数量伽陀。

四王四万由　忉利八万旬
時分十六万　覩史三十三
化楽六十四　他百廿八万
如是六欲天　去海一々倍

初二地居天　後四雲為地

初欲界有六天。一四天王天。二忉利天〈已上二為地居天〉。三夜摩天。四覩史天。五化楽天。六他化自在天〈已上四為空居天〉。第一四天王天亦有三種。一下三層級。二日月星宮。三四大王天。一明下三層級者。倶舎論云。蘇迷盧山有四層級。始従水際尽第一層。相去十千踰繕那量。第二第三層亦各十千量。此三層級傍出囲繞。最初層級出十六千。第二第三八四等千量。最下薬叉神名堅手所住。持鬘住第二。恒憍住第三。此三皆是四大天王之所摂。起世経云。鉢手薬叉宮。縦広六十由旬。上二如次四十二十由旬。七重欄楯七宝所成。樹林池沼衆鳥和鳴。四大王天処及帝釈等宮青衣薬叉。並皆此類大力鬼也。二明日月星宮。是亦名遊虚空天。古名逝宮。智度論云。脩下之下品十善生諸星宮。修下之中品十善生於月宮。修下之上品十善生於日宮。并施燈明等。倶舎論云。日月衆星斉妙高半。依風而住。謂諸有情業増上力。共引風起繞妙高山。空中旋環。運持日等令不停墜。日五十一踰繕那。月五十踰繕那。星最小者唯一倶盧舎。其最大者十六踰繕那。日輪下面頗胝迦宝。火珠所成能熱能照。月輪下面頗胝迦宝。水珠所成能冷能照。唯一日月普於四州。夜半日没中昼夜有増減。四大王天々衆所住。若空居者住日月等宮。若地居天住妙高層級。七金山上亦有天居。是四天王所部村邑。身量寿量同四王天。三四大王天者。起世経云。妙高半腹東面。提頭頼吒天王宮名上賢。南面毗勒博叉天王宮名善現。西面毗婁勒叉天王宮名善現。北面毗沙門天王。彼有三宮。一名毗舎羅婆。二名伽婆鉢帝。三名阿荼盤多。此諸宮等並皆縦広六十由旬。七重欄楯七宝所成。若異生等修中之下品十善則生其中。倶舎論云。蘇迷盧山第四層級。去海四十千。傍出二千量。四大王天及眷属共所住止。又云。於中最下依地居天。形交成婬与人無別。随彼天中男女膝上。有童男童女欻尓化生。彼天初生如五歳人。生已身形速得成満身長半里。其寿量者。人間五十年為彼一昼夜寿五百歳。依花開合諸鳥鳴静天衆寤寐建立昼夜。彼不放逸当生自上。若放逸者便退堕故。二明忉利天。忉利天者此云三十三天。倶舎論云。去海八万踰繕那。三十三天住蘇迷盧頂。其頂四面各八十千。山頂四角各有一峯。高広量等五百踰繕那。有薬叉神名金剛手。止住其中守護諸天。於山頂上有善見堂。面二千五百周万踰繕那。金城量高一踰繕那半。其地平坦赤金所成。倶用百一雑宝厳飾。是天帝釈所都大城。中殊勝殿。面二千五十周千由旬。城外東北有円生樹。三十三天受欲楽処。外西南角有善法堂。諸天時集詳論如法不如法事。起世経云。帝釈宮外有三十三天宮。若異生等修中之中下品十善則生其中。倶舎又云。於中第二依地居天。形交成婬与人無別。随彼天中男女膝上。有童男女欻尓化生。初生如六歳人。生已速成身長一里。其寿量者。人間一百年為彼一昼夜寿命千歳。依花開合諸鳥鳴静天衆寤寐建立昼夜。彼不放逸当生自上。若放逸者便退堕故。三夜摩天者。此云時分。依倶舎論去海十六万踰繕那。此天依空宝雲為地。若異生等修中之上品十善則生其中。倶舎論云。夜摩天衆纔抱成婬。堕彼天中男女膝上。有童男女欻尓化生。彼天初生如七歳人。生已速成長一里半。彼不放逸当生自上。若放逸者便退堕故。四都史多天者。此云知足。依倶舎論去海三十二万踰繕那。宝雲為地。下天放逸上天闇鈍。故云知足。一生補処菩薩当生其中。若異生等修上之下品十善則生其中。倶舎云。執手成婬。随彼天膝上。有童男女化生。初生如八歳人。速成長二里。彼不放逸当生自上。若放逸者便退堕故。五化楽天者。倶舎論云。去海六十四万踰繕那。宝雲為地。楽受自化諸妙欲境。彼於自化妙欲境中自在而転。若異生等修上之中品十善則生其中。楽変化天唯相向咲々即成婬。謂彼天膝上有男女化生。初生如九歳人。速成長二里半。彼不放逸当生自上。若放逸者便退堕故。六他化自在天者。依倶舎論去海一百二十八万踰繕那。宝雲為地。彼於他化妙欲境中自在而転。故曰他化。欲界頂也。若異生等修上之上品十善則生其中。他化自在相視成婬。堕彼天膝上有男女化生。初生如十歳人。速成長三里。彼不放逸当生自上。若放逸者便退堕故。魔波旬天者。起世経云。他化天上初禅之下。於中有魔波旬宮殿。身光劣上勝下。威力自在与仏捔力。属他化摂更不別開。

第二明色界。

色界四禅十八天伽陀。

色界十八諸天等　皆由三種因縁生
梵衆梵輔大梵天　此是三天名禅初
宝雲為地无天女　色界天中无昼夜
身長半一々由半　寿命半劫一々半

第二静慮。

少光無量極光浄　如是三天為二禅
厭下有漏麁苦障　欣二根本静妙離
下中上順生三天　身二四八踰繕那
寿量二四八大劫　生上退下由放不

第三静慮。

少浄無量遍浄天　如是三天名三禅
厭下有漏麁等三　欣三五支静等三
身長十六三十二　六十四踰繕那量

第四静慮。

無雲福生広果天　無想無繫無熱天
善現善見色究竟　此是九天名第四
初三異生厭与欣　下中上住生初三

十八禅支頌。

初三各五支　二四各有四

尋伺喜生定　捨念知楽禅
初五初五支　二五三根本
浄喜楽一境　捨念各清浄
不苦楽及定　如次二四々

色界十八天去海量伽陁。

二百五十六万　五百一十二万
梵衆輔天如次　大梵住二浄中
一千二十四万　二千四十八万
四千九十六万　少量極三天数
八千百九十二　此是少浄去海
一万六千三百　八十四万由旬
三万二千七百　六十八万踰繕
无量遍浄二天　去海数量配知
六万五千五百　三十六万无雲
三万一千七十　二万由延福生
二十六万二千　一百四十四万
広果天之数量　无想天无別処
五十二万四千　二百八十八万
一百四万八千　五百七十六万
二百九万七千　一百五十二万
四百一十九万　四千三百四万
八百三十八万　八千六百六万
无繁无熱善現　善見究竟五天
如次知去海量　初後二々倍数
四欲三禅諸天　宝雲地四禅无

正理論八十云。生色界者有三縁故。一由因力。謂於先時近及数修為起因故。二由業力。謂先曾造感上地生順後受業。彼業異熟将起現前。勢力能令進起彼定。以若未離下地煩悩必定無容生上地故。三法尓力。謂器世界将欲壊時。下地有情法尓能起上地静慮。以於此位所有善法由法尓力皆増盛故。諸有生在色界之中起静慮時。由上二縁及法尓力。若生欲界起上定時。一々応知加由教力。由教力者謂人三州。天亦応聞微故不説。倶舎十一云。色界天衆。於初生時身量周円具妙衣服。一切天衆皆作聖言。謂彼言詞同中印度。又云。色界天中无昼夜別。但以劫数知寿短長。彼劫寿短長与身量数等。謂若身量半踰繕那寿量半劫。若彼身量一踰繕那寿量一劫。乃至身量長万六千寿量亦同万六千劫。

先列静慮天名自下依名具釈。初静慮有三天。梵衆天梵輔天大梵天。第二静慮有三天。少光天无量光天極光浄天。第三静慮有三天。少浄天无量浄天遍浄天。第四静慮有九天。无雲天福生天広果天无想天无煩天无熱天善現天善見天色究竟天。梵衆天者。正理論云。大梵所有所化所領故名梵衆。依論云。去海二百五十六万踰繕那。宝雲為地。若異生等依初近分。世俗无間厭欲有漏。麁苦障三随一行相。諸解脱道欣初根本五支静慮。静妙離三随一行相。離生喜楽下品順住則生其中。身長半踰繕那寿量半劫。即二十中劫大半為劫。生上退下准説応知。梵輔天者。正理論云。於梵王前行列侍衛故名梵輔。准論去海五百一十二万踰繕那。宝雲為地。若異生等依初世道。厭欲有漏。麁苦障三随一行相。諸解脱道欣初根本五支静慮。浄妙離三随一行相。離生喜楽中品順住則生其中。身長一踰繕那寿量一劫。即四十中劫大半為劫。生上退下准説応知。大梵王者。正理論云。広善所生故名為梵。此梵即大故名大梵。由彼獲得中間定故。最初生故最後没故。身長一踰繕那半寿量一劫半。即六十中劫大半為劫。居梵輔天有高台閣。名大梵天。一主所居非有別地。如尊処座四衆囲繞。大梵梵輔寿量身量无尋受等皆有別故。小乗唯凡大乗亦聖故。初静慮地等小千界。

第二静慮三。小光天者。正理論云。自地天内光明最少故名小光。准論去海一千二十四万踰繕那。宝雲為地。若異生等依二近分。世道无間厭下有漏麁三随一。諸解脱道欣二根本四支静慮静三随一。定生喜楽下品順住即生其中。身長二踰繕那寿量二劫。自此已上大全為劫。生上退下准説応知。無量光天者。正理論云。光明殊勝量難測。故名無量光。准論去海二千四十八万踰繕那。宝雲為地。若異生等依二近分。世道無間厭下有漏麁三随一。諸解脱道欣二根本四支静慮静三随一。定生喜楽中品順住即生其中。身長四踰繕那寿量四劫。生上退下准説応知。極光浄天者。正理論云。浄光遍照自地処。故名極光浄。准論去海四千九十六万踰繕那。宝雲為地。若異生等依二道分。世道厭下麁三随一。諸解脱道欣二根本四支静慮静三随一。定生喜楽上品順住即生其中。身長八踰繕那寿量八劫。生上退下准説応知。第二静慮等中千界。

第三静慮三天。小浄天者。正理論云。意地受楽説名為浄。於自地中此浄最劣。故名小浄。准論去海八千一百九十二万踰繕那。宝雲為地。若異生等厭下有漏麁苦障三随一。欣三根本五枝静慮静妙離三随一行相。離喜楽定中下品順住即生其中。身長十六踰繕那寿量十六劫。生上退下准説応知。无量浄天者。正理論云。此浄転増難測故名無量浄。准論去海一万六千三百八十四万踰繕那。宝雲為地。若異生等厭下有漏麁三随一。欣三根本五支静慮静三随一。離喜楽定中品順住即生其中。身長三十二踰繕那寿量三十二劫。生上退下准説応知。遍浄天者。正理論云。此浄周普故名遍浄。意顕更無楽能過此。准論去海三万二千七百六十八万踰繕那。宝雲為地。若異生等厭下有漏欣三根本五支静慮。離喜楽定上品順住即生其中。身長六十四踰繕那寿量六十四劫。生上退下准説応知。第三静慮等大千界。

第四静慮九天。无雲天者。正理論云。以下空中天所居地如雲密合。

故説名雲。此上諸天更無雲地。在无雲首故説無雲。准論去海六万五千五百三十六万踰繕那。若異生等厭下欣上四支静慮。下品順住即生其中。身長一百二十五踰繕那寿量一百二十五劫。身寿倶減三者。異受順究竟故。生上退下准説応知。故自上名不動離八災患故名。福生天者。正理論云。更有異生勝福。方所往生故説名福生。准論去海十三万一千七十二万踰繕那。若異生等依四近分。厭下有漏麁三随一。欣四根本四支静慮静三随一。中品順住即生其中。身長二百五十踰繕那寿二百五十劫。生上退下准説応知。広果天者。正理論云。居在方所異生果中此最殊勝故名広果。准論去海二十六万二千一百四十四万踰繕那。若異生等依四近分。厭下有漏麁三随一。欣四根本四支静慮静三随一。上品順住即生其中。身長五百踰繕那寿量五百劫。生上證寂准説応知。無想天者。倶舎論云。有法能令心々所滅。想為滅首名无想天。謂広果天有高勝処。異生外道依後静慮。彼執無想為真解脱。起出離想而修此定。々是善故能招彼天。身量寿量同広果。故従彼没已必生欲界五趣不定。先修定行勢力尽故。於彼不能更修定故。如箭射空力尽堕故。無繁天者。正理論云。繁謂繁雑或謂繁広。无繁雑中此最初故。繁広天中此最劣故。准論去海五十二万四千二百八十八万踰繕那。楽恵上流為三縁故。受生現楽遮煩悩退。必先雑修第四静慮。如是有漏中間刹那。前後刹那无漏雑故。下品三心生无繁故。無熱天者。正理論云。已善伏除雑修静慮上中品障。意楽調柔離諸熱悩故名无熱。准論去海一百四万八千五百七十六万踰繕那。楽恵上流為三縁故。以彼等根最堪能故。諸楽行中彼最勝故。如是有漏中間刹那。前後刹那無漏雑故。中品六心生無熱故。善現天者。正理論云。已得上品雑修静慮。果位易彰故名善現。准論去海二百九万七千一百五十二万踰繕那。楽恵上流為三縁故。受生現楽遮煩悩退。必先雑修第四静慮。以彼等根最堪能故。諸楽行等彼最勝故。如是有漏无漏雑故。上品九心生善現故。善見天者。正理論云。雑修定障余品至微見。極清徹故名善見。准論去海四百一十九万四千三百四万踰繕那。楽恵上流為三縁故。受生現楽遮煩悩退。必先雑修第四静慮。以彼等根最堪能故。諸楽行中彼最勝故。如是有漏无漏雑故。然上勝品十二心現前生善見故。阿迦膩吒天此云色究竟天。々々々々者。正理論云。更無色処於有色中能過於此名色究竟。准論去海八百三十八万八千六百六十踰繕那。楽恵上流為三縁故。以彼等根最堪能故。諸楽行中彼最勝故。如是有漏无漏雑故。然上極品経十五心生究竟。故此色界頂上無色故。

第三明無色界。自下准明異生。

無色界天伽陁。

空識無所非々想　如是四処名无色
依空識無近无間　厭下有漏麁等三
欣空識無静等三　四蘊為身生其中

非想異生如是念　唯有非想非々想
与上相違寂静妙　此是解脱生其中
寿二四六八万劫　三処上退亦逸不
非々一処必生下　如箭射空力尽堕

正理八十云。生無色惣有二縁。一由因力。二由業力。具引如前。諸有生在上二界中起無色定。由因業力非法尓力。无雲等天不為三災之所壊故。若生欲界起無色定於前二上加由教力。准上応知。無色所居及有无色。大小乗等所説不同。起世経云。阿迦尼上更有諸天。名空無辺等。又正理論経部師云。然無色界心等相続無別有依。上座部云。言無色界心与心所更互相依。如三蘆束相依而住。倶舎論一切有云。無色界中都無有処。以無色法無有方所。過去未来無色不住方所理決然故。但異熟生差別有四。謂空無辺等。此四非由処有上下。但由生故勝劣有殊。対法諸師説。彼心等依衆同分及与命根而得相続。大衆部云。然无色界有細色身。阿含経云。舎利弗入涅槃時。色无色天空中涙下如春細雨。波闍波提入涅槃時。色無色天仏辺側立。然大乗唯識論等。許无色界有定果色而无業果通果色。故瑜伽五十三云。无色界中有定境色能変一切故。五十四云。色無色天変身万億共立毛端。花厳経云。菩薩鼻根聞无色界宮殿之香。仁王経云。无色諸天所散之花々如須弥香如車輪。諸師不同具引如上。若言无色容二界中。許有色者何妨色上。

無色界中天処有四。一空无辺処天。二識无辺処天。三无処有処天。四非想非々想処天。一空无辺処者。倶舎論云。修加行時思无辺空。離第四禅生名空无辺処。然異生等依空処近分。諸無間道厭下有漏麁三随一。諸解脱道欣空根本静三随一即生其中。四蘊成身依命根衆同分。寿二万劫。生上退下准説応知。二識无辺処者。倶舎論云。修加行時思无辺識。離空无辺処生名識无辺処。然異生等依識処近分。諸无間道厭下有漏麁三随一。諸解脱道欣識根本静三随一即生其中。四蘊成身依命根衆同分。寿命四万劫。生上退下准説応知。三无所有処者。倶舎論云。修加行時思无所有。離識無辺処生名无所有処。然異生等依无所有処近分。諸无間道厭下有漏麁三随一。諸解脱道欣无所有根本静三随一即生其中。四蘊成身依命根衆同分。寿六万劫。生上退下准説応知。四非想非々想者。倶舎論云。由想昧劣。謂无明勝想得非想名。有昧劣想故名非々想。然異生等依非想非々想処近分。修加行時作如是念。諸想如病如箭如癰。若想全无便同癡闇。唯有非想非々想中与上相違寂静美妙。解脱道満即生其中。四蘊成身寿八万劫。此為有頂後生下故。

此是天乗有二種義。一浅略二深秘。初浅略如前説。深秘者後真言門是也。所謂嬰童无畏住心者。是所謂天乗。若只解浅略義。則沈淪生死不得解脱。若解真言実義。則若天若人若鬼畜等法門皆是秘密仏乗。故文云我則天竜鬼等云々。言我則大日如来。大日経有諸天人鬼等真言。其数无量。如是真言五字為本。彼五字真言曰。

[illegible]

初字如々上有空点。即如々不可得同於大空。具説如別。

又有諸世天等普明心真言。

[illegible]

若広説者。三界中廿八種天各々有真言。若略摂者皆摂此一真言。外金剛部雖其数无量。而摂五類八部尽。嚧迦嚧迦世間。即是暗冥之義所謂无明。此字俱皆有阿声。即本無義。無暗即是真実明也。阿嚧迦者明。迦羅作也。所謂是照義作明也。以作明相現此八部等普現之身。而除彼暗使作明行令世間明。薩縛一切。提婆天。那伽竜。夜乞叉健闥嚩阿修羅掲嚕荼緊那羅摩呼羅伽。並八部名。你等諸部摂。訶嘌馱夜心。那也迦沙也摂也。摂此八部等心而令作明。費只多羅掲帝種々行也。亦是巧色之義。随類示現一切可愛楽身名巧色。亦是雑色義。以種々行種々雑色法門。為除世間之暗。即是諸明中無比義。

顕句義如是。若深秘釈。一々字皆以字門義釈。且初𑖀一字為体。即是一切諸法相義為字相。字義者。一切諸法相不可得義。言一切世間縁起之法具種々色種々形種々相。若入阿字門悉離一切相。離相之相无相不具。是則法身普現色身。各々具四種曼荼羅。若有衆

生能解此義。則世天真言与大日真言无二无別。若不解深秘則触途為縛。不得出生死證解脱。一々字門応如是釈。所有人天外道等无量法教。皆悉摂一𑖀字真言尽。誦此一字即為持一切人天法門。若解深秘義。従此門則證法界身。

故経云。世尊得一切智々。為无量衆生広演分布。随種種趣種種性欲。種種方便道宣説一切智智。或声聞乗道。或縁覚乗道。或大乗道。或五通智道。或願生天。或生人中及竜夜叉乾闥婆。乃至説生摩睺羅伽法。各々同彼言音。住種種威儀。而此一切智々道一味。所謂如来解脱味。云。又現執金剛普賢蓮華手菩薩等像貌。普於十方宣説真言道句法。所謂初発心乃至十地次第此生満足。言等者。八部天鬼等外金剛部也。

又大毘盧舎那如来。説諸仏菩薩天竜鬼等真言印訖。即告秘密主言。如是上首諸如来印。従如来信解生。即同菩薩之標幟。其数无量。乃至身分挙動住止。応知皆是密印。舌根所転衆多言説応知皆是真言。

秘密曼荼羅十住心論巻第三

承安四年五月十二日書写畢　二校了

秘密曼陁羅十住心論巻第四

唯蘊无我住心第四

初大意者。夫尺蠖申而還屈。車輪仰而亦低。非想八万上射空下堕。外道三昧欲尽有還没。雖願出欲之術。未得断縛之剣。不解人我之空。何覚法空之理。是故流転生死不得涅槃。大覚愍其如是説解脱道。遮生空於唯蘊。譬我倒於幻炎。二百五十戒防身口非。三十七菩提習身心善。告時則三生六十。示果則四向四果。説識唯六種。摂法則五位。四諦四念瑩其観。六通八解得其證。厭怖生死灰滅身智。欣仰湛寂等同虚空。是則声聞自利之行果。羊車出欲之方便。大躰如此。

二摂教者。大日尊告秘密主言。越世間三妄執出世間心生。謂如是解了唯蘊无我。釈云。諸外道等計有我我所。因如是妄執不出生死。雖生非想非非想処還復堕落。故仏為求声聞者説人空法有之理。所謂人則人我等。法則五蘊等法。此唯蘊无我一句中。摂一切小乗法尽。故今声聞乗名唯蘊无我住心。

三明三昧者。大日経云。復次秘密主。声聞衆住有縁地。識生滅除二辺。極観察智得不随順修行因。是名声聞三昧道者。如阿毗曇明。九想八念背捨勝処一切入三三昧等皆名住有縁地。依此等三昧為方便故。令其心恬然而静。得正観察覚世間出世間法皆悉有因有縁。世間以集為因以苦為果。出世間以道為因以滅為果。毗尼中挙要言之。所謂諸法従縁起。如来説是因。彼法因縁尽。是大沙門説也。以知因縁生滅故。滅有无見遠離断常二辺。得真諦智生。故名極観察智。以能極観察故不倒不謬。故名為諦也。従无明至老死。此有故彼有。此生故彼生。乃至輪廻无際。若随此而輪転。名之為順。既見四真諦已。背生死流随行聖道。乃至能自記説我生已尽梵行已立所作已弁不受後有。是名不随順。如是種種不随順行。要三昧為因故。曰得不随順脩行因。声聞三昧。雖復諸部異説種種不同。但合如是法印者即名正行。若无如是印者是名邪行也。

四釈名者。華厳経云。上品十善脩自利行。以智恵狭劣怖三界闕大悲。従他聞声而得解了。故名声聞。

五地位者。大乗同性経云。声聞有十地。一者受三帰地。二者信地。三者信法地。四者内凡夫地。五者学信戒地。六者八人地。七者須陁洹地。八者斯陁含地。九者阿那含地。十者阿羅漢地。是名十種声聞之地。

瑜伽論声聞地与倶舎論広略為異。速即三生遅六十劫。前七方便従浅至深。断見脩惑立四沙門果。五停心四念処四聖諦。七支別解脱戒是其学処也。五停心観者。多貪衆生修不浄観。乃至多尋思衆生修持息観。初不浄観有二。一別二通。

別治四貪者。論云。脩不浄観正為治貪。然貪差別略有四種。一治顕色貪。縁青瘀等修不浄観。二治形色貪。縁被食等脩不浄観。三治妙触貪。縁虫蛆等修不浄観。四治承奉貪。縁屍不動修不浄観。通治四貪者。若縁骨瑣修不浄観。通能対治如是四貪。治多尋伺。言息念者阿那阿波那。謂持息入謂持息出。別相念住者。依已修成満勝止観修四念住。如何脩習四念住耶。観身念住以自共相。謂観於身皆不浄性。観受念住以自共相。一切有漏皆是苦性。観心念住以自共相。一切有為皆无常性。観法念住以自共相。及一切法空无我性。惣相念住者。彼観行者惣観所縁身等四境修四行相。居縁惣雑法念住中観身受心法惣脩无常観。居縁惣雑法念住中観身受心法惣修苦観。居縁惣雑法念住中観身受心法惣脩空観。居縁惣雑法念住中観身受心法惣脩无我観。煗善根者。分位長故。能具観察四聖諦境。及能具脩十六行相。観苦聖諦脩四行相。一无常二苦三空四无我。観集聖諦脩四行相。一因二集三生四縁。観滅聖諦脩四行相。一滅二静三妙四離。観道聖諦脩四行相。一道二如三行四出。頂善根者。如山頂故。此亦如煗此転勝故更立頂名。忍善根者。於四諦理此最勝故无退堕故。然此忍法有下中上。下品忍者。謂具観察四聖諦境。脩十六行具縁三界。中品忍者。欲色无色聖諦行相漸減漸略。乃至二念欲苦諦境。上品忍者。従中无間起勝善根。一行一刹那名上品忍。世第一法。如上品忍欲苦一行唯一刹那。離同類因引聖道生。故名最勝。四沙門法者。諸无漏道是沙門性。懐此道者名曰沙門。以能勤労息煩悩故。須陁洹者。謂縁欲界苦聖諦境。有无漏摂法智忍生。乃至道類智名預流果。斯陁含者。謂欲脩惑断一至六。一往天上一来人間。而般涅槃名一来果。阿那含者。断欲九品。此類有七。行色有五。行无色四。必不還来名不還果。阿羅漢者。謂従初定一品為初。至断有頂第九无間金剛喩定。至尽智生成阿羅漢不受生故。

声聞蔵法門并脩證位次略有八門。第一明廿部異執。第二明所立法門。第三明進修位。第四明断惑依地。第五明所断惑。第六明断惑得果。第七明定不定性。第八明理无大小。

第一明廿部異執者。依宗輪論等。自有廿部。文殊問経頌曰。

摩訶僧祇部　分別出有七
躰毗履十一　是謂二十部
十八及本二　皆従大乗出
无是亦无非　我説未来起

具釈如余。然此廿部摂為六宗。一我法倶有宗。此宗所計我之与法二種皆有。〈此有六部。犢子賢冑正量密林山経量法上部。〉二有法无我宗。此宗所執法則実有我則為无。〈此有四部。一切有多聞雪山飲光部。〉三法无去来宗。此宗所執現法是有去来為无。〈此有七部。大衆鶏胤制多山西山北山化地法藏部。〉四現通仮実宗。此宗計世出世法皆通仮名及以真実。〈此有一部。即説仮部。〉五俗妄真実宗。世法顚倒但有仮名。出世非倒法是真実。〈此有一部。即説出世部。〉六諸法但名宗。此宗所計若世間法若出世法。但有仮名而无実躰。〈此有一部。即一説部。〉

第二明所立法門者。准倶舎等論。惣有七十五法摂一切法尽。惣束此法以為五位。作頌云。

色十一心一　心所四十六
不相応十四　无為法三種

色十一者。五根五境无表色也。五根者。倶舎頌云。

彼識依浄色　名眼等五根

五境者。倶舎頌云。

色二或二十　声唯有八種
味六香四種　触十一為性

无表色者。不可見无躰色。心王一者。倶舎第四云。集起名心思量名意了別名識。王者集起三業得自在故。

心所四十六者。此有六位。一大地法有十。倶舎頌曰。

受想思触欲　恵念与作意
勝解三摩地　遍於一切心

二大善地法有十。倶舎頌云。

信及不放逸　軽安捨慚愧
二根及不害　勤唯遍善心

三大煩悩地法有六。頌云。

癡放逸懈怠　不信惛沈掉

四大不善地法有二。倶舎頌云。

无慚及无愧　唯遍不善心

五小煩悩地法有十。頌云。

忿覆慳嫉悩　害恨諂誑憍

六不定地法有八。頌曰。

尋伺及悔眠　貪瞋与慢疑

不相応十四者。頌云。

得非得同分　无想二滅定
命根与四相　及名句文身

无為法三種者。頌云。

虚空及二滅

此七十五法摂尽三科門。言三科者倶舎頌云。

聚生門種族　是蘊処界義

第三明進脩位者。捴有五位。一順解脱分位〈亦名資糧位〉。二順決択分位〈亦名加行位〉。三見道位。四脩道位。五无学位。

初順解脱分者。解脱即涅槃。躰離諸縛故。此位順彼故得是名。如何種殖解脱分善。謂諸有情生在人中。或施一食或持一戒。深楽解脱。願力所持便名種殖解脱分善。正理云。初脩行者。当於解脱具深意楽。観涅槃徳背生死過。先近善友為衆行本。倶舎二十三云。諸有創殖順解脱分。極速三生方得解脱分。謂初生起順解脱分。第二生起順決択分。於第三生便入聖乃至得解脱。譬如下種苗成結実三位不同。身入法性成就解脱三位亦尒。此言三生拠極速者説。若極遅者即六十劫。非遅非速中間可知。

二明順決択分。於中分二。初明進脩加行。二正明順決択分。初加行有三。一住清浄戒脩習三恵。二脩持身器。三入脩要門。倶舎二十二云。諸有発心将趣見諦。応先安住清浄尸羅。然後勤脩聞所成等。〈等思脩所成也。〉世親釈此三恵相言。謂脩行者依聞至教所生勝恵名聞所成。依思正理所生勝恵名思所成。依修等持所生勝恵名脩所成。

二脩持身器者。論云。身器清浄略由三因。何等為三。一身心遠離。二喜足少欲。三住四聖種。身遠離者離相雑住心。遠離者離不善尋。二喜足少欲者。言喜足者无不喜足。言少欲者謂无大欲。无貪善根以之為性。三住四聖種者。一於衣服喜足聖種。二於飲食喜足聖種。三於臥具喜足聖種。四於有无有楽断煩悩楽脩聖道。皆以无貪喜足為躰。論云。為顕何義立四聖種。為求解脱帰仏出家云云。

三入脩要門者。見道前有七方便。此七方便遊践聖諦。能超生死證涅槃果。一五停心観。二別想念処。三惣想念処。四煗。五頂。六忍。七世第一法。

五停心観者。一多貪者修不浄観。二多瞋者修慈悲観。三多癡者修縁起観。四多著我者修界分別観。五多尋伺者修数息観。以此五種停息其心名五停心。雖有此五入修之要唯有二門。一不浄観二持息念。故倶舎頌云。

入修要二門　不浄観息念
貪尋増上者　如次第応修云云

婆沙云。不浄観持息念。於仏法中為涅槃甘露門云云。此不浄観躰是无貪。縁不浄境対治貪心。従境為名名不浄観。此観能治四種境貪。謂縁靑瘀修不浄観治顕色貪。縁被食等修不浄観治形色貪。縁蟲蛆等修不浄観治妙触貪。縁屍不動修不浄観治供奉貪。若縁骨瑣修不浄観。通能対治如是四貪。

所依地者通依十地。謂四静慮四近分中間欲界。其所縁者唯縁欲界所見顕形。由此故知是人趣中三州除北。若是生法能縁自世。若不生法通縁三世。既与勝解作意相応唯是有漏。有離染得及加行得。若尋増者修持息念。論云。言持息念者。即契経中所説阿那阿波那念。言阿那者謂持息入。是引外風令入身義。阿波那者謂持息出。是引内風令出身義。此観以恵而為躰性。言持息念者。恵由念力観此為境故為名也。此相円満捴有六位。一数二随三止四観五転六浄。広如婆沙等説。

別相念処観者。七方便中第二方便。此別〔相〕念住躰有三種。一自性念住。以聞思修三恵為性。故倶舎云。自性念住以恵為躰。此有三種謂聞等所成。二相雑念住。以恵所余倶有相応法為躰。三所縁念住。以恵所縁七十五法為躰。前説不浄持息是聞思恵。即入修恵之方便門。由此二門心便得定。修舎摩他毗鉢舎那。舎摩他此云止。毗鉢舎那此云観。即是修習定恵二行。以自相共相観身受心法。此身受心法各別自相名為自相。一切苦集有為皆无常性。一切苦集有漏皆是苦性。一切有為之法定空非我性名為共相。身自性者大種造色。受心自性如自名顕。法自性者七十五法中除身受心余六十二法。是即別相法念住境。念住於境令心不散。故名念住。

捴相念者。即七方便中第三方便。以恵為性。彼観行者。居縁捴雑法念住中。捴観所縁身等四境修四行相。所謂无常苦空无我。故名捴相念住。此順解脱分善根。遇仏出世唯人三州方能種之。広如論説。

煗法者。是七方便中第四方便。謂修習捴縁共相法念住。漸次成就至上上品。従此念住上上品後。有順決択分善根生名為煗。以恵為性。此法初起譬如鑽火煗為前相。真智亦尓。義喩相似故立煗名。是法能焼煩悩惑薪。道前相義如火前相。従相立名故名為煗法。此煗善根分位長故。能具観察四聖諦境。乃至具修十六行相。観於苦諦有四行相。謂非常苦空非我。観於集諦有四行相。謂因集生縁。観滅聖諦有四行相。謂滅静妙離。観道聖諦有四行相。謂道如行出。是為十六。具如倶舎。

頂法者。是七方便中第五方便。此前煗善根有下中上品。漸次増長至第三品成満之時。有善根生名為頂法。此法亦以恵為自性。此転勝煗更立異名。前二種善根中此法最勝。故名頂法。或由此是進退両際猶如山頂進向山南退還山北。故名為頂。故婆沙云。煗不受邪教。頂不断善根。忍不堕悪趣。世第一法不作凡夫。倶舎論文稍異也。

忍法者。七方便中第六方便。彼頂善根下中上品。漸次増上至第三品成満之時。有善根生名為忍法。此法亦以恵為自性。四諦能忍可中形於煗頂。此要勝故名之為忍。然此忍法有上中下。下中二品与頂法同。謂観四聖諦境及能具修十六行相。然於下品具卅六。中漸漸略。上品唯観欲界苦諦。与世第一相隣接故。

世第一法者。是七方便中第七方便。此上品忍无間有善根生名為世第一法。此法亦以恵為自性。同上品忍縁欲界苦諦。行修一行相唯一刹那。此有漏故名為世間。形後最勝。故名第一。対前作等无間縁。有士用力離同類因引生聖道為士用果。故名第一。

此四善根亦名順決択分。以修恵為躰。皆依六地。謂四静慮未至中間。欲界中闕无等引故。无色亦无。以无煗等四種善根見道眷属。又无色界不縁欲界故无見道。以見道中欲界之苦先応遍知故。欲界集先応断故。此四善根是有漏故。能感色界五蘊異熟。故涅槃云。是法報得色界五蘊。然為助満作円満因。感得喜楽捨受心心所法色触二処四相及得。不能作牽引因感命根衆同分眼等五根。増背有故。

第四明断惑依地者。四禅三空未至中間九地為依。若次第者。唯依未至地断三界惑尽。若超越者。依四根本未至中間亦皆能断。此所依不定。謂声聞種姓若依未至定起煗。即依此地起頂忍世第一法入正性離生。乃至若依第四静慮起煗。即依此地起頂忍世第一法入正性離生。或復依余地者。若依未至定起煗。彼依初静慮起煗頂忍世第一法入正性離生。乃至第四静慮亦尓。

見所断惑令諸有情堕諸悪趣受諸劇苦。譬如生食久在身中能作種種極苦悩事。是故此惑説名為生。見道能滅故名離生。復次有見等惑。剛強難伏如狩㒑悷。故説名生。見道能滅故名離生。自余之義広如婆沙。

第五明所断惑者。所迷不同有二。理事。迷理煩悩名為見惑。迷於事者名為修惑。迷理惑者。且迷苦諦。起十煩悩。謂身辺二見邪見見取戒禁取貪瞋慢疑无明。迷於集諦起七煩悩。謂邪見見取貪恚慢疑无明。迷於滅諦起七煩悩与集諦同。迷於道諦起八煩悩。謂邪見見取戒禁取貪瞋慢疑无明。迷於事法起四煩悩。謂貪恚慢无明。此欲界中捴有三十六。色界除恚有三十一。所以者何。彼界定地心皆軟滑。无違情事故不起恚。无色亦尓有卅一。迷事煩悩欲界具四。上二界中各三除恚有六。故三界迷理煩悩有八十八。迷事煩悩捴有十種故。三界中捴有九十八使也。

第六明断惑得果者。見道位前順決択分。雖観四諦而由未断見所断惑未見真諦。自此已去以无漏道断迷理惑親見諦理得見道名。此位亦名正性離生。此見道已上聖有廿七。捴頌云。

信見身恵倶　向果各有四
七反家并種　中生有无上
退思護住法　堪達并不動

捴以有為无漏五蘊択滅无為六法為躰。得果二種。一者次第二者超越。且説次第後論超越。次第行者在於忍位。依未至禅修於八諦十六観行。略至唯観於欲界苦。次世第一刹那心後。以苦法忍為无間道。乃至道類智解脱。捴有八无間八解脱。第八无間為近无間。第八解脱一刹那中尽断三界見諦煩悩。唯是无漏頓断九品見所断惑故。修道有二。通用有漏无漏道故證須陁洹果。須陁洹者名為預流。問曰此預流名為目何義。若初得聖道名為預流者。即預流名四向四果八人之従後向前。数応目初向第八人也。又釈八忍中。従後向前数苦法忍応為預流。答此預流名目得初果不目第八。見道位中聖者有二。一随信行二随法行。由根利鈍故立此名。随信行者。由信随行名随信行。随法行者。彼於先時由自披閲契経等法。随行義故。故立此名。

修道位中諸鈍根者転名信解。諸利根者転名見至。欲界修惑有其九品。色界初禅有九品。乃至非想亦有九品。即是九九八十一品。失徳各分九品。謂下下下中下上。中下中中中上。上下上中上上。応知故。此中下下品道勢力。能断上上品障。如是乃至上上品道勢力。能断下下品障。上上品等諸能治徳初未有故。此徳有時上上品等失已无故。欲界修惑九品之中。依未至定断初一品乃至五品名斯陁含向。断第六品第六解脱道起證斯陁含果。唐云一来。此人一来人間而般涅槃故名一来。向天亦尓。薄貪瞋癡。唯有下品三品惑故。断欲界惑七八品者名阿那含向。断第九品尽第九解脱道證阿那含果。唐云不還。必不還来生欲界故。亦名五下結断。那含有七。一中般二生般三有行四无行五上流六楽恵七楽定。楽恵者。生色浄居有五那含是。楽定者。断色界惑生无色界名曰上流。断彼初品而至非想第九品无㝵道来名羅漢向。断彼非想第九惑尽解脱道中證羅漢果。羅漢有六。一退法二思法三護法四安住法五堪達法六不動法。於此六中。前之五種従先学位信解姓生。即此捴名時愛心解脱。要以待時及解脱故。不動法者。此即名為不動心解脱。以无退動及心解脱。亦説名為不時解脱。以不待時及解脱故。此従学位見至姓生。

此羅漢果有二涅槃。一者有余二者无余。断結惑尽身智猶在名曰有余。身智倶亡名曰无余。此之四果捴名沙門。

第七明定不定性者。得応果人有二種別。一定性二不定性。若定性者。住於此位灰身滅智入无余界。不定性者。遇善知識廻心向大。受変易身修於大行終成正覚。瑜伽論疏云。問諸阿羅漢住有余依涅槃界中。住何等心於无余依般涅槃界当般涅槃耶。答於一切相不復思惟。正思真如界漸入滅定滅転識等。次異熟捨所依止。由異熟識无有取故。諸識等不謂得生。余法清浄无為離垢真如法界在。若依此文。一切阿羅漢。於无余依涅槃界中欲般涅槃時。要入滅尽定。方次即般无余涅槃。問若尓恵解脱阿羅漢応不般涅槃。答有二釈。広如疏述。

第八明理无分隔者。宣律師云。原夫大小二乗理无分隔。対機設薬除病為先。故鹿野初唱本為声聞。八万諸天便発大道。雙林告滅終顕仏性。而有聴衆果成羅漢。以此推之。悟解在心不唯教指。故世尊処世深達物機。凡所施為必以威儀為主云云。勝鬘経云。毗尼者即大乗也云云。智度論云。八十部尸羅波羅蜜云云。摩耶経云。年小比丘親於衆中毀呰毗尼。当知是為法滅之相云云。又云。初心大士同声聞律儀。護譏慊戒性重无別云云。大般若経云。仏於鹿野初転法輪。无量衆生発声聞心。无量衆生発縁覚心。无量衆生発菩提心。證於初地二地三地乃至十地云云。

如是文證非一。如上声聞人所修所證也。四阿含等経二百四十部六百一十八巻。摩訶僧祇及根本有部等律五十四部四百十六巻。大毗婆沙発智六足等論三十六部六百九十八巻。是其所宗三藏法門也。我聖朝所見伝数如此。天竺所有甚多。然其要旨不出此。是則所謂羊車也。

喩曰。大日経有声聞真言。真言曰。

初醯字有訶声。是行是喜即声聞行。有伊声即声聞三昧。次覩字有多声。即声聞所入如如也。有鄔声三昧也。次有鉢字。声聞所見第一義諦。帯羅字即小乗所離六塵。帝也乗如之義也。是声聞所乗之乗。毗有縛声。是縛也。縛則煩悩。有伊声則无縛三昧。掲多離也行也。已下怖障義。声聞人厭怖生死極切故。此真言是法仏如来。大悲願力為利有情説之。若有衆生応以此法入道者。令従此門入大悲蔵。是則法界一門法身一徳。若得此意声聞乗即是仏乗无二无別。若不可知者。則菩薩之毒大士之魔。不可不詳。

秘密漫荼羅十住心論巻第四

承安二年三月廿六日書写畢　二校了

秘蜜漫荼羅十住心論巻第五

抜業因種住心第五

抜業因種心者。麟角之所證部行之所行。観因縁於十二厭生死乎四五。見彼華葉覚四相之无常。住此林落證三昧於无言。業悩株杌猶此而抜。无明種子因之〔而〕断。爪犢遙望不近。建声何得窺窬。游泳湛寂之潭。優遊无為之宮。自然尸羅无授而具。无師智恵自我而獲。三十七品不由他悟。蘊処界善不待藍色。身通度人不用言語。大悲闕无方便不具。但自尽苦證得寂滅。

故経云。抜業煩悩株杌无明種子生十二因縁。又云。是中辟支仏復有少差別。謂三昧分異浄除於業生。

釈云。謂十二因縁者。守護国経云。復次善男子。如来於一切静慮解脱等持等至。伏滅煩悩生起因縁皆如実知。仏云何知。謂知衆生煩悩生起。以何因生。以何縁生。滅惑清浄。何因能滅。何縁能滅。此中煩悩生因縁者。謂不正思惟。以此為其因无明為縁。无明為因行為縁。行為因識為縁。識為因名色為縁。名色為因六処為縁。六処為因触為縁。触為因受為縁。受為因愛為縁。愛為因取為縁。取為因有為縁。有為因生為縁。生為因老死為縁。煩悩為因業為縁。

見為因貪為縁。随眠煩悩為因現行煩悩為縁。此是煩悩生起因縁。云何衆生滅諸煩悩所有因縁。有二種因有二種縁。云何為二。一従他聞種種随順法声。二者内心起於正念。復次有二種因有二種縁。能令衆生清浄解脱。謂奢摩他心一境故。毘鉢舎那能善巧故。復次有二種因有二種縁。不来智故。如来智故。復有二種因縁。微細観察无生理故。近解脱故。復有二種因縁。具足行故。智恵解脱現在前故。復有二種因縁。謂尽智故。无生智故。復有二種因縁。随順覚悟真諦理故。随順獲得真諦智故。此是衆生除滅煩悩清浄因縁。如来悉知。復次善男子。煩悩因縁无有数量。解脱因縁亦无有数量。或有煩悩能与解脱以為因縁。観実体故。或有解脱能与煩悩以為因縁。生執著故。

又云。縁覚。観察因果住无言説法。不転无言説。於一切法證極滅語言三昧。

釈云。業者悪業。因則十二因縁。種者无明種子。如声聞極観察智解了唯蘊无我。以厭怖心重故。疾断煩悩自證涅槃。不能分析推求十二因縁実相。辟支仏智恵深利故。能以揔別之相深観察之。見一切集法皆是滅法。此与声聞異。又辟支仏観一切集法皆悉如涅槃相。於種種有為境界中。皆亦戯論風息。能證此二種三昧。故抜業煩悩株杌及无明種子。是則辟支仏学処證処。此抜業因種一句中。悉摂辟支仏乗尽。故縁覚乗名抜業因種住心。

花厳経云。上品十善自利清浄。不従他教自覚悟故。大悲方便不具足故。悟解甚深縁生法故。

大乗同性経云。辟支仏有十種地。一者苦行具足地。二者自覚甚深十二因縁地。三者覚了四聖諦地。四者甚深利智地。五者八聖道地。六者覚了法界虚空界衆生界地。七者證寂滅地。八者六通地。九者徹秘密地。十者習気漸薄地。是名十種辟支仏地。

瑜伽論第三十四云。云何独覚地。当知。此地有五種相。一者種姓二者道三者習四者住五者行。

云何独覚種姓。謂由三相応正了知。一者本姓独覚。先未證得彼菩提時。有薄塵種姓。由此因縁於憒閙処心不愛楽。於寂静処深心愛楽。二者本姓独覚。先未證得彼菩提時有薄悲種姓。由是因縁。於説正法利有情事心不愛楽。於少思務寂静住中深心愛楽。三者本姓独覚。先未證得彼菩提時有中根種姓。是慢行類。由是因縁。深心希願无師无敵而證菩提。

云何独覚道。謂由三相応正了知。謂有一類。安住独覚種姓。経於百劫値仏出世。親近承事成就相続。専心求證独覚菩提。於蘊善巧。於処善巧。於界善巧。於縁起善巧。於処非処善巧。於諦善巧。勤修学故。於当来世速能證得独覚菩提。如是名為初独覚道。復有一類。値仏出世。親近善士聴聞正法如理作意。於先所未起順決択分善根。引発令起。謂煖頂忍。而无力能即於此生證法現観得沙門果。

復修蘊善巧修処善巧。修界善巧。修縁起善巧。修処非処善巧。修諦善巧故。於当来世能證法現観得沙門果。是名第二独覚道。復有一類。値仏出世。親近善士聴聞正法如理作意。證法現観得沙門果。而无力能於一切種至極究竟。畢竟離垢。畢竟證得梵行辺際阿羅漢果。復修蘊善巧。修処善巧。修界善巧。修縁起善巧。修処非処善巧。修諦善巧故。依出世道。於当来世至極究竟。畢竟離垢。畢竟證得梵行辺際阿羅漢果。是名第三独覚道。

云何独覚習。謂有一類依初独覚道。満足百劫修集資糧。過百劫已出无仏世。无師自能修三十七菩提分法。證法現観。得独覚菩提果。永断一切煩悩。成阿羅漢。復有一類。或依第二或依第三独覚道。由彼因縁出无仏世。无師自能修三十七菩提分法。或證法現観。乃至得阿羅漢果。或得沙門果。至極究竟。畢竟離垢。畢竟證得梵行辺際。證得最上阿羅漢果。当知。此中由初習故成独覚者名麟角喩。由第二第三習故成独勝者名部行喩。

云何独覚住。謂初所習麟角喩独覚。楽処孤林。楽独居住。楽甚深勝解。楽観察甚深縁起道理。楽安住最極空无願无相作意。若第二第三所習部行喩独勝。不必一向楽処孤林楽独居住。亦楽部衆共相雑住。所余住相如麟角喩。

云何独覚行。謂一切独覚随依彼彼村邑聚落而住。善護其身善守諸根善住正念。随入彼彼村邑聚落。或為乞食或済度他下劣愚昧。以身済度不以語言。何以故。唯現身相為彼説法不発言故。示現種種神通境界。乃至為令心誹謗者生帰向故。又彼一切応知本来一向趣寂。

或云。明独覚者此有二種。一者麟角喩独覚。二者部行独覚。麟角喩者。曾於百劫以修因行。於自乗解脱深種善根。最後身時出无仏世。但観世間所有草木。春生夏栄秋衰冬落。而悟无常便成无学。猶麟之角独一无二故也。故瑜伽尺云。常楽善寂不欲雑居。修加行満无師。自悟永出世間故名独覚。部行者。是人本是縁覚種性。常楽観察十二縁法。於最後身値仏為説十二縁法。而得悟道。故法花云。従仏世尊聞法信受。殷勤精進求自然恵。楽独善寂深知諸法因縁。是名辟支仏乗。此有衆多部類而行故名部行。

此二成覚断見修惑。都有一百六十心。諸縁覚乗法尓皆於凡夫位時。无所有処已下諸惑先已断竟。後入見道有十六心如前説。但法忍法智不断惑可知。断修所断惑。上之八地毎地九品各有二心。合有一百卌四心。通前見位。惣一百六十心耳。

次明大覚者。小乗成仏惣有四階。一於三无数劫修行有漏四波羅蜜。除禅定般若為種智因。二於百劫中修相好因。三最後身出家已後。修有漏四禅四无色定。断非想已下所有諸惑。四菩提樹下卌四心断惑成仏云云。

対法論第十三巻云。独覚乗補特伽羅者。謂住独覚法性。若定不定性。是中根自求解脱発弘正願。修厭離貪縁解脱意楽。及修独證菩提意楽。即声聞蔵為所縁境。精進修行法随法行。或先未起順決択分。或先已起順決択分。或先未得果。或先已得果。出无仏世唯内正思惟聖道現前。或如麟角独住。或復独勝部行得尽苦際。若先未起順決択分。亦不得果如是等。方成麟角独住。所余当成独勝部行等云云。

或云。先未起順決択乃至先已得果。下云未起決択分未得果。此二廻心成麟角所余成衆出者。此中已得順決択分与未得果何異。法師云。今大乗云。未得決択分廻心者唯此成麟角。余三句成衆出。何已次未得果言已対句成故。此義不然如下解。又従声聞廻心入縁覚。従煗頂忍廻心。不至世第一法位。以前三位有多刹那。世第一法唯一刹那故不得転勝。若如毗婆沙使揵度。又如倶舎論偈曰。転三余。釈曰。転声聞三善根。成異正覚独覚乗。不世第一法。亦一刹那不廻心故。此小乗義。今大乗不然。義曰。世第一法亦多刹那。何以得知。即此前論文云世第一法即此生故。非刹那刹那。若以此義四位倶得廻心。又世第一法不得出観。唯在観中。云何得廻心。亦不得也。唯前三位。又以不定性人各有三乗種子。若廻心已即独覚種子生独覚果。以羅漢第廻心亦成独覚故。若已声聞六十劫修習解脱分。廻心入独覚時成衆出。若至独覚解脱分等善提位等中。更卌劫練者成麟角此。大智度論云。言已得決択分成衆出者。約不練根入涅槃語。此中言未起決択分。及未得果廻心成麟角者。此中有義。大義曰。若未起決択至廻心者。皆此成麟角。大小乗咸然。此義決定。疑曰。若已六十劫未廻心時修習。及廻心已更卌劫修習可尓。若雖已六十劫修。廻心已更不卌劫練根。又先非六十劫人但三生人等廻心復不修習。雖未起決択分。已不多修習故。此人成何者。義曰。此人一向利根。先未修習已廻心。及未廻心時已六十劫修習廻心。必経独覚位。或百劫或卌劫修習必〔成〕麟角。无異文故。如決択分六十四文解。其已入決択分位。廻心者有二人。一已経六十劫修習。及未修習廻心已更卌劫及百劫練根。此人定成麟角。故論云。復未得果者有成麟角。二経六十劫已廻心。及未六十劫已廻心。廻心已不経卌劫乃至百劫修習者。此人成衆出。故論云。已起決択分者。成独勝部。故論云有已起決択分成衆出。未得果者成麟角。有此二文不同。非余三果向廻心成麟角。由已得果故。其廻心時。三乗各於何位等者。大義曰。若二乗人廻心向大者。従初発心乃至得二乗无学已来皆得。其有成果不同如前釈。若大乗独覚退等者。至下退中釈。又其廻心時至所。廻心取果処何位。釈曰。大乗並至初行位。其有廻心取独覚者。以縁境位行与声聞相似故随何位。解脱分廻心。即次第至独覚此位。又還至独覚初行位。以根性異故不可超位。若已得決択分善及果已去者。皆随次第至独覚此位。問。其取独覚果時尅。須取那含果後方取独覚果。〔答。〕以非想地非有漏心所厭故。広如前釈。

竜猛菩薩菩提心論云。又二乗之人。声聞執四諦法。縁覚執十二因縁。知四大五陰畢竟磨滅。深起厭離破衆生執。勤修本法尅証其果。趣本涅槃以為究竟。真言行者当観。二乗之人雖破人執猶有法執。但浄意識不知其他。久久成果位。以灰身滅智趣其涅槃。如大虚空湛然常寂。有定性者難可発生。要待劫限等満方乃発生。若不定性者无論劫限。遇縁便廻心向大。従化城起以為超三界。謂宿信仏故。乃蒙諸仏菩薩加持力。而以方便遂発大心。乃従初十信下遍歴諸位経三无数劫。難行苦行然得成仏。既知。声聞縁覚智恵狭劣。亦不可楽。

十住論云。復有二過。応疾遠離。一貪声聞地。二貪辟支仏地。偈云。

若堕声聞地　及辟支仏地
是名菩薩死　亦名一切失
雖堕於地獄　不応生怖畏
若堕於二乗　畢竟遮仏道
仏説愛命者　斬首則大畏
如是欲作仏　二乗応大畏

喩曰。此乗有二種意。一浅略二秘密。浅略意如前已説。秘密義者。大日経有縁覚真言。此一字真言摂一切縁覚乗法尽。彼真言曰。

𑖡𑖦𑖾𑖭𑖦𑖡𑖿𑖝𑖤𑖲𑖟𑖿𑖠𑖯𑖡𑖯𑖽 𑖪𑖾

縛字門顕一切諸法无言説義。是則縁覚所証之極也。若有衆生。従此法門応得度者。即便誦持此真言法。得入法界胎蔵。亦是法仏一躰万徳之一。不知此義深可哀愍。胎蔵曼荼羅所以置声聞縁覚。良有深意。

秘蜜漫荼羅十住心論巻第五

承安二年三月廿二日書写畢　二校了

秘密曼荼羅十住心論巻第六

他縁大乗住心第六

粤有大士法。樹号他縁乗。越建爪而高昇。超声縁而広運。二空三性洗自執塵。四量四摂済他利行。思惟陀那深細。専注幻焔似心。於是芥城竭而還満。巨石磷而復生。三種練磨策初心之欲退。四弘願行仰後身之勝果。築等持城安唯識将。征魔旬仗陣伐煩悩賊帥。整八正軍士縛以同事縄。走六通精騎殺以智慧剣。封労績以五等爵。冊心王以四徳都。勝義勝義致太平之化。廃詮談旨扇無事之風。垂拱一真之台無為法界之殿。三大僧祇之庸。於是称帝。四智法王之号。本無今得。尓乃蔵海息七転之波。蘊落断六賊之害。無分正智等真常函。後得権悲遍諸趣類。製三蔵法令化三根有情。造十善格式導六趣衆生。言乗即三談識唯八。五性有成否三身則常滅。百億応化同泛六舟。千葉牟尼等授三駕。

縁法界有情故他縁。簡声独羊鹿故大名。運自他乎円性故曰乗。此乃君子之行業菩薩之用心。北宗大綱蓋如此乎。

然此乗有二種義。謂浅略深秘是也。以多名句説一義理。此即浅略。一一言名具無量義。即是真言深秘。初顕浅略次明深秘。

初浅略者。大日尊告秘密主言。復次秘密主大乗行。発無縁乗心。法無我性。何以故。如彼往昔如是修行者。観察蘊阿頼耶。知自性如幻陽炎影響旋火輪乾闥婆城者。

釈曰。即是明第二重観法無我性也。梵音莽鉢羅。是無義亦是他義。所謂他縁乗者。謂発平等大誓。為法界衆生行菩薩道。乃至諸一闡提及二乗未入正位者。亦当以種種方便。折伏摂受。普令同入是乗。約此無縁大悲故名他縁乗。又無縁乗者。至此僧祇始能観察阿陀那深細之識。解了三界唯心心外更無一法而可得者。乗此無縁心。而行大菩提道故名無縁乗也。楞伽解深密等経瑜伽唯識等論所説。八識三性三無性皆是此意也。法相大乗以此為宗。此則所謂菩薩乗也。菩薩者梵云菩提薩埵。略去二字故云菩薩。

唯識瑜伽皆明五位。言五位者。資糧加行通達修習究竟位等。

初資糧位者。唯識論頌。

乃至未起識　求住唯識性
於二取随眠　由未能伏滅

摂論云。

清浄増上力　堅固心勝進
名菩薩初修　無数三大劫

即従初発深固大菩提心。乃至未起順決択識。求住唯識真勝義性。斉此皆是資糧位摂。大菩提心。以善根力為自体。以大願為縁。不退屈為策発。雖遇悪友不能破壊。此位未能伏除識相。即地前三十心皆是此位。望菩提果求出生死。此為自利。故名資糧。望涅槃果。即為有情。約利他故名解脱分。此位菩薩依因善友作意資糧四勝力故。於唯識義雖深信解。而未能了能所取空。多住外門修菩薩行。二取随眠未能伏滅令彼不起二取現行。此位二障雖未伏除。修勝行時有三退屈。而能三事練磨其心。一聞無上正等菩提広大深遠。心便退屈引他證已練。二聞施等波羅蜜多甚難可修。心便退屈省己増修練。三聞諸仏円満転依極難可證。心便退屈引麁況妙練。

三賢位中。初十住者習種性。即発趣也。行成不退故立住名。依仏地経。第二七日在忉利天妙勝殿説。華厳云。尓時法慧菩薩承仏神力。従菩薩無量方便三昧起説菩薩十住。十方有千仏刹微塵数諸仏。同名法慧而現前加被。十方有十千仏刹微塵数菩薩。同名法慧雲集作證。〈自下三賢位皆華厳経文。〉十住心。一発心住者有三。一発心縁。見仏法僧及苦衆生発菩提心。二所求法。謂求十力処非処等而発於心。三所学法。勤学十法。欲令菩薩心転増広。二治地住者有二。一利他行。於諸衆生発十種心。謂利益心等。二自利行。勤学十法。謂誦習多聞虚閑寂静。近善知識発言和悦。欲令菩薩増長大悲。三修行住者有二。一治煩悩行。以十種行。観一切法無常苦空無我等。二治小乗行。勤学十法。謂観察衆生界法界世界地等欲等。欲令菩薩智慧明了。四生貴住者有二。一聖法中成就十法。了知衆生国土世界業行果報生死涅槃。二上求仏法応学十法。了知三世一切仏法。欲令増進於三世中心得平等。五具足方便住者有二。一利他行。而起十心。所修善根皆為救護一切衆生饒益安楽等。二自利行。勤学十法。知衆生無辺等。欲令其心転復増勝無所染著。六正心住者有二。一決定信。聞十種法心定不動。讃仏毀仏讃法毀法讃毀僧等。二決定智。勤学十法。謂一切法無相無体等。欲令其心得不退転無生法忍。七不退住者有二。一不退行。聞十種法堅固不退。聞有仏無仏有法無法等。二不退智。勤学十法。説一即多説多即一等。欲令増進於一切法善能出離。八童真住者有二。一得勝行。住十種業。謂身語意行無失。知衆生種種欲解界業等。二縁浄土。勤学十法。謂知一切仏刹等。欲令増進於一切法能得善巧。九法王子住者有二。一利衆生行。善知十法。謂善知諸衆生受生。知煩悩現起等。二求菩提行。勤学十法。謂法王処善巧法王軌度等。欲令増進心無障礙。十灌頂住者有三。一度衆生。成就十智。開示調伏無数衆生等。二得深法。身及身業神通変現。法王子等亦不能知。三所知広。勤学十智。欲令増進一切種智。

十行。十行者長養性也。修起名行。厭有為故。求菩提故。悲愍有情故。依修二諦伏中品障。第二七日在炎摩天宝荘厳殿説。尓時功徳林菩薩承仏神力。従菩薩善思惟三昧起説菩薩十行。十方有万仏刹微塵数菩薩。同名功徳林。雲集作證。一歓喜行者。修施有二。

一自生喜為大施主。凡所有物悉能恵施。二生他喜。修此行時一切愛楽。願以身肉充足一切。不見自身施者。令其永得安隠快楽。二饒益行者。修戒有二。一自利行。護持浄戒不著六塵。仮使那由他天諸魔女。端正殊麗不能傾戒。二利他行。令未度者度解脱調伏等。心常安住甚深智慧。三無違逆行者。修忍有二。一自利。常修忍法謙下恭敬。仮使那由他衆生。言語毀辱器伏逼害。心浄歓喜。二利他。此身空寂無我我所。自他覚悟心不退転。四無屈撓行者。精進有二。一自利行。第一精進断煩悩故。為知一切衆生諸根勝劣故。二利他行。設為衆生経微塵数劫受苦。令彼衆生永脱諸苦乃至究竟。五離癡乱行者。修定有二。一離癡乱。成就正念。死此生彼入胎出胎心無癡乱。二悟深法。聞恐怖声悦意声等而不能壊。知諸三昧同一体性。於一切智得不退転。六善現行者。修慧有二。一順空行。三業清浄無虚妄故。無相甚深住於真実。二随有行。念諸衆生常処癡闇。若未調伏。我当先作成就調伏必至菩提。七無著行者。修方便有二。一無取著。於念念中入僧祇界。見仏聞法皆無所著。二利諸有情。観一切法如幻諸仏如影菩薩行如夢説法如響。自利利他清浄満足。八難得行者。修願有二。一利他行。譬如船師不住此岸彼岸中流。而能運度従此至彼。菩薩亦尓。二不求報。不求一縷一毫及以一字讃美之言。為安穏彼至菩提故。九善法行者。修力有二。一無礙力。得四無导解仮使那由他衆生。各別所問皆為酬対。令除疑惑。二示導力。成就十種身等。為衆生作清涼池。能尽一切仏法源故。十真実行者。修智有二。一十力智。成就第一誠諦之語。知衆生是処非処智等。二現神力。念念遍遊十方世界。示現如来自在神力。有親近者歓喜清浄。

十廻向。十廻向者。不可壊性十金剛也。廻已所修有趣向故。廻施衆生菩提涅槃不可壊性。第二七日在都史天一切妙宝所荘厳殿説。尓時金剛幢菩薩承仏神力。従菩薩智慧光明三昧起説菩薩十廻向。十方有十万仏刹微塵数諸仏。同名金剛幢現前加被。有百万仏刹微塵数菩薩。同名金剛幢。雲集作證。一救護一切衆生離衆生相廻向者。此菩薩。所修六度四無量心。為一切衆生作燈作炬破無明闇。此文有三。一廻施衆生。二廻向菩提。三廻向一切法真実性。二不壊廻向者。此菩薩。於仏法僧得不壊信。於三乗等心転増長。念念見仏以阿僧祇供具供養諸仏。文三如前。以此善根。為欲度脱一切衆生得清浄智證寂滅性等。三一切仏廻向者。此菩薩。随順修学去来現在諸仏廻向之道。見一切色乃至触法。若美若悪不生愛憎。文三如前。以此善根授衆生。安住金剛菩提心住於実際。四至一切処廻向者。此菩薩。修習善根。願如実際無処不至。去来現劫仏成正覚。願以不可説香雲摩尼供養等。文三如前。以此善根普摂衆生。入如来智充遍法界。五無尽功徳蔵廻向者。此菩薩。普行諸清浄業。入不可思議自在三昧。善巧方便能作仏事。放仏光明普照世界。文三如前。以已善根及衆生界。趣薩婆若遍入法界耳。六随順堅固一切善根廻向者。此菩薩。或為帝王不刑不罰。以四摂法摂諸衆生。七宝妻子手足支分歓喜尽施。文三如前。以彼善根願諸衆生入智慧海安住実際等。七随順一切衆生廻向者。此菩薩。随所積集一切善根。入無量三昧。以智慧観察一切衆生心行差別。咸令清浄。文三如前。以此善根願一切衆生住無上智平等清浄。八真実相廻向者。此菩薩。正念明了其心堅住。得智慧明為善知識之所摂受。如来慧日明照其心永滅癡冥。文三如前。以此善根尽衆生界成等正覚周遍法界。九無著無縛解脱廻向者。此菩薩。於一切善根心生尊重。修習普賢菩薩行願。得仏灌頂於一念中入方便地。文三如前。以此善根開悟衆生得大智慧住仏境界。十等法界無量廻向者。此菩薩。以離垢繒而繋其頂。住法師位。広行法施。為諸衆生作調御師示一切智道。文三如前。修如是行普為衆生成一切智充満法界。

二明加行位。加行位者。第十廻向末也。論云。

現前立少物　謂是唯識性
以有所得故　非実住唯識

菩薩。先於初無数劫。善修福徳智慧資糧。為入見道住唯識性。復修加行伏除二取。謂煖頂忍世第一法。此四惣名順決択分。謂見道中彼無漏故名為真実。此煖等四順趣彼分名順決択分。前順解脱既初発心求究竟果故遠。此順決択隣近見道故近。煖等四法。依四尋思四如実智初後位立。四尋思者。名義自性差別仮有実無。如実遍知此四離識及識非有名如実智。如是煖頂依能取識観所取空。下忍起時印境空相。中忍転位於能取識如境是空順楽忍可。上忍起位印能取空。世第一法雙印空相。皆帯相故未能證実。故説菩薩。此四位中猶於現前安立小物。謂是唯識真勝義性。以彼空有二相未除帯相。観心有所得故。非実安住真唯識理。依如是義厚厳経云。

菩薩於定位　観影唯是心
義想既滅除　審観唯自相
如是住内心　知所取非有
次能取亦無　後触無所得

此加行位。唯能伏除全未能滅。於安立諦非安立諦倶学観察。為引当来二種見故。非安立諦是正所観。非如二乗唯観安立。菩薩。起此煖等善根。雖方便時通諸静慮。而依第四方得成満。託最勝依入見道故。唯依欲界善趣身起。余慧厭心非殊勝故。故顕揚云。

極感非悪趣　極欣非上二
唯欲界人天　仏出世現観

〈自下依唯識論文。〉煖善根者。依明得定発下尋思。観無所取立為煖位。謂此位中創観所取名等四法皆自心変。仮施設有実不可得。頂善根者。依明増定発上尋思。観無所取立為頂位。謂此位中重観所取名等四法皆自心変。仮施設有実不可得。忍善根者。依印順定発下如実智。於無所取決定印持。無能取中亦順楽忍。既無実境離能取識。寧有実識離所取境。世第一善根者。依無間定発上如実智。印二取空立世第一法。謂前上忍唯印能取空。今世第一法二空雙印。起真見故初阿僧祇劫満。

三明通達位。通達位者。謂聖種性見道位也。論云。

若時於所縁　智都無所得
尓時住唯識　離二取相故

若時菩薩於所縁境。無分別智都無所得。不取種種戯論相故。智与真如平等平等。倶離能取所取相故。有釈。此智相見倶無。有釈。此智相見倶有。有釈。此智見有相無。説無相取不取相故。此正義也。加行無間此智生時。体会真如名通達位。初照理故亦名見道。此有二種。一真見道。謂即所説無分別智。実證二空所顕真理。実断二障分別随眠。雖多刹那事方究竟。即一無間一解脱一勝進。而相等故惣説一心。此復有二。漸頓断故。二相見道。此復有二。一観非安立諦有三品心。二縁安立諦有十六心故。前真見道證唯識性。後相見道證唯識相。二中初勝。故頌偏説。前真見道根本智摂。後相見道後得智摂。此二見道摂六現観者。謂思現観信現観戒現観智諦現観辺智諦現観究竟現観。此真見道摂彼第四現観小分。此相見道摂彼第四第五小分。初在賢位由思所成。後是果収。謂尽智等。雖第二三与見倶起。而非自性故不相摂。菩薩。得此二見道時。生如来家住極喜地。善達法界得諸平等。常生諸仏大集会中。於多百門已得自在。自知不久證大菩提。能尽未来利楽一切故。

第四修習位。修習位者十地通名。依持生長故名為地。華厳経云。金剛蔵言。我不見有諸仏国土。其中如来不説十地者。唯識論云。

無得不思議　是出世間智
捨二麁重故　便證得転依

菩薩。従前見道起已。為断余障證得転依。復数修習無分別智。此智遠離所取能取故説無得。妙用難測名不思議。二取随眠是世間本。唯此能断名出世間。二障種子立麁重名。令彼永滅故説為捨。此能捨彼二麁重故。便能證得広大転依。由数修習無分別智。断本識中二障麁重故。能転捨依他起上遍計所執。及能転得依他起中円成実性。由転煩悩得大涅槃。転所知障證無上覚。云何證得二種転依。謂十地中修十勝行。断十重障證十真如。二種転依由斯證得。転依位別略有六種。一損力益能転謂初二位。二通達転謂通達位。謂在見道。三修習転在十地行。四果円満転謂究竟位。五下劣転謂二乗位。六広大転謂大乗位。此中意説広大転依。捨二麁重而證得故。転依義別略有四種。一能転道。伏二障種謂永断故。二所転依。持種本識迷悟真如。三所転捨。所断二障所捨有無。四所転得。所顕涅槃所生菩提。此四義中取所転得。頌説證得転依言故。然初地至覚道成諸地不同皆此位摂。列名辨相如下応知。第二七日在他化自在天宮摩尼宝蔵殿。尓時金剛蔵菩薩承仏神力。従菩薩大智慧光明三昧起説菩薩十地。尓時十方有十億仏刹微塵数諸仏。同名金剛蔵。而現前加被。有十億仏刹微塵数菩薩。同名金剛蔵。雲集作證。

第一歓喜地者。仁王経云。若菩薩住百仏国中。作閻浮提四天王修百法門。二諦平等心化一切衆生。華厳経云。仏子菩薩住歓喜地。成就多歓喜多浄信多無悩害多無嗔恨。念諸仏法念諸菩薩法。念清浄波羅蜜念入一切如来智。生仏境界中故。入一切菩薩平等性中故。遠離一切怖畏故。皆生歓喜。此菩薩已得遠離五怖畏故。所謂不活畏。悪名畏。死畏。悪道畏。大衆威徳畏。已離我想不愛自身。何況資財。故不求他供給施一切衆生故。遠離我見無我想故。決定不離仏菩薩故。世無等者況有勝。故此即如次配五怖畏。此菩薩大悲為首広大志楽。無能沮壊。敬順尊重諸仏教法。日夜修習善根無厭足故。親近善知識故。求多聞無厭足故。求一切智地故。求如来力無畏不共仏法故。求諸波羅蜜助道法故。乃至凡所有物倉庫七宝頭目手足皆無所惜。為求諸仏広大智慧。是為大捨。十度之中行檀波羅蜜。四摂之中布施偏多。余非不修随力随分。多作閻浮提王。諸所作業不離念仏法僧。乃至不離念具足一切種一切智智。唯識論云。極喜地者。初獲聖性具證二空。能益自他生大喜故。行施波羅蜜多。此有三種。謂財施無畏施法施。断異生性障。謂二障中分別起者。依彼種立異生性故。二乗見道現在前時。唯断一種名得聖性。菩薩見道現在前時。具断二種名得聖性。二真見道現在前時。彼二障種必不成就。猶明与闇不倶起。故此即通達。何名修習。住満地中時既淹久。理応進断所応断障。不尓三時道応無別故。説菩薩得現観已。復於十地修道位中。唯修永滅所知障道。留煩悩障助願受生。非如二乗速趣円寂故。修道位不断煩悩。将成仏時方頓断故。證遍行真如。謂此真如二空所顕。無有一法而不在故。華厳経云。此地菩薩勤加精進。於一念頃證百三摩地。以浄天眼見諸仏国。二見百如来。三動百世界。身亦能往彼仏世界放大光明。四化為百類普令他見。五成就百類所化有情。六若欲留身得百劫住。七見前後際百劫中事。八知見能入百法明門。九化作百身。十身皆能現百菩薩眷属。若以菩薩殊勝願力自在示現過於是数。乃至百千億劫不能数知。

第二離垢地者。仁王経云。若菩薩住千仏国中。作忉利天王修千法門。以十善道化一切衆生。華厳経云。仏子菩薩摩訶薩。欲入二地当起十種心。所謂正直心。柔耎心。堪能心。調伏心。寂静心。純善心。不雑心。無顧恋心。広心。大心。得入第二離垢地。此菩薩作是念。十不善道是三悪趣因。十善業道是人天乃至有頂処因。上品十善。修治清浄心広無量故。具足悲愍不捨衆生希求諸仏大智故。乃至證十力四無畏故。一切仏法皆得成就。此菩薩。於無量百千億那由他劫。遠離慳嫉破戒垢故。四摂法中愛語偏多。十度之中修持戒波羅蜜多。多作輪王。唯識論云。二離垢地。具浄尸羅遠離能起微細毀犯煩悩垢故。行戒波羅蜜多。謂摂善法戒摂律儀戒饒益有情戒。断邪行障證最勝真如。謂此真如具無辺徳。於一切法最為勝故。准論。応云於多千門已得自在。華厳経云。於一刹那頃證千三摩地。以浄天眼見諸仏国。二見千如来。三動千世界。身亦能往彼仏世界放大光明。四化為千類普令他見。五成就千類所化有情。六若欲留身得千劫住。七見前後際千劫中事。八知見能入千法明門。九化作千身。十身皆能現千菩薩眷属。然依仁王経。二地菩薩為忉利天王。若華厳経作転輪聖王。二説不同具引如上。

第三発光地者。仁王経云。若菩薩住十万仏国中。作炎天王修十万法門。以四禅定化一切衆生。華厳経云。仏子菩薩摩訶薩。欲入第三発光地者当起十種深心。所謂清浄心。安住心。厭捨心。離貪心。不退心。堅固心。明盛心。勇猛心。広心。大心。以是十心得入第三地。此菩薩於四禅四空。次第随順得無量神力。能動大地。一身為多身多身為一身。或隠或顕石壁山障所往無礙。猶若虚空。六通具足。此菩薩忍辱心。柔和心。諧順心。悦美心。不嗔心。不動心等。皆転清浄。於四摂中利行偏多。十度之中忍辱波羅蜜偏多。余非不修。随力随分。多作三十三天王。唯識論云。三発光地者。成就勝定大法惣持。能発無辺妙慧光故。行忍辱波羅蜜多。謂耐怨害忍安受苦忍諦察法忍。断闇鈍障證勝流真如。謂此真如所流教法。於余教法極為勝故。華厳経云。於一念頃證百千三摩地。以浄天眼見諸仏国。二見百千如来。三動百千世界。身亦能往彼仏世界放大光明。四化為百千類普令他見。五成就百千類所化有情。六若欲留身得百千劫住。七見前後際百千劫中事。八知見能入百千法明門。九化作百千身。十身皆能現百千菩薩眷属。然依仁王経。三地菩薩作夜摩天王。若華厳経作三十三天王。

第四燄慧地者。仁王経云。若菩薩住百億仏国中。作兜率天王修百億法門。行道品化一切衆生。華厳経云。仏子菩薩摩訶薩。欲入第四地者当修行十法明門。所謂観察衆生界。法界。世界。虚空界。識界。欲界。色界。無色界。広大信解界。大心信解界。以此十法明門得入燄慧地。此菩薩修行観身受心法。未生已生不善法令不生断故。未生已生善法令生不失故。信進念定慧根力等。念覚分択法精進喜軽安定捨等覚分。正見正思惟正語正業正命正精進正念正定等。修禅定根力覚道。於四摂法同事偏多。十度之中精進波羅蜜偏多。此地当作夜摩天王。唯識論云。四燄慧地。安住最勝菩提分法。焼煩悩薪慧燄増故。行精進波羅蜜多。謂被甲精進摂善精進利楽精進。断微細煩悩現行障。第六識倶身見等摂。最下品故不作意縁故。遠随現行故説名微細。彼障四地菩提分法。入四地時便能永断。初二三地行施戒修相同世間。四地修得菩提分法方名出世。故能永害二身見等。第七識倶執我見等。与無漏道性相違故。八地以去方永不行。證無摂受真如。謂此真如無所繫属。非我執等所依取故。華厳経云。於一念頃證百億三摩地。乃至身皆能現百億菩薩眷属。仁王華厳二説如上。

第五難勝地者。仁王経云。若菩薩住千億仏国中。作化楽天王修千億法門。二諦四諦八諦化一切衆生。華厳経云。仏子菩薩摩訶薩。欲入第五地当以十種平等清浄心趣入。所謂於過去仏法平等。未来仏法平等。現在仏法平等。戒平等。心平等。除見疑悔平等。道非道智平等。修行知見平等。於一切菩提分法上上観察平等。教化衆生清浄心平等。以此十種平等清浄心。得入第五地。此菩薩受如来護念故得不退転心。如実知此是苦聖諦集聖諦滅聖諦道聖諦。善知世俗諦第一義諦。此菩薩為利益衆生故。世間伎藝靡不該習。行四摂法。十度之中禅波羅蜜偏多。多作兜率天王。唯識論云。五極難勝地。真俗両智行相互違。合令相応極難勝故。行静慮波羅蜜多。謂安住静慮引発静慮辨事静慮。断下乗般涅槃障。令厭生死楽趣涅槃。同下二乗厭苦欣滅。彼障五地無差別道。入五地時便能永断。證類無別真如。謂此真如類無差別。非如眼等類有異故。華厳経云。於一念頃證千億三摩地。以浄天眼見諸仏国。二見千億如来。三動千億世界。身亦能往彼仏世界放大光明。四化為千億類普令他見。五成就千億類所化有情。六若欲留身得千億劫住。七見前後際千億劫中事。八知見能入千億法明門。九化作千億身。十身皆能現千億菩薩眷属。教有二説具引如前。

第六現前地者。仁王経云。若菩薩住十万億仏国中。作他化自在天王修十万億法門。十二因縁智化一切衆生。華厳経云。仏子菩薩摩訶薩。欲入第六地当観察十平等法。所謂無相故平等。無体故。無生故。無滅故。本来清浄故。無戯論故。無取捨故。寂静故。如幻夢影響等故。有無不二故。如是観一切法自性清浄。随順無違得入現前地。此菩薩以大悲為首観世間生滅。謂業為田識為種。無明闇覆愛水為潤。我慢漑灌見網増長生名色牙。名色増長生五根。諸根相対生触。乃至終没為死。如是十種順逆観諸縁起修三脱門。住此地中般若波羅蜜偏多。多作善化天王。唯識論云。六現前地。住縁起智引無分別最勝般若令現前故。行般若波羅蜜多。謂生空無分別慧。法空無分別慧。倶空無分別慧。断麁相現行障證無染浄真如。謂此真如本性無染亦不可説後方浄故。華厳経云。於一念頃證百千億三摩地。以浄天眼見諸仏国。二見百千億如来。三動百千億世界。身亦能往彼仏世界放大光明。四化為百千億類普令他見。五成就百千億類所化有情。六若欲留身得百千億劫住。七見前後際百千億劫中事。八知見能入百千億法明門。九化作百千億身。十身皆能現百千億菩薩眷属。二文不同具引如上。

第七遠行地者。仁王経云。若菩薩住百万億仏国中。作初禅王修百万億法門。方便智願智化一切衆生。華厳経云。仏子菩薩摩訶薩。欲入第七地当修十種方便慧。謂修空無相無願三昧等。如是十種方便慧。起殊勝行得入第七地。従第六地来能入滅定。今住此地能念念入念念起而不作證。以大方便雖示現生死而恒住涅槃。雖眷属囲繞而常楽遠離。雖以願力三界受生。不為世法所染。雖得仏境界。而示現魔境界示同外道。獲如実三昧智慧光明随順修行。一切二乗無有能及。悉能乾竭一切衆生諸惑泥淹。十度之中方便波羅蜜偏多。多作自在天王。唯識論云。七遠行地。至無相住功用後辺。出過世間二乗道故。行方便善巧波羅蜜多。謂廻向方便善巧。抜済方便善巧。断細相現行障。彼障七境妙無相道。入七地時便能永断。由斯七地説断二愚及彼麁重。一細相現行愚。即是此中執有生者。猶取流転細生相故。二純作意勤求無相愚。即是此中執有滅者。尚取還滅細滅相故。純於無相作意勤求。未能空中起有勝行。證法無別真如。謂此真如雖多教法種種安立。而無異故。華厳経云。於一念頃證百千億那由他三摩地。以浄天眼見諸仏。乃至身皆能現百千億那由他菩薩眷属。教有二説具引如前。

第八不動地者。仁王経云。若菩薩住百万微塵数仏国中。作二禅梵王修百万微塵数法門。雙照方便神通智化一切衆生。華厳経云。仏子菩薩摩訶薩離一切心意識分別。入一切法如虚空性名無生法忍。成就此忍得入不動地。此菩薩摩訶薩。菩薩心仏心菩提心涅槃心尚不現起。況復起於世間之心。此菩薩本願故。諸仏世尊現其前言。善哉善哉善男子。此忍第一順諸仏法。然我等所有十力四無畏十八不共諸仏之法。汝今未得。為欲成就。勤加精進勿復放捨。住此忍門。乃至第七勧已。於一念頃所生智業。若不可説三千大千世界。随衆生身信解差別。普於其中示現受生教化成就。十度之中願波羅蜜偏多。多作大梵天王王千世界。唯識論云。八不動地。無分別智任運相続。相用煩悩不能動故。行願波羅蜜多。謂求菩提願利楽他願。断無相中作加行障。令無相観不任運起。前之五地。有相観多無相観小。於第六地。有相観小無相観多。第七地中。純無相観雖恒相続而有加行。由無相中有加行故。未能任運現相及土。如是加行障八地中無功用道故。若得入第八地時便能永断彼。永断故得二自在。八地已上純無漏道任運起故。三界煩悩永不現行。第七識中細所知障猶可現起。生空智果不違彼故。證不増減真如。謂此真如離増減執。不随浄染有増減故。即此亦名相土自在所依真如。謂若證得此真如已。現相現土俱自在故。華厳経云。一刹那頃證百万三千世界微塵数三摩地。乃至菩薩眷属。二経不同具引如上。

第九善慧地者。仁王経云。若菩薩住百万億阿僧祇微塵数仏国中。作三禅大梵王修百万億阿僧祇微塵数法門。四無礙智化一切衆生。華厳経云。仏子菩薩摩訶薩。欲具広大神通入差別世界。修力無畏不共法。随諸仏転法輪不捨大悲本願力。得入第九善慧地。此地作大法師具法師行。善能守護如来法蔵。以無量善巧智起四無导解。用菩薩言辞而演説法。此菩薩。起四無导無暫捨離。何等為四。謂法義詞楽説無礙智。法知諸法自相。義知諸法別相。詞知無錯謬。楽説無断尽。仮使不可説世界所有衆生。一刹那間令皆以無量言音而興問難各各不同。菩薩於一念頃悉能領受。仍以一音普為解釈。各随心楽令得歓喜。十度之中力波羅蜜最勝。多作二千世界主大梵王。唯識論云。九善慧地成就微妙四無㝵解。能遍十方善説法故。行力波羅蜜。謂思択力修習力。断利他中不欲行障。令於利楽有情界事中不欲勤行楽修己利。彼障九地四無㝵解。入九地時便能永断。證智自在所依真如。謂若證得此真如已。於無㝵解得自在故。華厳経云。於一念頃證百万阿僧祇国土微塵数三摩地。以浄天眼見諸仏国。二見百万阿僧祇国土微塵数如来。乃至示現百万阿僧祇国土微塵数菩薩以為眷属。若以菩薩殊勝願力。自在示現過於此数。乃至百千億那由他劫不能数知。教有二説具引如前。

第十法雲地者。仁王経云。若菩薩住不可説不可説仏国中。作第四禅天王三界主。修不可説不可説法門。得理尽三昧同仏行処。尽三界源教化一切衆生。華厳経云。仏子従初地乃至第九地。以如是無量智慧観察已。善思惟修習観察。善満足白法集無辺助道法。増長大福徳智慧。広行大悲知世界差別。入衆生界稠林。入如来所行処。證随順如来寂滅行。常観察如来力無畏不共仏法。名為得一切種一切智智受職位。乃至仏子。此地菩薩。以自願力起大悲雲震大法雷。通明無畏以為電光。福徳智慧而為蜜雲。現種種身周旋往反。於一念頃普遍十方百千億那由他世界微塵国土。演説大法摧伏魔怨。復過此数。於微塵国土随諸衆生心之所楽。霔甘露雨滅除一切衆惑塵燄。是故此地名為法雲。乃至此地多作摩醯首羅天王。於法自在能受衆生声聞独覚一切菩薩波羅蜜行。於法界中所有問難無能屈者。布施愛語利行同事所作諸業。皆不離念仏法僧。乃至不離念具足一切種一切智智。唯識論云。十法雲地。大法智雲含衆徳水。蔽如空麁重充満法身故。修智波羅蜜多。謂受用法楽智成就有情智。断於諸法中未得自在障。謂所知障中倶生一分。令於諸法不得自在。彼障十地大法智雲及所含蔵所起事業。入十地時便能永断。由斯十地説断二愚及彼麁重。一大神通愚。即是此中障所起事業者。二悟入微細秘蜜愚。即是此中障大法智雲及所含蔵者。此地於法雖得自在。而有余障未名最極。證業自在等所依真如。謂若證得此真如已。普於一切神通作業惣持定門皆自在故。華厳経云。菩薩復作是念。我於一切衆生為首為勝。若勤加精進。於一念頃得十不可説百千億那由他仏刹微塵数三昧。乃至示現尓所微塵数菩薩以為眷属。若以菩薩殊勝願力。自在示現過於此数。若修行。若荘厳。若信解。若所作。若身。若語。若光明。若諸根。若神変。若音声。若行処。乃至百千億那由他劫不能数知。

五究竟位。究竟位者。十地経云。有妙浄土出過三界。十地菩薩当生其中。瓔珞経云。三僧祇満十地菩薩。於四禅上大自在宮。百劫修相好。千劫学威儀万劫学変化。将成正覚昇蓮坐等。華厳経云。
仏子菩薩摩訶薩。入受職地即得百万阿僧祇三昧皆現在前。其最後三昧名受一切智勝職位。此三昧現前時。有大宝蓮花忽然出生。其花広大量等百万三千大千世界。以衆妙宝間錯荘厳。超過一切世間境界。出世善根之所生起。恒放光明普照法界。非諸天処之所能有。毗瑠璃摩尼宝為茎。栴檀王為台馬瑙為鬚。閻浮檀金為葉衆宝為蔵。宝網弥覆。十三千大千世界微塵数蓮花以為眷属。尓時菩薩坐此花座。身相大小正相称可。無量菩薩以為眷属。各坐余花周迊囲遶。一一各得百万三昧。向大菩薩一心瞻仰。仏子。此大菩薩幷其眷属坐花座時。所有光明及以言音。普皆充満十方法界。一切世界咸悉震動。悪趣休息国土厳浄。同行菩薩靡不来集。仏子。此菩薩坐花座時。於両足下放光。普照十方諸大地獄。両膝輪放光。普照十方諸畜生趣。於斉中放光。普照十方閻羅王界。従左右脇放光。普照十方人趣皆滅衆苦。従両手中放光。普照十方一切諸天阿修羅。従両肩上放光。普照十方一切声聞。従其項背放光。普照十方辟支仏身。従其面門放光。普照十方初始発心乃至九地諸菩薩。従両眉間放光。普照十方受職菩薩。従其頂上放百万阿僧祇三千大千世界微塵数光明。普照十方一切世界諸仏如来道場衆会。雨諸摩尼以為供養。復繞十方経十迊已。従諸如来足下而入。尓時。諸仏知某世界中某菩薩摩訶薩到受職位。従眉間出清浄光明。名増益一切智神通。普照尽虚空遍法界已。而来至此菩薩会上。周迊右繞示現荘厳已。従大菩薩頂上而入。尓時菩薩。得百万三昧。名為已得受職位之境界。具足十力随在仏数。若身与座倶遍世界。唯識論究竟位頌云。

此即無漏界　不思議善常
安楽解脱身　大牟尼名法

此謂。此前菩提涅槃二転依果。即是究竟無漏界摂。諸漏永尽非漏随増。性浄円明故名無漏。界是蔵義。此中含容無辺希有大功徳。故清浄法界四智心品。滅道諦摂故唯無漏。謂仏功徳及身土等。皆是無漏種性所生。故仏身中十八界等。皆悉具足而純無漏。此転依果又不思議。超過尋思言議道故。此又是善白法性故。清浄法界。遠離生滅極安穏故。四智心品妙用無方極巧便故。二種皆有順益相故。違不善故倶説為善。此又是常無尽期故。清浄法界無生無滅。性無変易故説為常。四智心品所依常故。無断尽故亦説為常。非自性常従因生故。此又安楽無逼悩故。清浄法界衆相寂静故名安楽。四智心品永離悩害故名安楽。二乗所得二転依果。唯永遠離煩悩障縛。無殊勝法故但名解脱身。大覚世尊成就無上寂黙法故。名大牟尼。此牟尼尊所得二果。永離二障亦名法身。無量無辺力無畏等大功徳法所荘厳故。体依聚義惣説名身。故此法身五法為性。非浄法界独名法身。二転依果皆此摂故。如是法身有三相別。一自性身。謂諸如来真浄法界。受用変化平等所依。大功徳法所依止故。二受用身。此有二種。一自受用。謂諸如来三無数劫修集無量福慧資糧。所起無辺真実功徳。及極円浄常遍色身。相続湛然尽未来際。恒自受用広大法楽。二他受用。謂諸如来由平等智。示現微妙浄功徳身。居純浄土為住十地諸菩薩衆現大神通。転正法輪。決衆疑網令彼受用大乗法楽。合此二種名受用身。三変化身。謂諸如来由成事智。変現無量随類化身。居浄穢土為未登地諸菩薩衆二乗異生。称彼根宜現通説法。令各獲得諸利楽事。然仏三身即五法故。所證真理謂即法身。四智菩提即報身故。受用変化大悲力故利他。無漏因縁成就。三身三土或異或同。大小勝劣前後改転。浄穢報化漏無漏摂。性相身土差別無辺。如諸教中広顕示故。

此北宗。以唯識二諦二義為深極秘要。故略出大綱。慈恩法師唯識義云。第一出体者此有二種。一所観体。二能観体。

所観唯識。以一切法而為自体。通観有無為唯識故。略有五重。

一遣虚存実識。観遍計所執唯虚妄起都無体用。応正遣空情有理無故。観依他円成諸法体実二智境界。応正存有理有情無故。無著頌云。

名事互為客　其性応尋思
於二亦当推　唯量及唯仮
実智観無義　唯有分別三
彼無故此無　是即入三性

成唯識言。識言惣顕一切有情各有八識六位心所。所変相見分位差別。及彼空理所顕真如。識自相故。識相応故。二所変故。三分位故。四実性故。如是諸法皆不離識惣立識名。唯言但遮愚夫所執定離諸識実有色等。如是等文誠證非一。由無始来執我法為有。撥事理為空故。此観中遣者空観対破有執。存者有観対遣空執。今観空有而遣有空。有空若無亦無空有。以彼空有相待観成。純有純空誰之空有。故欲證入離言法性。皆須依此方便而入。非謂有空皆即決定。證真観位非有非空。法無分別性離言故。説要観空方證真者。謂要観彼遍計所執空為門故。入於真性。真体非空。此唯識言既遮所執。若執実有諸識可唯。既是所執亦応除遣。此最初門所観唯識於一切位思量修證。

二捨濫留純識。雖観事理皆不離識。然此内識有境有心。心起必託内境生故。但識言唯不言唯境。成唯識言。識唯内有境亦通外。恐濫外故但言唯識。又諸愚夫迷執於境。起煩悩業生死沈淪。不解観心勤求出離。哀愍彼故説唯識言。令自観心解脱生死。非謂内境如外都无。由境有濫捨不称唯。心体既純留説唯識。厚厳経云。心意識所縁皆非離自性。故我説一切唯識無有余。華厳等説三界唯心。遺教経云。是故汝等当好制心。制之一処無事不辨等皆此門摂。

三摂末帰本識。心内所取境界顕然。内能取心作用亦尓。此見相分倶依識有。離識自体本末法必無故。三十頌言。

由仮説我法　有種種相転
彼依識所変　此能変唯三

成唯識説。変謂識体転似二分。相見倶依自体起故。解深密説。諸識所縁唯識所現。摂相見末帰識本故。所説理事真俗観等皆此門摂。

四隠劣顕勝識。心及心所倶能変現。但説唯心非唯心所。心王体殊勝心所劣依勝生。隠劣不彰唯顕勝法。故慈尊説。

許心似二現　如是似貪等
或似於信等　無別染善法

雖心自体能変似彼見相二現。而貪信等体亦各能変似自見相現。以心勝故説心似二。心所劣故隠而不説。非不能似。無垢称言。心垢故有情垢。心浄故有情浄等。皆此門摂。

五遺相證性識。識言所表具有理事。事為相用遺而不取。理為性体応求作證。勝鬘経云自性清浄心。摂論頌言。

於縄起蛇覚　見縄了義無
證見彼分時　知如蛇智乱

此中所説。起縄覚時遺於蛇覚。喩観依他遺所執覚。見縄衆分遺於縄覚。喩見円成遺依他覚。此意即顕所遺二覚皆依他起。断此染故所執実蛇実縄我法不復当情。非於依他以称遺故皆互除遺。蛇由妄起体用倶無。縄藉麻生非無仮用。麻譬真理縄喩依他。知縄麻之体用蛇情自滅。蛇情滅故蛇不当情名遺所執。非如依他須聖道断。故漸入真達蛇空而悟縄分。證真観位照真理而俗事彰。理事既彰我法便息。此即一重所観体也。

能観唯識以別境慧而為自体云云。然惣遍詳諸教所説一切唯識。不過五種。一境唯識。阿毗達磨経云。鬼傍生人天各随其所応等事心異故。許義非真実。如是等文但説唯識所観境者。皆境唯識。二教唯識。由自心執著等頌。華厳深密等説唯識教者。皆教唯識。三理唯識。三十頌言。

是諸識転変　分別所分別
由此彼皆無　故一切唯識

如是成立唯識道理皆理唯識。四行唯識。菩薩於定位等頌四種尋思如実智等。皆行唯識。五果唯識。仏地経云。大円鏡智。諸処境識皆於中現。又如来功徳荘厳経云。

如来無垢識　是浄無漏界
解脱一切障　円鏡智相応

唯識亦言

此即無漏界　不思議善常
安楽解脱身　大牟尼名法

如是諸説唯識得果皆果。唯識。此中所説五種唯識。惣摂一切唯識皆尽云云。

又顕類差別者。其円成真性識。若加行後得観是共相非別相。以惣縁遍法故。根本智観是別相非共相。諸法別知故。乃至或説因果体倶一識作用成多。一類菩薩義。或因果倶説二。決択分中有心地説。謂本識及転識。或唯因説三。辨中辺云。識生変似義有情我及了。三十唯識云。

　謂異熟思量　及了別境識

多異熟性故偏説之。阿陀那名理通果有。或因果倶説三。謂心意識。或唯果説四。仏地経等説四智品。或因果倶説六。勝鬘経中説六識。或因果倶説七。諸教説七心界。或因果倶説八。謂八識。或因果合説九。楞伽第九頌云。

　八九種種識　如水中諸波

依無相論同性経中。若取真如為第九者真俗合説故。今取浄位第八本識以為第九。染浄本識各別説故。如来功徳荘厳経云。

　如来無垢識　是浄無漏界
　解脱一切障　円鏡智相応

又二諦義云。瑜伽唯識二諦各有四重。世俗諦四名者。一世間世俗諦〈亦名有名無実諦〉。二道理世俗諦〈亦名随事差別諦〉。三證得世俗諦〈亦名方便安立諦〉。四勝義世俗諦〈亦名仮名非安立諦〉。勝義諦四名者。一世間勝義諦〈亦名体用顕現諦〉。二道理勝義諦〈亦名因果差別諦〉。三證得勝義諦〈亦名依門顕実諦〉。四勝義勝義諦〈亦名廃詮談旨諦〉。前之三種名安立勝義。第四一種非安立勝義諦。又云。勝義勝義者。体妙離言逈超衆法名為勝義。聖智内證過前四俗復名勝義諦。又云。第四勝義勝義諦者。謂非安立廃詮談旨一真法界也。

又以四種体釈諸教体。故略出之。初摂相帰性体者。教即真如。般若論云。

　応化非真仏　亦非説法者
　説法不二取　無説離言相

第二摂境従識体者。若取根本能説者識心為体。若取枝末能聞法者識心為体。故天親云。

　展転増上力　二識成決定

第三摂仮従実体者。一切内教体唯是声。由名句文体是仮有随実説。故対法論説成所引声。不説名等名成所引。第四相用別論体者。唯取根本能説法者識上所現声名句文。以為教体。仮与実義用殊故。此中四体約義用分。不乖真俗法相理故。具如法苑惣聊簡説。

又有六合釈。釈一切法得名所以故。次略出之。此六合釈以義釈之。亦可名為六離合釈。初各別釈名之為離。後惣合解名之為合。此六者何。一持業釈。二依主釈。三有財釈。四相違釈。五隣近釈。六帯数釈。初持業釈。亦名同依。謂任持業者業用作用之義。体能持用名持業釈。名同依者。依謂所依。二義同依一所依体名同依釈。如名大乗。依主釈者。亦名依士。依者能依主者法体。依他主法以立自名名依主釈。或主是君主。一切法体名為主者従喩為名。如臣依王王之臣故名曰王臣。士謂士夫。有財釈者。亦名多財不及有財。財謂財物。自従他財而立己名為有財。如世有財亦是従喩為名。相違釈者。名既有二義。所目自体各別。両体互乖而惣立称是相違釈。隣近釈者。倶時之法義用増勝。自体従彼立其名。名隣近釈。如説有尋及有伺等。諸相応法皆是此体。帯数釈者。数謂一十百千等数。帯謂挟帯。法体挟帯数法為名名帯数釈。如説二十唯識論。此六釈中各有多説。不能煩述。

此中六釈且依共伝略示体義。其広辨相如余処説。謂此六中初持業釈。於八転声何声中釈。乃至帯数釈亦尓。皆如別処。更有釈名如宗輪疏。恐厭繁多且指綱要。

竜猛菩薩菩提心論云。又有衆生。発大乗心行菩薩行。於諸法門無不遍修。復経三阿僧祇劫修六度万行。皆悉具足然證仏果。久遠而成。斯由所習法教致有次第。所以亦不可楽。

次秘密義者。如上無縁乗法。即是弥勒菩薩三摩地門。是三昧則所謂大慈三昧。亦是大日如来四行之一也。一切如来大慈無量悉名弥勒。此菩薩亦住普遍大慈発生三昧。説自心真言。

𑖀𑖕𑖰𑖝𑖽𑖕𑖧𑖭𑖨𑖿𑖪𑖭𑖝𑖿𑖪𑖯𑖫𑖧𑖯𑖡𑖲𑖐𑖝

釈云。阿誓単闍耶無能勝義。薩縛薩埵一切衆生。奢也心性。謂彼先世所習行諸根性類。奴揭多知也。謂能了知衆生諸根性行。句義如是。

深秘義云。初𑖀字為体即是本不生。生者生老病死一切流転之法。彼即体常自不生是阿字義。以知諸法自性不生。是故一切衆生為無有上勝上無等也。又能知法体不生故。達鑒群機一切心性無所不現覚。随彼所応度者而成就之。即是慈中之上。遍施衆生無有窮尽。是故若有衆生能通達受持読誦此法。行者不久即同弥勒之行。早證大慈三昧。

此一真言悉摂法相法門。若誦此一真言。則為持入弥勒所證所説一切法。即得不経三大劫一生成仏。常途説云。弥勒菩薩位居十地当来成仏。如此之説所謂未了之言。

秘密漫荼羅十住心論巻第七

覚心不生住心第七

夫。大虚寥廓含万象越一気。巨壑泓澄孕千品爰一水。誠知一為百千之母。空即仮有之根。仮有非有而有々森羅。絶空非空而空空不住。色不異空建諸法而宛然空。空不異色泯諸相而宛然有。是故色即是空空即是色。諸法亦尓何物不然。似水波之不離。同金荘之不異。不一不二之号立。二諦四中之称顕。観空性於無得。越戯論於八不。于時四魔不戦面縛。三毒不殺自降。生死即涅槃更無階級。煩悩即菩提莫労断證。雖然無階之階級不壊五十二位。階級之無階不导一念成覚。一念之念経三大而勤自行。一道之乗馳三駕而労化他。悲唯薀之迷無性。歎他縁之阻境智。心王自在得本清之水。心数客塵息動濁之波。権実二智證円覚乎一如。真俗両諦得教理乎絶中。悟心性之不生。知境智之不異。斯乃南宗之綱領也。

故大日尊告秘密主言。秘密主。彼如是捨无我。心主自在覚自心本不生。何以故。秘密主。心前後際不可得故。釈云。心主即心王也。以不滞有无故。心无罣导。所為妙業随意能成。故云心主自在。心王自在明即是浄菩提心。更作一転開明。倍勝於前劫也。心王猶如池水性本清浄。心数浄除猶如客塵清浄。是故證此性浄時即能自覚心本不生。何以故。心前後際倶不可得故。譬如大海波浪以従縁起故。即是先无後无。而水性不尓。波浪従縁起時水性非是先无。波浪因縁尽時水性非是後無。心王亦復如是。无前後際。以前後際断故。雖復遇境界風随縁起滅。而心性常无生滅。覚此心本不生。即是漸入阿字門。如是无為生死縁因生壊等義。如勝鬘経宝性仏性論等中広明。謂本不生者。兼明不生不滅不断不常不一不異不去不来等。三論家挙此八不以為究極中道。故吉蔵法師二諦方言仏性等章盛談此義。今略出綱要。

謂二諦者。蓋是言教之通詮相待之仮称。虚寂之妙実窮中之極号矣。中論云。諸仏常依二諦説法。一者世諦二者第一義諦。故二諦唯是教門不関境理。而学者有其巧拙。遂有得失之異。若有巧恵学此二諦成无所得。无巧慧者学教即成有所得失。故常途諸師。或言含智解。或辞兼聖教。同以境理為諦。今不同此。問中論云。諸仏依二諦説法。涅槃経云。随順衆生故説二諦。是何諦耶。答能依是教諦所依是於諦。問於諦為失教諦為得不。答凡夫於為失如来於為得。聖人於亦得亦失。而師云。於諦為失教諦為得者乃是学教成迷。本於是通迷学教於別迷。通迷是本別迷是末。本是前迷末是後迷。問何意開凡聖二於諦耶。答示凡聖得失令転凡成聖。問於諦為失者。何以言諦耶。答論文自解。諸法性空世間顚倒謂有。於世人為実名之為諦。諸賢聖真知顚倒性空。於聖人是実名之為諦。此即二於諦。諸仏依此而説名為教諦耳。問教若為名諦耶。答有数意。一者依実而説故所説亦実。是故名諦。二者如来誠諦之言。是故名諦。三者説有无教実能表道。是故名諦。四者説法実能利縁。是故名諦。五者説不顚倒是故名諦。与他家二諦有十種異。一者理教異。彼明。二諦是理三仮是俗四絶是真。今明。二是教不二是理。二者相無相異。他家住有无故是有相。今明。有表不有無表不無。不住有無故名無相。三者得無得異。他家住有无故名有得。今明。不住有無故名無得云々。

他但以有為世諦空為真諦。今明。若有若空皆是世諦。非空非有始名真諦。三者空有為二非空有為不二。々与不二皆是世諦。非二非不二名為真諦。四者此三種二諦皆是教門。説此三門為令悟不三。无所依得始名為理。問前三皆是世諦不三為真諦。答如此。問若尓理与教何異。答自有三諦為教不二為理。皆是転側適縁無所妨也。問何故作此四重二諦。答対毗曇事理二諦明第一重空有二諦。対成論師空有二諦。汝空有二諦是我俗諦。非空非有方是真諦。故有第二重二諦。対大乗師依他分別二為俗諦。依他无生分別無相不二真実性為真諦。今明。若二若不二皆是我家俗。非二非不二方是真諦。故有第三重二諦。大乗師復言。三性是俗三無性非安立諦為真諦。故今明汝依他分別二真実不二是安立諦。非二非不二三无性非安立諦。皆是我俗。言亡慮絶方是真諦。問若以有無為教表非有非無理者。何不以非有非无之教表非有非無理。必以有無之教表非有非无理耶。答不可以月指月応以指々月。若利根人応如是説。但凡夫著有無故。以有無表非有非無。問若以於諦為衆生説者更増其患。何以依二於諦説法耶。答凡夫著有二乗滞空。今明。如来因縁有無仮有仮無。仮有故不有仮無故不无。云何増患云々。

釈名者。若如他釈。俗以浮虚為義。真以真実為名。世是隔別為義。第一莫過為旨。此是随名釈義。非是以義釈名。若尓可謂世間法者有字無義。今明。俗以不俗為義。真以不真為義。若具足論之応以非俗非不俗遣四句為俗義。但今対他浮虚是俗義。今明。不俗為義。是名出世法者有字有義。釈諦義有四家云々。今明。此真俗是如来二種教門。能表為名則有二諦。若従所表為名則唯一諦。故非只以審実為義。若二於諦即以審実為諦。若就因縁教諦即有多義。或以誠諦之言釈諦。此二教表不二之道。教必不差違即是諦義。依名釈諦如是。若依義釈諦。諦以不諦為義。此是竪論。若横論諦以諸法為義。例如真俗義中説云々。

立名者。三門分別。前辨立名。次辨絶名。後弁釈名。初立名者。不真不俗亦是中道。亦名無所有亦名正法亦名無住。此非真非俗无名。今仮為立名。此名以無名之所立名。如提羅波夷真不食油。強為食油。二諦亦尓。以其真表不真俗表不俗仮言真俗。以其仮言名無得物之功。物無応名之実。浄名経云。従无住本立一切法。無住即無本。大品云。般若猶如大地出生万物。般若正法無住。此三眼目之異名云々。第二弁絶名。常途相伝世諦不絶名。引成論文。劫初時物未有名。聖人立名字。如瓶衣等物。故世諦不絶名。真諦与仏果三師不同。光宅云。此二皆不絶名。真諦有真如実際之名。仏果有常楽我浄之名。但絶麁名不絶妙名。荘厳云。此二皆絶名。仏果出於二諦外。是故絶名。真諦本来自空。忘四句絶百非。故絶名。開善云々。今明。一往為論何為不得。然非理実説。今問若劫初物作名詔者。以真諦無名。仮名詔者与真何異。又問火名為当即火離火。若使此火名即火呼火即焼口。若使火名離火何故不得水耶。故知非即離体有名。若在口中不在火上。是即火絶名。且復従来虵床虎杖世諦絶名。復問人是何物。人頭手等何意呼人耶。強為立名豈非皆絶。次難三家云々。今明。以四句弁之。一者倶絶。二者倶不絶。三者真絶俗不絶。四者俗絶真不絶。言二諦倶絶者。二諦皆如奈得皆不絶。二諦倶不絶者。得是如相名為如来。得是二如相所以皆不絶云々。

釈二諦体常解不同云々。今意有第三諦。彼无第三諦。彼以理為諦。今以教為諦。彼以二諦為天然之理。今明。唯一実諦方便説二。如唯一乗方便説三。問何処経文中道為二諦体。答中論云。因縁所生法。我説即是空。亦為是仮名。亦是中道義。因縁所生法者是俗諦。即是空者是真諦。亦是中道義者是体。華厳経云。一切有無法了達非有無。涅槃経云。随順衆生説有二諦。故以教門為諦。仁王経云。有諦無諦中道第一義諦。故知有第三諦。問教諦為是一体為是異体。答如前言中道為体故是一体。問若言一体者与他家一体何異。答他家定一定異定亦一亦異。今明初第一重故作此語。至第二第三第四重。不可言一不可言異。問於諦為是一体為是異体。答初二妄情為二体。尓終無有両物。如眼病見空花異空無華。故以一中道為体。問仮有仮无為二諦非有非無為中道。答一往開中仮義故。仮非中々非仮也。究竟而言仮亦是中。故涅槃経云。有無即是非有非无。亦得中為仮。一切言説皆是仮故。問何者是体仮用仮。何為体中用中耶。答仮有仮无是用仮。非有非无是体仮。有無是用中。非有非無是体中。復言有無非有非无皆是用中用仮。非二非不二方是体仮体中。合有四仮四中。方是円仮円中耳。

明中道者。初就八不明中道。後就二諦明中道。初中師有三種方言。第一方言云。所以牒八不在初者。欲洗浄一切有所得心。有得之徒無不堕此八計中。如小乗人言。謂有解之可生惑之可滅。乃至衆生従無明流来。反本還源故去。今八不横破八迷竪窮五句。以求彼生滅不得故言不生不滅。生滅既去。不生不滅亦生滅亦不生滅。非生滅非不生滅五句自崩。

又三論玄文云。三論部袟雖有異。而同以無所得正観為宗。所以然者。此論破除一切有所得辺病。明無依无得不二中道故。三論破執用異正観無別。故無量義経云。如水洗穢義同約井池為異。今約用不同故弁所宗差別。

中論以二諦為宗。所以用二諦為宗者。二諦是仏法根本。如来自行化他皆由二諦。自行由二諦者。如瓔珞経仏母品明。二諦能生仏故二諦是仏母。蓋取二智為仏。二諦能生二智故以二諦為母。即是如来自徳円満由於二諦。化他徳由二諦者。如来有所説法教化衆生常依二諦。故中論云。諸仏依二諦為衆生説法。是化他徳由於二諦。所以知自行化他由於二諦者。十二門論云。以識二諦故則得自利々他及共利。即其事也。以二諦是自行化他之本故。申明二諦以為論宗。則令一切衆生具得自他二利。問何人迷二諦。論主破迷申二諦耶。答有三種人迷二諦。一小乗五百部。各執諸法有決定性。聞畢竟空如刀傷心。此人失第一義諦。然既失第一義諦亦失世諦。所以然者。空宛然而有故。有名空有方是世諦。彼既失空亦是迷有故失世諦。五百部執出如来二諦之外。二者方広道人。謂一切法如亀毛菟角無罪福報応。此人失世諦。然有宛然而空故。空名有空。既失空有亦失有空。如斯之人亦失二諦。又諸外道亦失二諦。如有見外道迷於真諦。空見外道迷於世諦。又凡夫著有故迷真諦。二乗滞空迷世諦。今破此之迷申明二諦故。用二諦為宗。問何以得知此論以二諦為宗。答瓔珞経云。二諦不生不滅乃至不来不去。今論正明八不。故知以二諦為宗。又青目序論意。明外人失二諦竜樹為是等故造此中論。即知破外道迷失申明二諦。故以二諦為宗。問既名中論。何以不用中道為宗乃以二諦為宗。答即二諦是中道。既以二諦為宗。即是中道為宗。所以然者。還就二諦以明中道故。有世諦中真諦中非真非俗中道。但今欲名宗両挙故中諦互説故。宗挙其諦名題其中。若以中道為名復以中道為宗者。但得不二義失其二義故也。問仏何故明二諦耶。答欲示仏法是中道故。以世諦故不断。以真諦故不常。有世諦故生方便。具実慧方便故有三世十方仏。又知第一義是自利。所以立二諦。又二慧是三世仏法身父母。以有第一義故生般若。以知世諦故能利他。共知二諦則得共利。又有二諦故仏語皆実。以世諦故説有是実。真諦故説空是実。所以明二諦。

次百論破邪申二諦。具如破空品末説。亦応以二諦為宗。但今欲与中論互相開避。中論以二諦為宗。百論以二智為宗。欲明諦智互相成也。問百論何故用二智為宗。答提婆与外道対面撃揚闘一時権巧智慧。但提婆権智巧能破邪巧能顕正。而実無所破亦無所顕。故名実智。一論始終明此二智故以二智為宗。中論不与内諍一時権巧。但共同学二諦之人諍二諦得失。故以二諦為宗。則中論用所申為宗。百論用能申為宗。欲明仏与菩薩能所共相成也。

次十二門論亦破内迷申明二諦。亦以二諦為宗。但今欲示三論不同。宜以境智為宗。所言境智者。論云。大分深義所謂空也。若通達是義則通達大乗。具足六波羅蜜無所障尋。大分深義者。謂実相之境。由実相境発生般若。由般若故万行得成。則是之義。故用境智為宗。

問論名中論中有幾種。答既秤為中則非多非一。随義対縁得説多一。所言一中者。一道清浄更無二道。一道者即一中道也。所言二中者。即約二諦弁中。謂世諦中真諦中。言三中者。二諦中及非真非俗中。言四中者。謂対偏中尽偏中絶待中成仮中也。対偏中者。対大小学人断常偏病。是故説対偏中也。尽偏中者。大小学人有断常偏病則不成中。偏病若尽即名為中。是故経云。衆生起見凡有二種。一断二常。如是二見不名中道。無常無断乃名中道。故名尽偏中也。本対偏病是故有中。偏病既除中亦不立。非中非偏。為出処衆生強名為中。謂絶待中也。故此論云。若无有始終中当云何有。経云。遠離二辺不著中道。即其事也。成仮中者。有無為仮非有非无為中。由非有非無故説有無。如此之中。為成於仮謂成仮中。所以然者。良由正道未曾有無。為化衆生仮説有無。故以非有無為中有無為仮也。

此覚心不生心亦有二種義。一浅略二深秘。浅略如前説。深秘義者。下所説真言秘義是也。所謂覚心不生住心法門是文殊師利菩薩三摩地門。大日経云。時文殊入仏加持神力三昧。説自證真言曰。

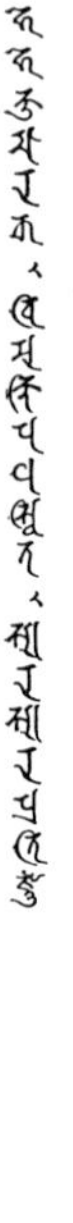

釈云。醯々是呼召。倶摩羅迦是童子。即是呼召令憶本願。又倶是摧破之義。摩羅是四魔及眷属。此真言以麼字為体。即是大空之義。證此大空摧壊一切魔也。毗目乞底鉢他悉体多解脱道住。請呼此童子住於解脱道者。即是諸仏解脱。所謂大空[illegible]憶念憶念。[illegible]先所立願。此真言浅略。意云。醯々童子住解脱道者憶念本所立願。一切諸仏法身成仏入身口意秘密之体。一切有心無能及者。然憶本願故。以自在之力還於生死救度衆生。大意如此。此童子久已法身成仏。故請其以憶本願而度衆生。由請菩薩本願。若有見聞触知憶念我者。皆於諸乗而得畢定乃至満一切願。此菩薩久已成仏。所謂普見如来。或云普現如来。以大悲加持力示童子身。顕義如是。深秘義[illegible]一字為体。是大空義。大空則大自在。大自在則大我。大我能證大空。大我於一切法無著無得。是則如来智慧。若得平等恵者於一切法都絶戯論。是故亦名無戯論如来。故金剛頂経云。時薄伽梵一切無戯論如来。復説転字輪般若理趣。釈経云。是則文殊師利菩薩之異名。転字輪者是五字輪三摩地。所謂諸法空与无自性相応故者。金剛界曼荼羅中金剛利菩薩三摩地。諸法無相与无相性相応故者。是降三世曼荼羅中忿怒金剛利三摩地。諸法無願与無願性相応故者。是遍調伏曼荼羅中蓮華利三摩地。諸法光明般若波羅蜜多清浄故者。一切義成就曼荼羅中宝利菩薩三摩地云々。

所謂空無相无願是三解脱門。大般若等顕諸空無相等経。皆是文殊師利菩薩三摩地法漫荼羅。故六波羅蜜経云。令文殊師利菩薩受持所説般若蔵。竜樹菩薩依此般若蔵作中観十二門論示三解脱中道正観。竜樹菩薩弟子提婆菩薩作百論破二乗外道等執。無著菩薩造順中論。世親菩薩作百論釈。声清辨菩薩造中論釈。此名般若燈論。護法菩薩造広百論釈。唐三蔵玄奘法師訳伝大唐。秦姚興時鳩摩羅什三蔵訳青目所作中観釈為四巻。吉蔵法師依中百十二三論。広造章疏盛伝三解脱門。入唐学生智蔵道慈法師等受学伝此間。是名三論宗。是此名人則文殊師利菩薩。約法名大般若波羅蜜多経。

如此経論等所詮無量教義等。悉摂文殊一𑖀字真言尽。若観誦此一字則證大空三昧。等同文殊菩薩。證此大空恵時。能知一切諸法本来不生不滅不断不常不一不異不去不来等。中論初説八不良有以也。是大慧亦是大日尊万徳之一也。故善無畏三蔵云。文殊師利者。是大日如来智恵。不離大日如来別有恵云々。

秘密漫荼羅十住心論巻第七

承安二年四月廿七日書写畢　二校了

秘密漫荼羅十住心論巻第八

一道無為住心第八〈亦名如実知自心。亦名空性无境心〉

若夫孔宣出震旦。述五常乎九州。百会誕華胥。開一乗乎三草。於是狂酔黎元住而不進。癡闇黔首往而不帰。七十達者頗昇其堂。万千羅漢乃信金口。度内五常方円不合。界外一車大小不入。

是故三七観樹四十待機。初転四諦方等洗人法之垢穢。後灑一雨円音霑草木之牙葉。至如入蓮華三昧観性徳不染。放白毫一光表修成遍照。会三帰一讃仏智之深多。指本遮末談成覚之久遠。宝塔騰踊二仏同座。娑界震裂四唱一処。賜髻珠献瓔珞。利智鶖子疑吾仏之変魔。等覚弥勒恠子年之過父。一実之理吐本懐於此時。无二之道得満足於今日。尓乃羊鹿僥而露牛疾。竜女出而象王迎。二種行処宿身心之室宅。十箇如是安止観之宮殿。寂光如来融境智而知見心性。応化諸尊顧行願而分身随相。

寂而能照照而常寂。似澄水之能鑒。如瑩金之影像。湿金即照影。照影即金水。即知境即般若。般若即境。故云無境界。即此如実知自心名為菩提。

故大日尊告秘蜜主言。秘密主。云何菩提謂如実知自心。秘密主。

是阿耨多羅三藐三菩提。乃至彼法少分無有可得。何以故。虚空相是菩提。无知解者亦無開暁。何以故。菩提無相故。秘密主。諸法無相謂虚空相。尓時金剛手復白仏言。世尊。誰尋求一切智。誰為菩提成正覚者。誰発起彼一切智智。仏言。秘密主。自心尋求菩提及一切智。何以故。本性清浄故。心不在内不在外。及両中間心不可得。秘密主。如来応正等覚。非青非黄非赤非白非紅非紫非水精色。非長非短非円非方。非明非暗非男非女非不男女。秘密主。心非欲界同性非色界同性非无色界同性。非天竜夜叉乾闥婆阿脩羅迦楼羅緊那羅摩睺羅伽人非人趣同性。秘密主。心不住眼界。不住耳鼻舌身意界。非見非顕現。何以故。虚空相心離諸分別無分別。所以者何。性同虚空即同於心。性同於心即同菩提。如是秘密主。心虚空界菩提三種无二。此等悲為根本方便波羅蜜満足。是故秘密主。我説諸法如是。令彼諸菩薩衆菩提心清浄知識其心。秘密主。若族姓男族姓女。欲識知菩提当如是識知自心。秘密主。云何知自心。謂若分段。或顕色或形色或境界。若色若受想行識。若我若我所。若能執若所執。若清浄。若界若処。乃至一切分段中求不可得。秘密主。此菩薩浄菩提心門。名初法明道。

釈云。謂无相虚空相及非青非黄等言。並是明法身真如一道无為之真理。仏説此名初法明道。智度名入仏道初門。言仏道者指金剛界宮大日曼荼羅仏。於諸顕教是究竟理智法身。望真言門是則初門。大日世尊及竜猛菩薩並皆明説不須疑惑。又下文云。所謂空性離於根境。无相无境界。越諸戯論等同虚空。離有為无為界離諸造作離眼耳鼻舌身意者。亦是明理法身。

无畏三蔵説。行者住此心時即知釈迦牟尼浄土不毀。見仏寿量長遠本地之身与上行等従地涌出諸菩薩同会一処。修対治道者。雖迹隣補処然不識一人。是故此事名秘密。證此理仏亦名常寂光土毗盧遮那。

大隋天台山国清寺智者禅師。依此門脩止観得法華三昧。即以法花中論智度為所依搆一家義。

脩止観兼為門徒説云。正脩止観者。乃至観心具十法門。一観不可思議境。二起慈悲心。三巧安止観。四破法遍。五識通塞。六脩道品。七対治助開。八知次位。九能安忍。十无法愛也。

一観心是不可思議境者。夫一心具十法界。一法界又具十法界百法界。一界具三十種世間。百法界即具三千種世間。此三千在一念心。若无心而已。介尓有心即具三千。亦不言心在前一切法在後。亦不言一切法在前一心在後。若従一心生一切法者此則是縦。若心一時含一切法者此即是横。縦亦不可横亦不可。只心是一切法一切法是心。故非縦非横。非一非異玄妙深絶。非識所識非言所言。所以称為不可思議境。意在於此。

又云。四句倶皆可説。説因亦是縁亦是共亦是離亦是。若為盲人説乳若貝若粖若雪若鵠。若盲聞諸説即得解乳。即世諦是第一義諦。当知終日説終日不説。終日雙遮終日雙照。即破即立即立即破。経論皆尓。天親竜樹内鑒冷然。外適時宜各権所拠。而人師偏解学者苟執。遂興矢石各保一辺大乖聖道也。若得此意倶不可説倶可説。若随便宜者。応言无明法法性生一切法。如眠法々心則有一切夢事。心与縁合則三種世間三千相性皆従心起。一性雖少而不无。无明雖多而不有。何者。指一為多多非多。指多為一一非少。故名此心為不可思議境也。若解一心一切心一切心一心非一非一切。一陰一切陰一切陰一陰非一非一切。一入一切入一切入一入非一非一切。一界一切界一切界一界非一非一切。一衆生一切衆生一切衆生一衆生非一非一切。一国土一切国土一切国土一国土非一非一切。一相一切相一切相一相非一非一切。乃至一究竟一切究竟一切究竟一究竟非一非一切。遍歴一切法皆是不可思議境。若法性无明合有一切法陰界入等。即是俗諦。一切界入是一法界。即是真諦。非一非一切。即是中道第一義諦。如是遍歴一切法。无非不思議三諦。若一法一切法即是因縁所生法。是為仮名仮観。若一切法即一法我説即是空空観也。若非一非一切者即是中道観。一空一切空无仮中而不空。捴空観也。一仮一切仮无空中而不仮。捴仮観也。一中一切中无空仮而不中。捴中観也。即中論所説不可思議一心三観也。歴一切法亦如是。若因縁所生法者。即方便随情道種権智。若一切法一法我説即是空。即随智一切智。若非一非一切亦名中道義者。即非権非実一切種智。例上一権一切権。一実一切実。一切非権非実。遍歴一切是不可思議三智也。若随情即随他意語。若随智随自意語。若非権非実即非自非他意語。遍歴一切法无非漸頓不定不思議教門也。若解頓即解心。心尚不可得云何当有趣非趣。若解漸即解一切法趣心。若解不定即解是趣不過。此等名異義同。軌則行人呼為三法。所照為三諦。所発為三観。観成為三智。教他呼為三語。帰宗呼為三趣。若得斯意類一切皆成法門。種種味勿嫌煩。

又明修四種三昧入菩薩位。云。行法衆多略言其四。一常坐。二常行。三半行半坐四非行非坐。亦随自意亦名覚意。通称三昧者調直定也。大論云。善心一処住不動是名三昧。法界是一処。止観能住不動。四行為縁観心。藉縁調直。故通称三昧。

又云。根塵相対一念心起。即空即仮即中。是為最要。

又云。横竪一心明止観者。如上所説横竪深広破一切邪執。申一切経論脩一切観行。逗一切根縁廻転无窮。言煩難見。今当結束出其正意。若无生門千万重畳。只是无明一念因縁所生法。即空即仮即中不思議三諦。一心三観一切種智仏眼等法耳。无生門既尓。諸余横門亦復如是。雖種種説只一心三観。故无横无竪但一心脩止観。

又云。言衆生者。貪恚癡心皆計有我。々即衆生我逐心起。心起三毒即名衆生。此心起時即空即仮即中。随心起念止観具足。観名仏知止名仏見。於念念中止観現前。即是衆生開仏知見。此観成就名初随喜品。読誦扶助此観転明成第二品。如行而説資心転明成第三品。兼行六度功徳転深成第四品。具行六度事理无減成第五品。転入六根浄名相似位。故法華云。雖未得无漏而其意根清浄。若此従相似位進入銅輪破无明得无生忍。四十二地諸位。故法華云。得如是无漏清浄之果報。亦是三賢十聖住果報。唯仏一人在浄土。以聖賢例仏。指妙覚是報。

又云。若破法愛入三解脱発真中道。所有恵身不由他悟。自然流入薩婆若海。住无生忍亦名寂滅忍。以首楞厳遊戯神通。具大智恵如大海水。所有功徳唯仏能知今止観。進趣方便斉此而已。入住功徳今无所論後当重釈。是十種法名大乗観。学是乗者名摩訶衍。〈是為天台宗修行相。〉

此一道无為住心有二種義。謂浅畧深秘。浅畧如前説。深秘義者。下所説真言門義是也。言一道無為住心所説法門是観自在菩薩三摩地門。所以観自在菩薩手持蓮華。表一切衆生身心中有本来清浄理。雖沈淪无明三毒泥中往来六趣四生垢穢。不染不垢猶如蓮華。是本来清浄理名一道无為。是一道亦名一乗。所謂仏乗。乗約能運載得名。道拠能開通立称。名雖二別理則一也。是観自在菩薩住普観三昧。説自心真言曰。

[illegible]

初一句即是一切如来。謂十方三世諸仏。次句観義。用彼仏所観故名諸如来観。即是平等観。即是普眼観也。次句体也。所謂大悲為体。猶如金人以彼自体純是金故為金人。此菩薩亦尓。純以大悲為体。羅羅羅囉是塵垢義。入阿字門即是无塵垢。所以三重者除三毒三界三乗三業等。由除此三重塵垢速證本来清浄一道無為理。此真言以初[illegible]字為躰。薩字一切諸法諦義。観自在菩薩以普眼力観一切諸法不倒不謬故名諦。諦審也。所観理事无不徹底審諦故。

法華経題目梵名云。[illegible]

初[illegible]字亦是薩字。此経亦以初一字為躰。経内一切句義。皆説此一字之義。譬如易一交能含六十四卦及十翼等万象。故観自在菩薩以此一字為真言。此菩薩亦名得自性清浄如来。故金剛頂経云。時薄伽梵得自性清浄法性如来。復説一切法平等観自在智印。

釈経云。得自性清浄法性如来者是観自在菩薩異名。所謂世間一切欲清浄故則一切瞋清浄者。此則金剛法菩薩三摩地。〈所謂世間一切垢清浄故則一切罪清浄。此則金剛利菩薩三摩地〉云云。

法華経及余観音部経等。皆是観自在菩薩法曼荼羅。以[illegible]一字真言悉摂尽也。天台智者禅師依法華経中論智度論等。脩止観法。撰四教義禅門観心論。兼為弟子等説。上足弟子灌頂記法華玄文文句止観各十巻。後弟子湛然作文句玄義止観等私記。是名天台法華宗。

如此法門並是法王之一職法界之一門。従百字輪一[illegible]字流出。摂末帰本悉含一字。

若有衆生応従此門入法界者。現観音身授此法教。若能受持読誦速得解脱等同観音菩薩。若得此真言密義一切法教皆悉平等平等。若依多名顕句経論疏等修行者。徒積年劫空費身心。不得證入法界。故法華儀軌経云。一切衆生身中皆有仏性具如来蔵。一切衆生无非无上菩提法器。若欲成就如此法者。応当先具如是四縁。一者親近善知識。即是灌頂阿闍梨也。二者聴聞正法。正法者是妙法蓮華経王。三者如理作意。如理作意者。即是瑜伽観智。瑜伽観智者。即是観念本尊及真言印等。四者法随法行。法随法行者。謂修奢摩他毘鉢舎那。即堪任證无上菩提。若修持妙法蓮華経若男若女。則須依修真言行密行菩薩道。応当先入大悲胎蔵大曼荼羅並見護摩道場滅除身中業障。得阿闍梨与其灌頂。即従師受念誦儀軌三昧耶。護身結界迎請供養。乃至観於己身等同普賢大菩薩身。若不具如是増上縁者。所有読誦修習如此経王。難得速疾證成三昧。一一印契儀軌真言。応当於灌頂阿闍梨処躬稟受決択。而専擅作者是則名為越三昧耶。伝及受者倶獲重罪。

秘密漫荼羅十住心論巻第八

承安二年四月七日書写畢　二校了

秘密漫荼羅十住心論巻第九

極无自性住心第九

極无自性心。今釈此心有二種趣。一顕略趣。二秘密趣。顕略趣者。夫甚深也者廮嚧。峻高者也蘇迷。広大也虚空。久遠也者芥石。雖然芥石竭磷虚空可量。蘇迷十六万。磨嚧八億那。近而難見我心。細而遍空我仏。我仏難思議。我心広亦大。巧藝心迷擲竿。離律眼盲休見。禹名舌断夸歩足削。声縁識不識。薩埵智不知。奇哉之奇絶中之絶。其只自心之仏歟。

迷自心故六道之波鼓動。悟心原故一大之水澄静。澄静之水影落万象。一心之仏鑒知諸法。衆生迷此理輪転不能絶。蒼生太狂酔自心不能覚。

大覚慈父指其帰路。帰路五百由旬。此心則都亭。都亭非常舎随縁忽遷移。遷移无定処是故无自性。諸法无自性故去卑取尊。故有真如受薫之極唱勝義无性之秘告。警一道於弾指。覚无為於未極。等空之心於是始起。寂滅之果果還為因。

是因是心望前顕教極果。於後秘心初心。初発心時便成正覚。宜其然也。初心之仏其徳不思議。万徳始顕一心稍現。證此心時知三種世間即我身。覚十箇量等亦我心。

盧舎那仏始成道時。第二七日与普賢等諸大菩薩等広談此義。是即所謂花厳経也。尓乃苞花蔵以為家。籠法界而為国。七処荘座八会開経。入此海印定観法性円融。照彼山王機示心仏不異。摂九世於刹那。舒一念於多劫。一多相入理事相通。帝網譬其重重。錠光喩其穏隠。

遂使就覚母以発心。帰普賢而證果。三生練行百城訪友。一行行一切一断断一切。雖云初心成覚十信道円。因果不異経五位而馳車。相性不殊渾十身。而同帰。斯則花厳三昧之大意。

故大日如来告秘密主言。所謂空性離於根境无相无境界。越諸戯論等同虚空。離有為无為界離諸造作。離眼耳鼻舌身意極无自性心生。善无畏三蔵説。此極无自性心一句悉摂花厳教尽。所以者何。華厳大意原始要終。明真如法界不守自性随縁之義。

故法蔵師五教云。若計真如一向有者有二過失。一常過。謂不随縁故。在染非隠故。不待了因故。即堕常過。問諸聖教中。並説真如為凝然常。既不随縁豈是過耶。答聖説真如為凝然者。此是随縁成染浄時。恒作染浄而不失自躰。是即不異无常之常。名不思議常。非謂不作諸法如情所謂之凝然也。若謂不作諸法而凝然者。是情所得故即失真常。以彼真常不異无常。不異无常之常出於情外。故曰真常。是故経中不染而染者。明常作无常也。染而不染者。明作无常時不失常也。問教中既就不異无常之常故。説真如為凝然常者。何故不就不異常之无常故説真如為无常耶。答教中亦説此義。故経云。如来蔵受苦楽与因俱若生若滅。経云。自性清浄心因无明風動成染心等。以此教理故。真如不異常之无常故随縁。隠躰是非有也。問真如是不生滅法故。既不異无常之常故説為常。不異常之无常故得説无常者。亦可依他是生滅法。亦応得有不異常之无常。不異无常之常義耶。答亦並得有也。何以故。諸縁起无常法。即无自性方成縁起。是故不異常性而得无常。故経云不生不滅是无常義。此即不異於常成无常也。又以諸縁起即是无性。非滅縁起方説无性。是即不異无常之常也。故経云色即是空非色滅空故。又云。衆生即涅槃不更滅故等也。此中二義与真如二義相配可知。此即真俗雙融二而无二。故論云。智障極盲暗謂真俗別執。此之謂也。是故若執真如同情所謂而凝然常者。即不随縁隠其自躰。不仮了因即堕常過也。又若不随縁成於染浄。染浄等法即无所依。无依有法又堕常也。以染浄法皆无自躰頼真立故。二断過者。如情之有即非真有。非真有故即断真也。又若有者即不随染浄。染浄諸法既无自躰。真又不随不得有法。亦是断。

三蔵又云。行者得如是微細恵時。観一切染浄諸法。乃至少分由如隣虚无不従縁生者。若従縁生即无自性。若无自性即是本不生。本不生即是〔心〕実際。心実際亦復不可得。故曰極无自性心生。此心望前二劫。由如蓮華盛敷。若望後二心。即是果復成種。故経曰如是初心仏説成仏因。〈前二劫者。指他縁一道二種住心。後二心者示真言門根究竟二心。〉

又極无自性心。明真如法身蒙驚覚縁力更進金剛際。抝大日経及金剛頂経等。云。時婆伽梵大菩提普賢大菩薩住一切如来心寂滅无相平等究竟真実。時金剛界一切如来。現受用身弾指警覚告曰。善男子。汝所證是一道清浄。未證秘密金剛三摩地。勿以此為足。時一切義成就菩薩。由一切如来警覚。即従无色身三昧起。礼一切如来白言。世尊如来。教示我所行道。云何脩行云何是真実。一切如来異口同音告彼菩薩言。善男子。当住観察自心三摩地。

従此已後説五相成身真言。由此五相真言加持。得成大日尊身。如是明證非一恐繁不述。言一道清浄者。即是一乗一如等理是也。

又花厳宗五教十玄六相華厳三昧以為至要。故略出之。

蔵公金師子章云。釈此金師子一章。略作十門分別。一明縁起。二弁色空。三約三性。四顕无相。五説无生。六論五教。七勒十玄。八括六相。九成菩提。十入涅槃。一明縁起者。以金无自性。随工巧匠縁。遂有師子起。々但是縁故名縁起。二弁色空。以師子相虚唯是真金。師子不有金躰不无。故色空。又空无自躰約色以明。不礙幻存故云色空。三約三性者。師子情有名為偏計。金性不変号曰円成。金師子似有称曰依他。四顕无相者。以金収師子。金外更无師子相可得。故云无相。五説无生者。正見師子生時祇是金生。金外更无一物。師子雖有生滅。金体本无増減。以金无増減故曰无生。六論五教者。此金師子唯是因縁之法。念念生滅実无師子可得。名愚法声聞教。第二即此縁生之法。各无自性。徹底唯空名大乗始教。第三言雖復徹底唯空。不礙幻法宛然。縁生仮有二相雙存。名大乗終教。第四即此二相。互奪両亡情謂不存。倶无有力。互立雙泯名言路絶。栖心无寄。名大乗頓教。第五即此情尽体露之法。混成一塊繁興大用。起必全真。万像紛然参而不雑。一切即一皆同无性。一即一切因果歴然。力用相収巻舒自在。名一乗円教。七勒十玄者。一云。此金与師子同時成立。円満具足。名同時具足相応門。第二金与師子相容成立一多无㝵。於中理事諸相各各不同。或一或多各住自位。名一多相容不同門。第三若肴師子即唯師子无金。即金隠師子顕。若看金即唯金无師子。即金顕師子隠。両処看即倶顕倶隠。隠即名秘密。顕即名顕著。故名秘密隠顕倶成門。第四即此師子眼耳支節。一一毛処各各全収師子。一一能所師子。同時頓入一茎毛中。一一茎毛中各各皆有无辺師子。又復一一毛載此无辺師子。各還入一茎毛中。如是重重无尽无尽如帝網天珠。名因陁羅網境界門。第五此師子眼収師子尽即一切純是眼。若耳収師子尽即一切純是耳。若諸相同時相収尽皆具足。即一一皆純皆雑。亦一一皆是円満蔵故。言諸蔵純雑具徳門。第六師子諸根一一毛頭皆各全収師子尽。一一皆徹遍。師子耳即眼即鼻。自在成立无障㝵故。故名諸法相即自在門。第七此師子或隠或顕。若一若多。定純定雜有力无力。即此即彼主伴交輝。理事斉現皆尽相容。不㝵安立微細成弁故。名微細相容安立門。第八此師子是有為法。念念生滅刹那无間。分為三際。為過去現在未来。此三際各有過去現在未来。惣三三位以立九世。即更束為一数法門。雖復九世十世各各有融隔不同。相由成立通融无㝵同為一念故。名十世隔法異成門。第九即此師子与金。或隠或顕或一或多。无有自性由心廻転説事説理。有成有立故。名唯心廻転善成門。第十説此師子用表无明。託此金躰具彰真性。二事合説況阿頼耶識令生正解。名為託事顕法生解門。第八括六相者。言。一師子是惣相。五根差別是別相。共成一縁起是同相。眼耳各不相是是異相。諸根合会得有師子是成相。諸根各住自位是壊相。第九成菩提者。此云道也覚也。眼看師子之時見一切有為法。更不須待壊。本来寂滅離諸取捨。即於此路流入薩婆若海故名為道。解无始已来所作顚倒无有一実躰故名為覚。畢竟具一切種智名成菩提。第十入涅槃者。見此師子与金。二相俱尽煩悩不生好醜現前。心安如海。妄想都尽无諸逼迫。出纏離障永絶苦源為入涅槃也。

又澄観法師新花厳疏云。頓成諸行者。一行即是一切行故。此復二義。一約心観。二約性融。今謂。一念相応能頓具成。謂。知此心即是仏智。仏智即是无念。无念心躰内外无著。諸過自防忍可諦理。離身心相寂然不動。了見性空善達有无。進詣妙覚。是真脩習。決断分明十度具矣。十度既尓余行例然。故脩一行成一切行。二約性融者。以随一行称法性故。法性融摂故。此一行如性。普収无行不具。広如下説。

又云。七令知地位者。同脩一道至於仏果有階差故。如虚室千燈雖同遍室。不妨前後明有微著。若无此位徒脩妙行。不知此位。或叨濫上流。或得少為足。此亦二種。一行布位。初後浅深五位差別。二円融位。一摂一切一一位満即説成仏。一位之中具摂一切諸位功徳。信該果海初発心時便成正覚。上二相摂例行説。

又杜順和尚花厳三昧云。但法界縁起惑者難階。若不先濯垢心无以登其正覚。故大智論云。如人鼻下有糞臭沈麝等香亦為臰也。故維摩経云。无以生滅心行説実相法。故須先打計執然後方入円明。若有直見色等諸法従縁即是法界縁起也。不必更須前方便也。如其不得直入此者。宜可従始至終一一徴問致令断惑。尽迷除法絶言見性生解。方為得意耳。問曰。云何見色等諸法即得入大縁起法界耶。答曰。以色等諸事本真実亡詮即妄心不及也。故経云。言説別施行。真実離文字。是故見眼耳等事即入法界縁起中也。何者皆是无実躰性也。即由无躰幻相方成。以従縁生非自性有。故即由无性得成幻有。是故性相渾融全収一際。所以見法即入大縁起法界中也。問既言空有无二即入融通者。如何復云見眼耳等即入法界中耶。答若能見空有如是者。即妄見心尽方得順理入法界也。何以故。以縁起法界離見亡情繋興万像故。問既知如是以何方便令得入耶。答方便不同。略有三種。一者徴令見尽。如指事問云何者是眼。如已前小乗中六種簡之。若入一切諸法但名門中収。无有一法非名者。復須責其所以所以知眼等是名。如是展転責其所以。令其亡言絶解。二者示法令思。此復有二門。一剝顚倒心決尽。如指事以色香味触等奪其妄計。令知倒惑。所有執取不順於法。即是意識无始妄見薫習所成。无始急曳繞生三界輪環不絶。若能覚知此執即是縁起。当処无生。二者示法断疑。若先不識妄心示法。反成倒惑。若不示法令見。迷心還著於空。所以先剝妄心。後乃示法令見。三者顕法離言絶解。就此門中亦為二。一遮情二表徳。言遮情者。問縁起是有耶。答不也即空故。縁起之法无性即空。問是无耶。答不也即有故。以縁起之法即由无始得有故也。問亦有亦无耶。答不也空有円融一无二故。縁起之法空有一際无二相故也。如金与荘厳具思之。問非有非无耶。答不也不导両存故。以縁起之法空有互奪同時成也。問定是无耶。答不也空有互融両不存故。縁起之法空奪有尽唯空而非有。有奪空尽唯有而非空。相奪同時両相雙泯。二表徳者。問縁起是有耶。答是也幻有不无故。問是无耶。答是也无性即空故。問亦有亦无耶。答是也不导両存故。問非有非无耶。答是也互奪雙泯故。又以縁起故是有。以縁起故是无。以縁起故是亦有亦无。以縁起故是非有非无。乃至一不一亦一亦不一非一非不一。多不多亦多亦不多非多非不多。如是多是一亦是多亦是一非非是多非非是一非非多非非一。即不即四句准之。如是遮表円融无导。皆由縁起自在故也。若能如是者方得見縁起法也。何以故。円融一際称法見故。若不同時前後見者。是顚倒見非正見也。何以故。前後別見不称法故。問如是見已云何方便入法界耶。答言入方便者。即於縁起法上消息取之。何者即此縁起之法即空无性。由无性故幻有方成。然此法者即全以无性性為其法也。是故此法即无性而不导相存也。若不无性性起不成。以自性不生皆従縁故。既全収性尽。性即无為不可分別。随其大小性无不円。一切亦即全性為身。是故全彼為此。即性不导幻相。所以一具衆多。既彼此全躰相収不导彼此差別也。是故彼中有此此中有彼。故経云。法同法性入諸法故。解云。法者即挙縁起幻有法也。同性者縁起即空而不导此相故。全収彼為此。以彼即空而不导彼相故。既此彼全収相皆不壊。是故此中有彼彼中有此。非但彼此相収。一切亦復如是。故経云。一中解无量无量中解一。転転生非実智者无所畏。又云。於一法中解衆多法。衆多法中解了一法。如是相収彼此即入同時頓現。无前无後。随一円融即全彼此也。問法既如是智復如何。答智順於法一際縁成。冥契无差頓現不无先後。故経云。普眼境界清浄身。我今演説人諦聴。解云。普眼者。即是法智相応頓現多法也。即明法唯普眼所知簡非余智境界也。境界者。即明多法互入猶如帝網天珠重重无尽之境界也。清浄身者。即明前諸法同時即入終始難源。縁起集成見心无寄也。然帝釈天珠網者。即号因陁羅網也。然此帝網皆以宝成。以宝明徹逓相影現渉入重重。於一珠中同時頓現。随一即尓竟无去来也。今且向西南辺取一顆珠驗之。即此一珠能頓現一切珠影。此珠既尓余一一亦然。既一一珠一時頓現一切珠既尓。余一一亦然。如是重重无有辺際。即此重重无辺際珠影。皆在一珠中炳然斉現。余皆不妨此。若於一珠中坐時。即坐著十方重重一切珠也。何以故。一珠中有一切珠故。一切珠中有一珠時即坐著一切珠也。一切反此准以思之。既於一珠中入一切珠而竟不出此一珠。於一切珠入一珠而竟不起此一珠。問既言於一珠中入一切珠而竟不出此一珠者。云何得入一切珠耶。答只由不出此珠。是故得入一切珠。若出此一珠入一切珠者。即不得入一切珠也。何以故。離此珠内无別珠故。問若離此珠内无一切珠者。此網即但一珠所成。如何言結多珠成耶。答只由唯独一珠方始結多為網。何以故。由此一珠独成網故。若去此珠全无網故。問若唯独一珠者。云何言結成網耶。答結多珠成網者。即唯独一珠也。何以故。一是惣相具多成故。若无一一切无故。是故此網一珠成也。一切入一准思可知。問雖西南辺一珠惣収十方一切珠尽无柰。方各各有珠。云何言網唯一珠成耶。答十方一切珠者。惣是西南方一顆珠也。何以故。西南辺一珠即十方一切珠故。若不信西南辺一珠即是十方一切珠者。但以墨点点西南辺一珠著時。即十方珠中皆有墨点。既十方一切珠上皆有墨点。故知。十方一切珠即是一珠也。言十方一切珠不是西南辺一珠者。豈可是人一時遍点十方一切珠耶。縦令遍点十方一切珠者即是一珠也。此一為始既尓。余為初亦然。重重无際点点皆同。杳杳難原一成咸畢。如斯妙喩類法思之。法不如然喩同非喩。一分相似故以為言。何者此珠但得影相渉入其質各珠。法不如然全躰交徹。故経云。以非喩為喩等也。諸有行者准喩思之。

盧舎那仏過去行　令仏刹海皆清浄
无量无数无辺際　彼一切処自在遍
如来法身不思議　无色无相无倫匹
示現色相為衆生　十方受化靡不現
一切仏刹微塵中　盧舎那現自在力
弘誓仏海震音声　調伏一切衆生類

次秘密趣者。自上所説極无自性住心者。是普賢菩薩所證三摩地門。亦是大毗盧舎那如来菩提心之一門也。故善无畏三蔵説。東南方普賢菩薩者何也。普賢者是菩提心。若无此妙因終不能至无上大果。故経云。時普賢菩薩住於仏境界荘厳三昧説自心真言。

𑖭𑖦𑖝𑖯𑖡𑖲𑖐𑖝 𑖪𑖰𑖨𑖕𑖠𑖨𑖿𑖦𑖡𑖰𑖨𑖿𑖕𑖯𑖝 𑖦𑖮𑖯𑖦𑖮𑖯 𑖭𑖿𑖪𑖯𑖮𑖯

顕句義云。初句普也。次去也往也。微羅闍離塵垢。謂除一切障。達摩你闍多法生。謂従法界躰性生。摩訶摩訶上𑖦字是第五字。遍一切処即是大空。空中之大名為大空。故重言之。更无可得為等比者。故名為大。重空之中更无比也。意言。等者即是諸法畢竟平等也。進者是逝義。謂仏善逝而成正覚。然此平等法界无行无到。云何有来去耶。次即釈云。以能離垢除一切障。即是勝進之義。无行而進最為善逝也。以如是進行能成法生。即是従平等法性而生仏家故。次言大中之大。即等等无㝵證中大空。大空者仏境界也。秘義云。以初𑖮字為躰。喜也因也。所謂脩行菩薩行。若有衆生。従此法門而受持読誦或観照者。即同普賢之門。不久能得仏境界荘厳三昧自在之力。

喜者随喜。見他善猶如己。住平等観離嫉妬故。因者因縁。菩提心為因。大悲万行為縁。脩行三密方便。成就娑羅樹王万徳花果。此𑖮字有十二転声字。即是十二地。除中七字菩提因行證入方便。中間則大悲句摂。是五字則五仏五智。則普賢一門之五仏。是五仏各各具十仏刹微塵数四種曼荼羅。是四種曼荼羅各各具不可説不可説眷属曼荼羅。如𑖮一字者自余字等亦復如是。又喜者歓喜喜悦喜楽之義。所謂大安楽適悦義。金剛頂経名大安楽金剛薩埵。

故経云。時薄伽梵一切如来大乗現證三昧耶一切曼荼羅持金剛勝薩埵。於三界中調伏无余。一切義成就金剛手菩薩摩訶薩。為欲重顕明此義故濫怡微咲。左手作金剛慢印。右手抽擲本初大金剛作勇進勢。説大楽金剛不空三昧耶心真言曰𑖮𑖳𑖽。

釈経云。此字因義。因義者謂菩提心為因。即一切如来菩提心。亦是一切如来不共真如妙躰恒沙功徳皆従此字生。此一字具四字義。且𑖮字以為本躰。𑖮字従𑖀字生。由𑖀字一切法本不生故。一切法因不可得。其字中有𑖄汙声。汙声者一切法損減不可得。其字頭上有円点半月。即為𑖦字。麼字者一切法我不可得義。我有二種所謂人我法我。此二種皆是妄情所執。名為増益辺。若離損減増益即契中道云云。

今依此説。一切如来不共真如妙躰恒沙功徳皆従此義𑖮𑖳𑖽字出生。諸顕教皆以真如為諸法躰性。仏花法花等亦以此真如為至極理。今此真言法教以𑖮𑖳𑖽字為一切真如等所依。真如則所生之法。真言則能生之法。真如法躰猶従此而生。何況能證人乎。能證仏既亦如此。何況所説法教乎。雖云能證所證平等无二。然猶於二門真如作究竟之説。亦雖三種世間互相円融説无尽无尽義。迹逗此城影休此床。无尽教義従一声出。三種円融優遊二門境。誰信真如更有所依。

仏菩薩共有此説。経云。善男子无上法王有大陁羅尼門名為円覚。流出一切清浄真如。言一切清浄者。真如无量浅深差別故云一切。一切之言其意甚深。

論云。摩訶衍者捴。説有二種。云何為二。一者法二者義。所言法者謂衆生心。是心則摂一切世間法出世間法。依於此心顕示摩訶衍義。何以故。是心真如相即示摩訶衍躰故。此心生滅因縁相能示摩訶衍自躰相用故。所謂義者即有三種。云何為三。一者躰大。謂一切法真如平等不増減故。二者相大。謂如来蔵具足无量性功徳故。三者用大。謂能生一切世間出世間善因果故。謂世間者心生滅門也。出世間者心真如門也。過三種世間故名出世間。又云。心生滅門正智所證性真如理何門所摂。生滅門所摂非真如門。分界別故。二門真如復有何別。真如門理理自理故。生滅門理智自理故。就此生滅門。更有四重真如本覚。具如論説。

仏花所説三種世間円融之仏則四種鏡中当第二也。言四種鏡者。一如実空鏡。二因熏習鏡。三法出離鏡。四縁熏習鏡。

第一鏡者。遠離一切心境界相无法可現。故性浄本覚躰性中。遠離一切攀縁慮知諸戯論識。成一味平等之義故。名為如。遠離一切虚妄境界種種相分。成就決定真実之相故。名為実。為欲顕示遠離之義故。名為空。鏡謂喩名。此中鏡即摩奢跌婆珠鏡。取於此鏡安置一処。珠鏡前中藴種種石種種物時。彼珠鏡中余像不現。唯同類珠分明顕了故。如実空鏡亦復如是。於此鏡中唯同自類清浄功徳安立集成。種種異類諸過患法皆遠離故。此表真如門法。

二因熏習鏡者。性浄本覚三世間中皆悉不離。熏習彼三而為一覚荘厳一大法身之果。是故名為因熏習鏡。三種世間者。一者衆生世間。二者器世間。三者智正覚世間。衆生世間者。衆生謂異生性界。器世間者。謂所依止土。智正覚世間者。謂仏菩薩等是也。此中鏡者。謂輪多梨華鏡。如取輪多梨花。安置一処周集諸物。由此花熏一切諸物皆悉明浄。又明浄物花中現前皆悉无余。一切諸物中彼花現前亦復无余。因熏習鏡亦復如是。熏一切法為清浄覚令悉平等。此表三自門法。次二種鏡表染浄本覚及応化身。於此住心无用故不出。

又経云。仏告秘密主言。有一陁羅尼名曰守護国界主。是真言者。毗盧舎那仏色究竟天。為天帝釈及諸天衆已広宣説。我今於此菩提樹下金剛道場。為諸国王及与汝等略説。汝当諦聴。善男子。陁羅尼母所謂𑖌𑖼字。所以者何。三字和合為一字故。謂𑖌𑖼初字者是菩提心義是諸法門義。亦无二義亦諸法果義。亦是性義自在義。猶如国王黒白善悪随心自在。又法身義。第二字者即報身義。第三字者是化身義。以合三字共為𑖌𑖼字。摂義无辺故為一切陁羅尼首。即是毗盧遮那仏之真身。我於无量无数劫中。能習十波羅蜜多。至最後身六年苦行。不得阿耨多羅三藐三菩提成毗盧舎那。坐道場時諸仏猶如油麻遍満虚空。諸仏同声而告我言。善男子。云何而求成等正覚。我白仏言。我是凡夫未知求処。唯願慈悲為我解説。是時仏同告我言。善男子。諦聴当為汝説。汝今宜応当於鼻端想浄月輪。於月輪中作唵字観。作是観已。於後夜分得成阿耨多羅三藐三菩提。善男子。十方世界如恒河沙三世諸仏不於月輪作唵字観得成仏者。无有是処。今依此等文。𑖌𑖼字是法身。法身則真如。真如法身悉皆従唵字一声出。何況諸余法門乎。当知。真言為一切法母。一切法帰趣。

又論云。諸仏甚深広大義者。即是通捴摂前所説門。所謂通摂三十三種本数法。故此義云何。言諸仏者即是不二摩訶衍法。所以者何。此不二法形於彼仏其徳勝故。彼仏者指真如生滅二門仏及三大義仏。大本花厳契経中作如是説。其円円海徳諸仏勝。其一切仏不能成就円円海。劣故。言一切仏者即本末二門仏也。若尓何故分流華厳契経中作如是説。盧舎那仏三種世間為其身心。三種世間摂法无余。彼仏身心亦復无有所不摂焉。答。盧舎那仏雖摂三世間。而摂不摂故无過。

言摂不摂者。即上所説性海因海摂不摂是也。又真如生滅二門如是。故文云。是二種門皆各捴摂一切法者。即是法門該摂円満門。謂。以真如門摂一切法。无一一法而非真如。以生滅門摂一切法。无一一法而非生滅故。然真如門不能摂生滅門一切法。又生滅門不能摂真如門一切諸法。而言捴摂一切法者。捴摂生滅一切法故。捴摂真如一切法故。所以者何。如是二門皆悉平等各各別故。

又云。何故不二摩訶衍法无因縁耶。是法極妙甚深独尊離機根故。何故離機。无機根。何須建立。非建立故。是摩訶衍法諸仏所得耶。能得於諸仏。諸仏得。不故。菩薩二乗一切異生亦復如是。性徳円満海是。所以者何。離機根故離教説故。

初言諸仏是指真如門諸仏。次諸仏亦真如門仏也。能得者。言不二門諸仏。其徳勝故能摂得真如門諸仏。次諸仏者指生滅門仏。意言。生滅門諸仏摂得不二門諸仏耶。不故者是答辞。言生滅門諸仏不得摂真如不二之仏。

又云。八種本法従因縁起。応於機故順於説故。何故応機。有機根故。如是八種法諸仏所得耶。諸仏所得。得於諸仏。不故。如是脩行種因海是焉。所以者何。有機根故有教説故。

初言諸仏者指種因海本法八仏。次言諸仏末法八仏是也。言本八仏得摂末八仏。次諸仏者指不二性得仏。言本末八仏不得摂円円海仏。如是諸仏皆悉雖云平等平等。遍満虚空法界。然猶本末各各差別。末仏以本為所依之境。勝劣有差。是故不得以劣摂勝。

又既如此法亦如是。花厳所説三種世間之仏是則種因海仏。故不得摂性徳海仏。経論明證如此。末学凡夫不可強任胷臆判摂難思境界。居高接低功徳无量。執劣僣勝定入深底。不可不信不可不慎。如是諸仏及所説所證教理境界。悉摂一字尽。有智薩埵極善思念而已。

秘密漫荼羅十住心論巻第九

承安二年五月十一日書写畢　二校了

秘密漫荼羅十住心論巻第十

秘密荘厳住心第十

秘密荘厳住心者。即是究竟覚知自心之源底。如実證悟自身之数量。所謂胎蔵海会曼荼羅。金剛界会曼荼羅。金剛頂十八会曼荼羅是也。如是曼荼羅各各有四種曼荼羅四智印等。言四種者。摩訶三昧耶達磨羯磨是也。如是四種曼荼羅其数无量。刹塵非喩海滴何比。経云。云何菩提謂如実知自心。此是一句含无量義。竪顕十重之浅深。横示塵数之広多。又云心続生之相諸仏大秘密我今悉開示者。即是竪説。謂従初羝羊暗心漸次背暗向明。求上之次第。如是次第略有十種。如上已説。又云。復次志求三藐三菩提句。以知心无量故知身无量。知身无量故知智无量。知智无量故即知衆生无量。知衆生无量故即知虚空无量。已上。

此即横義。衆生自心其数无量。衆生狂酔不覚不知。大聖随彼機根開示其数。唯蘊抜業二乗但知六識。他縁覚心両教但示八心。一道極无但知九識。釈大衍説十識。大日経王説无量心識无量身等。知如是身心之究竟。即是證秘密荘厳之住処。故経云。若入大覚世尊大智灌頂地。自見住於三三昧耶句。謂三三昧耶者。一仏部三昧耶。二蓮花部三昧耶。三金剛部三昧耶。如是三部諸尊其数无量。一一諸尊各具四種曼荼羅。仏部即身蜜。法部即語蜜。金剛部即心蜜。謂真言者且就語密得名。若具抛梵語名曼荼羅。竜猛菩薩名秘密語。且就語密真言法教顕示法曼荼羅心者。経云。云何真言法教。謂𑖀字門一切諸法本不生故。𑖎字門一切諸法作業不可得故。𑖏字門一切諸法等虚空不可得故。𑖐字門一切諸法一切行不可得故。𑖑字門一切諸法一合相不可得故。𑖓字門一切諸法離一切遷変故。𑖔字門一切諸法影像不可得故。𑖕字門生不可得故。𑖖字門一切諸法戦敵不可得故。𑖘字門慢不可得故。𑖙字門長養不可得故。𑖚字門怨対不可得故。𑖛字門執持不可得故。𑖝字門如如解脱不可得故。𑖞字門住処不可得故。𑖟字門施不可得故。𑖠字門法界不可得故。𑖢字門第一義諦不可得故。𑖣字門不堅如聚沫故。𑖤字門縛不可得故。𑖥字門一切有不可得故。𑖧字門乗不可得故。𑖨字門塵垢不可得故。𑖩字門一切相不可得故。𑖪字門言語道断故。𑖫字門本性寂故。𑖬字門性鈍不可得故。𑖭字門一切諦不可得故。𑖮字門一切諸法因不可得故。𑖒𑖗𑖜𑖡𑖦遍一切処於一切三昧自在速能成辦一切事。所為義利皆悉成就。如是諸字門各各具十二転声字。且就初𑖎字有十二転。𑖎𑖎𑖯𑖎𑖰𑖎𑖱𑖎𑖲𑖎𑖳𑖎𑖸𑖎𑖹𑖎𑖺𑖎𑖻𑖎𑖽𑖎𑖾。此十二字即一一尊十二地。除中間八字初後四字。即求上門因行證入。更有𑖎𑖿𑖬字即是方便具足義。一一字門五字即各各門五仏五智。如是五仏其数无量。五仏則心王余尊則心数。心王心数其数无量。故文云。等入薄伽梵大智灌頂。即以陁羅尼形示現仏事。又云。秘密主観我語輪境界広大遍至无量世界清浄門。如其本性表示随類法界。令一切衆生皆得歓喜。又云。知心无量故得四種无量。得已成最正覚。具十智力降伏四魔。以无所畏而師子吼。

又五種阿字即是正等覚心。即従此字出声説法。即是説者即是聴者。即是法曼荼羅身之仏事業也。陁羅尼形及語輪者即明法曼荼羅身。法門身既尓。何況余身。

今此大日経明如是无量四種曼荼羅身住処及説法利益。是則秘密无尽荘厳之住処。故経云。一時薄伽梵住如来加持広大金剛法界宮。一切持金剛者皆悉集会。

釈云。此揔明大秘密究竟心王如来大毗盧遮那五智四印及心数微塵数眷属。薄伽梵者。揔挙塵数諸尊徳号。具釈如疏。住者顕能所二住。言各各諸尊住自證三昧句。如来加持広大金剛法界宮者。是則五仏之異名。大日宝幢開敷弥陁天鼓如次配。復次如来者大曼荼羅身。下文所説胎蔵曼荼羅是。金剛則三昧耶身。第四巻所説密印及標幟是也。法界則達磨曼荼羅身。第二第五所説種子字輪等真言是也。加持事業威儀身。此通三種身。広大者明各各身量同虚空法界。故下文云。世尊身語意平等身量等同虚空。語意量亦如是。言宮者顕所住処。今此心王如来无始无終。各各安住自法界三昧。故下文云。時薄伽梵大日如来広大法界加持。即於是時住法界胎蔵三昧。説入仏三昧耶。時釈迦牟尼仏住宝処三昧。説自心及眷属真言。如是普賢住仏境界荘厳三昧。弥勒住発生普遍大慈三昧。観自在住普観三昧。金剛手住大金剛无縁三昧等類皆悉是也。无量十仏刹微塵数三部五部諸尊四種曼荼羅。各各住自證三昧是也。一切持金剛者皆悉集会者。此明心数妙眷属。心王所住之処必有塵沙心数。心数為眷属。今者心王毗盧遮那成自然覚。尓時一切心数无不即入金剛界中。成如来内證功徳差別智印。如是智印唯仏与仏乃能持之。約菩提義即有无量无辺金剛印。約仏陁義即有無量無辺持金剛者。由此衆徳悉皆一相一味到於実際故名集会。言金剛者五部諸尊所持法界標幟。独三五鈷輪剣摩尼蓮花等種種三昧耶身通名金剛。金剛表常恒不動不壊能壊義。

又云。如来信解遊戯神変生大楼閣宝王高无中辺。諸大妙宝王種種間餝。菩薩之身為師子座者。釈云。大衆已集応有説法処。故次明所住楼閣及師子座也。此楼閣宝王及師子座亦是如来身。其高无窮。当知広亦无際。以辺不可得故亦復无中。此是遍一切処身之所住処。当知如是楼観亦遍一切処。即是三昧耶身也。

又経云。其金剛名曰虚空无垢執金剛。乃至金剛手秘密主。如是上首十仏刹微塵数等持金剛衆倶。釈云。所謂虚空无垢及秘密主等微塵数金剛。皆是毗盧遮那如来内證智印也。所謂十仏刹微塵数者如来差別智印。其数无量非算数譬喩之所能知。且以如来十種智力。各対一仏刹微塵以表衆会之数。然此毗盧遮那内證之徳。以加持故従一一智印各現執金剛身。形色性類皆有表象。各随本縁性欲引摂衆生。若諸行人慇懃脩習。能令三業同於本尊。従此一門得入法界。即是普入法界門。

次経云。及普賢菩薩。慈氏菩薩。妙吉祥菩薩。除一切蓋障菩薩等諸大菩薩。前後囲繞而演説法。釈云。次列菩薩衆。以四聖者而為上首。前明諸執金剛一向是如来智印。今此菩薩義兼定恵又兼慈悲。故別受名也。亦是毗盧遮那内證功徳。如執金剛有十仏刹微塵衆。当知諸菩薩法門相対亦有十仏刹微塵衆。以加持故各得従於法界一門現為一善知識身。此四菩薩即是仏身四徳。有所偏闕則不能成无上菩提。是故列為上首以統塵沙衆徳。具釈名義如疏。

次経云。所謂越三時如来之日加持故身語意平等句法門。時彼菩薩普賢為上首。諸執金剛秘密主為上首。毗盧遮那如来加持故。奮迅示現身无尽荘厳蔵。如是奮迅示現語意平等无尽荘厳蔵。非従毗盧遮那仏身或語或意生。一切処起滅辺際不可得。而毗盧遮那一切身業一切語業一切意業。一切処一切時於有情界宣説真言道句法。又現執金剛普賢蓮花手菩薩等像貌。普於十方宣説真言道清浄句法。所謂初発心乃至十地次第此生満足。縁業生増長有情類業寿種。除復有牙種生起。

釈云。将説此平等法門故。先以自在加持感動大衆。悉現普門境界秘密荘厳不可思議未曾有事。普賢秘密主等上首諸仁者。即是毗盧遮那差別智身。於如是境界久已通達。然此諸解脱門所現諸善知識。各引无量当機衆。同入法界漫荼。為饒益此初入法門実行諸菩薩故。如来加持奮迅示現大神通力也。如師子王将欲震吼。必先奮迅其身呈現材力然後発声。如来亦尓。将欲必定師子吼宣説一切智門故。先奮迅示現无尽荘厳蔵。所謂荘厳者。謂従一平等身普現一切威儀。如是威儀无非密印。従一平等語普現一切音声。如是音声无非真言。従一平等心普現一切本尊。如是本尊无非三昧。然此一一三業差別之相皆无辺際不可度量。故名无尽荘厳。

又金剛頂経云。一時薄伽梵金剛界遍照如来〈此以惣句歎諸尊徳〉。以五智所成四種法身〈謂五智者。一大円鏡智。二平等性智。三妙観察智。四成所作智。五法界躰性智。即是五方仏也。如次東南西北中配知之。四種法身者。一自性身。二受用身。三変化身。四等流身。此四種身具竪横二義。横則自利竪則利他深義更問〉。於本有金剛界〈此明性徳法界躰性智〉。自在大三昧耶〈此則妙観察智也〉。自覚本初〈平等性智〉。大菩提心普賢満月〈大円鏡智也〉。不壊金剛光明心殿中〈謂不壊金剛者。揔歎諸尊常住身。光明心者。歎心之覚徳。殿者明身心互為能住所住。中者語蜜亦離辺義。此是三蜜離彼五辺百非。独住非中之中。等覚十地不能見聞。所謂法身自證之境界也。亦是成所作智。三蜜業用皆従此生。已上五句揔明住処。住処名則五仏秘号妙徳也。蜜意可知〉。与自性所成眷属金剛手等十六大菩薩。及四摂行天女使。金剛内外八供養金剛天女使。各各以本誓加持自住金剛月輪。持本三摩地標幟。皆已微細法身秘密心地超過十地身語心金剛〈此明三十七根本自性法身内眷属智〉。各於五智光明峯杵。出現五億倶胝微細金剛。遍満虚空法界。諸地菩薩无有能見。倶不覚知熾然光明自在威力〈此明三十七尊根本五智各具恒沙性徳。若約次第有出現之文。若拠本有倶時円満如是諸徳〉。常於三世不壊化身。利楽有情无時蹔息〈謂三世者。三密也。不壊表金剛。化者業用。言常以金剛三密業用亘於三世。令自他有情受妙法楽〉。以金剛自性〈阿閦仏印〉。光明遍照〈宝光仏印〉。清浄不染〈清浄法界身印〉。種種業用〈羯磨智身印〉。方便加持〈方便受用身印〉。救度有情〈大慈悲徳〉。演金剛乗〈説法智徳〉。唯一金剛〈円満壇徳〉。能断煩悩〈利智徳也。已上九句即是五印四徳也。一一仏印各具四徳。自受用故。常恒演説金剛一乗〉。以此甚深秘密心地普賢自性常住法身摂諸菩薩〈此明自性法身摂自眷属又通摂。他挙自兼他〉。唯此仏刹尽以金剛自性清浄所成密厳華厳〈謂密者金剛三密。華者開敷覚華厳者具種種徳。言以恒沙仏徳塵数三密荘厳身土。是名曼荼羅。又金剛表智。清浄表理。自性通二言彼諸尊各具自然理智〉。以諸大悲行願円満有情福智資粮之所成就〈謂上所称恒沙諸尊。各具普賢行願方便也〉以五智光照常住三世。无有蹔息平等智身。〈言五智者五大所成智。一一大各具智印。三世者三密三身。无有蹔息者如此諸尊業用无間。以此仏業利楽自他。平等智身者。智者心用身者心体平等者普遍。言五大所成三密智印其数无量。身及心智遍満三種世間。勤作仏事刹那不休。如此文句一一文一一句皆是如来密号也。二乗凡夫。但解句義不能解字義。但解字相不得知字之密号。覧之智人以莫恠顕句義莫傷秘意。若見薩埵釈経。此義可知。莫怪莫恠〉

已知秘密荘厳住心所在之処及彼身語心密数量等。今所伝真言教法誰作。答。拠大日経云。諸仏菩薩声聞縁覚摩醯梵王那羅延天釈提四王。如是人等所不能作。何以得知。大日世尊分明説故。

云何説耶。仏告秘密主。此真言相非一切諸仏所作。不令他作。亦不随喜。何以故。以是諸法法如是故。若諸如来出現。若諸如来不出。諸法法尔如是住。謂諸真言法尔故。

解云。以如来身語意畢竟等故。此真言相声字皆常。常故不流无有変易。法尔如是非造作所成。若可造成即是生法。法若有生則可破壊。四相遷流无常无我。何得名為真実語耶。是故仏不自作不令他作。設令有能作之亦不随喜。是故此真言相。若仏出興于世若不出世。若已説若未説若現説。法住法位性相常住。是故名必定印。衆聖道同。即是大悲曼荼羅一切真言一一真言相皆法尔。

已知法尔而住无人能作。若然誰伝。答。初従大日尊下至青竜阿闍梨。有七葉大阿闍梨耶。其法号曰摩訶毘盧遮那究竟大阿闍梨耶。金剛薩埵大阿闍梨耶。竜猛菩薩大阿闍梨耶。竜智菩薩。金剛智三藏。大広智三藏。青竜寺恵果阿闍梨。如是大阿闍梨等転転而授。既知付法伝来。最初説相云何。経云。秘密主成正等覚一切智者一切見者。出興于世而自此法。説種種道随種種楽欲乃至種種諸趣音声而以加持説真言道。

解云。此意言。如来自證法躰。非仏自作非余天人所作。法尓常住。而以加持神力出興於世利益衆生。今此真言門秘密身口意。即是法仏平等身口意。然亦以加持力故出現于世利益衆生。如来无㝵知見。在一切衆生相続中。法尓成就无有欠減。以於此真言体相不如実覚故。名為生死中人。若能自知自見時。即名一切知者一切見者。是故如是知見。非仏自所造作。亦非他所伝授也。仏坐道場證如是法已。了知一切世界従本以来常是法界。即時生大悲心。云何衆生去仏道甚近不能自覚。故以此因縁。如来出興于世。還用如是不思儀法界。分作種種道。開示種種乗。随種種楽欲心機。以種種文句方言。自在加持説真言道。雖従幾感因縁生。而不動実際。雖善巧方便无所不為。然非仏所作。雖普門異説。而但以仏之知見示悟衆生。若行者於此真言十喩中。妄見有為生滅更増心垢則非如来之本意也。復次世尊以未来世衆生鈍根故。迷於二諦不知即俗而真。是故慇懃指事言。秘密主云何如来真言道。謂加持此書写文字。以世間文字語言実義。是故如来即以真言実義而加持之。若出法性外別有世間文字者。即是妄心謬見。都无実躰可求。而仏以神力加持之。是則堕於顛倒非真言也。

已知所加持処。如来以何法加持耶。故仏次言。秘密主如来无量百千倶胝那庾多劫。積集脩行真実諦語。四聖諦。四念処。四神足。十如来力。六波羅蜜。七菩提宝。四梵住。十八仏不共法。秘密主以要言之。諸如来一切智智。一切如来自福智力。自願智力。一切法界加持力。随順衆生如其種類開示真言教法者。謂以如来无量阿僧祇劫所集功徳。而作遍一切処普門加持。是故随一一言名成立中。皆如因陁羅宗。一切義利无不成就。故又此一一功徳即同真言之相。法性自尓非造作所成。

云何真言教法。謂𑖀𑖁𑖂𑖃𑖄𑖅𑖊乃至𑖧𑖨𑖩𑖪等字為本母。各各字有十二転生字。此各各十二為本。有一合二合三合四合等増加字。都計余一万。此一一字門具无量无辺顕密教義。一一声一一字一一実相周遍法界。為一切諸尊三摩地門陁羅尼門。随衆生機根量開示顕教密教。密教者。大毗盧遮那十万頌経及金剛頂瑜伽十万頌経是也。顕教者。他受用応化仏釈迦如来所説五乗五蔵等経是也。

問。華厳般若涅槃等経皆説四十二字。与此経四十九字何別。答。華厳般若所説字門者是末也。涅槃所説雖是本母。然但説浅略義秘之深密義。問。悉曇字母者世間童子皆悉誦習。与此真言教何別。答。今世間所誦習悉曇章者。本是如来所説。梵王等転伝受流布世間。雖云同用。然未曾識字相字義真実之句。是故但詮世間四種言語。不知義之真言。不知義語皆是妄語。妄語則長四種口業為三途苦因。若知真実義。則滅一切罪得一切智。譬如薬毒知与不知損益立験。云何知如実義。且𑖀等五転各有本不生寂静辺際不可得等義。又阿字諸法性義因義果義不二義法身義。即是大日如来種子真言。此五転則五仏種子真言。約求上門則因行證入方便也。此一字具一百廿義及无数義理。具如守護国経説。解此字義名曰法自在王菩薩及大毗盧遮那仏。自余一一字義亦復如是。諸仏菩薩。起无量身雲。歴无数劫。説一一字門義。劫猶可尽。真言実義不可窮尽。即是如実知字義。

問。毗盧遮那所説名秘密。釈迦所説名顕教者。釈迦説中亦有真言及秘蔵之名。与此何別。答。釈迦所説真言簡多名句得秘名。彼真言義亦逗機根量。法華涅槃律蔵等亦有秘名。各随所望得斯名耳。律蔵望世間外道得秘号。法花約引摂二乗有斯名。涅槃抛示仏性得之。世間外道経書中亦有斯名。随各各所愛所珎名之而已。並是小秘非究竟説。大日経説勝上大乗句心続生之相諸仏大秘密。約秘密有大小。真言亦有大小。故菩提場経云。我名真言亦名大真言。初真言者応化身所説真言。次大真言者究竟法身所説真言。

問。真言与大真言何別。答。譬如大乗与小乗。若就浅略門説浅深不同。云何不同。且就初阿字釈。世天乃至如来所説真言皆有阿字。本不生義。於此不生有无量不生。世間呪術真言。約除寒熱等病説不生。護世四王真言。約疫癘等不起説不生。帝釈真言。約十不善災横不起明義。梵王真言。約欲覚不起説不生。大自在真言声聞真言。約尽无生智説不生。縁覚真言。約十二因縁不起説不生。諸菩薩真言。約各各所通達説不生。他縁乗。約生法二空二障不生明義。覚心不生乗。約諸戯論不生説義。一道无為乗。約无明不動明不生。極无自性乗約。

秘密漫荼羅十住心論巻第十

承安二年三月十八日書写畢　二校了

補　注

見出し項目の下の(　)内は、本文の頁と行数を示す。
たとえば(八2)は、八頁2行目であることを表わす。

婀尾囉响欠(八2)　この五字は、地水火風空の五大をあらわし、これに識大をあらわす吽字を加えて六大の種子とする。空海は、すでに六大体大説(地水火風空識の六大が諸法の体性をなすと説く)に立っていると解せられるので、この一行も六大体大をあらわしたものと考えられている。そこから最極大秘の法界体(性)という句がでてくる。

婀遮吒多波壄(八3)　悉曇の体文(子音)三十五声の中、五類声(牙・歯・舌・喉・唇)二十五字中の各初の一字、遍口声十字の初字を挙げたもの。体文の字は皆男声で、恵を主宰するという。

咿汚哩嚧翳(八4)　悉曇十六摩多(母音)中の五字。摩多は女声で、定を主宰する。諸尊所具の徳をあらわす種子として、法曼荼羅に画かれる。

制体…・五鈷…・日…・薩…・埋…(八5—9)　制体は積聚の義で仏塔をいい、幢はハタボコ、光は光明、水生は蓮華、貝は法螺で、それぞれ宝幢・開敷華王・阿弥陀・天鼓雷音仏の持物、三昧耶形(仏菩薩の内証の本誓を幖幟するもの)をいう。五鈷は普賢、刀は文殊、蓮は観音、軍持は弥勒のそれぞれ三昧耶形で、軍持は水瓶をいう。以上は三昧耶曼荼羅を示す。
　又、日は大日、旗は宝幢、華は開敷華王、観は観自在(密教ではこれを阿弥陀仏の本名とする)、天鼓は天鼓雷音仏のこと、渤は渤陀の略で仏陀に同じ。薩は金剛薩埵、宝は金剛宝、法は金剛法、業は金剛業菩薩の略で、金剛界の四仏を囲む十六大菩薩を代表させたものであり、内外の供は金剛界の四仏が大日如来供養のために流出する四菩薩(内の四供養)と、大日如来が四仏供養のために流出する四菩薩(外の四供養)とをいう。以上は大曼荼羅を示す。又、埋・鋳・剋業は鋳塑彫刻等の事業、威儀は戒律に契った立居振舞のことで、これは羯磨曼荼羅を示す。
　以上、咿汚哩嚧翳より埋・鋳・剋業までの六行に四曼相大(差別の相)があらわされる。四曼→九頁補

能所無碍の六丈夫…(八10)　能生の六大と所生の四曼との無碍渉入をあらわす六丈夫(仏)の謂であろうが、六の意味が詳かでない。『宝鑰』の帰敬序では、以下「重々無碍にして刹塵に過ぎたるを」までの五句が「丈夫無碍にして刹塵に過ぎたるを」の一句に縮められている。中間の四句は「即身義」の二頌八句を想起させるものがあり、その点から六丈夫は六大体大、四法身は四曼相大をあらわすという解釈もあらわれているが、なお後考をまちたいと思う。古い解釈では帰敬序は六丈夫までとし、「天の恩詔を奉けて」以下を発起序として、中間の四句は二序に通ずるという説があったことが知られるが(『十住心論打聞集』)、『宝鑰』に従えば、やはり帰敬序の内であるといえる。なお、「法然として輪円せる我が三密なり」という訓は、仁和寺本独特のものである。

天の恩詔(九3)　いわゆる天長の六本宗書(元興寺護命の『大乗法相研神章』五巻、西大寺玄叡の『大乗三論大義鈔』四巻、東大寺普幾の『華厳一乗開心論』六巻、唐招提寺豊安の『戒律伝来記』三巻、延暦寺義真の『天台法華宗義集』一巻と、空海の『秘密曼荼羅十住心論』十巻)撰進の勅をいう。この中、護命の『研神章』の序に「于時天長七年歳次庚戌建已《（ママ）》之月也」とあり、豊安の『伝来記』にまた「従磯城島天皇即位法外十三年歳次壬申始、至于法内天長七年歳次庚戌、合二百七十八年、仏法興隆於倭国」という文があって、少くともこの二書は天長七年(八三〇)に成ったことが知られるが、他の四書もほぼこの前後に撰進されたものと考えられている。

四曼(九5)　四種曼荼羅の略。曼荼羅は壇・道場(旧訳)、また輪円具足・聚集(新訳)と訳す。もと方円の土壇を築いて諸尊をここに安置、祭供したことにはじまり、密教では万徳聚集、輪円具足の仏内証の境地をいう。これを修行者の観想のために図に画いたものも曼荼羅と称ばれ、中国や日本では専らその意味に用いられる。四種曼荼羅の一、大曼荼羅は、相好を具足せる諸尊の形像をあらわしたもの。二、三昧耶曼荼羅は、諸尊の本誓をあらわしたもので、手に結ぶ印契、所持の器杖・刀剣・宝塔・宝珠等を画いたもの。三、法曼荼羅は、諸尊の種子をもってあらわしたもの。四、羯磨曼荼羅は、諸尊の威儀動作を示したものである。

呪禁(九11)　密教では、手に印相を結び、口に陀羅尼を誦して加持祈祷することをいう。呪は陀羅尼。真言の法は、未だ灌頂印可を受けていない人がこれを行うことを禁止するから禁という。

如来(一〇15)　仏十号の一。仏の十号とは、如来・応供・正遍知・明行足・善逝・世間解・無上士・調御丈夫・天人師・仏世尊の十をいう。別に仏と世尊とを分ち、無上士と調御丈夫とを合せる数え方もある。

大毘盧遮那経(一二9)　『大毘盧遮那成仏神変加持経』七巻。『大日経』と略す。唐、善無畏・一行の共訳。仏が秘密主の問に対えて菩提心・大悲・方便を説き、悉地出現・密印・秘密曼荼羅・百字真言法・三昧耶・世出世護摩法・供養儀式・真言事業等、三十六品を広説したもの。この経所説の法を胎蔵法といい、両部曼荼羅の一である胎蔵界曼荼羅は、この経によって画かれたものである。

乃ち滋味を水陸に嗜み…(一四10)　この一節は『三教指帰』巻上、亀毛先生論の蛭牙公子にたいする教誡の詞を想起させるものがある。

花厳経(一七6)　釈尊成道最初の説法といわれ、六十巻本・八十巻本・四十巻本の三訳あり。六十巻本は、東晋、仏駄跋陀羅の訳、八十巻本は、唐、実叉難陀の訳、四十巻本は、唐、般若の訳。六十華厳は三十四品、八十華厳は三十八品、四十華厳は前二者の入法界品の別訳。因果縁起、理実法界を説き、法界縁起、無尽縁起を明す。華厳宗の根本聖典である。なお四十花厳は、空海の『請来目録』新訳経の部に貞元目録未載のものとして『新訳華厳経』一部四十巻(般若三蔵訳)とあり、澄観の『華厳経疏』一部三十巻とともに、空海の船載したものである。最澄もこの二書を空海から借入れて書写している(『伝教大師消息』)。

瑜伽(一八7)　瑜伽師所行の十七地とは、五識身相応地・意地・有尋有伺地・無尋唯伺地・無尋無伺地・三摩呬多地・非三摩呬多地・有心地・無心地・聞所成地・思所成地・修所成地・声聞地・独覚地・菩薩地・有余依地・無余依地の十七をいう。『瑜伽論』は、古くは無著が兜率天において弥勒菩薩から受けたものを大衆のために説いたものとされたが、瑜伽論師の弥勒は西紀二七〇—三五〇年頃の実在の人物と推定されている。

正理論(二二18)　『順正理論』八十巻。衆賢造、玄奘訳。『倶舎論』の説を対破して有部の宗義を顕彰したもの。

仁王経(二三3)　二巻八品。姚秦、鳩摩羅什訳。法の滅尽しようとするときには、一切の有情は悪業の故に種々の変災をこうむること、この厄離を免れるにはただ般若を受持するより他はないとして、五忍・十五地等の菩薩の行法を説く。また、『大般若経』の結経といわれ、『法華』『金光明』二経とともに護国三経と称ばれる。別に唐、不空訳の二巻あり(『仁王護国般若波羅蜜多経』)。羅什訳『仁王経』の異訳で、般若波羅蜜多の義辺を鎮護国家の側面から明したもの、東密では主としてこれを依用する。

増各十六あり(二七5)　十六遊増地獄。八寒八熱の大地獄の各に四門、各門に四獄あり、合せて十六の地獄を附属せしめているという。ここに堕ちた衆生は、諸所を転歴してその苦を増すところから、遊増地獄と称ばれる。黒沙・沸屎・鉄釘・饑餓・渇・一銅鑊・多銅鑊・石磨・膿血・量火・灰河・鉄丸・釿斧・豺狼・剣樹・寒氷の十六地獄をいう。以上は『倶舎論』の説、『智度論』には十六遊増地獄を説かず、八寒氷・八炎火の十六小地獄を立てるという。

寒捺落迦に亦八種有り(二七6)　頞部陀は皰・腫物と訳す。極寒身に逼って身上に皰を生ずる。尼剌部陀は皰裂。厳寒身に逼り身分皰裂する。頞哳吒・臛々婆・虎々婆の三は、寒に逼められて口中よりこのような異声を発する。嗢鉢羅(青蓮華)・鉢特摩(紅蓮華)・摩訶鉢特摩(大紅蓮華)の三は、厳寒逼迫して身分折裂すること、それぞれ青蓮華・紅蓮華・大紅蓮華のごとしという。

注すらく…(四一14)　『諸経要集』二十巻は、「大蔵経」の中から諸種の事項に関する要文を類集して、「一切経」検討に便ならしめたもの。三十部、百八十五項に分類されている。奈良時代の末にはすでに舶載されていたことが知られている(『正倉院文書』)。

百八邪見(六一8)　『入楞伽経』には百八見、『楞伽阿跋多羅宝経』『大乗入楞伽経』には百八句とあり。大慧菩薩が百八句をもって一切大乗の法門を問い、仏は百八句をもってこれに答えたもの。百八煩悩に対して百八法門を成ずる意という。『入楞伽経』の百八見とは、生見下生見・常見無常見・相見無相見・住異見非住異見・刹那見非刹那見・離自性見非離自性見・空見不空見・断見非断見・心見非心見・辺見非辺見・中見非中見・変見非変見・縁見非縁見・因見非因見・煩悩見非煩悩見・愛見非愛見・方便見非方便見・巧見非巧見・浄見非浄見・相応見非相応見・譬喩見非譬喩見・弟子見非弟子見・師見非師見・性見非性見・乗見非乗見・寂静見非寂静見・願見非願見・三輪見非三輪見・相見非相見・有無立見非有無立見・有二見無二見・縁内身聖見非縁内身聖見・現法楽見非現法楽見・国土見非国土見・微塵見非微塵見・水見非水見・弓見非弓見・四大見非四大見・数見非数見・通見非通見・虚妄見非虚妄見・雲見非雲見・工巧見非工巧見・明処見非明処見・風見非風見・地見非地見・心見非心見・仮名見非仮名見・自性見非自性見・陰見非陰見・衆生見非衆生見・智見非智見・涅槃見非涅槃見・境界見非境界見・外道見非外道見・乱見非乱見・幻見非幻見・夢見非夢見・陽炎見非陽炎見・像見非像見・輪見非輪見・揵闥婆見非揵闥婆見・天見非天見・飲食見非飲食見・婬欲見非婬欲見・見見非見見・波羅蜜見非波羅蜜見・戒見非戒見・日月星宿見非日月星宿見・諦見非諦見・果見非果見・滅見非滅見・起滅尽定見非起滅尽定見・治見非治見・相見非相見・支見非支見・巧明見非巧明見・禅見非禅見・迷見非迷見・現見非現見・護見非護見・族姓見非族姓見・仙人見非仙人見・王見非王見・捕取見非捕取見・実見非実見・記見非記見・一闡提見非一闡提見・男女見非男女見・味見非味見・作見非作見・身見非身見・覚見非覚見・動見非動見・根見非根見・有為見非有為見・因果見非因果見・色空竟見非色空竟見・時見非時見・樹林(休樹イ)見非樹林見・種々見非種々見・説見非説見・比丘(毘尼イ)見非比丘見・比丘(尼)見非比丘尼見・住持見非住持見・字見非字見の百八(実は百六)である。

伎楽(六二5)　伎は妓(女楽)が正しいという。呉楽(呉国より伝わった楽の意)とも。わが令制では雅楽寮の職員の中に、唐・高麗・百済・新羅等の楽師の他に伎楽師一人を置いて、伎楽生の教授に当らせたことがみえ、『令義解』は伎楽とは呉楽をいい、腰鼓もまた呉楽の器であると注している。また腰鼓師の名もみえるが、ここにいう伎楽をそこまで限定して考える必要はないであろう。

仏尸利に因つて…(六六4)　『辯正論』八巻は、道儒二教と仏教とを対比して、仏教の正法なることを弁じたもの。空海請来経の一(『請来目録』)。法琳(五七二—六四〇)は、儒釈百家の学をきわめ、とくに三論に詳しかったといわれるが、また道士としての生活をも経験した人で、後、仏門に復してからは大いに護法に努め、『破邪論』『辯正論』等を著した。唐の貞観十三年(六三九)道士の讒にあって益州に配流、翌年示寂。

諸神の名字(六七11)　『灌頂経』には善光・善明・善力・善月・善見・善供・善捨・善寂・善覚・善天・善住・善福・善術・善帝・善主・善香・善施・善意・善吉・善山・善調・善備・善敬・善浄・善品・善結・善寿・善逝・善願・善固・善照・善生・善思・善蔵・善音・善妙の三十六部神王の名を挙げ、神王それぞれの役割を記している。

成実論(七一12)　二十巻。訶梨跋摩著、鳩摩羅什訳。小乗毘曇の教義に慊らず、三蔵の実義(空論)を発揮せんがために著したものといわれ、成実宗の根本聖典。五聚二百二品より成り、真俗二諦を立て、俗諦門においては諸法を五位八十四法とし、真諦第一義門においては全く実有を否定して一切皆空を説く。

十六大国(七一17)　経によってその教え方に異同があるが、『長阿含経』巻五では、鴦伽・摩竭陀・迦尸・居薩羅・跋祇・末羅・支提・跋沙・居楼・般闍羅・婆蹉・蘇羅娑・阿湿波・阿般提・乾陀羅・剣浮娑(或いは摩竭陀・支提・跋沙の代りに奔拏・蘇摩・天嚩那を加える)の十六、『仁王経』では、毘舎離・憍薩羅・空羅筏・摩伽陀・波羅奈斯・迦毘羅・拘尸那・憍睒弥・般遮羅・波吒羅・末吐羅・烏尸尼・奔吒跋多・提婆跋多・迦尸・胆波の十六を数える。

十住(九三5)　〔**菩薩五十二位**〕菩薩五十二位は『瓔珞経』にみえる菩薩修行の階位で、十信・十住・十行・十廻向・十地・等覚・妙覚の称。この中初地(十地の第一位)以上を聖、以下を凡とし、凡の中、十信を外凡、住・行・向の三十位を三賢または内凡と名づける。なお『仁王経』では等覚位を立てず、五十一位とし、『首楞厳経』では十廻向と十行との間に四善根を立てて五十六位としている。また『秘蔵記』は、信・住・行・向・地の五十位に四善根を加えて五十四位とする。

阿含経(一三二17)　『長阿含経』二十二巻、『中阿含経』六十巻、『増一阿含経』五十一巻、『雑阿含経』五十巻の四部をいうが、『増一阿含経』は東晋、瞿曇僧伽提婆訳。四諦八正道を根柢にして、仏弟子の四衆、阿須倫・入道・利養・戒・善知識・三宝等の諸品を説き、多く禁律のことを録している。異訳多し。

大乗唯識論(一三三1)　『成唯識論』十巻。世親の唯識三十頌を、護法・安慧等の十大論師が釈したものについて、護法の釈を中心に他の九師の説を合糅して、唐の玄奘が翻訳したもの。法相宗所作の根本聖典。八識縁起、真如の理体を説き、また資糧・加行・通達・修習・究竟の五位の修道の相を示す。

二百五十戒(一三八7)　比丘の持つべき戒の数。比丘尼は五百戒(実は三百四十八)。具足戒という。二百五十戒とは、四波羅夷・十三僧残・二不定・三十捨堕(尼薩耆波逸提)・九十波逸提・四提舎尼・百衆学・七滅諍の八聚、合せて二百五十を数える(『八宗綱要』)。この中、波羅夷は断頭と訳し、その罪最も重く、これを犯すものは僧としての生命を断たれ、再び比丘たることを得ずとされるもので、比丘には婬・盜・殺人・大妄語の四戒あり(比丘尼は八戒)。僧残は、波羅夷につぐ重罪で、これを犯すものは僧としての生命は残されるが、必ず僧衆にたいして懺悔の法を行わなくてはならぬ。比丘に十三戒、比丘尼に十七戒あり。不定・衆学・滅諍は突吉羅(悪作)といわれ、その罪の軽いもの、合せて百九戒(比丘尼は二不定なく百七戒)。捨堕の捨は、所犯の財物を尽く僧中に捨与する意、波逸提(堕と訳す。単堕・単提とも)は、堕地獄の人となることは前者と同じであるが、所犯の財物なきものという。合せて比丘百二十戒、比丘尼二百八戒。提舎尼は、向彼悔と訳し、他の比丘に向って懺悔すれば除かれる罪をいい、比丘に四戒、比丘尼に八戒あり。

三十七菩提(一三八8)　三十七菩提分法。三十七道品・三十七覚支とも。菩提を成就する行法の支分品類三十七法の意。四念処・四正勤・四如意足・五根・五力・七覚支・八正道の三十七をいう。

四念処(四念住とも)は、身は不浄なりと観ずる身念処、受は苦なりと観ずる受念処、心は無常なりと観ずる心念処、法は無我なりと観ずる法念処の四。

四正勤とは、一に已生の悪に対して除断のために、二に未生の悪に対して更に生ぜざらしめんがために、三に未生の善に対して生ぜしめんがために、四に已生の善に対して増長せしめんがために、勤めて精進すること。一心に精進してこの四法を行ずるが故に四正勤と名づけ、また能く懈怠を断ずるが故に四正断、正しく身語意を策励するものの中で最勝なるが故に四正勝、意中決定して断行するが故に四意断といわれる。

四如意足は四神足とも。四種の禅定をいうが、これを欲・精進・心・思惟と列ねるもの、欲・勤・心・観とするもの、欲・念・心・慧と次第するものなど、種々の異説がある。

五根は、ここでは眼耳鼻舌身の五根ではなく、三宝四諦を信ずる信根、勇猛に善法を修する精進根(勤根とも)、正法を憶念する念根、心を一境に止めて散失せしめぬ定根、真理を思惟する慧根の五をいう。

五力は、如上の五根が増長して五障を治する勢力を有するもの、信・精進・念・定・慧の五力。

七覚支(七覚分とも)は、択法・精進・喜・軽安(除とも)・念・定・行捨の七。

八正道(八正道分、また八聖道支とも)は、正見・正思惟・正語・正業・正命・正精進・正念・正定の八。

四諦四念(一三八10)　四諦は苦・集・滅・道四諦の境を観ずる十六行相、苦法智忍等の十六の観法をいう。『倶舎論』では、苦法智忍・苦法智・集法智忍・集法智・滅法智忍・滅法智・道法智忍・道法智・苦類智忍・苦類智・集類智忍・集類智・滅類智忍・滅類智・道類智忍・道類智の八忍・八智の十六心を数え、忍は忍許の義、真理を信忍して惑を起さざる位(断道)、智は決定の義、惑を離れ已って正しく理を証する位(証位)といわれる。四念は三十七道品の一、四念処(→補「三十七菩提」)をいう。

六通八解(一三八10)　六通は六神通とも。仏・菩薩が定・慧の力によって身に具えた六種の無碍自在な妙用、神足・天眼・天耳・他心・宿命・漏尽の六通をいう。八解は八解脱、八背捨とも。三界の煩悩に背き、これを捨離して、その繋縛を解脱する八種の禅定をいう。内有色想観外色解脱・内無色想観外色解脱(以上二は不浄観)・浄解脱身作証具足住(浄観)・空無辺処解脱・識無辺処解脱・無所有処解脱・非想非非想処解脱・滅受想定(滅尽定)身作証具住の八。

九想・八念・背捨・勝処・一切入・三三昧(一三九11)　九想は九相とも。人の屍相における九種の観想。脹・青瘀・壊・血塗・膿爛・噉・散・骨・焼の九想。八念は念仏・念法・念僧・念戒・念捨・念天・念出入息・念死の八。背捨は八背捨・八解脱(→補「六通八解」)。勝処は八勝処、八除処とも。八解脱を修した後、勝知勝見を発した貪愛を捨てる八種の禅定。内有色想観外色少勝処・内有色想観外色多勝処・内無色想観外色少勝処・内無色想観外色多勝処・青勝処・黄勝処・赤勝処・白勝処の八。一切入は十一切処、十遍処とも。青・黄・赤・白・地・水・火・風・空・識の十法を観じ、その一々において一切処に周遍せしむること。三三昧は空・無相・無願(無作)の三三昧(→二〇〇頁「空・無相・無願…」注)。

大乗同性経(一四〇13)　二巻。宇文周、闍那耶舎訳。如来の十地、声聞の十地、辟支仏の十地、菩薩の十地を説いたもの。

宣律師の云はく…(一五九6)　道宣(五九六―六六七)は、南山律宗の祖。生前常に戒律を宗とし、四分律宗を弘宣した。その法流を南山律宗というのはその居南山に因むもの。『行事鈔』その他多くの著述を遺したが、『行事抄』は三巻、六巻または十二巻に分たれ、三十篇に分って四分律の要義を述べたものである。『六巻鈔』とも。日本にも夙くから舶載され、天平時代の写経目録にもしばしばその名がみえている。

守護国経(一六三3)　『守護国界主陀羅尼経』十巻。唐、般若・牟尼室利共訳。空海の『請来目録』には新訳経、貞元目録未載のものとして記され、般若三蔵訳とあり。般若は罽賓国の僧、牟尼室利は北インドの僧といわれ、何れも在唐中の空海と交友のあったことで知られる人である(『付法伝』)。

芥城・巨石(一七五5)　芥城は芥子劫。方百由旬の大城に満した芥子粒を、百年に一度一粒ずつ取去って芥子が尽きても、劫はなお尽きないという。巨石は磐石劫。方百由旬の石山を、百年に一度細軟の衣をもって払拭し、その石が尽きても劫は未だ尽きぬという。

解深密(一七七6)　『解深密経』五巻。玄奘訳。法相宗の根本聖典。八品に分ち、瑜伽・唯識の深義を述べ、万有の実性幷びに現象を詳述したもの。

摂論(一七七15)　『摂大乗論』は無著造。漢訳に三本あり。一は後魏、仏陀扇多訳、二巻。二は梁、真諦訳、三巻。三は唐、玄奘訳、三巻。この書の注釈に『世親摂論』『無性摂論』の二あり、『世親摂論』の漢訳にまた三本(真諦訳十五巻、達摩笈多訳十巻、玄奘訳十巻)あり。ここに引用されているのは玄奘訳の『無性摂論』十巻。

十法(一七九10)　治地住の勤学(経では勧学)すべき十法は、誦習多聞・虚閑寂静・近善知識・発言和悦・語必知時・心無怯怖・了達於義・如法修行・遠離愚迷・安住不動の十。

修行住の十法は、観察衆生界・法界・世界・観察地界・水界・火界・風界・観察欲界・色界・無色界の十。

生貴住の成就すべき十法は、永不退転於諸仏所・深生浄信・善観察法・了知衆生・国土・世界・業行・果報・生死・涅槃の十。勧学すべき十法は、了知過去・未来・現在一切仏法・修集(習)過去・未来・現在一切仏法・円満過去・未来・現在一切仏法・了知一切諸仏平等の十。

具足方便住の勧学すべき十法は、知衆生無辺・知衆生無量・知衆生無数・知衆生不思議・知衆生無量色・知衆生不可量・知衆生空・知衆生無所行・知衆生無所有・知衆生無自性の十。

正心住の聞くべき十種の法は、聞讃仏毀仏、於仏法中心定不動・聞讃法毀法、於仏法中心定不動・聞讃菩薩毀菩薩、於仏法中心定不動・聞讃菩薩毀菩薩所行法、於仏法中心定不動・聞説衆生有量無量、於仏法中心定不動・聞説衆生有垢無垢、於仏法中心定不動・聞説衆生易度難度、於仏法中心定不動・聞説法界有量無量、於仏法中心定不動・聞説法界有成有壊、於仏法中心定不動・聞説法界若有若無、於仏法中心定不動の十。勤学すべき十法は、一切法無相・一切法無体・一切法不可修・一切法無所有・一切法無真実・一切法空・一切法無性・一切法如幻・一切法如夢・一切法無分別の十。

不退住の聞くべき十種の法は、聞有仏無仏、於仏法中心不退転・聞有法無法、於仏法中心不退転・聞有菩薩無菩薩、於仏法中心不退転・聞有菩薩行有菩薩行、於仏法中心不退転・聞菩薩修行出離修行不出離、於仏法中心不退転・聞過去有仏過去無仏、於仏法中心不退転・聞未来有仏未来無仏、於仏法中心不退転・聞現在有仏現在無仏、於仏法中心不退転・聞仏智有尽仏智無尽、於仏法中心不退転・聞三世一相三世非一相、於仏法中心不退転の十。勤学すべき十法は、説一即多・説多即一・文随於義・義随於文・非有即有・有即非有・無相即相・相即無相・無性即性・性即無性の十。

童真住の勤学すべき十法は、知一切仏刹・動一切仏刹・持一切仏刹・観一切仏刹・詣一切仏刹・遊行無数世界・領受無数仏法・現変化自在身・出広大遍満音・一刹那中承事供養無数諸仏の十。

法王子住の知るべき十法は、善知諸衆生受生・善知諸煩悩現起・善知習気相続・善知所行方便・善知無量法・善解諸威儀・善知世界差別・善知前際後際事・善知演説世諦・善知演説第一義諦の十。勤学すべき十法は、法王処善巧・法王処軌度・法王処宮殿・法王処趣入・法王処観察・法王灌頂・法王力持・法王無畏・法王宴寝・法王讃歎の十。

吉蔵法師(二二五6)　三論宗の大成者。嘉祥大師。『大乗玄論』『三論玄義』『中論疏』等多数の著作を著わし、智顗(→二四四頁「智者禅師」注)、慧遠とともに隋の三大法師とされる。

金剛頂経(二三九7)　『金剛頂経』には広略四本ありといわれるが、広本は中国に伝わらず。略本に三訳あり、一は不空訳『金剛頂一切如来真実摂大乗現証大教王経』三巻、二は施護訳『一切如来真実摂大乗現証三昧教王経』三十巻、三は金剛智訳『金剛頂瑜伽中略出念誦経』四巻である。たんに『金剛頂経』といえば、不空訳をさすのがふつうであるが、「時に薄伽梵……」以下の一文は『大楽金剛不空真実三麼耶経』(般若波羅蜜多理趣品、理趣経と略す。一巻、不空訳)にある。『理趣経』は、真言宗では密教の極意を示すものとして朝夕読誦され、「釈経」(『般若理趣釈』一巻、不空訳)は、これを通釈したもの、金剛頂宗の源底を説いたものとして、大日宗の『大日経疏』とともに重要視される。不空訳の『金剛頂経』『理趣経』『理趣釈』は何れも空海請来の新訳経であり(『請来目録』)、また、最澄の『理趣釈経』借覧の申入れを拒否した空海の書簡は有名である(『性霊集』)。

入唐の学生智蔵・道慈(二四〇7)　智蔵は、日本三論の第二伝とされる人。天智天皇の時代に入唐し、持統朝に帰朝したことが『懐風藻』の伝に見え、僧正に任じ、七十三歳をもって終ったとあるが、具体的な生没年は不詳。道慈(七四四寂)は、智蔵の弟子といわれ、大宝二年入唐、養老二年帰朝。同じく『懐風藻』の伝に「性甚ダ骨鯁、時ノ為ニ容レラレズ、任ヲ解キテ帰リ、山野ニ遊ブ、時ニ京師ニ出デ大安寺ヲ造ル」とある。

三草(二四一3)　『法華経』薬草喩品に上・中・小の三草と大・小二木の喩があり、天台では小草を人天、中草を声聞・縁覚、上草を三蔵教の菩薩、小樹を通教の菩薩、大樹を別教の菩薩に喩える。

三七に樹を観し四十に機を待つ(二四一6)　それぞれ、釈尊が、成道後三十七日の間、菩提樹を観じ『華厳経』を説いたこと、成道後四十年、機の熟するを待って『法華経』を説いたことをさす。

会三帰一・指本遮末(二四一9)　会三帰一は、開会とも。声聞・縁覚・菩薩三乗の立場は、各別、固定的なものではなく、三乗そのままが一乗であり、一仏乗に帰するものであることを悟らせること(『法華経』方便品の所説)。指本遮末は、久遠実成の本門の仏を明して、伽耶近成の迹門の仏を本門に帰せしめること(寿量品の所説)。

宝塔騰踊して…(二四一10〜11)　宝塔騰踊して…　大地より湧出した大塔において、多宝仏と釈尊とが同坐、空中にあること(宝塔品)。

娑界震裂して…　大地が震裂して、百千万億の菩薩が四唱道の菩薩(上行・無辺行・浄行・安立行)とともに涌出したこと(従地湧出品)。

髻珠を賜ひ　髻珠のごとき珍宝、法華一乗を求道者に説いたこと(安楽行品)。

瓔珞を献す　観世音菩薩が無尽意菩薩から供養された瓔珞を二分して、釈迦・多宝二仏に献じたこと(普門品)。

利智の鶖子は…　鶖子は鶖鷺子の略、舎利弗(→一三二頁注)の訳名。ここは智恵第一の舎利弗が新たに会三帰一の教を聞いて驚き、仏が悪魔に変じたのではないかと疑ったこと(譬喩品)。

等覚の弥勒は…　等覚位にある弥勒が、仏がその本地を明す説法において、地から湧出した老年の菩薩を弟子と称んだことにたいして、弟子たる子の年が父である仏の年に過ぎているのを怪しんだこと(湧出品)。

十玄(二五九12)　十玄門。十玄縁起とも。華厳宗の第二祖智儼(六〇二—六六八)の創説、法蔵は『五教章』の中でこれを敷演し、さらに『探玄記』においてこれを改訂した。前者を古十玄、後者を新十玄という。古十玄は、同時具足相応門・一多相容不同門・諸法相即自在門・因陀羅微細境界門・微細相容安立門・秘密隠顕倶成門・諸蔵純雑具徳門・十世隔法異成門・唯心廻転善成門・託事顕法生解門の十、新十玄は、同時具足相応門・広狭自在無礙門(古十玄の諸蔵純雑具徳門)・一多相容不同門・諸法相即自在門・隠密顕了倶成門(古十玄の秘密隠顕倶成門)・微細相容安立門・因陀羅網法界門(古十玄の因陀羅微細境界門)・託事顕法生解門・十世隔法異成門・主伴円明具徳門(古十玄の唯心廻転善成門)の十をいう。澄観は新十玄を依用している。

極無自性乗は…(二九九7)　以下の文が欠けているのが本来の形なのか、或いは転写の間に欠落したものかは難しい問題であり、仮に後者であろうとしても、仁和寺本のような平安朝写本がすでにこの形をとっている以上、よほど古くからの欠落と考えざるをえない。頼瑜(一二二六—一三〇四)の『衆毛鈔』(一二五五年成)は、前者の立場に立って、「極無秘密二箇不生義、疏文分明故、准レ彼不二造終一歟」といい、『冠註』でも「此義佳也」として、空海が故さらに闕いて造り終らなかったことに、むしろ積極的な意義を見出そうとしている。しかし『衆毛鈔』が、つづいて「或又准二宝鑰第十住心一、大日経・菩提心論等文可レ有レ之、推諸宗明匠被レ召二宗論勘文一時、真言宗亦被レ撰二進今論一歟、備二叡覧一時広博也、可二略抄一之由被二宣下一歟、仍閣二此論一、被レ造二宝鑰一歟、故彼論蒙レ詔之辞…」(返点—校注者)といい、天長六本宗書の撰進と『宝鑰』との関係に言及している点は、説の当否はともかく、注目すべき見解といっていいであろう。

解説

空海の生涯と思想

川崎庸之

空海は、宝亀五年（七七四）讃岐国多度郡の地（現在の香川県善通寺市）に生まれた。空海自身のいうところに従えば、「南閻浮提の陽谷（日本）輪王所化の下、玉藻帰《よ》る所の嶋（賛岐）櫲樟日を蔽《かく》すの浦（多度）」の地である（『三教指帰』—括弧内は『聾瞽指帰』の自注）。生家は佐伯直《さえきのあたい》、旧讃岐国造家の流れを汲む名門であった。父を田公《たぎみ》といい、郡の少領を勤めた人といわれる（「大伴系図」）。『中村直勝博士蒐集古文書』に収める延暦二十四年九月十一日附の太政官符案（『梅園奇賞』に「石山寺什太政官符」として収めるものと同一か）によると、空海は、「讃岐国多度郡方田郷戸主正六位上佐伯直道長の戸口、同姓真魚」と記されているが、「系図」には、道長は郡の大領とあり、田公の子となっている（もっとも、この系図では、空海を道長の子としており、「一本、父田公」と注す）。

讃岐の佐伯氏は、平安時代の初葉に多くの著名な僧侶を出した一門として知られており、空海の他にも、守寵（七八四—八四一、法相宗、護命の弟子）・実恵（七八五—八四七、はじめ法相宗、のち空海に帰投）・道雄（?—八五一、華厳宗、また空海の弟子）・真雅（八〇一—八七九、空海の弟）・真然（八〇四—八九一、空海の甥）等が数えられ、さらに空海の外甥として智泉（七八九—八二五、菅原氏、空海の弟子）・円珍（八一四—八九一、和気氏、天台宗）等の名が見出される。全体として、日本の真言宗の発展に大きく寄与した人たちが多かったわけであるが、一方、儒門に進出した人もおり、たとえば右の実恵については「家族書博士佐伯直葛野・酒麻呂等の人に就きて、初め多く儒術を受学す」といわれている（『弘法大師弟子伝』）。そしてこの葛野は田公の孫、酒麻呂は田公の子であり、酒麻呂の子豊雄はまた貞観の初年に書博士としてあらわれている（『三代実録』貞観三年〔八六一〕十一月十一日条）。事実、空海の兄弟や甥の中には、このような人たちもみられたのである。何れにしても、この時期にこれだけの人材を儒門や仏教界に送りこむことのできた一族の存在は、それ自体一つの注目すべき事実であるといわなくてはならないであろうが、空海は、いわばその先頭に立たされたことになるわけである。

空海は、年十五（数え年、以下同じ）にしてまず舅（母方の伯叔父をいう）阿刀大足に就いて文書を読習し（延暦七年〔七八八〕）、十八の年、槐市（大学）に遊学したといわれ（『続日本後紀』空海伝）、そのことは空海自身、『三教指帰』の序において、

余、年志学（十五）、外氏阿二千石文学の舅に就きて伏膺鑽仰し、二九（十八）にして槐市に遊聴す。雪螢を猶し怠るに拉《とりひし》ぎ、縄錐を勤めざるに怒る。

といっている。阿刀大足は、伊予親王（？―八〇七、桓武天皇の皇子）の文学（経学の師）として知られた人であるが、空海は、大足に就いて『論語』『孝経』及び史伝等を受け、兼ねて文章を学んだといわれ（『高野贈大僧正伝』、以下『空海僧都伝』と略す。真済撰と伝える）、大学に入ってからは、直講味酒《うまさけ》浄成に従って『毛詩』『左伝』『尚書』を読み、『左氏春秋』を岡田博士（牛養）に問うたと記されている（『御遺告』）。空海の遊学については、『性霊集』の序にも、

青襟にして槐林の春秋を摘み、絳帳《こうちょう》にして山河の英萃に富めり。

とあるが、事実としてはそこで一人の沙門に遇い、虚空蔵求聞持法を呈示されたことの方が遙かに重大な影響を及ぼすに

いたったもののようである。

これは、虚空蔵菩薩を念じて、記憶力を成就することを求める法を説いたものであるが（聞持とは、見聞したことを憶持して忘れぬことをいう）、空海は、その経説を信じてこれを実修に移そうとしたもので、『三教指帰』の序では、

其経に説かく、若し人、法に依りて此真言一百万遍を誦せば、即ち一切の教法文義の暗記を得と。ここに大聖（仏陀）の誠言を信じて、飛燄を鑽燧《さんすい》に望み、阿国の大滝嶽に攀躋《はんせい》し、土州室戸崎に勤念す。谷は響を惜まず、明星来影す。

といっている（『続後紀』空海伝も大同）。即ち、大学の課程を中断して仏道修行の旅に出たわけで、遍歴はさらに伊予国にも及んだらしい。『三教指帰』の下、「仮名乞児論」の中に、

或は金巌（加禰能太気——『聾瞽指帰』自注）に登りて雪に逢ひて坎壈《かんらん》たり、或は石峯（伊志都知能太気——同上）に跨りて粮を絶ちて轗軻《かんか》たり。

とあるのは、そのときのことを述べたものと解せられている。

空海に求聞持法を呈示して、彼を修行の旅に駆立てた一人の沙門が誰であるかはわからない。『御遺告』は、はじめ石淵の贈僧正大師（勤操、七五八—八二七）に逢ってこれを受けたというが、その時期を大学経遊以前のこととするので、『三教指帰』その他の所伝と合わず、今日ではこの説を採る人は少いようである。求聞持法そのものは、奈良時代、道慈（?—七四四）がはじめて日本に伝え、爾後、善議（七二九—八一二）——勤操と相承されたという所伝は、これを否認する理由はないが、一方、この法の修行は、奈良朝末から平安朝の初葉にかけては、或る意味で一種の時代の流行をなしていたと考えられる事実があり、例えば護命（七五〇—八三四）のごとき、「月の上半は深山に入りて虚空蔵法を修し、下半は本寺に在りて宗旨を研精す」といわれ

たような人もいる(『続後紀』護命伝)。空海にこの法を呈示しうる沙門は、その意味では必ずしも勤操その人に限られる理由はなかったわけである。

『続日本後紀』の空海伝は、空海が阿波・土佐等の諸国に修行したことを述べた後、

此より慧解日に新にして、筆を下して文を成す。世に伝ふる「三教論」は、是れ信宿の間に撰する所なり。

と、『三教指帰』撰述のことに触れ、それが殆ど一気呵成の作であったことを伝えている。『三教指帰』の序では、先引の文につづいて、

遂に乃ち朝市の栄華、念々に之を厭ひ、巌藪の煙霞、日夕に之を飢《ねが》ふ。軽肥流水を看ては則ち電幻の歎き忽ちに起り、支離《しいり》懸鶉《けんじゅん》を見ては則ち因果の哀しみ休まず。触目我を勧む、誰か能く風を係がん。

と、この時期(延暦十六年(七九七))に到達した心境の一端を述べ、「爰に一多の親識有り……」と、『三教指帰』そのものの撰述の動機に触れてくるわけであるが、この文でみると、空海は、このときはすでに京都(平安京)に帰っていたと考えられる。即ち、これは平安遷都後間もない時期の京都の現実を「軽肥流水」(軽やかな衣、肥えた馬、疾き車。顕官貴人の街衢往来のさま)と「支離懸鶉」(五体不具、襤褸をまとった貧しき人々のうごめき)との対比において捉え、都づくりの奔営そのものの中に無常の歎き、因果の哀しみを見逃すことができなかった人の文章だと思われるからである。「触目我を勧む、誰か能く風を係がん」という句も、そこに生きてくるのだと思われる。

『三教指帰』は、その序に、

于時延暦十六年臘月之一日也

という年記があり、また「仮名乞児論」の中にも「未だ思ふ所に就かず、忽ちに三八の春秋を経たり」という句があって、延暦十六年、空海二十四歳の作であることは明らかであるが(『聾瞽指帰』同じ)、『御遺告』『空海僧都伝』等は、その撰述を空海の諸所修行の前におき、『秘密宗要文』のごとく、空海十八歳の撰とするものもあって、古来その撰述年時に異論を生じ、『三教指帰』は再治本で、草本は別にあったという説が行われてきた。そして『聾瞽指帰』がその草本に擬せられてきたわけであるが、それはまた他ならぬ空海自筆の本(高野山御影堂宝庫蔵)の序に、

于時平朝御宇聖帝瑞号延暦十六年窮月始日

とあり、少くともこれを草本ということはできない。結局、この異論は成立し難いものであるが、では、『三教指帰』と『聾瞽指帰』との関係は、具体的にはどのように考えられるかという問題が新しく起ってくるわけである。周知のように、両書の主な相違は、序文と巻末の「十韻の詩」とにあり、他は若干の字句の改変(もっとも、その類はかなり多い)が認められるにすぎないが、その先後関係を判断することは容易ではない。一般には『聾瞽指帰』は空海自筆の稿本と考えられているようであるが、果してこれが先引の『続後紀』の空海伝にいうような「信宿の間の所撰」としてふさわしいものかどうか、関係はむしろ逆ではないかということも考えられるのではないかと思う。今詳しくは立入れないけれども、『聾瞽指帰』の方には先引の他にも幾つかの自注がみられること、序文に唐国の張文成の『散労書』、本朝の日雄人(日下部雄人《をびと》?)の『睡覚記』等の書を挙げてこれを批判し「竝びに先人の遺美と雖も、未だ後誡の準的たるに足らず」といっているようなことが問題になるのではないかと思われ、また両書巻尾の「十韻の詩」の比較、たとえば『三教指帰』ではそ

の末尾を、

已に三界の縛を知りぬ
何ぞ纓簪《えいしん》を去《す》てざらん

という句で結んでいるのにたいして、『聾瞽指帰』の方では、

庶幾《こいねがわ》くは擾々の輩
速かに如々の宮を仰がんことを

と、より深められた境地への誘いかけをみせているような点も、更めて見直される余地があるのではなかろうかと考えている。

『三教指帰』は、空海の仏教帰入の志を明らかにしたものであるが、空海がそこに儒家の亀毛先生、道家の虚亡隠士にたいして、仮名乞児という特異な人物を設定していることは注意すべきで、亀毛先生の風姿や言動がそのまま大学の博士を髣髴させるとすれば、これはまさに「徒に乞丐の中に淪み、空しく逃役の輩に雑はる」と評せられても仕方がないような存在として描き出されている。

偶《たまたま》市に入るときは、瓦礫雨のごとく集り、若し津を過ぐるときは、馬屎霧のごとく来る。阿毗私度《あびしど》は、常に膠漆の執友たり、光明婆塞は時に篤信の檀主たり。

という難解の語を含む一節も、その意味ではいわゆる私度の沙弥や在家の優婆塞の行動がこの時期にはしばしば法に触れるものとして指弾されてきた事実を念頭において考えるべきではないかと思われ、少くともここには官の大寺に威儀を正

して法を説く大徳等とはおよそ対蹠的な人物が設定されているといわなくてはならないであろう。大学の課程を中断して遍歴の旅をつづけた空海は、事実としてこれらの私度僧らと親しく交わり、篤信の優婆塞の庇護を蒙ったことがあったであろうし、それらの人々の中に官の大寺には見られない「隠身の聖」(『日本霊異記』)や「智行の輩」(『続日本紀』宝亀十年八月庚辰・癸亥、九月癸未等条参照)を見出したこともあったと思われる。

この仮名乞児の説く仏教は、何れかの宗派の特定の教義にもとづいて述べられているのではない。「仮名乞児論」の中の、「生死海の賦」にみられるように、それは「淼々《びょうびょう》たる海底を抜んで、蕩々たる法身に昇らん」がために、菩提心を発して最上の果報を仰ぐべしとするものであり、「六度(六波羅蜜、布施・持戒・忍辱・精進・静慮・智慧)の筏、八正(八正道、正見・正思惟・正語・正業・正命・正精進・正念・正定)の舸、七覚(七覚支、択法・精進・喜・軽安・捨・定・念)の馬、四念(四念処、身・受・心・法)の輪」等は、そのために用意された乗物であることを明して、「十地の長路を須臾に経殫し、三祇の遙劫を究円」することの可能性を示そうとしたものに他ならない。儒家や道家では窺いえない世界、仏家でも声聞や独覚では到達しえない境地がそこに示されたわけであるが、これを具体的にどのような実修に移すかということは、また自ら別な問題でなくてはならなかった。

何れにしても、『三教指帰』の成った延暦十六年という年は、空海の生涯にとっては、一つの大きな転機であったといっても誤りはないであろう。一方、その同じ年には、入山以来十二年、独自な思索と勤行の生活をつづけてきた叡山の最澄(七六七—八二二)が内供奉十禅師の一員として宮廷に請ぜられており(『叡山大師伝』)、その意味では仏教界そのものがまた一つの転換期にさしかかろうとしていたといわれるであろう。先述のように、この年には京都に帰っていたと思われる空海が、このような動きをどう受留めようとしていたかは興味ある問題であるが、もとよりこれを確かめる材料はない。この時期の空海が果して最澄その人の存在を知っていたかどうかも不明である。ともあれ、この延暦十六年という年が、最澄・空海の何れにとっても、それぞれの意味で生涯の一転機になっていることは記憶されていいであろう。即ち、一はその独自な修行の一応の結実という意味で、一はさらに新たな生涯への首途という意味で。

『三教指帰』の撰述を竟えて、「已に三界の縛を知りぬ、何ぞ纓簪を去てざらん」と、完全に官人の世界に想を絶った空海にとって、つぎに逢着した問題が、

吾、仏法に従ひて常に尋要を求むるに、三乗五乗十二部経、心神に疑ありて未だ以て決を為さず、唯願はくは三世十方の諸仏、我に不二を示せ。

と、「一心に祈感」することであったという『御遺告』の所伝は、それなりに一種の真実性を帯びたものと考えることができ、つづいて、

夢に人あり、告げて曰く、此に経あり、名字は大毗盧遮那経、是れ乃ち要むる所なりと。即ち随喜して件の経王を尋ね得たり。大日本国高市郡久米道場の東塔下に在り。

という「大日経」感得の話も、そこに生きてくることになると思われるが、しかし、この間の具体的な経緯は全く不明である。空海自身、このことに触れた文章としては、

弟子某(空海)、性熏我を勧め、還源思を為す。径路未だ知らず、岐に臨みて幾たびか泣く。精誠感あり、此の秘門を

得たり。

という一文があるだけであるが(『性霊集』七、奉為四恩造二部大曼荼羅願文、弘仁十二年)、短文とはいえ『三教指帰』撰述後の空海の心境の一端を伝えたものとして注目されよう。

「大日経」は、奈良時代、恐らくは玄昉(?—七四五)の舶載するところであったらしく、天平八年(七三六)から九年にかけての皇后宮職関係の「写経目録」の中にすでにその名がみえている(『正倉院文書』続々集十六帙八)。伝説では、来朝した善無畏(六三七—七三五、「大日経」の翻訳者)が久米寺に止住し、多宝塔を建立して、その柱下に経を納めて去ったといい、空海はそれを感得したのだというが(『三国仏法伝通縁起』)、それはともあれ、この経が舶載後六十数年にしてはじめて空海の着目するところになったものであることは事実としていいであろう。それだけにしかし、それはいわゆる無師独習を余儀なくされるわけで、一方では、「緘を解きて普く覧るに、衆情滞ることあるも憚問する所無し」(『御遺告』)とか「文に臨みて心昏し」(『性霊集』七)といわれたように、たやすく解き難い新たな疑問に逢着することを避けられなかったであろうし、さらに発心、入唐の志を抱くにいたったというのも、それとして肯われるところである(因みに、最澄の場合は、華厳の研究を通して、天台の教説の重要性を知り、鑑真(六八七—七六三)将来の法文を写得して、これについて研鑽を加えたものといわれるが、その法文には誤脱があるというので、精確なテキストを入手することが入唐の目的とされていた——『叡山大師伝』)。

ここでしかし、空海の得度受戒について考えなくてはならぬ順序になってくるわけであるが、およそ空海の伝記の中で、これは最も困難な問題の一つであろう。空海の出家については『御遺告』や『空海僧都伝』は二十歳、『贈大僧正空海和上伝記』(以下『貞観寺伝』と略す。真雅撰という)は二十五歳とするが、先述の『三教指帰』撰述の年時や『伝』そのものの前後の叙述から考えて、すぐに従うわけにはゆかず、またそこで勤操から沙弥の十戒七十二威儀を授けられたという所伝(『御遺告』)にしても同様である。ところで『続日本後紀』の空海伝は、「年卅一得度」と記すが、『続後紀』そのものは一方で空海六十三歳示寂説に立っているから、得度は延暦二十二年ということになり、それは先引『中村直勝博士蒐集古文書』所収の太政官符案にみえる空海出家の年時(延暦二十二年四月七日)と一致する。しかし、これにもまた問題がないわけではない。というのは、同じ官符を引用する『高野大師御広伝』(以下『御広伝』と略す。聖賢撰)は、この年時を二十三年にかけ、「去廿三年四月出家入唐」とつづけていることである。それに左に掲げる中村博士蒐集の官符案は平安時代末の写といわれ、『御広伝』の撰述(元永元年(一一一八))と何れが先かを決め難いところに問題が残るわけである。

□(太)政官符　治部省
　□(留)学僧空海俗名讃岐国多度郡方田郷戸主正六位上佐伯直道長戸口同姓真魚
右、去延暦廿二年四月七日出家□□□(入唐、省)
□(宜)承知、□□(依例)度之、符到奉行、
□(従)五位下□(守)左少弁藤原朝臣貞副(嗣)　　左大史正六位上武生宿禰真象
　延暦廿四年九月十一日

空海の受戒については『貞観寺伝』に、

延暦廿三年四月九日、東大寺戒壇院に具足戒を受く、時に年卅一。

とあり、『扶桑略記』は、

延暦十四年四月九日、空海和尚、東大寺戒壇院に於て具足戒を受く、生年廿二。

と記すが、別に「同略伝に云く」として卅一歳の進具を伝えている。また『金剛寺文書』に空海の戒牒といわれるものがあり、延暦十四年四月九日の日附をもっているが、『弘法大師行化記』(藤原敦光撰という)や『弘法大師御伝』(兼意撰)には延暦二十二年に作るという。さらに『御遺告』には「吾生年六十二、臘四十一」の語があって、二十二歳(延暦十四年)進具を告げており、結局、十四年、二十二年、二十三年の三説が伝えられるわけであるが、先述の得度の年時と考え合わせて、十四年説が成立し難いものであることは明らかである。また二十二年か三年かという問題にも微妙なものが残ることは、得度の年時の場合と同様である。

ただここでいえることは、空海の入唐は延暦二十三年であることに間違いはないにしても、実はこのときの遣唐使の一行は、その前に一度、二十二年四月十四日に乗船、十六日に進発したものが暴風にあって引きかえし、更めて二十三年五月に出発したものだという事実である(『日本紀略』『扶桑略記』)。空海としても、当然その行をともにしたはずであるから、得度・進具の問題も、これを二十三年の再出発の前におくよりは、二十二年にかける方が遙かに自然だということになる。それにしても四月七日得度、九日進具、十四日乗船という慌しい日程になるわけで、事実としてこのような風に事を運びうるものかどうか、なお微妙なものが残るといわなくてはならないであろう。或いはそれまで一個の自由な修行者として終始してきた空海が、入唐を目前にして急速に正規の僧としての資格や威儀をととのえなくてはならぬ事情に迫られたということはあったかも知れないが。

空海は、遣唐大使藤原葛野麻呂(七五五—八一八)の第一船(最澄は判官菅原清公(七七〇—八四二)の第二船)に搭乗して、延暦二十三年七月六日、肥前松浦郡田浦を発し、八月十日、福州長渓県赤岸鎮以南の海口に到り、十月三日、州(福州)に到る、と記されているが(『日本後紀』)、たやすく上陸を許されなかったので、空海は大使のために「大使福州の観察使に与ふるが為の書」を草してこれを斡旋し、さらにまた「福州の観察使に与へて入京する啓」を書いて、早く入京を許されんことをもとめている(『性霊集』五)。この入京の啓は、空海自身の進退にかかわるもので、

時、人に乏しきに逢ひて留学の末に簉《まじわ》る。限るに廿年を以てし、尋ぬるに一乗を以てす。任重く人弱くして、夙夜に陰を惜しむ。今、使に随ひて入京することを許されざることを承る。理、須く左右すべし、更に求むる所無けん。然りと雖も、居諸駐まらず、歳、我と与《とも》にあらず。何ぞ厚く国家の憑を荷ひて、空しく矢の如きの序を擲つことを得んや。是の故に斯の留滞を歎きて、早く京に達せんことを貪る。

として、「早く名徳を尋ねて、速かに所志を遂げん」という切実な思いを述べている。

十一月三日、空海は、大使に随って福州を発し、十二月二十三日、ようやく上都長安城に入ることを得(『日本後紀』)、宣陽坊の官宅に安置されることになった(『請来目録』)。翌二十四年二月十日、大使らが長安城を辞して明州に向うに及んで、空海は、橘逸勢(?—八四二)とともに西明寺に留住せしめられるにいたったが、そこは、前留学僧永忠(七四三—八一六、この年帰

朝)の故院であったといわれる(『請来目録』)。

ここにようやく空海の「周遊諸寺、訪択師依」の日がはじまり、偶然、青竜寺の灌頂阿闍梨恵果(七四六―八〇五)に遇って師主とすべき大徳を見出したことになるわけであるが、一旦恵果に師事してからは、六月上旬に学法灌頂の壇に入って以来、八月上旬、伝法阿闍梨位の灌頂を受けるまで、すべてが恵果その他供奉の大徳らの讃歎と随喜との裡《うち》に運ばれたと記されており(『請来目録』)、もともと二十年の留学を期して入唐した空海その人にとっては、或いは意外な結果であったかも知れないと思う。しかし、事実としてこれは入唐以前、「大日経」感得以来の空海の、いわば無師独修の思索と勤行の成果が、ここにいたって一時に花を開いたものと見る方がより自然で、恵果らの讃歎随喜も、そう見ることによってはじめて意味あるものになるといわれるであろう。

『広付法伝』によると、恵果は空海について、

今、日本の沙門空海といふものあり。来りて聖教を求むるに、両部の秘奥壇儀印契を以てす。梵漢差《たが》ふこと無く、悉く心に受くること猶し瀉瓶《しゃべい》の如し。

といい、「吾法灯を伝ふるに堪へたり」とされた六人の付法の弟子の中でも、最も高く評価していたことが知られるが、一方、玉堂寺の珍賀がそれにたいして、

日本の座主、設ひ聖人なりと雖も、是れ門徒に非ず、須く諸教を学ばしむべし。而るに何ぞ蜜教を授けられんとするや。

と、異を唱えたというのも(『御遺告』)、或いはありえたことと思われる。恵果はまた、授法の後、早く帰国することを勧め

て、

義明供奉は此処(唐土)にて伝へよ、汝は其れ行きて之を東国(日本)に伝へよ。

といったと記されている(『請来目録』)。

恵果はその年の十二月十五日に示寂、空海は選ばれてその碑文を撰し、翌年正月十七日、墓所を卜定してこれを建てたが(『性霊集』二)、その月の中に「本国の使とともに帰らんことを請ふの啓」を書いている(同五)。それは中天竺の般若三蔵や恵果からの受法の次第を述べた後、

此法は則ち仏の心、国の鎮なり。氛を攘ひ祉を招くの摩尼、凡を脱し聖に入るの嘘径《きよけい》なり。是の故に十年の功(二十年の功の誤写という)、之を四運に兼ね、三密の印、之を一志に貫く。此の明珠を兼て之を天命に答す。(た)《たとい》使、久しく他郷に客として、領を皇華に引かば、白駒過ぎ易し、黄髪何か為む。

と、二十年の功を四運(一年)にして兼ね具えたことを報じている。空海自らそこに期するところがあったといえよう。

空海は、大同元年(八〇六)八月、明州を発して帰途に就き、太宰府到着の日時はわからないが、十月二十二日には、遣唐判官高階遠成に付して、請来の「経律論疏章伝記、并びに仏菩薩金剛天等の像、三昧耶曼陀羅、法曼陀羅、伝法阿闍梨等の影及び道具、並びに阿闍梨付嘱物等の目録」都合六種を朝廷に進献している(『請来目録』)。そしてその中で「斯の法は則ち諸仏の肝心、成仏の径路なり」といい、さらに顕密二教の問題に触れて、

法海一味、機に随ひて浅深あり、五乗鑣を分ち、器に逐ひて頓漸あり。頓教の中に顕あり密あり、密蔵に於ては或は

源、或は派。古の法匠は派に泳ぎ葉に攀ぢ、今の所伝は柾を抜き源を竭す。……又夫れ顕教は則ち三大の遠劫（無限に長い菩薩の修行）を談じ、密蔵は則ち十六の大生（即身成仏）を期す。遅速勝劣、猶し神通と跛驢《はろ》との如し。仰善の客、庶くは其の趣を暁《さと》れ。教の優劣、法の濫觴は、金剛薩埵五秘密儀軌、及び大辯正三蔵（不空）の表答等の中に広説するが如し。

と、ひとしく密教といっても、そこに「古の法匠」と「今の所伝」とを区別している点が注目をひくが、その「今の所伝」というのはとくに不空（七〇五―七七四、恵果の師）の業績にかかわるもので、

唯我祖大広智阿闍梨（不空）ありて、初め金剛智三蔵に受け、更に南天竺竜智阿闍梨の所に詣りて十八会の瑜伽を括嚢し、胎蔵等の密蔵を研窮す。天宝中（七四六）却きて大唐に帰る。時に玄宗皇帝始めて灌頂を受け、尊師を屈して資たり。自降、粛宗・代宗、相続して法を受け、禁内には則ち神竜精舎を建て、城中には則ち普く灌頂壇を開く。一人百寮、壇に臨みて灌頂を受け、四衆群生、膝歩して密蔵を学ぶ。密蔵の宗、是日欝《さかん》に興り、灌頂の法、玆より軫《あと》を接す。

と、唐朝における密教の興起をひとえに彼に帰するものである。それは一方、空海の請来経一百四十二部の中、一百一十七部までが不空の新訳経によって占められていた事実と合せて、端的に空海その人の立場を示したものとみることができるわけで、後に最澄が法門の借覧を空海に申入れたとき、その第一回の借請書十二部の中に右の不空の『表答碑』三巻が数えられていたことも肯われる点があるといえよう。

帰国、『請来目録』進献以後の空海の動静については、また不明な点が多く、大同二年四月、入京の日まで筑紫の観世

音寺に住せしめられたとか、この年の中に請来の法文道具曼荼羅等を具して上洛すべき宣下があったというような所伝も、積極的にこれを確かめるすべがなく、結局そこでいえることは、大同四年七月まで、空海が京洛の地を踏んだ形迹はないということである。『弘法大師行化記』所収のいわゆる京都入住の官符(七月十六日付)は、和泉国司に宛てられているので、空海がこのとき和泉国(『行化記』では槇尾山寺)にいたことは考えられるが、それ以外のことはわからない。

では、この時期まで空海の入洛を阻んだ何か特殊な事情が考えられるかというと、そこに一つ想起されるのが、大同二年の冬に起った伊予親王の変である。それはこの年の十月、蔭子藤原宗成(故参議家依の孫、三起の男)が親王に勧めて不軌を謀ったということで、十一月、親王は母夫人藤原吉子(故右大臣是公の女)とともに川原寺に幽せられ、薬を仰いで死んだという事件である。先帝(桓武)鍾愛の皇子とその側近、またその背後にある藤原氏南家の勢力を宮廷から斥けようとした一種のフレーム・アップであったと考えられているが、たまたまこの事件に坐して官を逐われた人の一人に、親王の文学清村浄豊(唐人袁晋卿の子、晋卿は天平七年来朝、音博士・大学頭・玄蕃頭等を歴任して宝亀九年、清村宿禰の姓を賜わる)がいた。空海が後に浄豊授業の弟子、藤原真川(是公の孫、雄友の子)にかわって、再び浄豊の挙用を請う啓状を書いているところから、このことが知られるわけであるが(『性霊集』四)、同時にそれは空海の外舅阿刀大足も、もしこの事変当時まで生存していたならば、当然同じ厄に遭うはずであったことを考えさせるものである。大足が果してこの時点まで生きていたかどうかはわからないが、何れにしても大足の縁に連なる空海その人の立場が、そこで一種微妙なものになってくる事情は考えられるであろう。

事実として空海が平城朝一代の間は入京を許されず、嵯峨天皇の即位をみるに及んで、はじめて京都入住の官符が発せられるにいたったのも、恐らくは何かその間に上述のような事情が介在したからではないかと思われるが、それ以上のことはわからない。

入京後の空海が、嵯峨天皇(七八六—八四二)の宮廷に請ぜられて、厚く遇せられたことは紛れもない事実であるが、ただそれは優れた書家、第一級の文人としての知遇であって、必ずしも新来の真言家、密教の法匠としての立場においてではなかったことを考えておかなくてはならない。大同四年十月、勅賜の「世説」の屛風を書きおえて進献したときの表文に、

空海は緇林《しりん》の朽枝、法海の爛屍なり。但し鉢錫《はっせき》を持して以て乞を行じ、林藪に吟じて観に住することを解る。寧ぞ現鬼墨池の才、跳竜返鵲の芸あらんや。豈に図らんや燕石魚目、謬つて天簡に当らんとは。

といっているのは、その意味で注目すべき言だと思われるが(『性霊集』四)、空海は、その後も弘仁二年六月、『劉希夷集』四巻を書写進献し、同八月、唐の徳宗や欧陽詢等諸家の墨本を進献したのをはじめ、しばしばこの種の勅命に応えていたことが知られている(同上)。弘仁七年八月、空海は再び勅賜の屛風に「古今の詩人の秀句」を書いて進献したが、そこでは、

空海、元より観牛の念に耽り、久しく返鵲の書を絶つ。達夜数息す、誰か穿被《せんぴ》を労せむ。終日修心す、何ぞ墨池を能くせむ。

としながらも、実は堂々たる書論を展開し、なおその上に十韻の詩を作ってこれに添えている(『性霊集』三)。

或いはまた空海が、

貧道、幼にして表舅に就きて頗る藻麗を学び、長じて西秦に入りて粗ゝ余論を聴く。然りと雖も、志禅黙に篤くして此事を屑しとせず。

といいながら、一方では、

爰に一多の後生あり。閑寂を文囿に扣き、詞華を詩圃に撞く。音響黙し難くして、巻を函杖に披く。即ち諸家の格式等を閲し、彼の同異を勘ふるに、巻軸多しと雖も、要枢は則ち少し。名は異なれども義は同じ、繁穢尤も甚だし。

として『文鏡秘府論』六巻の撰述に手を染める人であったことが、一層このようなことを促す結果になったとはいわれるであろうし、事実また空海は、この書が「披誦するに稍ゝ記し難し」と見れば、さらにこれを抄録して『文筆眼心抄』一巻に再治する労を厭わぬ人でもあった(弘仁十一年五月)。

恐らくは弘仁十二年のものと推定される空海の書簡に、

今上馭暦、恩卉木に普く、勅ありて進む所の経仏等を返し賜ひ、兼ねて宣するに真言を伝授することを以てす。即ち二三の弟子を率ゐて日夜教授す。東大の杲隣・実恵、元興の泰範、大安の智泉等、稍大法の旨趣を得、自外の大小師等、各一尊の瑜伽を得たり。

とあるのは(『高野雑筆集』)、大同四年、空海の入京後間もなく、右の杲隣以下の人々が高雄山寺に来投して、真言を学ぶにいたったことを示すものであるが、中でも実恵は空海の最初の入壇の弟子、智泉は空海の入唐にも従った人といわれている(『弘法大師弟子伝』)。空海の弟、真雅も、大同四年には上京してこれに加わっており(『三代実録』真雅伝)、同族的な絆で結ばれた人たちがその中心になっていることが注目をひく。そこにまた「尤も緇林の獰獅なる者なり」といわれた杲隣（七六七―？）のような人が集まってきたわけであるが（『弟子伝』）、泰範（七七八―？）の帰投については、なお後に触れることにしたいと思う。

何れにしても、後に空海の十大弟子（真済・真雅・実恵・道雄・円明・真如・杲隣・泰範・智泉・忠延）と称ばれるようになった人たちがまずそこに集まってきたことは事実で、中には杲隣のように空海よりも年長の人もみられたとはいえ、その多くは未だ三十歳以前の青年僧であり、真雅のごときは弘仁元年現在ではなお十歳の童子に過ぎなかった。なお、空海は弘仁二年十月、高雄山寺は「不便」だというので、乙訓寺（法皇寺）に住せしめられることになったが（『御広伝』）、翌三年十月、再び高雄山寺に還り（『東寺長者次第』）、後に東寺を給預されるまで（弘仁十四年正月）、ここを本拠にしていた。

空海は、夙く弘仁元年十月、「国家の奉為《おんため》に修法せんことを請ふの表」を書いて、その所伝の経は則ち「仏の心肝、国の霊宝」であることを強調し、中でも「仁王経」「守護国界主経」「仏母明王経」等の念誦の法門は「此の道の秘妙の典」であるとして、

伏して望むらくは、国家の奉為に、諸弟子等を率ゐて、高雄の山門に於て、来月一日より起首、法力の成就に至るまで、且つは教へ且つは修せん。亦望むらくは、其の中間に於て住処を出でず、余の妨を被らざらんことを。

と、その実修を請うところがあったが（『性霊集』四）、これにたいする朝廷の反応は詳かではない。ときはあたかもいわゆる薬子の変の直後にあたり、或る意味ではまことに時宜をえた奏請であったにもかかわらず、これが取上げられた形迹は

ない。また、弘仁七年十月の「弘仁天皇の御厄を祈誓するの表」では、
伏して聖体の乖予を承り、心神主無し。即ち諸弟子の僧等とともに、法に依りて結期すること一七日夜、今月八日より今朝に至りて一七日畢らんと欲す。持誦の声響間絶せず、護摩の火煙昼夜に接す。以て神護を仏陀に仰ぎ、平損を天躬に祈誓す。感応未だ審かにせず、己を剋めて肝を爛す。伏して乞ふらくは体察したまはんことを。
と、精誠を尽したことを述べているが（『性霊集』九）、これも勅命による修法であったか否かは不明である。さらに同九年の春、疾疫の流行によって、天皇親ら「般若心経」を書写し、空海をしてこれを講讃せしめたという『般若心経秘鍵』の奥書の記述は、古来真偽の問題が喧しく、にわかに従えぬものであることは周知の事実である。

後に、実恵らが唐、青竜寺の義明（前出、恵果の弟子）に空海の示寂を報ずる書簡を送ったとき、空海が恵果に遇って両部の秘教を受学し、道具や付嘱等のものを賚持して帰朝したにもかかわらず、「道は余宗より高く、教は常習に異」なるものがあったので、
此間の法匠、各矛楯を為し、肯て服膺せず。十余年間、建立を得ることなし。
といっているのは、その意味で真実を伝えるものであったということができる（『東寺観智院文書』、この書簡は、承和三年五月、真済・真然らの入唐にさいして托されたものであるが、真済らは暴風雨にあって渡海を果さなかったため、そのままになった）。空海自身、後述のいわゆる「勧縁疏」（『性霊集』九）において、
仏法の深妙、只此の教にあり。菩提を証せんと欲せば、斯の法最妙なり。汝当に受学して自ら覚り、他を覚らしむべし。

という恵果の教命を承け、弘揚を誓って帰朝し、多年を歴《へ》たにもかかわらず「時機未だ感ぜず、広く流布すること能はず」といっていた(弘仁六年)。

ここで更めて問題になってくるのが空海と最澄との関係である。最澄は延暦二十四年、帰朝すると間もなく殿上に請ぜられて悔過読経し(八月)、また殿上において毗盧舎那法を行わしめられたといい(九月)(以上『日本後紀』)、また修円・勤操ら七人を受法の弟子として、高雄山寺において毗盧遮那秘法を修せしめられたともあって(『続後紀』円澄伝)、「本朝灌頂始興」の功が公式には最澄に帰せられること、さらに翌二十五年正月、天台宗の年分度者二人が認められたとき、その一人を遮那業と定められて(『類聚三代格』)、密教はまず天台宗の一部として認められてきたことを考えておかなくてはならない。それだけに最澄自身、空海の帰朝に期待するところが大きかったことは事実であるし、夙く空海の『請来目録』を書写していたことも知られている(今日、東寺に蔵する『請来目録』は最澄書写のものと認められている)。空海入京の直後ともいえる大同四年八月、最澄が空海請来の経籍十二部の借覧を請う書簡を書いているのは、その意味で注目されるわけであるが、最澄がそこで借請した法門は、

大日経略摂念誦随行法一巻

大毗盧遮那成仏神変加持経略示七支念誦行法一巻

大日経供養儀式一巻

不動尊使者秘蜜法一巻

悉曇字記一巻
梵字悉曇章一巻
悉曇釈一巻
金剛頂毗盧遮那一百八尊法身契印一巻
宿曜経三(一イ)巻
大唐大興善寺大辯正大広智三蔵表答碑三巻
金師子章幷縁起六相一巻
華厳経一部卅(冊イ)巻

の十二部で(『伝教大師消息』)、何れも『請来目録』所載のものである。最澄がそこでまずこの十二部を選んだことは、この時点における最澄の密教観を知る上にも大事な手がかりを与えるものになるといわれるが、ここではその中に不空の『表答碑』が入っている事実を指摘するにとどめておく。先述のように、それは密教に「古の法匠」と「今の所伝」とを区別した空海自身が『金剛薩埵五秘密儀軌』とともに「教の優劣、法の濫觴」はそれについて見よといったもので(『請来目録』)、最澄としても、まずそこに関心を惹くものがあったのであろう(『五秘密儀軌』の借請は、これよりは後れて弘仁三年十二月十八日、即ち後述の最澄入壇後の消息にみえる)。

このようにして開かれた最澄と空海との交渉は、例えばいわゆる「風信帖」にみられるように、空海の方からも、

我が金蘭(最澄)及び室山とともに一処に集会して、仏法の大事因縁を商量し、共に法幢を立てて仏の恩徳に報いん。

というような積極的なよびかけの言もあったことが知られ、そのはじめはきわめて親密なものであったことがうかがわれる。(「風信帖」そのものの年時については問題があり、また上文の「室山」についても堅恵・修円等の説があって一定しない。ただ「風信帖」はその内容から考えて、最澄の入壇以前のものであることは確かであるし、また「室山」も堅恵とすれば、空海とともに入唐した人といわれるから(『行化記』)、堅恵を加えて最澄と三人で仏法の大事を商量したいという提言には、それなりに一種の意味が籠められていると見ることもできるわけであるが、今はそこまで立入らないでおきたい。)そして、その頂上をなすものが弘仁三年十一月十五日及び十二月十四日、高雄山寺で行われた金剛界・胎蔵界両部大法の灌頂であった(『高雄山灌頂歴名』)。

このとき、最澄と空海との間には次のような問答があったことが、同時に入壇した最澄の弟子円澄(七七二—八三七)によって伝えられている(『伝教大師消息』所収円澄書状)。

(最澄)和尚に問ひて云く、大法の儀軌を受けんこと、幾月にして得べきや。(空海)答へて曰く、三年にして功を畢へん。(最澄)歎じて曰く、本《もと》一夏を期す、若し幾年を経べくは、若かじ、暫く本居に帰り、且つ本宗の事を遂げ、後日来り学ばんには。

結局、最澄はその年の中に叡山に帰り、翌年正月、更めて円澄・泰範らを空海の許に遣して受法させることになったが(『消息』)、自身は再び空海を訪れることはなかったようである。また、円澄らも「未だ本意を遂げ」ざるままに帰山したといわれるが(先引円澄書状)、泰範はひとり空海の許にとどまって帰らなかった。ここにしかし、天台の密教、或いは最澄の密教観と空海の伝えようとする教法との間の具体的な差異があらわれてくるわけで、叡山ではその後、止観の旨は盛に叡峯に談じて、師資の道を弘む。毗盧遮那の宗に至りては未だ良匠を得ず、文義の味、開示するに人無し。曼荼の行、誰か敢て修行せん。

というような状態がつづいたといわれるのも、強ち誇張の言とはいえないであろう(同上)。

空海も、或いはそこに思うところがあったのであろうか、弘仁四年五月、『遺誡』一篇を製して、弟子たちに三昧耶戒の厳持をもとめ、三帰五戒及び声聞菩薩等の顕戒とは異なる密戒の意義を述べて、身三語四意三の十善は一心に帰すべきものであり、「一心の性は仏と異なること無し」として、

我心・衆生心・仏心の三は差別無し。此の心に住すれば、即ち是れ仏道を修す。是の宝乗に乗ずれば、直ちに道場に至る。

と声聞や縁覚、或いは三大証果の菩薩乗をも超えて「即身成仏の径路」であることを示し、もし故らにこの戒を犯すものは「我弟子に非ず、我も亦彼の師に非ず」といっている点が注目をひく。何故にこの時点でこの厳しい姿勢が打出されてきたのか、「諸の近円(大僧)・求寂(沙弥)・近事(優婆塞)・童子等」へというよびかけは、果して誰を念頭においていたのか、いろいろな問題が考えられるわけであるが、一つにはやはり前年の灌頂会に参集した一百四十五人といわれる人々のその後のうごきが想起されていいのではないかと思われる。『高雄山灌頂歴名』によると、十二月十四日、胎蔵界の灌頂を受けた人々、都合一百四十五人の中、「太僧廿二人、沙弥卅七人、近事卌一人、童子卌五人」とあり、最澄の名は、その太僧の第一位に記されている。これを偶然の吻合とみるか、より積極的な意味をそこに見出そうとするかは、なお意見

の分れるところであろうが、何れにしてもたやすく見逃されてはならぬ事実であるといわれよう。

もとより、最澄と空海との交友がこれで途絶えるのではなく、最澄の「借請法門」はその後もつづけられているし、この年十月、空海の「中寿感興の詩」は最澄にも呈示されている。それにたいして最澄が在高雄の泰範に書を寄せ(いわゆる「久隔帖」)、空海の詩序の中にある「一百廿礼仏幷びに方円図、幷びに注義」等の書について質したことは、よく知られた事実であるが、今日では最澄の和詩にたいする空海の返書と思われる書簡も見出されている(『槇尾山施福寺文書』弘法大師消息)。ただこの「久隔帖」と同一の日附(弘仁四年十一月廿五日)をもつ空海宛の最澄の書簡が一通、別にあり、それには泰範宛の書簡にはみられぬ「釈理趣経」一巻借請の一行があって、これにたいする空海の答書といわれるものが更めてここに問題になってくるわけである(『性霊集』十)。

これは空海の文章には珍しく激越な調子のもので、「顕教一乗は公に非ざれば伝はらず、秘密仏蔵は唯し我が誓ふ所なり」と、まずその立場の相違を明らかにし、「理趣の道、釈経の文」は「如来心地の力、大士如空の心に非ざるよりは、豈に能く信解し受持せんや」として、「冀くは子、汝が智心を正し、汝が戯論を浄めて、理趣の句義、密教の逗留を聴け」という。ついでさまざまに理趣の義を釈し、自心の外にこれを求むべきものはないことを説いて、その間にはまた「余未だ知らず、公は是れ聖化なりや、為当《はた》凡夫なりや」というような揶揄の言を插むかと思うと、「夫れ秘蔵の興廃は唯し汝と我となり、汝若し非法にして受け、我若し非法にして伝ふるときは、将来求法の人、何に由てか求道の意を知ることを得ん、非法の伝受、是れを盗法と名づく、即ち是れ仏を誑くなり」ときめつける。そして「又、秘蔵の奥旨は文を得ることを貴しとせず、唯し心を以て心に伝ふるにあり、文は是れ糟粕、文は是れ瓦礫なり」とか、「古人は道の為に道を求む、今人は名利の為に求む」、或いはまた「若使《たとい》千年本草大素を読誦すとも、四大の病、何ぞ嘗て除くことを得ん、百歳八万の法蔵を談論すとも、三毒の賊、寧ぞ調伏せんや」と、要するに信修のともなわぬ文字の上だけの求法は全く無益であることを説いて、「止々舎々」(止《や》みね〳〵、舎《とど》まりね〳〵)と突放す。何れにしてもまことに厳しい拒絶の態度であった。

この答書については、或いは空海自身のものとすることを躊躇し、或いは空海のものとしても、最澄にたいしてではなく、円澄に宛てられたものではないかとする意見があり、またそれが発せられた年時についても、弘仁六年ごろとすべきではないかといわれて、多くの議論を招いていることは周知の事実であるが、確かにその年時については、先述のように、最澄の和詩にたいする返書が見出されている今日では、少くともこれを同じ時期のものとみることには問題が残るといわなくてはならないであろう。その点を保留すれば、先述の『遺誡』において、いわば対内的に三昧耶戒の厳持をもとめた人の立場が、たまたま最澄の「理趣釈経」借請を機会に、外部に向って一挙に噴出したものとみることができ、それが一見激越な拒絶の言になってあらわれたものと考えられるのではないかと思う。そして、それとともに更めてここで取上げられなくてはならないのが、いわゆる「勧縁疏」(『性霊集』九)の問題であろう。

「勧縁疏」は、弘仁六年四月一日の日附をもち、そこで「有縁の衆」とよばれた人々としては下野の広智、陸州の徳一、甲州藤太守(真川)、常州藤使君(福当麻呂)等の名が知られており(『高野雑筆集』)、或いはとくに東国在住の人がまずその対象に選ばれたのかとも考えられるが、それは何れにしても、この一文は、この時期における空海の立場を最も直截な形で

呈示したものとして注目されるものである。空海の顕密対弁の観点がここに簡潔に示されているわけであるが、それは、

顕教とは報応化身の経、是れなり。密蔵とは法身如来の説、是れなり。

顕は則ち因果六度を以て宗と為す、是れ則ち菩薩の行、随他語の方便の門なり、密は則ち本有の三密を以て教と為し、具さに自証の理を説く、如義語真実の説なるものなり。……

華厳の地論には果分不可説と述べ、法華の止観には秘教不能伝と談ず。空論(三論)には則ち第一義の中に言説無しと述べ、有宗(法相)には則ち真諦の廃詮談旨を顕す。上応化の経より、下論章疏に至るまで、自証を韞《つつ》みて説かず、他病に随ひて以て訓を垂る。希有甚深なりと云ふと雖も、而も是れ権にして実に非ず、伝法の聖者、秘を知らずして顕を伝ふるに非ず。知りて相譲る、良《まこと》に以《ゆえ》あるなり。

と、顕密二教の基本的な相違を明らかにし、ついで恵果の教命を述べて、

和尚告げて曰く、若し自心を知るは即ち仏心を知る。仏心を知るは即ち衆生心を知るなり。三心平等なりと知るを即ち大覚と名づく。大覚を得んと欲せば、応当《まさ》に諸仏自証の教を学ぶべし、自証の経とは所謂金剛頂十万の偈、及び大毗盧遮那十万偈の経、是れなり、……故に金剛頂経に説かく、自受法楽の故に此の理趣を説くと。応化仏の所説に同じからず。又、竜猛菩薩の云く、自証三摩地の法は、諸教の中に闕して書せずと。言ふこころは但し此の秘密の経論の中に説くなり、自外の顕の経論の中には説かざるなり、……仏法の深妙、只此教にあり、菩提を証せんと欲せば、斯の法最妙なり。汝当に受学して自ら覚り、他を覚らしむべしてへり。

と記している。空海は、この教命を受けて「服勤学習し、以て弘揚を誓」って帰朝したのだといい、しかし「帰朝して多

年を歴たりと雖も、時機未だ感ぜず、広く流布すること能は」ざる事態に直面して、

元より弘伝を誓へり、何ぞ敢て韜黙せんや。

と、意を決して勧縁に立上がったことを報じ、

若し神通乗の機の善男善女、若しは緇、若しは素、我と志を同じくするものあらば、此の法門に結縁して、書写し読誦し、説の如く修行し、理の如く思惟せば、則ち三僧祇を経ずして、父母所生の身に十地の位を超越し、速かに心仏に証入せん……。

と結んだのであった。

空海をしてこの「韜黙」から立上がらしめ、更めて顕密対弁の観点を明確に打出させた直接の動機は何かという問題は、いろいろに考えられるであろうが、少くともその一つはやはり先述の高雄の灌頂会以来の内外のうごきがこれを促したものとみることができ、中でも「遮那宗と天台宗とは融通」すると主張する最澄らの立場(『伝教大師消息』弘仁三年八月十九日付書簡)にたいして自己を確立する必要があったことを考えなくてはならないであろう。それは最澄との交友が深まるにつれて一層切実なものになってくる性質のものであったといえよう。「理趣釈経」借請拒否の問題も、そこに生じたものとみることができ、弘仁七年、最澄が先年所撰の『依憑天台集』に新序を加えて「新来の真言家は則ち筆授の相承を泯す」といったのは、それにたいしてであったともいわれている。さらにこの年五月、最澄が泰範に寄せた書簡の中に「劣を捨て勝を取るは世上の道理なり。然れども法華一乗と真言一乗と、何ぞ優劣あらんや」という句があったのにたいして、泰範にかわって空海が認めた返書には、

夫れ如来大師は機に随ひて薬を投ず。性欲千殊なれば薬種万種なり。大小鑣を並べ、一三轍を争ふ。権実別ち難く、顕密濫れ易し。知音に非ざれば誰か能く之を別たん。然りと雖も法応の仏、差無きことを得ず。顕密の教、何ぞ浅深無からん。法智の両仏、自他の二受、顕密説を別ち、権実隔あり。所以に真言の醍醐に耽執して、未だ随他の薬を噉《たん》嘗《しょう》するに遑あらず。

とあり(『性霊集』十)、これ以後両者の交渉が途絶えるにいたったことは周知の事実である。

「勧縁疏」を通して考えさせられる今一つの重要な問題は、或いはこれが空海自身の新たな著作活動を促す一つの転機になっているのではないかということである。というのは、顕密対弁の問題を包括的に論じた『弁顕密二教論』の内容が、すでに指摘されているように、「勧縁疏」の内容ときわめて類似したものになっており、「勧縁疏」で明らかにされた前掲の問題点は、すべてまた『二教論』に取上げられて、詳細に論究されている事実から考えるのであるが、もしこの見方が許されるならば、『即身成仏義』についてもまた同様なことがいわれるのではなかろうか。「勧縁疏」の末尾にみられた「三僧祇を経ず、父母所生の身にして十地の位を超越し、速かに心仏に証入せん」という一句、この「即身成仏の義を建立する憑拠」として撰ばれたのがいわゆる二経一論八箇の証文であり、「六大無碍常瑜伽」等の二頌八句であり、組織的にその然る所以を説いた『即身義』一巻であったと考えられるからである。『即身義』の成立は、普通、弘仁の末から天長の初年にかけられているようであるが、今見てきたところからすれば、或いはもっと溯らせることができるのではないかと思われる。何れにしても、『二教論』といい、『即身義』といい、この真言の教理・教義の根本にかかわる重要な二書の成立が、この時期にかけて考えられる可能性があることは注目されていいと思う。

そうするとまた『声字実相義』や『吽字義』など、教義的に『即身義』とは切離せぬ関係にある二書の成立も、自らこの時期にかけてみることができ、これは空海その人の生涯と思想を考える上に、一つの大事な観点になってくると思うのであるが、ただその積極的なきめてを得られない憾みが残るわけである。一方しかし、『秘密曼荼羅教付法伝』(広付法伝)や『真言付法伝』(略付法伝)の二書が弘仁十二年までに成立していたことは確かであり(『略付法伝』は弘仁十二年九月六日の年記をもっている)、この二書との関係においていえば、『二教論』や『即身義』の撰述は、それに先立つものと見るのが自然だと思われるから、或いはそこに一つの支えをもとめることができるのではないかと考えている。

先引の唐の青竜寺に贈ろうとした実恵らの書簡に、

天長皇帝、譲を受けて践祚したまふに及び、禁闥を灑掃して壇場を建立し、始めて秘教の甘露を嘗め、稍ゝ興隆の御心を発す。帝城の東寺を以て真言寺と為し、我和尚を以て大僧統と為す、固辞すれども許されず。

とあるように、空海が本来の意味での密教の法匠として仏教界の中枢に迎えられるようになったのは、淳和朝(八二三—八三三)に入ってからのことで、平安京の東寺は新しく真言専門の道場として認められて「道は是れ密教なり、他宗の僧をして雑住せしむること莫れ」といわれ(『類聚三代格』弘仁十四年十月十日官符)、一方、高野山の経営も次第に軌道に乗ってくることになるわけであるが(高野の地の下賜は弘仁七年)、それ以前は、宮廷の殊遇がいかに厚かったとはいえ、真言家として十分にその志を伸ばす余地は未だ熟していなかったというのが実情であった。いわば一種の雌伏の時期がつづいていたわけであるが、しかし、空海その人の異色ある思想は、実はこの時期にその骨格をととのえ、磨き上げられてきたもので、少くとも真言宗の教理・教義の根本にかかわる重要な思想は、すべてこの時期において明確な形をとっていたということができる。『十住心論』述作の素地は、こうして培われてきたものであった。

『十住心論』の述作は、真言宗の特定の教理・教義の秘奥を明すというよりは、むしろ仏教そのものの根本と各宗教義成立の根拠を探り、それを菩提心(求道心)発現の十段階(十住心)において捉え、それぞれの住心固有の意義を認めながら、その間に自ら高下浅深の別あることを示したもので、一種の仏教概論的な内容をもつものであるから、それまでの著述とは自らその趣きを異にするものになっている。その述作の時期も、ほぼ天長七年(八三〇)にかけて考えられ、いわゆる天長六本宗書の一として撰進されたものという特殊な事情も加わっているわけであるから、この問題はそれとして別に更めて考察されなくてはならない。この解説が「空海の生涯と思想」という題を掲げながら、そこまで立入ることができなかったのは遺憾であるが、何としても空海の前半生についてはなお考えてみなくてはならぬ問題が多く残されており、その詮索の間に期日を失ってしまったので、今は一応ここで筆を擱くことにしたいと思う。

* * *

附記　この度の『十住心論』の校注にあたって学習院大学の大野晋氏には多大の御尽力を仰ぎ、ことに「『十住心論』の底本及び訓読について」と題する玉稿まで頂いた。また、本文中の梵字の校閲については高野山大学の伊藤浄厳氏に全面的にお世話になった。

まことに感謝に耐えない。作業の途中、書店には出典の点検や年譜の作成、校正などで親身の御協力に与かって恐縮している。併せて心から御礼申上げたい。

『十住心論』の底本及び訓読について

大野晋

本書の底本及び校合本の大概と、訓読の方針等について記すこととする。

本書の底本は仁和寺所蔵の巻子本十巻である。その十巻のうち、巻六をのぞく九巻には院政時代末期の承安二年及び承安四年の奥書がある。これらの九巻はいわゆる寄合い書であるが、巻七・巻八・巻九は同筆と認められる。その書体によれば、いずれも院政期以前の書写と認めて差支えない。しかし紙質その他からみて、巻六は室町時代以降の書写と思われる。

右の九巻の奥書はすべて一筆であり、その書体は院政時代のものである。今、右の九巻の奥書を列記すると、次の通りである。

巻一　承安二年三月三十日書写畢　二校了
巻二　承安四年四月十二日書写畢　二校了
巻三　承安四年五月十二日書写畢　二校了
巻四　承安二年三月廿六日書写畢　二校了

巻五　承安二年三月廿二日書写畢　二校了
巻七　承安二年四月廿七日書写畢　二校了
巻八　承安二年四月七日書写畢　二校了
巻九　承安二年五月十一日書写畢　二校了
巻十　承安二年三月十八日書写畢　二校了

この奥書はすべて同筆であるから、寄合い書の諸本が出来上がった後で、原本と再校を試み、校合の成るに従って奥書を書加えたものと判断される。校合は巻十、巻五、巻四、巻一、巻八、巻七、巻九の順で行なわれており、二年を隔てて巻二、巻三の校合が行なわれている。

巻六は右の諸本と共に、はじめは揃っていたのであろうが、その後亡失し、室町時代以後において補写したものであろう。巻六に奥書はない。おそらく江戸時代の補写ではあるまいか。

底本には墨による片仮名の傍訓が施されている。それは一筆ではないが、字体から察するに、これは院政時代、本文の書写と同時に書写されたものではない。何故なら、仮名の字体が室町時代のものと思われるからである。ただし、この傍訓は、すでに別の本にあった訓を写したもので、室町時代にはじめて加えられたものではなかろうと思われる。というのは、巻二の巻首に近い所などに、テンをチンと誤写し、レにレの字形を書き、アにアの字形と見られるものを書いたりしている。テをチと誤ったのは、原本のテが院政期にしばしばあらわれる形のチの形であったものをチと誤認したものと思われるのであり、レ、アの形も片仮名の字体としては、平安・鎌倉時代のものなどによく見られるものである。

このように、他の箇所とかなり異なる古い字体が集中して使われている所があるのは、その傍訓が室町時代にはじめてつけられたものではなく、平安・鎌倉時代につけられた訓を書写した結果、部分的に古い時代の字体まで、そのまま写してしまったものと考えられる。底本にはまた、ㇷ゚(ホ)、メ(メ)のような古体の片仮名が所々に見えるのも、右のような事情によるものであろう。

本書にはまた、朱で返点、字音の清濁、本文に関する注記等を記入したところがある。この朱は、記入の時期が推測しうるものである。というのは、本文の末尾と承安の奥書との間に、朱の注記があるからである。それらはほぼ同文で、二、三例示すれば次の通りである。

巻一　永正六年己巳三月日於堺北常楽寺多聞院点㚑　弘賢　四十八

巻三　永正六年己巳三月日於堺常楽寺多聞院点㚑　弘賢　四十八

巻七　永正六年己巳三月日於堺常楽寺多聞院点㚑　弘賢　六八

巻十　永正六年己巳三月日於境常楽寺多聞院点㚑　弘賢　六八才

これは堺(境と通用)の常楽寺多聞院において、四十八歳の弘賢なる僧が点をつけたという趣である(六八、六八歳とあるのは、四十八歳(六と八とを掛けると四十八)を意味する)。この朱の色は、本文の朱の色と同一であり、字体も同じであるから、本文の朱は永正六年につけられたものと見ることが出来る。

堺の常楽寺多聞院なる寺院は、今日までのところ未詳であり、弘賢なる僧も管見に入らない。しかし、字体から見てこの注記は永正六年のものと見て差支えない。また、本文の中に墨で異文を注記した所があるが、その字体は弘賢の朱書と同一と見られる。つまり、弘賢は本文についても校合を行なったものと思われる。

なお朱による本文への書込みが、墨の片仮名の傍訓の上にかかっている箇所がある所からすれば、本文の墨の傍訓は、永正六年三月以前のものと見ることができよう。また、その字体等から推すに、墨の片仮名傍訓は南北朝以前にさかのぼるものではないから、おそらくここに「点早」とあるによれば、墨書の傍訓も永正六年ごろに、古写本の傍訓を移点したものではなかろうか。ともあれ墨の傍訓は永正六年以前のもので、室町期に入ってからのものと推定される。

すなわち、底本の本文は(巻六を除いて)院政時代またはそれ以前の書写であるが、傍訓等は永正六年ごろに書写されたものであろう。ただし傍訓は、その後も追加されたとおぼしく、字体の異なる、やや新しいものも散見する。

底本には返点及び傍訓がかなり豊富に附せられている。従ってそれによってほとんどすべてを訓み下すことができる。しかし、その傍訓は、平安時代の訓読として世に普通に知られているものと比較すれば、やや古体に乏しく、語法上などに新しい時代の様相を示すものが少なくない。

例えば、古くはトとだけ訓じた及の字をオヨビと訓じ、また「ト及ヒ」のように、トオヨビと訓じている。また不可能を表わす場合にも、「…スルコトヲ得ズ」と助詞ヲを挿入している。また、仮定条件を示す場合にも、アラバとせず、アレバとする場合があるごときである。また、仮名遣においても、故をユヘとし、得《エ》に「ヘ」と仮名をつけたものが少なくない。また、オとヲとの仮名遣を混同した例も点々と見出され、如何をイカンガとし、由をヨツテとするなど、撥音・促音などの使用も少なくない。

本書は、底本の文字や訓読をなるべくそのまま生かすことを以て基本の方針として本文を整え、訓読も底本の傍訓を第一義的に生かすことを旨とした。しかし漢字の本文について、底本に明らかに誤脱と思われる場合は、建長七年刊行の板本、慶応義塾図書館本(巻一を欠く)及び宝生院(真福寺文庫)本(巻一)を以て校合し、訂正した。

この建長七年刊本には、室町時代以降のものと思われる仮名の訓が豊富につけられている。それは、底本と訓読の相違するところもあるが、底本の付訓のみを以てしては原文を訓読し得ない部分について、この建長本の訓をとりいれた。

また、底本と建長本とによってもなおかつ訓読を決定しかねる部分については『新撰冠註十住心論』によって仮名を補った場合がある。

底本の傍訓の仮名遣は、大部分歴史的仮名遣に一致しているので、本書の訓読文の仮名遣は歴史的仮名遣で統一した。しかし、「故《ユヘ》」などの語は、底本ですべてユヘとしているので、そのまま残し、「得《ヘ》(エの意)」なども底本にあるときは、そのままにした。

底本に付せられている字音の傍記は大部分呉音によっているが、所によっては漢音を以てしている。いかなる場合に漢音を用いるのか、その区別の原則を見出すことは、今回は出来なかったが、漢音による傍記のある語はそれに倣い、他は原則として呉音をもちいることとした。

なお、底本巻一の巻尾に、

自常楽寺乾坊令相

伝之了

于時慶長十八年春三月

也　　求法沙門顕證

という伝来に関する注記がある。ところがこの顕證という署名は別筆であって、かつ、下にあった二字を抹消した上に書いてある。下の二字は判読不明であるが、顕證とは数千巻の書を仁和寺に集めて整理したという仁和寺中興の祖と仰がれる学僧であり、国学者契沖の師である浄厳の師にあたるという。しかし顕證の出生年月を検するに、慶長十八年は顕證の二歳の年にあたる。従って、ここに顕證とあるのは、後年、真言宗の重要な著作である本書の古写本を得た際、顕證がこれをみずから相伝したものとして、もとの相伝者の名を抹消し、そこに署名したものか、あるいは、さらに後代になって、中興の祖の「顕證」の字体をまね、その名を記すことによって、この本の権威を高めようとした人がいたのであろうか。

略年譜

事項欄の洋数字は、太字が月、細字が日を表わす。
特に出典を注記したのは主に異説がある場合である。

年号	西暦	年齢	関係事項	参考事項
宝亀5	七七四	1	**6**・15 讃岐国多度郡に生まれる。父は佐伯田公、母は阿刀氏。一説に宝亀四年とも(『続日本後紀』)。	**6** 不空(中国)没。
天応1	七八一			**4** 桓武天皇即位。
延暦3	七八四			**11** 長岡遷都。
7	七八八	15	入京。阿刀大足に就いて文書を学ぶ。	最澄、比叡山寺建立(後の延暦寺)。
10	七九一	18	大学に学ぶ。ついで、一沙門より虚空蔵求聞持法を呈示され、以後その教説実修のため、四国各地で修行。	
13	七九四			**10** 平安遷都。
16	七九七	24	**12**・1 儒・道・仏三教の優劣を批判して『聾瞽指帰』一巻、『三教指帰』三巻をつくる(内容小異あり)。	**2** 『続日本紀』成る。
17	七九八	25	和泉槇尾山寺において沙弥十戒七十二威儀を受け、教海(後に如空)と改名。大和久米寺東塔下で大日経を感得(『御遺告』)。	**4** 年分度者のことを定める。 **11** 最澄、法華十講の法会を比叡山に開く。
23	八〇四	31	**4**・7 得度(『高野大師御広伝』)。 **4**・9 東大寺戒壇院にて具足戒を受け、空海と諱す(『贈大僧正空海和上伝記』)。 **5**・12 入唐留学のため遣	最澄入唐(~八〇五)。

			唐大使藤原葛野麻呂の第一船で摂津難波を出発。 **8**・10 福州長渓県赤岸鎮に到着、 **12** 長安に入る。	
延暦24	八〇五	32	**2**・10 遣唐使一行の長安出立後は、城内の西明寺に居留を許され、 **6** 諸寺を歴訪、青竜寺の僧恵果に師事、胎蔵・金剛両界の灌頂に沐し、 **8** 伝法阿闍梨位灌頂に沐す。この年カシミール（罽賓国）の僧般若三蔵、北インドの僧牟尼室利三蔵らに従って、教法を学ぶ。 **12**・15 師恵果没。	
大同1	八〇六	33	**1**・17 恵果の碑文を撰す。（春）長安を離れ、 **4** 越州に至り、内外の経書の蒐集に努める。 **8** 明州を発ち、遣唐判官高階遠成らと共に帰途につく。 **10**・22 『請来目録』奉進。	**1** 天台宗開創（年分度者2名）。 **3** 桓武天皇没、 **5** 平城天皇即位。 **6** 牟尼室利没。
2	八〇七	34	この頃、筑前観世音寺に滞在。	**2** 『古語拾遺』成る。 **11** 伊予親王の変。
4	八〇九	36	**7** 京都に入住、高雄山寺に居を定める。 **8** 最澄、借請法門。 **10** 「世説屏風」進献。この年、真雅入京受学。	**4** 平城天皇、嵯峨天皇に譲位。
弘仁1	八一〇	37	**10**・27 高雄山寺で十一月一日より仁王経・守護国界主経等の念誦法門により鎮護国家の修法を行なうことを奏請。この年、実慧らに伝法灌頂職位を授く。またこの年、東大寺別当となる。	**9** 薬子の乱平定。
2	八一一	38	**2**・14 最澄、空海に真言法門の受学を請う。 **6**・27 『劉希夷集』四巻等を奉進。 **10**・27 乙訓寺別当に補せらる。この頃より最澄との書信往来繁くなる。	

弘仁3	八一二	39	6・7 狸毛筆進献。10・29 高雄山寺に戻り、11・15 金剛界灌頂開壇、最澄ら入壇。12・14 最澄らに胎蔵界結縁灌頂を授く。この月、高雄山寺に三綱を補す。	
4	八一三	40	3・6高雄山寺にて金剛界灌頂を行なう。最澄の弟子の泰範・光定・円澄ら入壇。5・30 弟子たちに三昧耶戒の厳持を箴誡。10「中寿感興詩」を賦す。	11・26 最澄「久隔帖」。この年、藤原冬嗣、興福寺南円堂建立。
5	八一四	41	閏7・8「梵字悉曇字母并釈義」「古今文字讃」等、進献。8・30「二荒山碑文」を製す。	6『新撰姓氏録』成る。
6	八一五	42	1・19 来朝の渤海使王孝廉に書状を送る。4 真言法門宣揚のため弟子を甲斐守藤原真川、常陸守藤原福当麻呂及び広智・徳一らの僧のもとに遣わし、秘密蔵経典の書写勧縁を求める。	1 如宝没。
7	八一六	43	これより先最澄の弟子泰範、師の許を離れ、空海に随う。5 最澄の泰範非難に応えて顕密二教の優劣を論じ、訣別の返書を送る。7・8 修禅道場建立のため高野山下賜を奏請し、勅許される。この月、高雄山寺にて勤操等に三昧耶戒及び両部灌頂を授く。この年、実慧・泰範らを高野山に派し、開創作業を始める。	最澄、真言宗及び南都諸宗を批判(『依憑天台集』序)。
8	八一七	44	8・2『実相般若経答釈』を製す。	

弘仁9	八一八	45	春『般若心経秘鍵』一巻を草す（異説あり）。冬、最初の高野山入山。	5 最澄『山家学生式』を定む。 11 藤原葛野麻呂没。この年『文華秀麗集』成る。
10	八一九	46	7 勅により中務省に入住。この頃『広付法伝』成る。 12 金堂・大塔の建立に着手。	5 最澄の戒壇建立申請を、僧綱拒否。
11	八二〇	47	これより先『文鏡秘府論』六巻を著す。 5 その抄録『文筆眼心抄』一巻を撰す。 10・20 伝燈大法師位に叙せられる。この年、東大寺華厳会の願文を撰す。	2 最澄『顕戒論』。
12	八二一	48	9・6『略付法伝』成る。この月、請来の両部曼荼羅その他の図像を修補。この年、築池別当として讃岐の万農池隄を築工。	藤原冬嗣、勧学院を創立。
13	八二二	49	2 東大寺南院に灌頂道場建立。この年、平城上皇、灌頂を受ける。	6・4 最澄没。
14	八二三	50	1・19 東寺を給預せられ、密教道場とし、請来の法文道具等を収納、勅命により教王護国寺と号す。 10・10『真言宗所学経律論目録』を進献し、官符により東寺に真言僧五十人を常住・習学させる。 10・13 皇后院修法。 12・23 清涼殿修法。この年、嵯峨上皇、灌頂を受ける。	4 淳和天皇即位。
天長1	八二四	51	2 旱魃のため神泉苑にて請雨経法を修す。 3・26 少僧都に直任される。 6・16 造東寺別当に補せらる。 9 高雄山寺を定額寺とし、神護国祚真言寺と改称。この年、大和室生山を再興し、堅慧に付嘱。またこの年、真済に両部大法を授ける。	7 平城上皇没。

天長2	八二五	52	3・5 真雅に両部阿闍梨位の印信を授く。 4 東寺安居に守護国界主陀羅尼経講経勅許さる。 4・20 東寺講堂建立。 5・14 智泉没。 閏7 仁王講、東宮講師に配される。 9 「大和州益田池碑銘」を撰す。	
3	八二六	53	東寺塔建立開始。	7 藤原冬嗣没。
4	八二七	54	5・26 旱魃のため大極・清涼両殿において大般若経転読、祈雨。 5・28 大僧都に任ぜられる(『東寺長者補任』)。 9 伊予親王のために大和橘寺において法華経講讃。この年、実慧、河内観心寺を建立。	2 『経国集』撰。 5 延暦寺戒壇院建立。勤操没。
5	八二八	55	3・11 摂津大輪田造船瀬所別当に補せらる。 4・13 勤操の周忌法会に梵網経を講讃。 12・15 左京九条に綜芸種智院創設。この年、神護寺にて三論宗僧道昌に両部灌頂を授く。	
6	八二九	56	11・5 大安寺別当に補せらる。この年、河内守和気真綱らに神護寺を付嘱される。ついで、同寺の灌頂堂・護摩堂・納涼房等建立。	
7	八三〇	57	この年『秘密曼荼羅十住心論』十巻、『秘蔵宝鑰』三巻を朝廷に撰進。	義真『天台法華宗義集』。護命『大乗法相研神章』。
8	八三一	58	6・7 真雅に伝法灌頂職位を授く。 6・14 病気のため大僧都辞退を上表、許されず。 10・24 延暦寺の僧円澄ら真言教法の受学を請う。	『秘府略』撰。
9	八三二	59	1・14 最勝会結願、紫宸殿にて論義。 8・22 高野山において初めて万	

			燈万華の二会を修す。11・12 この日より山中に座禅。	
天長10	八三三	60	2・5 真雅に真言秘印を授く。10・26 一切経を書写して神護寺に安置。この年、金剛峰寺を真然に付嘱。	2 『令義解』撰。3 仁明天皇即位。
承和1	八三四	61	1 勘解由司庁を申請して真言院とし、曼荼羅壇を造立。5・28 弟子たちに一味和合・仏道興隆の遺誡(『遺誡』)。8・23 高野山に大塔及び両部曼荼羅建立のため檀越を勧進。12・19 正月御斎会に真言法による結壇修法の恒例化を奏請し、許される。12・24 真言宗僧の中から東寺の三綱を択ばせる。この月、真然に真言秘法を授く。この年、実慧、神護寺別当に補される。	9 護命没。
2	八三五	62	1・8 この日より内裏真言院にて後七日修法を行なう(以後毎年の恒例とす)。1・22 真言宗年分度者三人を置くことを許される。この月、高野山において発病す。2・30 金剛峰寺、定額寺となる。3・15 遺告二十五カ条を教誡(『御遺告』)。3・21 高野山にて入滅。	
天安1	八五七	没後22	10・17 大僧正の官、追贈される。	
貞観6	八六四	29	3・27 法印大和上位追贈される。	
延喜21	九二一	86	10・27 弘法大師の諡号を贈られる。	

日本思想大系 5
空海

1975年 3月7日　第1刷発行
1987年10月30日　第11刷発行
1991年 4月8日　新装版第1刷発行
1991年 6月20日　新装版第2刷発行
2016年12月13日　オンデマンド版発行

校注者　川崎庸之《かわさきつねゆき》

発行者　岡本　厚

発行所　株式会社　岩波書店
〒101-8002　東京都千代田区一ツ橋2-5-5
電話案内　03-5210-4000
http://www.iwanami.co.jp/

印刷／製本・法令印刷

© 川崎俶 2016
ISBN 978-4-00-730547-4　　Printed in Japan